THE OXFORD HANDBOOK OF

ORAL

HISTORY

牛津口述史手册

[美] 唐纳德·里奇　编

宋平明　左玉河　译

人民出版社

译者的话

中国有着悠久的口述史传统。从先秦时期官府采风到秦汉史家的史迹实考,再到民间歌谣与民俗故事的采集,均表明中国存在着悠久的民间传说与口头传说的传统。这种悠久的口述史传统,为接纳西方现代口述史奠定了深厚的基础。现代口述历史自20世纪80年代从海外介绍到中国之后,出现了方兴未艾的良好势头。

当代中国的口述史呈现出多维度推进的发展态势。众声喧哗与大众参与,是中国当代口述史发展的突出特点。首先,理论探讨与口述访谈实践并行发展。一方面是历史学界着重介绍西方口述史的理论方法,翻译出版了保罗·汤普森《过去的声音:口述史》、唐纳德·里奇《大家来做口述史》等名著,着力进行口述史理论的研究,并在西方口述史理论指导下从事口述史访谈工作,采集口述史资料,从学理层面推进中国口述史的发展;另一方面是社会各领域的学者没有在口述史理论方法上过多着力,而是直接投入到口述史料的抢救和采集工作中,将传统的社会调查"笔录"转变为口述访谈的"口述",使用逐渐流行的录音设备对历史当事人进行口述采访,采集并出版了大批以口述资料为基础的口述著作,从口述实践层面推进口述史的发展。

其次,历史学界与社会各界共同推动。口述史发展的动力不仅来自学界内部,而且来自社会各界的强力推动。中国近代史、党史、国史、地方志等研究部门、政协文史委、高校历史院系及新闻出版部门,均参与到口述史的多声部"大合唱"中。出版社、杂志社及电视台等传播媒体的强力运作,引导着中国口述史的"火爆",出现了"图说史大出风头,口述史一枝独秀"的格局,各种冠以"口述史"名目的出版物大量出版并畅销,新闻记者、社会调查者也将通过实地调查和人物采访形成的报告与经过文学加工的作品,称作"口述史",各出版社及杂志社以发行或刊载"口述史"书刊为时尚。

再次,口述史方法广泛应用于历史学及各专门领域。口述史不仅仅是作为一门新兴分支学科而受到学界关注,而且作为一种独特研究和书写方法受到社会各界的青睐。作为一种自下而上看历史、讲述老百姓自己故事的独特方法,它不仅被普遍运用到历史学研究和书写领域,而且广泛应用到人类学、社会学、新闻学、传播学、教育学、心理学、民俗学、医学等领域。史学家可以将其作为搜集整理口述资料的手段加以运用,社会学家可以通过口述方式增加社区民众的共识和认同,新闻界可以通过口述访谈采集并保留历史记忆,民俗学家则通过田野访谈进行民俗调查。口述史功能的多样性导致口述访谈实践的丰富性,访谈对象既可以是社会精英,也可以是底层百姓;访谈内容既可以是战争、革命、饥荒、灾难等军国大事,也可以是民众衣食住行、婚丧嫁娶、娱乐休闲、宗教信仰等日常生活琐事;口述史呈现的方式既可以是当事人的录音录像,也可以是根据音像整理的文本著作;口述史的开发利用既可以是学术性、公益性的,也可以是商业性、营利性的。

口述史的兴起不仅将活生生的口述史料整理并保存下来,为历史研究提供了必备的资料,而且为民众书写自己的历史提供了现实的可能性。我们处于一个人民当家作主的新时代,一个人民书写自己历史的新时代。新时代的人民书写自己历史的主要方式,就是口述史。民众既是历史的当事人和见证人,也是口述史的叙述者和历史记忆的打捞者,同时还是历史的研究者和书写者。民众可以通过"口述"方式,讲述、记录并研究自己亲身经历的历史。民众的记忆由民众自己来挖掘,民众的历史由民众自己来书写。口述史是实现人民书写自己历史的工具,是人民讲述和书写自己历史的手段、方法和主要途径。口述史是研究者通过口述访谈的方式,对历史当事人进行采访并在沟通中整理口述史料的过程,当事人通过口述方式讲述亲身经历的历史,访谈者将当事人口述的历史加以记录,并对口述音像资料进行整理加工,最后形成口述史文本。这个口述文本是访谈者与历史当事人合作完成的。历史当事人与历史访谈者合作研究和书写历史的做法,改变了以往历史研究中完全将当事人排除在研究主体之外的做法。因此,口述史为历史当事人书写自己的历史提供了现实的可能性和可行的渠道,改变了历史研究的既定模式。

中国口述史研究呈现出方兴未艾之势,并取得了许多引人注目的成果,但从整体上看仍面临着许多困境。一是学科定位不明确,口述史没有纳入现行的科研和教学体制内运行,没有设置相关的培养方向,导致专门人才缺乏。二是缺乏政府部门强有力的支持,存在口述内容上的禁忌,导致历史当事人对口述访谈有很大顾虑。三是没有正规的研究机构作为学术依托,没有必要的经费加以支撑,导致口述史发展缺乏有计划的长远规划,难以有效地抢救那些濒危的历史记忆。

制约中国口述史发展的最大问题,是口述史实践缺乏必要的工作规范。目前中国的口述史研究,呈现出各自为战、杂乱无章的局面,不仅缺乏一套关于口述史采访、出版、研究、保存、利用的规范、章程和工作规程,而且从事口述史访谈及整理者缺乏必要的口述史常识及基本技能,从而致使口述访谈的水平参差不齐。不仅存在着当事人美化自己、口述史内容严重失真的现象,而且存在访谈者因缺乏基本的道德操守、起码的社会责任和规范的法律意识而严重损害当事人的合法权益和个人隐私的恶劣现象。制定口述工作的规范,是做好口述史研究的基础和保障。2004年成立的中华口述历史研究会投入很大精力致力于制定相关口述历史章程、规则、工作手册,同时注意翻译介绍并借鉴欧美各国口述历史规范化做法,以便切实指导中国的口述历史实践。美国著名口述史专家唐纳德·里奇主编的这部《牛津口述史手册》的翻译出版,就是我们这种努力的集中体现。

2012年5月,我与英国苏塞克斯大学生命史与生命写作研究中心主任玛格丽塔·乔丽(Margaretta Jolly)教授在中国社会科学院近代史所会议室进行了3个多小时的交流,深入探讨口述历史访谈中的若干理论方法问题。她临别时赠送我一部刚在美国出版的唐纳德·里奇主编的《牛津口述史手册》英文版。唐纳德·里奇在这部《牛津口述史手册》中将40位来自全球五大洲的口述史学者的代表性论文汇集起来,探讨了口述史学领域中访谈的本质及其特性、历史和记忆的关系、理论和解读等诸多问题。我简单翻阅后,萌生了将该书翻译介绍给中国学界的想法。经与人民出版社多次协商,决定由人民出版社负责引入该书版权,我负责组织学者具体翻译。

这部书稿主要是由宋平明博士和我负责翻译的。我多年来主持中华口述历史研究会工作并作了大量口述访谈,对口述史的理论方法及操作规程有较深的了解。宋平明博士本科阶段就读于河南大学外语学院,研究生毕业后长期在北京新东方总部从事英语教学和翻译工作,有着深厚的翻译功底,后在中国社会科学院研究生院跟随我攻读历史学博士,有着一定的史学基础。我们将该书细致通读后发现,翻译该书并不是一件容易的事情。这种困难除了需要深厚的英语功底和对口述史研究的深入了解之外,更主要的是因为该书各章节作者来自全球五大洲的诸多国家,不少是来自非英语国家,这些非英语国家作者的英语写作习惯和英美国家的英语写作习惯有较大差异,而这种差异导致了某些章节极其晦涩难懂,因而增加了翻译的难度。

我们在翻译过程中坚持"信、达、雅"的翻译标准,力图真实地呈现出作者的本意并尽量让中国读者有比较舒服的阅读体验。我们对于本书中出现的专有名词以及人名地名,均将英文表达附在中文表达之后,以便读者理解和查询。该书初稿翻译出来后,我作了通读并进行了校译工作。宋平明博士随后赴美国得克萨斯大学历史系从事博士后研究,师从美国著名历史学家李怀印教授。我委托宋平明博士将翻译稿呈请李怀印教授悉心指导,对翻译稿中那些不太确定的内容加以斟酌并予以订正,以保证译文更加准确。我们对李怀印教授的细心指导表示衷心的感谢。

宋平明博士在该书翻译过程中付出了巨大辛劳。河南大学外语学院的杜晓冬、任亚楠、赵毅、王振卫、宋卓雅、王盼、刘涛、张敏、赵茜以、郭赛赛及杨洪科、王佳妍、刘春强、刘大胜、郭书林、范刻心等人做了大量基础性的翻译工作。宋平明博士的爱人杨娜女士也是一位英语翻译工作者,在该书翻译的过程中给予很多支持和帮助。人民出版社有关编辑从该书的版权引入、初稿审定、定稿发排、校对出版,都付出了巨大的劳动。我们谨在此一并表示感谢。鉴于我们水平有限,译文中一定会有不当甚至错谬之处,恳请读者批评指正。

左玉河　宋平明

2016 年 10 月 20 日

北京王府井大街东厂胡同 1 号

目　　录

第一部分

采访的本质

第二部分

回忆和历史

第三部分

理论和解释

第四部分

技术影响

第五部分

法律、道德和归档的迫切需要

第六部分

口述史的呈现

本书撰稿人

苏·阿美蒂奇（Sue Armitage），华盛顿州立大学（Washington State University）历史学和女性研究学荣誉教授，她以在女性口述史领域的著作著称。她与凯萨琳·安德森（Kathryn Anderson）、戴纳·杰克（Dana Jack）和朱迪斯·威特纳（Judith Wittner）合著了《从我们所处的地方开始：女性口述史中的女性主义方法论》（1987年版）（*Beginning Where We Are：Feminist Methodology in Women's Oral History*，1987），编辑了《女性口述史：前沿读本》（2002年版）（*Women's Oral History：The Frontiers Reader*，2002），与劳丽·梅尔西埃（Laurie Mercier）合编了《会说话的历史：美国口述史读本，1865年至今》（2009年版）（*Speaking History：An Oral History Reader of the United States*，1865−*Present*，2009）。

丽娜·班梅尔（Rina Benmayor）在美国加州大学蒙特利分校（California State University Monterey Bay）教授口述史学、文学和美籍拉美女性/男性后裔（Latina/o）研究。她是国际口述史协会（the International Oral History Association）的前会长以及口述史协会的当选副主席。她与安道尔·斯高特尼斯（Andor Skotnes）合编了《移民与认同》（2005年版）（*Migration and Identity*，2005），并以口述史和波多黎各女性、公民归属和故事叙述的数字化为主题进行写作。

乔安娜·博纳特（Joanna Bornat）是英国开放大学（the Open University）口述史学的教授，也是《口述史》（*Oral History*）一书的合编人之一。她对老年人的记忆十分感兴趣，并且已经就口述史和老年学主题做了一些研究，发表了一些作品。

道格·博伊德（Doug Boyd）是肯塔基大学图书馆（the University of Kentucky Libraries）的路易·B.纳恩口述史中心（Louie B.Nunn Cente for Oral History）的主任。他先前负责任阿拉巴马大学图书馆（the University of Alabama Libraries）的数字化项目（the Digital Program），并担任肯塔基口述史委员会（the Kentucky Oral History Commission）主任以及肯塔基历史学会（Kentucky Historical Society）的口述史馆藏的高级档案管理员。

希拉·布伦南（Sheila Brennan）是历史和新媒体中心（the Center for History and New Media）公共项目部（the Public Projects Division）的高级数字化历史助理（the senior digital history associate），也是乔治梅森大学（George Mason University）的一名历史学博士生。

阿尔伯特·S.布鲁塞德(Albert S.Broussard)是美国得州农工大学(Texas A&M University)历史系的历史学教授和骨干教授(Cornerstone Faculty Fellow),也是口述史协会(Oral History Association)的前会长。他出版过《黑色旧金山:西部争取种族平等的斗争,1900—1954》(1993年版)(*Black San Francisco:The Struggle for Racial Equality in the West*,1900—1954,1993)和《非裔美国人奥德赛:斯图尔特家族1853—1963》(1998年版)(*African American Odyssey:The Stewarts*,1853—1963,1998)。

玛丽·马歇尔·克拉克(Mary Marshall Clark)是哥伦比亚大学(Columbia University)口述史研究中心(Oral History Research Office)的主任。她和彼得·比尔曼(Peter Bearman)共同建立了哥伦比亚大学口述史文科硕士学位点(Master of Arts in Oral History),并共同担任主任。她和比尔曼(Bearman)还负责了2011年9月11日的"口述史叙述和记忆"项目(Oral History Narrative and Memory Project)。

菲利普·丹尼斯(Philippe Denis)是夸祖鲁纳塔尔大学(the University of KwaZulu-Natal)的基督教史学教授,也是非洲口述史和记忆工作辛诺马兰多中心(Sinomlando Centre for Oral History and Memory Work in Africa)的主任。

肖恩·菲尔德(Sean Field)是开普敦大学(the University of Cape Town)历史研究系(the Historical Studies Department)的一名高级讲师,也是大众记忆中心(the Center for Popular Memory)的主任。大众记忆中心是开普敦大学的一个培训、研究和档案中心,它致力于传播社会边缘人(marginalized people)的故事。他的研究方向包括南非种族隔离和后种族隔离时期的创伤、情感和视觉领域,以及卢旺达大屠杀。

迈克尔·弗里希(Michael Frisch)是水牛城大学(the University of Buffalo)的一名历史学教授和高级研究员。他创作了《共享权威:口述和大众历史的技巧与意义》(1990年版)(*A Shared Authority:Essays on the Craft And Meaning of Oral and Public History*,1990)。他还在该大学的贝尔德研究中心(Baird Research Center)的科技孵化部门(Technology Incubator)创建了一个名为兰德福斯合营有限责任公司(the Randforce Associates,LLC)的咨询公司。

安娜·格林(Anna Green)是英国埃塞克大学(the University of Exeter)历史系的一名成员,也是《口述史》(*Oral History*)的大众历史学编辑。她教学、科研和出版的重点在历史与理论、口述史和大众历史领域。

詹姆斯·豪洛布克(James Halabuk)是历史和新媒体中心(the Center for History and New Media)的"布瑞斯洛历史档案"(the Bracero History Archive)的项目经理,也是乔治梅森大学的一名博士生。

杰奎琳·德奥德·豪尔(Jacquelyn Dowd Hall)是北卡罗来纳大学教堂山分校(the

University of North Carolina at Chapel Hill)的一名茱莉亚·彻丽·斯普鲁伊尔①历史学教授,也是北卡罗来纳大学教堂山分校"南方口述史"项目(the Southern Oral History Program)的负责人。她是劳动与工人阶级历史协会(the Labor and Working Class History Association)的创会会长,南方历史协会和美国历史学家组织(the Organization of American Historians)的前任会长。她创作了《反抗骑士精神:杰西·埃姆斯和妇女反私刑运动》(1979年初版,1993年再版)(Revolt Against Chivalry:Jessie Daniel Ames and the Women's Campaign Against Lynching,1979,1993)。她还是《如同一家人:创造美国南方棉花织布厂的世界》(1987年初版,2000年再版)(Like a Family:The Making of a Southern Cotton Mill World,1987,2000)的作者之一。

保拉·汉密尔顿(Paula Hamilton)是悉尼科技大学(University of Technology, Sydney)的一名历史学副教授,她和社区组织、博物馆、文化遗产保护局(heritage agencies)、当地市政局合作口述史项目。她还和琳达·秀普斯(Linda Shopes)合编了《口述史和公众记忆》(2008年版)(Oral History and Public Memories,2008)。

梅根·哈金(Megan Hutching)是新西兰奥克兰市的一位自由口述历史学家。她发表过一系列利用口述史访谈的著作,其中包括一套关于二战时期新西兰人的六卷本著作。

克利福德·M.库恩(Clifford M.Kuhn)是佐治亚州立大学(Georgia State University)的一名历史学副教授,也是口述史协会(Oral History Association)的前会长。他创作了《鲜活的亚特兰大:城市口述史》(1990年版)(Living Atlanta:An Oral History of the City, 1914—1948,1990)。

道格拉斯·朗伯(Douglas Lambert)是兰德福斯合营公司(the Randforce Associates)"历史创造者"项目(HistoryMakers project)的项目经理。

莎伦·M.里昂(Sharon M.Leon)是历史和新媒体中心(the Center for History and New Media)公共项目的主任,也是乔治梅森大学的一名研究助理教授。

阿尔伯特·利奇布劳(Albert Lichtblau)是奥地利萨尔茨堡大学(the University of Salzburg in Austria)历史系的一名助理教授,他教授的科目为当代历史。他的学术研究领域为犹太学、种族灭绝以及移民研究、口述史和视听历史。

费德里科·吉尔勒莫·洛伦茨(Federico Guillermo Lorenz)是为阿根廷教育部工作的一名历史学家。他的作品包括《马岛的鬼,酒店的旅游书》(2008年版)(Fantasmas de Malvinas.Un libro de viajes,2008)、《马岛战争》(2006年版)(Las guerras por Malvinas,

---

① Julia Cherry Spruill Professor 是以此教授命名的一个教授身份、职位或职称。——译者注

2006)、《在米利托第海军人员老虎在 70 年代鞋的故事》(2007 年版)(*Los s de Carlito. zapatoUna historia de los trabajadores navales de Tigre en la década del 70*, 2007),以及《争取回忆,历史专政的记忆》(2007 年版)(*Combates por la memoria. Huellas de la dictadura en la Historia*, 2007)。

凯思琳·纳斯多姆(Kathryn Nasstrom)是旧金山大学(the University of San Francisco)的一位历史学副教授。她是"牛津口述史系列"(Oxford Oral History Series)的编者。她还创作了《每个人的祖母和没有人的傻瓜:弗朗西斯·福里伯恩·波利和为社会公平所做斗争》(2000 年版)(*Everybody's Grandmother and Nobody's Fool: Frances Freeborn Pauley and the Struggle for Social Justice*, 2000)。

约翰·A.纽恩斯万德(John A. Neuenschwander)是迦太基学院(Carthage College)的一位历史学荣誉教授。他还是威斯康星州克诺沙市的一名市法官(municipal judge)。他拥有美国凯斯西储大学(Case Western Reserve University)的历史学博士学位以及伊利诺伊理工大学芝加哥肯特法学院(the Illinois Institute of Technology-Chicago-Kent College of Law)的法学博士学位。他写了《口述史和法律导引》(2009 年版)(*A Guide to Oral History and the Law*, 2009)。

罗伯特·B.帕克斯(Robert B. Perks)是"口述史"(Oral History)的负责人,也是伦敦大英图书馆(the British Library)"国家生命故事"(National Life Stories)的负责人。他是英国哈斯菲尔德大学(the University of Huddersfield)的口述史学科的客座教授,口述史协会的秘书长,《口述史期刊》(*Oral History Journal*)的合编者之一,与阿里斯泰尔合编了《口述史读本》(2006 年版)(*The Oral History Reader*, 2006),编辑了牛津大学出版社(Oxford University Press)的口述史系列丛书。

亚历山德罗·波特利(Alessandro Portelli)在意大利罗马"智慧"大学(the University of Rome "La Sapienza")教授美国历史。他是口述史和大众文化研究机构 Circolo Gianni Bosio 的创始人和主席,他以口述史为题材创作了多部著作,包括《特拉斯·图里之死:口述史的形式与意义》(1991 年版)(*The Death of Luigi Trastulli: Form and Meaning in Oral History*, 1991)、《朱利亚谷之战口述史和会话艺术》(1996 年版)(*The Battle of Valle Giulia Oral History and the Art of Dialogue*, 1996)、《命令已经执行:罗马纳粹大屠杀的历史、记忆和意义》(2003 年版)(*The Order Has Been Carried Out: History, Memory and Meaning of a Nazi Massacre in Rome*, 2003)和《哈伦郡的故事:一部口述史》(2010 年版)(*They Say in Harlan County: An Oral History*, 2010)。

玛丽·凯·昆兰(Mary Kay Quinlan)是内布拉斯大学林肯分校(the University of Nebraska-Lincoln)的一位新闻学副教授。她曾担任过 15 年的华盛顿报记者。作为一名教师、研讨会负责人(workshop leader),以及《口述史协会简报》(*Oral History Association Newsletter*)的编辑,她接触口述史的时间超过 25 年。

唐纳德·里奇(Donald A.Ritchie)是美国参议院的一名历史学家,也是口述史协会的前会长。他创作了《做口述史:实用指南》(2003 年版)(*Doing Oral History:A Practical Guide*,2003)及其他著作。

贝丝·M.罗伯逊(Beth M.Robertson)是南澳大利亚州立图书馆(the State Library of South Australia)的一名维护经理(manager of preservation)。她在 1987—1999 年都是图书馆基础口述史的负责人。她的《口述史手册》已经有了第 5 版,并被奉为澳大利亚标准。她在 2006 年获得了澳大利亚口述史协会颁发的口述史梅德博格卓越奖(Hazel de Berg Award for Excellence)。

汤姆·沙恩菲尔德(Tom Scheinfeldt)是历史和新媒体中心(the Center for History and New Media)的主任,也是乔治梅森大学历史和艺术史系的一名历史学研究助理教授。

凯莉·施鲁姆(Kelly Schrum)是历史和新媒体中心教育性项目的负责人,也是乔治梅森大学的一名副教授。

威廉·施耐德(William Schneider)是阿拉斯加州费尔班斯克大学(the University of Alaska,Fairbanks)"口述史"的负责人(curator)。他在那里生活和周游,并有幸和一群博学多知的长者共事。

格雷厄姆·史密斯(Graham Smith)是伦敦大学皇家霍洛威学院(Royal Holloway,University of London)历史系的一名高级口述史讲师,也是口述史协会主席。

理查德·坎迪达·史密斯(Richard Cándida Smith)是加利福尼亚大学伯克利分校(the University of California,Berkeley)的一名历史学教授,他是地区口述史办公室(the Regional Oral History Office)的负责人。他是口述史协会的前会长,现任常务秘书。他创作了《乌托邦和异议:加利福尼亚的艺术、诗歌和政治》(1995 年版)(*Utopia and Dissent:Art,Poetry,and Politics in California*,1995)、《马拉美的孩子们:象征主义和经验的更新》(1999 年版)(*Mallarmé's Children:Symbolism and the Renewal of Experience*,1999)和《现代西移:二十世纪加利福尼亚的艺术家和民主文化》(2009 年版)(*The Modern Moves West:California Artists and Democratic Culture in the Twentieth Century*,2009)。

阿里斯泰尔·汤姆森(Alistair Thomson)是澳大利亚莫纳什大学(Monash University)一名历史学教授。他曾是英国苏塞克斯大学(the University of Sussex)的一名口述史教授。他出版过的作品包括《澳新军团记忆:传奇在身边》(1994 年版)(*Anzac Memories:Living With the Legend*,1994)、《口述史读本》(与罗伯特·帕克斯合著,1998 年初版,2006 年再版)(*The Oral History Reader*,with Rob Perks,1998 and 2006,with Rob Perks)和《十磅英国佬:澳大利亚的隐形移民》(与吉姆·汉密尔顿合著,2005 年版)(*Ten Pound Poms:Australia's Invisible Migrants*,with Jim Hammerton,2005)。

米罗斯拉夫·瓦内克(Miroslav Vaněk)是布拉格当代历史研究所(the Institute of Contemporary History)口述史中心的负责人、查尔斯大学(the Charles University)的讲师以及捷克口述史协会(the Czech Oral History Association)的创会会长。

梅赛德斯·维拉诺瓦(Mercedes Vilanova)是巴塞罗那大学(the University of Barcelona)当代历史的一名荣誉教授。从 1989 年开始担任《人类和历史口述资源来源》(*Historia Antropología y Fuentes Orales*)期刊的创刊编辑,也是国际口述史协会的第一任会长。她在著作中用数据、口述史、地图学和经典史学来处理 20 世纪 30 年代西班牙加泰隆尼亚的民主进程、革命和内战问题。

格伦·惠特曼(Glenn Whitman)是马里兰州波多马克圣安德鲁教会学校(St. Andrew's Episcopal School)"美国世纪口述史项目"的负责人。他创作了《与过去对话:通过口述史吸引学生以及达到标准》(2004 年版)(*Dialogue with the Past:Engaging Students and Meeting Standards through Oral History*,2004)。他曾获得口述史协会颁发的"前大学教学奖"。

杰西卡·威德洪(Jessica Wiederhorn)是"叙事信任"(Narrative Trust)的创始人之一,这是一个致力于寻求机构、社区和个人的口述史的合作组织。她是哥伦比亚大学口述史研究室(the Oral History Research Office)的副主任,也是犹太灾难基金会(the Shoah Foundation)的学术事务经理,她审阅了上百个大屠杀证词,给全世界范围内的访谈提供了指导。

布赖恩·R.威廉姆斯(Brien R.Williams),他曾是大众传播学的一名大学教授,如今是华盛顿的一位口述历史学家和录像制作人。他曾在不同机构进行、指导以及负责了多项口述史项目,包括史密森学会(the Smithsonian Institution)和美国红十字协会(the American Red Cross)。

詹尼斯·威尔顿(Janis Wilton)在澳大利亚阿米代尔的新英格兰大学(the University of New England)给本科生和研究生教授口述史课程。她曾是国际口述史协会的前会长。她曾发起过多个社区研讨会和社区大众历史项目。她的书、展览和网站包括不同内容(Different Sights):"新英格兰移民"(一个在线数据库和主题研究,2009 年)(New England Migrants(an online database and thematic study,2009))、金线:1850—1950 年新威尔士地区的中国人(旅行展览、网站和书,2001—2004 年)(Golden Threads:The Chinese in Regional NSW 1850—1950(a traveling exhibition,Web site and book,2001—

2004））。

　　米歇尔·温斯洛（Michelle Winslow）是英国谢菲尔德大学支持疗法学术研究所的研究员。她曾在健康和医疗领域做了大量的口述史工作，既和病人合作，也和舒缓治疗专业医疗人员合作。

引言　口述史的发展历程

唐纳德·里奇(Donald A.Ritchie)

　　口述史不但与首次有文字记录的历史一样悠久,也与当代最新奇的数字录音机一样新潮。早在口述史拥有这个称谓并形成历史学家惯用的通过访谈洞悉重大历史事件的标准流程之前,古希腊修昔底德(Thucydides)就已开始秉持"一部分是我看到的,一部分是他人替我看到的"的方式讲述伯罗奔尼撒战争(Peloponnesian Wars)。收集和保存口述记忆活动在录音机出现之前就已经存在,只是它们现在存在的方式开始多样化,既有宗教法庭抄写员记录的审讯,又有美国独立战争退伍老兵申请抚恤金的记录,还有大萧条(Great Depression)时期美国公共事业振兴署(Works Progress Administration,WPA)雇佣的失业作家对农奴展开的一系列采访。①

　　在 18 世纪,塞缪尔·约翰逊(Samuel Johnson)曾经说过:"所有历史都始于口述",但是"口述史"这一术语最初只用来表示游吟诗人和口述传说。② 直到 1942 年,《纽约客》(New Yorker)刊载有关纽约格林威治村波西米亚人乔·古尔德(Joe Gould)的文章时,口述史与采访才真正结合在一起。古尔德声称自己正在汇编《口述当代史》(An Oral History of Our Time),并透露他通常都是在酒吧以及公园的长凳上采访那些"穿短袖的普通人",他相信"人们讲述的就是历史"。古尔德的采访为他带来一顿又一顿免费美食,不久却被曝光他所做的一切都是虚构的,没有留下任何手稿。直到 1948 年,哥

---

　　① 伊曼纽尔·勒·罗伊·拉杜里:《蒙太罗:错误的乐土》,凡太奇出版社 1979 年版;约翰·C.丹编,《无法忘却的革命:美国独立战争目击实录》,芝加哥大学出版社 1980 年版;伊拉·伯林、马克·法夫鲁、史蒂芬·F.米勒:《奴隶制追忆:非裔美国人谈奴役和农奴解放的个人经历》,新兴出版社 1998 年版;唐纳德·A.里奇:《大家来做口述史》,牛津大学出版社 2003 年版,第 19—23 页。
　　② 保罗·汤普森:《英国反击战:"口述史"的两百年》,《口述史协会时事通讯》1981 年第 15 期,第 4—5 页;请参阅《古老的北美人》一文中所用的"口述史",《纽约时报》1879 年 12 月 13 日;以及《手稿为证:挪威人发现美洲》,《纽约时报》1923 年 9 月 29 日。

伦比亚大学历史学教授艾伦·内文斯（Allan Nevins）成立第一家用于采访和保存采访记录的"口述史研究中心"（Oral History Research Office）才标志着口述史的正式形成。①

内文斯在致力于口述史工作前曾从事新闻采访，在此期间采访事件的直接参与者就是新闻记者的主要任务。内文斯是一位多产作家，他曾对传统档案资料、手稿、回忆录和报纸上的新闻报道做认真探究，却愈发担心现代通信和交通方式正在减少撰写书信和记录日记的动力。在从高校和私人基金会得到为数不多的资助后，内文斯开始记录重大事件主要参与者、政治家、法学家、企业家和军官们的回忆。②

他记录历史的新方法是违反业内常规的。由内文斯在哥伦比亚大学的同事雅克·巴尔赞（Jacques Barzun）和亨利·F.格拉夫（Henry F.Graff）撰写的《现代研究者》（*The Modern Researcher*）成为 20 世纪 50 年代的主要研究入门读物，他们在一个脚注中称赞内文斯的口述史项目，并坚定地评论道："虽然书面文字更令人信服，但这些录音可以转录成文字并能像书籍一样存档"。巴尔赞和格拉夫呼吁在学术上要对证据进行怀疑和验证，对目击者的证词置若罔闻就是一种偏见，且不可靠，同时还将采访与社会学而非历史学联系起来（在 20 世纪 20—30 年代，芝加哥大学（the University of Chicago）的社会学家率先利用民族志采访方式来研究都市生活）。图书馆和档案馆之间的壁垒界定了历史学家的世界，而不是"实地"采访当事人。③ 历史学家受到 19 世纪德国学者利奥波德·冯·兰克（Leopold von Ranke）著作的深刻影响，兰克强调档案文件对历史的记录更为准确。即使兰克将现场目击视为"最真实和最直接的来源"，但是当他谈到遥远的历史事件时，他指的是当事人遗留下来的文献资料。④

由于新闻媒体本身就体现出其在采访上的可信度，因此这就为口述史的出现带来更多公信力。《纽约时报》（*New York Times*）1950 年的一篇社论曾仔细地思考过如果保存有乔治·华盛顿（George Washington）介绍特伦顿战役（the Battle of Trenton）或亚伯拉罕·林肯（Abraham Lincoln）探讨其"葛底斯堡演说"（Gettysburg Address）的录音会怎么样，并呼吁其他高校也能向哥伦比亚大学学习。这篇社论预测：得益于哥伦比亚大学的口述史项目，"2050 年的历史专业学生了解到的当代历史要比我们对 1850 年的历史了

---

① 《乔·古尔德逝世：最后一个波西米亚人》，《纽约时报》1957 年 8 月 20 日；约瑟夫·米切尔：《乔·古尔德的秘密》，维京出版社 1965 年版。

② 艾伦·内文斯：《口述史的应用》，出自伊丽莎白·I.迪克逊、詹姆斯·明克编：《蓄势待发的口述史：第一届全国口述史研讨会论文集》，口述史协会 1967 年版，第 25—37 页。

③ 雅克·巴尔赞、亨利·F.格拉夫：《现代研究者》，哈考特、布雷斯和世界出版社 1957 年版，第 132、213 页。

④ 安东尼·格拉夫顿：《脚注：奇妙的历史》，哈佛大学出版社 1997 年版，第 51 页。

解得更全面"。① 在 20 世纪 50 年代，口述史大宗记录在加利福尼亚大学（the University of California）洛杉矶分校和伯克利分校得到发展。久而久之，越来越多的高校、总统图书馆、政府机关、企业、工会和宗教团体跟随这种潮流资助建立起自己的口述史档案馆。

美国首批口述史项目从"自上而下"关注政治、经济和文化精英开始，而欧洲口述史学家更多扎根于社会和文化历史，并与左翼政治运动结盟。他们以一种"自下而上"的方式重新审视历史，力求囊括以往排除在官方叙事之外的声音。社会责任感激励这一方法，通过采访这些被忽视或受压迫的人士向社会和学识现状发起挑战。他们想要通过创作一部记录日常生活的历史，为更宏大的运动做出贡献，以期改善生活。正如罗纳德·格雷里（Ronald Grele）所说的，"让历史实践变得激进"。②

1966 年，英国历史学家在工会赞助的罗斯金学院（Ruskin College）创立《历史工作坊》（History Workshop）杂志，坚信历史应该是研究人员、档案保管员、馆长、当地历史学家和"'自己动手'爱好者"齐心协力的结果。口述史是万能工具之一。激进的成人教育运动、妇女历史和社区历史共同塑造了英国口述史，同时罗纳德·布莱斯（Ronald Blythe）广受好评的通过采访东盎格鲁（East Anglian）乡野农民而勾勒出的众生相《艾肯菲尔德》（Akenfield，1969）也极大促进了英国口述史的发展。1978 年，保罗·汤普森（Paul Thompson）所著的《过去的声音：口述史》（The Voice of the Past：Oral History）有助于为采访揭露"隐藏历史"提供学术公信力。③ 20 世纪 70 年代，"自下而上"的方法才在美国得以确立，美国口述史学家越来越多地将他们的注意力转向种族、阶级、性别和本地社区。推动这一潮流的是斯特兹·特克尔（Studs Terkel）的多部畅销口述史著作，如《艰难时代》（Hard Times，1970）、《工作》（Working，1974）和《"正义的战争"》（The "Good War"，1984），这些著作让"自下而上"的方法受到广泛认可。特克尔作为公共事业振兴署联邦作家计划（WPA's Federal Writers' Project）一名经验丰富的广播采访者，其著作就是以其长期的电波采访为蓝本。若不是特克尔因其左翼政治思想被列入黑名单而下放到广播采访，或许早期的电视台职业生涯早已让他沦为新闻摘要制作人，而他也不会用半个世纪的时间通过能容忍长时间采访的广播与民众交谈。

口述史学家一直就"精英"和"非精英"采访之间的是非曲直展开争论，但是大多数

① "音轨上的历史"，《纽约时报》1950 年 1 月 14 日。

② 罗纳德·格雷里：《以口述史为证》，出自托马斯·L.查尔顿、罗伊斯·E.迈尔斯、瑞贝卡·沙普利斯编：《口述史手册》，阿尔塔米拉出版社 2006 年版，第 48 页。

③ 保罗·汤普森：《过去的声音：口述史》，牛津大学出版社 2000［1978］年版；阿里斯泰尔·汤姆森：《英国口述史和社区历史：二十五年个人和批判性思考的持续和变革》，《口述史》2008 年第 36 期，第 95—104 页；罗纳德·布莱斯：《艾肯菲尔德：英国乡村画像》，艾伦·林恩出版社 1969 年版；林恩·艾布拉姆斯：《重访艾肯菲尔德：标志性文本的四十年》，《口述史》2009 年第 37 期，第 33—42 页。

口述史学家认同同样的方法论适用于这两种方法。英国口述史学家注重对工人阶级的采访,因此我们可以看到一个渔民要比一位下议院议员更有可能受到采访。但是久而久之,他们的关注点开始扩散。例如,社会历史学家开始走进"老城"(伦敦最古老的部分)深入记录伦敦的金融机构改造。采访者可以记录将军或士兵、管理者或工人、激进分子和不关心政治人士,而且那些记录了不同阶层的多元观点的访谈项目能勾勒出一系列人类事件中关于行动和抵抗、动机和结果的更为全面的画面。口述史学家收集士兵和反战示威者、军事工业中的妇女、大屠杀幸存者、民权示威者、政治难民、移民和努力克服自身性别认同等人士的回忆。

口述史项目已成为大学校园和社区组织的主要成果,而政府部门也注意到收集采访的价值。在第二次世界大战期间,美国军队已经开始派遣采访者奔赴各个战区记录士兵在战争结束后的作战经历。后来采访者跟随部队从欧洲辗转到朝鲜、越南、阿富汗和伊拉克。与战争有关的项目会采访交战双方,如第二次世界大战后的日本和美国、马岛战争后的英国和阿根廷。他们寻找军事策划者、战俘、拒服兵役者和防务工作人员。情报机构工作人员严禁对外公开演讲,只进行内部采访来制作个人档案。在国内方面,许多国家公园为其历史遗址收集口述史,利用证词重塑建筑构造、制作专门的短片为游客提供信息。

口述史运动波及全球,催生大量口述史项目和国家级口述史协会的出现。除美国和西欧外,口述史运动已蔓延到东欧、非洲、亚洲和拉丁美洲,这些地区正在经受社会和政治动荡,文字档案只反映名誉扫地的政权的意志。口述史学家记录参与推翻旧秩序人士以及遭受这些政权迫害人士的证词。南非的种族隔离制度早已崩溃且多民族民主业已出现,口述史学家注意到他们国家诸如乔治·华盛顿和托马斯·杰斐逊式的人物依然健在并可接受采访。东欧口述史学家不但记录参与颠覆和取代共产党政权人士的证词,还接受旧政权下的片面化历史,并对成败双方进行采访。其他社会也发现口述史对正视和了解旧的不公正制度非常有用。澳大利亚口述史学家已开始重新审视他们与土著居民的关系,而美国和加拿大口述史学家通过采访美洲原住民和第一民族(First Peoples,加拿大原住民、因纽特、梅蒂斯的集体称谓)帮助阐释他们多元文化的原因。

声音录制中的里程碑事件

录音设备的进步让所有这些发展成为可能。但是技术在推动口述史领域不断发展的同时,也带来了一些挑战。口述史实践者从技术中获益的同时也不得不处理好受技术驱动的研究方法。采访者只构成消费公众的一小部分,对科技发展产生的影响力较小，但是他们却能调整自身日常工作以适应录音行业制造出的任何设备。由于播放音乐最流行的方式真正主宰着录音设备市场，因此口述史学家在购买设备时不得不"跟着音乐走"，无论这些设备是否适合录制和保存采访。即使有其他更先进的技术，但是只有与广泛应用于音乐销售的技术相兼容的设备才有可能持续最久，比如 Beta 制式磁带就输给了家庭录像系统（VHS）。那些无法与技术同步的项目很快变得不再流行，从而限制它们的实际使用价值。其他项目与时俱进，抓住新机遇开展并传新的采访方式，而这些方式不久前还是无法想象的。

在 19 世纪末期，声音最早被录制到蜡筒上，部分蜡筒幸存下来，上面的内容已被拷贝到磁带并制成数字格式。留声机到黑胶唱片等其他音频格式虽然取代了蜡筒，但是因其现场工作局限性大多显得不切实际。当美国公共事业振兴署在大萧条时期派遣失业作家进行采访时，大部分人只是在纸上做记录。众所周知他们的速记法参差不齐，少数人明显利用自身的写作天赋对手稿加以润色。[①]

最早的钢丝录音机可追溯到 1898 年，但是直到 20 世纪 40 年代才变得更加实用。即便这样，它们笨重的外形通常也会限制其在办公室听写领域的应用。在诺曼底海滩，军事历史学家利用钢丝录音机做有关医务船的任务报告，却担心庞大的钢丝录音机会引起海滩狙击手的袭击。钢丝录音机利用钢琴丝录音。这些钢丝可以持久保存档案——部分钢丝甚至可以保存到二战结束后半个世纪——但是这些钢丝有可能纠缠在一起并折断，这为编辑上面的内容造成很大的困难。

当钢丝录音机变得比较便宜且更便于消费者购买时，却在 1948 年随着磁带录音机的出现逐渐被废弃。磁带早已在德国出现，但是直至第二次世界大战期间同盟国（the Allies）进入德国时才获得一些磁带录音机。虽然钢丝录音音质好，但是磁带凭借其可携带性、高保真度以及可调节立体声音乐录制的能力而更受欢迎，因而在二战后变得日益流行。盘式磁带录音机成为首批口述史档案的中流砥柱。它们将已改良的录音设备与可用作档案的磁带结合在一起。

1948 年，首款商业录音机面市。同一年，哥伦比亚大学口述史研究中心（Columbia Oral History Research Office）宣告成立。哥伦比亚大学口述史研究中心首先以盘式磁带录音机进行采访录音，然后再将这些录音转录，并允许受访者对转录文稿、访谈活动和访谈准则进行修改，而这些都对其他口述史档案产生深刻影响。由于编辑过的转录文稿与口头语言千差万别，哥伦比亚大学口述史研究中心在将录音转录后就认为录音已

---

① 莱纳德·拉波特：《联邦作家计划生活故事的合理性：忠实信徒中的反传统者》，《口述史评论》1979 年第 7 期，第 6—17 页。

变得无关紧要。在供应短缺时,为了节省成本,通常会在原始录音带上录制其他采访。在 1962 年,就有学者就此策略提出异议,哥伦比亚大学口述史研究中心主任路易斯·斯塔尔(Louis Starr)也曾怀疑储存成百上千小时录音这一做法的实用性,"必须通过索引才能物尽其用,就其本身而言成本就相当昂贵"。他还注意到数百人中只有一人在使用口述史集时要求听磁带。① 哥伦比亚大学口述史研究中心节约成本的做法将实践上升到原则,使转录的地位高于录音。其他项目意识到采访"听觉"特性的重要性,遂开始保存录音。尽管哥伦比亚大学口述史研究中心降低录音重要性并支持转录的做法影响着美国口述史实践,但是这一做法在欧洲并未被接受。不仅因为欧洲口述史源于语言学家和民俗学家,还因为英国口述史学家拉斐尔·塞缪尔(Raphael Samuel)和保罗·汤普森(Paul Thompson)很早就把磁带的价值看得和文档一样重要。②

哥伦比亚大学口述史研究中心的首批手稿就将提问全部删除,将采访对话变成自传体独白。因此受访者的回答听起来就像一长段不间断的叙述,这无形中表明采访并非与众不同,采访者也是可以相互交替的。这种略去意见交换环节的采访形式埋没了采访者和受访者之间的关系,这样会显著影响话题讨论。人们在回答问题时,会谈论或提供本不打算自愿或自发提供的问题或信息。受访者通常会根据采访者的年龄、种族、性别和地位调整他们的回答方式,并提供自认为采访者想要听到的答案,以符合对这次采访的理解。从转录文稿中剔除问题这一做法饱受其他口述史学家的质疑,尤其是来自杜克大学(Duke University)的历史学家,他们采用的方法就是提倡让采访者更积极地参与到采访过程中,并警告被动的采访者会舍弃个人过多专业能力。这一思想学派根植于社会历史并受到社会科学的影响,因此提倡对采访开展更多深入研究和学术分析。

口述史的下一个里程碑出现在 1963 年,这一年位于荷兰的皇家飞利浦电子公司(Royal Phillips Electronics, Inc., 也叫作飞利浦)推出了轻巧的盒式磁带录音机。采用盒式磁带的便携式录音机削减了缠绕巨大卷盘的需求。由于盒式录音机比较便宜且更易于携带,因此尽管盘式磁带的存档期限更长,但盘式录音机也迅速被取代。在随后的几年中,美国国家档案馆(National Archives)依旧要求口述史应通过盘式磁带来提交,并要求一些口述史捐赠者将盒式录音带上的内容拷贝到盘式磁带上。拷贝"最初"只是出于保护目的,而"拷贝"盒式录音带则是为了研究使用。久而久之,盘式录音机的产量日渐减少,口述史档案馆要么不得不维修陈旧设备来重新播放他们的采访内容,要么花费大量成本将采访录音转录到盒式录音带上。资深采访者不愿丢弃他们过时的录音

---

① 《口述史协会时事通讯》1990 年第 24 期,第 2 页。
② 保罗·汤普森:《拉斐尔·塞缪尔(1934—1996):一种欣赏》,《口述史》1997 年第 25 期,第 30—37 页。

机,感觉用起来更舒服,他们拆用旧机器上的零件以保证少量录音机能继续使用。到1984年,盒式磁带录音机变得非常流行,以至于音乐磁带的销量首次超过黑胶唱片的销量。

便携式录音机极大扩充了口述史从事者的数量,简化了现场采访的难度,让不断发展的"自下而上"的采访方式更加适宜历史领域。越来越多的采访开始关注种族隔离、民权运动,开始采访环保人士、爵士音乐家、西班牙裔农场工人、民间工艺品艺术家和其他各种群体。军方在20世纪60年代派遣历史学家担任采访者进驻越南搜集战后情况汇报时,他们携带的就是盒式录音机。身在越南的士兵经常和家乡亲人交换聊天和音乐磁带,其中许多磁带有幸在极其糟糕的条件下保存下来,并捐赠给档案馆保存。录制和保存口述史的成本依旧非常高,而这些项目逐渐开始在较大的机构进行。

1966年,美国口述史学家在加利福尼亚州箭头湖(Lake Arrowhead, California)召开第一次全国学术讨论会,随后在第二年成立口述史协会(Oral History Association)。参加第一次全国学术讨论会的有来自历史、经济、口语交流领域的专家、新闻记者、档案保管员、图书管理员、政府历史学家、民俗学家、心理分析学家、国家和地方历史协会负责人以及一些与医学史和医学图书馆有关的人士。[①] 1969年12月,英国口述史学家在英国录音协会(British Institute of Recorded Sound,即现在的不列颠图书馆声音档案馆(British Library Sound Archives))召开第一次会议。1971年,创办《口述史》(*Oral History*)杂志。1973年,成立英国口述史协会(Oral History Society)。1979年,英国口述史协会在英国埃塞克斯大学召开第一届口述史国际会议(International Conference on Oral History)。此后十多年中,在西欧又召开多次口述史国际会议。1996年,国际口述史协会(International Oral History Association, IOHA)制定章程并开始在欧洲以外的拉丁美洲、非洲和澳大利亚召开两年一次的国际会议。与此同时,各国口述史协会相继宣告成立,其中包括加拿大(1974)、澳大利亚(1978)、新西兰(1986)、阿根廷(1996)、巴西(1998)、日本(2003)、南非(2004)、意大利(2005)、捷克共和国(2007)和乌克兰(2007)。各国学会竞相召开会议和研讨会,并出版各类期刊,进一步推动口述史采访的发展。

数字革命

1996年IOHA的正式组织宣告成立,同一年新兴互联网市场开始呈现爆炸式增长。

---

① 编者伊丽莎白·I.迪克逊和詹姆斯·V.明克提供的《蓄势待发的口述史:第一届全国口述史研讨会论文集》参与名册,口述史协会1967年版,第92—95页。

这或许是一种巧合，但是假如没有数字通信革命，IOHA 不可能取得如此成功。在两年一度的会议之间，国际口述史协会理事会时刻关注着各国口述史协会在资金、出版物、翻译、教育、交流和学术成就等方面的问题，并在召开会议时鼓励多元化发展。尽管其会员遍布全世界，但是他们可以通过电子传播媒介会面，还可以在线发布公告和实时通信。如果没有电子邮件和互联网，大量工作将难以应付。与此同时，世界各地的口述史项目纷纷建立网站宣传和传播他们录制的内容。

在 20 世纪 80 年代，数字电子技术浪潮般地向模拟世界袭来。1982 年，刻录在光盘（CD）上的首个数字录制品面市。五年后，数字式录音磁带（DAT）录音机面世。到 1988 年，CD 勇夺唱片销售桂冠，并在此后十年中在销量上取代盒式录音带。随着音乐世界的风云变幻，盒式录音带主要通过搭配书籍销售继续存活。但是，一旦有声读物被转换成光盘，盒式录音带也开始步盘式磁带的后尘。尽管对老旧设备投入巨大的项目中仍会使用模拟磁带录音机，口述史学家却很难找到依旧囤有盒式录音带的商家。

1992 年，微型磁盘面市。2001 年，苹果公司推出 iPod，许多学生开始把它用于采访，他们所需要做的只是购买较为便宜的麦克风以使其适合口述史采访。年纪大一点的口述史实践者偏爱外形较大的数字录音机，尽管录音机的外形大小和音质之间的相关性已不复存在。在伊拉克的军事历史学家通过高密度闪存录音机录制战后采访，并通过电子邮件将声音文件发送给总部进行转录。

随录制设备一起发生变化的还有将口述史学家联系在一起和不断提高口述史汇编访问量的电子通信技术。20 世纪 80 年代，电子邮件出现，但是直到 20 世纪 90 年代，互联网才真正打开一个充满可能性的世界。口述史学家还建成 H-ORALHIST 邮件自动分发系统以发布公告、提出问题和分享答案。一些口述史档案馆只在网上发布它们的档案目录，另一些档案馆则将完整的转录文稿以及音频和视频记录放到互联网上。研究应用成倍增长，新受众涵盖教师、学生、家谱学家、地方历史学家和普通网络浏览者。那些曾哀叹太少研究人员咨询口述史的档案保管员如今却担心过多人使用这些档案会不合适。如果任何人都能在线获悉这些内容，受访者会失去他们与采访之间的"监护关系"。档案保管员越来越关心受访者的隐私保护以及他们最初的授权协议是否允许在互联网上发布，很多档案保管员在发布有关受访者的任何内容前会事先与当事人协商。当一些站点开始提供录音和转录文稿时，他们还会着重强调这两个版本之间的不同，这又重新引起转录文稿是否应该一字不差地记录录音内容或受访者是否能对转录文稿编辑的争论。一些项目完全抵制转录文稿，更希望研究人员能直接收听采访录音。口语索引的开发方便了对录音的研究。将采访录音放到互联网引起的另一个意想不到的结果是口述史学家首次可以获取他们同事完成的采访,为开启全世界同行评审创造了可能性。①

口述史与数字电子技术的联姻为采访催生出许多富有创造性的应用。口述史现已用作名胜古迹的徒步旅行的音频解说。一些大学提供在线口述史课程,或通过视频链接开展远程教育,教师和学生可通过电子技术交流,而学生所做的项目可通过只读光盘存储器发布。一位在伯克利地区口述史办公室(Regional Oral History Office)工作的口述史学家曾利用手机短信采访一位因重度残疾影响其语言功能的人士。

数字录制还有利于视频采访发展,为口述史采访新增了印象派艺术家保罗·高更(Paul Gauguin)所称的"可聆听的眼睛"。早在 1966 年第一届口述史学术讨论会召开时,一位与会人员就提议用 16 毫米电影胶片录制采访,以保存受访者外貌和神情这些"无形资产"。到那时候,索尼公司已推出第一款大众化录像机,而在 1969 年,录影带首次面市。专家提醒口述史学家不要亲自进行视频采访,因为摄影机仍旧需要光线维护并需要一位工作人员以相当好的质量进行录制,这样会分散采访者的注意力。到 1996 年,日本推出第一部 DVD 摄像机。此后不久,同样一批专家声称无须其他光线和笨重的设备,就能进行采访,并能通过放在膝盖上毫不起眼的监控器就能控制这些设备。当有关受访者是否会恐惧摄像机的争论仍在继续时,摄像提倡者认为有故事要讲的人在讲述时不会在意是否使用摄像设备,尤其是当这些设备放在不容易看到的地方。自 1994 年启动的大屠杀历史真相基金会(Shoah Visual History Foundation)就用一种引人注意的方式展示愿意在摄像机前接受采访的人们最痛苦的记忆,该项目积累 32 种语言的大屠杀幸存者超过 50000 段视频证词的档案。

录音从模拟到数字转换无论是在购买新设备还是将大量口述史集转换到新介质上都增加了旧项目的成本。新设备出现在市场如此之快,以至于在采访者习惯操作这些设备前,它们可能已过时和中止使用了。DAT 录音机和微型磁盘已与八音轨播放器和 VHS 磁带一道被放到了货架上。幸运的是,在数字领域传输数据的整个过程变得更加简单、迅速和自动化。技术的不断革新让爱丽丝这样的历史学家对镜自照,只有奋起直追才不致落伍。

口述史的学术演化

技术发展层次已经与多层次解读相匹配。作为一种收集和解读信息的方法,口述

① 罗伯特·帕克斯:《在英国网络访问口述史存档的挑战》,《国际有声和视听档案协会杂志》2009 年第 32 期,第 74—82 页。

史已经显著引起多种学科的关注,从历史学家到档案保管员、馆长、新闻记者、社会学家、人类学家、民族志学者、民俗学家和各级教育工作者。这种多学科基础不断扩大,将新口述史实践者的不同兴趣和需求整合在一起,鼓励他们考虑彼此在采访过程中所用的不同方法和手段。在高校开设的研究生和本科生口述史课程经常向历史系以外的院系开放,这也是口述史学科多样性的一种体现。许多领域都将采访视为一种有价值的技能以及吸引学生"主动学习"的一种教学工具。

口述史的"大帐篷政策"(Big Tent,包容各种不同的政治和社会观点)兼容人文学科、社会科学学科,而方法论讨论把它归到不同的类别之中。例如,人类学家和社会学家历来注重参与性观察并为他们研究的个人和社区匿名或拟定假名,而历史学家则希望通过这些可确认的资源做一些验证。虽然一种方法按照其他人的标准来判定或许是不合常规的,但是口述史学家力图尊重这些标准并从这些差异中学习。口述史会议和文献正是从学科交叉以及口述史实践者对多个领域观点的引用中获得巨大力量,尽管很多时候其他领域会将口述史资料从所列的注释中略去。久而久之,这种"单向交通"也开始发生变化,"口述史"慢慢开始在许多领域学术文章的标题和注释中出现,比如医学期刊登载有关口述史的文章不仅考虑到其收集到的证据,更看重采访患者的治疗价值。

和艾伦·内文斯一样,历史学家进行采访通常就是为了获取之前并不存在的信息,他们的采访对象之前通常很少写信和记日记。这种方法想要通过采访寻找那些在之前的历史叙事中未被发现以及被忽视的微小却吐露真情的细节。他们采访就是为了听到见证人讲述他们的观点和看法,即使这些证言会混淆他们自己的假设。从采访中获得的信息能够促使历史学家重新思考他们自认为知道的一切,而书面资料和口头资料之间通常会存在意想不到的差异。最初学术界普遍抵制口述史就与口述史的"主观"特性有关。记忆会随时间的推移而改变,并依赖于人的感知而存在。文档资料是不可更改的,因此被认为是"客观"的。尽管口述史学家意识到记忆的不可靠性,但是他们并不会因某个来源是书面的就一定对其加强重视。他们发现撰写备忘录很多时候是为了掩盖而不是要阐明已发生的事情。众所周知一些回忆录就是为了谋求私利,而报纸杂志有时候的报道是错误的。与书面资料矛盾的证言促使采访者重新审视这些书面材料,有时会让他们意识到他们或许根本不需要参考这些文档资料,甚至不需要收集这些档案。不止一位口述史学家曾收到受访者馈赠的相关信件、照片或储存在阁楼的手工艺品来证实讲述者所讲的事件版本。

人类学家、民俗学家、语言学家等不仅被受访者回想起的细节所吸引,而且对他们忘记的、误解的或选择只字不提的内容更感兴趣。记忆研究已经调查过自传式记忆

（因个人而异）、集体记忆（一个群体的历史意识）和公共记忆（一个群体缅怀和纪念过去的方式），以追查许多讲述者的记忆模式。口述史和记忆研究虽然研究的领域不同，却能相互兼容。口述史依靠人们的证词了解过去，而记忆研究只关注记忆的过程以及这个过程如何塑造人们对过去的理解。记忆研究通常对记忆事实的方式以及这些事实的变异更感兴趣，并不大关注事实本身。但是由于口述史学家直接与长期记忆打交道，因此他们会将记忆研究加入到各自的方法论讨论中。

人们在人生的不同阶段接受采访时，处在退休阶段的要比处在工作阶段的人更乐意接受反思式采访。并不只是因为他们现在时间充裕了。在 20 世纪 60 年代，老年学专家罗伯特·巴特勒（Robert Butler）提出一个概念，即：随着人年龄增长，他们会经历一个"人生回顾"的心理过程。长期被遗忘的早期记忆会重新涌现出来，在人们回望个人成败荣辱时又变得栩栩如生。这样的人生回顾会让有些人感到抑郁和绝望，也会让另一些人感到坦然和平静。虽然巴特勒的理论立即引起了口述史学家以及疗养院和医院老年人护理人员、心理学家、老年学专家和"怀旧治疗"工作人员的注意，但是直到 20世纪 80 年代才开始出现"自传式记忆"研究。

社会科学家通常依据有条理和标准化问卷调查最大程度获得大量正确且可靠的信息，并尽可能减少对调查对象所知情况的误解。其他受社会调查"语言学转向"影响的人认为这种方法无法询问到这些消息提供者的见闻从何而来，以及他们是如何取得的。社会学家所称的"积极采访"就是将受访者从"采访对象"转变成"与采访者协作的信息构建者"。他们赞成展开对话性采访，也就是以共同合作方式实现采访和解读。采访者的反驳不应以一种既定议程来指定如何解释，而是要为受访者提供一个良好的环境来讲述人生中的相关问题。

尽管罗伯特·巴特勒自己对口述史仍持怀疑态度，但他所提出的"人生回顾"概念对口述史学家影响深远。他认为口述史学家应为不使用标准问卷提问感到汗颜。巴特勒依据科学方法论想要为可归纳研究得出可量化数据。虽然口述史学家大都出自人文学科，但是他们通常反对问卷调查。除特定问题外，没有一组问题能够涵盖项目记录的经验、见解和观点的多样性变化。口述史采访者经常发现他们收集到的最佳资料都是在稍微鼓舞受访者后他们自愿讲出的，有时候所涵盖的主题会出乎他们的预料，甚至最初根本没准备相关问题。"我对此不太了解，您能再告诉我一些吗？"这才是他们所应做出的最佳回应。[①]

---

① 1988 年 4 月 19 日罗伯特·巴特勒在乔治城大学（Georgetown University）的跨文化中心庆祝尤金·麦卡锡（Eugene McCarthy）特立独行的总统竞选二十周年宴请作者时的对话。

　　个人记忆聚集在一起就构成了一个群体的集体记忆。口述史项目经常围绕项目的周年纪念日组织展开,重点关注企业、协会、宗教团体、部队、院系、校友、市民、积极分子和志愿者的历史。在某些情况下,项目的核心制度或结构就是得益于参与者的记忆才存活下来的。集体记忆既可以记录悲剧灾难也可以记录胜利凯旋,并且在某些情况下,会在群体尝试从困境中走出时发挥重要作用。自第二次世界大战结束后,曾多次努力通过真相与和解委员会(Truth and Reconciliation Commissions)公开过去的暴行并治愈整个民族。为了寻求特赦,被告需要把有关他们过去的行为"大曝光",而他们的回忆将与幸存受害者的证词进行比对。口述史学家曾认真研究过这些委员会引用的证词,并认识到他们的方法论和这些政治动机更强的委员会所采用的方法论之间的巨大差距。[1]

　　口述史学家也曾发现整个群体会齐心协力重新整理他们的回忆,从而让这些记忆与当下更加适宜和相关,这一现象在亚历山德罗·波特利(Alessandro Portelli)有影响力的著作中得到强调。[2] 在这种情况下,尽管采访到的内容在事实上并不准确,但是采访本身仍然充满意义,因为通过采访仍然能够揭示整个群体对过去苦难的看法。集体遗忘有时会是经过深思熟虑后故意从记录中擦去不愉快的事件。例如,华盛顿森特勒利亚地区居民就曾抵制公共历史学家在当地摆放有关 1919 年世界国际劳工(International Workers of the World, IWW)和美国退伍军人协会(American Legion)成员在这里发生血腥战斗的任何历史标记或旅游资料。在第二次世界大战前,希腊萨洛尼卡(Salonika)的犹太人群体曾占这座城市人口的大多数,因此当地一位研究员想要在这座城市寻找犹太群体的痕迹,于是采访了为数不多的犹太居民的其中一位。那位女士对这座城市如何销毁与那段历史有关的所有参考资料感到遗憾。"在历史研究院中什么都没有。在城市博物馆中什么都没有。在希腊书店中几乎连一本相关的书都没有。什么都没有。就好像我们从没在这里生活过一样。"[3]

　　集体记忆遭受失忆症的发作。即使像第一次世界大战后据说在世界范围内夺走两千万生命的大规模流感这样的创伤性事件的记忆也会逐渐褪色变得模糊。1918 年 12

---

　　① 请参阅克莱尔·穆恩:《政治和解叙事:南非的真相与和解委员会》,莱克星顿图书出版公司2008 年版。

　　② 亚历山德罗·波特利:《路易吉·特拉斯图利之死及其他故事:口述史的形式和意义》,纽约州立大学出版社 1991 年版;《命令已经执行:罗马纳粹大屠杀的历史、记忆和意义》,帕尔格雷夫·麦克米伦出版社 2003 年版。

　　③ 罗伯特·R.维耶尼:《他写的历史:一个秘密社会中的谋杀、政治和公共历史面临的挑战》,《公共历史学家》1994 年第 16 期,第 51—73 页;罗伯特·D.卡普兰:《巴尔干幽魂:历史之旅》,圣马丁出版社 1993 年版,第 237 页。

月,当历史学家威廉·麦克尼尔(William McNeil)的母亲和刚出生的妹妹因流感病倒时他刚满一岁。后来他注意到他的父母并没有为这件事做任何书面记录,并将人生中那段最恐怖的经历从家族的记忆中抹去,因此他对当时究竟发生了什么以及他的亲人如何死里逃生一无所知。家人提到的只是他们投靠在加拿大有农场的祖母才得以幸存下来,这意味着故事口传版本得以保存只是"因为这个故事有个美满的结局"。麦克尼尔推断有可能是因为"经历这段遭遇后没什么值得倾诉或记忆的东西",这也可以解释为什么在人类记忆中大规模流感留下的痕迹如此之少。①

但是,近些年发生的灾难却激励着口述史学家奋战在"悲痛和历史十字路口"的第一线。越来越多的项目对记录刚过去的重大事件有浓厚的兴趣,这拓展了历史声音的范围,也为受害者提供一个宣泄和释放的渠道。自然灾害也能对口述史产生重大影响。2005 年 8 月,当"卡特里娜"飓风重创墨西哥湾时,口述史学家立即开始筹划方案记录这场风暴及其余波,不但采访那些留下来的人,而且也采访那些被疏散到其他地方的人。这个项目包括从密西西比州和路易斯安那州的现场采访到对遍布田纳西州到得克萨斯州的难民进行采访,并关注这一灾难的不同方面,从洪水肆虐期间的救援工作到医疗援助、宗教祈祷以及特定群体(如"卡特里娜飓风的犹太人声音")的回忆。佛罗里达中部的口述史学家对无家可归者进行采访,了解有关横扫佛罗里达州的三大飓风的经历,并对比这些风暴对他们以及那些房产业主的影响,逐渐认识到同一件事情对不同人群的影响是不同的。很少有资料关注这些无家可归者,他们在风暴后得到避难场所和食物援助,并投身到灾后清理工作中。同样的创伤性事件并没有对他们的生活造成太大破坏,他们还能够对社会做出贡献。

在这样的创伤性事件过后不久就展开采访让口述史学家意识到一些新问题,并引发历史间隔、历史客观性、历史反思和情绪创伤等问题的广泛讨论。在 2001 年 9 月 11 日纽约和华盛顿遭到恐怖袭击后,口述史学家广泛记录受此事件影响的各界人士的看法,一方面为了保存大量经历和观察资料,另一方面为了研究人们会从此类事件中带走哪些记忆以及他们会将这些记忆保存多久。大多数口述史项目在事件发生后很长一段时间才着手进行,这时人们对事件会有更清楚的认识,而且他们事后的经历会让他们对之前提供的故事进行修改。在"9·11"事件发生后不久展开的采访与事后多年所记录的内容很可能有所不同。由哥伦比亚大学开展的口述史项目就是定期对同一批人重新采访。其他项目则涉及纽约市消防局(New York City Fire Department)的救援工作,记录对事发当日消防员、医护人员和急救医务人员的采访,以及有关美国陆军工兵部队(U.

---

① 威廉·麦克尼尔:《大规模杀伤性武器》,《纽约书评》2004 年第 51 期,第 3—4 页。

S.Army Corps of Engineers)救生艇队员的采访,他们从下曼哈顿区疏散了惊慌失措的纽约市民。他们注意到在恐怖袭击发生后最繁忙的那几天中,书面记录非常稀少而且通常只包含"可对任何灾难进行回应的枯燥无味的官方文件",而他们所收集的采访却在记录着这部人类惨剧。除采访灾难亲历者外,美国国会图书馆的美国国家民俗中心(American Folk-life Center at the Library of Congress)还创立了一个"9·11"事件项目来记录全美国人民对这一事件的思考和担忧。

　　除了学术界,口述史也成为系谱学家、社会历史学家等其他领域专家研究的主要资源。国会图书馆的退伍老兵项目(Library of Congress's Veterans Project)鼓励成千上万的个人对各种战争的退伍老兵或在战争大后方有过工作经历的亲戚和朋友进行采访。成百上千的人还前往故事会(StoryCorps)在纽约中央车站(Grand Central Terminal)安置的隔间中相互记录简短采访。故事团由电台制作人成立,在美国各地都设有移动隔间,并邀请人们自己录制简短采访,精彩部分会在美国国家公共电台(National Public Radio)中播出。一位查阅过这些录音的记者总结说:"部分有吸引力的片段通常不超过五分钟,每个采访都能给其他人的经历带来真实意义。我们天生就是故事的讲述者和倾听者,但也会对其他人充满好奇。"虽然这些简短的叙述既让倾听者感到愉快又让讲述者感到满足,但是这些叙述和快照差不多,内容不能像宏大的口述史那样翔实,因而不太可能与历史叙述交织在一起。

　　无论是口述史专家还是口述史业余爱好者都需要尊重受访者的尊严和自主性。每个口述史项目都应通过法律授权书明确说明受访者希望录制和转录这些采访,以达到档案馆和出版社的版权要求。除了评估口述史项目的指导准则外,口述史学家曾讨论、制定和公布采访实践的伦理和法律标准。这些标准并不是一成不变的,会定期修订,以适应新的发展和技术。基金会通常会将这些标准作为专业能力的评判依据。使这种工作复杂化是人类主体性评估学术要求出现的结果。虽然为医学和行为科学制定的这些规则有可能对口述史造成伤害,但是其中的部分规则已把口述史视为一种人际互动。在大多数情况下,口述史标准已经超过人类主体性评估的要求。但是,一些审查委员会依然会设定一些不合理的要求,如责令采访者避免询问令人尴尬的问题、抹去录音带上的录音、提到受访者时不用真名而要匿名、采用与这个领域背道而驰的准则。

　　"口述史从未像现在这样流行。"《美国新闻与世界报道》(US News & World Report)曾在2007年有关美国国会图书馆退伍老兵项目的封面故事中做出这样的论断。从技术层面来讲,可以音频或视频形式进行、保存和传播采访的设备已变得越来越多样化并且经济实用。从学术层面来讲,口述史已经成为众多学科广为接受的一种严密的研究方法和行之有效的教学工具,逐渐从边缘成为主流。许多高校、美国以及英国已经开始授予口述史研究生学位和生活史研究生学位。国际口述史协会的许多会议都会吸引数十个国家高校内外的数百个口述史学家参加,他们来自罗马、悉尼、里约热内卢和伊斯坦布尔等不同的城市。

《牛津口述史手册》(*The Oxford Handbook of Oral History*)中穿插有许多这样的话题,从而证明世界范围内口述史的复杂性。虽然基本的采访技巧仍然对各种类型的口述史采访非常重要,但是在实践操作过程中会因国家和学科的不同而千差万别。口述史学家有可能在一个群体内采访或进行跨文化采访。他们提问的对象有可能是受过良好教育的人也有可能是文盲,有可能是胜利者也有可能是失败者,有可能是事件的核心人物也有可能是事件的边缘人物。口述史学家必须注意到人们记得什么、他们为什么会忘记或为什么会对过去的事件重新整理。他们记录荣耀与悲剧,无论是这些事件刚结束当事人的情绪依旧沸腾,或在情绪慢慢平复之后个人能够仔细反省这些事件对他们旷日持久的影响。他们使用各种形式的音频或视频采访,并将最新技术应用于制作、保存和传播自己的作品上。他们不但要处理影响口述史操作和使用的法律和伦理问题,还要处理好采访者和讲述者、档案保管员和研究人员的关系。他们提供新项目或业已完善项目的案例分析,一些项目会随着新一代口述史学家对已收集到的信息、已满足的需求以及可提供的新设备的重新思考而不断发生转变。他们会在教育和公共演讲中对口述史的实施情况做出评估。本书中的许多文章会反思过去并对未来的发展方向做出规划。口述史已经被广泛利用和接受,并将随着新技术的发展而不断演变,并在应用过程中产生大量新的诠释并考验口述史实践者的创造力。

参考文献

[1]托马斯·L.查尔顿、罗伊斯·E.迈尔斯、瑞贝卡·沙普利斯编:《口述史手册》,阿尔塔米拉出版社2006年版。

[2]罗纳德·格雷里:《声音的信封:口述史的艺术》,普雷格出版社1991年版。

[3]罗伯特·帕克斯、阿里斯泰尔·汤姆森编:《口述史读本》,劳特利奇出版社2006年版。

[4]唐纳德·里奇:《大家来做口述史》,牛津大学出版社2003年版。

[5]保罗·汤普森:《过去的声音:口述史》,牛津大学出版社2000年版。

[6]瓦莱丽·罗利·尤:《记录口述史:人文与社会科学指南》,阿尔塔米拉出版社2005年版。

第一部分

采访的本质

第 1 章　采访的动力

玛丽·凯·昆兰（Mary Kay Quinlan）

采访无处不在。

"参议员,您的竞选纲领是终止战争。那又该如何解释您投票赞成为军队提供更多资金呢?"

"您是否知道州立大学位列《美国新闻与世界报道》(*U.S.News and World Report*)最新大学排名前二十强?""我真的不太相信这些排名。""哦!【校友会的电话捐客停顿了一下。我的回应明显没有出现在她的手稿上。】但这不是很棒吗?""如果你说是,那就是吧。"

"先生,您知道您开的有多快吗?"

"亲爱的,今天在学校都做了什么?""哦,什么都没做。"

"您想不想来点薯条和再来一中杯饮料?"

无论是郑重其事还是敷衍了事,提问在当代社会随处可见。通常我们并不会有意将快餐店收银员询问顾客菜单这件事情提到采访活动这种高度,但这确实是一次以获取信息为目的尝试,只不过店员只是按照规定(如果有的话)以一种特定方式问了一个特定的问题而已。当然,有时候提问者会像校友会的捐客一样,并不想获得任何信息。但回答者若深谙传统文化就会知道——你今天怎么样?——这个问题根本不是一个真正的问题,只不过和"你好!"一样,只是打招呼的另一种方式而已。尽管如此,有目的地提问和回答就像再平常不过的小型采访,让我们的生活充满意义。

除了这些日常交流就是那些更为正式、目的性更强甚至能够主宰某些专业人士命运的采访活动。在大学图书馆的在线目录中搜索关键词"采访",会检索到数百个词目。其中有《采访者和随机交谈时常犯的 88 种错误》(88 *Mistakes Interviewers Make and Conversations at Random*),社会保障总署(Social Security Administration)关于询问老年人、幸存者和残疾保险等申请人的专用手册,以及军队公共事务办公室(Army Public Affairs Office)应对广播电视采访的指南。还有《问答态度调查》(*Questions and Answers in Attitude Surveys*)、《犯罪受害者及证人新闻采访执行指南》(*The Executive's Guide to Handling Press Interviews and Interviewing Victims and Witnesses of Crime*)和各式各样以护士、社工、教师、儿童强制抚养工作者、警察审讯人员、电话掮客、律师事务所猎头、市场调研员、精神健康专家、法律顾问和其他形形色色的救助者为目标群体的手册和指南。一家图书馆内关于广播谈话节目采访的书籍有 19 本,关于采访被虐待儿童的书籍多达几十本。有一本书是关于"计算机辅助采访",还有一本是关于"主动"采访。(有人或许想知道:什么是被动采访呢?)

似乎每个人都是采访者,但并非每个人都是口述史学家。在"采访"下罗列的词目中还夹杂着一些有关口述史采访的参考文献。或许图书馆寥寥无几的词目数量就可以说明其在图书收藏策略上的缺口,毕竟有大量以对口述史采访感兴趣的受众为目标的印刷体资源和网上资源。口述史在其一般意义上确实变得日益流行:在教室和社区俱乐部、国家展会和火车站、企业总部和无家可归者收容所等随处可见。故事会(Story-Corps)让您或您的外祖母在一个移动亭内就可以记录你们的故事。① 或者您可以在互联网上查找到各种各样的音频和视频口述史资源,不但在活力四射的中学课堂就能访问高科技设备和简便易用的计算机软件,而且还能访问记录翔实、图文并茂并附有链接的专业口述史档案,为您提供您之前从未想过要了解的相关信息。

有时,让口述史从业者在面对口述史采访全面而现成的机制时丧失满腔热情的原因就在于口述史的核心事实:自早期的钢丝录音机起,口述史采访就很少有太大的变化。这依然是一个有备而来的采访者和一个心甘情愿想一吐为快的讲述者之间热切的人际交流,在一种精心营造的采访环境下记录讲述者以第一人称提供的信息和经历,并能够为其他人所用。采访有可能只是某个大项目的一部分,项目策划人还打算精心制作并网络出版。或者有可能是某位学生想通过个人努力记录自己深爱的祖父母的日常生活,最终制成一份家庭纪念品。无论口述史采访的动力和成品是什么,口述史采访本身就是其他一切的基石。而了解口述史的采访动力对以一种富有意义的方式对公共记录做出深远而实质性的贡献十分关键。

基于采访的研究

对许多人而言,提到"采访"一词都会想起那样一幅画面:一位电视台记者娴熟地

---

① http://www.storycorps.net.

凝视着摄像机,准备好与某些经常会竖起眉毛的政客展开唇枪舌剑的交锋,采访飞车射击的受害者悲痛欲绝的父母,或者运动员新闻经纪人张罗的为运动员谋求私利的出镜机会。所有诸如此类采访的共同特性就在于其娱乐价值。当然,还是能找到一些广播采访节目,如果经过必要的删减,在新闻记者和新闻来源之间还是能碰撞出思想的火花,而观众也能获得新的信息和见解。很多质量上乘的纪录片都包含对海量采访的摘录。但是对大多数电视记者而言,实际情况是他们很少有充足的时间进行广泛的背景采访,而我们有一次为了在内布拉斯加州召开时长两小时的州养老院监管机构会议,曾和学生报刊记者将一个乡村所有高级护理中心的概况都整理出来。有些方法可以写出一篇权威的报道,却未必能做出令人信服的电视节目。但是随着报社裁员并且在派记者外出采访时为他们提供摄影机好让他们将采访摘要放到互联网上,而深入的背景调查越来越成为平面媒体记者的一种奢望,这让电视节目采访与平面媒体采访之间的区别日益模糊。印刷技术和广播技术的融合通常导致这两种记录方式之间的差距日益缩小。

　　广播采访凭借其主导优势在采访中恶声恶气的提问方式为那些想要成为口述史学家的人树立了一个坏榜样,但新闻采访方式和口述史采访方式的某些相似之处是值得注意的。无论是新闻记者还是口述史学家,要想做深度采访都需要事先做好准备工作,并在很大程度上都依赖于开放式提问、探究细节和去伪存真。记者和口述史学家一样都可能会记录采访,但在实际操作上却有所不同。记者几乎没有时间或理由完全逐字记录采访,而且这种采访通常也不会像口述史采访那样将采访内容存档在公共存储库中。这两种方式之间的根本区别在于采访的出发点不同。新闻记者通常只做简单采访,很少会预先告知受访者,因为他们的目的很明确,就是为了在数小时内或最迟一天内出版或播出新闻和专题报道。口述史学家原则上都会提前规划,通常还会进行长期深入的采访,其直接成果或许就是存放在档案机构并在采访结束数周甚至数月后才出现在检索指南列表上的逐字采访实录。目的上的迥异将新闻采访和口述史采访区分开来。

　　民族志采访是定性研究的另一种学术形式,它与口述史采访有相似之处,但是和新闻采访一样,与口述史采访也有很大的区别。民族志学者可能也会深入采访并对采访做记录,但他们通常更关注文化习俗而不是历史事件。民族志学者可能不会以任何正式的方式记录采访,反而以参与者和观察者的身份出现,在与被调研社区的民众进行一天接触后撰写出大量笔记。口述史学家因其参与的采访主题不同而只会对特定人员进行采访,民族志学者与其采取的方式有所不同,他们只与那些想交谈的人交流。民族志学写作的学术标准习惯上也鼓励研究人员为被采访和被观察的当事人捏造假名,而口述史学家和记者的道德标准就是在无特殊情况下使用被采访对象的真实姓名和身份。

　　虽然这三种基于采访的研究方法有一定的相似性,而且每种方法的从业者之间可以互相学习一些有建设性的技术和技巧,但是他们之间的区别更为明显。因此,研究所有其他提问行业的技术技巧也是一种学习方式。口述史采访与其他采访差别很大。

那么口述史的动力是什么呢?在采访过程中,有哪些因素会推动并改变采访的走向?简而言之,口述史采访的各个方面(包括前面提到的采访本身的各种因素)都会左右参与采访人员之间的密切关系。

采访者专用术语的演化为采访动力提供了一些线索。当采访者和受访者坐下来录制口述史时,让历史学家感受到他们正在做什么。提出问题的人通常被称为"采访者"。虽然这个叫法已广为人知,但是部分学者一直反对将回答问题的人称为"受访者"或"采访对象",并指出这些词汇本身暗含着采访双方存在一种不平等的关系,受访者只是正在接受采访的人所扮演的角色。因此,一些口述史将接受提问的人员称为"信息提供人",这是民族志研究中的一个常见术语。但是,该术语也有能引起其他人反驳的隐含意义。FBI退役特工协会(the Society of Former Agents of the FBI)所展开的口述史项目就选定"受访者"一词,因为他们想要采访的那些已退休特工会把"信息提供人"与揭露组织机密的内幕人士等同起来。"讲述者"一词也用于那些回答问题或"讲述故事"的人,该词作为"讲故事的人"的同义词也已广泛用于其他领域,从专题报道到艺术展览的各个方面也被称为讲述。对部分学者而言,口述史参与者称呼的选择比其他因素都更为重要,但是大多数口述史学家都认同口述史是采访者和受访者做出同等重要贡献的协作过程。

影响采访的因素

就像采访主题选择可能会对采访方式有一定影响一样,口述史项目的目的也对采访本身有影响。诸如涉及无家可归者、外来务工人员和被剥夺权利群体的社区口述史项目会把口述史采访过程和内容用于实现明确的政治或社会目的。采访者和受访者齐心协力共同致力于同一个目标。如果他们认为他们所参与的口述史项目不会为他们的生活带来明显改善的话,或许就不会再满怀热情地参与其中了。无论这些有明显任务导向的口述史项目能否达到其政治或社会目的,共同承担重要政治或社会任务本身就会深深影响采访过程。

即使谋求政治或社会改变的目的性不是那么明显,或某个口述史项目只是为了将历史记录归档造册这一更为中立的目标,同意参与采访的讲述者通常都和项目组织者有同样坚定的信念,即保存这些事件的信息功在当代利在千秋。虽然他们不及传教士传教那般狂热,但是他们也会用一种积极的方式处理口述史项目,而这同样也会影响采访动力。简而言之,他们都想讲述自己的故事。事实上,讲述者有时比采访者更想听到自己所讲述的故事。

采访所产生的最终成果甚至在打开录音机前就在影响采访本身。《美国口述史协会的原则、标准和评价指南》(The Oral History Association's Principles and Standards and Evaluation Guidelines)指出口述史学家尊重受访者并承诺不利用受访者是口述史项目的基本原则,口述史的方方面面也一定要围绕这个原则展开。一些口述史项目按照计划要拍摄成视频,或把采访实录或完整的文字和音频资料放到精心制作的主题网站上。口述史讲述者有时会像那些急不可耐要向另一个人一吐为快的普通人一样会因各种各样的原因在讲述时有意识地进行自编,还有一些人面对在网络上有可能出名的机会可能会忍不住有意突显其角色,让其他人的表现显得不那么积极。而其他人可能也不会在意他们的措辞。这些反作用都会影响采访动力。

访问在线的口述史著述更便于学者找到与其研究相关的最新主要资料来源。至少在理论上,将口述史采访资料存放在图书馆或档案馆中与将完整的口述史实录或完整的影音记录放到互联网上之间没有什么不同。但是研究人员前往图书馆借阅口述史实录的数量要远远小于在线搜索者和使用者。一些口述史参与者明确提出在线访问口述史正在积极发展。他们想要尽可能多的人能够收到他们所传达的信息。但是随着在线口述史资料被滥用的可能性不断提高,其对讲述者带来危害就越大,其他人也表达了对这种情况的担忧,这是值得考虑的一件事情。对口述史成品的决断以及对口述史资料的最终处置也对采访动力有一定影响。

在采访者按下"录制"键前,影响采访的另一种因素就是将事件放在首位的大环境。渐渐地,口述史学家开始像新闻记者那样迫不及待地记录人为和自然灾害的余波,包括从 2001 年 9 月 11 日的恐怖袭击到摧毁美国墨西哥湾沿岸的飓风和其他"层出不穷的危机"。口述史学家必须在灾难降温前立即对灾难受害者的经历做记录,这种极度紧迫感对采访立项造成了不可忽略的动力。将故事立即记录下来的动力可能在于其有助于关注事态进展,这就像立即对突发新闻的根本特点进行标记一样。但是随着时间推移,事件需要更多的反思和分析,这俨然是口述史更常用的方法,与新闻工作有非常明显的区别。哥伦比亚大学的"9·11"事件口述史项目就将这两种方式融合在一起,首先在事件发生后立即采访,然后在一段时间之后再次采访同样的讲述者。项目管理者发现部分原讲述者拒绝接受第二次采访,因为他们需要"一段时间对此事保持沉默"。①

---

① 哥伦比亚大学的玛丽·马歇尔·克拉克转引自《记录 2001 年 9 月 11 日:两年之后》,《口述史协会时事通讯》2003 年冬,第 9 页。

除了采访本身,采访活动发生时所处的环境也会影响交流。采访地点可能会唤起讲述者的重要记忆,并有助于发掘他们内心深处的记忆和回应。对讲述者和采访者而言,采访地点各种物理特征(如温度、房间大小、亮度、周围噪声、座椅舒适度和视觉干扰等)所创造出来的环境都能对完成采访产生或多或少的影响。如果采访参与者不得不克服周围影响才能将注意力放在正在讨论的话题时,那么采访的动力随时都会发生改变。有经验的口述史学家会事先检查采访环境,尽可能将潜在的干扰和中断因素降至最低。

另外一种环境因素可能是有其他人在场。口述史采访通常只涉及采访者和受访者。虽然有些项目会起用多名采访者,但他们每次只对一个人提问。尽管采访者会竭力将被采访对象限定为一个人,但有时被采访对象的家庭成员或朋友也会加入,这样会明显改变采访者和受访者之间的关系。若两个或两个以上的人充当讲述者,其中最健谈的人势必会在讨论中占主导地位,甚至能左右特定主题和评论的议程。多名讲述者之间会进行争论,这样就有可能为当下谈论的话题发掘出一些有趣的见解,但是这样会让采访转录更费力,并且不能充分利用有限的采访时间。有时候,采访多个人会得到意想不到的效果。有次采访的对象是一位将一个规模小且以农业为主的社区发展得生龙活虎的老市长。在最后时刻,随着市长妻子加入,他们之间的"化学反应"带来更丰富的记忆。他们相互提醒彼此,让许多有关社区过往不为人知的点点滴滴浮出水面。

有时无法避免让多人同时参加一个采访。某个社区历史项目曾雇佣一名有视觉障碍的志愿采访者,他需要一名助手帮他操作录音机。当两名采访志愿者一起工作的时候,负责做设备辅助的志愿者渐渐会发展成第二个采访者,他会追问后续问题并向主采访者建议问候方式,因为这样可以扩展采访的内容和质量。当需要翻译在场时也不可避免要多人同时参与一个采访。翻译技巧以及翻译与讲述者的关系将成为采访动力中一个至关重要的因素。若让讲述者的家庭成员充当翻译会明显限制讲述者所要讲述的内容。对两种语言都不娴熟的翻译会在就个别词汇或问答过程进行反复讨论时出现困惑。

在口述史采访时,除了坐在桌子旁边的当事人外,桌子上放置的录音设备也会影响采访过程。在录制口述史早期,笨重的录音机成为影响讲述者畅所欲言的一大障碍。这时的录音机就像一位体积庞大贸然闯入的偷听者,对本应开放坦诚的交流产生影响。近年来录像机和录音机的体积越来越小,而口述史讲述者越来越适应这些技术,因此这一干扰因素在逐渐减小。甚至,那些人们以前认为常常会抗拒新技术的老年人,他们即使不玩电子游戏或不发送短信,也可能会熟练使用电话答录机等设备。尽管录音技术看起来无关紧要并且毫不起眼,但是如果采访者操作不当也会对采访造成影响。如果采访者在采访时不停在操作录音机,那么机器本身就会成为受访者的注意点。在视频采访过程中需要由其他工作人员负责管理摄像机、麦克风、灯光及其他所需设备,这样虽然的确会增加采访动力,但许多讲述者认为视频采访要比仅录音采访更容易受到干扰,让采访者很难全神贯注于讲述者所讲述的故事。

准备充分的采访者

虽然许多会影响采访动力的因素超出采访者的控制范围,但其他因素仍处在采访者的控制范围之内。其中最重要且最可控的因素就是采访者为准备口述史采访所做的研究和准备。对新闻记者而言,他们已经习惯于因一则新闻放下手中的工作,或匆忙完成工作去处理突发新闻,除了从他们积累的知识宝库中回忆外根本没有时间做准备,只能凭直觉和经验提出问题。与此相反,口述史学家却可以花更多的时间研究所负责主题的基本背景信息,并收集受访者的个人资料信息。深入研究是采访动力的一个关键因素。

见多识广的采访者更容易与讲述者建立起一种密切关系。这说明采访者非常有兴趣事先了解话题和讲述者。通过研究还能在公开记录之外发现新的探究范围。一个有备而来的采访者会充分利用采访时间,不会仅停留在众所周知的领域,而会寻找更多细节,请求讲述者就以前未披露的信息进行解释和分析。

当讲述者对一些日期、地点和人名的记忆不确定时,如果采访者已经对话题或讲述者的背景了如指掌的话,他就很容易帮讲述者填补这一记忆空白。这种记忆衰退会让讲述者焦躁不安。在采访一位退休高校管理者时,他怎么都想不起来他是哪一年从研究生院毕业的。假如采访者也不知道这一年份(这一信息在受访者的个人资料中都是现成的),并且没有说"不用担心,我们可以以后再查"。相反,他为了搞清楚这一问题开始接连向这位系主任发问:在此之前吗? 在此之后吗? 是不是就是这时候或那时候? 这种交流会让采访脱离正常轨道,并对后续话题展开没有任何实质性的帮助。实录中甚至显示讲述者开始大声呼喊明显在另一个房间的妻子,看她是否记得具体日期。采访者若准备不足(或者认为采访就是判断正确或错误的小测试)就会冒犯讲述者并让讲述者感到尴尬,一旦这样他们就不会轻易给其他采访者第二次机会。

即使做好了充分准备,采访者也需要在展现自己对此次采访做足功课来赢得讲述者的尊重与卖弄自己的知识引起讲述者的敌意之间拿捏好尺度。在口述史采访中,自称无所不知的人会给采访动力带来破坏。如果讲述者认为采访者对他所要说的事情不是真正感兴趣,他们就会变得恐惧、厌恶甚至迟迟不予回应。有时候,口述史项目会直接邀请该话题的其中一名讲述者担任采访者。采访者的第一手知识对引导讲述者做深入阐述和分析时具有得天独厚的优势。但是这些既当讲述者又当采访者的人员不得不克制与讲述者争论的冲动或就某事想要给出自己针锋相对的观点的念头。采访者理应与讲述者就某个事件的不同阐释进行探讨,但口述史采访毕竟不是辩论会,只有在辩论会上提出问题的人才会就被提问者的回忆和回应与其进行激烈争辩。一些口述史项目策划人试图通过首先采访这些采访者来规避这种情况的发生。这样采访者就有机会将自己对某事的观点记录下来,这样他们更渴望听一听其他讲述者的观点而不是要表达自己的观点。

采访者所提问题的技巧性取决于采访者的准备情况。问题自身的性质决定一次采访是一场与众不同的"口述史",而不是任何其他类型的一问一答式交流。口述史采访或多或少都不完全等同于思想交流。讲述者和采访者在合作过程中,虽然他们扮演同等重要的角色,但是他们贡献的信息量却不一样。口述史实录过程中会很少记录采访者的话语,因为采访者的职责是负责提问,给讲述者留出充足的时间做翔实回答。

一次口述史采访是否成功取决于采访者提出的问题是否中立、开放并且目的明确。同样的问题也会出现在新闻记者的问答环节,但是由于新闻记者通常都设定有截止时间,他们更倾向于直奔主题,这要比口述史涵盖的面要窄得多,同时新闻记者提出的问题通常比较有限。新闻记者和口述史学家在接受培训时都要求做到认真倾听、跟进问题、澄清疑惑、探究细节,并要求受访者做进一步说明。但是新闻记者经常趁受访者的沉默间隙迅速提出新的问题,而不是耐心等待看讲述者在停顿后能否主动提供更多信息。如果能给讲述者留有更多时间,他们往往能将故事讲得更加详细,并揭露一些之前可能有所保留的事情。讲述者的沉默或思考如何回应的过程事实上是口述史采访所要收集信息的一部分,然后才能提出后续问题。

正如政治民意调查,精心准备的口述史采访者会切身体会到他们巧妙提出问题的措辞有可能是在暗示"正确"答案。一位负责任的口述史学家绝不会询问:"您不喜欢住在这里,是吗?"一个更开放式的版本可能是:"您在这里生活的怎么样?"即使这样的措辞也在假定讲述者"喜欢"这里。而"告诉我你在那里的生活情况"就可以让讲述者自主选择回答方式。有可能他们既不喜欢也不讨厌那个地方;那里只不过是一个暂时的住处,不一定非要喜欢或讨厌。

虽然大部分口述史学家都倡导提中立性问题,避免向讲述者发出信号表明想要什么样的答案,但是一些口述史学家指出选择问题以及选择讲述者本身就不可避免地反映出个人偏见。即使询问个人背景这样的中立问题也表示采访者相信了解讲述者的教养非常重要,这本身也在反映一种价值判断。① 但是值得注意的是,询问个人背景也是

① 罗纳德·格雷里编:《声音的信封:口述史的艺术》,普雷格出版社1991年版,第85页。

采访过程中一个可起到实际作用的功能。大多数人都可以无忧无虑地谈论自己的背景,所以当他们开始讲述时采访也就相应开始了。

　　一个规划清晰、能提出有见地的问题以及满怀敬意有聆听技巧的采访者能让一位紧张的讲述者彻底放松,敞开心扉,积极配合提问。采访者若能意识到讲述者双臂交叉、笑声紧张、手指不停敲打椅子扶手、转动头部等身体语言提示,就能帮助他认识到讲述者的口述史遇到难题了。这可能是在提示采访者需要提出后续问题或转换话题了。准备充分的采访者能够判断他们什么时候需要完全舍弃既定的采访结构,因为他们会发现讲述者看似更为有趣的故事并不是采访者所想要的。在某些情况下,按时间顺序采访对讲述者来说并不是一个回忆细节的有效方法,他们更喜欢按关联性而不是按时间顺序回忆。

　　注意"读懂"他人是口述史学家掌控采访的不二法门。从采访者和讲述者最初互致问候起,每个人的性格特征都会对两者在采访过程中的关系走向产生影响。他们从陌生人变成历史研究的合作者——只有在这种关系中,讲述者才能告诉采访者他们一般不会轻易说出的故事。人们之所以愿意参与口述史项目是为了想让那段历史得以保留下来,但是他们仍需要确保整个过程并不是在利用他们。① 口述史所面临的挑战就是要在采访者和讲述者之间构建一种信任,即使两人的性格大部分比较类似或明显不同也会让他们之间开诚布公地交流。两人的年龄、性别、种族背景、教育背景、社会地位、宗教信仰、区域认同、相互关系甚至对这一项目情感承诺的相关程度都是影响采访动力的关键因素。有关这些特征相互影响的争论是无止境的,但是尝试将采访者和讲述者进行理想配对有些不切实际,也会受制于时间和人员限制。

　　对一些口述史学家来说,与个人特征相关的最大挑战来自于采访者和讲述者的种族背景。在美国历史上,有很长一段时间黑人和白人之间无法"以一种开放、坦诚的方式相处"。这一现实在口述史环境中也得以体现,有学者曾对 20 世纪 30 年代的美国联邦作家项目(the Federal Writers' Project)对农奴的采访(现代口述史的先驱者)进行研究证实了这一点。美国经济大萧条时期的联邦作家项目必须要在其特定的社会环境下才能理解这种机制:从受过教育的失业白领中雇佣作家,他们或许对倾听一个伟大的故事比记录切实的生活经历更感兴趣。在 20 世纪 30 年代,非裔美国人(尤其在美国南方)被视为低人一等,这一点成为采访时无声的交流中不可避免的一部分,也影响这些资料后续使用的首要现实问题。对同一位上了年纪的非裔美国女性的两次采访就能充

---

　　① 　瓦莱丽·罗利·尤:《口述史研究中的种族和人际关系》,《口述史评论》1995 年第 22 期,第 51 页。

分说明这一问题。其中一位采访者是白人女性,另一位是黑人男性。每次她叙述的内容都大不相同。在其他采访中,那些曾经做过农奴的人被普遍认为对白人采访者缺乏坦诚:"你父辈祖辈的人我都认识。上天保佑,孩子,我什么都可以说,就是不想告诉你那些会让你高兴的事儿。"

最近在一个有少数黑人群体的中西部城市,一位年轻的白人女性参与了一个旨在记录早期非裔美国人在这个社区生活的口述史项目,她采访了一位上了年纪的黑人女性,她在这个社区生活多年,是农奴的后代。虽然这两位女性在参与这个口述项目前就已熟识,但是当他们在第一次正式口述史采访中谈及种族问题时,双方都感到极大不适。讲述者并没有讲与当过农奴的祖母相关的任何故事,而是直接说:"嗯,我跳过这一段吧。"而就采访者来说,她也多次放弃询问那个村镇里与三K党(Ku Klux Klan)活动、与其他种族的关系以及教育等相关后续问题。在首次采访结束后,这位年轻的白人女性采访者在评论这次采访时说她之所以屈服于自己的不适主要是因为这种不适来自于她无比崇敬的人。她还为下一次采访写了一段引言,她开诚布公地提到双方就种族问题畅所欲言时的困境,但也着重强调记录在根深蒂固种族主义制度化时期非裔美国女性的成长经历的价值意义。"您可以让我们明白那种生活到底是什么样子,而我们可以将这些记录下来,让其他人从中得到教益,并更好地理解您在这里成长的点点滴滴。"采访者说,并补充道:"让我问您一些问题很困难,而您回答起来也很困难,但我希望我们能尝试一下。……现在我已准备好了,我想看看您和我这次能有什么收获。"

在随后的采访中,采访者在询问与种族相关的问题时表现出更大的意愿,而讲述者也明显更加开放坦诚地做出回应,两者之间的关系有了明显的进步。如果是由一位年轻的非裔美国女性提问,那么这个采访会有什么不同吗?毫无疑问,正像如果采访者是一位非裔美国男性或拉丁裔女性一样,采访肯定都会有所不同。有可能出现的理论组合数不胜数,但是即便如此,最终也只会出现一种组合。采访双方还谈到最初对将这些历史记录下来留给后代阅读并任由他们遐想的不适。

这里还有一些例子可以说明其他个人性格特征组合对采访动力的影响:

1.一位口述史项目策划人苦苦思考哪一个人才是采访一位退休多年的大学教师的最佳人选,这位教师年轻教书时说话就支离破碎。她的习惯就是经常在谈话中加入一些人物和地点的缩略语,并认为听众都能明白她的意思。当采访双方彼此熟识且知识面相近时,这种掐头去尾不完整的讨论会危及口述史。如果没有认清这一点,他们就会使用一些代码语言进行交谈:"您还记得那谁吗……哦,你知道我说的是谁,短发长鬓角。""哦,当然记得。现在一时想不起他的名字,但他的办公室就在我隔壁。他经常就SAB问题在教职员会议中和别人争论。并且从来不考虑ACE计划有什么意义。"你知道他们在说什么吗？为了避免出现这样的交流,项目策划人建议让口述史学生担任采访者,这样讲述者就不得不向他们说明故事中的一些细节。但是这位已退休的教师拒绝这样做,她坚决只让自己认识的人采访她。

2.另一位口述史项目策划人想知道由一位经验丰富的专业人士采访一位已退休的大学教师是否最有效。这位老师深受学生喜爱,在执教期间喜欢与学生一起工作,因此一名项目顾问建议,由一名经过培训的学生参与这次口述史采访工作,有可能为采访擦出意想不到的火花,如果由其他人进行则有可能做不到这一点。

3.讲述者和采访者彼此熟识有可能是一把双刃剑。采访近亲通常没有采访远亲坦诚。玛莎·罗丝(Martha Ross)在美国马里兰大学(the University of Maryland)教授口述史,她经常告诉学生孙辈能够对他们的祖辈进行有效采访,这是因为他们"有一个共同的敌人"。

4.在某些口述史项目中,性别配对也有可能成为一项挑战,尤其是家族或文化不允许女性与其他男性(反之亦然)分享某些信息。

5.教育背景、社会地位和性格特征经常相互关联,为采访动力带来更多难题。一些高学历口述史学家也承担采访低收入或目不识丁的讲述者的项目。但是他们的努力可能会付之东流,因为讲述者会将采访者遣词造句矫揉造作的问题视为一种居高临下或屈尊俯就。

6.教育背景和社会地位也可能以其他方式结合在一起。一些口述史项目设法采访一些高学历、富有、繁忙和久经世故的专业人士,其中一些人想要让与他会面的任何人都对他产生畏惧。采访者即便没有同样崇高的社会地位也能够通过精心准备并展现出他们对扮演口述史采访者角色应有的专业和自信来有效完成采访任务。

7.讲述者或采访者的区域认同也会影响采访动力。方言、俗语、俚语和内部行话为口述史的参与人之间竖起了一道高墙,并且也增加了采访实录的难度。

8.有时参与人员有强烈的宗教或政治信仰,特别是采访中必须涉及这些问题,如果他们没有共同的信仰,就会为口述史采访增加另一重困难。只要口述史参与人员牢记交流的目的是为了探究和记录观点而不是陷入争辩或人身攻击之中,那么口述史采访就能发掘出当事人对这段历史的真知灼见。即使在采访者看来格格不入的观点也值得记录,也是对历史认知做进一步的探索。

9.当事人的外表和举止(如体重、身体穿洞、嚼口香糖、咬指甲、吸烟、发型、服装、残障等)也会对采访产生影响。如果讲述者在采访者看来性格举止怪异就会被替换掉,反之亦然。由美国加利福尼亚大学伯克利分校的地区口述史办公室策划的残疾艺术家口述史项目通过实例说明有明显残障的讲述者与毕恭毕敬的采访者之间应如何发展良好的合作关系,并从讲述者的生活经历中挖掘出重要的见解。

记录采访经历

既然有这么多不确定因素在影响采访动力,那么口述史学家该怎么做呢? 更重要的是,采访者需要识别出这些不确定因素并做记录,然后在进行口述史采访以及对口述史内容进行分析时将这些因素考虑在内。保存和记录是口述史采访有别于我们在日常生活中遇到的其他形式采访的地方。

口述史学家曾指出没有一项研究是一个价值中立的过程,这不仅限于口述史。通常学者在看到记录时,并不会在自己的反应中带有评价色彩,即使搜寻这些文档会涉及个人经历,他们也只会把这些当作了解学者工作背景的一部分。[1] 而新闻记者却从不以这样的学者风度考虑这件事情,经常对这些记录做出评判。新闻机构会唤起对其"专访"的关注,或对它们依据《信息自由法案》(Freedom of Information Act)从法院获得的命令来获得所需文档的过程做详细报道。但是,新闻记者可能不会欣然承认他们有时得到的这些文档或独家采访的重要性非常低。因此,获取信息所涉及的戏剧性情形就是过分高估新闻报道。

口述史学家在采访时都有自己的视角。他们从来不是真正的中立。正如口述史先驱索尔·本尼森(Saul Benison)所说:"世上根本就没有客观撰写历史这件事情。如果您想撰写一部客观历史,它阅读起来就像查阅电话簿一样,只会是一串串姓名。这样做毫无意义。"[2]但是,口述史采访就是在创造意义,虽然不可避免地会有个人观点会影响其意义,但是这就是一个让各方参与的过程,这个过程还包括采访项目完成多年后使用这些采访资料的人。口述史采访并不等同于化学课教科书中告诉学生如何做实验一样,因为它们都带有每次实验结果都会完全一样的合理预期。每次口述史采访的结果都不会完全一样,因为每次采访都是两位毫不相干的人在偶然相遇后共同付出有意识、目的性强的努力来重新构筑他们并未一起经历的过往,并探索和理解这些历史对明天的意义。由于他们只是偶然邂逅,参与人需要承认这种个性化特征,并对采访环境做记录。只有这样,在采访中邂逅的双方将来才有机会理解口述史的合作者通过普通却又复杂的问答环节所创造出的非凡意义。

---

① 瓦莱丽·罗利·尤:《"我很喜欢他们吗?":口述史采访和采访人的相互影响》,《口述史评论》1997 年第 24 期,第 70 页。

② 格雷里编:《声音的信封》,第 85 页。

参考文献

［1］迈克尔·弗里希：《共享权威：口述史和公共历史的技巧与意义》，纽约州立大学出版社 1990 年版。

［2］罗纳德·J.格雷里编：《声音的信封：口述史的艺术》，普雷格出版社 1991 年版。

［3］唐纳德·里奇：《大家来做口述史》，牛津大学出版社 2003 年版。

［4］芭芭拉·W.萨默、玛丽·凯·昆兰：《口述史手册》，阿尔达米拉出版社 2009 年版。

［5］瓦莱丽·罗利·尤：《记录口述史：人文与社会科学指南》，阿尔达米拉出版社 2005 年版。

第 2 章　成王败寇：对冲突双方的采访

米罗斯拉夫·瓦内克（Miroslav Vaněk）

　　"我们不是乌合之众，我们是人民！" 1989 年 11 月，在布拉格瓦茨拉夫广场（Prague's Wenceslas Square）和夏季平原（Letná Plain）听到的所有口号中我最难忘的就是这句，因为它包含了口述史的核心。很有可能用一些统计数字来体现"群众"的力量，将他们准确或不准确地称为"历史的推动者"，或笼统地将人民的角色和意义整合到重要历史事件中，但是人民无论是在和平时期或是在动荡时期都有他们的个人生活。他们的经历、态度以及观念的变化使我们可以看到历史鲜活的一面，就像是在不断提醒我们这些历史依然存在一样。口述史不应被视为档案馆中书面资料的对立面，而应该视为同一个硬币的两个面。一枚硬币要想有效就需要双面铸造。同样，历史理应既要包含重大事件的史实，还要包含经历这些事件的人、影响这些事件的人的个人经历，他们的态度也有助于勾勒出这些历史事件的步调和走向。①

　　为了能更好地了解捷克当代历史，我们先从一道简单的算术题说起：在 20 世纪，捷克斯洛伐克（或捷克领土内）有多少年是真正自由独立的？ 1918 年前，这个历史悠久的中欧工业小国由哈布斯堡（Habsburg）王朝（或奥地利帝国）的一部分组成，在那一年捷克斯洛伐克共和国首次建立。1939 年，这个独立 20 年的共和国被纳粹德国占领，成为波希米亚和摩拉维亚保护国（Protectorate of Bohemia and Moravia）。1945 年，在雅尔塔和波茨坦召开了意义深远的国际会议，将捷克斯洛伐克并入由苏联领导的东欧集团。1948 年 2 月，捷克斯洛伐克共产党（Communist Party of Czechoslovakia, CPC）掌权，在随后 20 年中这个国家的命运走向封闭落后。接着在 1968 年迎来了"布拉格之春"，当时捷克斯洛伐克共产党领导层中的改革派想要引入更广泛的民主和自由，试图将社会主

---

① 请参阅米罗斯拉夫·瓦内克为《当代历史研究的口述史》撰写的前言。

义制度变得人性化。1968 年 8 月，以苏联为首的"华约"（Warsaw Pact）武装部队的入侵捷克斯洛伐克，摧毁了这些向更多自由迈进的尝试，随后迎来又一个 20 年的残酷镇压。捷共统治随着 1989 年 11 月革命的胜利而告终（官方称为"正常化"）。在那个时期，这个国家浴火重生成为一个民主、独立的共和国，并成为西方公民社会不可分割的一部分。总的说来，这个国家在 20 世纪仅仅经历过 33 年的自由。在共产党长达 40 年的统治时期，捷克历史编纂学家发现他们和捷克人民所处的环境一样，不能自由发展，并脱离现代世界潮流和发展多年。这和当时口述史所处的境地一样。

我们捷克历史学家们在共产党统治时期（包括正常化时期）采用口述史的方法来调查我们国家的当代历史，并把调查社会发展当作我们工作的重中之重。一般而言，历史学家能找到的有关正常化时期的唯一历史资源就是官方提供的档案文献。但是在1989 年那些风雨飘摇日子，许多这样的文档遗失、隐藏或被销毁。现如今剩下的能展现我们历史的都是来自前政权的视角。在 1989 年之前，历史学家所做的唯一一次缺乏热情的尝试就是在 20 世纪 60 年代末对第二次世界大战的战前共产党员和捷克游击队员组织的"座谈会"。这些见证人被询问了一些有关他们记忆的问题，并期望得到预先设定且在意识形态上可以接受的答案。而且，这些采访一部分录制、一部分速记、一部分从受意识形态教育而不是受历史教育的采访者所做的记录中抄录。在正常化时期的数十年间，即使这些为数不多且缺乏一定方法论的实验也不得不被抛弃。

共产党政权在捷克斯洛伐克陷落后不久，自由气息又重新在学术界出现，为历史编纂学和历史研究方法的发展开辟了全新的发展潜力、方法途径和机会机遇。在那段时间，我们对理论、实地调查、口述史研究结果的观念与其他西方国家相比不但发展不充分且目的性不明朗，这主要是因为在 1989 年前我们很少有机会能了解西方在该领域的学术思想并完全缺乏相关方法和经验。在 20 世纪 90 年代初期，一小部分捷克历史学家把握新政治氛围提供的机会扩大我们的研究领域，不仅探索我们当代历史中曾被视为官方禁忌的话题和事件，还为研究这些话题和事件寻找到新的观念和方法。

最初，我们这群人遭受许多同事的劝阻、警告甚至讥讽，他们仍然在用传统的方法在思考问题，组成了捷克历史学家中人数占优的保守派。在 1989 年之后，许多为前政权工作的历史学家都已"改头换面"（或转换效忠对象），开始研究和评判正常化时期的历史。但是，他们仍然对新研究方法持怀疑态度。流放归来的异见分子和历史学家虽然对西方全新的研究方法较为了解（包括口述史），但是他们并不十分熟悉捷克的社会及其特定的环境、症结和现实需求。在他们当中几乎所有人都曾在马克思列宁主义历史学院受过教育。他们仍然保留着他们对于研究方法所长期秉持的信念，并对口头资源的可信度和有效性深表怀疑。他们坚信从个人那里几乎不可能获得真实客观的事实和信息,更不相信个人的主观看法、视角和经历与左右政治发展的"伟大历史"有丝毫瓜葛。

尽管有诸多障碍,我们这些在布拉格现代历史研究所(Institute for Contemporary History,ICH)工作的历史学家仍竭尽全力学习并接受在美国和西欧广为使用的口述史方法理论和应用的培训。在此请允许我向美国口述史协会(Oral History Association,OHA)、国际口述史协会(International Oral History Association,IOHA)以及在我们多次学术访问期间热情招待我们组员的几所美国高校致以由衷的感激之情。这些机构和组织丰富的经验提高了我们对口述史文献知识的了解,帮助我们在这个领域迈出了坚实的第一步。

百名学生革命

直到 20 世纪 90 年代末期,我们才做好启动我们首个口述史项目的准备。顾名思义,我们打算记录大约 100 个在 1989 年那个生死攸关的 11 月曾在大学就读的年轻人的故事,他们在革命最初几天成为席卷捷克斯洛伐克人民起义的先锋力量。从方法论角度来看,这些学生是最理想的选择,因为我们的讲述者样本包含通过年龄、教育背景和人生经历联系在一起的同类群体。我们已将历时三年的"百名学生革命"项目结集出版,其中包含大约三分之二的采访或自传体故事的实录和编辑版本。[1] 其中还包括我们对这些叙事进行分析和解释的诸多首次尝试,在我们看来,历史学家的任务不能"仅仅"停留在记录、收集、实录、编辑和出版这些采访上。我们认为通过我们的努力为口述史本身的有效性和可靠性提供佐证,以及分析和解释采访是我们工作中不可或缺的一部分。由于这个项目的成功,在 2000 年我们这个规模虽小却不断壮大的历史学家团队成立了口述史中心(Center for Oral History,COH),作为现代历史研究所的下属机构。两年后,该中心成为国际口述史协会的一员。2007 年 1 月,捷克口述史协会(Czech Association of Oral History)宣告成立,并通过捷克多所高校的课程和讲座开展活动。[2]

与此同时,我们还为越来越多对这一人文学科项目产生浓厚兴趣的大学生以及来自不同学科的教师出版或发表了多种有关口述史的方法论、实践指南和文章。[3] 这些

---

① 米兰·奥特哈尔、米罗斯拉夫·瓦内克:《百名学生革命:共产党政权陷落时期学生的生活故事》,捷克《民众日报》出版社 1999 年版。

② 更多内容,请访问:http://www.oralhistory.cz。

③ 米罗斯拉夫·瓦内克:《口述史:方法论和"技术"进步》,2003 年版;米罗斯拉夫·瓦内克:《当代历史中口述史的研究方法》;米罗斯拉夫·瓦内克、帕维尔·穆克、哈娜·派里卡诺娃:《聆听记忆的声音:口述史的理论和实践》,2007 年版。

书籍不仅探讨口述史技术方面的知识(从现场工作到分析和解释),还讨论这一领域理论和方法发展的趋势。

政治精英和异见人士

成立口述史中心的主要目的就是开展重要(至少在我们看来重要)的大型项目从而对正常化时期有更深入更广泛的认识。我们在最近三年开展的最宏大的项目就是"在捷克斯洛伐克所谓正常化时期的政治精英和异见人士:自传式采访"(Political Élites and Dissidents in the So-called Normalization Period in Czechoslovakia: Autobiographical Interviews)。该项目旨在对比前当权派与其政敌的陈述。我们采访了43 位曾在前政权中担任职务的共产党官员,以及 77 位异见人士或反动派活动分子,其实他们都是曾公开反对前政权,深受各种形式的压迫,甚至身陷囹圄的普通民众。其中许多采访的实录经过编辑后收录在两卷本的《成王? 败寇?》(The Victors? The Van-quished?)中。这套丛书不但赢得读者喜爱,在学术圈也引起热烈讨论。

时至今日,这一项目所涉及的范围和概念在前东欧集团国家中仍然是独一无二的。虽然在一些前共产党政权国家曾做过对新政治和社会秩序下的领导人进行采访等诸多尝试,但是他们通常只关注胜利者。我们所弥补的就是将以往忽略的失败者考虑在内。

在我们启动这个项目的时候,捷克国内的反共气氛还在加强,经常有人问我们为什么一定要做这样一个项目。言下之意就是我们允许前共产党官员发声就是一种妥协和让步。但是我们认为这样的问题还是从意识形态角度出发,而不是从历史或学术角度关注我们的工作。我们还注意到这一主题在许多国家已经从当前对口述史的关注演变成对社会边缘的其他特殊群体或少数族裔的关注。但是,在研究西方口述史文献时,我们发现在美国展开的首个口述史项目就是与备受瞩目的社会和政治人士打交道,例如政治家以及来自各个行业的杰出人物。我们认为在美国以及西欧国家所采用的技术和所展现的发展趋势能够为我们国家口述史的发展提供榜样。前辈学者时刻鼓舞着我们,并为我们打下扎实的方法论基础,我们要将这些步骤和宗旨因地制宜地转变成我们自己的标准。我们最重要的目标之一就是研究正常化时期的捷克社会,并尽可能不夹杂任何个人喜好。一旦确定此次研究的出发点,我们就选择探究一下在这个时期两种针锋相对的观点。

重新定义"异见人士"

在开始采访异见人士前,我们使用最有效的"滚雪球"技巧以及当时能够找到的所有文献资料,不仅与首都布拉格的异见人士联系,还与国内小城镇的异见人士联系。①他们中的大多数人都同意接受我们的采访,通常我们将每位讲述者的采访划分为两个或多个部分。在首次采访时,我们让他们像平时一样畅所欲言,先谈谈他们的家庭背景和近况。第二次采访时(有时候还会有第三次)就是一次半结构式的采访。基于采访者和受访者之间已确立的相互信任关系,我们先回过头来谈在首次会面时提到的兴趣点,鼓励受访者表达他们自己的观点和看法,并让他们就当下表达更为精准的观点、更为深入的见解和评判。

我们向受访者提出的最重要的问题之一就是在 1968 年 8 月苏联入侵捷克后在长达 20 年的压迫时期内他们希望的源泉来自哪里:即共产党政权终将倒台,社会剧变终将到来。我们分别向各个年龄段、秉持不同政治理念和意识形态取向的异见人士提出这一问题,其中包括著名异见人士、后来成为捷克共和国总统的瓦茨拉夫·哈维尔(Václav Havel)。他回答说:

我曾多次写道我将希望理解成为一种精神状态。在我看来,某人之所以做一件事,只是因为他认为这样做是对的,而不会担心这样做迟早会带来什么后果。当然,如果做这件事有效果每个人都会感到更加快乐,当然这种效果来得越早越好。但这并不是说如果做某件事儿有风险且效果很小还不能立竿见影,我们就不做这件事情。这样做更像是一种自洁的表达、个人精神、意志和灵魂状态的表现。事后看来,它充分考虑到异见人士圈子中的气氛,在所谓异见人士聚居区中,紧紧围绕《七七宪章》(Charter 77)创造出来……但从根本上说这是这是值得高兴的。②

看到一个最初构想或说法这么迅速和轻易地被宣布为枯燥无味或陈词滥调是一件很有趣的事情。捷克斯洛伐克在 20 世纪七八十年代以及"天鹅绒革命"时期的学术界经常被戏称为"异见人士犹太人区"、"地下犹太人区"甚至"官员犹太人区",尽管在事实上"犹太人区"一词至少在欧洲有其精确和清晰的意思。自中世纪起,犹太人区就是一个城镇中犹太人被强制居住的地方。犹太人区并不是那些与处于支配和统治地位的多数派作斗争的受压迫少数群体的隔离区的同义词。它指一个人出生的地方,或者是

---

① 请参阅迈克尔·弗里希:《共享权威:口述史和公共历史的技巧与意义》,纽约州立大学出版社 1990 年版;罗纳德·格雷里编《声音的信封:口述史的艺术》,先例出版社 1975 年版;贾贝尔·F.古布瑞姆、詹姆斯·A.霍尔斯坦:《采访研究手册:内容和方法》,塞奇出版公司 2002 年版;斯坦纳·科维勒:《采访:定性研究采访入门》,塞奇出版公司 2007 年版;露易莎·帕塞里尼:《法西斯在民众中的记忆:都灵工人阶级的文化体验》,剑桥大学出版社 1987 年版;罗伯特·帕克斯、阿里斯泰尔·汤姆森编:《口述史读本》,劳特利奇出版社 1998 年版;亚历山德罗·波特利:《路易吉·特拉斯特利之死及其他故事:口述史中的形式和意义》,纽约州立大学出版社 1991 年版;唐纳德·里奇:《大家来做口述史》,牛津大学出版社 2003 年版;保罗·汤普森:《过去的声音:口述史》,牛津大学出版社 1978 年版。

② 米罗斯拉夫·瓦内克访瓦茨拉夫·哈维尔,2004 年 9 月,口述史中心,IHC,"采访"集。

在当代历史上一个人因种族和家庭背景被囚禁的地方。异见人士就像地下摇滚乐手，而捷克斯洛伐克共产党的官员都被选为各自圈子的成员。他们并不是生来就是异见人士、地下摇滚乐手或共产党官员。对他们来说，被禁闭在这样一个犹太人区更像是在磨炼一个人的自由意志。对异见人士而言，生活在犹太人区可能代表一种排他性（因其勇气），与此同时也是与社会其他组成部分的决裂，这通常导致异见人士无法领会或分享日常问题和大多数人的担忧。

如果上述引言能够代表瓦茨拉夫·哈维尔的观点，我必须考虑到的是在异见人士圈内，他的观点并不为公然反抗共产党政权的所有人士认同。《七七宪章》作为首个也是最重要的异见人士运动其实并不是一个表达统一信念的紧密体。它大致由来自三个群体的人士组成，每个群体都有各自的坚定信念：1968 年被驱逐的前共产党"改良者"、有宗教信仰的民众、自由主义（思想开明）的思想家和艺术家。通过倾听他们的故事我们可以得出这样的结论，这并不是他们个人的政治倾向，而是他们每个人的人文素质和个人特点让他们在专制政权统治下留存希望。但是拥有并保留这份希望只是更为广泛的问题的一个方面。努力推翻一个政权并不只是一种道德或精神问题；它由被称为日常政治工作的实际要素组成。通常，作为一种政治目的，这个目标还由绝大多数异见人士共同承担。当就这个目标询问持不同政见人士的圈子和公民行动的讲述者时，我们收到各式各样的观点和意见，并且受访者的观点和意见还与他们的年龄有很大关系。其中最年轻的讲述者是彼得·皮拉卡克（Petr Placák），他是一个名为"捷克儿童"（Czech Children）倡议的领导人和发言人。皮拉卡克曾开诚布公地告诉我们：

这多少和代沟有关。……我们之所以对反对共产党漠不关心，主要是因为如果我们这样做了就是以某种方式表明我们信任他们，把他们看成一个合法政权。这并不是我们的目标。……与红色政权展开任何形式的对话就好像在承认他们的合法化，因此"捷克儿童"反对最有声望的《七七宪章》。……虽然我们承认他们所取得的成就，但他们对人权的观点让我感到愤怒。然而在今天看来，我认为他们所做的就是他们唯一能做的事情，也是唯一正确的方案。但在当时，我认为妄图说服当权派坚持他们自己的权力和规则是极其荒谬的。……并且让我们感到激愤的是与 1968 年有关联的老一代异见人士和自由主义者的思想核心，他们言必称第一【战前】共和国，就好像在此之前什么都没有一样。①

由布拉格的年轻男女创立的"捷克儿童"深受捷克王国概念的启发。正如彼得·皮拉卡克所讲述的："我们自然对这个主意很感兴趣。……当然，这非常有趣，也不是

① 派特拉·辛德勒访彼得·皮拉卡克，2004 年 10 月，口述史中心，IHC，"采访"集。

不会发生。它至少也是我们对将捷克未来单一化所表达的一种抗议。"

虽然这些说法听起来有些轻率和异想天开,但却表明在各种异见人士群体之间存在广泛差异。在 20 世纪 80 年代后半段尤其是 1989 年 11 月之前的那几年,他所提到的代沟问题愈发明显。1968 年左右出生的新一代年轻男女正在不断成长成熟,并急于表达自己的想法。由于他们并未亲历 1968 年发生的事件,因此正常化时期那段艰难困苦的历史记忆无法把他们吓倒,事实上他们只接受了人权理念。这就是他们想要为自己构建一个更为现代的公民社会的基础。这些年轻的异见人士并不想对从苏联引入的消极改革下的政治环境进行缓慢而渐变的"民主化"。他们想要西欧标准式的民主和公民社会。

即使在 1989 年 11 月之前几个月发生 20 多次各不相同的公民运动,但每次行动据称只有几十位最多只有几百位成员。他们对更广泛的民众缺乏足够大的影响力,并且在很多情况下与民众没有紧密的联系。共产党动用舆论将这些群体丑化成流氓帮派、嗜酒如命、滥用毒品的乌合之众,由于这些讯息会影响到这个国家上了岁数的公民,因此对这些群体的影响还是不能忽视的。很多这样的年轻团体在发起运动时并非全部为了政治原因,例如他们想寻求一个可以追寻朋克摇滚或新浪潮音乐的"自由之岛",或者能够批评当权者对自然环境的不断破坏。国家安全部队对他们的迫害迫使他们与整个政权为敌。

在异见人士光谱的另一头还矗立着在 1968 年后被驱逐的改革派共产党。20 年后,他们中的一群人提出了一个名为"复兴"(在捷克语中称为 Obroda)的倡议,其目标就是回到 1968 年的思想意识状态,并最终实现"带人性一面的社会主义"。在许多方面,老一辈异见人士与新一代异见人士在精神意识上的鸿沟要比提出"复兴"倡议的异见人士与在共产党政权最后几年任职的年轻进步官员之间的鸿沟要大得多。

在 1989 年 11 月后,大部分前异见人士重操旧业并脱离政治。但是另一些人却想方设法参与地方、区域或国家层面的政治工作之中。他们对过去的"十一月革命"的态度通常会随着他们在这些政治尝试中取得怎样的成就而变化。还有一些人把个人和家庭生活抛之脑后,全身心投入反抗旧政权的运动之中。但是在 1989 年之后他们倍感失望,怀疑自己所做的一切到底值不值。在革命结束后,部分老一辈异见人士很快在行政或议会界扮演重要角色。但是当他们发现他们正在被年轻一代的政客取代时,还是会感到被轻视和亏待。

在采访这类异见人士后,我们觉得有必要重新审视"异见人士"这个词语本身,或者根据 20 世纪 70 年代和 80 年代的特定环境重新定义它。"异见人士"指的是那些在公开场合表达对共产党政权不满的个人和独立公民行动的成员。做出这种行为的人都有可能面临包括监禁在内的各种各样的迫害。但是，对异见人士的激进程度和镇压方式的划分并不一定取决于他们对中央政权构成的威胁程度。我们在遍布国内的许多小城镇中采访过那些前政权真正的对手，尽管他们并不为广大捷克民众所熟知，也没有被自由欧洲电台（Radio Free Europe）、美国之音（the Voice of America）和 BBC 提及。但是这些几近无名的英雄有时候要比众所周知的异见人士更容易受到压迫，至少后者凭借其突出地位或社会人脉更容易接触到媒体，能够将他们的困境公之于众。

我们所做的采访提醒我们没有一个异见人士或共产党官员能在一天 24 小时内都扮演"异见人士"或"官员"的角色。虽然这两群人都醉心于各自的工作，但是我们将注意力扩展到讲述者的政治活动以外，并鼓励他们也谈一谈各自生活中的其他方面。随着项目不断进展，我们更加深信即使讲述者的政治或专业生活的一面是透明的，但是在他们每天的生活中依然存在被刻意隐藏的那一部分。这里面包含他们的私事、家庭、烦恼、友谊和爱好等在他们的官方自传中通常不会涉及的内容，但是这些却成为他们生活中不可或缺的一部分，如果仅从潜意识层次上来看，或许是最为重要的一部分。

从他们最早到最近的记忆来看，这两个群体中的成员不仅只生活在政治中，他们也是各自家庭、社团、社会组织或朋友圈中的一员。在谈到他们的日常生活时，我们首先会设法取得讲述者的信任，只有这样他们才会开诚布公地向我们展现他们的生活而不是主要围绕他们的政治（或社会）关系。

采访前共产党官员

在这个口述史项目开始时，我们并不确定（有可能是源于我们同事的怀疑）是否能够从前共产党官员那里得到真诚而有价值的采访。虽然我们得到带有地方、区域和中央委员会成员联系人姓名和地址的名单毫不费力，但是要进行下一步却要困难得多。在团队内部，我们讨论该怎么样与这些前政权官员取得联络，是写信还是打电话？最后这两种方法我们都采用了。事实证明对我们最为重要的一个角色由我们的"看门人"完成，他是一位前共产党员，现在是一所地区大学的社会学教授。他愿意帮助我们联系他的朋友、同志和熟人。我们体贴入微地拟定采访同意书的法律部分，向参与的讲述者承诺未经他们书面授权不会公开采访中的任何内容，在采访前以及在他们阅读过采访实录的编辑版本后两次征得他们的书面授权。

我们想要和这些官员探讨这个政党组织的各个层级，从共产党的地方或区域委员会直至中央委员会，其中包括总书记米洛斯·杰克斯（Miloš Jakeš）。我们当然关心这些曾位居高位现在却代表"失败者"的官员是否会毫不避讳地告诉我们他们真实的想法、观点和全部人生故事。我们深知这些大部分已日渐年老的人本身就成长在一个靠本能意志且互不信任的环境之中。如果他们有自传的话，或许还会使用他们打小时候就学到的潜藏在思想意识深处的陈词滥调，并以惯常的正式、官方且经过自我审查的方法书写。

在我们联系过的官员当中，大概有40%的人拒绝我们的采访请求。其中只有两个人是因为意识形态原因而拒绝，其他人给出的理由是因为健康问题。其中一些人在我们拜访他们并详细介绍这个项目后，经过一段时间的思考最终同意参加这个项目。道听途说以及与其他潜在的受访者交流毋庸置疑会对部分讲述者评估我们这个项目起很大影响。这些前官员一定与大众媒体曾有过负面经历，在解决所有这些问题后，我们才能着手采访他们。

就像我们采访异见人士那样，我们也将采访分为两部分（如果有需要可分成多个部分）。首次采访包括自由回忆讲述者的过去；第二次则是半结构式采访，不会针对讲述者要讨论的话题或竭力回避的话题向他们施加任何压力。我们还必须向讲述者保证我们不会评价他们，或考验他们的知识、教育或态度。这些采访很少在现代历史研究所进行。更多的时候是在讲述者的家中，在那里他们会感到更加舒服。这些访谈最珍贵的地方在于让我们知道讲述者的生活方式、喜好以及最珍爱的事物。对一位讲述者来说可能是他的相册，对另一位讲述者来说可能是在20世纪70年代多次访问苏联收集到的奖章和纪念品。他们向我们展示装满各种珍贵物品、照片和资料的书架，这些都帮助我们尽可能以一种自由友好的方式进行采访。这些东西搭建了一座获得他们信任的桥梁，并在采访前期、中期以及后期为我们提供了许多中立话题可讨论。家庭环境也向我们展示了一个个离群索居的孤寡老年人的凄凉寂寞，谨记在心的是大约20年前在一个压迫性政权中担任中流砥柱的峥嵘岁月。有时候，我觉得我们的讲述者很高兴我们能一直陪伴着他们，为他们提供一个机会来表达自己的观点。

最后，我们惊奇地发现一个精心准备的采访者竟然能够完成如此开放且富有成果的采访。在很多时候，这些采访要比一些前共产党员在1989年11月后出版的个人回忆录中所记载的故事要丰富精彩得多。

一些官员直言不讳地谈起他们的个人关系、个人和家庭生活、童年以及工作时的趣闻。知名口述史学家亚历山大·冯·柏拉图（Alexander von Plato）和亚历山德罗·波特利（Alessandro Portelli）认为当采访者采用激将法将讲述者引入对立的观点时就会取得一次成功的采访。即使我们在理论上接受这个方法，但还是会发现这个理论并不适用于与前共产党官员或他们的宿敌异见人士交谈时使用。这些曾习惯于将全部个人生活委身于权威、审查机构和自我审查的男男女女并没有做好接受任何对抗性采访的准备。

　　尽管如此，我们还是对我们讲述者所做的自然而然的讲述感到满意。虽然这些地方或区域级别的官员提供给我们的信息都是"内部消息"，但是却没有任何书面证据可以提供给我们。官员在工作时需要应对各种派系纷争、游说集团、钩心斗角，这表明捷克斯洛伐克共产党从未像它一直宣称的那样团结一致。捷克斯洛伐克共产党中央委员会的内部气氛令人窒息，所以其内部根本谈不上真实诚恳的交流。在 1989 年 11 月前的最后几年，这种紧张气氛一直存在，正像一位讲述者告诉我们的那样："没有一个人想与其他任何人共进午餐"。当苏联老大哥不再关注他的这些从属国时，让这些中央委员会的官员感到迷茫和无助。因此，正是米哈伊尔·戈尔巴乔夫（Mikhail Gorbachev）及其推出的改革计划让我们的大部分官员痛恨不已。新的苏联模式将他们置于似非而是的境地。他们只习惯于顺从和恪守成规地附庸，实际上却不知道该怎么做（就像美国南方腹地被解放的农奴那样：在战争结束被释放后，很多人并不知道该做什么或怎么做，只是把他们丢在一个走投无路群龙无首的虚幻境地）。追随新苏联模式必定会把捷克斯洛伐克引向自由主义化，反过来导致捷克斯洛伐克共产党政权旁落。但是，公开反对"来自克里姆林宫"的一切对捷克斯洛伐克共产党的当权派来说是不可思议的，他们只知道一点：他们真正的权力和执政能力均取决于苏联红军的存在。因此，苏联的改革和开放政策对捷克斯洛伐克共产党最高领导层的困扰要比对苏联国内反对派的困扰要严重得多。

　　米罗斯拉夫·斯托潘（Miroslav Štěpán），曾是最有权势的捷克斯洛伐克共产党布拉格市委员会的领导人，曾以这样的口吻谈到反对派的活动：

　　而就内容而言我真的可以得出这样一个结论：他们与其他社会主义国家相差甚远，尤其是与那些在各方面已完全确立的社会主义国家相比。他们是最软弱无能的。确实是最软弱无能的。因此，我得出这样一个结论：这些人不会颠覆我们。在苏联决定抛手不管后，他们只能这样做。这是显而易见的。如果苏联没有做他们所做的一切，他们会继续游行示威吗？接下来又会怎样？一些游行示威可能变得合法，但他们只会在原地打转。这些反对派真是相当无聊。他们都是受到境外势力的煽动。①

　　当米洛斯·杰克斯（Miloš Jakeš）被问起共产党政权倒台的原因时，他毫不犹豫地回答道："国际环境……这点毫无疑问。"尽管捷共最高领导人普遍低估反对派的整体实力，但是杰克斯却考虑与部分反对派进行协商：

　　联合"复兴"组织。与"复兴"组织展开对话。当我们决定与【布拉格之春领导人亚

_____

① 米罗斯拉夫·瓦内克访米罗斯拉夫·斯托潘，2004 年 10 月，口述史中心，IHC，"采访"集。

历山大】杜布切克等展开对话时。或者更准确地说,我们想将捷共之外的左翼势力拉
到我们身边,只有社会主义支持者的队伍不断壮大,政治改革才有可能产生意义。这就
是要点。然后寻找方法并进行讨论。因此,我想说的是与像哈维尔(Havel)那样的反对
派合作是毫无意义的。因为我们了解他们,我们知道他们的目标和勾当。我们知道他
们与西方国家及西方情报机构有勾结,因此西方国家才会向他们提供资金等支持。因
此,与真正想要通过改革和自由化政策推翻社会主义的人合作是行不通的。①

曾宣布希望与人数不断增长的公民行动中的其中一个展开对话的共产党实质上在
1989 年 11 月 17 日后已经发生改变,因为这时在布拉格和平游行示威的学生被武装警
察部队暴力驱散。接连爆发的抗议不仅让年轻人更让他们义愤填膺的父母走上街头。
在采访米洛斯·杰克斯时,曾向他问起领导层对首都突发社会动荡的反应。虽然他的
回答听起来像是乔治·奥威尔(George Orwell)的《1984》和拙劣的滑稽表演的混合体,
但是他还是详细说明共产党领导层在当时的道德和精神境界:

我们原本打算调遣人民军来展示布拉格的实力。以暴制暴。镇压游行示威。我想
说的是如果不以某种方法引起注意根本行不通。通过投降也行不通。真的就是这样。
那就是我们的方式。不幸的是,所有事情都搞砸了。另一个把事情搞砸的因素就是:布
拉格共产党的领导人斯托潘(Štépán)没有出席那次意义深远会议。而主席团决定把任
务交给诺瓦克(Novák)执行这次会议的决议,诺瓦克时任人民军的总参谋长。当晚,由
于事发突然,诺瓦克先生来到我家并简要告诉我他必须要做的事情。布拉格的执政党
反对调遣人民军。因此,我当时就只穿着我的睡裤坐在电话旁思考该怎么办。下一步
该怎么办? 再次问他,现在该怎么办? 所以,当时我就在思考该怎么办,如何处理眼下
这种情况。布拉格市委员会竭力说服拒不执行的布拉格地区总书记他们自己能够控制
当前局势。这是给我们一个突如其来的可怕打击。我该怎么做? 如果布拉格地区总书
记反对,那么当示威运动到达布拉格会产生怎样的影响。因为在当时,只有这里的这些
人才能支持并控制它。我想告诉你的是,那些正赶往布拉格的人就让他们来。他们会
被分配到特定位置并在那里寄宿。而那些没有来布拉格的人也不会再来。那就是我作
出的决定。②

当我们与前共产党官员交谈时,没有一个人宣布放弃他们之前的意识形态,即使是
他们中的那部分年纪较轻的人,虽然他们在转变经济体制时已经将自己成功转型为富

---

① 米罗斯拉夫·瓦内克访米洛斯·杰克斯,2004 年 9 月,口述史中心,IHC,"采访"集。
② 米罗斯拉夫·瓦内克访米洛斯·杰克斯,2004 年 10 月,口述史中心,IHC,"采访"集。1989 年
11 月 21 日夜,国家权力机构决定是否调遣人民军。这是他们第一次也是最后一次武力镇压游行示威。
在最后阶段选择对话。

裕的商人，也不曾放弃他们之前的理念。我们在这些讲述者中并没有发现有谁为之前的事件感到内疚或表达悔恨。来自社会各个阶层的前官员只是在出于自卫需要和认定他们所犯的都不是大错误之间犹豫不决，他们都好像成了最无辜的人。他们最常用的一句口号就是：只是制度崩溃，而不是社会主义或共产主义理念崩溃。

当问起他们理所当然地享受那些特权时（例如有专门的商店可购买进口物品并且还能享受豪华假期），他们的回答如出一辙，即便连天才也会信以为真，即使这看起来更像是一个黑色幽默。"特殊商店？从来没有，"一个人回答道，"我从来没去过。当我需要什么东西时，就会派我的司机去买。"①

在完成这个项目后，我们发现只有将注意力转向捷克人民的内心才能进一步了解在正常化时期他们的生活。人生经历过政治风雨的人，无论是当权派还是反对派（合法或不合法），都具有特殊特征。我还意识到社会的改变影响着人们评估各个社会群体命运的标准。在 1989 年 11 月革命后不久，胜败分明。但是在革命结束 20 年后，很多事情现在看起来已不那么清晰了。前共产党官员毫无疑问在权力争斗中出局，但是他们中的一些人虽然仍顽固地忠于自己的意识形态，但是也想方设法适应好新的经济环境和规则。如果他们构成了中产阶级中的一个新的分支，那么他们算"被打败"了吗？在 20 世纪 90 年代早期，曾经的异见人士丢掉了全国大选，退休抑或失业，他们又属于哪一种呢？他们还能算作胜利者吗？或者他们属于被取代的新一批人？政治体制和社会制度的根本性变化是否能调和人们的道德信仰和生活标准之间的冲突？

这个口述史项目只探寻在正常化时期捷克社会众生相的一小部分。我们仍在通过后续采访不断了解更多有关那个时期社会的信息，这一后续项目关注的是体力劳动者和知识分子的生活，到现在我们已完成了 115 集。这些来自其他视角的证据不仅提升我们的理论知识也改善我们的研究方法。与此同时，这些信息在一定程度上能改变我们对 1989 年之前 20 年捷克历史的认识。我们的采访反复让我们面对这样一种事实，即历史上的伟大事件都不会成为大部分人民个人生活的主轴。导致历史变革的大部分重大政治事件看起来与走在街上的行人完全没有太大关系。个人生活的结构代表一种完全不同的现象，这将成为我们对当代捷克历史中广泛的社会群体做进一步研究的基础。

---

① 米罗斯拉夫·瓦内克访德内克·塞马克，2004 年 9 月，口述史中心，IHC，"采访"集。

第 3 章 跨文化环境下的采访

威廉・施耐德（William Schneider）

大家很容易产生这样的疑问："什么是跨文化采访,做之前我们需要做哪些特别的准备和思考?"①跨文化访谈需要有一个采访者与受访者。他们分别来自不同的地域且有不同的生活阅历。对于某种含义他们之间也许存在分歧,但双方都会尽量通过自己所说的话而让彼此能够互相理解。通常,采访者应是受过教育的专业人士,因为是他们在引导整个采访并要做好记录工作,以便他们或其他人能够通过他们的工作得到分析和参考。而受访者往往是这样一些人:他们叙述的基本内容就是他们自己的口述传统以及以个人经历为基础的一些故事。当然不是说他们是一群文盲,相反这恰好反映出他们知识中最重要的材料来自于口述故事。我的非洲同事称之为"口述信息系统"(the oral information system)。② 在以下的例子中,我列举了一些访谈过程中发生的故事。这些受访者叙述的内容框架都是高度发达的"口述信息系统"。故事可以在多层次下进行叙述并且可以通过多种方式灵活运用。受访者也不仅仅只是回答被问到的问题。对于很多类似的问题他们有一个回答框架,特别是在伦理学、人与动物关系、环境问题等领域。

在跨文化情境下,受访者或讲述者通过他或她的口述传统和个人经历讲述故事。

---

① 因为这是一篇总结性文章,而且因为我相信他们是最好的个人例证来强调这些观点,所以我采用了很多我以前的作品中老故事和事例。刚开始这有些困扰我,因为我在重述老故事。但是现在我认为这为那些特别的故事提供了更多力量,它们是那样特别深远地影响到了我的个人和我的职业。我常常告诉学生,一个人要想做好口述史就必须想着并过着故事一样的生活,这就是朱莉・克鲁克香克的经典作品《故事一样的人生:记三个育空本地老人的人生故事》(内布拉斯加大学出版社 1990 年版)的主题,但绝不是巧合。当我想寻找事例以说明我自己的跨文化采访阅历时,那些老人们的故事进入到我的文章里,但这也不是巧合。

② 威廉・施耐德:《似乎他们理解:口述史中的文化问题》,犹他州立大学出版社 2002 年版,第 31 页。

而采访者则要做记录工作,以供他人参考借鉴。为了使将来的那些不在录音现场的听众也能够听懂录音,而不是只有采访者和受访者能够听懂,采访者需要知道当时的那些故事是怎样组织起来的,他们也会想知道故事在其他场合是如何讲述的。因为从叙事声音、故事解读到故事引用,每一步都有可能产生误解。

拟定的问题常会影响采访的进度。不过长时间的沉默是正常的,因为允许受访者有回答问题的思考时间。① 很多时候,没有经验的采访者在受访者还在思考上一个问题的时候,他们已经仓促地开始问下一个问题了。在与纳瓦霍(美国最大的印第安部落)的故事讲述人——耶洛曼(Yellowman)——一起工作的过程中,巴雷·托尔金(Barre Toelken)描述了沉默空间的重要性。在分析故事讲述刚要开始的时候,他写道:"当客人与主持人感受到彼此之间的亲近时,常会有一个亲切的彼此沉默的时间。"②

为了真正理解并保存一个精确的记录,采访者必须不仅能够识别那些受访者的传统和制度,还要识别出能够在生活中指引受访者的教义和信仰。我可以用三个事例来阐释这一点:一个来自于南非;一个来自于美国阿拉斯加州;一个来自于美国俄勒冈州的墨西哥裔美国人。首先第一个事例来自于一个同事——艾克·玛提赫(Ike Matibhe)——他是南非的一个图书管理员。他在故事中说以前的南非国王过于推崇欧洲道路,"并将欧洲道路与当地人们的传统相混合"。他们的先祖对新的统治手段表达了他们的不满:先祖使农作物种植失败,河水也变得干涸,引发了民怨。直到国王改变他的做法之后,河水又回来了,作物茂盛,人民和平相处。在这个故事中,我们必须知道:尽管非洲先祖的传统已经过时,但却依然在影响人们的生活;水是社会福乐的晴雨表;没有水就没有生命。先祖对水的阻挡是他们告诉国王要改变与欧洲国家的关系,为后代人生活保持平衡与秩序的方式。作物减产以及河水干涸预示了那些老年人正在呼吁改变。③

第二个事例来自于我在阿拉斯加州西南部一个小尤皮克族群落(Yup'ik community)的同事所做的一项研究,这项研究与一个地方相关,叫"巨大足印"(the Giant Footprint)。④ 在苔原带的低洼地,两个青春少女在这里被带到了"沉睡之地"。只因她们违背了每月需定期离家隐居的一个文化禁忌。在传统的尤皮克族文化中,人们认为女人月经来潮时对猎人来说是强大且潜在的危险。这些女人如果与男人或者他们

---

① 参见罗纳德·斯考伦、苏珊娜·B.K.斯考伦:《语言学的集中性:在亚伯达省奇普怀恩堡的民族志演说》,学术出版社 1979 年版。
② 巴雷·特德洛克:《民间风俗的动力》,犹他州立大学出版社 1996 年版,第 129 页。
③ 威廉·施耐德:《似乎他们理解》,第 131—132 页。
④ 霍莉·库萨克·麦克维:《巨大足印:故事和地方的真实感受》,引自威廉·施耐德编:《与故事一起生活》,犹他州立大学出版社 2008 年版,第 18—30 页。

的狩猎工具有所接触的话会使那些男人打不到猎物。因此,严格的规矩掌控着女人,特别是当她们来月经的时候。尽管人们认为这种事发生在很多年以前,但是为了群落的某些人,这个地方还残存着一个"晴雨表"。有些人相信这个地方外观的变化预示了当地族群的平安和福祉。当人们提到这个地方的时候,他们知道了这个地方的历史,而这段历史能够向人们传递一种警告,这种警告是基于人们相信以前发生过这样的事件以及后来该族群所发生的一系列事件。认识了历史,明白了这个地方的作用,就像明白了非洲人心中的先祖和水在生活中的地位,就找到了理解每一种不同的"口述信息系统"的钥匙。

第三个事例来自于乔安妮·马尔卡希(Joanne Mulcahy)和伊娃·卡斯特利亚诺(Eva Castellanoz)一起完成的研究。伊娃的民族文化根基是墨西哥美国文化;她是一名医生,也是一名艺术家,更是一名在尽力帮助那些生活在墨西哥美国社区的年轻人找到生命价值和生活支撑的社会活动家。她用她故事中木头和树的隐喻来向人展示应该如何生活,她说:"我知道,当树的根遭到毁灭的时候,树枝也就生病了,就像我们生来具有的权利被剥夺和吞噬了。"①在她的故事中,她恳求那些年轻人要照看好他们的根,别忘记了他们是谁。如果一棵树想活着并保持健康,它的根就必须得到滋养。尽管这个比喻对欧洲人和西方人很有效,但是马尔卡希希望找到能够让墨西哥文化接受的木材宗教理论和治疗力量,以及让墨西哥文化能够与木材宗教及它的治疗效果相适应。马尔卡希写道:"在叙述关于木材、树皮和信仰的故事中,伊娃将她'内心的自我'和关于'我们从哪里来'的历史叙事相连接。至于亡灵节,伊娃对信仰和家庭的强调更加强化了墨西哥信仰和宗教仪式的重要性。"②

即使受访者具有文化知识,很多访谈还是有大量意思模棱两可的部分。我们不明白访谈中人们说的到底是什么意思。在《圣经》里,巴别塔(Babel)的注定失败不仅是因为人们的语言不通,还因为他们的阅历、背景、标准和理解方式不同。只有具备了跨文化交际的基础,故事才能够得以传播和处理加工。至于理解力是否是故事能够讲述和应该讲述的关键我们暂且先不管;什么是隐私的,什么是公开的,谁可以"拥有"记录,谁可以有权利再次讲述故事,在哪里讲,怎么讲的问题我们也先不谈。作为口述史学家,其实我已努力克服了这些问题,接下来我将分享一些我的个人经验,首先从理解上说起。

---

① 乔安妮·马尔卡希:《信仰的重量:伊娃·卡斯特利亚诺故事中启发性隐喻》,引自威廉·施耐德编:《与故事一起生活》,第 103 页。
② 同上书,第 108 页。

跨文化环境下的沟通

在阿拉斯加州工作和生活三十多年，我感到非常荣幸。在南非工作和生活的十个月里我建立了一个口述史项目，我也感到非常幸运。这些阅历使我更加认识到曾经多次听过和体验过的故事的重要性。有两个例子我很喜欢，它们都是基于多重含义和复杂意思的语言学术语上的。首先从非洲科萨人使用的班图语术语"乌班图"（ubuntu）开始，"乌班图"可以大致翻译为"一个人是通过其他人的存在才成为人"，但还不能完全这样译。当时在南非的一个大学午餐间，一个同事描述有关共用一个啤酒瓶的传统习惯时我才第一次听说这个词。它的意思是：通过分享，没有人能够比其他人得到的更多，而且我们的成功、健康、幸福和命运是相互连在一起的。第二个要提到的术语来自于大主教德斯蒙德·图图（Archbishop Desmond Tutu）。他把这个术语用在《圣经》里——因为每个人都是按照上帝想象的样子造的，没有人比其他人地位更高。① 这个术语也常常用于其他地方以说明"努力就有收获"的观念。这个术语深深植根于南非的文化之中，以至于它在不同语种及政府工作中都有反映。在南非的后种族隔离时期，它代表了一种把社会各分区建成一个多民族国家的强烈渴望。②

第二个例子来自于我对酋长彼得·约翰（Peter John）的采访。他是整个塔纳纳河酋长（Tanana Chief）区，包含阿拉斯加州内部所有区域的传统酋长。酋长是个令人尊敬的职位，因为他的智慧和领导才能得以当选。很荣幸我好几次有机会来采访他。酋长彼得·约翰对"'ch'eghwetsen"这个术语谈了很多。可以大致译为"对爱的行动的反应"。在一些场合，他总是习惯性地说出记忆中的赠礼节（美洲印第安人冬季的一个节日）歌曲。这些歌曲是由家族成员深情地谱写出来，以便纪念他们所深爱的但是已经过世的家族成员。赠礼节歌曲可以让人们对于已经过世的人形成强烈的画面感，并且让人们纪念这个人的方式也变得形象。这些歌曲旨在去让人了解到逝者的各种特质。但是这个术语也用于其他场合。有一次，因为我没有听懂酋长彼得·约翰的话，他对他的孙女说："你去把安德鲁·艾萨克（Andrew Isaac）酋长的项链拿过来。"等项链拿过来，他说这条项链是他从上一任酋长继承过来的，他戴上项链："你看，当我戴上这条项链时，每个人都知道它是安德鲁·艾萨克的，当人们从我身上看到这条项链时，他们便会想起安德鲁·艾萨克酋长的优秀品质；这就是 Che'ghwetsen。"

---

① M.巴特尔：《德斯蒙德·图图的乌班图神学：种族隔离系统下主教图图的群落神学典范是怎样促进竞赛和谐的》，杜克大学宗教系 1995 年博士学位论文，第 46—47 页。

② 威廉·施耐德：《似乎他们理解》，第 55—57 页。

从非洲和阿拉斯加这两个例子中，我们可以看到：通过多次故事讲述，术语的意思得到了更完整的展现。术语的含义就在那里，没有变动。理解它却要依赖于我们的个人阅历，但我们又何时真正明白它？故事并不是定形的实体存在，它们表示了我们努力联系过去经验，并在新的环境中创造出了新的含义。在所有的文化中都是如此，但是在跨文化交际中却成了突出的问题。因为在跨文化交际中我们可能因为没有广阔的阅历而难以衡量和解释某些含义。这也是口述史和过去的口述记录为人所诟病的地方。但是它们可以帮助我们了解这些故事是如何讲述的，讲给谁的，为什么要讲这些故事。采访者是如何通过提问题来使一个特别的故事呈现出来，口述录音可以给我们一些参考。故事的"变异"是我们领会故事是如何呈现的以及含义变化幅度的关键。当然，问题的答案还取决于当时记录员详细描述讲述情形的程度以及民俗学研究者对于这种表现的称呼。不同于书面记录，故事讲述不是固定不变的。每讲述一次它都会被重塑一次。为了理解故事，我们还需要知道是什么促使了故事的发生。①

我们也不是一直都能够直接获得答案。在跨文化访谈中，模糊性也有非常重要的地位。因为有时候我们不太理解，所以要耐心地等，把心里难解的疑惑先放一放。1999年口述史协会在阿拉斯加开年会的时候，我让彼得·约翰酋长作一个适当的引述来为会议程序定一个基调。他想了一会儿然后说："在他们心中一些特别的东西正在酝酿，而且将注定苏醒，见到光明，所以他们准确地知道我说的到底是什么意思。"②引述相当完美，因为它反映了口述史的两个重要主题：比喻运用的精到以及人们如何利用故事来间接地进行指引；故事讲述与故事书写之间的矛盾张力。③他是在指出故事讲述与故事书写之间的不同，以及存在于确定这两种故事形式的意义所面临挑战吗？这是我从他的话语里所听出来的。而且它还让我想到关于口述形式与书面文字的不同。但是，我不确定这是否就是他想要表达的意思。所以当我多次离开他的部落，开车沿着长长的路返回费尔班克斯（Fairbanks）的时候，我愿意抓破脑袋以理解他的意思。我经常说我分不清彼得·约翰酋长表达的意思和我做的解释之间的区别。因为他的很多故事对于如何活着是有教育作用的，我断定它们可以被广泛地应用和解读。如果把他表达的意思和我理解的意思划清界限的话会曲解整个故事。不过只要把哪里是我确定的东西以及哪里是我自己解读的东西弄清楚似乎也不错。我意识到我需要听故事的多种版本以检验我的解读是否正确，特别是那些准备拿来当范例进行教导的故事。而其中的核心问题便是要询问一下这个故事为什么要告诉我。

① 露丝·芬尼根：《非洲口传文学》，牛津大学出版社1970年版，第2页。
② 彼得·约翰酋长给作者的信，1999年6月。
③ 沃尔特·翁：《口语文化与书面文化：语词的技术化》，梅休因出版社1982年版，第113—114页。

阿伦·克罗韦尔(Aron Crowell)和埃斯特尔·乌斯瓦苏克(Estelle Oozevaseuk)在他们关于1878—1880年圣劳伦斯岛(St.Lawrence Island)的饥荒和传染病的著作中说明了这一点。至于环境对故事讲述的时间以及如何讲述故事的影响,他们的举例做了一个极好的说明。如何分析故事的意思,他们的作品里也提供了模型。这次故事讲述发生在史密森学会(Smithsonian Institution)尤皮克族老人的一次集会,在那里他们正在检验来自他们家乡——阿拉斯加西北部的一个小岛的手工艺品。其中一件工艺品是用海豹肠做的大衣。也就是这件东西促使埃斯特尔讲述了一个关于圣劳伦斯岛"逐个死去"的故事。在她讲述的这个版本的故事里,岛民死去是因为他们虐待海象——他们从活海象身上砍下大块的肉。因为他们对海象的虐待,他们被告诫他们将死去,并被命令穿上新衣服为到来的死亡做好准备。人们在史密森学会所检验的那个大衣与那些岛民准备死亡时所穿的大衣一样。也是因为这样埃斯特尔才讲述了这个故事。

埃斯特尔故事里的灾难很显然与那些捕鲸船、缉私船上的服务人员的故事描述不一样。因为他们把死亡原因归于酒精和爱斯基摩人错过狩猎迁移动物的时机。我们依旧不明白到底什么原因引起了那场灾难。人们饿死是因为如西方游客报告的那样——尽管不是他们亲眼所见——他们正在饮酒从而错过海象迁移上岸的捕猎时间?或者如尤皮克爱斯基摩人的后代所报告的那样,他们的大量死亡与狩猎者虐待海象有关?我们可以证实的是那里确实有一场灾难而且有很多人死去。我们知道捕鲸船可以拿现成的酒给当地土著喝。我们也知道当舰船来到遥远的群落时受到流感和其他传染病的困扰是常见的事。但我们依然不知道这场灾难发生的最终原因。当地土著声称,捕猎者通过砍切活海象肉来虐待海象就必须死的情形不能以实际经验证明,但也不能就此忽略掉。这个故事说明了人们感受到的事情确实发生了,指出了虐待动物的后果,提供了记录中所没有的一部分本地人的观点和声音。实际上这个故事是在史密森学会上讲述的。史密森学会是国家的一个文化知识场所。这次故事讲述也发出了本地人参与历史叙述的一个强有力的信息。①

不管最终是什么"确证"原因造成了那场灾难,故事信息所发出的力量已经超越了"确证"本身。它可以一遍又一遍地告诉新一代人要妥善处理好人与动物的关系。这个教训对道德的指导意义也是永久的,在对历史事件的思考中这一点绝对不能忽略。口述史学家的工作也就是把适于实证分析和不适于实证分析的进行分类。

---

① 阿伦·克罗韦尔、埃斯特尔·乌斯瓦苏克:《圣劳伦斯岛饥荒与传染,1878—1880:一个在人文与历史背景条件下的尤皮克故事》,出自施耐德编:《与故事一起生活》,第36—37页;阿伦·克罗韦尔、埃斯特尔·乌斯瓦苏克:《圣劳伦斯岛饥荒与传染,1878—1880:"与阿伦·克罗韦尔与詹姆斯·克利福德的对话"》,出处同上,第68—73页。

讲述的故事也许可以给我们留下一些道德指导,但是一遍又一遍的讲述也给我们一个范围,现在人们是怎样创造意义的,也就是现在所说的"生产历史"。① 过去、现在、未来的讲述成为故事意义和目的的一部分。② 在西方或者在欧洲环境中,我们凭直觉就能非常了解说话者的背景。但是,在跨文化访谈中,我们不仅要了解受访者说的话,而且还要知道人们是如何通过讲述故事创作出意义的。这种不停的努力比起严格的历史分析来说多一些尝试性少一些决定性。但是我们应该解读多少?给故事讲述者留下多少空间?在一个采访的环境中,我们通常只能听一遍。除非我们可以找到早期的记录,否则我们会缺乏一些解读性的讲述。

埃尔希·马瑟(Elsie Mather)是一个尤皮克族老人,也是一位学者。她的合作者菲利斯·莫罗(Phyllis Morrow)——人类学学者——努力探求故事应该解读的程度,以及应该留给听众多大的空间以让他们自己从故事分享中去领悟和吸收。③ 受过解读训练的莫罗试图去探索故事的含义,然而马瑟却鼓励人们应该与故事生活在一起。这个讨论背后隐藏的问题是:故事是否能在持续不断的基础之上反映我们的生活?故事的录音与书面记录可以适当地确定它们的意义。没有其他的录音与文本,故事的意义可能会受到曲解。人们说话的传统是永远延续的,而书面记录却会走向终结。马瑟和莫罗对双方彼此的观点都很敏感,并为了敏感而又不悖常理地处理口头叙事,他们形成了一种必要的合作模式。而且他们的努力共同形成了一种健康的张力,并代表着已成为"对话体人类学"的标志性的变换类型。在"对话体人类学"(dialogic anthropology)中,故事一直处于探讨的过程中,而且采访者与受访者的观点、背景、爱好也是整个讨论的一部分。这样做只是为了能够更多地了解人们是如何理解和使用这些故事的,而不仅仅被局限在故事的意义本身。④

跨文化采访容易受到可能的冲突的影响。就事实情况、故事解读、故事使用权等而言,解读部分是局外人和内部人可能轻易"误解"的部分。对于记录收集管理者来说,失误的可能性的范围会迅速扩大。我能强烈地感觉到这一点,这是因为当我在做采访的时候我也是在做一个公开的录音以使全世界都能听到,而且我还要确保受访者也能

① 大卫·威廉·科恩:《历史的梳理》,芝加哥大学出版社 1994 年版,第 5 页。
② 参见朱莉·克鲁克香克:《"彼得的歌":通过故事与歌曲建立意义》,出自菲利斯·莫罗、威廉·施耐德编:《当我们的话语归来时:记述、聆听和铭记阿拉斯加州及育空地区的口述传统》,犹他州立大学出版社 1995 年版,第 53—75 页。
③ 埃尔希·马瑟:《超越我们即时需要的洞察力:读写时代的口述传统》,出自莫罗、施耐德编:《当我们的话语归来时》,第 13—26 页;菲利斯·莫罗:《在伊朗国王的土地上,民间传说,协作,有问题的结局》,出处同上,第 27—51 页。
④ 丹尼斯·泰德洛克、布鲁斯·曼海姆编:《文化对话的浮现》,伊利诺伊大学出版社 1995 年版。

意识到这一点。对于部分受访者来说，当他们接受完采访之后容易忘记这一点；而且尽管有些人会立即意识到这一点，他们也很难掌控未来的听众可能会如何解读他们。在我的早期职业生涯中，我想采访老年公寓的一个女人有关马拉驳船的一些问题。马拉驳船是一种用于我们国家北部一条河流的运输形式。她认为我不熟悉那些东西，所以做不好。我常常回想她说过的话以及如果要解释给那些既不知道那条河也不知道马拉驳船的人听会有哪些困难。也许她也在怀疑她的能力，究竟应该如何向我和未来的听者叙述这样一种复杂的概念。以后能接触到这项记录的人所能了解的甚至比我还少。最后她也没有告诉我这个故事。这件事情说明了采访者和受访者都必须何等的小心谨慎。

罗宾·巴克（Robin Barker）对马吉·利德（Maggie Lind）的故事《鹤的眼睛为什么是蓝的》（"How Crane Got His Blue Eyes"）进行分析时，对解读部分非常纠结。读第一遍的时候，这个故事有点像《狼来了》（"The Boy Who Cried Wolf"）。但是罗宾·巴克解释说对于她的尤皮克族朋友们来说，这个故事又多了一些其他元素，比如说善于观察、明智地看问题、与自然界和谐相处、举止得体以及幽默。① 这个故事是关于鹤（Crane）的，讲述鹤如何去采浆果，如何取出它的眼睛并挂在树桩上，并告诉它的眼睛要注意安全。它的眼睛呼唤过它好几次让它过来，每次它把眼睛装进眼窝的时候环顾一下四周，并没有发现危险。最后，眼睛又一次呼唤它，但是当它到那儿的时候它的眼睛不见了。因为渴望看见东西，它尝试用了好几种浆果来放进眼窝。最终它决定选用蓝莓做它的眼睛，并声称说它们刚好合适。故事最后的结尾是："这就是鹤为什么会有一双蓝眼睛。"②当然，如何解读它取决于我们对这个已经讲过很多遍的故事是如何体验的。可以想象，一个小孩子注意的可能只是锁定于故事的某一方面，而一个成年人的注意力却可能是故事中的其他东西。学习如何使用一个故事取决于两个方面：一是我们要知道这个故事是如何讲述的；二是我们有给别人再次讲述这个故事的机会。从故事主体性方面来说，这个故事与其他故事相似。因为它指向了一种物理特征或自然特点。在这种情况下，鹤眼睛的颜色也就是整个故事和它潜在的更多复杂含义的视觉暗示。作为跨文化环境工作者，我们要在两方面高度重视起来：一是我们应该如何记录讲述的故事；二是我们应该如何按照自己的分析再次陈述故事。我们也必须保留那些可能持有不同观点的解读，就算其他所有人都已达成同一个共识。

学习如何讲述一个故事也包括确立故事的使用权。在跨文化环境下确立这项使用

---

① 罗宾·巴克：《智慧的双眼，嚎叫的狼：欧洲与尤皮克地区边界的警世故事》，出自莫罗、施耐德编：《当我们的话语归来时》，第 79—97 页。

② 同上书，第 81—83 页。

权其实也是挺复杂的。因为,除了个人因素,社会公众也可能会强烈关注故事是如何讲述的。并且公私之间的分界线会根据群体和话题的不同有所变化。一个正规的授权协议书只是第一步。按照西方传统,我们会让接受采访的个人签署一项授权协议书以保证所做采访记录是可以告知公众的。但是我们也要认识到一些个人可能不会说出某些话题,这是因为这些话题为他们的文化组织所控制。

当我刚开始在阿拉斯加州做调研的时候,我拜访了一个叫比弗(Beaver)的村子,目的是为了看一看印第安人和爱斯基摩人是如何生活在一起的。比弗村有特别让人感兴趣的事情:来自北极坡和阿拉斯加州的科伯克地区的印第安人定居在这里,他们是分别属于阿塔巴斯坎语系两种不同语言族群的印第安人。其中一族来自河流下游,另一族来自河流上游。当我跟他们提出我的研究时,他们对我说,只要我不把他们放在显微镜下边,他们就很欢迎我来这里做研究工作。我必须找个方法以适应这个团体。而解决办法却是他们以非正式形式讲述有关他们生活故事的一系列的个人人生史。因此我也断定他们群落的集体故事也就是印第安人和爱斯基摩人史。这让我能够对不同背景的影响进行评价,对他们的共同活动以及为了和平和为了相对无冲突的异族联姻的历史总结出一些结论。村子里的大部分人都能够接受我,这让我感到很幸运。这让我有机会请他们讲述自己的故事——避免了我的一些锐利的伦理问题。它们给我提供了洞悉文化模式和历史同一性根源的窗口。① 它们的发展是通过一种相当非正式的方式。但是在其他情况下,公共生活方式和私人生活方式的建立已经变得更加正式和不确定。

几年前我采访过一个特林吉特人(Tlingit,阿拉斯加南部和英属哥伦比亚北部沿海地区以航海为业的美洲印第安人)。在他们的文化传统中,很多故事属于宗族或与宗族有关联的一群人。他们是故事的拥有者,在特定的场合讲述这些故事,并把故事视为自己的财产。在采访中,他概括地说了一下他们族群是如何定居在这里以及人们是从何处来到这里的。但是他没有讲述他们宗族起源的故事,只是略微提到了它们以及故事内容的大致轮廓。然而当他知道要对族群其他成员进行采访时,很快就作出决定说,他不想让我们拥有记录。一般说来,如果有人正在谈论自己的经历,他们认为这些经历是自己的事情,他们可以告诉任何人。既然这样,我们做了一项新记录并且避免了那些有争议的部分。像上述情况,宗族所有权有助于确保只有在合适的文化背景下由适当的人来讲述故事。但是就像这个例子所显示的,它也不是一个能够轻易说清楚的事情。

将部分或全部采访记录转录到书中的话会引起人们对于信用问题的关注。如果整

---

① 威廉·施耐德:《阿拉斯加州比弗村:多民族社区的故事》,布林茅尔学院 1976 年博士学位论文。

个故事都以"作者"的名字出版是被看作公然违反规定的。如果叙述者被提到或者被引证到,最好能够让他或她以合适的方式出现。在阿拉斯加的例子中,叙述者希望自己的名字能够被提到,能够得到信任。对知识渊博的人所做采访记录的"口述传记"或人生史又有了原创作者的问题争议。在有些情况下,作者就是叙述者,即讲故事的人。① 在其他情况下,"作者"仅仅只是抄写者。② 还有一些情况,出处及来源是共享的。很多东西还是取决于作者与叙述者之间的合作水平以及他们是如何选择讲述他们自己的。

在做口述传记的时候,受访者讲述他们自己的生活故事,而我的角色是将他们的故事置于特定的语境之中,为读者安排好它们的位置顺序。"口述传记"(Oral Biographies)这个术语表明了蕴含在作品创作过程中的"共享权威"(shared authority)。③ 这种类型的作品也为作者和故事叙述者一起工作提供了各种可能性。比如,创作的故事会受到作者与叙述者关系及二者生活阅历的影响。老沃尔多·博德菲什(Waldo Bodfish, Sr.)是来自北极海岸的一个伊努皮亚爱斯摩人(Inupiaq Eskimo)。在我跟他完成一本书之后,我的一个同事找到我说:"喂,你一定没有公正地对待他。"我回想过那些评论,它们迫使我考虑如果已经有人写过传记的话,再写传记应该如何与它不同。但是不会出现写得更好或更坏的情况,因为本来就不同。我和博德菲什写的书是根据多年来他跟我分享的那些故事。④ 也就是这种情况,某次描述的个人生活史随着时间的推移会发生变化。玛格丽特·布莱克曼(Margaret Blackman)在她与弗洛伦斯·艾登肖·戴维森(Florence Edenshaw Davidson)的作品的第二版中描述说:当她自己成为母亲的时候,就可以看到与戴维森太太新的讨论方法;她们的关系发展了。她写道:"除了那些没有抓住的机会,我自己的生活变化对于采访者个人阅历是如何影响到整个生活史访谈过程来说是个很好的经验总结。"⑤

在编著过程中,编辑、整理以及情景化等相关问题是非常重要的。这些都是采访者与受访者共同的决定。会有一些事情是叙述者不想在人生史中看到的,作者要对这些点保持敏感。在摩西·克鲁克香克(Moses Cruikshank)的故事中,人生的好几部分他是不希望看到的,所以我不得不接受他用一句话简单加以概括的情况。沃尔多·博德菲

---

① 例如摩西·克鲁克香克:《我的人生》,阿拉斯加州立大学出版社 1986 年版;沃尔多·博德菲什:《Kusiq:阿拉斯加北极海岸爱斯基摩的人生活史》,阿拉斯加州立大学出版社 1991 年版,故事讲述人即为作者,笔者是作为编辑出现的。

② 玛格丽特·布莱克曼:《我的时光里:一个海达族女人弗洛伦斯·艾登肖·戴维森》,华盛顿大学出版社 1992 年版。

③ 迈克尔·弗里希:《共享权威:口述史和公共历史的技巧与意义》,纽约州立大学出版社 1990 年版。

④ 博德菲什:《Kusiq:阿拉斯加北极海岸爱斯基摩人的生活史》。

⑤ 布莱克曼:《我的时光里》,第 160 页。

什的书中有一些日期或数字与书面记录不相匹配的情况,我在脚注部分注释了这些,以防止打断或不利于他正在讲述的故事。

传记著述过程中的合作还包括实际的书籍装帧设计。在我与特莱克·纽曼(Turak Newman)合作完成的第一部人生传记中,我们没有检查书里的插图。这些错误的插图原本是可以通过复审来避免的。在我创作第二部人生传记时,我与摩西·克鲁克香克一起合作,我们用很长时间来为一个插图去找到一个老式的狗驮子,并且找到一只合适的狗来戴上这只狗驮子,最后给这只狗拍了一张照片。后来,设计师用这张照片给本书画了一张简图以供使用。①

合作是跨文化访谈的标志

我对印第安人和爱斯基摩人族群所做的大多数采访要么是人生传记要么就是集中于某一个主题。在这两种情形中,共同合作是获得好的访谈效果的最简单也是最好的方法。访谈本身是采访者与受访者共同努力的成果,它需要二者的相互支持,不然就无法运作。在主题突出的访谈中,不止一个人会被问到有关某一个主题的一些问题,比如地方志、地名、气候变化或者生活活动等。他们的访谈是整个访谈收集的一部分。他们与他人对立的观察结论提供了一个内容内富且相互对比的访谈记录,同时也强化了故事的含义随着不同认识的增加而随之丰富的这一观点。②

在阿拉斯加州西北部苏华德半岛(Seward Peninsula)我与爱斯基摩驯鹿牧养者的一个多年的项目中,我对他们所做采访的目的是为了能够找到牧养者对北美驯鹿涌入他们的驯鹿牧场的态度。③ 我们无法单凭一个访谈就能了解情形的复杂性以及他们的反应的多样性,同时我们也不能断定他们对于这个问题的反应的范围。一些牧养者告诉我们,他们的长辈曾经告诫他们:"北美驯鹿来日还会回来的。"对某一个牧羊者来说,通过见证北美驯鹿的返回就向他证明了这一告诫。而对另一个牧养者来说,北美驯鹿会跑出他们自己的草场,不得不扩大他们的范围,并最终会转移到他们自己的驯鹿牧场,这是一个推理的问题。而对另外一个牧养者来说,因为知道这里有老死的北美驯鹿尸骨的问题,所以就可以推断出只要它们来过一次,它们就会再次过来。④ 通过长辈的

① 特莱克·纽曼:《一个人的足迹》,成人扫盲研究室,出版日期未注明。
② 克鲁克香克:《我的人生》。
③ 凯利·诺贝尔·克莱:《把它归还:建立对话以解读大众口述史》,《口述史评论》1996 年第 19 期,第 9—39 页。
④ www.uaf.edu/library/jukebox.

一句话"它们还会再回来的",驯鹿牧养者用稍微不同的方式为个人如何从口述传统中引申出新含义提供了细微的线索。重要的是,要去仔细思考这些特别的讲述,仔细思考每个人理解老者预言的方式,还要仔细思考对于故事讲述的集体记忆——一个人讲出的是个人的理解,而集体的讲述却可以讲出故事所蕴含的一系列意义。

主题式方法使我们有机会更好地理解人们是如何运用这个故事的。也是在这种情形下后来的访谈可以建立在较早的访谈基础之上,可以知道对于某一主题的种种答复以及这个主题的深度信息。就驯鹿牧养者来说,牧场的经济效益、巡视牧场时的身体情况、需要的装备、技术的变化以及移居到固定村落之后的影响,这些因素都会使访谈充满了复杂的变数,能直接影响到牧养者对北美驯鹿造成的损害所做出的回应。通过几年的采访,我们继续在驯鹿牧养者年度会议上给他们简要介绍我们正在了解的东西,并且我们与牧养者协会主任在我们的研究方向上也开展合作。至于牧养者对畜群逐渐衰落有何态度的问题,在进行较少访谈的情况下,因为每位牧养者情形复杂,以及存在的复杂变数,我们也不好回答。在合作过程中,牧养者对我们进行了全程讲解和指导。没有他们的支持和关心,这个项目不可能这样成功地完成。通过把访谈记录放到网上,就可以保存我们的发现成果。甚至到这里,把内容发布出来也是大家共同讨论以及每一个牧养者分别决定的结果。

在这项研究以及在所有跨文化访谈中,一个关键的问题就是涉及传统的功能问题。这在牧养者如何看待自己以及他们对自己将来的预想的情况中就有所反映。他们在牧养驯鹿方面所经历的好时节和坏时节会有助于使他们意识到在未来进行牧养驯鹿的可能性,甚至现在——就是现在——很多人为了生存必须另谋出路。在传统对未来的决定有多大影响的测试中,研究人员会不自觉地思考他们是如何利用口述传统和个人阅历来形成那些决定的。

传统是深深印在我们心里的东西,也是从过去到现在一直滋养我们的东西。从我远在阿拉斯加和非洲的经历来看,有两个事例可以说明传统的作用,这两个事例发生在传统与那些极其依赖口传的人们有着密切关系的地方。第一个例子来自于缅因州的边远地区,第二个例子来自于铁路客车服务员。爱德华·艾维斯的书《乔治·马谷恩与缅因州的游戏战争》(*George Magoon and the Down East Game Wars*)(1988)记载了缅因州臭名昭著的麋鹿偷猎者乔治·马谷恩。① 艾维斯指出这些故事之所以不断被讲述出来,是因为可以用来当作那些被剥夺了公民权利的人对法律发泄愤恨的一个途径,这是

① 爱德华·艾维斯:《乔治·马谷恩与缅因州的游戏战争:历史,民俗,律法》,伊利诺伊大学出版社 1988 年版。

因为法律保护了那些只是以捕猎为娱乐的人。故事不仅表达了他们对法律的感受,也认可了他们所弘扬的以智慧战胜权威力量的品质。在这些不断讲述的故事中,乔治·马谷恩是个文化英雄,他以智谋战胜了狩猎管理规定。故事中的他,能给那些处于自己无法掌控的世界里的故事讲述者和听众带来一种满足感。某种程度上,他是罗宾汉一类的人物形象。第二个例子来自于杰克·圣蒂诺(Jack Santino)的书《绵长的微笑,多年的奋斗》(*Miles of Smiles*,*Years of Struggle*),这是一项关于在美国主要铁路线上为乘客服务的黑人搬运工的项目研究。① 他们讲述的故事证实了他们坚持的价值观和在工作中保持尊严的方法。因为工作中的他们在很多情况下会受到歧视。有一个不断被提到的故事:A.菲利普·伦道夫(A.Philip Randolph)代表铁路搬运工人拒绝接受公司让他放弃为工人权利而斗争所开的银行支票。圣蒂诺写道:"诚实、正直、高贵都成为其中的缩影。人不可以被收买、贿赂、动摇决心、欺骗、威胁或受到腐化侵蚀。这些品质对铁路搬运工人们是极为重要的。""银行支票"的故事是这些搬运工人们传承的核心部分。

缅因州农村地区的人及那些老年黑人搬运工继续讲述着他们的故事,这是因为这些故事代表了构成他们人生阅历和价值观的东西。当传统不能再告诉我们这些的时候,故事也将渐渐让人费解而成为陈年的艺术品。当有一群人能够懂得这些老故事,并对它们进行评估,而且找到适当的时机与场合再把它们讲给后代人,那么口述传统会变得繁荣。

跨文化访谈对于在自我文化中进行访谈的影响

跨文化访谈扩大了我们对人们利用口头叙事进行表达蕴含在故事中的意义的理解。这一点对我们在自己的文化圈所做的访谈会有直接的影响。它迫使我们去质疑是否真正听懂了所说的话,也会让我们对表达之间的细微差别更加敏感。它可以让我们更加意识到上下文的作用以及环境对故事叙事结构的影响。它还可以迫使我们考虑传统——人们把它带入现时的理解与讨论。这就是我们在熟悉的环境中习以为常的对话中所包含的方面。我们把口述故事转化成清晰流畅的散文时,常常未能领会意思间的细微差别,而这一点对于口述的表现、特定的场景、以前出现的问题以及现在与过去历史的关系等来说是非常具体而特别的。

---

① 杰克·圣蒂诺:《绵长的微笑,多年的奋斗:黑人铁路搬运工的故事》,伊利诺伊大学出版社1989年版,第61页。

你听过彼得·约翰酋长说过的话："在他们心中一些特别的东西正在酝酿,而且将注定苏醒,见到光明,所以他们准确地知道我说的到底是什么意思。"如果我们可以用故事而不仅仅是现实来想象生活,而且作为创造性过程的一部分,这一过程能使我们忆及往事,并且能形成我们对于这个往事的理解从而表达出现在的问题和事情,那么我们就可以更清晰地看到故事在我们自己的文化中是如何用来表达意义的。我们一遍一遍地问自己:为了理解故事我们需要知道什么样的背景? 在跨文化环境工作中我们得到了一个礼物,那就是——事物看起来是如此不同以至可以迫使我们去质疑"字里行间"的含义,并且去判断人们表达的真正意思。

参考文献

[1]玛格丽特·布莱克曼:《我的时光里:一个海达族女人弗洛伦斯·艾登肖·戴维森》,华盛顿大学出版社 1992 年版。

[2]沃尔多·博德菲什:《Kusiq:阿拉斯加北极海岸爱斯基摩人的生活史》,威廉·施耐德编,阿拉斯加大学出版社 1991 年版。

[3]大卫·威廉·科恩:《历史的梳理》,芝加哥大学出版社 1994 年版。

[4]朱莉·克鲁克香克:《故事一样的人生:三个育空本地老人的人生故事》,内布拉斯加大学出版社 1986 年版。

[5]摩西·克鲁克香克:《我的人生》,威廉·施耐德编,阿拉斯加大学出版社 1986 年版。

[6]露丝·芬尼根:《非洲口传文学》,牛津大学出版社 1970 年版。

[7]菲利斯·莫罗、威廉·施耐德编:《当我们的对话归来时:记述、聆听和铭记阿拉斯加及育空地区的口述传统》,犹他州立大学出版社 1995 年版。

[8]沃尔特·翁:《口语文化与书面文化:语词的技术化》,梅休因出版社 1982 年版。

[9]威廉·施耐德编:《与故事一起生活》,犹他州立大学出版社 2008 年版。

[10]威廉·施耐德编:《似乎他们理解:口述史中的文化问题》,犹他州立大学出版社 2008 年版。

[11]罗纳德·斯考伦、苏珊娜·B.K.斯考伦:《语言学的集中性:在亚伯达省奇普怀恩堡的民族志演说》,学术出版社 1979 年版。

[12]巴雷·特德洛克:《民间风俗的动力》,犹他州立大学出版社 1996 年版。

第 4 章 案例研究：口述史与民主——文盲的教训

梅赛德斯·维拉诺瓦（Mercedes Vilanova）

"发现"文盲及其典型特征应该是口述史主要关注的问题，因为这是把文盲人口融入主流的书面历史的唯一方法。① 口述史学家面临着很多的挑战，比如接触文盲的困难性以及和他们沟通的问题，还有他们经常保持沉默（尤其是那些生活在遭受过内战和严酷的政治压迫的社会中的人们）。采访他们的经验使我们能够把握历史学家该如何扎根于文字文化和如何运用写作的力量。但是，如果我们忽略这部分人群，我们便失去了一个理解文化的必要对象，并且拒绝更好地反思过去，因此我们失去了曾经的完整记忆。

我们通过一个口述史比较研究调查了巴塞罗那、巴尔的摩和纳粹死亡集中营的文盲工人的投票和社会行为。这个案例研究得出了一些结论并对一些研究样本进行了比较，还呈现出在社会和政治动荡的环境中民主和文盲的地位的理论挑战。该案例调查聚焦于证明在这些环境下文盲不具破坏性，而是做出温和的回应。总的来说，根据这两篇论文以及所进行的田野调查而提出的四个猜想，我们提出了进一步的研究工作。

主要问题、实地现场和受访者的案例

主要的研究问题是：为什么在社会和政治动荡的情况下会失去民主？其他的问题是：文盲投票的特点是什么以及不能读或写究竟意味着什么？选取了三个地点见表1。在巴塞罗那，我们采访了一些生活在 20 世纪 30 年代，经历了共和国、内战、社会改革和

① 这一案例研究是在布莱恩·苏比拉纳的帮助下写的。第一个版本的是在琳达·肖普斯帮助下写的，作为梅赛德斯·维拉诺瓦所著的《第四世界：巴尔的摩记事 1990》序言出版，海峡大学出版社2005 年版。

佛朗哥独裁统治的工人[1]。在巴尔的摩,我们采访了经历过 20 世纪 30 年代的新政和 20 世纪 60 年代和 70 年代的民权运动的工人[2]。在德国,我们采访了在 1940 年和 1944 年间被驱逐到茅特豪森集中营、布痕瓦尔德集中营或拉文斯布吕克集中营的西班牙共和党人。在这些集中营中,我们发现幸存者中没有一个是文盲,然而我们研究的关键结论源自于对于这些访谈的比较分析。集中营中的西班牙人是激进分子,曾经反对佛朗哥的统治,他们都不是文盲。

这项研究背后的故事的开端是我采访了一个西班牙内战时期(1936—1939)在集体化冶金工厂工作的目不识丁的女工。她过去支持并隶属于一个无政府主义者工会。这次采访让我重新审视识字是否加入工会或政党的一个先决条件[3]。我的采访证明了一些文盲确实是如共济会等工会、政党和其他组织的成员,但是他们对自己所属的组织的理念完全不具破坏性。

文盲很难被辨认出来,这是因为很多文盲都知道如何掩盖他们的文化欠缺。之所以出现这样的情况,部分原因是他们不会去使用那些不同于文化人的语言代码,而且在随意的谈话中很难确认他们是不是文盲。他们可以得到驾照,并能进行长途旅行:"我买了一幅地图,研究大约一个月或者更长时间。我研究了那条路线,我要走的那条路线。"他们可以开一个银行账户:"当我开银行账户的时候我不知道怎样读、怎样写。我没有对他们说,他们也不关心。我签了自己的名字。"他们可以在餐馆里点餐:"我过去去过的大部分餐馆,那里的人会过来说他们有这个菜有那个菜。"他们甚至可以加入共济会:"我自从 1939 年就是共济会成员了;共济会不知道我不会读写。"在工作中,有时他们会雇用受过教育的工人去替他们完成他们无法完成的任务。

受访者在讲述他们的人生故事的同时,他们也关注他们投票的意义、意识形态、宗教信仰,以及他们对社会变革、改革或革命的理解和认识。在巴尔的摩,男人比较健谈而且更渴望学习。然而,在西班牙,许多女人学会写字是为了和她们在军队服役、监狱

①　关于这项工作的主要出版物是梅赛德斯·维拉诺瓦:《在 1934—1936 年间巴塞罗那的无政府主义、政治参与和文盲》,《美国历史学报》1999 年 2 月;西班牙语著作有,梅赛德斯·维拉诺瓦、泽维尔·莫雷诺:《1887—1981 年之间西班牙文盲的进化图集》,1992 年版;梅赛德斯·维拉诺瓦:《看不见的大多数:工业开发、革命和镇压》,伊卡利亚出版社 1995 年版,包含 24 个采访,译成加泰罗尼亚语,西班牙语和希腊语;加泰罗尼亚语著作有:安娜·蒙乔·卡麦·维加:《工人和西班牙内战:集体化工业的历史》,1986 年版。运用已有的加泰罗尼亚语和西班牙语文献的统计数字、图表以及口述史料,梅赛德斯·维拉诺瓦出版了《加泰罗尼亚第二共和国的阿特拉斯选举》(第 2 卷),加泰罗尼亚百科全书出版社 2006 年版。

②　维拉诺瓦:《第四世界》,采用英语和土耳其语双语出版;在西班牙语版本中,本书有不同的引言;维拉诺瓦:《文盲的声音:巴尔的摩的文盲》,安斯罗波斯出版社 2005 年版。

③　E.P.汤姆森:《英国工人阶级的形成》,维克托·高兰斯出版社 1963 年版。

服刑或在外流亡的伴侣交流。巴尔的摩妇女的经历更具暴力性,在她们的很多故事中都包含毒品、酒精和隔离等内容。在巴尔的摩和巴塞罗那的许多人都住在棚屋或户外。他们全部在年龄很小的时候就开始工作了,有的割草或摘棉花,有的洗碗和擦地板,还有的在矿山工作。有些人解释说,他们之所以辍学,有的是因为走的路程太远,有的是因为父母一方或双方早逝。还有些人说他们不想上学。童工中女孩尤其明显,因为她们不得不照顾她们的兄弟姐妹或生病的父母或祖父母。

在西班牙和美国,一些口述人是很小就为了找工作而移民过来的,他们通常是把挣来的第一笔钱交给他们的父母或亲戚:"我父亲(把从我工作中)得到的钱放在自己的口袋里。""这钱是给我妹夫的。"在巴尔的摩,口述人往往已经结过两次婚,有四个孩子,家庭结构比较不完整,家庭成员之间的关系以及和老板之间的关系都比在西班牙的更暴力。尽管在巴尔的摩和巴塞罗那的口述人来自有很多兄弟姐妹的大家庭,但是,在巴塞罗那,他们已经适应加泰罗尼亚的人口模型,只养一个或两个孩子。在巴塞罗那,当我问巴尔的摩的口述人他们的父母教了他们什么时,他们的回答十分简单:"不要偷东西。""不要拿不属于我的东西。"

实地现场		
题目	20 世纪 30 年代 西班牙内战时期	20 世纪 30 年代 美国巴尔的摩文盲	20 世纪 40 年代 德国死亡集中营
方法	统计、制图、参考书目、口述来源、120 个采访[*]	口述来源、参考书目、24个采访[†]	口述来源、1200 多个合作资源、参考书目[‡]
文盲群无体身份	非裔美国人	案例中无文盲	
宗教地位	反对天主教群体	支持当地教会	受宗教迫害
主导意识形态	无政府主义	自由民主	纳粹主义
民主输出	西班牙内战的失败导致佛朗哥独裁统治	民权运动的成功	失败,死亡集中营

[*] 一些采访发表在梅赛德斯·维拉诺瓦:《拉斯梅伊耶斯隐形人》,伊卡里亚岛出版社 1995 年版。

[†] 一些采访发表在梅赛德斯·维拉诺瓦:《第四世界:巴尔的摩记事 1990》,海峡大学出版社 2005 年版。

[‡] 大约 800 个采访属于茅特豪森集中营幸存者文档项目,杰哈德·布兹执导,维也纳大学;大约 500 个采访属于德国社会主义奴隶和强迫劳动项目,亚历山大·冯·柏拉图执导,哈根函授大学,德国。

文盲:非激进人群

在我们的样本中,最明显的差异是非裔美国人把自己想成并当成一个群体,不管他们是哪种社会地位的文盲。相比之下，处于任何地位的白人文盲从未形成一个明显的或自觉的团体。黑人文盲由于有共同的历史增强了集体认同感，"非裔美国人"这一叫法所指的也是他们自身。非洲和奴隶制度给了他们一个地理和社会起源，他们所有人都铭记种族隔离的时代。即使是那些无家可归的流浪汉也知道林肯、罗斯福、肯尼迪、马丁·路德·金是谁。这种对历史人物的认识在巴塞罗那的采访中难觅踪影，他们克服了法律和法律管辖之外的障碍获得了投票权，这是非裔美国人的一生中经历过的壮观的社会变革的结果。因此，他们非常看重选举，倾向于认为一个强大的联邦政府将能更好地保护他们，即使是在巴塞罗那，他们并不完全理解某个政党或某个工会意味着什么。实际上，很多人并不清楚何谓"民主"："它是民族的意思，是吗？""它是一个世俗的事情。""我解释不了这个词。"

非裔美国人的宗教经历更是加强了他们的历史观。众所周知，教会是非裔美国人认同感的一个关键以及社会支持的一个来源。此外，教会提供了一个看待世界的目的论和在时间框架内对事件的解读。虽然种族压迫是可怕的，但是也被教会成员予以缓解；到了 20 世纪晚期，教会本身促进了积极地看待社会变革和分享经验。在巴尔的摩，我逐渐深入地理解了被政治和社会边缘化的西班牙工人也在精神上也接受了教堂把西班牙内战定义为一场神圣运动的观点。

投票是一个很好的例子，对文盲人士的采访显示他们的行为并不激进，并且会让我们很快对关于文盲的成见产生怀疑。与我们的研究结果相反的是，传统的政治理论和社会理论认为文盲奇特诡异且难以忍受，还认为他们在投票时容易摇摆不定，立场不坚定。我们发现，巴尔的摩和巴塞罗那的文盲都很温和。在巴尔的摩，选举权的重要性被所有非裔美国人认可："它让你觉得自己是某个东西的一分子，让你觉得自己是一个美国的公民。"在西班牙，人们的态度又有所不同，他们中大多数人都不信任政治，并承认他们投票是为了"损失少点"，因为政客们"都打着一样的领带，都穿着蓝色的衣服"。在美国，所有非裔美国人都支持民主党，倾向于妖魔化共和党："我投票给民主党人，共和党人把所有从穷人身上得到的钱都给了富人。"非裔美国人比欧洲裔美国人对民主党更铁杆："我认为主要是共和党带来了奴隶制。"当他们不参加投票时会感到内疚。白人文盲的投票行为则表现出更多的变化性，有一些人从来没有参与过投票。

在 20 世纪 30 年代的巴塞罗那，工人不参与投票是受压力所迫；传统上来说，这是受无政府主义"不参加投票"口号的影响。有一个文盲工人跟我分享她的经验："你要知道，你不去投票的话，老板会更欣赏你。有钱人，他们中的有些有钱人，不喜欢工人反抗。"尽管具有个人影响力的领导告诉他们不要投票，尽管雇主不希望他们去投票，文盲和半文盲还是坚持去投票以选举稳重的候选人。这些叙述给我清楚地解释了为什么他们的社会革命会失败:"如果我们不知道'革'字怎么写,那我们怎么进行革命呢?"

像投票一样,工会成员身份不是使文盲的立场变得激进的一种手段。巴尔的摩的工会似乎专门为加入的男性找到一份工作和获得工作保障,这像巴塞罗那的工会一样。在这两个地方,受访者从未考虑过成为一个工会活跃分子的可能性,当被问及原因时,他们的答案总是一样的:"因为我没有接受过教育。"我们发现,几乎所有被驱逐到纳粹集中营的西班牙共和党人更加相信激进是文化人的一种风气。

文盲群体是温和的,而且他们也想要在他们生活的社会中如此表现。在巴塞罗那,当我问到他们所属的社会阶层,他们很快就回答说:"我们是正常阶层。别人怎么做我们就怎么做。"在巴尔的摩,白人文盲的回答类似,他们也想表现得"正常"。然而,非裔美国人认识到黑皮肤的人曾遭到非人性化的对待,因此他们快速地回答说:"我们是人类,你相信吗?"在巴西,文盲承认他们悲惨的状况,他们告诉我:"我们是乞丐。"在法国会是另外一种情形,因为"文盲"这一标签,听起来像"愚蠢"或"动物",由于文盲不想被这样称呼,他们将自己称为"有缺陷者"。也许是法国文化部把"文盲"一词引向全世界来解决这个语义问题的。当然,文盲不认为自己愚蠢、既不正常又毫无人情味,或是把自己看成乞丐或是有缺陷;这些描述都是识字的人强加给他们的。

目前尚不清楚为什么文盲对社会所给予他们的一些限制的态度会如此温和。但采访显示,文盲的专业素养可以达到一定水准。发端于 20 世纪 60 年代的一些经济理论强调识字是现代化的一个条件。这些理论催生了一个神话:识字对思考、批评、建立民主政府或维持政治稳定,甚至对生育的控制都是必要的。我采访过的文盲有的在民用和军事制造业工作,有的在矿山和铁路上工作;他们驾驶卡车、操作叉车。不识字并没有影响他们当领班或监工。"我在涂装生产线工作,我告诉他们我可能不太能认字,但我能把工作做好。"并且他们在军队光荣地服役:"他们当然知道我不识字,但是他们急需男性和士兵。在韩国,我是一名卡车司机。"换句话说,文盲本身不是一个社会问题。

文盲所失去的

我们从巴塞罗那的研究中得出结论,文盲对世界的认知会有所减少,他们的生活往往会被限制在他们的工作和家庭中。那些受访者能够记住他们领过多少薪水,然而却很少能想起来他们曾在哪家企业工作过,以及在战争期间他们的集体化工厂曾发生过什么事情。在巴塞罗那和巴尔的摩,他们通常对身外之事抱有消极的态度,无论是社会革命还是民权运动,并且他们也缺乏对于时间的记忆。他们通常不知道自己的出生日期是哪一天,他们什么时候结的婚以及结婚多久,又或者他们的孩子是什么时候出生的。与主流意识相比，他们的语言通常也更简短，词汇量也更有限。在理解和表达一些诸如民主和社会主义这类抽象的概念时会更加困难。事实上，文盲很少会使用这些概念，当具体问他们的时候，他们声称不理解这些东西。文盲的这种状况也影响了他们的政治参与度。

一个我找到的最惊人的发现是：即使在小村庄，他们的邻居也不记得他们。这种记忆的匮乏是最强烈的历史边缘化吗？文盲的个人记忆只有他们的父母；他们甚至不知道自己祖父母的情况，不能告诉我们任何关于他们的事情；他们也不记得自己最亲密的家庭成员的名字。是他们忘记了吗？对他们来说这些家庭成员曾经存在过吗？他们的记忆只保留了当前的生活，好像他们是无根之树，对本身的起源或是它周围的森林漠不关心。如果他们不是确确实实地与某人在一起，可以不夸张地说他们是孤独的，因为他们无法通过写日记、写信或者阅读等方式来与自己交流。这种缺乏回忆、与世隔绝的状态是否是最严重的贫穷？

文盲也承认那种羞愧和尴尬的感觉，尤其是在他们的青年时代。"我觉得很糟……如果你不能识字，好像整个世界都隐藏起来了。"他们向朋友、同事甚至配偶隐藏他们不会阅读或书写的事实。"当我不知道某些东西的时候，我总是自己保守秘密。"为了不让别人知道自己是文盲，很多人学会了怎样签名。"在后来的生活中，我学会了如何签名……如果你知道如何签上你的名字，日后总能派上用场。"但他们也知道如何接受自己的局限："他们是无声电影，哦，他们会展示给你不同的东西；它与今天的完全不同。你仍然可以看到图片，但是你看不懂文字部分。很多时候，都是由和我一块去的人来读出来。"

四大猜想：埃扎斯特、盲从者、茅特豪森和伽利略

我们的田野调查让我们得出这样一个结论：文盲的行为不具破坏性，反而是比较温和，因此他们对于在思想上支持冲突是不应该负责任的，对于自愿参与内战或者大规模的暴行也是不应该负责任的。如果遵循这样的假设，我们可以推断出暴行只能出自识字人之手。这样的结论就是我们所说的埃扎斯特猜想（Azaustre conjecture），以纪念曼努埃尔·埃扎斯特。这个猜想认为："常识和理想主义的缺失可能会产生大规模破坏性暴行，这一切都是识字的结果。"

为响应埃扎斯特猜想，伽利略猜想（Galileo conjecture）认为：为对抗线性文本支持民主的失败的力量，片段性的陈述必须取代线性文本并且把历史看作一个关系网。换句话说，"为防止独裁式的滥用历史文本，'作为线性文本的历史'范式必须被'作为网

络的历史'范式所取代。"某些民主的破坏性行为是扎根于开创性的文本的意识形态的产物。在我们三个案例中,主要的内容用简短的话来说就是:

1868 年美国:加入三 K 党的候选人要被问的问题:"在这个国家你是否赞成一个白人的政府?"

1924 年德国:"当我在研究犹太民族的时候,我怀疑天命是否会把最后的胜利留给他们。"出自阿道夫·希特勒的《我的奋斗》。

1993 年西班牙:"当正义或国土被冒犯的时候,拳头和手枪的辩证法比任何一种辩证法都更易采纳。"佛朗哥政党官员兼长枪党的创始人何塞·安东尼奥·普里莫·德里维拉说。

猜想	调查地点		
	西班牙第二共和国/ 内战时期 1931—1939	美国巴尔的摩新政—公民 权利运动 1930—1970	德国死亡集中营 1940—1945
埃扎斯特—文盲	无文盲流放	不反抗公民权利运动	死亡集中营中无西班牙共和党文盲
盲从者—民主的假象	佛朗哥独裁统治	奴隶制	极权主义的纳粹主义
茅特豪森—潜在的集中营	内战镇压	美国内战和隔离	死亡集中营
伽利略—线性文本的失败	好战的回忆:何塞·安东尼奥·普里莫·德里维拉	官方回忆:3K 党	教条文本:《我的奋斗》,阿道夫·希特勒

如果我们更深入地思考就可以得出结论:绝大多数选民既无破坏性又温和。可能民主制度和文盲之间的相互关系是全体选民一个代表,因为大多数选民所要做的就是在几个候选人中做出选择。导致诸如希特勒及其随后的暴政出现的机制在许多方面并没有发生改变。在我们选的三个例子中,当民主导致独裁统治的建立时,民主制度就失败了,例如西班牙的佛朗哥和德国的希特勒,又或是导致了例如在美国所采取的种族隔离和歧视政策。《蚂蚁追随者猜想》(*Ant Followers Conjecture*)认为:"民主是默许的独裁。"从这本书中,我有了上述的发现。

曾经在一段时期内,占投票人口很大比例的文盲已经被在当前公共体系中受教育的年轻人所取代。没有人强调前者和后者之间的显著差异,这也就表明了我们仍有遭受类似于 20 世纪暴行的危险,甚至在所谓的发达国家里也会有这样的危险。我把这一点总结为第四个也是最令人担忧的猜想,那就是茅特豪森猜想:"导致 20 世纪暴行的机制在当今的民主国家依旧存在,并且正蓄势待发。"

第二部分

回忆和历史

第5章 口述史中的回忆和记忆

阿里斯泰尔·汤姆森(Alistair Thomson)

真正重要的是,记忆并不是过去事实的被动载体,而是积极创造意义的过程。

——亚历山德罗·波特利(Alessandro Portelli)

亚历山德罗·波特利 1979 年重新对回忆进行了定义,这是为了回应某些蔑视回忆作为历史资料来源"不可靠"的观点,他的新定义有助于转变口述史学家处理人们回忆的方式。① 例如下面的故事,该故事摘自我对战后英国向澳大利亚移民的研究。1960年,一名叫作琼·皮克特(Joan Pickett)的医疗秘书参与一项政府资助的英国移民项目,她当时跟朋友珍一起去澳大利亚旅行。在曼彻斯特到伦敦码头的火车上,琼用日记记下了她的经历,开头这样写道:

1960 年 6 月 9 日,我坐在去伦敦的火车上,半夜(晚上 11:35)出发,离开曼彻斯特到圣潘克拉斯。昨天在家我做了个噩梦,我究竟做得对吗? 现在还能返回去吗? 仅凭固执和意志,我继续往前。我们等着火车开动,开动那一刻我还能再回去吗? 不,汽笛响了,绿灯亮了,缓缓地我们启程了,我们疯狂地向窗外挥手,直到站台消失在弥漫的阵阵蒸汽中,随后我们驶进了无边的黑夜。我们真的离开了!

下面还有一个相同时间的回忆,是四十年后我们访谈中谈到的:

我一直都还记着那团团的蒸汽,就像电影《相见恨晚》(Brief Encounter)里那样,那时已是深夜。我父亲披着雨衣,戴着毡帽,站在那里,微微亲了我们,然后说"好了,能回来就回来吧,但若(他停顿了一下),也不要担心我们,你就只管去做你想做的事",那时我母亲哭了,我们也哭了。(在笑声中)火车启动了,父亲渐渐消失在烟雾的笼罩之

---

① 亚利山德罗·波特利:《什么使口述史与众不同》,罗伯特·帕克斯、阿里斯泰尔·汤姆森编:《口述史读本》,劳特利奇出版社 2006 年版,第 37—38 页。

中,一直到后来就再也没有见到过他了。

这两个陈述以截然不同的方式叙述了同一时刻。更明显,在琼的日记里,琼和她的朋友是中心人物,但在访谈当中,琼的父亲作为中心人物出现。1960 年,琼当时在即将离开的几个小时内写下日记,表达了她对于离开的焦虑和矛盾情绪,同时也包含着即将驶入"无知的"黑暗之中去开启一种全新生活的兴奋之情。通过她的日记,琼重现并创造了作为她历险故事主人翁的一个自我。她在写日记时,想象的是她要写作的游记的初稿。在她脑海中,她知道女性旅行故事的写法,还有一个听她叙述的听众。琼·皮克特(Joan Pickett)1968 年结束了澳大利亚的旅居生活,之前她一直在澳大利亚和新西兰工作和旅行。当她有些不情愿地回到曼彻斯特时,却听到亲爱的父亲去世的噩耗。在我们的访谈中,火车站的场景那时已被失去父亲的悲痛和没有陪伴父亲的内疚笼罩,这种感情在她讲故事时,通过情绪的流露和语速的加快表现出来。这样做似乎是为了平息自己的痛苦,并希望得到回顾时的宽恕,她还说出了父亲临别的话:"不要为我们担心,你就只管去做自己想要做的事。"若 1960 年的日记以现在女性旅行日记的写法来写,2000 年的回忆就会让人忆起热播的英国影片《相见恨晚》以及蒸汽时代车站离别时的具象共鸣。因此,每次琼·皮克特想要努力创造一个富于意义的故事时,因为叙述时间的变化,故事的含义和意义也会有所变化。①

关于回忆录的文学跨越学术的种种规则,并且现在的规模和范围都在萎缩。本章注重的是回忆和记忆的方式,它们能增加口述史学家对访谈的理解和解读。本章开始部分大致勾画出了历来的口述史学家处理回忆的方法,然后深入探讨现在学界对于回忆和记忆的研究——从神经系统科学和心理学、文化研究以及叙述手法理论等方面进行探讨,且标识出其与口述史的联系。

口述史学家和回忆

当代口述史始于二战后,源于当时用回忆作为历史研究材料的复兴风潮。保罗·汤普森(Paul Thompson)和他人一起勾画出现代口述史运动的背景,并认为,古代的历史学家就是依靠重大事件的目击者的陈述来记录和研究历史的。19 世纪专业的历史

---

① 琼·皮克特日记,1960 年 9 月 6 日;阿里斯泰尔·汤姆森对琼·皮克特的访谈,英国,索尔福德(Salford),2000. 12. 7。琼·皮克特的口述收录在苏塞克斯大学图书馆特藏部,《英国澳大利亚移民集》,第 12 页。参见吉姆·汉密尔顿和阿里斯泰尔·汤普森的《十磅英国佬:澳大利亚的隐形移民》,曼彻斯特大学出版社 2005 年版;阿里斯泰尔·汤姆森:《迁移的故事》,《女性的生活》,曼彻斯特大学出版社 2010 年版。

学科的发展促使档案研究和文献史料崛起并占据主导地位,同时也使人渐渐忽略了口头证据,这种状况一直持续到 20 世纪中期。① 人们对于口头证据的有用性和有效性渐渐接受,便携式录音机越来越流行,进一步巩固了二战后口述史的发展。尽管它出现的时机和模式在世界各地因地而异,20 世纪 60 年代人们对"人民的历史"越来越感兴趣,地区和国家口述史协会也同时涌现,这就造就了口述史运动的勃发。工人阶级和女性的生活经历以及黑人历史要么没有文献记载,要么记录得很糟,所以,在社会和学术背景交织下,在政府委托的社会历史学家的促进下,口述史就成为"来自底层人民的历史"重要来源。

1978 年保罗·汤普森(Paul Thompson)的《过去的声音:口述史》(Voice Of The Past:Oral History)出版后,它就成为标准教材和口述史学家的旗帜。汤普森努力为口述史辩护,反驳一些评论家认为回忆是不可靠史料的说法,并决心要证明这种方式的合理性和价值。作为社会学家,他致力于记载工人阶级的话语和生活经历的历史。他认为口述史正在转变历史的内容,即"通过转变重点并打开探究的新领域以及让人认可那些很多被遗忘的人民群体"——和书写历史的方法,打破了教育机制和世界之间的界限,也打破了专业人群和普通大众之间的界限。②

但口述史的复兴也伴随着各种争议。实证主义评论家大多都是保守党派的传统文献历史学家,他们害怕人民的历史政治,并把"不可靠性"作为回忆的弱点来攻击。③ 20 世纪 70 年代早期,对口述史是个诘难,其主要观点在于断然认为回忆会被体力衰退、年迈的怀旧情绪及访谈者和被访谈的个人偏见所扭曲,同时也受过去集体的以及回顾的版本影响。比如 1979 年,澳大利亚历史学家派特里克·奥法雷尔(Patrick O'Farrell)写道,口述史正在进入"影像、选择性记忆、后续覆盖和彻底主观性的世界",它会带领我们走向何方? 不是进入历史,而是神话。④ 在这些评论的刺激下,早期的口述史学家们制定出自己的手册指南,用来评估录音回忆的可靠性(同时也精明地提醒了传统主义者,很多文献资料就是某些重大事件的口头记录,同样也是有选择性的和带有偏见的)。从社会心理学和人类学所用方法里,他们选用了典型抽样的方法,同时从文献历

① 保罗·汤普森:《过去的声音:口述史》,牛津大学出版社 2000 年版,第 25—81 页。
② 同上书,第 25—81 页。
③ 早期的三个批评家及其著作:威廉·卡尔特三世:《采访中口述历史的准确性,时评:历史的途径 3》,1970 年刊登,第 1—7 页;巴巴拉·塔戈曼:《平凡中的不平凡,拉德克利夫季刊》,1972 年刊登,第 9—10 页;恩诺克·鲍威尔:《老人会忘记》,《时代周刊》1981 年 11 月 5 日。针对口述历史者的言论的评论文章还包括:艾里克·霍布斯鲍恩:《自下而上的历史,历史学》,费尔德 & 尼科尔森 1997 年版,第 266—286 页。
④ 派特里克·奥法雷尔:《口述历史:事实与虚幻》,《澳大利亚口述史协会会刊》第 5 期,1982—1983 年出版,第 3—9 页。

史那里又引进了检测可靠性和史料内在一致性的规则。这些指南为阅读口述史访谈以及与其他史料结合使用提供了指导，这样便于人们了解那年到底发生了什么事。①

到了20世纪70年代末期，有创造力的口述史学家们换了个角度去考虑那些评论，他们倒认为回忆的所谓不可靠性也是它的优点所在，回忆的主观性不仅可提供认识历史经历意义的线索，还提供了了解过去与现在、回忆与个人身份、个人回忆与集体回忆的线索。例如，在意大利人关于内战法西斯主义回忆的研究，路易莎·帕塞里尼（Luisa Passerini）就强调了主观性在历史中的作用，即生活和记忆中有意识和无意识的意义，同时也展示了公共文化以及意识形态对个人记忆和个人证词风格的影响。② 20世纪70年代，北美口述史学家迈克尔·弗里希（Michael Frisch）也曾写道，他不赞成口述史仅仅提供的是"一种纯粹的过去事实"这一说法，坚持认为回忆，即"个人的和历史的，具体的和综合的"，应该"作为口述史的主体，而不仅仅是口述史的方法"而受到重点关注。按这种方法运用口述史的话，它就会成为"一种探索发现和评估历史记忆过程本质的强有力的工具，即人们如何去看待过去，怎么把自己的经历和社会背景相联系，过去怎么成为现在的一部分，以及人们怎么运用它去解读自己的生活和他们周围的世界"③。因此回忆就既是口述史的史料来源，也是其主题。且令人兴奋的是，在分析和运用口述史访谈的当中，口述史开始运用一系列的方法——语言学的、叙事的、文化的、精神分析以及人种志的方法等等。

意大利口述史学家亚历山德罗·波特利的工作佐证了运用回忆和口述史方法的范例转变。在1979年发表的《什么让口述史与众不同》（"What Makes Oral History Different"）一文中，波特利迎面回击了"不可靠回忆"的评论，他写道，"口述史的特性"——口头形态、叙述形式、主观性和回忆的"不同的可靠性"以及访谈者与被访谈者的关系——应当作优势和资源，而非弱点或问题。④

20世纪70年代，尽管保守的历史学家大多对口述史口诛笔伐，口述史学家对回忆

---

① 比如，在汤普森于1978年出版的《过去的声音》一书中用以上话语对口述历史进行了辩护。

② 路易莎·帕塞里尼：《大众记忆中的法西斯：都灵工人阶级纪实》，剑桥大学出版社1990年版；《意大利法西斯统治下的工人意识形态》，《历史加工厂》（1979），第82—108页。

③ 迈克尔·弗里希：《共享权威：口述史和公共历史的技巧与意义》，纽约州立大学出版社1991年版，第188页。相同的描述也见于阿里斯泰尔·汤姆森、迈克尔·弗里希、保拉·汉密尔顿的《记忆与历史的辩论：一些通行观点》，《口述史》1994年11月22日，第33—43页。另一位批评家罗恩·格雷里也在《声音的信封：口述史的艺术》（普雷格出版社1991年版）中提出了分析口述历史的新方式。

④ 波特利的阶段性研究成果包括：《特拉斯·图里之死和其他的故事：口述史的形式与意义》（纽约州立大学出版社1991年版）；《吉尔利亚的战斗：口述历史和对话的艺术》（威斯康星州立大学出版社1997年版）和《命令已经执行：罗马纳粹大屠杀的历史、记忆和意义》（麦克米伦出版社2003年版）；同样也可参考《历史、记忆及亚历山德罗·波特利的著作》，《口述史评论》。

的运用还受左翼人士的反对。20 世纪 70 年代末到 80 年代初,有个观点受到社会主义历史学家的特别反对,该观点认为口述史的方法必然是激进的和民主的。路易莎·帕塞里尼提醒道,要提防口述史项目"温和的民主化"和"自负的平民主义",说它们会鼓励受压迫的群体成员"为自己讲话",但她却没有发现回忆如何受主流历史影响,因此就需要批判地解读。① 在英国伯明翰大学的当代文化研究中心(Center for Contemporary Cultural Studies in Birmingham)"大众记忆小组"在他们写作关于"大众记忆"时,作了对英国口述史类似的评论。该小组将学术实践和历史实践放在更广阔的"回忆的社会生产"过程中,他们认为公众为建设过去付出的努力对当代政治和个人的记忆都具有深远意义。如:社区历史和女性历史运动中用到的口述史是重要的资源,它们可创造更多民主和变革的历史,而且还会反过来使人说出之前因不能与主流文化回忆相比较而缄口不言的故事。② 然而"大众记忆小组"得出的结论是,人们关于个人回忆与社会回忆的口述、过去与现在的口述之间联系的浅薄理解,以及职业历史学家和口述史项目其他参与者不平等的关系破坏了激进的潜能。

20 世纪 80 年代,一种对访谈关系对话性本质截然不同的思考转变了人们对口述史中回忆和记忆的理解。20 世纪 70 年代,口述史批评家的主要考虑在于历史学家是在创造并因此会过度影响他们的资源。70 年代末期,一些口述史学家,比如欧洲的波特利和帕塞里尼、北美的弗里斯科和罗恩·格雷里(Ron Grele),开始质疑客观性的可能性以及赞赏访谈关系的主观性。整个 20 世纪 80 年代,实证主义者对研究者客观性的见解不断受女权主义理论家、后现代人类学家以及定性式社会学家(qualitative sociologists)的质疑,同时还受到一些口述史访谈者的质疑,这些访谈者也深刻反思过他们与讲述者的关系。口述史学家也受到了收集回忆工作的影响,这些工作着重强调它们对老年人记忆的益处和提醒访谈者考虑双方相互分享的价值。③ 瓦莱丽·尤(Valerie Yow)1997 年在《口述史评论》(Oral History Review)发表的一篇文章中认为,20 世纪 80 年代末开始,一种新的口述史范式允许"访谈者与讲述者之间以及访谈者与内容之间互动过程的意识和运用"④。口述史学家们越来越注意访谈影响他们的方式,以及反过

① 见帕塞里尼:《意大利法西斯统治下的工人意识形态》,迈克尔·弗里希:《同样在回忆:口述历史与艰难时刻,美国研究》(1972),第 457—474 页,一书中批评了平民化的历史虚无主义;等等。
② 大众记忆小组:《大众记忆:理论,政治与方法》,见帕克斯、汤姆森编:《口述史读本》。又见安娜·格林:《个人记忆与集体记忆:理论前提和当代辩论》,《口述史》2004 年第 32 期,第 35—44 页。
③ 乔安娜·博纳特:《作为一种社会运动的口述历史》,第 16—20 页。女性口述史学家在这部作品中推出了重要观点,阐述了不同社会关系对口述历史的影响及语言、力量和含义之间的联系。
④ 瓦莱丽·尤:《我更喜欢他们吗?偏好影响对采访者和被采访者的影响》,《口述史评论》1997年第 1 期,第 55—79 页。

来访谈者怎么影响访谈关系、访谈记录的回忆,以及理解的过程和结果。

尤的文章说明了跨学科研究在 20 世纪 80 年代就成为口述史学家们运用回忆的重要方式之一。尽管现在回忆是一种受人重视的史料,历史只是运用回忆进行工作的学科和急需的知识领域之一。尤写作的"跨学科影响(滴漏效应)"包括定性社会学、人类学、生物学和文学研究和生命回顾心理学等其他学科。除了这些之外,还可增加文化研究、语言学、沟通和讲述的研究、民俗研究,以及探索回忆叙述和个性关系的跨学科工作。放在一起的话,这些跨学科工作说明,在过去 20 世纪最后 20 年中以及新千年里,"回忆地位的上升"成为历史学家研究的一个主题。

回忆研究的发展为口述史学家提出了两个重要的问题。第一,他们能帮助确保回忆研究不会倒退至晦涩难解的缜密辩论的知识界,而是通过我们与告诉我们故事的那些人的关系,以及要把回忆融入社会变革的政治辩论中的努力而不断增加信息。第二,口述史学家需要了解这个领域萎缩的跨学科文学情况,包括对回忆有效方法的新的科学研究。

回忆研究

神经系统科学家和心理学家的最新研究证实,波特利关于回忆的论断"不是一个被动的事实储藏室,而是可主动创造意义的过程"①。乌尔里克·奈瑟(Ulric Neisser),跟其他人一样,反驳了关于回忆的"复制品隐喻"流行之说,这个"隐喻"假设经历仅仅记录在大脑硬盘中的记忆之中,在回忆时可检索到。他辩驳道:"回忆不像磁带回放或是看图片;它更像讲故事。回忆的持续性和准确性是一种成果,而非机械产品。"②这个成果的过程是很复杂的,但若了解它的主要特征的话,就会帮助口述史学家在用回忆工作时理解真实情况。

科学家们也认为大脑内部并没有单独处理回忆的区域。神经生物学家斯蒂芬·罗斯(Stephen Rose)解释说:"大脑没有中央处理器,没有超级管理工具来控制所有东西。它们是一个分散的细胞效果图网络,其内部有着丰富的联系,在它们之间创造出连贯的经历幻觉,这个幻觉就是我们都处于正常的分享时刻。"③没有只用来储存和检索回忆

---

① 最新的由口述史学家完成的记忆研究是瓦莱丽·罗利·尤:《记录口述史:人类与社会科学指南》,阿尔塔米拉出版社 2005 年版,第 35—67 页。

② 乌尔里克·奈瑟:《有保留的记忆》,哈丽特·哈维·伍德、A.S.拜厄特编:《记忆:一种考古学》,查图和温都斯出版社 2008 年版。

③ 史蒂芬·罗斯:《记忆是这样构成的》,见伍德、拜厄特编:《记忆》,第 67 页。

的离散单元。现代大脑图像扫描已证实,我们在创造或回顾记忆时,会用到大脑很多区域,这些区域分别处理记忆的各个方面和任务。①

回忆在人生的不同阶段呈现不同的状态。英国口述史学家保罗·汤普森经过综合研究后认为:虽然四岁之前的儿童有对记忆画面的印象,但他们的长时记忆是很少的。随着他们的成长,认知过程的发展使他们能够认知、筛选和清晰表达生活经历并创造长时记忆,这同时也降低了其图片学习或机械学习的能力。从青少年时期尤其是13岁之后开始,尽管我们的"整个脑容量在扩大",但大脑要不断努力掌握如此多的记忆,与此同时,"即时记忆"就会渐渐减少。但是,"最新的记忆最先受到影响",在随后生活里"生命回顾"的过程中——有时间和愿望去回忆生活,或是"特殊的坦白"——会通过改善长时记忆而得到补偿。北美口述史学家唐纳德·里奇引述纽约艾力斯岛移民博物馆一位访谈者的话,这位访谈者注意到年长的被访谈者"也许记不得他们女儿的电话号码,但却清晰记得他们下船时的景象",跟里奇一样,汤普森也对长时记忆在老年时得到不可思议的恢复颇为惊奇,他总结说,"访谈老年人没有引发通常不适用于访谈的基本方法论问题"②这可以看作是对那些认为老年记忆会受到破坏而觉得回忆不可靠的口述史批评家的回应,瓦莱丽·尤关于回忆的最新综合研究把这个辩论延伸到包含所有年龄段的长时自传式的回忆,还得出结论,"以全新的态度把自传式回忆或单独回忆当成口述史学家可用到的证据来尊重"。③ 尤引述了记忆理论家丹尼尔·沙赫尔(Daniel Schacher)关于自传式记忆持久性和可靠性的进化理论的解释:"总之,我们的记忆系统在保存过去的大概轮廓和记录身上发生的许多事情方面发挥了很大的作用。如果没有它,作为一个物种我们就发展不到现在"。④

这些研究都强调了记忆研究的另一个重要特征,即三种类型记忆的不同:短时记忆,长时记忆以及在短时记忆和长时记忆中都存在的"感觉记忆"。⑤ 我们都曾有过这些时刻,某种气味、味道或画面会激起我们之前生活里一种强烈而不清晰或连贯的记忆。这种身体和感官上最初经历的因素会停留在记忆里,不一定存在于记忆这个事的大脑同一个区域,并且这种感官线索能够引出相关的记忆故事。沙赫尔认为:"被某种

---

① 这种分布在大脑不同区域的记忆图像是产生错误记忆的原因。瓦莱丽·尤解释记忆错误是可能的,因为大脑中负责记忆的区域和负责想象的区域离得非常近——有时候想象和记忆会混淆。出自《记录口述史》,第48—49页。

② 汤普森:《过去的声音》,第136—137、144页;唐纳德·A.里奇:《做口述史:实用指南》,牛津大学出版社2003年版。

③ 尤:《记录口述史》,第52—53页。

④ 丹尼尔·沙赫尔:《搜寻记忆:大脑,思想和过去》,基础图书出版社1996年版。

⑤ 进一步的研究区分了程序记忆和陈述性记忆,陈述性记忆可以被进一步分为语义记忆和自传记忆,罗斯:《记忆是由这些构成的》,第56页,口述史学家大多数都对自传记忆比较感兴趣。

特殊的味道和气味引起的记忆是很微弱的:它们会很快消失,因为它们浮现的机会很少。但沉寂很久之后在印象中忘记的经历突然被气味或味道唤醒,这是令人惊讶的事情。"口述史学家和回忆工作者知道触发这些感觉的开关在哪里,例如回到事情的发生地或用照片进行访谈,因而能得到丰富的甚至意想不到的记忆。①

短时记忆和长时记忆的区别很关键。由于我们可能并不是任何时候都集中精力于一件事情或觉得没有必要去记住一件事,很多经历最开始是没有被记住的。沙赫尔称这个现象为"心不在焉之罪……没有合理处理、编码和储存记忆"。②

而且大部分的经历最初都储存在短时记忆里,最终没有转变为长时记忆。保罗·汤普森解释说,在记忆转变的时段,"最初的记忆取舍是目前最迅猛和剧烈的"忘记时段。③ 大脑容量是非同寻常的,但并不能记录或保存我们所有的经历;过多记忆会使生活失控。我们能够忘记,这才使我们可以集中精力于重要的任务和记忆,从而有效地控制生活。心理要保持健康则需要我们要忘记更多。研究者认为,我们身边大多数事情都会在很短时间内忘记,通常是几分钟或最多几天内。

那么短时记忆是怎样变成长时记忆的呢? 在介绍关于回忆的一本新选集时,小说家 A.S.拜厄特(A.S.Byatt)把神经系统科学翻译为"树突的森林【树枝状,希腊语中表示树】,成百万上千万的神经元相互联结构成活跃变化的神经网络,这些网络沿着轴突,轴突在突触相交,控制我们有意识和无意识的生活。我们现在脑中的景象【关于回忆】——我的感觉是好的——是脑中细胞网络的持续交流以及它们之间的强弱变化,这既是一个分子结构也是一个电子信号系统"④。在同一本选集里,神经生物学家斯蒂芬·罗斯(Stephen Rose)解释道,新的学习活动(或记忆)会在大脑里产生生理变化,还会激活记忆痕。这种生理变化的中心是"突触结点的重建",这些结点能使大脑中的神经细胞相互沟通,并根据变化的突触连通性编码记忆痕或"兴奋痕迹"(engram)。电子信号是在突触的位置发向神经轴突并刺激化学信号的释放神经递质,该信号同时会携带信息越过神经间隙到达紧邻的神经细胞,并刺激第二个细胞的反应。"记忆的巩固"过程加强短时记忆向长时记忆的过渡,该过程涉及"临时的分子事件次序"——一种生物化学的层叠——的排列,该排列过程在练习之后的几小时内进行,并且使突触强度的持续调整达到最高点。⑤

---

① 沙赫尔:《寻找记忆》,第 55 页。
② 丹尼尔·沙赫尔:《记忆的七宗罪:大脑是怎么忘记和记住的》,霍顿米夫林出版社 2001 年版,第 15—16 页。
③ 汤普森:《过去的声音》,第 130 页。
④ A.S.拜厄特:《记忆:一种考古学》。
⑤ 罗斯:《记忆是这样构成的》,第 60—64 页。

罗斯详细解释说,这些记忆痕迹不能理解为记忆"复印件"的贮存单位。一方面,"生化串联反应"期间,记忆痕迹在大脑中不同区域转移,事实上任何事件(例如声音、情绪和故事)的长时记忆的不同方面可能贮存在大脑很多区域里,但不一定是准确结合记忆的。罗斯也提醒道,回忆不仅涉及突触,记忆的巩固依赖于身体的状态和情绪。"机敏度和注意力取决于生理过程,比如血流和激素水平。记忆既跟认知有关,也跟情感相关,而且大脑外部产生的荷尔蒙,尤其是肾上腺素(adrenalin)和其神经递质相关的去甲肾上腺素(noradrenaline)决定着记忆的内容。在这个意义上,学习和记忆——回忆——不是单个突触、神经细胞或大脑的特性,而是整个有机体也就是人体的特性。"最后,罗斯提醒我们,我们回忆和叙述一段记忆时——回忆的过程——我们从来都不能原原本本地重现记忆痕迹。记忆的途径和过程存在微小但很重要的差别。①

口述史学家需要知道为什么某些经历的记忆会在长时记忆里得到巩固,而其他的却不行。在这里,心理学和神经系统科学相结合得出了答案。简而言之,当某段经历被认为是重要和有意义(值得记住)时,就可能会被记住,它会被表达为纪念的形式,最典型的就是故事。瓦莱丽·尤解释说,利用沙赫尔记忆编码和合并的工作,即"一开始记忆的记录保留的只是部分记录,因为我们不能把场景里所有的细节都囊括其中,只去记录我们觉得重要的东西"。或者,像唐纳德·里奇简短总结的那样,"人们总倾向于记住他们认为重要的东西"②。那么从一开始,记忆必然就是一个片面和主观的过程。

首先是什么使某一幕变得重要进而难忘呢?这需要我们研究每次难忘经历的具体环境。难忘的事通常要亲身参与。这些事件很可能对身体有感觉或有强烈的感情(神经系统科学家指出,情感可通过生化过程强化记忆,它们同样可解释大脑的生化过程且能封闭创伤经历)产生影响或服从于它们。③ 若时间没有特殊的意义,我们也不会清楚记得纪年日期。事实上,主观记下的时间要多于编年记载。我们可能会简化事件的排列,强调重要的时刻,同时淡化不值得记住的时刻,或我们把具有相同重要性却不相联系的经历暂时放一起。④ 保罗·汤普森认为递归过程比单一事件更倾向于被记住,然而单一事件也有可能被特意记住,尤其是当这事有长远的重要性时更是如此。⑤ 例如对琼·皮克特而言,离开曼彻斯特可能是难忘的经历,分别时的强烈情感加上蒸汽和车站噪声的强烈感官印象,这就保证了这段经历的影响力。经过多年后,在给父母每年一

---

① 罗斯:《记忆是这样构成的》,第 65 页。
② 尤:《记录口述史》,第 38 页。里奇:《做口述史》,第 32 页。
③ 尤:《记录口述史》,第 44—47 页。
④ 亚历山德罗·波特利:《我生命的时间:时间对口述历史的影响》,《特拉斯·图里之死和其他的故事》,纽约州立大学出版社 1991 年版,第 59—80 页。
⑤ 汤普森:《过去的声音》,第 158 页;尤,《记录口述史》,第 41—43 页。

封的家书里,琼又怀念了她离开的那天,这又在她的记忆里强化了那个场合的印象,而在她父亲去世后,这件事就变得愈发重要。

重要的片段通常都存放在持久记忆里,一段记忆故事的创作和演练对长时记忆的巩固是很重要的。认知心理学家乌尔里克·奈瑟研究了一些学生地震中的记忆,这些学生住在离震中不同距离和受地震影响程度不同的地方,研究总结出,"报道的刺激和后来记忆的准确度没有关系。鉴于这种结果,我和我的同事们给出了不同的理解。我们认为真正起作用的是,人们一遍又一遍地讲述他们地震中的故事。亲戚朋友会打电话问你是怎样幸存下来的,熟人则想拿你的故事跟自己的作比较。一旦你发现自己有故事可讲,你就很难停下来。"[1]换句话说,重要经历是在长时记忆里创作的,突触联系得到了巩固并通过讲述故事并赋予其意义的过程实现。当琼·皮克特坐在离开曼彻斯特的火车上,并开始在日记里记下离别的场景时,她就是在记忆的第一篇草稿里巩固这个重要的片段。

丹尼尔·沙赫尔把记忆不会褪色的方式称为执着的美德(和罪恶)。他解释说,记忆的牢固是因为它们具有重要性、相关性和有用性,或是因为它们是独特的或充满强烈的感情,又或是因为它们在一遍又一遍故事的讲述和演练中得到巩固。相反地,沙赫尔叙述道,不按这种方式巩固的记忆,就只有"短暂属性"。"但随着时间的流逝,细节被淡化,受干扰的机会越来越多,这些干扰来自于随后类似的经历,以至于模糊了我们与那些事件细节的再次联系。因此我们就越来越依赖对过去或经常发生的事情的模糊记忆,并试图通过推断甚至完全依靠猜测去重构剩余的部分。短暂记忆的一个因素是可复制的具体记忆渐渐演变成改造过的和更普通的描述。"[2]琼·皮克特颇有洞察力地反思了八年旅居记忆的持续和无常。在我们第一次访谈快结束时,我问了她关于澳大利亚的记忆。

不管怎样,这些记忆要比其他记忆清晰多了。因为它们太多了,并且都是新鲜的经历。还有就像我说的那样,如果我晚上睡不着,通常只是偶然地,我就回到大洋岛(Ocean Island),可以到处走走或者开车兜风,所有的事都记忆犹新。或者我可以去霍巴特,也可以去爬惠灵顿山。我还能在脑海中看到它们,都依然还在那里。我当然还得到很多可爱的幻灯片,这些天我必须把它们整理一下。但不,都是如此的清晰,因为它是这样与众不同的经历。其他的经历都很普通,这个经历却很不一般,所以在记忆里很突出。而且它很——【停顿】——当然,若有人发现,若我偶然提起过,我不会在谈话中

---

① 泰瑟:《有保留的记忆》,第88页。
② 沙赫尔:《记忆的七宗罪》,第15—16、206页。

提及,但若有人发现,他们就会想要知道关于它的所有细节,所以我就要不断把这些记忆说出来。当然,我才不会有可能忘记任何事情。即使我真的忘了,我也已把它写下来了【在她的信里】。但在我之前生活中所做的事情则没有记录下来。所以我可能把之前很多事都忘记了。然而这个经历却是不一样的,且如此非同寻常,以至于到现在依然感觉新鲜如初。嗯⋯⋯是的,人们不断问你那些不同的事。你才不会有可能忘记它们。是的。

琼·皮克特深思中的回想,强调了许多影响长时自传式持久记忆的因素。琼解释说,她在澳大利亚停留的经历在记忆中时隐时现,因为这是段特殊或"不一般"的印象深刻的经历。她讲述了八年的旅行是怎样在她记忆中留下清晰印记所以才易于回想。她说那些澳大利亚的幻灯片和信件提供了参考,可维持这段记忆(也创作了早期记忆的草稿),她还注意到,她经常被要求给人讲澳大利亚这几年的事,"所以我就要不断把这些记忆说出来"。这些记忆有助于琼的睡眠,但同时也是一位年轻女性易居别地的高峰体验的重要记录,并且也提升她对自我的积极认同感和帮助她更好地生活。

如果通过讲述的形式巩固记忆是创造长时记忆的基本初始阶段,那么任何连续记忆"把记忆说出来"都是复杂且有创造性的故事重构的过程。尽管原本故事的要素会重现,但回忆的重述一定不会和原本一模一样,或事实上跟任何之前的重述都不会一样。我们重新回到记忆科学的最新工作上面,有个概念说当我们回忆时,仅仅需要把完整的记忆从"深层贮存空间"里拉出来并再次打开就可以了,我们的工作驳斥了这个说法。斯蒂芬·罗斯认为,"这个机械的模式是行不通的",他的神经系统科学和波特利的记忆公式不谋而合。罗斯写道,"每次回忆都是一次新的经历。受激发的记忆在每次回顾时都会有细微变化"。

我们不是被动地记录过去,而是积极地去重构它。就在最近,神经系统生物学已开始渐变为常识并为心理学家所熟知⋯⋯一些研究者把这称为"重新巩固"。然而重新巩固的时间动态与巩固期间的相当不同;用到的大脑区域也就不同,涉及的生化变化也不会和巩固期间的一样。当然,经人提醒想起过去一段经历本身也是一次新的经历。我们不能两次踏进同一条河流,记忆依赖于历史。那位神经系统科学家最近开始意识到这表现了他们、我们的范式是多么狭隘和简单化。①

罗斯意识到记忆依赖于历史,这倒使我们警觉到形成(巩固)记忆和回忆(巩固)的其他关键方面。两个阶段都需要通过故事使经历变得有意义,且在每个阶段记忆过程既涉及神经学也涉及社会学和心理学。文化研究和叙述心理学为记忆和回忆提供了重

---

① 罗斯:《记忆是这样构成的》,第 65—66 页。

要的补充视角。

20世纪70年代文化研究的先驱雷蒙·威廉斯(Raymond Williams)解释了我们是如何利用先前个人经历、语言以及我们文化的意义去把一段经历最初难以表达的意识或情感结构塑造成一个更加稳定的状态。20世纪80年代,"大众记忆小组"把这个概念发展成文化记忆与个人记忆之间关联的理论,根据该组研究,公众对过去的陈述(大众记忆)能帮助把个人的经历不断变得有意义,"通过人们定位自己更广泛社会经历的方式提供形式和综合的解释性范畴","大众记忆小组"谨慎地没有给个人记忆提出文化决定论模型的建议,他们解释说,有效的公众语言和文化形式不完全适用于经历,新的经历不断沿用旧的文化形式,因此,个人在社会中需要产生新的理解方法。

"大众记忆小组"也介绍了有效区分一般公众媒体和特殊公众媒体的方法,我们通过特殊公众媒体表达和记住生活经历。一般公众媒体包括各种媒体,如报纸、电视、书籍等等,它们往往以间接非本人的形式提供广泛且触手可及的陈述和解释性的分类("代表的公共领域")。我们还使特定的经历在特定的公众群体中的积极的关系以及意义系统之内变得有意义,比如家庭或志愿者协会。这个"特定的公众群体"在很多方式上都很有意义。首先,社会团体的一名成员可能会参与并帮助实现它的意义。其次,由于社会的接受和肯定,这个群体在构建价值和特性当中特别具有影响力,并有潜在抑制性。再次,特殊公众可能提供选择性价值的重要场地,这是公众为其成员过滤甚至拒绝和反对社会强势叙事的资源。

人性和社会科学中的"叙事转向"证实了这种流行记忆方式的诸多方面,并同时产生了对记忆和回忆的社会和心理过程更复杂的理解。在一项最新的叙事理论调查中,口述史学家玛丽·张伯伦(Mary Chamberlain)解释说:"若没有最初的富于想象力的结构,我们就无法去观察、想象、记忆、描述或重述,这个结构使……记住的事以及它是怎么被【人们】所处的文化背景塑造,任由它们掌控,而且还可使传统和类别适用于各个场合。"张伯伦提醒我们,意义和形式都跟文化相关,我们创作和再创作有关经历的故事时,要采用或改编文化上可行的讲述形式或类型。琼·皮克特第一次就是通过这种方式用女性旅行故事的形式来描写她的离开,后来又通过《相见恨晚》里感伤的车站分别的形式重述同一故事。张伯伦及其他口述史学家的研究进一步展示了非西方的文化有着迥然不同的讲述方式,而且实际上有很多不同的自传式记忆和讲述的途径。虽然张伯伦强调文化叙事和类别的重要性,但她也提醒说:"这并不是说所有生活故事和口述史事都是由文化预定的或必然是一致的。"有很多把记忆转变成故事的文化形式和文化意义,尽管有些比其他的更有力、更有影响——这是我们自己独有和与众不同的创新。

叙事理论也重视记忆里社会关系和社会表现的重要性。奈瑟的学生向家人和朋友重述他们的地震经历或当人们问起琼·皮克特在澳大利亚的经历时"说出"她的记忆，我们大都会叙述社会关系中记忆的故事（流行记忆理论的"特别公众"）。我们进行回忆一般都是通过吸引和跟某一特殊听众交流的方式，所处的情景和听众的期待反过来也会影响讲故事。事实上，我们都希望通过表演性的回忆使其故事和自我受到认可。

尽管我们口述史访谈中记录的故事都在之前的种种社会场合中经常展现，口述史访谈仍是一种与众不同的表演，也是一种特别的讲故事类别。迈克尔·弗里希创造了让人有共鸣的短语"共有权威"来描述口述史关系中的记忆。在访谈最佳状态时，它是动态和对话性的关系，这种关系会鼓励积极回忆和赋予意义。被访谈者也许会以固定的或讲过的故事开始，但在回忆过程中，随着访谈者细心的鼓励和体贴的询问，就会浮现出更多复杂和不曾预料的记忆。

当我第一次问琼·皮克特她为什么要去澳大利亚时，她讲了一段有趣且熟练的趣事，那是在"一个又黑又冷的冬天的夜晚"，她在曼彻斯特影院看一部展示阳光明媚的澳大利亚的新闻短片，那时她跟朋友珍妮开玩笑说她们应该去一趟澳大利亚。开过玩笑之后就失控了，她们"被各种事件吸引住了"，六个月后她们就出发了。这是琼精心构想的旅居故事，这故事是隐藏的，就跟它能揭露自己的动机一样。在我们的访谈中，我问琼在曼彻斯特的早期生活的问题激发了其他回忆和更多复杂、多层的解释。作为火车司机的十来岁的女儿，琼一直享受在欧洲免费乘火车旅行的特权，并培养出对旅行的热爱。在琼和珍妮工作的医院里，有几位澳大利亚籍医生，他们赞扬自己的祖国为阳光圣地、太空圣地和刺激之地，而且还为她们提供住宿。也许最重要的是，琼回忆说，她在曼彻斯特的生活落入很窘迫的地步。她的哥哥哈利在 1958 年结婚，"很显然我被留在家里跟爸妈一起，我觉得生活很无聊。"她比较亲密的家族堂姐现在也都已结婚组建了家庭，只有琼 26 岁依然单身，她觉得自己"很不寻常……我也许认为我们到了一个生育期，当你长大后你就想去做，我大部分朋友都已结婚，或许我觉得我在某种程度上要成为剩女。我也不知道怎么办"。在访谈中，琼回想过去那段时光时，她停下来想了一下。我问她"生育期"的意识是否影响了她的决定，她回答说："嗯，我想某种程度上我们肯定不会开心，但也许我们认为是开心的，【停顿】我 26 岁了。我【停顿】也不确定。我从来也没有去分析。它就只是，只是在那时发生了，然后我就利用了这个机会。"

琼说她"从来都没去分析"，但在我们之间，访谈间的犹豫不决，以及通过之后的信件和写作，我们达成了一种解释，这个解释把琼的决定置于当时更大的历史背景下。澳大利亚的援助移民计划为这两位北方的小姑娘提供了令人兴奋的选择，这个时候她们还是 20 多岁，尚未结婚。那时，作这个决定并不容易，琼由于对家庭的忠诚而非常矛盾,对离家也觉得愧疚难当。随后,对父亲去世,她心灵深处难于判断她离家的主动性。但是在访谈对话促进了她丰富且多层面的回忆以及对她旅居故事的扩展。

访谈中,琼给自己的回忆和自己赋予了一种新的意义。叙事理论提供记忆和讲故事中理解主动性的方法。讲述是为试图给我们自己生活赋予价值和理顺自己的经历。朱瑟琳·乔塞尔森(Ruthellen Josselson)和艾米娅·利布里奇(Amia Lieblich)在《生命叙事研究》(*The Narrative Study of Lives*)中指出:"叙事不是事实的记录,不是对事情原本的记录,而是一种赋予价值的体系,这个体系帮助我们了解无秩序且大量的生活经历和认知。"叙述心理学家如杰罗姆·布鲁纳证实,故事对人的主观性很关键,叙事也是"我们组织自己经历和人类活动记忆的方式"。记忆的叙事在临近创作时和随后经历的回忆中都起着赋予意义的作用。

叙事理论假设在记忆和身份之间有动态和辩证的关系。记忆是我们讲故事时定位自己的重要方式之一。我们通过讲自己的故事构建自己的身份,不管我们给自己讲,比如内心独白或白日梦,还是在社会环境下对别人讲。据神经系统生物学家奥立佛·沙克斯(Oliver Sacks)所讲:"据说我们都在构建与活成'一个故事',这个故事就是我们的身份。"记忆的故事创造身份,反过来,我们的身份会塑造记忆。我们看待现在自己的样子和我们想要成为的样子影响我们如何看待已经变成的样子。对过去改变的观点以及我们现在的个性身份和愿望都会轻微改变其记忆故事。回忆的是我们有意义的过去,我们创造它们是为了随着时间的过去,使生活变得相对连贯,不一定很舒适或无痛苦。

亚历山德罗·波特利灵巧地把"被叙述的自己"(事件发生时)和"讲述者的自己"(讲述故事时)并列起来,还解释说,每个访谈事实上所有记忆都涉及不同时间这些不同的自己的辩证关系。作为口述史学家,我们受到这种过去和现在、故事和自我之间的对立的挑战,但随着时间的改变,我们仍然有很好的机会去探索主观性的本质、价值和意义。琼·皮克特从一位离开家乡而后又失去父亲的女儿的角度,也是以一位经历旅行和自立的"成年"女性的角度,以及现在作为一位解释那些年为"我生活的时光"老年单身女性的角度,回顾在澳大利亚的时间。通过琼的回忆,我们开始理解20世纪60年代年轻女性以及琼在之后生活里主观性的重要方面。

口述史和记忆悖论

口述史学家使用回忆的方式矛盾重重。一方面,研究过记忆的口述史学家认为长时记忆是很稳定且长久的,这主要是因为它通过讲述得到巩固和再次巩固,因此理所当然是种可靠的史料。另一方面，因为我们通过讲述而创造以及再创造了记忆，因此我们的记忆从事件发生时到讲述事件的时间受到神经系统、心理上和社会过程的影响。

像波特利总结的一样，史料是"不客观的……而是人造的，易变且不完整的"。看第一眼，这个结论似乎听起来是向指责记忆不可靠的那些实证主义史学家屈服。事实上，这个结论挑战了所有的史学家以及他们的史料，不管是当代的还是过去的。每个重述人们经历的史料——政府问卷、法庭上的证词、新闻报道、信件、日记、回忆录或是访谈——都是人造的、不完整的主观陈述，这些都具有某种程度的回顾性质因此随着时间会发生变化。口述史的回顾性质只是在程度上不同，在类别上没有不同。由于我们史料的争议性，口述史学家们已很乐意去批评性地考虑记忆，而且也尤其意识到运用回忆时遇到的机会和挑战。

对口述史学家来说，摆脱这种记忆悖论是没那么容易的。一种实用的回应是用"再看一眼"的回忆方法，并运用记忆探索过去（历史）和现在的过去（记忆）。口头证词往往能解释（虽然不能复制）过去的经历和主观性。作为史学家，我们要跟审视其他史料一样，严密地审视自己的访谈材料，还要理解事件的特定环境塑造记忆故事的方式以及回忆的复杂过程。如唐纳德·里奇总结的那样："访谈者必须要认识到记忆的特殊性，熟悉处理它们的方法，意识到其局限性，并认可它存在宝藏的可能性。"口述史学家都是历史记忆的学生，我们的访谈会解释回忆的过程和联系，以及过去在现在的个人和社会生活中依然活跃的方式。

关于我们搜集和解读的口述史，有些问题需要解决，这些口述史会帮助我们理解学习历史和记忆的学生所面临的双重挑战。运用神经系统学和心理学方面的记忆研究，瓦莱丽提供了一系列有益的提示："问问自己：（1）讲述者的情绪怎样？（2）什么样的情绪需求会对记忆过程产生影响？（3）讲述者这样回忆的目的是什么？（4）记忆中性别差异有显示吗？（5）记忆的要旨能准确记起来吗？（6）讲述者不太肯定的细节有哪些？（7）作为访谈者该怎么跟讲述者互动？（8）访谈中的环境是怎么影响记忆的？（9）有没有存在的检验可以证实或者反驳某一特定记忆？"根据叙述理论，玛丽·张伯伦增加了下面的提示，敦促口述史学家要"认识到访谈是多层面的文献"，既是叙事的也是对话的。玛丽提醒我们考虑被访谈者是怎样参与"持续修正自己"，以及"个人的声音包含多重的声音……它包含语言和文化叙事的共同意义"。

对于这些提示，我将增加下列内容：倾听被访谈者怎样描述和解释自己的记忆。如果说琼·皮克特教给我们了什么，我想是搜集记忆的工作不仅仅是研究者独有的权利。我们每天的生活中都在运用记忆。大部分人对其记忆、过去的经历以及它们对于现在生活的意义都有着深刻见解。

参考文献

[1]玛丽·张伯伦、保罗·汤普森编:《叙述与文体》,商业出版社2004年版。

[2]希尔娜·伯格·格拉克、达芙妮·帕塔编:《妇女的话语:女性口述史实践》,劳特利奇出版社1991年版。

[3]迈克尔·弗里希编:《共享权威:口述史和公共历史的技巧与意义》,纽约州立大学出版社1990年版。

[4]罗伯特·帕克斯、阿里斯泰尔·汤姆森编:《口述史读本》,劳特利奇出版社2006年版。

[5]黛拉·波洛克编:《回忆:口述史的表现》,帕尔克雷夫·麦克米伦出版社2005年版。

[6]亚历山德罗·波特利:《特拉斯·图里之死和其他的故事:口述史的形式与意义》,纽约州立大学出版社1991年版。

[7]丹尼尔·沙克特:《寻找记忆:大脑,思想和过去》,基础图书出版社1996年版。

[8]哈丽特·哈维·伍德、A.S.拜厄特编:《记忆:一种考古学》,查图和温都斯出版社2008年版。

第 6 章　记忆可以是集体的吗

安娜·格林(Anna Green)

在过去三十年中,所有形式的记忆一直是历史研究的中心任务。文化和社会历史学家、社会学家、社会心理学家与文化研究及文学评论领域的工作者构成了重要的工作团体,他们既研究个人自传式记忆,也探索集体的公共记忆。关于公共记忆课题的强烈研究兴趣,最开始聚焦于社会和文化形式,通过这些形式,20 世纪的暴力史和镇压史得到追忆和记录;随着时间的推移,这个研究逐渐发展成一个更广泛的聚焦记忆的跨学科领域。然而在这段期间,由于学者对群体社会或文化记忆萌发兴趣,自传式的记忆研究常常发现自身处于边缘的地位。

《历史与记忆》(*History and Memory*)杂志创立于 20 世纪 90 年代末,主要关注纳粹主义、法西斯主义以及大屠杀的公共记忆和遗迹。最近该杂志与一家较新的杂志《记忆研究》(*Memory Studies*)合并,目的是为了方便跨学科的"关于理论、实证和方法论的问题的对话和辩论,这些对于人们共同理解记忆来说是核心问题"。新杂志《记忆研究》的第一个议题以亨利·L.罗伯特(Henry L.Robert)和詹姆斯·V.沃茨奇(James V. Wertsch)的一篇文章开启,这篇文章寻求给新出现的记忆研究跨学科领域进行定义。在记忆研究的领域,作者涉及了实证的历史、官方民族叙事、小说、备忘录、基于案例的法律、流行媒体、企业记忆以及宗教观点。因此,归为记忆范畴的一般是不同形式的历史史料和陈述,这些在其他背景下则确定为具体的反映创造的不同过程和目的,认识论的构想以及传播/接受过程,包括实证的历史、论述、口头传统、历史陈述或解读,以及表演、小说、意识形态,还有神话。

"记忆"这个术语的含义现在已扩充到包括所有形式的历史意识,它的这种发展得到一些历史学家的淡然反应,他们根据客观真实的目的定义传统历史,正好与记忆的主观性和片面性相对。不管这种论辩的价值如何,毫无疑问,上面这种记忆研究的涵盖性定义有来自许多学科的追随者,但作者也承认,这个领域的广度也意味着我们需要关于记忆的更精确的术语。

记忆研究和口述史

新出现的但有着更早由来的跨学科领域,是与口述史领域的自传式记忆收集和分析并存的。从最开始的书面历史到 19 世纪早期和法国大革命儒勒·米什莱(Jules Michelet)的时期,事件亲历者的记忆被认为是历史书写的无价资源。因为在 19 世纪中叶,历史研究和记载成为一种专门注重书写档案记录的学科,自传式记忆和口头资源就已开始失宠。20 世纪中叶在英国最早关于"口头历史"的叙述源于乔治·艾瓦特·埃文斯(George Ewart Evans)的《问那些割草的家伙》(*Ask the Fellows Who Cut the Hay*),该书最早于 1954 年出版。20 世纪 60 年代,人们收集的 19 世纪末和 20 世纪初农村劳动和生活记忆变成了中学教学大纲的一部分。在美国,口述史的复兴始于 1948 年哥伦比亚大学为"重大意义生活"记忆所创建的口述史档案的发展,其追随的是一个不同的方向。随后,英国和美国新一代战后史学家开始重视口述史,往往把它当作关于外部政治、社会、文化精英生活和角度的信息唯一来源。1969 年和 1973 年,英国的《口述史》(*Oral History*)和美国的《口述史评论》(*Oral History Review*)分别创刊,这是轰轰烈烈的跨学科口述史运动的产物,该运动把在学术领域、公共历史和社区部门的研究人员聚集一块儿。

人们也许期待研究公共记忆和个人记忆的工作者能有很多共同语言。然而,尽管他们在背景、观念、方式以及记忆内容方面有着相同的兴趣,但他们之间的互动却相对较少。一些学者认为自传式记忆无关紧要,因为它们对公共领域没有影响。在南希·伍德(Nancy Wood)的战后欧洲记忆研究中,个人记忆和公共记忆利用了"选择、叙述、压制、迁移或否定的机制"。然而,虽然"个人记忆的解放主要服从于无意识的规律",关于过去的集体重述再现的是社会群体目标的有意识目的。在这场辩论中,集体行为允许有高层次的意图,而个人记忆(尽管利用的是相同的文化机制)缺乏这种类似的目的感。杰伊·温特(Jay Winter)和艾曼纽·斯万(Emmanuel Sivan)也区分了集体记忆的能动性和"被动记忆——可理解为沉默者的个人回忆"或"心理人,即有私人秘密的人"。在这些定义中,个人记忆局限在心理学的范畴,且被认为缺少有意识的目的,因此与史学家的工作无关。

记忆研究与口述史之间缺少衔接的原因之一就是个人记忆与集体记忆之间悬而未决的关系。就如凯瑟琳·霍奇金(Katharine Hodgkin)和苏珊娜·莱德斯通(Susannah

Radstone)所说的那样:"记忆的概念在普遍应用和专业书写中通常不仅仅在个人领域立得住脚跟;文化记忆和集体记忆的概念现在似乎比个人记忆的概念更受争议"。然而记忆是如何或是否在层次上超越个人,或者我们该怎样概念化记忆才能使这种举措可行,这类研究依然甚少。尽管困难重重,也许有点讽刺,消失的却是个人自传式记忆,萎缩在集体记忆包罗万象的概念当中。

这种困难源于 20 世纪 20 年代社会主义者莫里斯·哈布瓦赫(Maurice Halbwachs)规划的关于集体记忆的原始概念性词汇。哈布瓦赫把集体记忆的概念应用到直接经历的和历史久远的事件以及社会每个阶层的记忆过程中,包括个人和群体。哈布瓦赫对集体记忆的理解是一个开端,随后有了对人性和社会科学理论发展的探索,从 20 世纪 80 年代开始,这些理论发展共同为他处理记忆方式的复兴创造了一种可接受的环境。这些记忆理论发展的其中一个后果就是自传式记忆或个人记忆完全被群体记忆同化,简化论者的方式问题在本章后半部分会做探究。这种评论将围绕目前集体记忆概念的运用,以及对不同社会和文化背景的释意理论启示,来自于哈布瓦赫生活的启示,在那种背景下大部分回忆都发生在 21 世纪早期,并以交替的方式做出总结,这种交替方式能够提供对个人记忆与群体记忆关系更微妙和更富有成效的理解。

作为社会产物的记忆

哈布瓦赫把回忆的概念表达为集体记忆,他原本的意图是什么?首先,他认同记忆是人的大脑的一个功能。他写道:"集体记忆在协调一致的人体里维持着且从它的根据地汲取力量,但回忆的是作为群体成员的个人。"他继续暗示道,记忆不是个人而是社会的产物。只有通过在同样的社会或文化群体中,比如家庭或工会,通过与他人积极的话语交流,个人回忆最初梦一般的印象才能转变成有意义的长期记忆。他不赞成任何纯粹个人有意识状态的看法,把这样的信念比作"一个很重的物体,通过一些纤细而交错的电线悬挂在空中,实际上它停留在一个自我支撑的空间"。在某种程度上,这个比拟传达出在思考和回忆的个人不幸的形象,他就像牵线木偶而不是一个谈话的社会关系的积极参与者。哈布瓦赫随后又断定,在家庭和其他小社会群体背景下分享过去回忆的过程能够使个人记忆和谐化,这种断定更加强了这种牵线木偶的印象,相对的矛盾的记忆会逐渐消失:

证明个人在记忆时总是运用社会框架……是不够的。很有必要把个人放在这个群体或多个群体的角度……有人可能会说个人通过把自己放在群体的角度去记忆,但他可能也会断言群体的记忆通过个人记忆去实现和证明自己。

哈布瓦赫把个人经历之外的事件列入共有的记忆事件,他把后者描述为"历史的记忆",通过这种记忆,个人把自己的生活与更广阔的历史事件和他们所处时代的趋势联系起来。在后来的一篇文章中,他又把这种观念拓展到超过人类寿命的事件当中,通过当代需求和当代角度的棱镜的反映,引起人们对地点和纪念重要性的关注,为每代人巩固集体记忆。比如,在《传说中的圣地福音书的分布》一文中,哈布瓦赫探索了"基督徒的集体记忆把基督生活的细节以及它们发生地点的回忆适应于基督教当前的紧急态势、需要以及期望"。这些见解引起了广泛的研究,尤其是对集体记忆、种族冲突以及民族主义之间关系的研究。

因此,哈布瓦赫对集体记忆的概念化不应该理解为个人记忆的聚合。他认为回忆的深层次社会过程把个人和群体的记忆塑造成一个紧密结合的整体,与"每个时代,社会的支配思想相一致"。哈布瓦赫思想的这个角度暗示,一些形式的群体中共享的先前集体意识以及群体中的个人记忆要么被一体化要么被排斥。哈布瓦赫跟社会学家爱米尔·杜尔凯姆(Emile Durkheim)在工作上有紧密联系,在后来哈布瓦赫对记忆问题的处理方式上就可以看出后者对他的影响。杜尔凯姆对促进社会凝聚力的过程感兴趣,对使个人融入群体之中并创造社会和谐的文化和社会实践所执行的功能也感兴趣。哈布瓦赫认为记忆有着同样的社会凝聚功能,他处理记忆的方式受寻找社会凝聚机制所驱使。

哈布瓦赫关于集体记忆的思想五十年之间都停滞不前,直到20世纪70年代末,研究者都一直对个人试验性和证据性的内容或个人记忆的群体更感兴趣。就如历史学家、社会学家保罗·汤普森回忆的那样,他1977年的第一版《过去的声音》"更大程度上是一部实证主义作品……主要争论就是这些记忆的积极价值以及它们是否可靠,还有你怎样确定它们可靠或是不可靠。那就是我们以前的研究传统,本质上是种社会科学的传统"。十年后这本书印制第二版时,里边加了一章关于"记忆和自我"的内容,反映其受到了意大利历史学家路易莎·帕塞里尼和亚历山德罗·波特利新作品的影响。帕塞里尼和波特利强调回忆主观性和创造性的方面,包括沉默和扭曲,一起转变了口述史的分析和解读方式。

口述史的主观性维度

在一篇1979年发表的具有里程碑式意义的文章中,路易莎·帕塞里尼坚信,历史学家应认识并重视一直被史学家嘲弄的口述史的主观方面。她写道:"口述史的原材料不仅存在于事实陈述,而且特别是一种文化的表达和再现,因此不仅包括字面叙述还包括记忆、意识形态和潜意识欲望的角度。"女性文化标准和潜意识抵制的作用是帕塞里尼分析女性在口头证词中自我重述的中心。来自社会科学和人性领域的研究者随后开始确认和解释理解自传式记忆的主观和文化角度的重要性,包括想象、象征主义、神话和传说、故事和各种流派。实证主义为保罗·汤普森早期的作品提供了信息,而这些个人记忆和主观性的处理方式反映了对待实证主义截然不同的方式,它们合并了更广泛历史职业中出现的两种理论轨迹。

随后的巨变导致历史学家阵营的急剧分裂,这次巨变中向文化解读的转向超越了它在文学理论、人类学和精神分析方面的起源,旨在更专注地关注语言和话语。① 文化理论的语言学转向,分别归属于后现代主义或后结构主义门下,这种转向基于语言和话语不能反映而是构建社会和物质世界的理解之上。没有与语言和话语构建的现实相分离的社会或物质现实。因此,语言与现实相对应作为实证历史的中心观点,受到了极大的削弱,因为"语言调节人类和他们的世界",且赋予一系列以文化为基础的意义。

这对历史传统研究方式的影响是深远的。许多历史分析的中心观念,比如动因、意图和经验,不再排斥人类意识了。在后结构主义统一体的终端,思考、推理、历史行动者都已消失,取而代之的是话语创造的主体地位。不是所有后结构主义者都认为这种人类主观性的方式否定了动因。女性主义理论家朱迪斯·巴特勒(Judith Butler)反驳说:"构建并不与动因相对;这是动因的必要背景,在这个条件下,动因才能清晰地表达并在文化上易于理解。"历史学家在后结构主义范例中工作的目的是摆脱特殊方法,通过这些方法"主体可在具体历史背景下调节和转变话语"。

后结构主义者对待口述史方式的例子可以在彭妮·萨默菲尔德(Penny Summerfield)对战争期间女性的回忆研究中发现。萨默菲尔德把女性口述史与占主导地位的战争著作作对比,并把女性记忆插入到公共文本的基体中,例如英雄主义或禁欲主义的叙事以及独立或孝顺的女儿的故事。但在后结构主义者研究口述史的方式中,我们无法理解为什么某个人会采取某种特别的叙述,或者个人认知在不依赖外部的物质实体的情况下是如何发生变化的。在很多案例中,口述史摘录似乎创建了一套更复杂的历史读本,这种读本中的个人故事既含有离散的文化模板也有关键的灵活性。灵活性有潜力让历史学家深度理解对占主导的叙述产生作用的过程。

---

① 罗恩·格雷里是 20 世纪 70 年代最早明确利用语言学的理论口述史学家之一,运用语言结构主义来确定过去劳动斗争故事的叙述框架。参见《倾听他们的声音》1979 年第 7 期。

社会身份

与上述所列的对记忆进行文化的和解释性研究方式一起,有一种观念对记忆研究者同样产生深远影响,即 1979 年由社会心理学家所提出的社会身份的观点。自从有这个观点之后,自我的概念开始受到越来越挑剔的审查,最终被社会身份的观念取代。理智的历史学家通常围绕三方面探讨:"物质的还是身体的、相关的还是社会的以及反身的还是自我设定的。"社会心理学家和社会历史学家大部分都专注于自我的第二个方面,也就是相关的还是社会的。身份是通过与其他群体人的相互关系而产生,并且个人在从家庭到国家不同的角色、群体或是组织当中也许会有多个身份。在社会身份上花费的工作量是巨大的,作为一种"模糊的,表达不清晰的以及谜一般的"概念,需要一系列解读的工作。

由于社会身份是公共和社会的而不是私人和个人的,它给历史学家提供了一种把人的主观性与更抽象的政治社会分析类别相联系的方式。这在政治史领域尤其明显,尤其是过去或现在冲突中有人遭到质疑的背景下,这个领域的社会身份和集体记忆的概念引发大量研究记忆与国家或民族身份的关系方面的研究工作。在这种背景下,对那些悠远的具体的记忆的使用导致一些历史学家把集体记忆定性为非历史的或反历史的记忆,是"一个民族或国家政府永久的或本质的真相"的表达。

因此哈布瓦赫的集体记忆理论与当代主观性的理论化方面的跨学科发展相一致,主观性强调它的相关的、无意识的、离散的角度。这个理论的复兴同样也很大程度上归因于在 20 世纪末贯穿整个西方世界的"记忆潮"。这种对过去的痴迷,有着各种各样的说法,比如一种"对记忆的痴迷",或"迟缓遗产"的饱和,或是另一种更积极的说法,"历史主义者在国民生活上的转变"。这种痴迷表现为各种博物馆的扩建、新纪念碑的建造以及历史古城的修复等等。历史学家开始更深层次地思考社会文化记忆。在法国,历史学家皮埃尔·诺拉(Pierre Nora)开始着手一项长期的构建另一种叙事方式的法国历史的项目,该项目以象征性记忆、文本、遗址和被视为法国集体记忆和法国身份核心标志的专题方法为基础。

跨越一系列学科、文化和社会理论结合在一起实现集体记忆的概念,把所有形式的回忆都归在一个概念框架之下,包括个人回忆和群体回忆、经验回忆和习得回忆。由此,人类的主观性逐渐被人们认为是由社会和文化决定的,从这一点来说,个人的记忆已经变得无关紧要了。例如社会学家迈克尔·舒德森(Michael Schudson)就认为,因为记忆只能通过"在回忆的社会结构模式上进行语言的文化构建来表达;在最重要的意义上讲,所有的记忆都是集体的文化记忆"。对记忆的社会和文化结构的重视以及对形式而非内容的强调,这破坏了人类动因的概念,因此,也破坏了作为了解过去的一种资源的个人记忆的价值。就像詹姆斯·芬崔西和克里斯·威克姆近二十年前所问,有没有可能"阐释一种记忆的概念,这种概念能够完全公平地对待一个人有意识的生活集体方面,不把个人解读为一种只能被动接受内化的集体意愿、类似机器装置的东西?"把这个关系调转一下,集体记忆是怎么产生的呢?

公共记忆和文化记忆产生和维持的过程复杂多样,强调过去某些方面的同时忽视或压制了其他方面。一些历史学家和社会学家由于这些原因拒绝运用集体记忆词汇。他们宁愿运用社会的、文化的或是集体记忆,或是记忆实践等等这样的术语。人们真的可能谈到共同的集体记忆吗? 最重要的是,集体记忆的观念是否超越了概念用途的意义?

对米克·巴尔(Mieke Bal)而言,集体记忆成为一种"活动的概念"。在很多学科当中都可以找到集体记忆,从社会学(这是开始出现集体记忆概念的学科)到历史学,到社会心理学,到营销学,再到法律学科,等等。因此,对集体记忆的对象或意义意见并不一致。实际上,它可能表示不同的东西。历史社会学家杰弗里·奥力克确定了主要的理论断层线贯穿集体记忆理论。他认为,集体记忆可能是:

在某一集体中,个体所能记住的最低限度的共同的东西或是常态分布的东西,或者"集体记忆"作为"独成一格的社会事实",或……是种关于"集体无意识"的特性的集体陈述的问题,它在存在论上与其他任何个人意识集合都不一样。

这两个方面可描述为集体记忆的"分散式版本"与"强劲的版本"。总体而言,哈布瓦赫比较欣赏第二种说法,尽管他的作品中两种说法都有出现。虽然当代学界大部分都采用了某种形式的分散式版本的集体记忆的概念,但是人们能够普遍发现很多关于集体范围内的均一度的论断,这种均一度能够激发某种形式的外部集体意识的存在。实际上,许多不同形式的历史意识都包含在集体记忆标签下,比如记忆既作为直接经验的回忆,也作为过去的已知知识;对超越人类寿命事件了解的同时也能掌握近期事件的共同记忆。

尽管我赞成巴尔这种"活动的概念"经常能让我们进行很多有趣的跨学科文化分析,我也跟她一样,担忧概念的随意引用并不能促进有意义的见解。换句话说,这个概念的价值在于它能帮助我们"更好地按照对象的条件理解研究对象"。这里有一个值得一提的问题——为了涵盖历史意识的几乎每个方面,单个术语"集体记忆"的广泛随意引用会不会有助于对象的有意义理解,即记忆和回忆。

另一个解决问题的方法是询问:对于一个可行且有效的概念,它的标准是什么? 政治科学家约翰·耶林（John Gerring）研究这个问题是从《爱丽丝漫游仙境》开始的，当汉普蒂·邓普蒂认为他用一个词时，"它就是我想要选择表达的意思，不多不少刚刚好。"关于这个问题，爱丽丝回答："问题是……你能不能使词汇有那么多不同的意义。"评估一个概念是不是提供了有意义分析的途径或成为一种差不多涵盖不同事情的通用标签，这个标准是什么？耶林提出了八个标准的框架，这些标准是他所描述的"概念美德"的基础：连贯性、操作性、有效性、现场使用、共鸣、背景范围、简约、分析/实证运用。让我们看看集体记忆的概念怎么充分满足耶林这些标准的需求的：连贯性和有效性。

耶林认为，所有的参考概念"起着分组或分类的功能。一个概念把在某些方面相类似的东西聚集在一块儿，与其他不同的东西区分开"。集体记忆这个目前应用的概念能发挥这种相同的分类功能吗？与连贯性紧密相连的是有效性：集体记忆对其寻求表达的内容能达到什么程度的准确描述呢？就实际情况，集体记忆能用来描述记忆的感官经历或已知的信息这两种了解过去的方式。自传式叙事作品（即某一群体比如家庭的口述传统）以及国家的公共神话在不同的时间被描述为集体记忆、电影和小说。所有这些对过去思考的方式都完全一致吗？术语和对象之间有没有一种有效的标准来证明集体记忆这个概念术语可以通用？

更精确概念性词汇的必要性

最普遍的、已广为接受的记忆概念来自心理学，即个人大脑储存、保存和之后搜索信息的能力，这些信息包括经验性的记忆和已知记忆。将情境记忆（个人的、经验性的）和语意记忆（集体的、已知的）进行对比是非常有价值的。这两种形式的记忆紧密交织。文化史学家会恰当指出语意记忆为情境记忆提供结构和意义的重要性，即我们社会环境的标准和价值便能体现。然而，把这两种形式的记忆都归在"集体记忆"概念之下能够消除对于这种密切关系的显而易见且重要的限制。

首先，每个人都有一系列别人没有的记忆。跟哈布瓦赫的论断相反，在缺少社会背景的情况下这些记忆不会消失，这种社会背景本身可强化记忆。虽然理解过去的框架来自社会文化背景，但大部分当代社会的个人都受矛盾的意识形态、价值观和信念的影响。集体记忆似乎对语意记忆的理解有作用，语义理解现已沦落为业已决定了的一套文化标准。但是在这个文化差异巨大且不断嬗变的世界，个人能够从对他们开放的选择中进行选择，其程度又有多少呢？有证据表明，概念性知识（语意记忆）在不同代人之间也有区别。在记忆表达当中寻找已存的话语资料和文化身份，历史学家会不会听不到或看不到批评性反思或主张的迹象呢？文化史因其不能解释阴晴变化的心理或主观性而常受非议;这些会不会是其中的原因呢?

记忆研究领域存在的一个主要问题在于把记忆的概念扩展开来,超越个人。学者已为当代世界许多种族和民族身份都由记忆构建,争论不休。在哈布瓦赫的理论中,一个群体身份鉴定的基础就是对和谐有道德的情感的愿望。在这种情况下,身份由集体意识决定,并在记忆之前产生:"记忆由一种已确立的身份(集体或个人的)决定。"然而当前的矛盾暗示,身份的不安全性也导致不同种族和民族群体创造历史记忆,以稳定和加深群体的身份认同,以至于"规则可能假设,身份存在问题,记忆受到限定"。

该过程在南斯拉夫与苏联决裂时期就凸显无疑,有时它带有灾难性的后果。在詹姆斯·沃茨奇 2002 年出版的《集体记忆的声音》中,他证明了在与苏联决裂之后的背景下,民族文化叙事的持续性。这种宽泛的叙事模式一直持续到现在,甚至在具体事件的细节都已不为年轻一代所知时,同样还继续着。在这里,该问题的意义就在于是否属于历史意识,其构建是否以集体记忆的形式做最好的概括。沃茨奇研究中的学生非常年轻,对二战印象模糊。他们对那段时期的知识和理解来源很多,包括祖母的记忆、政府资助编写的课本以及流行的电影等等。把已知形式的历史意识定义为集体记忆,又把民族记忆具体化和使那些过程变模糊的风险,通过这些过程,主流的政治文化精英为追求种族利益或民族主义利益而做文化标志和叙述。

任何这样的概念都急迫地要超越其他的概念。若集体记忆不能通过"概念性善良"(Conceptual Goodness)测试,是否存在一种能比它更优越的术语呢? 首先,集体记忆的概念并不能充分涵盖个人或集体回忆的复杂的文化和社会过程,而把这些归于一个功能主义的隐喻。其次,它的广泛应用已远超其有效性。实质上,关于过去所有形式的思考——经验的和已知的记忆,历史和小说——都被压制成集体记忆的混合物。旧有的个人与集体的二元区分显然不能维持下去,但都不是个人记忆萎缩为集体记忆。群体的记忆与其中的个人记忆并非一模一样:"在旗帜上和电影上,回忆录和博物馆里的记忆标志和衔接,在不同的记忆储存器中,储存在他或她自己生活的单独回忆里,然而,这两者可能会有所联系。"

关于记忆现在急需一套更精确的概念词汇,没有一个通用的标签能阻止分析或解释记忆的过程,而不去打开这个记忆。这其中许多术语都已存在,但因对集体记忆的偏好而被冷落。公共记忆、文化记忆、社会记忆、自传式记忆、记忆实践以及其他记忆形式等等,它们都有更大的连贯性和有效性,而且连贯性和有效性源自既有的知识研究范式这种更加强烈的概念根基。

关于自传式记忆,是否有一种解决方式可包含社会和相关的回忆方面,而没有集体记忆理论化的具体文化隐含性呢? 哈布瓦赫集体记忆理论的核心在于小家族或社会群体内部的记忆交流,比如工会内部。虽然这种交流毫无疑问地进行着,这种更广阔的社会交流,它们原为一个部分,但已从根本上被改变。新的沟通技术比如网络,拥有更大的地域流动性,和更高层次的教育结合起来创造了一种不同的环境,在这种环境下许多人记得过去的事情。人类学家丹尼尔·米勒的工作是具有指导性的,对考虑这些变化的启示有指导意义。米勒的研究基于多样的多文化且相对匿名的伦敦市区生活经历,与20世纪初期稳定且更均衡的社区相对照,哈布瓦赫的集体记忆理论就是基于此。

米勒的分析也把自我的三方面汇集在一起:物质的/身体的,社会的/关系的和反身的,并且他的结论从根本上挑战了当代许多关于人类主观性的学术论辩。在伦敦任意的一条街上随机选三十户,米勒对其进行了一项人种志的研究,探索从房屋到宠物再到圣诞装饰在人们关系中发挥的作用。他相信人们在讨论自己财产的过程中要比单纯回答提问要更加容易去谈论他们自己的生活,基于这样的观点,他对他的研究方法进行了预测。米勒认为,现在的状态提供了一种背景,在这种背景下,物质财富、教育和其他因素一起使得个人比以前的人类社会中的个人有更大程度上的"创造性自主权"。结合多元主义和多元文化的社会,米勒认为身份和文化"看起来似乎越来越后退"。那些参与这个项目的人的多样性和独特性使他惊讶不已。他总结道:

> 在那些曾经由宗教或政府完成但现在却越来越由个人和家庭完成的诸多事务中,有种创造秩序和宇宙论的责任……这种秩序,或是道德的或是美学的,仍然是种权威的秩序,即使人们是为了自己才创造它,且随着个人发展而不断补足,而不是仅仅作为传统或风俗来继承。

米勒总结道,被定义为模型和组织原则的个人或家庭美学通过强化关系影响和网络关系以及与他人与物质文化交流的影响而产生。米勒关于人类意识的交流模型,是以个人和他的关系和关系网络为基础,利用其木偶内涵(puppet connotations)与哈布瓦赫的静态剧院的比喻(static theatre metaphor)形成鲜明对比。

为向斯蒂芬·布林格拉特对于文艺复兴的研究中借用术语,拥有自我塑造(self-fashioning)的能力也许并不稀奇。然而尽管米勒拒绝使用"选择"这一词汇,但是在现代多元文化的城市中存在的潜在关系和网络之中,确实存在一种个人有意识的选择的因素。就像某些人所说,在一个人能肯定的内容之中,还存在着一些"余地"。总体而言,基于选择的理论在经济政治科学学科中一直都有影响力,在这些学科中有意识的客观个人选择和行动,对知识研究和辩论更具有掌控力。选择理论也许有两个方面,"探索什么是理性的,或者描述人们在实践中如何行动"。后者不一定是理性的计算,只是人们"表现的与他们做了的一样"。选择理论的这一方面跟文化史新出现的发展有潜在的关系。过去二十年或更早的语言学决定论可能逐渐衰落,但被认可为文化与实践文化途径的联系。

个人记忆与集体记忆

推动该分析不断发展的问题一直都是集体记忆对个人记忆的概念性容纳,并且利用重申自传式记忆对于我们理解过去和现在的价值似乎能够恰当地解决这个问题。个人记忆独特的具体内容以及记忆并理解个人经历的框架结构的选择(有意识的或无意识的)为人们提供了一些史学家们可以测试针对个人记忆的宏大叙事或按从上到下的顺序衡量历史的方法。个人记忆还可告诉我们什么时候,有时还能告诉我们为什么普通人积极赞同、默许或反对继承下来的观点或主流的叙事。口述史学家需要对那些不适合集体模式的记忆保持警惕,或是对那些自身具有自觉的反思性的记忆并能显示人类意识之中继承和评论之间的矛盾的记忆要保持警惕。当代围绕集体记忆所进行的理论建设对个人批判性反思以及对他人经验和实践的能力关注太少。积极的人类能动性根本上依靠的是对于前者的反思,也就是个人认识到批判性反思自身经验和信念的能力。人类主观性比当代理论所允许的范围更加积极、更加投入并更具批判性。我们应该为抵抗性的、新奇的、反叛性的、有思想性的和目的性的人类主观性保留一些空间。

参考文献

[1]杰弗里·丘比特:《历史和记忆》,曼彻斯特大学出版社 2007 年版。

[2]凯瑟琳·霍奇金、苏珊娜·莱德斯通:《记忆,历史,国家》,事务出版社 2006 年版。

[3]巴巴拉·米斯特拉尔:《社会记忆理论》,英国开放大学 2003 年版。

[4]苏珊娜·莱德斯通、凯瑟琳·霍奇金:《记忆文化》,事务出版社 2006 年版。

[5]迈克尔·罗辛顿、安妮·怀特海德编:《记忆理论:一个读本》,爱丁堡大学出版社 2007 年版。

[6]詹姆斯·V.沃茨奇:《集体记忆之声》,剑桥大学出版社 2002 年版。

第 7 章　案例研究：罗马的记忆和历史之家
——记忆和公共机构的政治

亚历山德罗·波特利（Alessandro Portelli）

这个案例研究是关于公共记忆的机构和政治——记忆和历史之家（Casa della Memorial e della Storia），它是由罗马市于 2006 年在一项宏大的文化政策项目框架之内搭建起来的。它由罗马市长瓦尔特·韦尔特罗尼（Walter Veltroni）在 2006 年 3 月 24 日创建（一个具有象征意义的日期，是罗马纳粹大屠杀的周年纪念，也是罗马二战历史和抵抗史上一个戏剧性的事件），它已成为公共事件的一个中心、一个研究资源以及其本身的一个集体记忆（memory community）。在这里，我将总结一下它的概念和建立，描述它的活动以及口述史在这些活动中的作用，另外探讨一下它所面临的问题。

反法西斯危机

在 21 世纪初，罗马市政府意识到许多具有历史意义的反法西斯活动和源于抗战的机构正在由于租约到期而已无立足之地。这些机构包括左倾意大利党派全国协会（ANPI, Associazione Zazional Partigiani Italiani）、倾向自由的自由志愿者联合会（FIAVL, Federazione Italiana Volontari della Liberta）、意大利前驱逐出境人员协会（ANED, Associazione Zazionale ex-Deportati，包括被驱逐出境者和大屠杀幸存者）、法西斯政治迫害前受害者协会（ANPPIA, Associazione Nazionale Perseguitati Politici Antifascisti）、意大利拒绝加入纳粹和法西斯军队的军事监狱服刑人员协会（ANEL, Associazione Nazionale Ex Internati）。这些成立于二战后的组织大多数起着帮助和支持其成员的作用，而且在强化新民主共和国的反法西斯民族精神方面起着辅助作用。根据法律，政府给予这些团体资助并免费为其在公共住宅区或国有公寓提供住房或只收取名义上的租金。随着其数量随时间逐渐减少，直接的辅助作用就变得没那么紧急，所有这些协会都开始强调其在公共和文化话语中的作用，并且承担越来越必要的记忆任务。

　　两种因素的交织使这些团体在 20 世纪 90 年代的存在越来越不具有可持续性，这就是所谓的反法西斯主义的危机和公共房屋的私有化。共产主义和社会主义团体的解体以及新左派的危机使得反法西斯主义失去了靠得住的政治代表。① 同时，政府里也孕育着新的力量——从西尔维奥·贝卢斯科尼（Silvio Berlusconi）的意大利前进党（Forza Italia）到前法西斯主义者民族联盟，再到狂热沙文主义的北方联盟——这些力量都把自己定位于游离于反法西斯公约之外，该公约是在意大利抵抗法西斯的过程中形成的，而意大利的民主宪法就源于该公约。即使在破产的前左翼联盟中，一种"和解"的论调（没有"真相"，事实上带有严重的历史修正主义和对记忆的操控）占据着主导作用，它消解了抵抗运动及其记忆与意义的关联性。尽管由法律所规定的对于这些老的反法西斯组织的资助仍在勉强进行，但是，他们逐渐失去很多收益，更重要的是，尚存在的组织逐渐产生了一种挫败的孤立感、无力感和与己无关的感觉，当然现存组织的老龄化和数量逐渐萎缩，也意味着其成应得收入的逐渐减少。除了这些机构本身日益衰落，这一趋势甚至影响了媒体的主流声音和公众的主流观点。我在 2008 年 2 月写这这份调查时，有一项法案在国会仍然悬而未决，该项法案要从法律上将前游击队员和那些曾经站在纳粹一方的法西斯团体的老兵同等看待。

　　另一（并非无关的）因素是政府和公共财产逐渐转让和私有化的过程。因为这些团体的地址以前常位于市中心或历史性的建筑物中，现在这些建筑物变成了银行和其他私人性的建筑，而这些建筑的新主人所追求的皆是利润。于是，其中一些组织就被扫地出门，而一些建筑的新主人则把房租提高到这些组织无力支付。这使得重要档案的保存和图书馆面临着严重的风险。一些珍贵的文件不得不暂时储藏在教堂的地窖里或是其他不太适合储藏文件档案的地方，这一现象对于意大利和罗马的民主化记忆来说也可以说是一种创伤。

　　那时，罗马市政府由中间偏左的党派把控，而所有其他政府机构，从国家政府到省级和地区政府都被右翼联盟控制，这些联盟有强烈的修正主义和反知识分子的倾向。② 瓦尔特·韦尔特罗尼在其罗马市长的第一个任期内，就把文化和历史置于罗马发展规

---

① 当新民主党（产生于前共产主义者和前基督民主人士的合并）起草党章时，忘了反法西斯主义和抵抗组织在激励新政治团体的价值观中的体现。在受到大众抱怨和抗议后，后来又被添了进去。

② 当时的区域市政局主席，前法西斯主义者弗朗西斯科·斯托雷斯发起了一项净化教材的运动，就在涉及"马克思主义"的和反法西斯主义者内容的学校展开。成群的法西斯激进分子闯入书店企图毁掉他们没有批准的书籍。在很多场合与他们辩论过后，我意识到他们甚至都在不厌其烦地阅读这些书。

划的中心地位:过去的文化遗产以及罗马作为当代欧洲主要的文化之都的地位都可以看作是罗马形象的核心,也是其经济发展的一项重要因素。与右翼所控制的国家政府、地区政府以及省级政府相反,罗马市政府在某种程度上已成为抵制反文化的修正主义思想攻击的阵地,这些思想经由右翼团体和电视频道广为宣传,而几乎所有的电视频道都是贝卢斯科尼拥有或控制的。

因此,文化政策是保护和重建一种不同的精神和政体的主要渠道。和文化政策配套的有很多公众活动以及公众活动的空间:罗马的"不眠之夜"期间,所有的博物馆和文化机构从早到晚开放,还有成千上万的演出和文化活动可以免费参加;很多免费的摇滚演唱会在城市具有历史意义的地方进行;在新的大礼堂里,人们可以欣赏到所有类型的音乐,还可以举行韦尔特罗尼心爱的文化项目:罗马电影节。在市长的推动下,政府还创建了比如剧院之家和爵士乐之家以及文学之家等文化机构。其中一个比较重要的项目是组织学生去奥斯威辛集中营(Auschwitz)参观,而且由市长亲自陪同,陪同者还有那些觉得能胜任此项任务的幸存者。这些参观不只是学校组织的旅游活动,而是由相关的参与学校准备了一年之久的项目,学生回来之后还会有一些新的项目和活动。

记忆、历史和政治

记忆与历史之家的想法诞生并成长于这样的文化和政治背景下。市政府关注为参加抵抗运动的老兵以及那些受驱逐、监禁、政治迫害的幸存者找到立足之地的实际需要。同时,记忆与历史是韦尔特罗尼全盘政治文化计划的关键部分。事实上,罗马市政府首次任命市长顾问来保护和发展城市的民主记忆。我那本关于罗马市民殉难纪念的书刚刚出版,就得到了这个职位的任命。① 尽管这个新职位有很大的执行限制和预算限制,但是这本身就是一种政治记忆重要性的象征。首位记忆顾问凭借一本口述史著作就被认定,这预示着一个记忆和历史方法的时代即将到来,而记忆与历史在学术圈已被边缘化很久。我第一个项目促成了罗马市政府举办2004年国际口述史协会会议,主题为"记忆与全球化"。

记忆与历史之家还在构想之时,它的首要功能就是通过帮ANPI以及其他老兵组织找到活动场地,帮助其生存下去。这个想法之所以得以实现,是因为接受了犹太人团体的提议,他们建议把犹太人聚居区的一栋市政府所拥有的建筑与犹太人团体所拥有

---

① 亚历山德罗·波特利:《命令已经执行:罗马纳粹大屠杀的历史,记忆和意义》,帕尔格雷夫出版社2003年版。

的一栋犹太学校的建筑进行交换,这栋犹太人学校的建筑位于特拉斯泰韦雷区(Traste-vere)拥有悠久历史的地段,在国家妇女之家和利宾纳的老城监狱之间。① 这样的交换使得犹太人团体把其所有的教育活动集中于一个地方进行,他们把这个地方规划为文化宫(文化建筑),同时为记忆之家项目腾出空间。然而起草这个计划时,有一些人以及团体,包括我自己和 ANPI 的主席马西莫·伦蒂娜(Massimo Rendina)都认为,把所有的老兵安置在一个地方,且命名为"记忆之家",这多少有点公墓的含义。这种做法并不是把反法西斯记忆看作罗马城市现代生活的中心,而是使得这种记忆逐渐边缘化,且逐渐衰落。

事实上,很明显的是,老兵组织的记忆必然是有时间范围的。这些组织中比较年轻的成员那时都已年逾古稀。一旦他们去世,其记忆(还有这些组织自身的记忆)会怎样?② 实质上,问题在于"记忆"的概念是什么。毫无疑问,尽管这些组织和成员是珍贵的第一手记忆载体,但是,许多研究者和参与者都认为,若记忆要成为民主社会意识的一部分,那么这些记忆就不能成为这个载体专有的遗产,也不应不加甄别地受到如此珍视,而是应该当作史料和批判历史探究的主题来进行研究、收集和分析,并作为公共文化资本来共享。作为共和国前任总统,奥斯卡·路易吉·斯卡尔法罗(Oscar Luigi Scal-faro)在其就职典礼上说:"这个记忆与历史之家对培养能对战争说不的人很重要,就像我们宪法中陈述的一样。"接着,市长沃尔特·韦尔特罗尼又解释说,这个记忆与历史之家将会"积极有活力,有丰富的活动计划,它不仅会成为这些协会用来保护记忆的场所,而且还会成为所有市民可能来重读历史和确保过往悲剧不再重演的地方"。

出于以上原因,为强调该项目的前瞻性,这个新场所将更名为记忆与历史之家,既接纳老兵组织也接纳研究机构和研究资料。这时,罗马两个关于民主和反法西斯记忆的最重要的研究组织也存在没有场所的问题。以前的抵抗历史研究所(Resistance His-torical Institute)近来重新命名为罗马法西斯到抵抗运动时期意大利历史研究所(IRSI-FAR),安置在历史悠久但正在败落且空间完全不足的一个地方,这个地方也是由罗马市政当局提供的。IRSIFAR 是抵抗运动历史研究所国家网络中的一部分。它拥有独特的图书馆,收藏与抵抗运动相关的档案以及当代史方面的书籍和文章。它在进行历史研究项目的同时,还执行宝贵的学校教师培训和教育项目。所以把 IRSIFAR 安置在以

---

① 地址是"San Francesco di Sales 5,00186 Rome",从周一到周六开放,每天上午 9 点到下午 7 点营业。

② 有了这个问题,ANPI 开始修改它的会员合格规则。直到近来,只有前党派人士才有资格加入该协会;随着近来的变化,任何愿意参与反法西斯文化政治活动的人都可以加入。尽管这为该组织引进了许多年轻人,原来的一些成员辩称这违背了它当时成立时的本质和理由。

前的游击队自己的办公室,其意义就十分重大。他们能够支持老兵文化使其得以在公共语境中得以体现,同时还可使以前的游击队以及一些集中营幸存者参与其教学和培训项目。从字面上来说,记忆就是历史。

公共活动

赛克勒·吉安尼·波斯奥(Circolo Gianni Bosio)创建了罗马民谣和口述史中最重要的声音档案,它是一个独立的、运动型文化机构,但所处的状况更加恶劣。① 由于活动空间不足,在过去的几年里,我们无法有效地储藏收集的资料。现在,赛克勒实际上是蜗居在市中心一座遗弃的学校建筑里。后来,我们终于可以把所有磁带与书籍放在某一个地方,但由于温度和灰尘的影响,这个地方还是不理想。然而,随着专门的图书馆和媒体收集材料、民谣学校、一系列公共音乐会、许多书籍和 CD 的出版发行以及收录在罗马电影节的一个电影系列,使赛克勒有了较高的可信度,可以在罗马文化生活中发挥突出的影响。把档案资料和图书馆搬往记忆与历史之家就意味着,我们也能够成为参与这一规划宏伟的项目,使那些感兴趣的市民和学者能够轻易地使用我们的资料,并能在开展公共项目的时候使用一定的场地,也可以采访前游击队队员、反法西斯主义者和集中营幸存者。我们和他们共享这个记忆与历史之家,是为了我们的档案资料,也是为了帮助他们自己的组织机构。

将 IRSIFAR 和赛克勒也包含在记忆和历史之家里源自于另外一个关于记忆的政策。为替代和抵制已占主流的右翼话语,民主话语必须超越其载体所固有的范围。为证明其在公共空间存在的合法地位,记忆与历史之家不应该仅仅是一个保存活生生的记忆以及为专业人士保存资料的避风港,而是必须能够传播关于民主历史和记忆的批判性社会意识和公共资源、公共讨论。IRSIFAR 与学校的合作以及赛克勒对音乐的运用都可以看作是与市民沟通的方式,尤其是年青一代。当然,除了机构自己的任务,在记忆与历史之家找到活动场所的机构将通过组织公共活动把自己变成一种公共服务,这些活动面向社区开放,尤其是向学校开放。将罗马市图书馆系统的一个专门分支机构——多媒体空间和互联网服务——也纳入记忆与历史之家,这也是具有远见卓识的。

重新设计这座建筑的建筑师以前认为它主要是办公室和档案室,所以,为公共活动留出来的空间预定只能容纳 36 人。经所有机构的共同努力,使得市政府更换了椅子且

---

① 我是赛克勒的创建者和现任主席。

又增加了一些排椅，最终可容纳约 100 人。然而，根据相关法律，超过 120 人同时待在这座建筑里则为非法。然而，一开始，记忆与历史之家就超越了这个层面的功能，有了新的目标，成为公共活动的焦点，举办各种研讨会、读书小组、展览、会议、电影、阅读和音乐。

开办以来，这里几乎每天都举办活动。有些活动是由单个团体组织的，有些活动是市文化政策办公室协调组织的共同项目。第一种类型的活动有很多，比如 ANPI 组织的关于"二十世纪的意识形态"的研讨会，包括当代政治领袖圆桌会议；IRSIFAR 组织的"女性、工作和影院，"；以及赛克勒组织的关于翁布里亚（Umbria）口述史和民谣的为期两天的系列活动。还有一些是共同项目，比如"影院、记忆"系列活动，这些活动以故事片和纪录片、朗诵会、音乐为特色，而且每项活动都由记忆与历史之家的某一机构组织。例如，赛克勒安排了一次埃里奥·贝多利（Elio Petri）的《工人阶级上天堂》展映，随后是关于钢铁工人的纪录片以及话题歌手保罗·皮耶特兰杰利的音乐会。还有"文本和证词"活动，包含一系列以记忆为主题的交替研讨会和文学作品朗诵会（我朗诵了一篇托尼·莫里森的《亲爱的》），还有公众口述史座谈（我访谈了一位二战期间武装抵抗的俘虏）。最近有一个非常成功的项目，参与度很高，叫作"伊利人斯岛：意大利通往美国的大门"内容是美国的意大利移民的图片和大事记。从 2008 年 12 月到 2009 年 2 月，还有一些影展，以及来自不同学科领域的学者的学术会议①，还有民谣偶像乔凡娜·马里尼（Giovanna Marini）和萨拉·莫迪利亚尼（Sara Modigliani）表演的意大利移民歌曲和马里亚诺·赛门（Mariano De Simone）表演的美国移民歌曲音乐会。

人们不应高估这些活动的影响。即使在只有站席的音乐会场，观众从来没有超过 100 位，而且人均年龄偏高，除了有时学校带学生过来观看，还不一定是学生自愿的。能够弥补这种观众较少的缺憾的是这些活动的连续性和一贯较高的品质。活动的连续性指的是在记忆与历史之家存在的多年中，已有成千上万市民到访；观众并不多的事实也意味着那些参与活动的人们积极性较高且较为热情。特别是在赛克勒组织的活动中，还包括了电影和音乐，这一点吸引了多样化的年龄群体参与进来且形成了一些固定参与者的核心群体，这些人自己就又形成了一种群体组织。

口述史在塑造和发展记忆与历史之家的活动和特性的过程中起着关键的作用。赛克勒的"弗朗哥·科焦拉"声音档案是欧洲关于民谣和口述史的一个主要的资料库，其

---

① 事实上我呈现了两个：一个是简单的关于意大利移民的民谣是如何表达愤恨和对被抛弃人们的背叛感的，一个是关于阿巴拉契亚煤矿的意大利人的。

所收集资料可以追溯到 20 世纪 60 年代①。这里有我收集的来自罗马、拉齐奥、翁布里亚、美国、保加利亚、西班牙、巴西和苏格兰的录音带和声音档案，还收藏了许多卡拉布利亚区、普利亚区、翁布里亚和托斯卡纳区的资料，而且这些资料因为新的研究和新的收藏而不断丰富。我们的目标是旨在创造一种"群聚效应"（critical mass），使历史学家和研究人员不会把作为一种史料的口述史忽视掉。尽管全部运营几乎都是通过志愿者完成的，但是我们的档案部门把大部分资料进行了数字化处理，网上公布了大部分资料目录，也把一部分内容以音频和视频的形式出版。现在越来越多的音乐爱好者、历史学家、人类学家、教师、记者、剧院演员和作家都能接触到并使用这些资料。根据文化遗产部最近通过的一项许可，我们的档案部门将会成为连接全国口述档案的电子资源中心。在记忆与历史之家办公使我们有机会采访也在这里办公的前游击队队员和反法西斯人士。比如，对于 ANPI 的主席马西莫·伦蒂娜（意大利北部一个游击队的前任指挥官）的采访，或是对于圭多·艾伯特利（在罗马大屠杀中遇害的抵抗运动领导人其中一个儿子）的采访，这些采访不仅对我们的资料库来说是重要的新资料，对于游击队自己的机构来说也是重要的新资料。我们还录制了在记忆与历史之家举行的大部分活动的音像资料，还收集了大屠杀、游击队、反法西斯的流亡人士以及我们民主史上其他领导人的故事。

多亏了记忆与历史之家的存在和它的后勤支持，赛克勒能够开始创建意大利口述史协会（AISO，Associazione Italiana di Storia Orale）。第一届 AISO 会议于 2008 年 3 月在记忆与历史之家举办，由当时的 IOHA 主席作大会发言；另外一会议，是关于口述史中视频的应用，2008 年 11 月也在那里举行。赛克勒还把办公场地和邮寄地址借给 AISO 组织。

"弗朗哥·科焦拉"声音档案并不是记忆与历史之家仅有的口述史史料和口述史活动项目。这些年间，IRSIFAR 也已收集了许多采访和活动的录音——比如，罗马大屠杀罪犯埃里希·普里克（Erich Priebke）的审判录音。IRSIFAR 和赛克勒一起合作对以前的游击队员进行采访。ANED 是以前集中营服刑人员协会，它收藏有很多大屠杀幸存者视频访谈，比大屠杀基金会动手还要早。ANPPIA（以前法西斯迫害和歧视的受害者）对 Circolo Bosio 的档案和专业知识进行了补充，以便去实施对来自罗马山区的前政治流亡人员访谈的项目。

① 该档案致力于弗朗哥·科焦拉的记忆，他在埃内斯托·马蒂诺研究所创建并指导了（报酬少且很多时候无报酬）第一个意大利声音档案，埃内斯托·马蒂诺研究所由吉安尼·波斯奥建于 1996 年。

政治变革

　　记忆与历史之家可看作是成功的，是一个有限的但却颇有意义的成功。然而，除了参与者有限和活动空间不足的问题之外（图书馆已占用了所有分配的场地，也再没有扩展的余地了），仍存在其他问题和困难。最迫在眉睫的问题是资金和管理的问题。该机构从字面上来说是一座房子，也就是说这座房子里它的存在并不像一个机构，而是不同机构的共处之地。这意味着，一方面这个历史与记忆之家本身以及其作为一个整体并没有资金作支撑；而这里的每个机构都依赖于自己的资源，各个组织的资源也因其成员以及政治影响而异。这使得协调积极性更加困难。虽然有一个 ANPI、IRSIFAR 以及赛克勒各个机构代表组成的协调委员会，但是每个机构也都倾向于按自己的方式发展，而不希望加入其他机构推行的项目与活动。事实上，许多共同项目不是源于记忆与历史之家本身，而是由市文化政策办公室的工作人员促成的。

　　这种情况对于历史和记忆之家本身来说也并不是一很大的问题，或者说至少在以前的管理下并不是那么严重。然而，历史和记忆之家是依赖于罗马市政府这样的政治机构的，在 2008 年春天，这个有着民主和进步倾向的文化机构的问题暴露无遗。在那个春天，罗马的左翼政府被右翼联盟取代，右翼联盟还受到罗马式礼遇，高喊"领袖，领袖"，大选完后，身穿黑色衬衫者集体站在国会大厦的台阶上。讽刺的是，整体局势只是部分地翻转过来了：虽然国家政府在西尔维奥·贝卢斯科尼以及他的右翼联盟手中掌握，但是，地区政府和省政府现在却由左翼联盟控制。尽管新任市长简尼·阿莱曼努（Gianni Alemanno）口头上赞同罗马大屠杀纪念碑和其他抵抗组织的纪念仪式，但是，很明显，新的多数派政府的文化主线将以历史修正主义、不追求真相的表面和解、反—反法西斯主义和机会主义的天主教原教旨主义为轴心。①

　　对于记忆与历史之家以及其包含的机构的未来，我们很担忧。它能够幸存下来吗？新任政府会不会对我们强制执行一项右翼的记忆计划呢？实际上，这些都更加微妙。市文化政策办公室新任主任开始安慰我们，向我们保证新的多数派领袖接受反法西斯主义是共和国的基础，因此并不会做出任何行为来反对这些游击队人士及其组织的存在和活动。事实上，我们很快就意识到，新政府认识到，即使在当前的文化氛围下，干预

---

　　①　两个例子：在意大利纪念 1943 年 9 月 8 日与盟国签订停战协议和罗马抵抗运动开始的周年活动上，新一届国防部长伊尼亚奇奥·拉鲁萨（Ignazio La Russa）不向抵抗者们致敬反而向与纳粹并肩战斗的法西斯组织致敬。几天后，9 月 20 日，在纪念罗马从教皇庇护十二世的世俗统治中解放出来的仪式上，市长委派的"记忆代表"竟然纪念同意大利统一和独立为敌的教皇军。

这些游击队人士以及以前被驱逐人士对外也不是很好看。他们很清楚只要记忆与历史之家及其各机构各司其职并继续主要向其已转化过来的受众传播他们的思想,该机构及其组织不会受到什么影响,而新政府会实施更大规模的新记忆政策而且其所能利用的媒体会更多。

两个例子可证实:(1)平庸、偏激的反游击队电影《成王败寇》(Il Sangue dei Vinti)被强加给罗马电影节项目;①(2)尽管根据 2007 年一项市议会的全体决定,到奥斯威辛集中营的参观要继续进行,但是大屠杀现已与俄罗斯暴力镇压事件相提并论,而且他们会更加重视到对右翼记忆很重要的地方进行学校参观,比如复比(the foibe),东部边境的巨大的灰岩坑,二战期间南斯拉夫军队在那里残忍地屠杀了至少 5000 名意大利人。复比因此也就成了右翼热衷的地方,它被不断提及,以减弱和平衡大屠杀和罗马殉难者纪念的影响。② 参观这些地方,学生们所接受的恐怖故事和粗鲁的攻击宣传要比真正的历史故事多得多。没有人会讲到成千上万的斯洛文尼亚人和克罗地亚人殉难的意大利集中营、被烧毁的南斯拉夫村庄、意大利军队的大屠杀行动以及在复比大屠杀发生之前意大利将南斯拉夫的许多领土占为己有。当然,这并不能为南斯拉夫游击队的战争罪作任何开脱,但可以使人们了解当时的实际情况。

记忆与历史之家出现的另一个问题是:我们应关注哪些记忆? 记忆与历史之家原本设想要给那些源于二战时期的相关机构提供活动场所,还要给那些二战期间法西斯歧视和镇压的受害者提供场所,甚至更早期的受害者。IRSIFAR 作为一个记录抵抗运动历史的机构,其起源也强化了这个倾向(就像右翼比较偏向复比这个地方一样)。记忆经常通过事件和时间而得以确认。事实上,我们理解这些事件和时间的方式对于我们理解当代政府(国家)的身份和本质的方式来说是很重要的。历史修正主义不仅是学术问题。它为修改宪法铺平了道路,而这损害了反法西斯宪法所保障的民权和公民参与的形式。③ 这些六十年前的事件是现在年轻人们远不会经历和关注的。它存在的风险在于,若只是按照那个时候(经常由当事人讲述)所设定的说法去确认和讨论这些记忆,那么这些记忆对于现在的年轻人似乎会显得让人厌烦并且与他们的经历和关注点毫无关联。

IRSIFAR 和赛克勒坚持把记忆和历史带到现在。虽然对这种做法,人们大致赞同,

---

① 曾经就"反法西斯主义"政策安慰过我们的那位文化政策办公室官员通过告诉媒体"十分了解现在谁在这个城市拥有权力"表露了这一立场。

② 在意大利议会确定了奥斯维辛解放的纪念日(1 月 27 日)后,右翼也被批准将 2 月 10 日定为纪念复比大屠杀的日子,因此这个大屠杀也就等同于了二战期间对于犹太人的大屠杀。

③ 西尔维奥·贝卢斯科尼喜欢说我们的宪法是受苏联启发的。

但是也出现了一些困难。事实上，战后的民主历程和反法西斯主义的持续也是历史的一部分，在这段历史中，共产主义和社会主义政党、联盟以及后来的学生运动和新左翼，不管它们犯过什么重大错误和有何局限性，其在历史中都发挥了关键的作用。现在很多人要么愿意忘记这段历史或以各种形式和变体的反共产主义的名义将其妖魔化，从贝卢斯科尼的咆哮指责到前共产主义者尝试掩饰这段历史或为此历史而道歉。一定程度上，这种情况也同样适用于学生运动和新左翼的记忆和历史，因为人们很容易经常把他们与恐怖主义和红色旅（Red Brigades）联系起来。在记忆与历史之家所呈现的战后记忆中，一方面他们适度地关注了妇女的解放运动，但却也忽视了劳工运动和工人阶级。

虽然记忆与历史之家仍然致力于人权与和平事业，但是，追求记忆与历史之家里的各个机构之间的共同基础以及使记忆与历史之家所依赖的各个机构之间不再过度对抗的要求，这使得一些争议话题变得边缘化而不受重视。例如，尽管记忆与历史之家已举办过一些关于军事镇压的活动以及关于阿根廷失踪者的活动，但是关于阿提卡（Attica）和阿布·格莱布（Abu Ghraib）的图片展览项目仍遭拒绝。记忆与历史之家的一些活动的成功是因为一些进步的犹太知识分子和文化组织者的重要贡献；但是，另一方面，这种情况也使得当人们没有获得允许而提到巴勒斯坦和加沙的话也是会有问题的。虽然伊利斯岛的展览和相关的活动引起了现在移民到意大利的人士的关注，虽然我们确实组织了两场参与度很高的关于卢旺达的活动，但是目前大家还没有齐心协力一起将移民团体融入记忆与历史之家的活动中来。

创建一个文化的未来

记忆与历史之家是社会化的记忆政治的一个典型案例，在地方政府公共机构的赞助和支持下，这些记忆的载体和研究机构聚在一起工作。尽管右翼政府已经决定对记忆与历史之家的活动及其组织不做明显或明确的干涉，但是这个项目在整个城市文化和历史中的位置事实上已发生了改变。记忆与历史之家的诞生原本是作为政府发展战略的一部分，且可以看作是一个进步的政府所精心培育成长的一种民主文化。现如今，它是一个大家尚可接受的、抵抗现今的文化政治和主流意识的一个小场所，并且成为与现今的文化政治和主流意识完全不同的非主流文化和意识。在伊利斯岛音乐会即将结束时，歌手乔凡娜·马丽妮和萨拉·莫迪利亚尼以及所有观众一起合唱了一首既宏大又鼓舞人心的关于革命流亡者和移民的歌曲：

我们的家园就是这个世界

我们的法律就是自由

反抗的思想

就在我们的心中

过去我们把这首歌当作记忆与历史之家努力建设的文化未来的主题歌来唱；这次演唱却是一种对新权力的蔑视,也是无伤害的蔑视。也许,只要我们在记忆与历史之家的房间里唱歌,他们就不会在乎我们唱的内容。但就像在西方众所周知的电影里的小农民不愿向铁路屈服一样,我们也拒绝卖掉这个地方。

参考文献

[1]卢扎托·塞尔吉奥:《反法西斯主义的危机》,艾诺第出版社 2004 年版。

[2]亚历山德罗·波特利:《命令已经执行:罗马纳粹大屠杀的历史、记忆和意义》,帕尔格雷夫出版社 2003 年版。

第 8 章　如何赢得一个失败的战争？ 口述史和政治记忆

费德里科·吉尔勒莫·洛伦兹（Federico Guillermo Lorenz）

我们最终结束这场战争了吗？

——罗伯特·格雷夫斯（Robert Graves）《两个火枪手》

马岛之战的记忆如何与阿根廷军政府事独裁的记忆相契合呢？关于军事失败以及揭露出的对于人权的侵犯行为,那些强加给活跃于阿根廷军政府期间的共和派爱国人士的记忆应该做出什么样修正呢？对于那些在军政府后期支持军事力量的社会各界人士来说,这些记忆在何种程度上仍旧是真实可信的？那种植根于国家观念及其象征符号的价值体系观和信仰体系成为专制政权以及和类似的民主政权所共有的东西,也成为及革命运动及其组建的政党所共有的东西。这种模糊性使得那些犯有危害人类罪的个人仍然逍遥法外,因为那种"他们是代表国家在提供服务或履行职责"的思想袒护了他们。通过口述史,我对阿根廷军政府时期以及后军政府时期人们对于马尔维纳斯群岛战争的记忆进行了分析研究,这种分析能给人们提供一种更广阔的视角来认识作为历史的政治记忆,也是对那些就过往的历史争论不休的历史学家们的角色的深深反思。

马尔维纳斯群岛,坐落在南美最南端,于 1833 年被英国武力占领。此后,收复马岛就成为阿根廷政治文化中最强大、最恒定的象征性符号之一。1982 年 4 月 2 日至 6 月 14 日,阿根廷为了收复马岛（英国人称之为福克兰群岛）与英国开战。于 1976 年因政变而执政的军政府,利用成千上万的阿根廷人共同的历史诉求,策划并下令部署军队恢复阿根廷对该岛的统治权。由于经济危机和对侵犯人权的指控,已经变得不受欢迎的军政领导人,因其在马岛的行动而获得了广泛好评。然而,全国的统一意志和阿根廷政府在马岛的存在一样,也只是昙花一现,仅仅持续了两个半月。经过一场短暂但十分血腥的战争之后,英国打败阿根廷,夺回了马岛。

尽管战争持续时间很短，却对阿根廷产生了深远的影响。它促使了这个国家历史上最为血腥的军政府的衰亡。在 1976 年至 1983 年短短几年间，军政府已造成大约 1.4 万—3 万起谋杀案和失踪案。在灾难性的投降结束之后，这场战争伤害了阿根廷的民族自豪感，从而在某种程度上决定了阿根廷军事力量退出权力舞台的时间和具体特征。这反过来对阿根廷解释战争和军政府的独裁统治以及民主秩序的回归的历史叙事又有很大影响。

像其他集体灾难一样，战争引起了国家及其国民就社会身份和国家观念进行对话。即使战争赢得胜利，其胜利的代价亦十分惨重，譬如第一次世界大战中的法国。军事冲突重新定义了个人之间及他们与群体之间的关系。

失败加剧了这种紧张关系，马岛战争的失败使阿根廷社会处于这样的十字路口。除此之外，马岛战败的另一个事实是：在马岛一败涂地的军队是曾通过国家恐怖主义屠杀自己的人民的同一支军队。马岛战败使军政府严重地失去了其权威性（对很多人而言，"他们未能履行其特定的职能"）。人民摆脱了他们灌输的恐惧和尊重，促使更多人站出来指控他们的罪行。由此，在所谓的国家重组期间，其犯下的暴行被大量曝光。除了秘密万人坑的消息和侵犯人权的证词，在马岛之战中幸存归来的士兵成了见证南大西洋突发军事失败的直接证人。于是一场尖锐的政治冲突便开始了，而口头证词在其中发挥了重要作用。①

记忆和政治

所有的记忆都是政治性的，但并非所有记忆都可影响政治。在某些情况下，这是因为这些记忆一直被压制而无法发声，或是因为这些记忆只保存于个人之间。因此，这些会被人们遗忘并在其载体死后而消失。与他人讨论政治记忆可能导致人们有意识地以一种影响当今的方式来介入过去的争议。若我们认识到记忆除了是人们研究的主题之外，本质上还是一种回忆实践；若要把它作为一种历史现象理解，我们可区分出两个核心要素。首先，记忆直接连接过去和现在。我们对过去的提问源自我们现在的观点。其次，这使得记忆成为"政治实践的范围"。② 研究记忆的政治特性要求我们反思"与

---

① 根据伊丽莎白·洁林："政治开放、垮台、自由化和转换促成了一个公共领域，在该领域中可以纳入之前限制和审查的叙述与讲述。也可以创建新的内容。这一点意味着对过去的意义进行斗争的场景，具有提出多项要求和请求的众多活动家和代理。"伊丽莎白·洁林：《记忆工作》，二十一世纪出版社 2002 年版，第 42 页。

② 大众记忆小组：《大众记忆：理论、政治、方法》，《口述史读本》，罗伯特·帕克斯、阿里斯泰尔·汤姆森编：《口述史读本》，劳特利奇出版社 1998 年版。

过去之间的关系的实践特性"①。这种由追求某些特定要求和目标的社会活动家所建立的关系正在不断围绕过去实践的记忆而进行辩论,而这种记忆试图巩固特定的政治环境并试图为想象的未来奠定基础。在此框架下,基于对历史事件解释的批评,政治记忆的概念恢复了我们书写历史以推翻目前主流叙事的责任,这反映出政治斗争成王败寇的特点。让·赛斯内欧(Jean Chesneaux)写道:"虽然过去和现在之间的关系是基于沉默、隐瞒和隔离,但是必须对过去和现在之间的逆相关关系进行明示、昭示天下并因此使其政治化。"②

政治化的过程包含一些从事记忆工作的实干家,他们是不同的社会活动家,他们集中精力向着既定的记忆事业而奋斗。③ 毫无疑问,国家机构和非政府组织以及社会运动一样,是一个意图能够控制过去的政治思想机构。多米尼克·施拉佩尔(Dominique Schnapper)称之为"记忆的政治管理员"。④ 史学家和口述史学家也是记忆工作的实干家,他们的角色就是要成为国家伟大历史的创造者。最后,不同的关于过去的记忆之间的冲突表明了是保留还是要忘记某些历史进程和事件,在某些极端情况下,它甚至表明是保留还是要忘记那些体现历史进程和事件的人们。

关于独裁的记忆

对阿根廷大屠杀进行现实社会处理的第一步是传播其所犯的罪行的事实。找出并公开所发生的事件以及所采取的恐怖形式,这十分必要。在 1982 下半年,公众舆论中涌现出这种令军政府窘迫的观点,这奠定了人权组织对军政府进行指控的基础。军队在战争中失去了威望,这促使在此之前就该问题一直缄口不言的新闻媒体发表越来越多关于人权组织的活动的新闻。特别值得一提的是,有关梅耶广场母亲(The Mothers of Plaza de Mayo)的故事,她们的头巾和每周四的环形游行,成为与那种犯罪者不受惩罚的状况进行斗争的象征。

多年来一直作为谣言流传之事,现已通过从墓地出土的恐怖骨头照片和证人的个人叙述而得到证实。最强烈的指控来自失踪受害者的亲属,他们孤独地承受了在镇压最残酷的那几年期间军政府所制造的报道和提出的要求。大家的说法都是围绕如下几

---

① 让·赛斯内欧:《我们对过去已经一网打尽？关于历史和历史学家》,二十一世纪出版社 1984 年版,第 67 页。

② 同上书,第 69 页。

③ 洁林:《记忆工作》,第 48 页。

④ 多米尼克·施拉佩尔:《政治记忆》。

个事情:无数阿根廷人被囚禁,遭受虐待和折磨,还有一些遭受镇压的人士的证词,这些说法加剧人们对于镇压境况的恐怖印象。人们把这一时期称为"恐怖秀"。这一时期将永远存在于受害者的心中,施暴者对这些受害者造成的伤害也会永远存在。

这些对军政府的指控和揭露列入了党纲,并成为向民主过渡的一个关键因素。众多罪行的暴露产生了广泛的批判和愤慨,并在许多社会领域变得根深蒂固。军政府在上台之始是获得广泛公众支持的政权,他们执政时犯下这些罪行,而且他们在马岛战争期间获得了暂时的广泛支持。现在,对这些罪行的强烈厌恶导致了人们改变了对军政府及其行为的认识。"打击颠覆活动"开始被称为"非法镇压"和"侵犯人权"。受害者从"危险的颠覆者"变为"无辜的受害者"。将受害者描绘为无辜者的过程,是旨在增强阿根廷军政府的犯罪特点,但它也降低了对那些过去事件进行任何政治分析的可能性,因为它将发生在阿根廷的罪恶扩大化。

关于镇压的说法巩固了军事政变之前有关社会运动和政治暴力的历史叙事。这一过程可归结为国家重组前所发生的游击队暴力行为,反过来,在一种人们普遍厌恶暴力的氛围中,人们又把这比作是国家恐怖主义。根据这一认识,阿根廷社会堪称一个被动的旁观者,目睹了两股同等暴力的政治力量之间的对抗,同样地,这两股政治力量应得到民主社会的蔑视和否定。

这个概念的象征模型是全国失踪者委员会(CONADEP)所报告的《从此不再》的序言。它指出,"在70年代的十年期间,阿根廷被极右分子和极左分子按照类似的手段灌输了恐怖的思想,从而激发了阿根廷的暴力潜能。"[①]这就是人们所熟悉的"两个恶魔理论",这种解释实现了阿根廷向民主过渡的两个关键目的:它使得人们有可能确定那些为阿根廷悲剧负责的当事方(游击队组织和军队),同时也提供了实现新的不同于上述这两个组织的政治实践的民主制度的路径。

因此,民主制度不是史无前例的军政府暴力的历史继承者,而是会产生基本变革的路径。简而言之,该理论是有效的,因为它将过去解释为更文明的历史的偏离和破坏。已确定应为悲剧负责任的当事方与社会上大多数人都格格不入,进而因此能够使与暴力行为格格不入的无辜个人能够开始一个民主化时代。

受害者没有任何能够将他们与暴力相联系的东西,也不需要承担什么责任,构建受害者的形象是对实现民主化这一历史愿景的必要补充。相反,军队的形象作为罪恶的化身逐步变得更大、更强。年轻人在这一过程中发挥了关键作用。在独裁统治期间,人

① 全国失踪者委员会:《从此不再:全国委员会的人员失踪报告》,布宜诺斯艾利斯大学出版社1997年版,第7页。

权运动,是与专制政权进行对抗的少数人组织,他们遭受独裁政权的宣传攻击,年轻人被认定为颠覆者,因为他们在极端主义意识形态的影响下倾向于堕落。因此,失踪孩子的父母就其孩子的下落所提出的要求会小心翼翼地避免提到他们的孩子失踪的政治原因。①

20 世纪 90 年代中期,有关政治激进分子和斗争的故事补充了人们对国家恐怖的认识和看法。其他的一些叙述和经历以革命组织成员的故事的形式丰富了这种恐怖的记忆。这些革命组织成员通过解释当时激烈的政治和社会动荡来证明其在军事政变前的几年经历。他们不再将他们在侵犯人权解释语境下的个人经历看作是受害者,而是站在激进分子的地位上认为自己是社会变革的动力和战士。一些纪录片和证词作品,无论是分析性的还是虚构的,组成了一股意义重大的出版和新闻发表的热潮,这种热潮在军事政变的每个周年纪念日都变得越来越盛行。不用说,这些对政治激进分子生活的叙述与独裁统治受害者的早期形象十分矛盾。

2004 年 3 月 24 日,军事政变周年日,总统内斯托·基什内尔(Nestor Kirchner)在一栋军事独裁期间用作秘密拘留中心的巨型建筑 ESMA(海军力学高等学院)发表的演讲中,代表国家向人们道歉。② 基什内尔介绍自己是受镇压迫害的受害者之一。就在一天前,他就在之前被拘留者、秘密拘留营的幸存者的陪同下来到这个地方,再次参观了这个地方。

对这些事件的反应激起了人们政治暴力和镇压的记忆,人们又开始对二十或三十年前发生的事情议论纷纷。这开启了对这一记忆政治争议的新时代,因为在 ESMA 举行的事件表明,直接受害者对过去的叙述现已构成阿根廷国家有关人权和记忆的官方决策的重要因素。

三十年来,解释近期阿根廷历史的关键在于军事独裁统治的年轻受害者的形象,在20 世纪 60 年代他们被重新解释为革命武装分子,后来又变成了国家恐怖主义和暴力的形象,到 1983 年又"恢复"成了民主和尊重人权的形象。"从此不再"成为反映国家暴力的报告的标题,这表明在 20 世纪 80 年代上半期人们对奠定新基础的极度渴望。然而,关于马岛战争的记忆以及宣传者的以及应该在这一框架中处于什么样的位置呢?

----

① 此文有定量依据。根据 1984 年的数据,在失踪的人中,10.61%的人在 16—20 岁之间、32.62%在 21—25 岁之间、25.90%在 26—30 岁之间,CONADEP:《从此不再》,第 294 页。
② 位于布宜诺斯艾利斯最昂贵的地段,在 ESMA 估计有 5000 名囚犯,他们大多数人仍处于失踪状态。目前,ESMA 的范围接近 42 英亩,构成了"记住、促进和保护人权的领域"。

记忆中的马岛战争

对于马岛战争,不同的活动家已逐渐开始调整自己的看法,甚或是表示直接反对。尽管阿根廷战败促进其加速摆脱独裁统治,但是在更大规模且令人震惊的侵犯人权的方面,与马岛战争相关的经历失去了其应用的特殊性。

当我开始采访在 20 世纪 90 年代中期参加马岛战争的士兵时,一个特别显著的事实浮出水面。在我采访的过程中或当我阅读其他人的证词时,我发现那些返回"大陆"的士兵表现出了比战争本身更痛苦的回忆。这次"返回"是截然不同的,是悄然发生且不引人瞩目的,并具有一些象征性特征。至今,这些特征确定了他们与国民之间关系。承受着战败的必然压力(正如美国和越南),他们记忆中的这些特点使他们对军政府独裁统治这几年的公共叙事和马岛海战之间的关系以及和每一个幸存者的个人记忆之间的关系提出了质疑。

亚历山德罗·卡诺(Alejandro Cano)曾在炮兵部队服役,参加过在达尔文—古斯格林(Darwen-Goose Green)的战斗。下面是他描述的他对战争期间公众记忆的反应:

在我看来,他们把我们视为"可怜的家伙……他们在那里经历了多么恐怖的事件"。……通过贬低军队,他们贬低了所有【战争】退伍军人。他们评判士兵的方式全部相同,而士兵所显示的勇气从未曝光过……如果天气一直都很暖和,我们将会死于炎热。天很冷……我们差点被冻死!……在战争中,有的遭受饥饿,有的遇到寒冷,有的则浴火重生。①

卡诺在他的证词中基本上面临两种叙述。一种是将任何对战争的叙述归属为非法镇压故事("通过贬低军队,他们贬低了所有【战争】退伍军人"),这占据了 20 世纪 80 年代期间的主导地位。另一种是将参加马岛作战的士兵变成岛上恶劣的条件的受害者,或者,在某些情况下,成为军官的受害者("在战争中,有的遭受饥饿,有的遭受寒冷")。②

在战争结束时,某些清晰可辨的叙事形式出现了,来讨论马岛之战和这场战争的领导者。在民主制度开始前几年,这些形式得以巩固并在该时期的文献中盛行至今,而且

---

① 采访亚历山德罗·雷蒙·卡诺,第 62 班,第 4 机载炮兵团(1994 年)。

② 武装部队下令进行的调查确立了阿根廷战争中做出的努力存在严重逻辑和组织缺陷。这加剧和恶化阿根廷士兵战斗时原本就恶劣的条件。应当注意的是,部署在马尔维纳斯群岛的阿根廷人中接近 70% 的是应征入伍者,而非正规士兵。当前有许多正在进行中的关于"马尔维纳斯真相"的诉讼,提起诉讼的原因是为了指控一些阿根廷官员虐待其下属,违反了人权。

它们不同于阿根廷最近这段历史中一些其他方面概念和主题的变化。它们范围都相互交叉,并且它们的模糊性就在于国家身份、爱国崇拜和国家恐怖主义经历之间的紧张关系。

爱国战争

在构建集体国家身份时,战争发挥了核心作用。在阿根廷,为独立而战的领导人和士兵成为出现在阿根廷儿童学校教育中的英雄和开国元勋。阿根廷国家陵墓由 19 世纪的文化和政治精英建造,他们武断地选定了一些可以使历史永恒的元素,而且这个国家陵墓也成为弘扬平民美德的典范。在这个国家历史叙事中,军事机构发挥了核心作用。在战争中战死的军官和士兵后来也安息于国家陵墓,进入到受人尊敬的英雄行列。他们成为后继者学习的模范,公墓里的英雄使后继者的牺牲变得有意义。若秉承这些价值观的第一动力源自于公共教育系统,那么义务兵役制(自 1904 年起在阿根廷的一项制度)构成了阿根廷年轻人生活的第二个里程碑。阿根廷的年轻人在 18 岁时会参与抽签,以决定哪些人应召入伍,加入阿根廷的三支武装部队的任意一支。该草案是为增强新共和国的凝聚力,强化了国家作用,向年轻人灌输国家和社会价值观。

从象征意义的角度来看,这些公民士兵继承了平民宗教(civilian religion),而平民宗教确立了关于军事美德的平民价值观,并因此概括了国家的自我形象。这些“世俗的狂热者”实现了一种教育功能,“为履行其公民职责的公民庆功,暗示着劝告他人也要履行责任。”[①]

能够体现马岛之战的士兵有过这种教育经历的方法就是通过这种爱国主义话语。这就是军政府的积极性以及 1982 年之后不同的平民政府和军事政府的积极性有共同点的地方,尽管他们的目的不同。以这种方式看待战争,可将战争铭记于官方规范历史中。它成了类似于阿根廷国家历史中其他战争片段的战争记录。它轻视了固有的政治冲突:祖国是一个没有国内冲突的地方,只住着纯净的人,包括那些为之牺牲的人。在这样的框架下,马岛的英雄包括效忠国家的平民和职业军人。当这两个群体体现了政治言论的两个象征性方面时,再谈及祖国就减少了反对的声音。在 19 世纪和 20 世纪,以这种方式叙述国家历史已有效地构建了许多国家身份,包括阿根廷。这又促使了人们所想象的反对派——保守的和革命的政治力量——的发展,在这些反对派缓慢恢复的过程中,他们克服了武装部队的残酷镇压,逐渐成为关于阿根廷国家身份的官方

---

① 　乔治·莫斯:《阵亡将士:重塑世界战争的记忆》,牛津大学出版社 1990 年版,第 105 页。

声音。

动员士兵参加 1982 年抗击英国之战的基础是传统的文化和历史背景。他们去世后,尽管已被贬低和遗忘并被边缘化,人们却仍以正式的方式纪念他们。但是如何将马岛战争中丧生的士兵纳入国家陵墓？马岛之战使人们对这一问题有了很多令人困扰的争论。

其中之一是,将士兵部署在该岛得到了广大的社会支持。这一点提醒了人们曾经和当时的军政府之间的关系,当时独裁的军政府应为侵犯人权而负责。在马岛之战发生的两个月多月期间,阿根廷的国民组织了遍布全国各地的支持网络以向守岛士兵提供援助。给岛上的士兵提供食物、保暖衣服、捐款并给前线士兵写信。除了那些正在服役的士兵,还有成千上万的已经完成义务兵役的士兵作为志愿者被送往战场。领导阿根廷对抗英国的军政府独裁者的形象在国家辩护(national vindication)的概念出现之前就已经逐渐衰落。在一个遭受了六年的严厉审查和自我审查的国家,阿根廷的一些孤立的团体打出"马岛属于工人,不属于虐待者"以及"马岛属于阿根廷,失踪者也属于阿根廷"等口号,这就不是什么无关紧要的事情了。

马岛战败使人们了解了一个在战争期间确实无关紧要的事实,因为这个事实几乎无人知晓。许多曾参加过这场合法的战争的大量军官和高级政府人员也参加了所谓的反颠覆战,这场反颠覆战最初就被视为一场"肮脏战争"。公众开始将马岛之战的英雄视为虐待者和绑架者。人们到处宣传武装部队的怀疑,一方面是因为对于英国军队的战败,另一方面也是因为国内镇压。就陆军、海军、空军军官而言,对英之战和国内镇压,他们都是代表祖国而行动的。从他们专业的军事角度看,尽管这两场冲突有着不同的特点和结局,两个事件仍旧具有可比性。对于曾经参与非法镇压的海军军官阿尔弗雷多·阿斯蒂兹(Alfredo Astiz)来说,这只代表了他职业的继续发展:

我参与了四场战争和三十多场战斗。我曾参与反对颠覆的战争。

当人们说智利没有战争时,我曾与智利人渗透敌后战线,我曾参与马岛战争以及作为一名观察员参与阿尔及利亚战争。这是我参与的第五场战争。我保持沉默且在其中一直保持沉默,这将是我参与的最后一场战争。

受害者

马岛战败形成了一种受害者话语。这是新闻媒体、政治团体以及第一批战后退伍军人的独家领域。这种话语创造了一个广泛的公众共识,因为它与向民主过渡过程中年轻人所形成的形象一致。这种话语符合独裁统治受害者所定义的形象,这些受害者在后独裁时期获得了应有的社会地位。

受害者的概念因为镇压力量强加给这些年轻人的一些莫须有的罪名而得以补充，而镇压力量参与了或是支持了游击队的活动。这些年轻人尽可能地保持与政治暴力之间的距离。因此，围绕侵犯人权的指控而建立起来的年轻人样板成为从马岛之战归来的老兵们的原型。尽管这些年轻人置身于暴力环境和并亲身参加战斗，并且他们使用了真正的武器，但是他们得到了这个现在憎恨所有形式的暴力的社会的承认。

因此，有关战争退伍军人这一主题强调了如下这一事实：他们几乎没有受到太多的指导（因为他们被运送到马岛时，他们中的很多人才刚刚开始服义务兵役）。如果用"战争男孩"这一称呼指代冲突期间的年轻人是一种深情的方式来强调他们的年轻并象征性地使其成为广大人民的儿子和兄弟，那么，战败后，"孩子们"这一相似的称呼用于指代那些准备不足、手无寸铁的青年，他们面对的不仅仅是军官，还不得不面对英国。

这种受害者话语将士兵描述为其军官和统帅部的受害者，与阿根廷社会所塑造的其本身作为军政府的受害者形成了类比。因此，士兵和平民都完全反对那种产生政治暴力和恐怖主义的政治。这种受害者话语比较重视马岛老兵之间流行的那些军官滥用职权、决策独断以及虐待士兵的故事，以及因为匆忙的战争规划而遭受惨败的痛苦，这些故事远远多于他们与英国的实际战斗的故事。

谁应是马岛战争的英雄？

1983 年 12 月 10 日，劳尔·阿方辛（Raul Alfonsin）以军政府独裁统治后第一位民主选举的总统的身份就职。纪念马岛战争是他从军政府继承过来的问题之一。1984 年 4 月 2 日，在阿根廷的守护神圣地——卢汉（Lujan），阿方辛主持中央仪式来纪念"收复马岛"。一个民选总统对于马岛战争能说什么呢？他应如何抚慰受伤的民族自豪感？他怎么能去纪念一场败战呢？他用牺牲的概念来替换军队荣耀的概念，表达了逝者在国家形成过程中表现出的共和信念。[1] 战死沙场是一个人实现国家价值的最高形式，同时也代表行使民事权利的一种形式。这个概念赋予死亡一种集体意义，超出了个人悲伤。在这个框架内，士兵公民誓死捍卫他们的社会，这反过来使人们将他们视为模范。阿方辛在他标志性的演讲中建立了这种关系：

今天是 4 月 2 日，站在这座纪念碑下，我与你们一同纪念我们那些在战争中倒下的

---

[1] 克里斯汀·安·哈斯：《携带墙：美国记忆和越战纪念碑》，加利福尼亚大学出版社 1998 年版，第 40 页。

【公民】,那些献出了他生命且无私置身于我们国家的最南端勇敢的阿根廷人民。虽然,行使武力的政府确实没有考虑到其行动的巨大悲剧性后果,但确定的是,它鼓励着士兵的理想,这也一直正是阿根廷每代人的理想:绝对收复马岛、南乔治亚和南桑威奇……我们在奋力勇敢战斗后,无数身着制服的公民必定已想要在岩石、泥炭和积雪中躺下,他们自己没有生命活力的躯体。但上帝看到了他们的美德,并从这些勇敢的和充满活力的、受伤的和忧心忡忡的人们中选择了英雄。我们今天所纪念的人们即是他选择的英雄。虽然被抹上了不幸的色彩并且没有胜利的桂冠,我们今天所纪念的这些逝者是为了守护职责而牺牲的鲜活事例……这些悲惨的死亡让我们更加坚信我们权利的公平性。

这种推理试图将关于战争记忆的焦点从军队那里挪开,同时,能够使新政府以民主的方式接管国家的象征符号,这些象征符号曾经与民族主义关联并被军政府所滥用。[①]保持一种民族主义话语并避免其与历史上最血腥的军事独裁记忆相联系,这是否可能?民选政府是否能够在"主权"或"祖国"的问题上与军队以及右翼进行对抗?

这些矛盾在民选政府面临的第一个重要军事危机期间变得愈加明显。1986年12月,国会制定了《全面停止法律》(Full Stop Law),该法律设定了处理非法镇压事件的最后期限。在两个多月中,三百多名军官面临对他们提起的诉讼。最后,在4月复活节期间,曾任马岛战争突击队指挥官的阿尔多·里科(Aldo Rico)上校占领了坐落在五月营区(Campo de Mayo)的警官专业学院,并要求"政治解决方案"。里科率领的士兵在自己的脸上涂上鞋油,将他们自己与忠于政府的军队区分开来。这次"涂脸"起义表明了马岛重要的象征意义以及人们对马岛之战缺乏共识。

那时,全国各地都在举行大规模集会以支持政府,其中很多聚集在梅耶广场以支持民选政府。人们担心人群向五月营区行进从而引起一场大屠杀。总统劳尔·阿方辛在政府大厦的阳台上宣布,他将前往五月营区,要求引渡叛军。他回来后,在拥挤的广场上向人们宣布:

参与煽动的人已放下武器。对此,他们应被拘留并诉诸法律。在这群人中,有些是从马岛战争归来的英雄,这次选择了错误的立场。

在这个演讲中,总统谈到了马岛战争,而这可以视为总统非常不幸地加重了马岛战争的军事色彩,并且淡化了反叛者的形象。社会是否应将其视为战败的受害者并对他

---

① 帕洛玛·阿圭勒·费尔南德斯和卡斯滕·哈勃贝克发表在《历史和记忆》2002年秋季刊中的《西班牙民主中的集体记忆和国家认同》一文表明,由于极权政府"滥用"民族主义和爱国主义的象征(他们分析了佛朗哥的情况)使得他们受到左翼组织的拨款和重新重视。考虑到这些元素中固有的强大的身份认证成分,这在获取记忆的斗争中是一个关键因素。

们表示"理解"呢？或者总统是否在寻求阿根廷政治文化中更深层次的元素，即那些与培养了支持收复马岛的民族主义相关的文化？这难道不是表明了对这场不幸战争及其军事指挥官的巨大社会承诺吗？起初，"涂脸"起义的危机被视为企图反对民主政治的行为。现在，犯罪者成为爱国战争退伍军人的这一身份使叛乱分子的叛乱色彩减少了。

战争的模糊性使阿方辛可以利用军队的形象并通过谈及马岛战争对这场由将侵犯人权的军队付诸审判的政策所引起的政治危机做出结论。

退役士兵的记忆

通过老兵组织团体，参加马岛之战的年轻士兵为他们的行为提出一系列令政府感到棘手的辩护，并在整个国家向民主过渡的背景下提出了他们自己的要求。他们通过一套激励的言辞提出了自己的要求，而这套言辞借鉴于军政府独裁统治之前全国流行的政治运动的激进呼声以及马克思主义革命派和正义党左翼的话语体系。他们将马岛之战定义为拉美反帝国主义斗争的一部分。但这又表现出一个双重问题。作为巩固民主的方式，社会对暴力的排斥却没有为战争或革命的提出辩护留下任何余地，因为这二者都与具有镇压人民的政府和游击组织有关。当时，这两个恶魔满足了整个社会自证无罪的愿望并在同时对已经发生的历史事件提出了他们自己的历史结论。

这些年轻的战争退伍军人使用激进的言辞来将其宣传为无辜者的形象，进而使人们产生了原谅他们的愿望。这种情况对那些退伍老兵来说是一个严厉打击。同时，首批退伍老兵团体努力为他们的参战经历洗清罪名的方式将他们与军方划清了界限。他们指责军方虐待下属、做事拖拉，还批评军方在马岛之战中的投降决定。这些年轻的退伍军人需要将他们——真正的军人——和那些镇压人民的军队区分开来。按照这些原则，1986 年，"马岛战争退伍军人中心"发布了一份文件，内容如下：

我们这一代为了收复我们的群岛，而抛头颅洒热血，这使我们获得一种道德权利……在马岛战争中，新一代阿根廷人展示了其自身的力量。战争结束后，就意识到独裁政权所犯下的罪行。我们没有穿制服去维护这一罪行，那是缺乏尊严的人才会做的事。我们穿着制服，是因为我们是活着的证明，我们穿着它来保卫祖国，而不是用来进行折磨、镇压及谋杀。[1]

马岛战争的退伍军人尝试将自己融入充满斗争且深深根植于民族主义左翼运动思想的历史之中，但并未成功。而且，在向民主制度过渡的背景下，他们也没有在民主政

---

[1]　《前马尔维纳斯群岛战争的核心战士》，《战后文档》1986 年 1 月 23 日。

府中获得一席之地。因此,从战争永恒性的角度来讨论战争的三种解释模型中,这一种是最少使用的。时至今日,虽然有些团体和机构还在使用这种模型,但是这种模型总体上还是已经让位于 20 世纪 80 年代的政治关系的重组,也让位于这种模型在退伍老兵之间形成的分散状态。

许多退伍老兵团体继续要求政府给予他们历史赔偿。最初,历史赔偿只是关于他们的经济方面的赔偿,并且逐渐得到了满足。后来,历史赔偿逐渐延伸到要求政府和公众认可他们在马岛之战所作出的牺牲。在这种认可之中所蕴含的传统的和爱国的象征路径已经变成最有效的认可方式,可以将那些经历过这场战争的人都包含进来。这种需求已发展为一种运动,并且,其对关于战争经历的采访的影响已逐步加深。然而,甚至在这一点上人们也难以达成一致。在 1987 年发生的"涂脸"起义期间,一些退伍军人团体将自己置于与反叛者不同的位置。一个人说道:"我们不能像国家总统在复活节周时对他们的称呼那样,把参与'涂脸'事变的人称为'马岛的英雄',在我们看来,唯一的英雄是那些在马岛战争中对抗帝国主义时战死的人们。"

国会制定的一项法律采纳了相似的标准,宣布在马岛战争中死亡的 649 名士兵为民族英雄。在这种情况下,"英雄"这一称号传达了何种意义?为了界定这一点,这部法律采用了如下的分类标准:必须是已经死亡的人才能成为英雄。然而,就阿根廷的历史来说,这一界定消除了"民族英雄"的模糊性,但是,根据该法律,一个"民族英雄"也可能曾经凭借相同的价值观镇压过他的人民。

历史学家的作用

历史学家如何分析这些过程以构建战争记忆呢?我们如何将这些记忆纳入对军事独裁的其他解释之中? 20 世纪 90 年代,人们开始重新审视如何看待这一事件,出现了大量的关于政治暴力和国家恐怖主义的出版物,也出现了大量的通过"记忆研究"转向到这一领域的历史学家和其他学者。然而,就马岛战争而言,实际上,并没有出现类似新的学术成就,这就是为什么必须开展口述史研究的原因。

包括历史学家在内的许多知识分子认为,向民主制度过渡包括对旧有理论的拒绝和对新式理论的运用。在军政府上台的之前几年,研究社会的学术门类相对于指导学术研究的门类来说发生了极大的变化。民主理念和民主制度以及对人权的捍卫成为那些投身于阿根廷体制重建者的指导理论。

在这一过程中,"公民"的概念逐渐取代了其他更具体的概念,如阿根廷人、工人,或者党员,或是根植于国家、人民或是革命等概念中的政治特点。因此,形成中的民主运动忽略了民粹主义理论中的各个阶级以及这些阶级的政治内涵。① 这种大众化的政治操纵与民族主义相关的元素密切关联，特别是与马岛战争密切关联。

对一些知识分子来说，这使他们陷入了一种困境：如何去支持正在形成中的民主制度。在一篇回忆民主过渡时期的历史学家地位的文章中，历史学家路易斯·阿尔韦托·罗梅罗（Luis Alberto Romero）（在他所处的领域中最具影响力的作家之一），阐释了他对这一困境的个人解决方案：

作为一个人，一个历史学家有两个共存的灵魂，无论其处于和谐或冲突：他既是一个公民，也是一个历史学家。有时他以其中一个灵魂进行活动，其他时候，用另一个灵魂，有时他则寻求两个灵魂之间的平衡。这种情况在研究"痛苦的过去"时变得十分明显：坚定的参与者和分析师；捍卫个人价值的公民及赋予其相关性的知识的执行者。②

虽然现在人们可以批评那些形成于 20 世纪 80 年代关于暴力和国家恐怖主义的认识和叙事。他说，当时，"文明开化的职业历史学家基本上将他们自己——以及我们自己——视为公民，他们赞同这一叙事版本并放弃提出任何疑问。按照他们粉饰罪行、为罪行开脱的职业偏好，他们又能够说些什么呢？只有真相才会令人不舒服。"③

一些阿根廷历史学家出于政治需要而选择不对某些历史观点进行辩论。这就关闭了人们讨论某些事情的大门，而这些问题被看作是为独裁统治的辩护者所运用的潜在工具。马岛战争是这些问题之一。

大多数历史文献都将马岛战争视为政治问题。本章认为马岛战争是因为日益严重的社会不信任而摇摇欲坠独裁的军政府一手造成的。这些主流的历史文献不去讨论士兵在马岛战争中的表现和经历，而认为这次战争是一个政治事件，这虽然能解释军政府领导的动机，但未能帮助我们理解公众支持阿根廷军队登陆马岛的原因。而且，这些文献也并未说明马岛战争在军政府领导的政治设想中所起的作用。根据罗萨娜·古贝尔（Rosana Guber），这种反思马岛战争的历史文献可以说是一种事后反思，属于事后诸葛亮。这种反思无法解释阿根廷是如何进入到战争局面的。另一方面，这种文献见证了战后我们对战争记忆的所作所为。④

回忆马岛战争以及回忆这场战争得到的支持会使许多人感到不舒服。许多左翼思想家，以及大多数流亡在墨西哥的政治团体，他们支持收复该岛，而他们同时谴责军政

---

① 丹尼斯·梅克朗：《可怜的公民：民主时代的大众阶级》（阿根廷，1983—2003 年），戈尔拉出版社 2005 年版，第 23 页。

② 路易斯·阿尔韦托·罗梅罗：《民主问题和过程的回忆》，《阿根廷武装斗争 4》2008 年第 10 期，第 5—6 页。

③ 同上书，第 7—8 页。

④ 罗萨娜·古贝尔：《为什么是马尔维纳斯？国家事业的荒谬战争》，FCE 出版社 2001 年版。

府的独裁统治。他们没有解释他们在这一立场上的矛盾。他们对1982年的马岛军事登陆作战可以看作是反帝国主义的传统,而这促使双方发生了武装冲突。在向民主过渡的背景下,对这一过程及其意识形态合法性的任何修正都是一项复杂的任务。而这一点对于那些试图通过批评早期分析社会关系和斗争的文献形式来建立民主思想的概念基础的人士来说,则是更加复杂的。

将马岛战争描述成维护军政府独裁统治合法性的唯一的政治机制能使人们回避讨论这些问题并强化了"两个恶魔理论"。这种观点把马尔维纳斯群岛放在同一个解释平台上:阿根廷社会是恐惧和操纵的受害者(从理解的角度而言),或者阿根廷是军政府独裁统治的附属(从谴责的角度来看),任军政府随意摆布。这些分析补充了那些关于退役老兵的(他们受其军官的摆布)受害者话语。这增加了逃避社会责任的可能性并至今仍然有效。因此,回顾马岛战争及其那些积极参与的人员通常意味着对马岛之战的舆论造势并且无法避免人们对分析和解释这场战争的行为进行谴责。

目前对马岛战争的创作和研究一直都来自于其他学术领域,而非来自职业历史学家。这导致了对阿根廷当代历史研究的空白;这些空白可以看作是沉默之地,蕴含着无数的争论,因为这些空白使独裁统治的辩护者成为一种自我认可的道德胜利者的角色,成为"未揭露的真相"的守护者。这使得他们可以控制对社会大部分成员来说极其重要身份和象征。

为何历史学家觉得撰写马岛战争及其特点以及死于该战争的人是如此困难?也许这可以归因于任何战争所固有的创伤和经历过战争的人无法摆脱其恐怖形式所带来的惊吓。也许可以归因于对这一实证问题缺乏兴趣。阿根廷缺乏马岛战争史学著作的原因可从如下几点进行分析:20世纪80年代的阿根廷历史发展进程,理解阿根廷政治变革和社会变化的既定模式以及人们分析的一些事件的特点。

如在西班牙等地方所发生的一样,独裁统治的结束引起人们对一些象征和概念的质疑与反对,这些象征和概念不是军队的禁脔,但却被军队利用和滥用,并且在这些象征和概念的名义实行暴行。可以将反对帝国主义思想、民族或祖国等思想视为独裁主义复活的先锋。学者们渴望忘记暴力历史,因此在概念解构的过程中,他们抛弃了这些象征和概念,但是他们忽略了这些概念的基本特征:这些概念存在于共和国国内;并且在国家的不同区域,例如,如巴塔哥尼亚或科连特斯和查科等省,人们所感受的战争强度也不同。虽然这些象征元素并不符合对独裁统治的辩护,但这些元素却在一些区域广泛存在,那些独裁主义的捍卫者将这些象征元素视为珍宝。

这些象征和概念在地方上的意义在围绕记忆的政治斗争中已经在很大程度上被忽视了。阿根廷有这样一个说法,"上帝无处不在,但他保护着布宜诺斯艾利斯(Buenos

Aires)。"带着这样的态度,人们经常会看到那些忽略了在一个如此庞大且多样化的国家中文化和地区差异所发挥的作用的宽泛的解释。这个国家不同的文化和地区直接影响了人们经历非法镇压和战争的方式。在布宜诺斯艾利斯这样一个大城市,相对于其他政治事件,人们的战争体验在量和质上都已极大削减。但在人口较稀疏的省份,这种现象却恰恰相反,正如对战争的社会评价一样。国家恐怖主义的经历对国家的某些区域和特定社会成员来说可能会产生重大的意义,但是对其他区域或其他人来说可能并非如此。对学生活动分子和 ESMA 的镇压形成一种记忆类型的轴心,就像对国家其他地区的封锁、动员和红色警报所形成的记忆一样。

军事叛乱分子使用了国旗、民族或祖国等象征元素,从而导致这些象征元素本身也受到了人们的谴责,被看作是独裁主义的特洛伊木马。在这一过程中,通过这些象征元素来发动一场对抗多年独裁统治的真正象征性战斗的可能性已丧失。同样,这种谴责的态度使得国家恐怖主义的捍卫者在马岛战争中得以重建最糟糕的民族主义意识形态。

导致这一现象进一步恶化的事实是军队的许多干部虽然也在该岛进行过战斗,但是他们也因为参加了"另外一场战争"而赢得了"声誉"——对人民的非法镇压。因此,对研究人员来说,十分关键的是应重新审视他们的假设。有人认为在阿根廷的许多地区人们认为对抗英国的战争比对抗国家恐怖主义更为重要,我们必须要深入研究这一观点。

可以得出的一个结论是,军政府独裁统治的创伤影响使历史学家无法考虑恐怖影响以外的其他某些流程。历史学家的这种限制也可归因于由阿根廷的知识政治规划所塑造的意识形态框架,该规划试图重新定义 20 世纪 80 年代以来阿根廷的社会关系。虽然马岛战争发生于独裁统治期间,并且实际上就是由独裁统治所引发的,但是,在我们的分析中,这个不可否认的事件绝不能弱化这次冲突的特性,尤其是应考虑到有多个元素融合一块儿,共同构成了关于战争的多样化经历和叙事。因此,这个任务就包含在我们摒弃我们分析这种概念的和经验的限制的能力之中。

在一个过去五十年来面对太多死亡的国家中,还存在一个关于对生命的承诺和对痛苦的尊重问题。正如本章开头所指出,所有记忆都是政治性的,但不是所有的记忆都涉及政治或延伸到公共讨论的领域。访谈者了解到人们在讨论过去时,对某些事情的记忆要比其他记忆深刻,因此产生了记忆层级。一些历史经历——损失、牺牲、承诺、自豪和债务——相对于其他经历来说就会变得不那么明显。

这可能会产生十分不公平的感觉。百分之七十的马岛战争退伍军人都没有机会决定自己是否能够冒生命之危险去参加这次战争:他们只是年轻的应征入伍者,并且大多数年龄在 18 岁到 20 岁之间。有些问题十分简单却又很困难,这让人很不舒服:被扣押或被谋杀的工人家庭与在马战争中死亡的士兵家庭,他们之间会有什么区别?是什么使这些人区别于其他独裁统治的受害者?这些受害者他们的悲惨故事影响更大更能引起人们共鸣。答案同样十分简单却又很困难:象征资本、阶级地位,以及最后但同样重要,他们对自己经历的历史性反思被人为排除掉了。

这些疏忽会产生一些新的研究问题,并且随着这些新的问题的产生,公平性会有所提高。记忆的政治作用可能在于以下方面:在马岛战争结束和民主制度开始 25 年之后,我们应能够通过倾听其他故事来消除某些概念上的幽灵。我们需要这样做,以承认同胞——那些退伍老兵,他们曾受到一种丰富的经历的影响,这种经历和阿根廷大屠杀有着很多类似的因素。在最好的情况下,我们将他们视为被动的受害者,而在最坏的情况下——将他们视为杀人犯的傀儡,在完成屠杀自己的人后,他们将目光又转向了南大西洋的岛屿。我们应该超越这种认识他们的角度。

参考文献

[1]帕洛玛·阿圭勒·费尔南德斯、卡斯滕·哈勃贝克:《西班牙民主中的集体记忆和国家认同》,《在历史和记忆》2002 年季秋刊。

[2]让·赛斯内欧:《我们对过去已经一网打尽?关于历史和历史学家》,二十一世纪出版社 1984 年版。

[3]全国失踪者委员会:《从此不再:全国委员会的人员失踪报告》,布宜诺斯艾利斯大学出版社 1997 年版。

[4]伊丽莎白·洁林:《记忆工作》,二十一世纪出版社 2002 年版。

[5]费德里科·洛伦兹:《马岛战争》,Edhasa 出版社 2006 年版。

[6]费德里科·洛伦兹:《马尔维纳斯:阿根廷开战》,Sudamericana 出版社 2009 年版。

[7]罗萨娜·古贝尔:《为什么是马尔维纳斯?国家事业的荒谬战争》,FCE 出版社 2001 年版。

[8]克里斯汀·安·哈斯:《携带墙:美国记忆和越战纪念碑》,加利福尼亚大学出版社 1998 年版。

[9]丹尼斯·梅克朗:《可怜的公民:民主时代的大众阶级》(阿根廷,1983—2003 年),戈尔拉出版社 2005 年版。

[10]乔治·莫斯:《阵亡将士:重塑世界战争的记忆》,牛津大学出版社 1990 年版。

第 9 章 令人失望的遗留:后种族隔离时期南非的 创伤、证词与和解

肖恩·菲尔德(Sean Field)

还记得 1990 年 2 月 2 日早晨你在哪儿吗？在那天早上放眼全球,看一看诸如巴勒斯坦和以色列、北爱尔兰、种族隔离的南非,或者是其他任何棘手的历史遗留纷争,如果这时候有人告诉你其中有一个问题得到了解决,并且将会发生向民主的过渡,恐怕很少有人会猜到是南非。但是,那天弗雷德里克·威廉姆·德克勒克(Frederick Willem de Klerk)总统解除了对反种族隔离的一些主要组织的禁令。不久之后,纳尔逊·曼德拉(Nelson Mandela)和其他因反抗种族隔离而入狱的领袖被释放。戏剧性的转变从那天开始,很快昔日的敌人们也开始进行关于后种族隔离统治的实质性的谈判了。行刑队(Death Squads)试图动摇这一进程,而对右翼势力进行政变的恐惧也并非虚幻。在1990—1994 年期间,这个国家经历了社会和政治分裂,以及不时发生的暴力事件,经济也更加衰退。在这种情况下,借鉴智利和阿根廷之前成立的委员会,南非各界谈判协商成立了"真相委员会"("truth commission")。

这成为了昔日敌人们之间达成的一项重要政治妥协。1994 年 4 月 27 日举行的第一场民主选举,出人意料地没有暴力活动。接着,新的民主议会通过了 1995 年《促进民族团结与和解法案》(National Unity and Reconciliation Act of 1995),这个法案中提到了建立"真相与和解委员会"(the Truth and Reconciliation Commission,TRC)。真相与和解委员会在 1995 年 12 月设立办事处,2000 年完成了它的公众使命,在 2003 年提交了最终报告。

最初,南非 TRC 承诺"揭露过去的残暴"、在分裂的国家里达成和解、提供"解脱感"以及"治愈这个国家"①。作为口述史学家,我们应该考虑到人权受害者(the

---

① 肖恩·菲尔德:《无法"治愈":创伤、口述历史和再生》,《口述史》2006 年第 34 期第 1 卷。

Human Rights Victim,HRV)听证会中的口头证词,思考一下和解进程,以及要求创伤受害者原谅并与行凶者和解意味着什么。TRC 促进了南非的口述史工作①,也使一件事渐渐清晰,即口述历史访谈和 HRV 听证会的证词之间是有区别的。

二战以来,世界上出现了 16 个"真相委员会"以及其他 21 个"历史性"类型的委员会,但是就范围和分配的经费而言,南非 TRC 是世界上最具野心的真相委员会②。自从TRC 完成了它的工作,在东帝汶民主共和国、塞拉利昂、利比里亚共和国和刚果民主共和国(DRC)也建立了其他委员会。但是真相委员会已经成为冲突后社会一种颇为流行的人权回应,因此有些人开始认为"国际社会已经盲目地痴迷上了真相委员会"③。这些进程也使有人开始质疑见证暴力和创伤的意义。

真相与和解委员会(TRC):调和不可调和的矛盾?

TRC 的任务是聚焦于 1960—1994 年间发生的"骇人听闻的人权侵犯",并意图在后种族隔离时期国家中肆虐着社会和政治分裂、暴力、经济衰退和贫穷的背景下促进社会团结。TRC 有一个艰巨的任务,即鼓励互相斗争的受众们参与这个进程。它收到了21298 份来自人权侵犯幸存者请求帮助的书面申请。在这些受害者的书面陈述中,2200 个幸存者在人权受害者听证会中进行过口头作证,这在南非以及全世界都成为了一个公共奇观。

与之形成鲜明对比的是,大赦听证会更多的是围绕法律,引起了很多争议,真相与和解委员会(TRC)既没有给予行凶者特赦,也没有全部赦免。如果申请者已经"全面坦白",并且表明自己是在政治指令和政治意愿下犯下的暴行,那么就可以给予选择性特赦。这不包括种族主义谋杀和虐待。TRC 收到了 7115 份行凶者的特赦申请,其中1674 份获得了特赦。请记住这 21298 份受害者申请中提到了 37672 起真实发生的人权侵犯事件。因此申请赦免的只是行凶者中很小一部分,而这很小一部分人全部都曾是警察和安全人员。尽管军队曾参与实施大量暴行,但是没有任何军队官员申请赦免。④在 1996 年的第一场人权受害者听证会 HRV 听证会上,真相与和解委员会(TRC)的主

---

① 关于南非口述历史概况,参见菲尔德的《提高音量:关于记忆创造口述历史的对话》,《南非历史期刊》2008 年第 60 期第 2 卷。

② 普丽西拉·海涅:《无法言说的真相:面临真相委员会的挑战》,劳特利奇出版社 2002 年版。

③ 泰丽莎·戈德温·菲尔普斯:《破碎的声音:语言、暴力和真相委员会的工作》,宾夕法尼亚大学出版社 2004 年版,第 119 页。

④ 唐·福斯特、保罗·豪普特、玛丽莎·德·比尔:《暴力剧场:南非争端中主角的故事》,HSRC出版社 2005 年版,第 13 页。

席图图大主教（Archbishop Desmond Tutu）说道：

我们已亲眼目睹了过去的黑暗的暴行，但我们在残酷的折磨中存活了下来。现在意识到我们的确能够跨越过去的纷争，我们可以手握手，实现我们共同的人性……认罪忏悔，然后获取原谅，伤口会愈合，这都有助于国家团结与和解。①

这些话具有非常强的感染力，也表达了 TRC 试图帮助受苦的人们的高尚目标。试图给予人们希望是没错的，但是给予不切实际的希望就很有问题了。合理的支持人们与误导人们，这两者该如何区分呢？历史学家迈克尔·伊格纳提佛（Michael Ignatieff）认为：

真相委员会可以改变也确实改变了公众论述和大众记忆的框架。但是不能因为它们没能改变行和制度就认为它们是失败的，因为那并不是它们的功能。真相委员会可以摘选出一些事实，应该由社会对这些事实进行评论和反思，但是它无法根据这些评论和反思推导出一个结论。②

真相与和解委员会（TRC）以极大的热情开始宣扬华而不实的和解、治愈和揭露事实。人们期待它能改变南非很大一部分人的社会行为，使他们远离暴力。从它本身最初的高标准和目标来看，TRC 失败了。但是从伊格纳提佛设定的更为实用的标准来看，TRC 大体上是成功的。自从 TRC 成立之后，保守派人士就很难再去质疑种族隔离暴行的真实性及其广泛性了。很多幸存者感受到了公众认可，对于发生在自己和亲人身上的暴行也讲述出了相当数量的"真相"。在听证会上那些引人注目的口头证词成为了 TRC 标志性的公众形象。

请看以下例子：在 1985 年 6 月 27 日，4 名来自南非克拉多克（Cradock）的反种族隔离积极分子失踪了。几天后他们的尸体被发现。十年后的 1996 年 4 月 16 日，这些人的妻子在真相与和解委员会上（TRC）作证。她们描述了在这些谋杀发生之前的一些事件，以及先前的两次申诉的失败。在 TRC 大多数的证词里，证人讲述的故事时常令人不寒而栗、肝肠寸断。诺蒙德·卡拉塔（Nomonde Calata）说道：

有个男人叫我们家属去认尸……他说他已经见过尸体，但是他发现【她丈夫】的头发被拔了出来，舌头异常的长。他的手指被砍下，身上有多处伤口。③

正如当诺蒙柏斯洛·马拉乌利（Nombuyiselo Mhlawuli）读到验尸文件时说道的

---

① 1996 年 5 月 10 日的受害者听证会，收录于《南非的人文精神，真相与和解委员会的口述回忆录》中，南非广播公司 2000 年版，卷 1，音轨 13。
② 迈克尔·伊格纳提佛：《勇士的荣耀：种族战争和现代良心》，亨利霍尔特出版社 1998 年版，第 173 页。
③ 诺蒙德·卡拉塔，TRC 记录，www.doj.za/trc/hrvtrans，第 16 页。

那样：

> 读着这些文件我内心十分不安，因为文件里一定详细地描述了具体发生了什么。我读完之后，明白了他身上有多处伤口，在上腹部就有五处伤口，这些伤口说明当时有不同的凶器或多人持凶器捅向他。他的下半身也有伤口，总共有43处伤口。我们还知道，凶手往他脸上泼了酸性物质，之后砍下了他的右手，我不知道他们如何处理了他的那只手……即使我说那些人应该获得特赦，也换不回我的丈夫。但是我听说那只手在伊丽莎白港的一个瓶子里，我们想要回那只手。①

四个男人在被捅伤和枪击致死之前受到了残酷的折磨，他们的尸体又被浇上了汽油并被火烧。四位妻子也谈到了她们丈夫的死亡如何影响了她们的生活以及周围的人，尤其是她们的家人。马拉乌利(Mhlawuli)的父亲去指认她丈夫的尸体：

> 他说："女儿，他们残忍地杀害了我的孩子。"我十分难过，痛彻心扉。我回到家，故事结束了，但是我的父亲跟以前再也不一样了。我的母亲那时候因为中风而瘫了腿，我的父亲一个人喃喃自语："布尔人(The Boers)杀死了我的儿子，你们布尔人杀死了我的儿子，我的支柱。"我的父母靠养老金生活，以后的日子将会起起伏伏。从那以后我的父亲再也不是一个健康的人了。

辛蒂斯娃·马克洪托(Sindiswa Mkhonto)说道：

> 我的丈夫死后我的生活再也没有平稳下来。我的丈夫曾是我的一切，他为我做了一切。他的死对我来说是一个沉重的打击，如今我没有了丈夫，我的孩子没有了父亲。我必须回答很多问题，其中有些问题我答不上来。今天是这样的问题，明天是那样的问题。我失去了丈夫，我的孩子失去了父亲，我的家庭已经破碎了。②

这些证词的重要性不仅仅在于这些女性继续生存的勇气，也在于她们敢于在公众注视下发表证词。卡拉塔(Calata)在作证过程中发出了一声痛苦的呐喊，就像一个委员所表达的那样："这声呐喊是来自于她灵魂深处的原始和本能的哀嚎……就是那种来自灵魂的呐喊使听证会这个陈述受害者的痛苦和折磨的过程变得更加令人无法承受。在这一声哀嚎中蕴含了种族隔离年代所有的黑暗和恐怖。"通过这些证词我们可以感觉到她们痛苦挣扎着去想象她们的丈夫生命最后一刻经受了什么。但是她们发表这些证词不仅仅是为了谈论她们所受的苦，也是为了谈论其他人经受的折磨。尼亚美卡·贡韦(Nyameka Goniwe)说道：

> 是的，我已经处理好了我的伤痛，但是很明显还有很多人也经受了折磨……【她的

---

① 诺蒙柏斯洛·马拉乌利，TRC 记录，www.doj.za/trc/hrvtrans，第 41—43 页。
② 辛蒂斯娃·马克洪托，TRC 记录，www.doj.za/trc/hrvtrans，第 29 页。

孩子们】我想我必须为了孩子们而更加坚强,他们可以从我身上吸取力量。在必要的时候我会保护他们,不让他们曝光,使他们免于其他伤害,我觉得他们目前为止应对得很好……作为一位母亲,我觉得他们更加坚强了,尽管他们没有了父亲,他们也会长成一个个坚强独立的人……对于我的儿子来说,有个家庭、有克拉多克(Cradock)【他们的社区】是很好的一件事……那些当然都是模范,他的模范,所以他坚持要去克拉多克,他爱那里。①

　　他们在别人的帮助下,在这种毁灭性的事件发生后重新开始新的生活,再次表现出了坚强的韧性。我在读到 TRC 记录的时候,我为委员们对待幸存者的体贴和善解人意的态度而动容。但是当到每个证词快结束的时候,委员们就会再次提起和解问题,似乎是将其当成一种获取解脱感的手段。分析者们,如理查德·威尔森(Richard Wilson)认为那是“系统地强迫要求”受害者原谅与和解;相反,奥德丽·查普曼(Audrey Chapman)认为在记录中几乎没有证据可以支持以上论点。安娜丽丝·维道拉吉(Annelies Verdoolaege)认为幸存者们被“明确要求和解,这可以看成是把和解的概念强加给幸存者……非常果断、意志坚强的幸存者才能拒绝与行凶者和解”。只有一小部分幸存者主动提出了和解的问题,而真相与和解委员会(TRC)在这个话题上的对话的特点常常是“不连贯的,委员和宣誓证人们自说自话”。此外,作证的人如果发表愿意和解的言论,并倾向于“原谅”,那么他们就会受到表扬。委员们一直强调和解是唯一通向“建立新南非社会”的路。鉴于媒体关于真相与和解委员会(TRC)听证会的报道篇幅,以及委员会领导层的豪言壮语,毫无疑问这两个相互关联又经常被混为一谈的概念——“原谅”与“和解”渗透了受害者作证时所处的公共空间。例如,在对克拉多克寡妇们的总结陈词中,图图大主教说道:

　　我们很骄傲能有你们和你们丈夫这样的人民。我们赢得了这场胜利的原因不是我们有枪,而是因为有你们这样的人存在。你们有不可思议的力量,有你们这样的人民,是国家之幸。我想对你的女儿说,你父亲在天上看着她的时候,是为她感到骄傲的,要知道你把她养育得很好……她,你的女儿应该想要原谅,我们都想要原谅,在她经历了这一切之后,看到了发生在她父母身上的一切之后,她说,我们想要原谅,但是我们想知道应该原谅谁。我们因你们而感谢上帝,感谢你们为我们的斗争所做的贡献,即使在某种意义上这贡献是不情愿的,而且你们充分有理由不情愿,我们还要感谢你们牺牲你们的丈夫。②

---

　　① 尼亚美卡·贡韦,TRC 记录,www.doj.za/trc/hrvtrans,第 13 页。
　　② 图图大主教对卡拉塔、马克洪托和尼亚美卡证词的总结陈词,www.doj.za/trc/hrvtrans,第 49 页。

"原谅"这个概念的重复表达使它被过度使用,又通过承认幸存者不情愿原谅而缓和这种过度使用。但是接着图图大主教又说:"感谢你们牺牲你们的丈夫。"这只是在强烈情绪下的一时失言吗?还是图图大主教基督教神学观的体现?想要承认他们所经受的折磨,这没有什么不合适,但是"牺牲你们的丈夫",如同上帝牺牲他"唯一的儿子耶稣",是以基督教思维对受害者进行的侵犯,这种侵犯是愚蠢而缺乏同情心的,图图大主教在其他受害者证词的结尾处也重复了这段话。这种宗教神学不时地和乌班图精神(ubuntu,一种非洲智慧,意为是我们生活在集体中,要关心彼此)的概念结合在一起。例如辛西雅·盖乌(Cynthia Ngewu),克里斯托弗·皮耶(Christopher Piet)【他被谋杀了】的母亲说道:

> 这个叫"和解"的东西……如果它意味着行凶者,杀死了克里斯托弗·皮耶的那个男人,如果它意味着他能重获人性,那么我,我们所有人,都能重新获得人性……那么我同意,我全力支持。

当这位母亲原谅了杀害她儿子的凶手时,图图大主教说道:"女士,我为你感到骄傲,作为一个像你这样的黑人……黑人拥有这世界所缺乏的品质。"这就又倾向于文化本质主义,这显而易见是理想型的证人,符合真相与和解委员会(TRC)的逻辑,即原谅与和解这种道德解脱感是阻止暴力的唯一途径,然后就迎来了新的民族国家。这种目的论是"一种救赎性叙述,因为它给人权侵犯的幸存者提供了一种从他们创伤性经历中解脱出来的希望"。

创伤性经历的幸存者十分渴望缓解他们的痛苦,以及解决其他创伤后遗症,但是真相与和解委员会(TRC)的方法的一个中心问题是它试图将这些渴望重新描述为寻求"救赎"(也就是"得救"),这是基督教对于复杂的社会心理学问题的一种神学论断。注意伊格纳提佛认为,真相与和解委员会(TRC)里的神学拥护者试图给关于人类境况的基本问题提供答案——最糟的情况下是"绝对主义"答案,而不同学科的科研工作者们都认为这些问题不应得到回答。这样一个问题围绕着幸存者,他们是否有可能"驾驭"他们过去的创伤性经历也未可知。

没有救赎的见证

> 请你不要问太多问题,这段历史深深伤害了我。
> 痛苦的不可表达性阻止了历史的进一步前进。
> 见证是微妙的,是一种挑战文化极限的行为。这需要
> 行动——一种"不逃避"看和听的行动。

　　科研工作者们都会描述他们研究的"对象"，但是假如研究对象超越了目前语言、文化和知识所能描述和理解的范围呢？这种难以理解的无形的研究对象就是"创伤性经历"。多米尼克·拉卡普拉（Dominic LaCapra）认为这种"限制事件"的暴力以及之后造成的人类创伤正是幸存者和研究人员产生这种概念性问题的原因。而且，鉴于幸存者在战争和大屠杀中所经历的痛苦，期待研究人员"掌握材料"就会听起来相当无礼。幸存者关于他们过去经受的暴力回忆中总会包含一些情绪因素，这就使得他们在组织语言和重建故事的过程中面临很大困难。但是真相与和解委员会（TRC）中的很多人持着一种简单的心理学观念，即"说出事实"有助于帮助幸存者"驾驭他们痛苦的过去"。

　　这给科研工作者们带来什么启示呢？个人而言，我在这个领域内做了十年的工作，如今仍然与自我怀疑作斗争，在很多访谈结束后都觉得很无奈。关于幸存者我写下的每句话都好像在帮倒忙，去分析和干扰他们本已支离破碎的生活。我们只剩下两个选择：更换研究方向，或者通过描述我们因为"神入不安"①而触发的情感和想法。想要访问者和被访问者都能够驾驭创伤性经历是不可能的。

　　那么到底什么是创伤？有人将创伤性经历描述为撕裂了那层将自我与外界的现实隔离起来的"膜"。但是这层膜并不是将个人与社会世界一分为二。因为自我界限是可以渗透的，一种更加有用的做法是，观察创伤性经历是如何影响我们内化、排解这些经历以及从这些经历中建构（或者不去建构）意义的方式。这就意味着要理解在创伤性经历之前不同个体在社会和文化中不同的建构方式，而不是在不同的社会、文化和时代里假定一个通用的"个人"概念。更加复杂的是，心理学家们注意到，在很多人经历同一个事件时，只有一部分人会受到与这个事件相联系的创伤，而且有些人会因为一些没有发生的事情而受到创伤。有些其他作者批判"创伤理论"，说这个理论只是粗略地搜寻"创伤秘密"并对其进行分析，忽略了童年创伤和/或幻想这一重要因素对人们在之后经历创伤性经历后的反应的影响。然而其他人认为如果关于创伤的辩论涉及了代表危机，"那么就会产生同样多的叙述性可能和不可能。"

　　自从在 20 世纪 70 年代出现了大屠杀（Holocaust）研究之后，基于证词去研究创伤性问题的方法开始扩散，导致有人说我们成了"记忆的一代"。我们生活在"证人的时代"。我们处在"见证热潮"中。拉丁美洲、非洲和东欧国家独裁政权的垮台又进一步刺激了这些潮流。在南非，创伤的概念在 1985 年之前一直是作为一个心理学术语被运用在临床背景中，之后才出现在公众论述中。在 1985—1990 年的政治迫害中，"创伤"

---

　　①　一些心理学家将神入划分成概念神入和共振神入两种。概念神入指的是当别人告诉你关于他的思想和情感的时候，你通过联想自己相类似的经验，比较它们之间的异同，最后想象对方的感觉思想是如何的过程。——译者注

这个词在政治犯和他们的家人之间比较流行。在 1995 年之后，由于真相与和解委员会（TRC）的影响，这个词在民间更加流行。

"见证"一个人对创伤性经历的记忆是什么意思呢？"见证是一种具有攻击性的行为，"迦梨·塔尔（Kali Tal）写道，"是出于拒绝向外界的压力低头，不愿改变或压抑自己的经历，一种决定斗争而不是顺从，去承受终身的怒气和痛苦，而不是屈从于倒退和压抑的诱惑。其目的是为了改变。"未必所有的见证行为都是出于攻击性，不过当人们叙述由于战争、大屠杀、酷刑、强奸、性虐待或其他形式的暴力所带来的历史性创伤经历时，塔尔的观点是正确的。她认为见证会涉及斗争和承受终身的怒气和痛苦，这与真相与和解委员会（TRC）对于幸存者证词的救赎性理解是矛盾的。

伊恩·克莱伯（Ian Craib）认为谈论自己的感觉能够制造一种解决情感冲突的错觉，并且有些人在鼓励人们敞开心扉的时候总是倾向于对它进行一种"治疗性的狂热鼓吹"："谈论一件事情可以使它更清晰，它可以代替冲动型甚至毁灭性的发泄行为，可以通过谈论来作决定，但是它不能代替冲突和苦难。"毫无疑问，真相与和解委员会（TRC）中的一些人，尤其是倡导原谅的宗教人士们内化了这种错觉，尽管心理学家们认为："心理治疗的最好结果就是让接受治疗者更加伤心，但是更加明智，而不是突然意识到这是一个美好可信赖的世界。"

口述历史过程中的对话对于受访者来说可能是个相对安全空间，可以用来表达他们自身的感觉。但是一般来说口述史学家们没有——也不应该有——愈合性或治疗性目标。但是，一些 TRC 之后出现的组织确实是带着那些目标去做口述历史的。通常口述历史研究由研究而不是政治功能来定义。真相与和解委员会（TRC）的作证的一部分动因是研究需求，但是主要是在一个受"和解"与"建立国家"等宏大政治目标影响的背景下进行的。口述史学家有他们的研究目标，他们的方法倾向于开放化，试图将研究目标的影响最小化，好让受访者能尽可能自由发言。TRC 的证言在不同程度上受到了之前已经记录下的书面证言的限制，以及一些法律条文关于在公共场合言论限制的约束。口述史学家们倾向于去做半结构化访谈①，或者条件允许的情况下去做受访者主导的访谈，这些通常是在一种私密的一对一对话中进行的，而真相与和解委员会（TRC）的口头证词是在 TRC 委员们、律师、翻译、媒体还有拥挤的观众群面前进行表达的。

在一个口述历史访谈中，一位克拉多克寡妇对 TRC 工作人员和记者访问她们时的

---

① 半结构性访谈，也就是焦点式访谈，在这种访谈中，研究者事先列出要探讨的问题，在访谈中仍然保持一种开放的方式（事先并不硬性规定语言表述方式，也不确定提问的顺序），围绕与研究课题密切相关的问题提问。——译者注

方式进行了与口述史访谈的方式进行了对比：

> 你现在的处理方式很不一样，你更关注我，我的感觉……
>
> 好像如今我讲的东西不一样了，
>
> 跟其他人谈话的时候我一直在谈论我的丈夫。

在 1996 年真相与和解委员会（TRC）听证会的初期，幸存者有一定的自由去讲述他们的人生故事，但是这种开放式的方法占据了太多时间，持续下去会造成 TRC 逾期无法完成工作。例如辛西雅·盖乌在一次访谈中说道：

> 我一开始没有当真，因为我儿子昨晚还在这儿，今早他从这里离开。他在一家面包店上班，我给了他钱，然后他就去上班了。我听说，我听说，我听说我的儿子也在那群被射杀的人里面，我决定去警察局问问，"他们不知道，去盐河（Salt River）【停尸房】看看吧。"……我进去，发现我儿子躺在一个手推车上，他离门很近，就是他……我告诉了我的儿子们，打开电视看看他，那就是他。

想象一下在停尸房里看到你孩子的尸体，在电视上看到警察用绳子拉拽他的尸体，然后又发现他和其他六个男人（被称为"古古勒图七人"，"the Guguletu Seven"）是在双臂高举的时候被射杀的。请注意她话语中的重复和吐字，都是典型的口述历史访谈的特点。最初的真相与和解委员会（TRC）的证词在某种程度上和口述历史访谈是很相似的，但是马克·桑德斯（Mark Sanders）认为："从法律的角度来说，应该证明证词，不过严格意义上来说，在证词被引导出的那一刻起，它已经是无法验证的了。"虽然口头证词的不确定性可以通过进一步的研究验证，真相与和解委员会（TRC）还是改变了访谈策略。1997 年底时，一位真相与和解委员会（TRC）内部人士解释说，他们使用一种简短的调查问卷引导访谈，而不是让人们自己说，"调查问卷扭曲了整个事情。"批评家们指出这种新的提问形式代表了"重点从幸存者所见的事实"转移到 TRC 想要炮制的故事，这种故事和 TRC 支配一切的暴力、原谅以及和解的主旨是相符合的。如果 TRC 以口述历史研究方法为中心，它可能就会保存而不是剥离"幸存者的主观性"，会保留他们叙述的故事的语境和意义。可以认为这些观点是在号召口述史学家们继续完成 TRC 未能完成的事业。

关于 TRC 制造的"主导叙事"的影响一直都有争论，这种"主导叙事"涉及种族隔离的不公平和暴力对后种族隔离时期民族国家的自由产生的影响。林恩·格雷比尔（Lyn Graybill）认为图图大主教的言论占据了主导地位，而且"他对种族隔离的否认是基于两个信条之上的：人是上帝的反映，以及通过基督的救赎达成和解"。其他人认为每个人都想要"主导叙事"，"想要从故事的连贯性中获取安慰。"但是主导叙事可以安慰/包容人也可以限制压迫人——或者两者同时存在。口述史学家们认为"组成"一个人人生故事的过程有可能有助于访谈(受访者)在更大程度上感觉"镇定"。① 不管采用什么方法,幸存者都承受着创伤后遗症,这种负担经常会让他们感觉"太过沉重"。在与创伤经历相关的众多痛苦的,甚至无法忍受的情绪中,有些情绪在清醒和/或不清醒的记忆中都会存在。而且虽然痛苦有可能缓解,但是没有"治疗性的真相"能够拯救经受过虐待和谋杀的过去:"恐怖的记忆,这是唯一不可能通过回忆而改变的经历,这无法分享……这是一种可以被承认的债务,却永远不可能还清。"

大多数宗教所倡导的救赎和得救的许诺是一种神学假定,人们将其作为一种信仰。这正是创伤性证词的"不可承受"那一面,这一面使真相委员会的委员们、口述史学家们以及相关研究人员都处在一个非常微妙的关头。在这种时候,不管是从宗教、政治、文化甚至是心理学方式表述,都很容易屈服于救赎性思维。救赎的许诺是一个神话,但是它能让受苦的人们感觉好点,那就算它是神话又有什么关系呢? 口述史学家们认为,有时神话对于人类生存是有必要的。我仍然想要批评救赎性神话,不是在受访者表达出这种思维时,而是当专家将救赎性神话看作人类苦难的"解决方案"时。救赎是超越经验(beyond experience)的——这种非救赎性思维本身对很多人来说都是无法忍受的。更重要的是,救赎性思想是发源于宗教实践领域的,是否适宜用在诸如真相委员会和研究等其他领域呢?

TRC 的和解论调的一个中心问题是它通过原谅讨论救赎这个神学概念,还试图将其与临床心理学("治愈")和政治意识形态("建设国家")联系在一起。而且其背景是不平衡的,在这种背景里,指望着受害者原谅行凶者,而申请赦免的行凶者却不必表现出悔恨。有些在 TRC 作证的受害者对于这一过程有些顾虑,例如,克拉多克寡妇之一,尼亚美卡·贡韦在一次口述历史访谈中委婉地说道:

这对我来说是一次震撼的经历,去听人们讲述他们的故事……因为它在能帮助人们说出他们的痛苦并得到认可,它很有效……但是第二阶段,就是原谅阶段,是一个很困难的过程,因为它涉及你。

把幸存者置于这样一个神坛上,让他们决定是给予行凶者原谅,还是拒绝原谅,这样合乎道德吗? TRC 的目的就是预防冲突,防止"受害者成为杀人凶手"的状况出现,这种目的导致了他们要求幸存者原谅行凶者并与他们和解。② 那些拒绝和解的幸存者

---

① 英国伯明翰大学大众记忆小组(The Popular Memory Group),首先提出了这个理念,由阿里斯泰尔·汤姆森在《澳新军团记忆:传奇在身边》(1994 年版)里进一步深化。

② 我倾向于"受害者"和"行凶者"之间保持一种双面关系,但是这需要进行更多研究,研究是关于南非受害者/行凶者的角色和他们的情感是如何纠缠的。参见鲁斯·雷斯:《从罪恶感到羞耻,奥斯威辛及以后》,普林斯顿大学出版社 2007 年版。

是否因为被称为"不爱国"而感到耻辱呢？而对于那些原谅了行凶者的幸存者来说，这种原谅是否让他们压抑了他们本应有的正当合理的怒火呢？TRC 混淆了个人和解与国家和解的责任问题，从而给那些个人幸存者施加了无谓的压力。TRC 开始的国家和解进程是必要的，不过幸存者要代替集体和解，需要付出什么样的代价呢？

TRC 在多元文化的社会中所达到的和解水平，或者说没有达到的和解水平，都备受争议。期望受害者与行凶者之间的直接和解是不切实际的，尽管在一些个案中也发生过这种情况。① 另一种和解方式是种族隔离的受益者和这个系统的受害者之间的和解，这种和解在精神上会少些不愉快，但是却不容易在社会上大规模实行。在很多情况下，白人社会的不同分区都向受害者表达了认可、歉意以及认罪，但是是否有足够的悔恨却令人怀疑。就像一位来自克拉多克社区的受访者所说的那样："我们的孩子那一代能够见证到变化，我们这一代不可以，以前的任何一代都不可以。"②

TRC 之后：失落的遗骸

口述史学家们应该以何种方式处理创伤后的证词和历史呢？第一，口述史访谈要有基本的开放式的、移情的处理方式，不承诺救赎，也没有和解的压力，这是很有必要的。这意味着口述历史的访谈者必须认真思索他们的研究动机、主体位置和访谈后的感受。就我的经验来说，与其躲避访谈后不愉快的情绪，不如花些时间想一想受访者所表达出的情绪，以及在我们心中激发的情绪，这能激发我们的学术贡献。第二，世界范围内的口述史学家们都参与过社区内访谈后社会再生式项目（post-interview social re-generative-type projects）。第三，我们知识分子的责任就是去研究创伤性记忆所留下的棘手问题，以及这些过去的"遗骸"是如何与当代的后种族隔离时期面临的挑战联系在一起的。

TRC 强调修复性司法。而与它的主张相反的是，大部分幸存者渴望惩罚性司法 TRC 最初建立的时候的一个中心任务就是政治妥协，比如赦免行凶者。在 TRC 之后的阶段里，有征兆表明国家监察总局（the National Prosecuting Authority）将会起诉几个特定的个人，但是大部分的行凶者因为证据的缺乏很可能永远不会受到起诉。在 1993 年到 1994 年 4 月期间政府粉碎了大约 4 吨重的敏感或含有定罪证据的文件。司法上的各种限制一直让幸存者非常失望。

---

① 例如，在林迪·威尔逊的纪录片《古古勒图七人》（2002 年版）中，辛西雅·盖乌和其他"古古勒图七人"成员的家人确实原谅了其中一个凶手。

② 《用我们喜欢的方式讲述我们的故事》中的匿名受访者。

2000 年,TRC 建议每年给幸存者发放赔款,持续六年,总计大约每位受害者 12 万兰特。在 21298 位申请的受害者中,16837 个获得了批准,成为了潜在的赔款受益者。不过饱受争议的是,政府花了 4 年时间决定给每位幸存者一次性 3 万—4 万兰特的赔款。这个决定让 TRC 的前委员们、工作人员们以及幸存者都十分愤怒。

在政府作出这个决定之前,库鲁马尼(Kulumani),一个全国性的幸存者组织,曾游行示威抗议过政府的不作为。亚历山大是位于约翰内斯堡附近的一个庞大的黑人工人聚居区,库鲁马尼(Kulumani)成员在这里举行的一次游行示威遭到了非洲国家委员会(African National Council,ANC)青年团一些成员的对峙,这些成员试图说服他们不要给政府施加压力给他们赔款,而是让政府把资源用在创造就业和其他相关项目中去。[①]虽然这只是一个孤立事件,但是它显示了社会和政府面临的艰难抉择,也反映了逐渐老去的那一代幸存者与年青一代幸存者的不同需求。

我们来看看大多数幸存者和他们的后代正在经受的贫穷。南非的经济在 1982 年到 2001 年一直处于衰退状态。自从 20 世纪 80 年代后期以后,从广义上的失业来看,从事经济活动人口的 40% 都是处于失业状态;从政府对于失业的狭义来看,除去那些临时工和季节性工人,失业率为 24%。到 2003 年,50% 的人口在经济上比在种族隔离时期更加恶化。从 2005 年开始,经济增长率超过了 3%,这是在将失业率维持在当前水平的最小值。而大多数黑人工人阶层仍然居住在临时居民点或者种族隔离时期划分的黑人聚居区。他们有的还是处于失业状态,或者做些小买卖或干临时工,其收入相当微薄。无独有偶,在经济腾飞时期,对于政府没有履行好服务职能的抗议有所增加,尤其是在住房方面。[②]

而且,在 1994 年到 1999 年纳尔逊·曼德拉(Nelson Mandela)执政期间,来自科学界的研究证据表明 HIV 病毒/艾滋病在全国的传染可能对于南非来说是灾难性的。曼德拉的继任者塔博·姆贝基(Thabo Mbeki)总统不愿意接受这些研究结果,也不愿在HIV 病毒、艾滋病防治和教育项目中起到领头作用,而是选择去评价 HIV 病毒是否引起了艾滋病,去质疑抗反转录病毒疗法的有效性。在这样的争议中,以及由于政府支持欠缺而造成的空白,治疗行动运动(the Treatment Action Campaign,TAC)作为一个为携带 HIV 病毒以及感染艾滋病人群发声的一个领先的平民组织出现了。TAC 向政府施加压力,要求政府建立一个系统的全国性治疗计划,政府直到 2006 年才同意了这项

---

① 非洲国家委员会(African National Council,ANC)政府反对起诉外国公司的库鲁马尼诉讼,这些外国公司能从中渔利,因而支持种族隔离政权。这些案例目前在美国法律系统中悬而未决。参见穆恩:《叙述政治和解》,第 154 页。

② 关于政府服务职能的抗议概况,参见 2007 年 9 月 14 日《邮电卫报》。

要求。

南非共有 4700 万人口，其中超过 500 万人是 HIV 阳性。但是不到 30 万人能够接受到抗反转录病毒药物治疗。政府不情愿领导抗击 HIV 病毒/艾滋病的战争，而是将其政治化，转而去支持"不愿相信事实的人"以及未经验证的药物。成千上万 HIV 阳性的人，还有那些已经因患艾滋病或因继发性感染而去世的人，他们在专制的种族隔离政权中存活了下来，却在 20 世纪 90 年代感染上艾滋病。受感染风险最大的是年龄在 16—35 岁之间的黑人工人，而农村地区的妇女最容易受到连带伤害。对于成千上万的父母以及祖父母来说，最大的悲剧在于他们监护的孩子们必须忍受这个传染病所带来肉体、精神和社会影响。当人们说出他们对于这个传染病和其他问题的不满时，政府是如何回应的呢？

塔博·姆贝基总统领导下的非洲人国民大会（ANC，南非政党）政府感觉很受伤，他们试图消灭那些批判的声音，将其归为"种族主义者"或者"极左分子"。迈克尔·伊格纳提佛认为民族主义会造成自恋主义的理论在这里是适用的。自恋者会很难接受他自己形象中的缺点。伊恩·克莱伯认为对失望情绪的否认是有两面的："我否认它的第一个原因可能是因为我不能忍受别人遭受的痛苦，最有可能是因为我接受了别人遭受的痛苦，接着我就必须要接受我自己的痛苦；第二是因为我不能忍受我自己的'失败'，我没能完成一开始决心要完成的事情——减轻痛苦。"

20 世纪 90 年代的"彩虹国度"变成了"自恋国度"。举一个令人震惊的小例子，在 2006 年，姆贝基总统回答一名记者关于这个传染病的提问的时候说："我从没见过任何携带 HIV 病毒或艾滋病的人。"身染此病的人们对于这个事件的愤怒广为人知。另一个悲剧是对于难民的仇外攻击在 2008 年升级成了一个全国性的危机。这些主要发生在黑人工人阶层社区内，他们觉得被将近 500 万的非洲难民威胁到了，这些难民从 1994 年开始进入南非。姆贝基总统的回应是"我们的社会"中"没有仇外心理"，而那些攻击是"少数罪犯"所为。①

对于后种族隔离时期的南非这些令人失望的现实，研究者们作为知识分子的责任是什么呢？杰奎琳·罗丝（Jacqueline Rose）认为 TRC 的经验迫使知识分子去深入思索他人的悲惨遭遇。大卫·劳埃德（David Lloyd）认为："我们评论的导向应该是忧郁的幸存状态……而不是康复。"他所说的"康复"有两层意思：对于幸存者来说不可能神奇地回到以前的和谐状态，而历史学家们也不应该从发掘出之前隐藏的故事中寻求自我安慰。研究人员们需要在我们的研究方法的效率问题方面进行更多的概念性反思，要评

———————————

① 《开普时报》2008 年 7 月 29 日。

估现代民主政府对待公民的方式。虽然影响可能有限,但是我们必须发挥我们作为批判性知识分子的作用。对于口述史学家和相关研究人员来说,非常重要的一点是去继续见证人们难以处理的过去的创伤以及当前忧郁的幸存状态。

另一位幸存者,诺蒙德·泰爱丽(Nomonde Tyali)在 TRC 作证,讲述了她 16 岁的侄子在 1989 年 9 月份被射杀的故事。他的死更加令人感到痛心,因为他从没参与过政治活动,只是三个警察不分青红皂白的射击之下的受害者而已。而这三名警察以有罪杀人被起诉的,最终被判无罪。她在一次口述历史访谈中说道:

当他到这里的时候我弟弟让他去街角的店里买些面包,他再也没回来。警察过来告诉我们他被枪杀了。我们都十分忧愁,我给他妈妈打了电话,他妈妈心脏病突发然后就死了。我的弟弟因此感到焦虑,后来他也因为卢巴洛(Lubalo)的死而去世了,杀死一个孩子,一个没有做错任何事情的无辜的小孩……我们在波瑞(Boraine)【TRC】面前作了证……我们收到了一封信,信中说我所说的一切都是真的……但是我不想说谎,我们做这个事情不是因为钱。我们做这个是因为我们想告诉人们至少你可以为你所爱的人做点什么。①

对于口述史学家来说,去倾听和认可幸存者那些悲惨故事是一种深刻的体会。口述史学家们通过一些公共平台,比如博物馆、纪念馆以及纪录片等可以为人们提供空间的地方传播他们的影响,让人们处理他们的创伤后心理负担,并表达出他们的失望情绪。但是这些活动本身并不是目的。

南非赢得了具有重大意义的政治自由,也应该去珍惜这种自由。但是也必须认可未实现的梦想和未满足的需求所带来的失望情绪,这对于创伤后幸存者可能是一个转折点。承认这个国家并不是完美的,而且也不是一个"足够好的"象征意义上的父母,这样可以容留一些空间去思考这些失望经历的政治含义。这能把人们从由于政府对于爱国主义的自恋式鼓吹而引起的消极状态中解放出来。目前的选择在于是否行动起来,是否参与诸如争取赔款、住房、工作、医疗保健以及其他各种仍待满足的需求的活动。尽管真相与和解委员会承诺要治愈国家,使人民和解,但是并没有出现救赎性的解脱感。处理过去遗留下的失望的遗骸让人们可以自由地重新参与政治斗争中去。令人遗憾的是,种族隔离的创伤幸存者本应在这种"终身的挣扎"中获取喘息之机,这种挣扎却一直不停地继续。

① 安迪斯瓦·吉达娜于 2003 年 11 月 7 日在开普敦大学大众记忆收集中心(Centre for Popular Memory Collections)接受的访谈,来自 www.popularmemory.org.za。

参考文献

［1］奥德丽·查普曼、雨果·万·德·梅尔维编：《南非的真相与和解，TRC 完成任务了吗?》，宾夕法尼亚大学出版社 2008 年版。

［2］唐·福斯特、保罗·豪普特、玛丽莎·德·比尔：《暴力剧场：南非争端中主角的故事》，HSRC 出版社 2005 年版。

［3］普马拉·苟博豆·马迪克泽拉：《那天晚上有一个人死去了：一个关于原谅的故事》，大卫·菲利普出版社 2003 年版。

［4］泰瑞莎·戈德温·菲尔普斯：《破碎的声音：语言、暴力和真相委员会的工作》，宾夕法尼亚大学出版社 2004 年版。

［5］普丽西拉·海涅：《无法言说的真相：面临真相委员会的挑战》，劳特利奇出版社 2002 年版。

［6］克莱尔·穆恩：《叙述政治和解：南非的真相与和解委员会》，列克星敦出版社 2008 年版。

［7］史蒂文·L.罗宾斯：《解放的限制：种族隔离、统治和文化》，詹姆斯·卡里出版社 2005 年版。

［8］菲奥娜·罗斯：《见证：南非的妇女和真相与和解委员会》，普卢托出版社 2003 年版。

［9］马克·桑德斯：《见证的模糊性：真相委员会时代的法律和文学》，金山大学出版社 2008 年版。

［10］安娜丽丝·维道拉吉：《和解论调：真相与和解委员会的案例》，约翰·本杰明出版公司 2008 年版。

［11］理查德·威尔森：《南非真相与和解的政治：使后种族隔离的政府合法化》，剑桥大学出版社 2001 年版。

第 10 章　案例研究：与南非感染 HIV 病毒/艾滋病的儿童合作的记忆工作

菲利普·丹尼斯（Philippe Denis）

　　在艾滋病流行的初年，救助组织集中精力满足儿童的物质需要，但他们的心理和情感需要是同样重要。由于认识到了这一点，一个位于南非彼得马里茨堡的夸祖鲁纳塔尔大学（the University of KwaZulu-Natal）的研究和社会发展中心——非洲口述史和记忆工作辛诺马兰多中心开创了针对那些深受巨大悲痛的儿童的心理干预模式——尤其是HIV 病毒/艾滋病背景中的儿童，但不限于这些儿童。此模式将口述史的研究方法和其他技巧，例如生命故事活动和叙述治疗结合起来，变成了一种新颖的模式。与传统口述历史研究方法不同的是，这种访谈的主要目的不是为了让公众了解过去，而是为了帮助感染了 HIV 病毒/艾滋病的家庭去学会面对他们的过去。

　　和其他口述史研究项目一样，这种口述史访谈项目中也有一个访问者，这里的访问者被称为"记忆促进者"。记忆促进者邀请一个或几个人进行关于过去的谈话。准确来说，这种心理干预是记忆工作，家庭成员们被邀请在孩子们面前分享他们的故事。在条件允许的情况下，记忆促进者会尽可能组织同样年纪的孩子在一起讨论和消化各自的家庭故事。这种研究方法中潜在的假设就是对父母的疾病或死亡有一个积极回忆的儿童能够更好地应对自己生活中的困境。他们会养成一种被心理学家们称为韧性的能力："一种能让一个人、集体或社会去防止、减少或克服逆境的消极影响的普遍能力。"

　　南非是世界上感染 HIV 病毒/艾滋病人口最多的国家。目前这个国家里有大约120 万孤儿，这个数字到 2030 年预计会超过 230 万。当然这样令人沉重的数据是无法充分表达出那些生命要日复一日地面对死亡、贫穷和羞耻的严峻现实。HIV 病毒/艾滋病对儿童的影响十分巨大。他们无法去上学、健康状况糟糕，还需要照顾生病的父母，这剥夺了他们学习和玩耍的机会。由于这个疾病本身的耻辱名声，他们中很多离群索居,与同辈人隔绝起来,家族之内或社会也不会给他们提供帮助和支持。因此,他们也无法找人分担他们的悲伤。

记忆盒子

　　记忆工作在任何文化背景中都是有意义的。这种工作最初是在英国和法国为帮助生活在寄养家庭或福利机构里的儿童而发展起来的,后来经由位于乌干达坎帕拉市的感染 HIV 毒/艾滋病的妇女的民族共同体(NACWOLA,National Community of Women Living with HIV/AIDS)传入非洲。卡罗尔·琳赛-史密斯(Carol Lindsay-Smith)是一个专门进行记忆工作的英国社会福利工作者,经过她的培训,NACWOLA 中妇女们从 20 世纪 90 年代中期开始出版"记忆图书"。这种研究方法很快从乌干达传到其他国家,包括赞比亚、津巴布韦以及南非。

　　2001 年,辛诺马兰多中心和辛诺希左(Sinosizo)联合进行了一个试点研究,辛诺希左是一个由位于南非德班的天主教大主教管区发起的居家式艾滋病人照顾机构,这项试点研究是为了研究在有艾滋病人的家庭中如何进行记忆工作。① 做法是让儿童参与到"记忆盒子"的制作过程中,在这种"记忆盒子"中储存了家庭故事,以及其他能触发关于逝去父母的记忆的物品的故事。辛诺马兰多中心创建了一个培训单位,起名即为"记忆盒子"。从 2001 年起,"记忆盒子"项目已经为 6 个南非省份和几个其他非洲国家超过 150 个艾滋病相关组织进行了培训研讨会。

　　在开展这个项目的最初几年,家庭访问中使用的访谈模式是口述历史访谈模式。在向监护人解释完访谈的目的并获得其同意之后,由监护人回答一些关于家族历史的问题。如果可能的话,在访谈过程中可以使用录音机。儿童是这个项目的主要受益者,在这个过程中,他们基本不参与谈话。在家庭的合作下录音带的内容被抄录下来并进行编辑。在这个过程的结尾,记忆促进者会在一次寻求解脱感的会话(closure session)中将录音带和含有家庭故事的小册子庄严地交给孩子们和他们的监护人。家庭访问一般包括 7—12 次访谈,取决于家庭对于记忆工作的接受度。

　　后来,为了提高儿童在这个项目中的参与度,辛诺马兰多中心和它的合作组织安排了年纪在 6 岁到 13 岁之间的孤儿在放学后、周末或是假期聚集在一起进行会话。这些会话的主要目的是为感染了 HIV 病毒/艾滋病的儿童提供能够使他们变得强大的生活技能。特别强调了记忆工作,并进行族谱模块、"生命之河"和"英雄图书"模块等,这些

---

　　① 试点研究的故事详见辛诺马兰多中心网站:http://www.sinomlando.org.za。

技巧可以帮助孩子们以一种积极的眼光重新审视自己的人生故事。孩子们会在一次次这样的会话过程中创建他们自己的"记忆盒子",并往这些盒子里放置他们在记忆促进者指导下制作的各种各样的手工艺品。

随着时间的推移,研究方法发生了进一步的变化。家庭访问不再采用正式访问的形式,即围绕着一个固定的话题进行提问和回答,并用录音机录制讨论过程。记忆促进者将家庭成员们讲述他们故事的过程描述为"对话"而不是"访谈"。不过,正如协调员诺科哈雅·马克瓦尼(Nokhaya Makiwane)和克利福德·马顿多(Cliford Madondo)所说,那是一种"被引导的对话"。① 这个术语使人联想起罗纳德· 格雷里(Ronald Grele)在《声音的信封》(*Envelopes of Sound*)将口述历史访谈定义为"对话式叙述"。他指出,这样的叙述不仅是对过去真实发生的故事的一个记录,也能显示我们如何理解今天的自己。辛诺马兰多中心的记忆促进者持类似的观点。他们引导家庭成员在有理解能力的孩子面前自由地谈论家族历史。但是在谈话进行的过程中,他们保证孩子们能听到足够的材料以便以一个积极的方式理解他们的历史。为了帮助家庭成员们战胜不愿谈论死亡问题的心理,让他们放开心态,他们使用例如族谱或"生命之河"等技巧,这些都在孩子们参与的会话中定期使用。通常展开一个故事需要好几次访问。在一个案例中,记忆促进者访问了一个家庭不下 12 次。

监护人担任叙述者

在一个典型的家庭中,叙述者一般是祖母,有时候还有一个姑妈或姨妈陪伴。而孩子的母亲通常至少已经去世一年。有时候叙述者是母亲本人,她可能已经生了病,但是还可以说话(这不常发生,因为患了艾滋病的人通常在晚期才向艾滋病组织求助,那时候他们的身体已经不适合参与记忆工作了)。无数的孩子、祖孙、大家庭的成员或者邻居都会出席。这些孩子的年龄从 1 岁到十三四岁不等。年龄稍大的孩子经常不参与这个过程。如果祖父或叔伯在场,他们很少参与谈话。据我们的经验而言,在非洲的家庭中男人一般都是不在家的。在辛诺马兰多中心从 2001 年开始所做的记忆工作中,单亲母亲司空见惯。而父亲们,无论婚否,都很少出现。

当记忆促进者第一次拜访监护人的时候,通常是在当地组织的志愿者陪伴下,他们向监护人解释说,谈论过去的事情可能会很痛苦,但是能够帮助孩子们面对他们的伤痛,有助于他们的成长。这种说法经常遭受阻力。在传统社会中,人们受到的社会教化是孩子们

---

① 诺科哈雅·马克瓦尼和克利福德·马顿多于 2008 年 6 月 28 日在彼得马里茨堡所做的访谈。

"年纪太小，不会懂得"那些严肃的问题，向他们揭露死亡会造成更多的伤害，而不是益处。

参与者在任何时候都可能退出。有时候他们会坚持让他们认为重要的其他家庭成员参与谈话。这时候就会安排另一场会面。当他们准备好开始诉说时，他们以最近去世的儿子或女儿的离开所造成的痛苦作为开场白。诸如食物价格、求职困难、申请社会补助金、健康问题以及孩子的难以管教占据了对话的大部分。这些问题可能会使家庭成员们偏离原定的任务，即描述生病或死亡的人的人生故事。记忆促进者的作用就是在这个过程中引导他们，"告诉我们你女儿的故事，关于她你都记得什么？"

访问者发现按照时间顺序讲述可以帮助参与者客观地看待人生故事中最痛苦的部分——孩子们的父母的疾病或死亡。对于儿童来说，重要的不仅是他或她的母亲是什么时间、什么地点生病的，是在什么环境下死亡的，也包括她是怎么长大的、在哪儿上的学、在什么情况下遇到了孩子的父亲、找了什么样的工作以及他们怎么住进了现在的房子里。当祖母是主要发言者时，其他家庭成员，包括孩子们，会往故事里添加细节。整个家庭都参与到还原共同记忆中去。记忆促进者小心翼翼地维持故事形式的平衡。逝去的人的人生故事中的糟糕一面得到认可，不过不允许超过好的一面。在眼泪之后总有笑声。能把整个家庭团结起来的故事是一个人生故事，而不单单是关于死亡的故事。

每个家庭都有秘密。在 HIV 病毒/艾滋病家庭里最大的秘密就是夺走了他们家人的那种疾病的名字。随着信任慢慢建立起来，对于这些家庭成员来说直接提起 HIV 病毒/艾滋病也并不奇怪。疾病的名字不需要被说出来，他们会说"那个东西"或"那个新疾病"。对于孩子来说，这种说法不一定就是揭露了什么，因为通常他们心里已经知道他们的母亲死于艾滋病。不过能够开诚布公地说起这个疾病，能让这个事情在家中变得更加明确具体，孩子因而有机会能够释然而可以继续前行。记忆工作创造了一个空间，在这个空间里痛苦和有争议的家庭问题可以得到解决。单单是能够自由谈论家庭中的问题的这个事实就比实际上说了什么重要得多。记忆工作让孩子们得以生活在一个更加开放的环境中。

我们推荐使用录音机，因为悲伤的家庭很欢迎和感激这样按下按钮就能听到家庭故事的机会。然而，由于很实际的原因，最重要的原因就是很多艾滋病相关组织资源匮乏，以至于记忆工作不常使用录音机，转而改为鼓励家庭成员（有时候是学龄儿童）在主要故事讲述者（比如祖母、姨妈或者邻居）讲述故事的时候做下笔记。如果上述情况不可能，记忆促进者之一就会承担抄写员的工作。

同时，孩子们会被要求去制作一个"记忆盒子"。如果幸运的话，他们能够参与由辛诺马兰多中心或它的合作组织举办的儿童夏令营，并从那里拿到特别制作为"记忆盒子"的一个木头盒子。不然就是家人给他们制作、购买或者在寻觅一个硬纸板、金属、木头或塑料的盒子。在谈话中所记录下的笔记以及能触发对逝去亲人的回忆的物品或手工制品都会放在这个盒子里，由家人保管。

记忆工作的技巧

和悲痛的家庭合作记忆工作需要很多技巧。第一个先决条件是自己有过处理悲痛记忆的经历。只有那些知道怎么处理痛苦记忆的人才有能力帮助那些处于悲痛时刻的人去回忆。记忆促进者需要有较高的咨询技巧、性别和文化标准方面的知识以及在他人表达深厚情感时候的共情能力。他们还应该知道在什么时候他们应该将那些创伤过于严重以至于无法从记忆工作中受益的孩子们委托给哪些人。准备不足的干预活动可能会造成家庭局面更为紧张，使孩子感到困惑。同时，这个流行病的影响范围，以及在HIV 病毒/艾滋病感染最严重的地区专业服务的匮乏使得努力为无数奋力与悲伤情绪作斗争的孩子们提供情感支持变得更为必要。但是想要扩大记忆工作的规模，同时又不降低服务的质量，所面临的挑战是十分巨大的。必须找到创新的方法，将这些记忆工作技巧传授给与这些孩子定期接触的人们。这些人包括非政府性机构的员工和志愿者们、小学老师、医疗卫生服务人们以及社会福利机构的职员。

为了扩大工作规模，辛诺马兰多中心设计了一个综合的、不断发展的培训和指导项目。如果有任何组织或团体对记忆工作有兴趣，他们首先要参加一个认知研讨会，通常情况下是半天时间，这些研讨会一般由社区成员担任志愿者。接着他们会被邀请参加一个4 天的培训研讨会，在这些研讨会中他们会学习基本的丧亲辅导技巧以及"记忆盒子"研究方法。他们也会学习怎么推动儿童聚会谈话。在接下来的几个月中，记忆促进者会陪伴着受训练者去进行家庭访问。他们的工作会在接下来的研讨会中得到评估，下一个研讨会一般会在第一个研讨会之后3—6 个月举行。

另外，"记忆盒子"项目也为其他合作组织的成员提供了广泛的课程。这些课程是针对孤儿和脆弱儿童，为他们进行记忆工作和心理支持。在几个月的正式指导和在导师监管下的实践之后，由夸祖鲁纳塔尔大学给受训练者颁发能力证书。最初的一批参与者都是来自夸祖鲁纳塔尔，不过自从2008 年以后，课程开始向来自南非其他省份的社会工作者开放。辛诺马兰多中心现在为来自诸如津巴布韦、坦桑尼亚、卢旺达、埃塞俄比亚和喀麦隆等国的艾滋病相关组织的项目协调员和社工们提供揭露项目①，通常

---

① 此处所说揭露项目（exposure program）是提供艾滋病心理咨询工作相关信息的项目。——译者注

持续 3 个星期。它也在中非共和国,这个非洲最资源匮乏的国家之一,举办了一系列培训研讨会。对于上面所说那个项目的评估表明,尽管有巨大的文化和社会经济差别,在南非所开创使用的方法,可以在非洲大陆的其他国家非常成功地应用。为了促进这些技巧在南非和其他地方的传播,辛诺马兰多中心用英语和法语编撰了两本培训手册:一个是为培训记忆促进者所用,另一个是培训儿童聚会谈话引导者所用。

尽管记忆工作是一种新的工作形式,但是它作为一种为脆弱儿童进行心理干预,采用以家庭为基础讲述故事的方式建立起来,这种方式已经由来已久。口述历史在辛诺马兰多中心开创的这种研究方法中是一个关键因素。以访谈和引导性对话为基础的记忆工作能够让悲痛的家庭在一种对话和开放的氛围中去处理极其痛苦的问题。这种模式给非洲那些日益增多的因 HIV 病毒/艾滋病而成为孤儿的儿童提供了一种增强韧性的机会。

参考文献

[1]菲利普·丹尼斯编:《永远不会因为太小而忘怀:在艾滋病时代的记忆工作和韧性》,克拉斯特出版社 2005 年版。

[2]菲利普·丹尼斯、拉迪蔻博·内司梅恩编:《一个受伤的国度的口述历史:南非互动访谈》,夸祖鲁纳塔尔大学 2008 年版。

[3]杰夫·高、克里斯·德斯蒙德编:《影响和干预:HIV/艾滋病流行和南非的儿童》,纳塔尔大学出版社 2012 年版。

[4]罗纳德·J.格雷里编:《声音的信封:口述史艺术》,普雷格出版社 1991 年版。

[5]伊迪丝·H.格罗特博格:《增强儿童韧性指南:增强人文精神》,范李尔基金会 1995 年版。

[6]苏珊娜·莱德斯通编:《记忆和研究方法》,贝尔格出版社 2000 年版。

第三部分

理论和解释

第 11 章　女性口述史的各个发展阶段

苏·阿美蒂奇(Sue Armitage)

口述史为我了解女性史打开了一扇窗户。像很多第一代女性史学家一样,我起初接受的是其他课题的培训。1974 年我首次教授女性史的时候,资料的稀缺曾一度让我绝望,可用的书非常少,而且对于在美国科罗拉多州教学的人来说过于东方化。为了弥补这一空缺,我试图从地方史记录中寻找关于当地女性的信息,却一无所获……对此我感到震惊和愤慨:因为阅读那些出版的历史书籍,会令你觉得在人类历史中女性从未做出任何成就,也没有任何历史地位。可以说,我作为西方女性史学家的生涯正是从那时开始起步的。像全国其他地区的女性主义教师一样,我以饱满的热情投入到口述史研究工作中,希望得以弥补文字历史中的空白。我觉得,我的"职业培训"和关于女性口述史的设想充满了那个时期很多人的特点,而这样一个开端也确实影响了我在这一领域关于后续发展问题的看法。同样地,我的观点也随着女性口述史的发展得以改变。因此,我将本章命名为《女性口述史的各个发展阶段》。

这些年来,《前沿:妇女研究》(*Frontiers:A Journal of Women Studies*)出版了四个关于女性口述史的特刊,分别成为了女性口述史发展的时间标志。因为我参与了全部四个专题特刊的出版工作,并编辑了 2002 年的选集《女性口述史:前沿读本》(*Women's Oral History:The Frontiers Reader*),在此,我将以更个人的角度来重述这一历程。

发现与颂扬

开始的时候,我想采访一些女性,但缺少相应的渠道。我唯一所了解的口述史访谈是艾伦·内文斯(Allan Nevins)当初率先在哥伦比亚大学对一些政治精英的采访。内文斯所采访的口述人的讲述得都非常清晰具体,甚至有点冗长啰唆,而我面临的问题却是怎样让女性开口。"我不知道你为什么要采访我,我什么也没做。"我的采访目标总是这样回答。身为一个遵守学科边界的史学工作者,我对民俗学和人类学中可以运用的实用调查技巧一无所知。直到几年后,我终于读到桑迪·伊韦(Sandy Ivy)的经典指南《录音采访》(*Tape-Recorded Interview*),才羞愧地发现,有几个我曾非常自信地认定为典型的女性受访对象实际上也具有其他的"普通"口述人的特点。如果要我在 1974 年采访几位普通女性的生活,很显然必须要弥补我一路走来所欠缺的方法论。仅仅阅读了维拉·鲍姆(Willa Baum)的著作《地方历史协会口述史》(*Oral History for the Local Historical Society*),我就这么开始了我的研究生涯。

研究女性口述史的初期是非常让人兴奋的。我买了一个磁带录音机和一些盒式磁带,在校外的实验课聚集了一群女学生。我们共同制定了一份调查问卷,然后在社区里分头寻找感兴趣的女性采访。有时我们也大有收获:我们的一名学生特里萨·班菲尔德(Theresa Banfield)从露丝·弗劳尔斯博士那里获取到一个目光尖锐的、个人的形象——西部一个很小的大学城里长期忍受的种族隔离与歧视的非裔美国人的形象。甚至于在我后来的职业生涯中,回到过那个小镇很多次。我们采访矿工的妻子,采访经历过尘暴(Dust Bowl)的农民妻子,甚至采访了一位单身的女性农场拓荒者(后来发现这非常罕见)。我们对自己的偏见感到惭愧:我们忽略了我们只是竭力去搜寻少数民族女性;我们非常想了解性和节育的问题,但常常不敢问出来。简而言之,我们代表了我们那个时期的女性主义浪潮。我们是"妇女解放运动拥护者"。

只有格拉克(Sherna Gluck)在新兴女性主义杂志《前沿》1977 年的特刊中发表的鼓舞人心的宣言才能充分表达我们的情感:

拒绝在历史上继续做沉默的陪衬,女性正在用自己的声音和经历来创造新的历史。我们正在挑战传统的历史概念,也在挑战究竟什么是"历史上重要的",我们正在用自己的行动使大家相信,我们的日常生活就是历史。口述的传统和人类的记忆一样久远,我们正在用它来重现我们的过去。

整个 1977 年的《前沿》特刊都被全国的女性口述史研究项目报道、女性口述史研究基础建议和详细的采访问答所占据,这其中的价值都是无法估量的。从中,我了解到国内许多关于女性口述史的早期项目都和我的相似,它们通常是一些集体项目,由几个采访者合力完成,他们在记录女性活动的同时往往也在赞扬着这些活动。她们通常会锁定女性中的特定群体:农村妇女、二战中的船厂女工、工会女性和女性移民。惯用的模式是从现成的采访中选取部分来组成一个公共项目,然后再把该项目放在他们所处的社区来展示和讨论。这些早期的项目有一个常用的模式:一个拥有足够优秀学术资历的学术指导人,这样有利于申请拨款,学生和来自社区里的采访者,还有一系列的社会联系。资金来自于大学(一小部分),国家人文委员会(State Humanities Councils)(相当大方,至少在西方)和个人募款(旧货出售、烤饼义卖之类的活动)。这些活动反映了当时的时代精神:许多不同的群体,尤其是劳工组织,都积极地充当学校和社会之间的桥梁。

女性口述史学家发展了一套特定的研究方法。格拉克的文章在 1977 年的《前沿》发表之后,我们运用了非定向的纪传式采访,有意使口述人自己掌握主动权,同时准备一些围绕女性生活的主题问题,以备采访者用作话题引导的需要。这些采访的早期成果是有实质作用的,我们的确发现女性努力工作的证据到处都是,颠覆了女人只是"家庭主妇"和只能"赚点零用钱"的形象,逐渐削弱了大众对于女性糟糕的刻板印象。听到女性自由并全面地讲述自己的生活,证明她们并非"口齿笨拙",而是能力被低估了,我们的确体会到了欣喜之情。我们也的确庆祝自己的发现,因此和许多姐妹们一起促进了女性觉醒和提升她们的自豪感,同时也培养了大家对女性史的公共意识。回顾过去,我很明显地看到所有女性口述史开始令大家意识到性别的差异,而男性和女性版本的事件叙述和历史版本也确实存在明显的差异。尽管这些今天看起来太过基础所以显得微不足道,但别忘了在女性运动之前人们对女性的定义是近乎于有缺陷的性别,认为她们缺少男性所具备的至关重要的智力属性(更不必说那著名的生理缺陷论了)。

但是,由于证据不够充分,我们没能改变教科书中男性的偏见。说实话,足够系统化并具代表性的研究项目非常之少,而且研究目的大多为社区需要,并非学术分析。很多研究的录音和采访内容过于肤浅、低水平。另外,许多项目缺少将采访录音转录为文本的资金,以致这些信息难以为大众和研究人员所接近。

但整个局面并非完全是黯淡的。那个时期还是涌现出一些杰出的著作,尤其是格拉克的《从客厅到监狱》(From Parlor to Prison)揭露了妇女投票权运动不为人所知的一面;由南·埃尔萨瑟(Nan Elsasser)、凯尔·麦肯奇(Kyle MacKenzie)和伊冯·比希尔(Yvonne Tixier Vigil)编辑,女性主义出版社出版的《妇女:拉美裔社区的谈话》(Las Mujeres:Conversations from a Hispanic Community),还有很著名的书籍,比如卡西·凯恩(Kathy Kahn)的《乡下妇女》(Hillbily Women),雪莉·托马斯(Sherry Thomas)的《我们没有多少,但肯定有很多:乡村妇女故事》(We Didn't Have Much,but We Sure Had Plenty:Stories of Rural Women)和特蕾莎·乔丹(Teresa Jordan)的《女牛仔》(Cowgirls)。还有一些以女性口述史为依据的重要的电影,比如讲述 1936 年密歇根州弗林特罢工的《婴儿与旗帜》(With Babies and Banners)和《劳工女佣》(Union Maids)。它们有一些共同特征:都是汇编而成,而并非由原始文本组成,只保留了口述人记录的叙述。尽管这些书的编辑在前言中阐述了主要目的,但并未包含采访时的问题和关于文本编辑方式的讨论。换句话说,这些早期的女性口述史著作实际并没有它们看起来那么透明。

很久之前哥伦布曾说过:单单是发现无法让你走得很远。当发掘女性声音的纯粹热情逐渐褪去,我们中的一些人开始尝试更严肃地思考方法论和分析性的问题。1983年的第二本《前沿》特刊《女性口述史》(*Women's Oral History*)明确表达了这种关注。格拉克在她的"铆工露丝的重新审视"(Rosie the Riveter Revisited)这一项目中陈述了她的关注,为了能准确挑选反映劳工构成的口述人,她会哪怕舍弃掉了一部分非常擅长诉说故事的讲述人。远在我们大多数人之前,她就已经注意到了口述人的种族、宗教和阶级差异了。在我的文章中,我专注于研究项目设计和采访者目的对采访过程和最终结果的影响。我效仿当时杰出的史学家,想办法聚集不同类型内容,并把它们统一概括起来。

由于女性运动统一的口号——姐妹情谊有力量——当时处于崩溃的边缘,我的目标并没有发展得更远。从很多方面来看,这是很令人遗憾的。怀抱共同目标的情感使妇女运动团结在一起,正是相同的感情促使我采访那些和我差别尽可能大的女性,那些早期在科罗拉多州的采访至今仍是我理解西方女性生活的基础。

随着女性运动中热情高涨的团结力量日趋分裂,20 世纪 80 年代早期的保守气氛使得社区和女性项目的资金逐渐枯竭。尽管如此,1983 年的《前沿》列出的全国的女性口述史研究项目还是达到了五十多个,而这还只是保守估计。其中一些项目规模庞大,资金充足。美国国家人文基金会(National Endowment for the Humanities)对一项名为"家庭主妇之声"的项目提供了充裕的基金,使研究人员得以在四十个州中对每个州进行五次采访,采访对象为加入到农业推广家庭主妇俱乐部的农场女性,并出版了一系列关于每个州访谈研究的书籍、录音带和文本。拉德克里夫学院(Radcliffe College)的施莱辛格图书馆(Schlesinger Library,目前在哈佛大学)发起了一项黑人女性口述史项目,采访了七十多位知名非裔美籍女性,涉及她们的生活和她们对黑人生活做出的贡献,制作了大概 25000 个小时的录音材料以及 56 卷录音文本的合订本。学术工作也取得实质性的进展。1987 年,基于大量女性口述史基础的三卷本著作带来了重大影响,它们分别为:维姬·露易丝(Vicki Ruiz)的《罐头厂的女人》(*Cannery Woman*),格拉克的《铆工露丝的重新审视:女性、战争和社会变革》(*Rosie the Riveter Revisited:Women, The War and Social Change*)和全面讲述南方纺织厂历史的《如同一家人》(*Like a Family*),这部书由杰奎琳·多德·霍尔(Jacquelyn Dowd Hall)、詹姆斯·露蒂斯(James Leloudis)、罗伯特·科斯塔德(Robert Korstad)、玛丽·墨菲(Robert Korstad)、卢·安·琼斯(Lu Ann Jones)和克里斯多夫·戴利(Christopher B.Daly)合著。

转变:探究女性文化

在女性史研究的早期,我们中的很多人把精力放在界定男女的性别差异上,也就是去界定我们所谓的"女性文化"这一单一实体所独有的特点。在这项研究中,女性口述史似乎成为一种比梳理关于女性的论文资料更实用的研究途径,因为很多关于女性的记录都没有单独分类,而是埋没在她们的丈夫和父亲的记录中了。1987 年,一篇跨学科领域的文章《我们的起点:口述史中的女性主义方法论》("Beginning Where We Are:Feminist Methodology in Oral History")尝试以这样的方法去研究女性文化,两位历史学家——凯瑟瑞·安德森(Kathryn Anderson)和我——与职业心理学家、咨询师德纳·杰克(Dana Jack)和社会学家朱迪斯·维特(Judith Witter)合作,文章以社会学家玛西亚·威斯克(Marcia Westkot)和桃乐西·史密斯(Dorothy Smith)的女性理论著作为理论基础,他们都尝试研究"真正的女性"与意识形态中女性角色的区别。威斯克提出,在男权社会,女性被要求遵循某种角色,但同时,在她们当中也蕴含着反抗的可能性(我们现在称之为抵抗,但那时这个词还不是特别流行)。史密斯将她的"制度性民族志"(institutional ethnography)运用到女性的实际生活中,并由此出发来阐述女性实际上去扮演在男权社会仍是无形的、制度性的角色(比如母亲和教师)。文章提出,女性口述史学家的任务是运用并发展采访技巧使女性为自己的生活发掘自我的意义——自我的情感。文章的出发点是凯瑟瑞·安德森意识到尽管她想了解女性是如何看待自己的生活,但总是诱导她们讨论回答常规的历史问题,去引导关于她们行为而非情感的回答。德纳·杰克仔细描述了那种诱导出口述人的情感性而非叙述性的回答的问题。最终朱迪斯·维特和我讨论了将单个的采访汇总起来并进行总结的方法。正如一位评论家指出的那样,总的来说,这篇文章给口述史提供了一种视角:"口述史既不是心理采访也不是二次整理……口述史学家行走在两者之间……"

"女性文化"研究方式的顶峰是在 1982 年。那一年,卡罗尔·吉利根(Carol Gilligan)发表了《用一种不同的声音》(In a Different Voice),着重探究女性关系的技巧,文章轰动一时。之后的著作如 1986 年玛丽·菲尔德·贝伦基(Mary Field Belenky)的《女性的认知方式:自我,声音和思想的发展》(Women's Ways of Knowing;The Development of Self,Voice and Mind)和萨拉·鲁迪克(Sara Ruddick)的《母性思维》(Maternal Thinking)都同样是建立所有女性共同特征鉴别的基础上。尽管它们中没有一本被分类到女性口述史,但这些书都很大程度上是以对女性的采访为基础写成的。事实证明,女性主义学者们的这个观念在大范围统一的女性文化中极其短暂,《用一种不同的声音》(*In a Different Voice*)中所提出的方法论试验转入到了新的研究方向。我发现,既然我可以把口述史当成一个方法来发现"表层下的真相"——发掘西方农村妇女生活的大致轮廓,那么我也可以投入比前十年更大的精力和运用更强的洞察力来利用文献资源。我相信,不少和我一样为探索阶段的深入而欣喜的女性主义学者在接下来的工作中会和我一样重新回归传统资源。

妇女的话语

在 20 世纪 80 年代晚期,我们全部被后现代主义理论和后殖民主义理论的浪潮所吞没——历史学家、文学评论家、人类学家、社会学家、女性研究者和民族学研究者无不受其影响,我们的学科实践也其改变,新的观念彻底改变了女性口述史工作者的工作方式。首先,客观概念的消亡逐渐淘汰了历史学家和人类学家曾经非常自信的采访方式,使大家把注意力转移到了采访者和受访者间的关系这个内在的难题上来。其次,差异众多的现实(尤其是种族差异)终结了统一的女性文化概念,并创建了一个性别、种族、阶级和文化相互交织在一起的更为错综复杂的世界。① 口述史依旧是一种流行、民主的研究手段,被很多地方的历史学社团和机构广泛使用,后者受益于 20 世纪 70 年代颇为流行的口述史研讨会。但后现代主义的到来使女性口述史研究的设计、实施和分析变得更加复杂。由于开始运用新的工具来分析和描述差异,女权主义历史学家们摒弃了普遍总结化的研究方式,而更倾向于特性化的研究。设备上出现了很多变动,而每一次都给我们带来了新的研究途径,当然也有一些人总不是那么适应。在整个学术界,很多人文学科和社会科学领域的学者都同样地热衷学习后现代主义。最终,新的理论和认知丰富了我们和我们的研究,然而他们的学习不是一蹴而就的,并且助长了大众对于 20 世纪 90 年代的学者们一种负面的印象——他们较之从前更加固执己见,更具精英主义倾向,尤其是在语言方面。

1991 年格拉克和达芙妮·帕塔(Daphne Patai)出版了《妇女的话语:女性口述史实践》(*Women's Words:The Feminist Practice of Oral History*),这是一本反映当时变革的选集。十三名作者展现了不同学科和各自独特的视角,就整体而言,这本书不止提供了一个接触女性主义的简单化途径,而进一步强调了跨阶级、种族和文化采访的困难之处。书中反映了后现代主义思想,描述了采访中出现的问题,而且没有使用过去那种"内

---

① 对于历史学家来说,提出客观性的消亡的是彼得·诺维克,见其著作《高贵的梦想:客观问题和美国历史专业》,剑桥大学出版社 1988 年版。同年,人类学家詹姆斯·克利福德也对客观性提出质疑,见其著作《文化的困境:20 世纪民族志,文学和艺术》,哈佛大学出版社 1988 年版。

行"或者"外行"的术语,而是从权力的不平等问题出发。有三篇文章尤其关注到了采访过程中的复杂性。朱迪斯·史黛西(Judith Stacey)的《会出现女性民族志研究吗?》(*Can There Be a Feminist Ethnography*)讲述的是她痛苦而真实的研究历程:她的女性主义民族志研究是基于同情心和共同感,但却使得她陷入了被人利用和被硅谷女工背叛的境地。另外两名作者桑德拉·黑尔(Sondra Hale)和达芙妮·帕塔谈到了史黛西在采访中遇到的问题是由于文化差异(苏丹和巴西)与阶级差异的融合。这三篇文章确实令人警醒,也像编辑所说的那样逼着我们摒弃关于女性共性的"单纯设想"。在后现代的潮流下,作为采访者,我们不仅更具自我意识,也更多注意到了我们与受访者之间的阶级、种族和文化差异。运用我们还在学习的语言:我们通过意识到自己的主观性与清晰表述自己的偏好和"身份局限",学会了反省,或许可以更通俗地说或是希望,我们最终变得对采访者更体贴和负责。

在这部选集中,凯瑟瑞·安德森和德纳·杰克所写的《学会倾听》("Learning to Listen")一文摒弃了我和朱迪斯·维特在早期合著文章中提出的陈旧理论。安德森和杰克能够专心将注意力放在采访的过程本身,并坚持用更有技巧性的聆听方式进行更细致的采访。他们主张采访者学习"立体地"去倾听,去倾听那些字面的和隐含的信息——并不是不停地问新问题,而是在真诚的互动中过程中不断地深入挖掘叙述者的言语和情感。实际上,作者指出传统意义上的口述史采访技巧是不够的,并建议使用治疗访谈中的互动式技巧,这将更利于女性口述史的采访。那时很少有人接受这项严峻的挑战,但女性口述史方法和目的的统一成为了一个永恒的问题。

同样地,在其他方面,《妇女的话语》开拓了新的领域。其中几乎一半的文章与采访的分析相关,并从后现代主义的眼光去看待访谈语言、沉默和解读的问题。因为多数早期的妇女口述史研究都关注于访问技巧,或是口述者的直接叙述,因此这一分析的新视角受到了欢迎。有四篇文章探讨了拥护和代表的问题,二者从一开始就是女性口述史的重要方面,但是和许多其他问题一样,在一开始没有被发现是存在问题的。在这些文章中,作者试图分析多样性本身所带来的矛盾,通过研究社会和大学的不同目的,以及个人如何处于政治原因去负责地代表他人的意见。后者是格拉克在《倡导口述史:反抗中的巴勒斯坦妇女》中谈到的问题。想要巴勒斯坦妇女和她交谈十分困难,她无法取得她希望得到的足够的关于她们的生活的细节。另一方面,她拥有强有力的个人口述来向美国读者支持她对巴勒斯坦独立性的拥护。这篇文章,用它直截了当地对人们在群体采访中所做的妥协进行了讨论,代表了全书真诚的特点。

总之,无论是在局部问题还是整体理论问题上,《妇女的话语》(*Women's Words*)都涵盖了很多新的方面,并具备所有优秀的女性主义著作的特点——坦率和诚实。正是

《研究现状》(state of the art)这一分卷使得女性口述史纠正了早期研究的狂热状态,铺就了一条更具反思性和分析性,且整体来说更专一的未来之路。然而,当我回顾这一分册时还是为其强烈的劝告口吻所震惊,更不用说那些苛责和社论风格的口吻。尽管该书在被大范围地应用课堂教学上,但恐怕它实际上只会挫败而不是鼓励女性口述史的初学者。

生活史和表达的问题

后现代主义影响了历史学家和女性人类学家。后现代主义对这些学者的研究能力产生了怀疑,质疑他们是否有能力可以先把自己沉浸在充满技巧的实地采访观察当中,然后再从足够的距离去为那个刚和自己分享秘密的妇女的生活提供文化背景。在生活史中这种压力尤其明显,因为采访者经常与叙述者相处几百个小时,朱迪斯·史黛西曾指出,这一过程中友谊、权力的不对等和利用关系之间的冲突矛盾十分尖锐。并且,在出版过程中需要编辑大量的信息,如何选择是"存在问题的"(又一个新字眼)。最后,当女性人类学家试图去描述采访者所处的文化背景时,生活史的模式本身使她们不得不直面挑战男性的偏见。至少在初期,女性史学家在挑战男性历史偏见的时候还是比较含蓄的,她们期待关于女性生活的新材料最后能够不证自明(后来证明这是不切实际的)。

面临着如此多重的任务,生活史研究本身成为人们关注的话题就没什么可奇怪了。1986年苏珊·盖革(Susan Geiger)在《标志》(Signs)发表了一篇杰出的评论文章《女性生活史:方法与内容》("Women's Life Histories:Method and Content"),文中提出了这些问题以及其他一些问题。她指出,按照惯例,人类学家运用生活史理论来解释"部落"和"原始"人群的文明,这些通常被认为是"正在消逝的文明"。当所研究的文化本身就是口头相传的时候,生活史研究是最为成功的。几部重要的、采访非洲女性的生活史在20世纪80年代早期的发表,让很多美国历史学家第一次聆听到非洲女性的声音,其中最为知名的是玛格丽特·斯特罗贝尔(Margaret Strobel)的《1890—1975年蒙巴萨岛的穆斯林妇女》(Muslim Women in Mombasa,1890-1975)和克莱尔·罗伯森(Claire Robertson)的《共享同一碗:加纳阿克拉的女性和阶级社会经济史》(Sharing the Same Bowl:A Socio-Economic History of Women and Class in Accra,Ghana)。斯特罗贝尔在首期《前沿》女性口述史特刊中以局外人(在非洲和肯尼亚穆斯林区的美国白人)的身份讨论了采访中的一些问题,紧接着罗伯森在下一刊中提出了生活史中存在的偏见问题,但两篇文章皆发表在后现代主义的浪潮冲击之前。在那以后,不论在生活史还是其他领域,第一世界的特权女性为贫困而又没有接受教育的女性代言呼吁这一行为不再为世人所接受。实际上，全世界的女性都在坚持希望她们的声音和观点被世界直接听到。1975年，美国的女性主义者首次被墨西哥世界妇女大会上这个呼声所震惊，接下来在哥本哈根、内罗毕和北京的会议上这个要求被宣扬得更为响亮。不仅美国的女性运动者必须要考虑为"所有的女性"代言，而且接下来人类学家也不能再通过采访去隐形地创作那种"假如我是"的"自传"，生活史中的采访者的存在也需要告知读者。

生活史的重构有两种主要方式。第一种将生活是从头开始作为一个完全协调的整体呈现出来，在《阳光下的历练：玛利亚·埃琳娜·卢卡斯的生活》（*Forged Under the Sun/Forjada Bajo el Sol：The Life of Maria Elena Lucas*）中，自称为卢卡斯自传编辑的历史学家弗兰·利珀·巴斯（Fran Leeper Buss）描述了两个女人之间十一年的关系。巴斯认为自己为卢卡斯的自述提供了历史和经济背景，使她可以在这之中自己讲述自己的个人和心灵的故事。巴斯解释道，她们两人最初的目标之一就是见证玛利亚·埃琳娜（Maria Elena）和她的人民所遭受的身体和心灵的折磨。为此，玛利亚·埃琳娜潜入到自己的记忆深处，而我则到处搜集一手、二手资料和实地考察的笔记，每次见她都要准备几页的问题。尽管巴斯是一名历史学家，但她并非学院派，而是一名活动家，她通过写作的方式去"提供一个贫穷的女性可以讲述自己磨难处境的平台"，在这项工作和其他的口述史工作中他找到了自己的角色。简而言之，巴斯是以倡导者而非批评者的姿态来研究生活史项目的。

同样的，朱莉·克鲁克香克是一名人类学家，但也不是一名学院派研究者，她将自己在记录三名美洲育空河女性的生活史上取得的成功归功于上面这一点。由于没有必须快速记录、分析、发表的压力，她可以耗费数年来采访安吉拉·茜德尼（Angela Sidney）、基蒂·史密斯（Kitty Smith）和安妮·内德（Annie Ned），最终发表了《故事一样的人生：三个育空本地老人的人生故事》（*Life Lived Like a Story：Life Stories of Three Yukon Native Elders*）。克鲁克香克仔细讲述了数年间三名女性如何令她明白了传统故事在她们生活中的重要性，以及为什么除了她们的个人生活外，部落故事也是她们生活史中的不可分割的一部分。克鲁克香克不仅尊重她们的判断，也逐渐认相信通过向其他文化的读者展示她们的部落故事，可以使后者加深对于她们文化现状的理解。克鲁克香克面对叙述者的姿态更像个学生，她同巴斯一样强调了自己在合作生活史编写中的从属地位。

密歇根大学人类学教授露丝·贝哈（Ruth Behar）则是通过另一种方法去研究女性史的，她在1993年发表了《被改变的女性：带着埃斯佩兰萨故事穿越边界》（*Translated Woman：Crossing the Border with Esperanza's Story*），这本书与众不同的地方是贝哈在文中表达了自己的声音和人生故事。尽管书中的主要人物是墨西哥梅斯基蒂克的一名叫埃斯佩兰萨(Esperanza)的贫困妇女,但贝哈并没有让自己游离在书本之外,她公开描述了当她采访埃斯佩兰萨时所感到的不安,以及把采访编写成书时感到的学术压力。因此,贝哈在认知自己在生活史创作中的强大地位方面比前两位采访者走得更远,不过这样的做法也引起了相当大的争议:抛弃了谦虚和低调的角色,她是自私固执,还是朴实诚恳?揭开了研究者应保持客观和疏远的这层面纱,你要如何处理生活史创作过程中的权力不对等问题?当前最好的答案似乎是时刻告诫自己注意自省。换句话说,保持在场,保持专注,保持真诚——说着容易,做起来难。

一旦尘埃落定

20 世纪 90 年代晚期,在后现代风潮之后,而新的关于记忆的理论得到关注之前,出现了一段发展缓慢的时期,允许我们对女性口述史的当前状态进行评估。继 1983 年特刊之后,1998 年的《前沿》首次发行了两本关于女性口述史的期刊。由于公众对文章的呼声很高,原计划的一刊变成了两刊,一刊主要讲女性口述史研究的多样性,另一刊讲的是后现代理论话题和对此的担忧。最终,《女性口述史:前沿读本》(Women's Oral History: The Frontiers Reader)在 2002 年问世,此书整合了 1977—1998 年出版的四本《前沿》特刊,旨在挑选出其中关于女性口述史技巧和经典案例的最优秀的文章。某种程度上正是因为我那时是这本杂志的编辑,所以《前沿》带来的人们对女性口述史的再次关注出现在那个时期。人们对文章的呼吁让我怀疑,虽然大家对女性口述史兴趣浓厚并付诸了较强的实践,但由于杂志转向新的研究方向,发表这方面文章变得越发困难。因此,当有机会可以为这个研究领域提供一个平台,我感到格外高兴,因为这对我意味着太多太多。

总的来说,上述三册期刊所载的文章阐明了当时女性口述史最常见的功用。第一是教学用途,在关于女性史和女性研究的课程中我们经常采访(通常)年长的女性,这成为强化"女人"在历史上真实地位的一种方式,同时也使得抽象的课程更富人情味。第二是在家庭史中的用途,原因很简单:女人比男人的寿命更长,所以回忆家庭历史的责任自然落到她们肩上。在这两种最广泛的用途中,无论这些采访对某些个人来讲有多重要,但整体而言采访的质量和价值仍然相对较低。可能有的口述史学家会不同意,但对我而言,能够使用这么一个丰富的、民主化的工具付出这样代价是比较划算的。

到目前为止,女性口述史最重要的用途仍然和最初一样:发现和记录历史上被忽视的女性活动。有时这意味着证据的记录,比如德洛丽丝·德尔加多·伯纳尔(Dolores

Delgado Bernal）和她的女学生一起再次深入研究著名的奇卡诺人抵抗运动（Chicano re-
sistence），或者戴安娜·桑兹（Diane Sands）对在堕胎仍旧违法时期蒙大拿州的那些支
持堕胎者的半公开的活动情况的记录。伯纳尔的研究挑战了基层组织以男性为中心的
理论，桑兹则揭露了阶级分化问题——家庭医生安全地为中产阶级家庭的女孩们提供
堕胎手术，但工人阶层的堕胎女性和堕胎支持者却会被捕。女性口述史研究的另一大
作用是研究在新旧环境交替过程中的女性，比如瓦莱丽·格里姆（Valerie Grim）采访了
从密西西比的农村移居到芝加哥的非裔美国妇女，以及露丝玛丽·赛义格（Rosemary
Sayigh）发表的关于深受民族主义意识形态控制的巴勒斯坦妇女的文章，这种意识形态
并不完全满足这些巴勒斯坦妇女的个人需要。最后，女性口述史研究的一个可能永远
也不会变的作用就是让从未被世人所了解的女性发出属于自己的声音。不过，由于从
文学中所借鉴的叙事技巧和熟练的编辑会增强的人们对口述史作品的理解并加强这些
作品的可读性，因此发表原始的文本记录仍然相对少见。

　　旧的矛盾并未消失，新的问题却又出现，但采访者和叙述者的信任问题仍然是研究
难题的核心：她告诉我的是不是真相？我真正理解她的意思了没有？我有没有在其中
强加了自己的主观理解或者对她的文化不够敏感？我对这位女性的责任是什么？尽管
这些问题很令人头疼，但却不会消失。这些问题无法被根除，它们是真诚地参与到互动
口述史采访需要付出的代价，但是，诚实地承认这些难题是对女性口述史研究最伟大的
贡献之一。

当今女性口述史现状：快速调查

　　下面是关于近期的女性口述史书籍和研究项目的一个简短概述，它们在一定程度
上表明了当前的女性口述史研究的大致范围。其中的每个例子以各自的方式表明女性
口述史研究所涉及的范围已远远超出传统出版物的范畴。

　　杨碧芳（Judy Yung）的讲述旧金山中国女性历史的书籍《解放的三寸金莲》
（Unbound Feet）和它的姊妹篇《解放的声音》（Unbound Voices）是突破"内行"口述史研
究的典型研究。杨碧芳从个人知识经验和接触了解唐人街女性入手，利用中英文报纸、
官方档案、个人记录和早期的口述史研究，非常权威地阐释了中国女性在转变成华裔美
国人的同时却又保留特殊跨国性的各个阶段。两本书的出版是明智的：《解放的三寸
金莲》是部传统意义的历史作品，口述史研究只是其中的部分资料来源，但《解放的声
音》则与读者共享了异常丰富的资料。

　　历史学家克莱尔·罗伯森（Claire Robertson）对于非洲女性有着资深的研究，她在

2000 年出版了《"我们来到这里却要和生活抗争":贝瑞达的生活故事》("*We Only Come Here to Struggle*":*Stories from Berida's Life*),从很多方面看这本书很明显是一部后现代生活史。罗伯森和肯尼亚女商贩贝瑞达为此书的合著者,书里还包含一篇贝瑞达的附言,内容是她对罗伯森个人生活和美国的一些提问。罗伯森在前言中直面讨论了生活史中的利用关系问题。不过接下来的不同更为彻底:文中包含了很多图片和边栏,内容是原始磁带转录文本的节选,以便与正文内容进行对比;附带的录像带可以让读者看到贝瑞达和她的家人、她的家以及她在市场的关系来往。罗伯森利用以上这些方式来应对在跨文化背景下合作与呈现作品所面对的挑战。

丹尼尔·詹姆斯(Daniel James)的《玛利亚夫人的故事:生活经历、回忆和政治认同》(*Dona Maria's Story*:*Life History*,*Memory*,*and Political Identity*)提供了另一个当代版本的生活史。他编辑了对阿根廷工人阶级庇隆主义者(Peronista)的访谈,这些访谈还附带了他对叙事风格、性别、回忆和口述史方法论的研究探索的说明性文章。罗伯森通过在书中结合视觉元素扩大了女性口述史作品的呈现方式,而詹姆斯选择将他书中的访谈证词和理论分析分离,体现了理论与日俱增的重要性。书中的四篇说明性文章都是独立存在的,每篇文章都用有独立的序言来描述了典型性的工人阶级的特征。尽管该书拥有诸多优点,阿里斯泰尔·汤姆森(Alistair Thomson)仍然在一篇影响广泛的文章中评价"该书称不上女性口述史的代表作品"。相比玛丽安夫人的家庭生活——家务劳动、抚养孩子等,詹姆斯对她的工厂工作和政治生活更感兴趣。这样一本好书的败笔在于没有完全认知女性,否则它可以做出更大的贡献。

最后一个例子是贺萧(Gail Hershatter)在 2002 年发表在《标志》上的美文《记忆的性别:中国农村妇女和五十年代》("The Gender of Memory:Rural Chinese Women and the 1950s")。贺萧采访了中国农村妇女曹竹香(Cao Zhuxiang),以此探索两个不同的主题:20 世纪 50 年代中国农村地区性别角色的转换,以及对那十年里盛行的毛派政治的思想变化。由于曹竹香被共产党评选为劳动模范,因此她拥有一定的威望和权力。贺萧认为曹竹香是她们村的"记忆库",因为她从自己和他人的视角重新阐释了那个年代的政治历史。文章是一篇运用模糊的个人史来阐述整个时代大环境的佳作,体现了当时为了创造出一个"进步"的神话,大众记忆是如何否认或者"消除"艰难的政治和经济发展史的。这是一个尤为明显的例证,因为在历史上,毛泽东时代的中国直接批判和攻击中国传统的女性形象。如此一来,有什么理由怀疑性别必然总是记忆研究的关键因素?

总的来说,近期的这些著作明显地展现了学术界的女性史学家们是如何扩展该领域的研究范围的,他们利用新型理论和新的表现方式使他们的研究工作与更广泛的大众相关联。此类激动人心的工作也全面展示了女性口述史研究如何变为尖端研究的历程。在我看来,当前流行的女性口述史研究项目实际上有一个不同的目标:旨在记录女性活动以免它们再次被埋没在历史当中。"马萨诸塞州西部河谷女性的集体历史"项目(The Valley Women's History Collaborative of western Massachusetts)和"纽约激进女性之声:口述史"项目(the New York Activist Women's Voice:Oral History Project)这两个研究项目的组织形式是类似的:由大学的一个研究基地发起(分别是马萨诸塞大学和纽约城市大学),然后拓展到相关社区。这两项研究都致力于保存女性活动家的历史,尤其像纽约城市大学项目所声称的那样:保存那些"社会组织中敢为人先的女性活动家"的历史。这两个研究项目都研究口述史并设立社区口述史工作室。和长期以来其他女性组织的遭遇相同,这两个研究项目都缺乏资金,主要依靠志愿者,并且都被它们的当地机构视为边缘化项目。尽管,这两个项目实施口述史访谈的节奏比想象的要慢一些,但是它们都继续进行积极的访谈。

另一个资金较为充足的项目体现了此类项目的发展潜力和缺陷:华盛顿州妇女历史研究会(Washington Women's History Consortium)于 2005 年由华盛顿州议会(Washington State legislature)成立出资。该项目旨在记录本州的女性历史,特别是近期本州女性的政治史。华盛顿州拥有一名女性州长,两名女性参议员,州议会成员中的女性比例也是全国最高的之一。州议会提供的资金被用于为华盛顿州妇女历史研究会配备一名执行理事和一名正式的口述史学家来进行采访,并且提供了访谈录音转录为文本档案所需的花销。华盛顿州女性史研究会着手的第一个口述史项目是记录 1977 年在华盛顿州埃伦斯堡召开的国际妇女年会议。(访谈的范围仅限于特定事件,并且不是全面的传记式调查。)由于当时几百名保守女性在最后时刻突然参与了这次会议,因此该会议至今仍然备受争议。对于访谈而言,寻找当时参加会议的自由女性要比保守女性更为简单。如果受采访的两类女性的人数不同,那么这个项目的研究成果会不会不平衡呢? 由于该项目为州政府投资,因此这个问题必须得到令人满意的答复。①

如今的数字化

现在仍然持续发展的数字化革命对于女性口述史研究来说似乎有两方面尤为重要的影响:一是在线口述史采访数量的与日俱增,二是"DIY"自助式访谈运动。各种各样

---

① 河谷女性集体项目网址:www.umass.edu/vwhc/;"激进女性之声:口述史"项目网址:http://web.cuny.edu/Womenstudies/activism.html;华盛顿妇女历史研究会网址:www.washingtonwomenshistory.org/,我是咨询委员会成员。

在线口述史采访数量飞速增长,并给人们提供了更多空前便捷的使用口述史资源的渠道。至少有五十个女性口述史项目登录亚历山大街出版社网站,该商业站点提供资源的付费检索服务。① 目前关于女性口述史资料最丰富的网站是由希尔娜·格拉克(Sherna Gluck)和其加州州立大学长滩市校区的同人们编辑的"虚拟口述/听觉历史档案网"(Virtual Oral/Aural History Archive)。它的资料包括十一种独立的女性口述史档案资料,内容涉及从铆工露丝的采访到亚裔美籍活动家。网站的不足之处在于上面只有音频采访,缺少录音文本,尽管如此,这已经是非常多样化的女性口述史研究资料了。② 这些网上资源的具体用途仍不明晰,它们会为学生提供便捷迅速的资源,还是将来会成为正式的研究网站?唯一可以确定的是上面的信息资料的数量之庞大——并且与日俱增。

另一个值得注意的发展趋势是 DIY 口述史运动,像"故事会"(StoryCorps)项目和犹他州州立大学的新型数字网站"说出你的故事"项目(YourStory Project)。参与者通常由朋友或家人代替专业的采访者来协助记录口述人自己的故事。这些 DIY 项目中没有专业的、受过训练的访谈者。这种新兴的方法会制作出怎样的采访呢?它对女性口述史的影响又是什么?我一直倾向于认为"故事会"算不上简化版的口述史,因为它并不完整,而且淡化了生活中的琐事,直达情感的高潮。不过,极具影响力的《学会倾听》("Learning to Listen")一文的合著作者凯瑟瑞·安德森并不同意我的看法。她认为在这种采访中,真诚的情感由于采访者和叙述者之间的距离的缩短而得到加强,而且单单是这种 DIY 口述史项目在大众中的可行性就能大范围地鼓励人们参与其中。放松和熟悉的环境能否鼓励女性在采访室中更坦率地倾诉自己的灵魂?安德森承认"如此大众化的研究过程可能会使得到的历史过于浅显或戏剧化,而这个问题是需要我们认真思考的,尽管相关研究机构的专业访谈人员搜集的口述史也会遭受同样的批评"。③ DIY 口述史项目具有惊人的涉及各种类型和各个阶层的女性的潜能。突然之间,这么一种简单易行但同样具有局限性的采访方式普及到了每位女性!

这些潜在的不受局限的可能性促使我回望过去:四十年前,我们开始着手女性口述史研究时一无所有,历史书中没有女性的身影,(我们认为)想要重新记录她们的历史的方法也极为有限。当格拉克拒绝做"历史的沉默者"的时候,她说出了我们中很多人

---

① 亚历山大街出版社口述史的网站是 alexanderstreet.com/products/orhi.htm。

② CSULB 虚拟口头/听觉历史档案网:csulb.edu/colleges/cla/departments/history/programs/oral.html。

③ "说出你的故事"项目网址:csulb.edu/colleges/cla/departments/history/programs/oral.html;"故事会"网址:www.storycorps.net;Kathryn Anderson 与作者的私人沟通,2008 年 10 月 10 日。

的心声。在随后的年代里,美国女性史学家已经创造了新的历史,已经重现了属于我们的过去,女性口述史是其中无可争议的一部分。如今,随着女性口述史资源的成倍增长,我们应该认识到这份工作的重要性——并继续为之奋斗。

参考文献

[1]苏·H.阿美蒂奇、哈特·帕特里夏、卡伦·威泽蒙编:《女性口述史:前沿读本》,内布拉斯加州大学出版社 2002 年版。

[2]弗兰·利珀·巴斯编:《阳光下的历练:玛利亚·埃琳娜·卢卡斯的生活》,密歇根大学出版社 1993 年版。

[3]朱莉·克鲁克香克、安吉拉·茜德尼、基蒂·史密斯、安妮·内德:《故事一样的人生:三名育空本地老人的人生故事》,内布拉斯加州大学出版社 1990 年版。

[4]伯格·格拉克、达芙妮·帕塔编:《妇女的话语:女性口述史实践》,劳特利奇出版社 1991 年版。

[5]贝瑞达·恩丹布基、克莱尔·罗伯森:《"我们来到这里却要和生活抗争":贝瑞达的生活故事》,印第安纳大学出版社 2000 年版。

[6]杨碧芳:《解放的三寸金莲》,加州大学出版社 1995 年版。

[7]杨碧芳:《解放的声音:中国女性在旧金山的历史纪录片》,加州大学出版社 1999 年版。

第12章 种族和口述史研究

阿尔伯特·S.布鲁塞德（Albert S.Broussard）

在过去的四十年间,非裔美国人史的蓬勃发展以及这部分历史正在接近美国历史的核心是历史领域最显著的发展之一。黑人历史自20世纪60—70年代逐渐被人们所熟知,目前,黑人历史在对不同历史时期和历史争论进行讨论和解读时占有突出地位,它已不再被视为美国历史的边缘地带。实际上,当非裔美国人被划为一个种族,历史学家就重新解读了一部分美国史。尽管学者们在重构和解读历史的过程中查阅了大量的史料,但口述史无疑在有关非裔美国人史和种族的讨论中起了至关重要的作用。口述史的史料展现了非裔美国人在美国奴隶制时期、重建时期和现代民权运动时期的历史。另外,学者们也有效地利用口述采访去书写黑人城市史并去描写非裔美国人在工人运动史、政治史和家庭史中的角色。

口述史和美国奴隶制

美国史中没有任何一段历史像美国奴隶制那样被口述史进行如此戏剧性的修正。最早进行奴隶制研究的是菲利普(U.B.Phillips,1877—1934)这样的南方白人,他在杜兰大学、密歇根大学和耶鲁大学教学时培养了整整一代的南方历史学家。菲利普于1918年发表《美国黑人奴隶制》("American Negro Slavery"),他在文中称奴隶制为一种良性和人性化的制度,它开化了无知、野蛮、没有进取心的非洲人。而这个"权威"观点在历史领域屹立不倒了将近五十年的时间。

但是,民俗学家约翰·罗马科斯(John Lomax,1867—1948)在20世纪30年代从事南部历史的研究时,开始重塑很多学者和学生看待奴隶制的方法。罗马科斯和他的研究小组从属于公共事业振兴署(WPA)在1935年建立的罗斯福新政机构——联邦作家项目(Federal Writers' Project)。他们收集了一些曾经为奴的人的口述证词,讨论他们在奴隶制度下的生活。他们一共进行了将近2300场采访,采访的笔记和文字记录后被存放到了美国国会图书馆(Library of Congress)。然而,同菲利普和其他南部历史学家们关于奴隶制记录形成鲜明对比的是,这些曾经为奴的人告诉大家的故事是截然相反的。研究者们收集的声音证实了在近一个世纪里一百本出版的奴隶叙事作品所阐述的观点:奴隶制是一种残暴的没有人性的制度。早期研究奴隶制的历史学家声称被奴役的人被精心照料并得到了充足的食物、衣服、卫生保健和足够的住所,然而,公共事业振兴署的奴隶叙事作品(这一点是众所周知的)却描绘了一个贫困、堕落和残暴的画面。奴隶的家庭经常要被分离,奴隶父母对他们的后代也没有抚养权。同菲利普描述的相反,奴隶们通常缺衣少食,他们的寿命相比白人也非常短。南部各个地区的奴隶都由于繁重的劳动、疏忽、饮食不合理和过度依赖各种偏方遇到了一系列的健康问题。

相比其他一些登记在案的已经发表的历史作品,公共事业振兴署的奴隶叙事作品更深层地揭露了奴隶制的残暴。那些曾经为奴的老人告诉采访者,无论男女老幼,即使是对白人监工、主人和女主人有最轻微的冒犯就会被他们毫不犹豫地毒打和折磨。这些受访者对奴隶主们的残暴记忆犹新,奴隶如果逃跑和公开反抗则会受到严厉的惩罚。他们还公开讲述了奴隶主对妇女和儿童的性虐待,男奴隶主可随意和女奴隶发生性关系。①

一些奴隶叙事作品还描写奴隶们享有丰富多彩生机勃勃的文化生活,这一点与已出版的奴隶史作品大不一样。在绝大多数南方种植园和小农场地区,尽管奴隶制残酷无道,但是奴隶们还是有一些必要的资金来创建部分的文化生活。正如文化史学家劳伦斯·莱文(Lawrence Levine)所写,这种做法是对确保身体奴役不会成为精神奴役的一个缓冲。公共事业振兴署的叙事作品中有很多这样的例子,这些做过奴隶的人们既说非洲语也说英语,他们使用非洲名字,同时信奉非洲教派和基督教,不过祈祷和舞蹈都是非洲式的。语言学家洛伦佐·特纳(Lorenzo Turner,1890—1972)认为那些被奴役的人们在20世纪仍然保留部分的非洲文化。他在1929—1949年间对海岛屿(The Sea Islands)的鼓勒人(Gullah)进行了广泛的研究(海岛屿是一群位于卡罗来纳州和乔治亚州的南部沿海的堰洲岛屿)。特纳发现,直至20世纪40年代,鼓勒人还使用着非洲名字和4000多个源自21个非洲部落的非洲词汇。

同样地,奴隶叙事作品揭示了非洲的音乐、舞蹈、民间艺术和宗教习惯不仅在美国

---

① 　一个显著的例外参看肯尼斯·斯泰普:《奇特的制度:战前南方的奴隶制》,克诺夫出版社1956年版。

南部生根发芽,还由于美国奴隶独特的经历被不停地创造和再创造。人类学家梅尔维尔·赫斯科维茨(Melville J.Herskovits)也证实在整个西半球的许多奴隶社会都会保留非洲文化。由于大部分被奴役人民的歌曲和文化传统被一代又一代人口口相传,所以无论是宗教歌曲还是民歌都没有一个固定的版本。环境的不同、发音和用词的地区差异以及记忆的偏差都会导致同一首歌有多种版本。正因如此,奴隶文化是鼓励即兴创作的。新英格兰作家兼废奴主义者托马斯·温特沃斯·希金森(Thomas Wentworth Higginson,1823—1911)曾在内战时期指挥过来自南卡罗来纳州的一个团的黑人士兵,他就写到过非裔美国人在新环境下改编老歌和即兴创作新歌的非凡能力。

20世纪30年代搜集到的口述叙事作品与早期的奴隶叙事作品比较一致,都表现了非裔美国人对自由的不懈渴望和许多奴隶反抗束缚的独特方法。同主人和女主人设想的相反,奴隶们了解并重视自由的意义。他们在农场和植物园劳作的时候经常看到自由人,一小部分拥有独立性的奴隶被雇用到工厂和城市地区时也接触到了各个种族的自由的男男女女。弗雷德里克·道格拉斯(Frederick Douglasss,1818—1895)曾经是最著名的逃亡奴隶,他曾在一份广为称赞的个人专辑叙事作品中写道:一个城市奴隶几乎可以就像一个自由人一样了。数以百计的奴隶叙事作品都揭示这些奴隶每天都在思考着自由。"我看不到我的处境会得到改变的希望,"一名叫司福德·莱恩(Lunsford Lane,1803—1863)的前奴隶在出版的作品中写道,"但我日日夜夜都在脑海中计划怎样可以得到自由。"索罗门·诺瑟普(Solomon Northup,1808—1863)被非法绑架并为奴十二年才得以释放,他在深受欢迎的回忆录中写道,他清醒的每一刻钟,对自由的思考都会占据他的脑海。弗雷德里克·道格拉斯更加认同奴隶们无论个人处境如何都很重视自由这个观点,他写道:"如果奴隶的主人很残暴,他会希望有一位好主人;如果奴隶的主人比较仁慈,他就会希望他成为自己的主人,获得自由。"

被奴役的人们频繁的反抗支持了司福德·莱恩、索罗门·诺瑟普和弗雷德里克·道格拉斯所说的奴隶们对于束缚不满这个说法。奴隶叙事作品证实,奴隶有大量的方法来打击奴隶主,同时他们也会对自己处境进行反抗——比如假装生病、破坏农具、出逃和纵火。这些日复一日的反抗行为是被奴役的人们报复奴隶主和监工的一种方式,并且,在他们看来这种做法也会逐渐瓦解整个体制。尽管蓄奴州的法律规定奴隶不得以任何方式学习知识,奴隶主也威胁奴隶学习文化会受到严厉惩罚,但一些奴隶还是抽时间学会了读书写字。其他奴隶则经常未经允许就离开种植园去看望家人和爱人,或者每周出去打猎或者钓鱼来补充微薄的口粮。一小部分奴隶叙事作品也指出,当主人们和监工把他们逼到绝境,奴隶们也会杀掉他们。奴隶的反抗集中反映了他们不仅深深地鄙夷和蔑视奴隶制度,而且在某种程度上感到自己可以掌控自己的一部分生活和命运。

　　南方绝大多数被奴役的人们最终迎来了自由,这倒不是因为奴隶的反抗,而是因为1861—1865 年联邦军队(Union army)进攻了蓄奴州。历史学家里昂·利特瓦特(Leon Litwack)在《在暴风雨中太久:奴隶制的后果》(*Been in the Storm So Long: The Aftermath of Slavery*)中声情并茂地写道:北方联军是奴隶的解放者,这里面既有黑人解放者,也有白人解放者。在这里,公共事业振兴署的奴隶叙事作品帮我们重现了上百万的奴隶在那个欢乐的日子里所体会到的激动之情。不过,这些作品也讲述了奴隶们变成自由人中所遇到的困难。前奴隶们言辞激烈地表明他们想要婚姻合法化、家庭团聚、子女受到教育以及找一份能养家糊口的工作的愿望。其他人则承认他们对解放后没有得到土地这点感到失望,并对于被解放黑奴事务管理局(the Freed men's Bureau)和联邦政府没有保护他们的生活而感到有点沮丧。但是,对大多数非裔美国人而言,自由代表了新时代和一切从头开始的曙光,无论他们自由后遇到什么困难,与被奴役的日子相比都是不值一提的。

　　这个希望被逐渐证实。非裔美国人现在可以自由地掌控他们自己的命运,计划自己的未来,选择自己的领导人,加强自己的社区,并设立长期稳定且无比神圣的社区机构。黑人们解放后在南方四处迁徙来试探他们自由有没有局限,尝试理解 1865 年后黑人解放对他们的意义。他们很快地意识到,如果非裔美国人想要进步就必须先建立强有力的社区并巩固他们的家庭。正如奴隶叙事作品所揭示的那样,找到工作是这些奴隶的首要任务,可是在他们心中建造学校和教堂却几乎和自由一样重要,因为这两个机构将帮助非裔美国人取得公民身份并培养下一代中未来的领导人。

　　不过,学生和学者们在阅读和解读公共事业振兴属的奴隶叙事作品时必须要小心,因为这些老年的黑人受访者在回答白人采访者的问题时是顾及种族之分和许多 20 世纪 30 年代南方特有的精致的社会礼节的。举个例子,曾生活在南卡罗来纳州查尔斯顿的前奴隶苏珊·哈姆林(Hamlin)就由于采访者的种族不同而给出了截然不同的两个叙述版本。面对白人采访者时,她称奴隶制是一种人性化的体制,与她同行的奴隶既无知又野蛮,根本不适合得到自由。然而,当非裔美国人采访哈姆林时,她描述奴隶制所用的语言则犀利得多:残忍的鞭刑,支离破碎的家庭,严格的工作分派……哈姆林还表达了当她和其他的奴隶得知联邦军带给他们自由后的喜悦之情。由此可见,采访者的种族区别很明显对这名叙述者有重要影响。在使用公共事业振兴署的奴隶叙事作品时还有一点值得注意:奴隶制结束是在 1865 年,而这些采访进行的时间是 1936—1938年,这之间有巨大的时间差距。七十多年过去,一个人对于童年和青少年时期的细节记忆很可能随着时间的流逝变得模糊了。不过,尽管有种种瑕疵,历史学家在寻找资料来尝试重构南方非裔美国人真实的生活时,公共事业振兴署的采访仍然是最重要的基础史料之一。

家庭和社区

历史学家在家庭史和当地社区研究中也有效地利用了口述史。作家艾利克斯·哈里(Alex Haley,1921—1992)于1976年出版了《根:一个黑人家庭的传奇故事》(*Roots: The Saga of a Black Family*),他在激发人们研究家谱的兴趣方面做出了极大的个人贡献。《根》是基于哈里大家庭的口述集合而写,并配以了档案研究,成为了风靡全国的畅销书。1977年,电视连续剧《根:一个黑人家庭的胜利》(*Roots: The Triumph of a Black Family*)上映,一举成为美国历史上收视率最高的迷你剧。这部剧激励数以万计的家庭认真地追溯自己的根。很少有历史学家追随了哈里的大胆方向,但一小部分关于黑人家庭的重要研究开始以口述史的形式呈现出来。这些研究丰富了我们对于跨代的非裔美国人家庭的理解,也为我们看待家庭关系、性别、族长、激进主义和改革提供了新的视角。

以我为例,在写一本关于斯图尔特和弗利平家族三代历史的书《非裔美国人的史诗:1853—1963年间的斯图尔特家庭》(*African American Odyssey: The Stewarts*,1853—1963)的时候,我采访了几名T.麦坎茨·斯图尔特(T.McCants Stewart)的后代,麦坎茨是19世纪南方的重要领导人之一。口述采访使我了解到这个特殊的非裔美国人家庭是如何改变在白人社会中的负面形象并通过不懈的努力来提升自己和种族地位的。我采访了族长的孙女凯瑟琳·斯图尔特·弗利平(Katherine Stewart Flippin)和贝丽尔·基恩(Beryl Keen),了解到了这个家庭的每一代人是如何服务于领导社区并采取有效的策略来应对偏见和种族排斥的,他们完成了自己的使命。口述史还展现了斯图尔特家庭女性的生活,比如非裔美国人校长兼教师卡洛塔·斯图尔特(Carlotta Stewart-Lai)在夏威夷岛屿生活工作的四十多年中是怎样应对来自黑人中产阶级社区的孤立的。于是,通过阅读在夏威夷大学的口述史中心的非裔美国人的口述史文本,二战之前我就能再现生活在夏威夷的非裔美国人的小型社会了。[①]

城市历史学家和劳工历史学家在重现20世纪白人种族和非裔美国人的社区时利用口述历史补充了他们的档案研究,在很多情况下,口述史都起了至关重要的作用。20世纪70年代到80年代,随着社会史的爆炸式发展,关于黑人城市社区的研究开始增

---

① 口述史中心由沃伦·S.尼什莫托博士领导,坐落于夏威夷大学马诺分校校园内。

加,此举号召大家从下到上来研究美国社会。来自美国工薪阶层、中产阶级或者上层阶级的普通人忽然引起了历史学家的兴趣,他们被问到一系列怎样组织自己的生活和怎样在社区中发挥作用的问题。随着研究非裔美国人的兴趣的激增,新的社会史开始萌芽,美国各个地区的黑人城市社区都被历史学家所"扫荡"。关于非裔美国人在诸如芝加哥、匹兹堡、密尔沃基、底特律、西雅图、凤凰城和旧金山等这样的城市的移民、定居和适应等方面的研究都创造性地运用口述史来聆听那些迁徙到美国北部或西部的南方黑人移民的声音与渴望。

这些研究揭示了历史学家曾忽视的新的社区领导人和组织,口述史学家也帮忙揭露了这些黑人移民在城市生活中是怎样适应苛刻环境的。亚利桑那州立大学的历史学家马修·惠特克(Matthew Whitaker)从事一项对亚利桑那州和凤凰城的非裔美国人的研究,广泛描述了两个全国有色人种协进会(NAACP)官员的生活,这两个官员分别是林肯(Lincoln)和艾莉诺·罗格斯戴尔(Eleanor Ragsdale)。惠特克的采访展现了这些迄今为止仍然不知名的社区领导人的能动性,他们也展现了种族积极分子是如何随着时间和环境的变化调整他们的策略的。一名叫唐·沃利斯(Don Wallis)的记者采访了印第安纳州麦迪逊市俄亥俄河社区的二十位居民,他搜集到的口述历史不仅像固定模式那样揭露了在这个北方社区对黑人的歧视和剥夺,还告诉了大家黑人居民是怎样通过有效的社会、教育、政治和宗教机构关系团结到一起的。与之相似,格雷琴·艾克(Gretchen Eick)在调查堪萨斯州威奇托市的民权运动史中也运用口述采访展示了有色人种协进会是如何应对当地有种族偏见的年轻领导者的挑战的。这项重要工作也说明了相比北卡罗来纳州的格林斯博罗市,堪萨斯州的威奇托市才是黑人学生最早发起席卷全国的静坐抗议的地点。加利福尼亚州的历史教授格雷琴·莱姆基·圣安杰洛(Gretchen Lemke Santangelo)和雪莉·安·摩尔(Shirley Ann Moore)采访了二战时期来到加州里士满市和旧金山东海岸从事国防行业以期改善生活的移民女性。他们的采访也显示了这些黑人移民女性是怎样适应新的城市环境以及南方传统和民俗文化是怎样帮助她们缓慢适应从南方腹地到加州的转变。

城市历史学家也运用口述史来记录北方和南方的妇女俱乐部、跨种族组织和黑人社会兄弟组织所扮演的角色。历史学家达琳·克拉克·海恩(Darlene Clark Hine)指导实施了一个记录美国中西部黑人女性史的项目。通过这项研究,她揭示了印第安纳州的全美黑色人种妇女协会(一个中产阶级黑人女性组织)的历史。同样的,克里斯蒂娜·格林(Christina Greene)和阿尔法·杰斐逊(Alphine Jefferson)等学者也通过进行口述采访揭示了一些重要的社区组织,这些组织多位于芝加哥以及北卡罗来纳州的达勒姆这样的城市,为工人阶层租客的权益而斗争。其中格林研究了达勒姆市的黑人自由运动,她发现在二战后促进城市中社会公平的草根行动中,相较于男性,黑人女性才是关键性人物。格林的口述采访还显示,非裔美国人中的女性活动家会和进步的南方白人女性并肩作战,她们一起在民权运动中发出了比在全国人种协会这种黑人组织中更为激进的声音,例如她们认为直接行动要比谨慎的谈判能更有效地为她们的社区带来社会变化。这些女性有的居住在公共住所,有的是女仆或工人,有的是家庭主妇,由于她们很少写些什么,所以历史学家也很少能捕捉到这些。因此,同像格林和海恩这样的专业历史学家交谈也许是记录这些组织活动和了解这些当地女性领袖多重角色的唯一机会。

为了记录跨种族联合会和工人运动中为种族平等所进行的斗争,劳工历史学家采访了当地的工人领袖。历史学家迈克尔·霍尼(Michael Honey)采访了很多田纳西州孟菲斯市的黑人工人领袖和白人工人领袖,以此来衔接 20 世纪三四十年代的南方工人运动和当代民权运动这段历史。霍尼的研究揭露了跨种族产业联合组织的传统,而且,他的口述史采访还向读者介绍了许多像托马斯·霍特金斯(Thomas Watkins)这样至今为止都鲜为人知的黑人组织领袖。另一位历史学家罗伯特·科斯塔德(Robert Korstad)也采访了许多北卡罗来纳州温斯顿市的烟草厂工人,其中有黑人也有白人,他们一起在二战后的产业工人联合会(CIO)中寻求保证黑人工人经济平等的措施。科斯塔德的采访表明,非裔美国人把战争当作一个转折点,他们在要求种族平等和种族联合工人运动中起主导作用。

民权运动中的口述史

除了奴隶制外,民权运动研究是受益于口述史最多的历史分支学科。近期出版的自传、机构史和当地社区民权运动中的案例研究皆大大获益于民权运动中关于个人领导和组织的记录,而这些记录通常是通过口述采访完成的。除此之外,许多重点高校、国家层面和地方层面的历史团体、国家历史委员会和研究存储库都开设了记录民权运动中相关领袖和组织的作用的项目。这给学者们带来了大量的财富:不夸张地说,可供学生和学者研究探讨的磁带采访和文本记录数以千计。这些采访对男性和女性的作用都有所关注,是美国国家历史的一个代表。

霍华德大学的莫兰德—斯平加恩研究汇编(the Moorland-Spingarn Research Collection)系列中的拉尔夫·J.邦奇汇编分册(the Ralph J.Bunche Collection)包含了全国最大的一个关于民权运动的口述史采访合集。此合集就是人们以前所熟知的民权记录项目(the Civil Rights Documentation Projext),涵盖了七百多份讲述 20 世纪 60 年代民权斗争的口述史磁带和电视文本。由于这些采访有很多是由被学者们遗漏的当地社团领导人制作的,所以显得格外珍贵。除了一部分极具代表性的黑人妇女,拉尔夫·J.邦奇汇编分册也包含了各个种族和民族的民权领袖。项目领导者们甚至有预见性地冒险进入了加利福尼亚州等几个西部州。

另一个有关民权运动的口述史中央存储库是坐落于加州大学伯克利分校的班克罗夫特图书馆区域口述史项目。相关人员实施了几十个对那些曾为社会和种族公平而奋斗过的加州黑人和白人的采访,这些采访是厄尔·沃伦口述史项目的一部分(the Earl Warren Oral History Program),这些采访分散在这个项目庞大的收藏之中。比如,在对德勒姆斯(C.L.Dellums,1900—1989)漫长的采访中,话题的范围从加州早期的民权活动到客车搬运工兄弟会(Brotherhood of Sleeping Car Porters)惊人的斗争,而在这场斗争中,德勒姆斯正是被黑人搬运工铂尔曼联盟(Pullman union)正式认证的会长。

如果想了解一些口述史项目是否可以利用的话,美国顶尖的州立大学一般都是很可靠的。加州大学洛杉矶分校和班克罗夫特图书馆(Bancroft Library)两者争相去收集关于民权运动、非裔美国人政治领导和当代种族关系的口述史资料。学生们不仅能找到如洛杉矶第一任非裔美国人市长汤姆·布拉德利(Tom Bradley,1917—1998)和国会女议员兼1972年民主党全国大会(Democratic National Convention)的共同主席伊冯·布雷斯维特(Yvonne Braithwaite)这样的政治领袖的信息丰富的采访,还能找到几百个关于非裔美国人团体领袖的采访。华盛顿州立大学创建了一个黑人口述史合集,一组研究者于1972—1974年间采访了华盛顿州、俄勒冈州、爱达荷州和蒙大拿州的非裔美国人先驱和他们的后代。尽管这个项目相对低调,还是揭露了非裔美国人早期在太平洋西北地区定居的重要信息以及非裔美国人的就业模式、社会生活、政治生活和社区机构。与之相反,肯塔基大学图书馆拥有全国最大的口述史项目,囊括了大量关于种族关系、非裔美国人领导地位、隔离和民权的丰富资料。但是,这个口述史汇编仅限于肯塔基的历史。更具影响力的是肯塔基口述史委员会发起的黑人全面口述史项目。肯塔基口述史项目中的民权运动部分记录了1930—1975年间非裔美国人和一些其他人为终结肯塔基州种族隔离制度的斗争。这份汇编涵盖了二百多个口述采访,并被广泛应用于肯塔基口述史委员会(Kentucky Oral History Commission)制作的获奖影片《生活的故事:肯塔基州的民权运动》(*Living the Story:The Civil Rights Movement in Kentucky*)。在这部影片中,黑人男性和女性分享了他们被排斥的悲惨故事和他们在肯塔基州请求得到市民身份和全面平等的经历。

北卡罗来纳大学教堂山分校的南部历史汇编(the University of North Carolina at Chapel Hill's Southern Historical Collection)是南方最具权威性、运用最广的口述史合集

之一。南方口述史项目包含了四千多个采访,并且,此项目尽管不受南方种族关系的限制,仍然涵盖了大量关于种族关系的材料。杜克大学纪录片研究中心(Duke University's Center for Documentary Studies)雄心勃勃地发起了一项记录民权运动的口述史项目,项目包含了将近1300个口述史采访和几千张记录北卡罗来纳州和美国南部民权运动的家庭照片。作为一项对于研究者的服务项目,在很多情况下,这些资料的复印件都已经存入美国南部的地方资料库中了。

当代历史学家和记者在撰写那些著名的或是非著名的民权运动领袖的传记时也非常明智地使用了口述史。职业记者泰勒·布兰奇(Taylor Branch)在撰写三卷本马丁·路德·金(Martin Luther King, Jr., 1929—1968)的历史的过程中一共采访了上百名白人领袖和黑人领袖。这些采访不仅详细描述了马丁·路德·金的公共生活和个人生活,布兰奇自己也阐述了许多在民权运动中的无名英雄的作用。另一位名为大卫·加罗(David Garrow)的传记记者为了写马丁·路德·金和南方基督教领袖会议(Southern Christian Leadership Conference),采访了七百多个马丁·路德·金最亲密的伙伴和很多反对他的南方白人,这都为研究马丁·路德·金的生活、科丽塔·斯科特·金(Coretta Scott King)以及其他非裔女性活动家所扮演的角色以及研究南方基督教领袖会议的内部运行情况提供了新的视角。历史学家在描写默默无闻的人物形象时也富有想象力地运用了口述史。辛迪亚·格里格斯·弗莱明(Cynthia Griggs Fleming)就是利用采访来揭露一名鲜为人知的活动家露比·桃瑞丝·史密斯·罗宾逊(Ruby Doris Smith Robinson, 1942—1967)在学生非暴力协调委员会(Student Nonviolent Coordinating Committee)中的重要作用的。凯·米尔斯(Kay Mills)和加纳·卡伊·李(Chana Kai Lee)也选择性地运用口述史来书写密西西比州草根领导人重要人物范尼·卢·哈默尔(Fannie Lou Hamer, 1917—1977)的传记。纪录片制作者亨利·汉普顿(Henry Hampton)在制作六集讲述民权运动的史诗级连续剧《美国民权之路》(*Eyes on the Prize*)时,也采访了大批的非裔美国人领袖和白人政府官员。作家康斯坦茨·坷里(Constance Curry)为制作电影《无法忍受的负担》(*The Intolerable Burden*)采访了一个居住在密西西比三角洲家庭的好几代人,这部电影是当时社会的一个缩影,讲述的是取消学校种族隔离对一个黑人家庭的影响和黑人儿童受到的持续性心理创伤。

口述史的新见解

近期对于美国南部、北部和西部的城市黑人自由斗争的研究都运用了口述历史以介绍斗争的新领袖,也为相关著述带来了新的见解。约翰·迪特莫(John Dittmer)写了一本关于密西西比州黑人自由斗争的书——《当地人在密西西比州的民权斗争》(*Local People：The Struggle for Civil Rights in Mississippi*)，书中主要利用口述史来重现 20 世纪四五十年代密西西比州的早期民权运动。其实，相比于全国领袖和国家机构，密西西比州的黑人大众才是自由斗争中的中流砥柱，迪特莫的采访在说明这一点上起了事关重要的作用。历史学家威廉·蔡菲(William Chafe)有一项关于北卡罗来纳格林斯博罗市民权运动的著名研究，其中他采访了很多黑人和白人来了解这个比较温和的南方城市废除种族隔离痛苦而缓慢的过程，得到了不同的观点。蔡菲的采访显示了黑人与白人相互矛盾的期望，也显示了社会变化是如何发生的，还显示了非裔美国人团体中的代际冲突。

为了了解 1900—1954 年间旧金山地带种族关系和民权斗争的活力，我采访了各个种族的社区领袖。这些采访表明了民权活动在二战之前就已经出现并在战后继续发展，也表明了跨种族组织在城市的民权斗争中起了重要作用。昆塔德·泰勒(Quintard Taylor)也采取了相同的方法与社区领袖和民权活动家合作来重构西雅图非裔美国人自由斗争和强大的黑人劳工领导人的丰富传统。乔治·C.怀特(George C.Wright)在关于肯塔基州路易斯维尔市的大型档案研究中融入了口述采访，融入了采访者对种族平等的追求。怀特采访了许多肯塔基州的中产阶级非裔美国人领袖和工人阶层的领袖。原来的历史一直记载非裔美国人在肯德基州至关重要，但乔治对此进行了重要纠正，他在写《面纱后面的生活》(*Life Behind a Veil*)时进行的采访揭露了黑人领袖为获得种族平等进行的旷日持久的斗争：他们建立了教堂、学校和社区中心等平行机构，多家小型企业也都有效地抵御了种族隔离。

随着学者们的不断推进，他们继续对重要人物进行采访。美国黑人组织黑豹党(Black Panther Party)的前成员大卫·希利亚德(David Hilliard)在他书写这个激进组织的简史中采访了许多党员。记者华莱士·特里(Wallace Terry，1938—2003)仅仅运用口述史就完成了对黑人越战老兵的研究。华莱士对二十个黑人越战老兵的采访表明了口述史是如何揭露黑人士兵所受过的挫折，而黑人士兵的经历和白人士兵是截然不同的，这些采访也表明了非裔美国人士兵是如何通过不同的角度来理解战争的目的和意义的。现代的对于非裔美国人生活的研究主要是从记者的角度进行的也表明了口述史是怎样在没有文献资源的情况下有效了解市中心贫民区的黑人的痛苦。有两项研究在运用口述采访方面尤其堪称典范。记者罗恩·徐西金(Ron Suskind)跟踪访谈了塞德里克·詹宁斯(Cedric Jennings)的生活。詹宁斯是个居住在华盛顿市中心黑人区的学生，完成了高中后两年的学业并被布朗大学录取。徐西金的采访使我们有了一个难得的机会了解那些在市中心的运营状况较差的学校学习的黑人学生所面对的困难：令人失望的老师、在学校和居住区普遍存在的帮派暴力、毒品盛行以及大部分黑人学生对自己的低要求……徐西金的研究更吸引人的地方在于,他还详细采访很多和詹宁斯境遇相同的学生,以此了解非裔美国学生在离开家进入顶级院校和私立大学之后必须要经历的艰难而痛苦的过渡过程。

一位名叫里昂·达什(Leon Dash)的记者几乎只用了口述采访来追踪罗莎·李·坎宁安(Rosa Lee Cunningham)日复一日的劳苦生活,采访揭露了国家首都的低层阶级的黑人面临的困境。达什是《华盛顿时报》的一名德高望重的调查记者,见到了居住在华盛顿市中心毒品泛滥的公共住房区的罗莎和她的家人,而达什四年来每日都在试着理解罗莎生在活中经常遇到的复杂且令人不安的事情。达什发表在《华盛顿时报》的文章获得了普利策奖,并接收到了比之前都多的邮件和电话,他认为这证明了这个主题的意义和人们的情感共鸣。达什认为,由于学者们更倾向于寻找对非裔美国人发展起到积极作用和反映黑人中产阶级价值的个人进行访谈,所以很多黑人下层阶级和白人下层阶级的人们都很少被纳入口述史搜集的范围。

社会学家威廉·朱利叶斯·威尔逊(William Julius Wilson)为了找到除了"贫民行为相互影响"之外芝加哥非裔美国人长期失业、无所成就和长期贫困的原因进行了广泛的采访。他的采访同徐西金和达什广泛应用的口述采访一道揭示了现代社会科学家和记者在分析现代社会问题时是如何严重依赖口述史来补充他们的定量数据的。非裔美国人的愿望、担忧、希望和挫折都很少有所记录,但这些人的采访增加了我们关于这个方面的重要知识。记者里昂·宾(Leon Bing)在尝试了解洛杉矶市中心两个非裔美国人帮派"表演者"和"瘸子帮"的演变和意义时,感到了采访帮派成员的必要性。她的采访不仅揭露了被广泛报道无处不在的暴力和违法行为,还表现了帮派成员间的归属感、安全感和同志之情。据里昂观察,帮派联系在很多时候填补了父亲缺位、家庭不健全、学校失败和贫穷的空缺。这就解释了为什么很多非裔美国儿童为什么拒绝了教育、奉献以及努力工作等通向中产阶级的传统渠道,反而去兜售毒品、广泛地参与到犯罪活动的原因。

当代学者、记者和电影制作人也在通过口述史来寻求理解在非裔美国人文化的大背景下体育的重要性。在迈克尔·乔丹(Michael Jordan)、德维恩·韦德(Dwayne Wade)、科比·布莱恩特(Kobe Bryant)、沙奎尔·奥尼尔(Shaquille O'Neal)、阿伦·艾弗森(Allen Iverson)和勒布朗·詹姆斯(Lebron James)这样的优秀球员看来,职业篮球激励了各个种族和国籍的人。这些运动员成为了全球文化偶像,他们的名气和五光十色的生活也许可以解释为什么许多非裔美国人把篮球当作圣杯一样看待。且不管对还是错,市中心的黑人青少年通常把篮球当作他们可以跳出贫民窟成为大明星的跳板,认为可以由此过上他们晚上在娱乐体育频道和无数电视节目上看到的生活,灯红酒绿,闪闪发光,大众认可。1994 年,史蒂夫·詹姆斯(Steve James)、弗雷德里克·马克斯(Frederick Marx)和皮特·吉尔伯特(Peter Gilbert)制作了一部广受好评的纪录片《篮球梦》(Hoop Dreams),其中就捕获了这样的场景:篮球给两名名为威廉·盖茨(William Gates)和亚瑟·阿奇(Arthur Agee)的芝加哥黑人少年带来了很高的期望,也带来了失望。尽管学习成绩不好,但这两个学生都被一个主要是由白人中产阶级构成的教会高中录取来打篮球。三个小时的纪录片浓缩了这些学生六年来的生活,有欢乐,也有他们在追梦的过程中所遇到的无数挫折。

鲁宾·A.梅(Reuben A.May)在他的获奖书籍《生活三重门:高中篮球、种族和美国梦》(Living Through the Hoop:High School Basketball,Race,and the American Dream)中探讨了相似的主题。鲁宾·梅在乔治亚州东北部的东北高中做了七年的观察者和教练助理。他感到黑人学生不仅对篮球过分重视,还把它当成了一种非凡的承诺。这些青少年大多数都家境贫寒前途黯淡,梅逐渐赢得了他们的尊敬和信任,他让他们用自己的语言说明为什么篮球在自己生活中所扮演的角色如此重要。梅的谈话和深刻的观察揭示了很多年轻的非裔美国人的动机:他们选择的有限性,城市贫困的耻辱和他们在家的生活——那个环境不仅出不了人才,出人头地的机会还更少。梅在书中没有诋毁主人公的选择,而是大大赞扬了这些学生为了改善生活所做出的努力和信守的承诺。《生活三重门》这本书包含了十八个离别采访,展现了打篮球是如何使这些年轻人远离了那种毁了很多人的街头生活的。这项特殊的活动也帮助他们专注于完成高中学业,并为一些有天赋的孩子提供了上大学的机会。梅总结道,打篮球使年轻的黑人男孩在社会不认可黑人价值的时候帮助了他们管理自己的生活。

口述访谈以一种更具体的方式阐明了人们是和理解种族和性别在同性恋、双性恋以及变性人的群体中的概念的。非裔美国人同性恋和其他种族以及族群中的同性恋会面对相同的困难吗? 黑人同性恋会因为种族问题而面对一系列独特的问题吗? 一个人生活的地区或是一个人的职业和社会地位会影响人们如何接受非裔美国人同性恋吗? 黑人同性恋和白人同性恋能享受到同样的医疗条件吗? 人们如何解释在黑人同性恋群体中 HIV 感染的概率会如此之高? 这些问题都是口述史学家在采访黑人同性恋时会问到的问题。

艾美奖(Emmy award)获奖导演马龙·里格斯(Marlon T.Riggs,1957—1994)将个人独白、诗歌、说唱舞蹈和表演艺术结合起来于 1989 年制作了一部电影《舌头不打结》(Tongues Untied)。这部备受争议的影片时长 55 分钟,主要讲述了黑人男同性恋所遇到的独特挑战。虽然只属于半自传性质,但里格斯认为《舌头不打结》准确地反映了美国绝大部分黑人男同性恋有关恐同症和种族歧视的经历,他制作这部电影是"为了庆祝美国黑人同性恋的斗争、生活和爱"。里格斯的电影在另一方面也独具开创性:相较之前的纪录片,这部影片更为坦诚地探讨了非裔美国人的性认同问题。《舌头不打结》的确引来了尖锐的批评,但在公共电视台播出后获得了无数国内外大奖。

不过,里格斯的创举只关注了男性同性恋的经历而忽略了黑人女同性恋和变性人的生活。自那时起,很多口述史项目加强了我们对这些被忽视群体的关注。明尼苏达历史协会(The Minnesota Historical Society)创建了双城同性恋社区口述史项目(Twin Cities Gayand Lesbian Community Oral History Project)来采访各个种族的同性恋,并记录下了他们从二战时期到 20 世纪 80 年代的同性恋经历。班克罗夫特图书馆的《性取向与社会冲突合集》(Sexual Orientation and Social Conflict Collection)记录并保存了生活在加州大学伯克利分校和海湾地区的社区的性小众(sexual minorities)的历史。波士顿的历史项目也记录了当地黑人同性恋、拉丁美洲同性恋以及同性恋居民社区的情况。许多公共和个人的口述史合集都嵌入了对黑人同性恋、双性恋和变性人的采访文本和参考文献,也有支持他们创建的多方面社区和相关网站的资料。"故事会"(StoryCorps)记载了普通人的生活,这些都存放于美国国会图书馆。"故事会"包含了一些关于种族关系、种族隔离和性认同的采访。历史学家南·卡米拉·博伊德(Nan Alamilla Boyd)所写的关于旧金山同性恋的优秀的历史著作运用了 42 个自 20 世纪 30 年代以来就居住在旧金山的同性恋的口述史,也偶尔穿插了黑人同性恋的故事作为参考。

重要的纠正

从民俗学者罗马科斯(John Lomax)对于曾经为奴的人的采访,到马龙·里格斯和南·卡米拉·博伊德这样的电影制片人和历史学家尝试着去解释性认同、对同性恋的恐惧和同性恋酒吧亚文化,口述史研究给我们提供了关于种族和非裔美国人生活的知识。这项工作也为那些被边缘化和被忽视的群体——工厂工人、女性、农民、学生、老者和一些活动家一个发声的机会——自己讲述自己对工作单位或是所在社区的贡献。口述史拓宽了非裔美国人史的范围并使之更具包容性。正如乔治·C.怀特书写种族隔离时期路易斯维尔的非裔美国人社区历史时的感悟到:口述史起着重要的纠正功能。他总结道,如果他只依赖文献记载的话,肯塔基州的黑人在历史上的呈现就会几乎隐形,其他的历史问题也会如此。正如杰出的劳动历史学家尼克·塞尔瓦托(Nick Salvatore)在重构 19 世纪费城的黑人自由人阿莫斯·韦伯(Amos Webber,1826—1904)的生活时曾写道的那样,"人人都有历史"。尽管采访者和被采访者在获取准确信息的过程中会有记忆的偏差,也会受到种族和社会阶层的影响,但口述史还是为我们提供了一个更为丰富、更为多元、更为完整的非裔美国人史。

参考文献

[1]阿尔伯特·S.布鲁萨尔:《黑色旧金山:西部种族平等的抗争,1900—1954》,堪萨斯州立大学出版社 1993 年版。

[2]威廉·H.蔡菲:《礼仪与民权:格林斯博罗、北卡罗来纳以及黑人自由的拼搏》,牛津大学出版社 1980 年版。

[3]里昂·达什:《罗莎·李:美国城市中的一位母亲与她的家庭》,基础出版社 1996 年版。

[4]约翰·迪特莫:《当地人在密西西比州的民权斗争》,伊利诺伊州立大学出版社 1994 年版。

[5]迈克尔·凯斯·霍尼:《黑种工人的记忆:种族隔离、联盟主义与自由抗争口述史》,加利福尼亚大学出版社 1999 年版。

[6]里昂·利特瓦特:《在暴风雨中太久:奴隶制的后果》,克诺夫出版社 1979 年版。

[7]罗恩·徐西金:《隐藏的希望:从中心市区到常春藤联盟的美国史诗》,班塔姆出版社 1998 年版。

第 13 章　晚年的回忆:激发个人和社会的变革

乔安娜·博纳特(Joanna Bornat)

在 20 世纪 70 年代到 80 年代早期的欧洲和美国,口述史和逐渐被人们熟知的"回忆工作"几乎同时需要树立一个公共形象。尽管口述史和回忆工作在发展过程中很少能互相参照,但它们有一个共同的聚焦点:关注老年人的回忆。对口述史而言,回忆被当作一种达到终点的方法。但回忆工作与之截然不同:回忆工作聚焦于过程以及进行回忆工作所产生的社会互动和社会变化。当然,这并不是说口述史学家没有觉察到他们的活动会对老年人起到的影响,他们也经常谈论受访者是如何自发主动地回应回忆的过程或是这些受访者在享受回忆的时候是如何表现出身体上的变化的。不过,这些回应其实并不是预期的采访目的或采访结果,而是被当作一种有趣的副产品。

提到回忆工作研究的兴起,英国的一项案例研究将为我们研究人们转向研究回忆工作的起源以及研究人们对于回忆工作在与老年人共事过程中所起的干预作用的辩论提供一个有效的实例。从业人员和研究人员在继续进行挖掘和运用回忆工作时并没有意识到它的历史和起源。回顾英国的经验,我们也许会了解为什么这种常被称为一种治疗方法的特殊干预可以激励一代又一代的护理人员以及其他那些与脆弱的老人生活中相关的人员。

回忆浮现

许多手册都包含关于开展老年人回忆工作和培训机会(在谷歌上搜索"回忆培训"就有很多例子)的基本指导,但这些手册很少包含任何一种对回忆工作的前因后果和理论起源的反思性调查。这些出版作品往往专注于实际的知识,但是对研究这个已经成型的干预活动的产生却很少有关注。把回忆工作放在历史的框架内会使我们确定会议多动最早吸引护理人员、研究人员和学者的时间与方法，而了解一些最初的以及早期的发展情况也许会帮助我们解释回忆工作能够持续地使人们感兴趣的原因并会产生新的进步，同时也有助于我们理解回忆工作是如何持续下去的，是如何主动适应以及如何被动适应护理工作中的规定和实践，而且使我们理解相关实践活动对近期研究和著述写作的回应程度。

20 世纪 60 年代，美国老年病学家罗斯·多布罗夫（Rose Dobrof）曾体验过把人生回顾作为与老年人交流的基础的积极作用，所有的研究回忆工作起源的著述，如果没有引用罗斯的故事，那就是不完整的。实际上，许多研究回忆工作以及人生回顾的起源和本质的重要著作都会部分或是全部引用如下引文作为他们讨论的一部分：

也许磁带录音机和文字处理机对口头语言的意义与留声机对音乐的意义相同：它们保留了我们的父母讲述他们那个时代的历史的声音。

科技产生更多的可能性，开始认识到这些可能性，就会激发极大的兴趣。就衰老领域而言，1963 年罗伯特·巴特勒（Robert Butler）博士发表的一篇论文成为了人们对此感兴趣的一个开端……一篇文章能有如此直接的重要影响是不常见的。我那时只是"老年之家"中一名年轻的社会工作者，清楚地记得咨询心理医生和年长的社会工作者告诉我这些老年人有一个共同的趋势：他们喜欢讲述他们在东欧的避难所的童年经历、抵达埃利斯岛的情景或纽约下东区的早年生活。

尽管整日回顾过去的美好时光并不完全是一种健康的表现，但从，从好的一方面讲，这种趋势是可以理解的。之所以可以理解这种趋势，是因为这些垂垂老矣的老人正日渐走近死亡。不过，从坏的方面说，"生活在过去"在医学上其实是一种病——回归于依赖童年、否认时间流逝、否认现实，或是也可以看作是智力器官受到损伤的证据。

甚至有种说法是，回忆往事会引起或是加深这些老人的低落情绪。但是，上帝原谅我们，我们是打算通过宾戈游戏、艺术活动和手工等活动来转移他们的注意力，使他们不再沉湎于过去的记忆之中。

然而在阅读和讨论了巴特勒发表的文章之后，我们的世界都改变了。人生回顾不仅成为了一项正常的活动，也被当作了一种治疗的方法。在深刻的意义上，巴特勒的作品既解放了老人，也解放了护士、医生和社会工作者。老人们可以自由地回忆和懊悔，可以反思性地看待过去并尝试着理解过去。我们则可以自由地去倾听，给予这些怀旧者和他们的回忆应有的尊重，而不再是去转移他们的注意力来玩宾戈游戏①。

----

① 罗斯·多布罗夫：《介绍：找回过去的时光》，出自马克·卡斯基编：《回忆的运用：与老人合作的新方式》，霍沃思出版社 1984 年版。

在巴特勒的文章发表二十年之后,罗斯·多布罗夫开始着手写作,那时的她是一名从事实际护理的新手。在强调巴特勒的文章的时候,罗斯将现有的关于老年人的思考与巴特勒的文章进行鲜明的比较。考虑到罗斯写作的背景,她这样写是可以理解的,但是因为她如此写作的时间已经久远,所以可能需要一些解释才能理解她的作品。1984年罗斯发表作品时,她已经担任了《老年化社会工作》杂志(*Journal of Gerontological Social Work*)五年的主编,还是布鲁克戴尔抗衰老中心(Brookdale Center on Aging)的联合主任,而另一名联合主任正是罗伯特·巴特勒。这时的她作为教授和研究老年人的改革者,已经积累了相关的经验和名望。回望过去,作为一名学术人员和前护工,她非常看重她视之为小型科技革命的实际意义。

"巴特勒论文"确实起了一个开创性的作用。到2005年,就有五百个学术期刊在涉及回忆和生命回顾内容时引用了"巴特勒论文",并将之纳入到了相关讨论中。回忆工作的早期历史表明这篇首次发表不过几年就成为精神病学和老年医学的一部分的论文是非常具有实践意义的。例如,一篇于1970年发表的文章在讲述回忆对社会工作实践影响时就引用了"巴特勒论文"。在这个过程中,回忆工作从心理学家为了探索其在人的内心生活之中的功能、模式以及内容时的研究对象转变成了人们刻意鼓励和设立的有益的研究活动。

身为一个在20世纪50年代晚期专研社区老年人精神健康研究的主要研究人员,巴特勒声称他挑战了精神病学家和病理学家的一个既定认识:回忆过去——回忆工作——是精神受损的病理迹象。在这项研究的过程中,他描写了他所遇到的老年人,这些老年人对于过去的人生回顾是"通常很吸引人的,丝毫反映不出什么病理问题"。由此,巴特勒提出一个观点:人生回顾是有积极作用的。他后来解释说,自己并没有想到一篇为生物医学读者而写的文章会在如此短的时间内广泛地被不同领域的专业人士所理解和采纳。

巴特勒在临床中有与老人亲密接触的经历,他正是以此角度来写的文章。他是用信念和知识来写作的,专业的观察也使他在写作中受益颇多。而且,他是公正无私的。他提出一些生命回顾具有"一定的适应性和防守性"的例子,认为"一些老人对'美好的过去'存在幻想;一些老人出于逃避现实的缘故会更喜欢过去而非未来;还有一些老人对别人和他们自己保持一种特别的超然态度"。

与之前流行的对衰老和老年人的负面印象相反,他建议大家需要以积极的心理和全新的角度来看待他们,这样才能意识到反思的好处,才能跳出对负面思考老年生活的思维框架。另外,独具创新性的一点是,他还强调要倾听老年人讲述衰老的体验:

有一个值得注意的有趣现象:老年人自己把积极的、肯定的变化当成自己人生经历的一部分,并寻找在个性中的具有建设性的另一面……这也许是生命回顾的一个结果。很有必要去研究人生中的一些变化,这些变化可能平淡无奇抑或轰轰烈烈的人生经历所引起的,抑或可能是与其他人或短暂或持久的关系引起的,也或者是在倾听或阅读他人的经历或努力时所唤起的形象而引起的。

彼得·科尔曼(Peter Coleman)在研究英国城市社区的回忆工作时,他把这种变化和接受这种变化的时期往前推到了更早的时候。尽管他承认巴特勒论文的重要性,但是他指出维也纳发展心理学家夏洛特·布勒(Charlotte Buhler)早在1933年就强调了回忆在衰老过程中所扮演的角色。然而,继1963年巴特勒论文发表之后的一段时期,构建回忆工作的理论框架的工作主要是由埃里克·埃里克森(Erik Erikson)来完成的。埃里克森认为,人的一生有八个生命阶段,老年是其中的一个发展阶段,这表明他与巴特勒等心理学家对待老年的观点是有所不同的。在埃里克森构建的框架中,人生回顾和回忆工作是有特定的功能的,这是因为在"完整人生"的第八阶段,老年人会寻找一种接受过往生活的方法。科尔曼发现,埃尔克森的理想模型并没有提到各种类型的冲突经历和代际错位,而这些能够影响到人们对于老年阶段的过往生活的理解。尽管如此,"人们在老年的发展和反思是必要的和积极的"这个概念是对反对弗洛伊德精神病学的一种鼓励。弗洛伊德精神病学认为,在一个很少考虑成年初期之后的变化的发展模式中,老年人仅仅是年青一代的负面参考点。

巴特勒认为重新评价生命回顾是一项不可避免的活动,而这项活动可能有助于老年人度过一个完美的晚年,而在他发表这篇论文的时候,其他的心理学家也从事了相关研究。麦克马洪(A.W.McMahon)和鲁德尼克(P.J.Rudnick)在研究美国西班牙裔退伍军人时发现了一群人,他们调整得非常好,能够自由地回忆。他们对这个特殊群体进行观察,并以此为基础认为,回忆在失去身份认同感和社会价值感的晚年时期可以起到积极的作用。这种对晚年回忆更为积极的角色构建与此时占主导作用的老年护理理论"撤退理论"(disengagement theory)形成了强烈的反差。"撤退理论"发展于20世纪50年代的美国,由一些社会学家提出来。当时一些社会学家采访了一些居住在美国中部逐渐衰退的老人,正在寻找解释人到老年会衰退的原因。此理论的核心是:随着年龄的增加,人们会逐渐远离社会来关注自己的内在生活,从而变得偏爱沉思,减少对社交活动的参与,喜静不喜动。

"撤退理论"由于简单粗暴地假设老年人不再积极参与到劳力市场是一种可以接受的状态而受到批判。挑战这个理论的正是老年人他们自己和一些老年学家。他们认为这个理论使得老人们因为年龄的原因被边缘化和排斥的情况变得正当化,于是他们的立场变得更为政治化,也更加刻意地参与到各种活动中去。

美国的卫生保健和社会政策具有年龄歧视,巴特勒是一名对此直言不讳的批评家,他的名望也使得他在文章中的呼吁更为引人注目。他对政府政策的批判引用了一些关于老年人在社会、政治和心理上受到边缘化的证据。巴特勒的著作《为什么活着？在美国老去》(*Why Survive? Being Old in America*)于 1975 年出版,同年便获得了普利策非小说奖。其中,"荒唐地变老"这一章节包括"生命回顾的倾向"等十个"老年人的特点",以防止人们"把老人放在既定的角色中"。

这些发展的背景表明,美国社会对老年人的看法是在不断改变的,无论从理论方面看还是政治方面,人们都更加认同进行回忆和生命回顾的积极意义。芭芭拉·耶霍夫(Barbara Myerhoff)于 1977 年拍摄了一部名为《细数我们的日子》(*Number Our Days*)的电影,1979 年出版了同名书籍,不久《细数我们的日子》又被改编成了舞台剧,这都促进了 20 世纪 70 年代晚期晚年回忆的流行。这本书利用了一群居住在加州威尼斯犹太人养老院的犹太老年人的回忆,被列为 1979 年度十佳社科类书籍。大约就在此时,耶霍夫开始在纽约的布鲁克戴尔中心教学,罗斯·多布罗夫在这里任教学主任。在犹太人周围的生活发生了翻天覆地的变化的背景下,耶霍夫所著的书籍参与了对犹太人早期家庭和社区生活的回忆,这正是此书的吸引力所在。作为一种流行的积极干预方式,回忆和生命回顾此时开始比心理学家和老年病学家更加激起大众的兴趣。

"人生回顾"和"回忆"这两个术语看起来可以互换,实际上它们的意义和用法是不同的。人生回顾是带着有一定的目的和意义来回想、接受和评价过去的生活,然后对它进行"库存盘点"。人生回顾也许是人在生命晚期的一个刻意的行为,也许发生在人生中一些重大变故之后。相反,回忆则被看作一个更为自然的过程,人生的任何阶段都可以进行回忆。尽管回忆比较私人化,不过也会出现在社交场合,某些人或者特定的场景会激发人们的回忆。

就口述史来说,人生回顾本质上是一个一对一的过程。在这一过程中,叙述者、他们讲述的故事和相关作品有一个共同目的,这个目的可能是为了回答采访者的问题,可能是为了构思一个人生传记,也可能是为了和他人进行某种交换治疗。不过,回忆一般都没什么既定结果,更容易去和他人分享生活经历,也愿意接受更多的与过去相关的社会形态。这个差别具有重要意义:回忆发展成为了一种干预方式,在广泛的意义上说,这是具有治疗效果的。

有一个很吸引人的假设:罗斯·多布罗夫作品中的戏剧性元素在坚持回忆的重要性方面起了一个马后炮的支持作用,而有效的交流和定位也起了一部分作用。事情可能就是如此。但是在另一不同背景下进行的案例研究——英国回忆援助项目——则为罗斯的关于从事回忆工作的理论和政治基础的理论提供了启发性的证据,而罗斯是把这种回忆工作看作是与老年人交流时的一种干预方式。

从人生回顾到回忆援助

在英国,回忆作为一种介入手段的形成和发展是一个非常艰难的过程。心理学家彼得·科尔曼于 1969—1972 年从事有关回忆适应功能的博士研究并发表了相关作品,他的发现是建立在临床和心理学的基础上的。至少,他在 1986 年出版的一本书中拓宽了回忆工作的治疗范围。书中他形成了一些理论,而这些理论阐明了关注老年人回忆工作的社会和历史方面问题的重要性。他的研究至今都很独特,这并不只是因为他采取了把心理测试和磁带采访结合起来的多渠道方式,还因为他在十年之后重新采访那些仍旧活着的一小群受访者。所以在他的研究中,时间具有多重维度,数据也因此更加准确。

这些经历过战争和失业的士兵的经历被科尔曼的研究赋予了重要意义,这些人的个人环境变化很大,他们现在住在棚户区,正在向老年过渡,科尔曼的研究给这些事实也赋予了重要意义。正如科尔曼所说,回忆的过程在历史和社会的环境中形成的,且构建这个过程是暂时性的。他给采访对象分了四大类:状态好的回忆者、状态差的回忆者、状态好的没有回忆者以及状态差的没有回忆者。他指出当这些人回忆过去时,他们对于过去的态度是不一样的,进而回忆过去在生活中用处也不同。在撰写不同的案例时,科尔曼融入了很多 20 世纪上半叶的社会历史背景下的生活状况的具体细节,就像一群伦敦工人阶层所经历的那样。科尔曼从 1974 年心理学临床工作和研究工作转换到在 1986 年采用更为广阔的社会心理学视角看问题的过程与英国回忆工作兴起的过程是同期的。

回忆工作的这种更具社会导向性的作用是其在英国发展的特点。在英国,回忆工作的突破来自于它致力于改变老年人的社会环境和相关规定,这种突破也不太关注一对一人生回顾方法所取得的成就。1978—1979 年间,英国国家媒体和广播的读者和听众已经有了一个新的想法——"回忆援助"。当时,人们利用图片和声音记录来解释那些点明了"视听法"发挥的作用的文章,这种方法"能够刺激老人(包括精神受损者)的回忆"。

一名在英国卫生和社会事务部工作(Department of Health and Social Security)的建筑师也促进了回忆工作的发展,他说服上司资助了一个"研究对于回忆工作的援助能否有效帮助老年困惑患者"的可能性的项目。这个观念的创始人是米克·坎普(Mick Kemp),他是一名建筑师兼"老年精神虚弱患者的饮食顾问"。他的工作是设计并制订由英国国家所应该提供的生活环境的布局和规划。在参观了许多医院和一些地方的"老年之家"后,坎普注意到有很多老人都倾向于谈论过去:"老人们需要一个这样的机构,他们越来越孤立,尤其被年轻人孤立。一般来说,任何事物都可能使老年人沉浸到回忆之中。讲述过去的过程是留住记忆的一种方式,使他们有一种身份和地位的认同感。除此之外,回忆还是使老人们愉快地进行思维训练的可行方式。如今,老人们周围的环境发生了巨变,家庭也日渐核心化,他们既被剥夺了可以刺激他们回忆的熟悉的环境,也被剥夺了与年轻人有共同语言的可能,而搬到'老年之家'和老年病房则使这种剥夺更为彻底。"

正如坎普在1999年在接受帕姆·史怀哲(Pam Schweitzer)的采访时所回忆的那样,除了钢筋水泥,住所的设计也令周围的环境显得令人沮丧:

我花费了不少时间周游国家来观察这些年代久远的机构,发现它们之中有一部分温馨明亮、生机勃勃、充满希望,其余的则相反。我发现你可能在最糟糕的维多利亚建筑里举行一个舞会……我发现真正的问题在于体制,在于我们怎样对待彼此和如何影响他人,这使我思考我们是如何对待和影响老年人的……我对自己说了一点:"你的职业是名建筑师呀,建筑呢?!"那一刻我恍然大悟,想到,"周围的环境可不可以起到刺激作用?"①

采访中他指出英国卫生和社会事务部是一个"相当提倡自由思考的无政府主义组织"。他这样的工作环境使他得以在一个不久就要拆除的医院中进行一项关于环境对病人影响的研究,即如果把病人周围的环境改造成一个令他们回想起过去的环境的话,会是怎样的情况? 于是他买了古典家具并把房间装饰成维多利亚时期晚期风格和20世纪早期风格,让老年痴呆症患者在其中自由走动,护士则在旁边观察这些患者如何使用室内空间,结果这些并没有改变病人们喜欢坐在卫生间旁的偏好。尽管坎普认为实验失败了,但一名高级护士的话使他意识到环境也许并不是一切,她评论道:

我知道它起作用了……除非有更好的理由来解释这一切。这段时间里,护士们进来看到这些人在一个更好的环境里,而这个环境是与病人们的年纪有所关联的……她们突然感到同病人们交谈是和同正常人交谈一样的。

医护人员的表现和态度也许会激发一个更加人性化、个性化的环境,这种意识并没有在"回忆工作"的后续发展中明显地表现出来。但是,这些因素毫无争议都是非常关键的。

采访过程中,坎普提到了他曾"做的一点研究工作",并了解罗伯特·巴特勒的作

---

① 选自1999年3月帕姆·史怀哲对米克·坎普的采访。

品,这一点给使他具备了他所需要理论知识:"当老人们逐渐接近死亡,他们都会回顾自己人生,这是一件非常自然的事情。"这种与巴特勒著作的关联对回忆工作在英国的长远发展意义重大,但坎普在研究英美两国在回忆和人生回顾领域研究这一领域的区别方面起了带头作用,而其他人则继续发展了他的研究。此项目在英国的发展有两个突出的特点:一是涉及老年人的回忆,二是涉及艺术方面的创造基础。坎普通过将他的方法与"摄影师、记者和历史学家认为重要的历史版本"进行对比来验证了自己的研究方法。他说:"这些人并没有注意到普通人能记得的事情,所以我想做的事比他们要低一个水平——但这幅有着宏伟目标或极具新闻价值的著名的照片会使你想起什么? 东奇姆(East Cheam)的小老太太吗?"

这个问题的关键与其说是过去的声音和图像所反映的真实事实,倒不如说那些音像是人们能够相互分享的东西。所以,创造并展示能够促进这一过程发展的方法成为了回忆工作在英国发展的重要特点。

除了这个创意性的方法,坎普还有其他的贡献:使老年人自己参与这个过程。正如他在随后写给英国卫生和社会事务部的报告中所解释的那样:

……完全依靠已经出版的材料来引起老人们关于过去的个人回忆将会偏离他们真正回忆的中心目标,于是我们决定吸收利用老年人对于我们设定的主题所进行的他们自己的回忆。

坎普采取了一种多元法策略来收集和选取材料,他们把反映老人们过去几十年生活的照片展现给了医院和老人院里患有精神疾病的老人们。当地的 BBC 电台,国内"女性时间"和英国广播公司对外的"全球服务"等无线广播同许多杂志报纸一起做出了呼吁并报道刊登了此项目,摄影书籍里的相关图片也被收藏。最后也可能是最重要的一点是,他创作了一个多学科咨询委员会(Multidisciplinary Advisory Committee),成员包括老年医学专家精神病学家、心理学家、记者、一名档案保管员兼 BBC 声音顾问、一名护士、一名医院志愿者组织者、志愿工作者以及和一名领养老金者,他们在听到广播后加入了这个队伍。

项目小组包括心理学家米克·坎普与一些从事音乐和摄影的艺术工作者。他们聚集在一起组成了"回忆援助"项目,并把它定义为"一种刺激老年人包括精神损伤者来进行回忆的视听方法"。他们从刚开始就一致同意采取"接地气"的方法来研究历史。他们所研究的历史所选取的历史事件,绝不是因为这个历史事件是划时代的事件,而是"因为我们更关心考究人们的记忆而不是对社会进行历史分析"。比如说在 20 世纪七八十年代仍然被老人们津津乐道的 1937 年王室退位事件,我们认为这个事件重要的原因是因为它唤起了个人记忆而不是因为相关的历史记载。实际上,在后期,项目小组在进行事件评估时,他们经常会质疑那些人类历史的重大事件是否真的总像后代们设想得那样不同寻常。

在伦敦的老人院所展示的大量声音和图像证明了项目的成功,相关成员是这样汇报的:

第一次展出后,我们与老人院的老人之间有很多的讨论。一个老人院的一个老太太完整并详细地回忆了她在 20 世纪 30 年代的经历,尤其是有关空袭的回忆。工作人员说,在看到这一系列的图片之前,这名老太太从来没讲过这段故事。还没从漫长的回忆中恢复过来,她就又继续讲了 24 小时。类似的事件也发生在其他的老人院,一名老太太愉快地聊着战时的琐事,以及如果在大街上遇见希特勒她会怎么做。不久她便颠覆了大家对她的印象,要知道这名老太太通常从早到晚不说一句话。

到 1979 年,项目成员组织了好几次展出,已经开始对二战项目进行正式测试,尝试了一些严格的控制条件。在四个老人院里,老人们以个人和小组的形式来观看系列影音和图像资料。老人看完展出后,项目小组运用了以调查问卷为主的各种工具,尝试计算这些老人对往事的回忆增加了多少。但是,对于结果的数据分析显示这一系列展出和老人的回忆数量之间并没有特别的因果联系。而且,他们发现环境对测试并没有起到什么帮助作用,实际操作中的困难也使结果很难评估。尽管这个发现令人失望,但项目小组也观察到了更多的有趣的细节,这些老人通过顿足、点头、微笑的神态都表现了他们的参与愿望和兴趣。①

回忆援助项目引起了人们很大兴趣。但是,正如米克·坎普所解释的那样,他的主管在给他解释一个建筑师可能正在做什么时表达了些许担忧。这位主管说:"四周都是冒牌的心理学家或社会学家。"②所以,早在撒切尔政府(Thatcher government)削减公共服务开支之前,这个项目的未来已经变得很不确定了。到这个时候,仍然从事此系列工作的只剩下两名年轻的艺术家研究人员。为了不使自己的整个构思全军覆没,米克·坎普找到了"帮助老年人"(Help the Aged)慈善结构,希望能从这里得到额外的研究资金。

全国慈善机构"帮助老年人"有一个出版老年刊物的教育部门。"回忆援助"项目的想法恰巧与这个教育部门主任苏珊娜·约翰斯顿(Susanna Johnston)的想法不谋而合,于是她说服了慈善机构来对出资援助"回忆援助"项目,该慈善机构接受了这两名艺术家研究人员,并希望他们可以把"回忆援助"项目系列改成可以供护理人员和老年

---

① 选自 1999 年 3 月帕姆·史怀哲对米克·坎普的采访。
② 选自 1999 年 6 月对坎普的采访。

人群体独立使用的材料。这相当于一场赌博。尽管这个观念以及项目的一系列展出既使媒体感兴趣也令参与图像声音开发测试的医护人员感兴趣,但是"回忆援助"项目或者《回忆》("回忆援助"项目的出版成果)是否是人们愿意买来自己使用的东西,这一点还不是那么明显。

由六组磁带/幻灯片组成的《回忆》简单直接,医护人员和老人一眼就能认出他们想要甚至需要参与的活动。罗斯·多布罗夫把罗伯特·巴特勒 1963 年的论文当成美国改变的催化剂和灵感,实际上那篇论文也同样影响了英国。并且,回忆援助项目和《回忆》也发挥了更多的公共作用。《回忆》的磁带/幻灯片项目以便携包的形式印制出版,每个序列时长十二分钟,并附有解说词。这个项目将其中相关口述史的工作都交由一群既没有专业历史学科知识也没有心理学实际工作经验的人员开展,而且这个项目将参与的老人当作专业的见证人。这六个序列涵盖了 20 世纪的头 80 年,多多少少与 20 世纪 80 年代的老人们的生活是重叠的。第一序列解说的是他们一战前的童年时光,最后一个序列已经讲到战后英国的建设了。所有图片选自私人档案馆和商业档案馆,那个时代的音乐、老人们的讲述以及录音皆选自街头生活和新闻短片。《回忆》的问世打破了传统界限,使人们富有激情地重新认识过往生活的价值,每个人都会感到自己参与到了社会运动中。

《回忆》是如何发挥作用的? 为什么快速地获得了成功? 1981 年之后的几年中一共卖出了有几百套。尽管现在很少有人记得《回忆》了,多年后它的精神和形式仍然影响了在市场上流行多年的其他许多类似作品的示例、版本和格式。《回忆》的快速成功有两个原因。首先,它的表现形式是一组声音和图片,这就意味着它几乎可以在任何地点展示,而展示者也不必是现代史专家,即使是没有历史专业背景的护工也可以通过简单的科技手段来研究过去。展示这六个系列作品只需要一台卡式录音机、一台幻灯机和一堵白墙或屏幕。如今磁带和幻灯片在技术上已经落后,但是它们对于录像和 DVD 来说仍然具有优势。它们可以播放更大更清晰的图片,并且可以随时暂停以便观众仔细欣赏某张图片。

正如多布罗夫所说的那样,《回忆》成功的第二个原因是它使之前一直被归纳为病理学并被忽视的活动合法化。她回忆说巴特勒的论文有很明显的作用,因为它使护理人员和家人都更了解了他们所面对的老人。不仅如此,当老年人成为了专家,成了护工和其他工作人员要做出相关回应的证人,那么相关角色就发生了转换。那些过去曾按照他们的缺陷来定义的人,他们渐渐会为他们所经历的人生所理解,会因为他们曾扮演的角色,他们曾担任的工作以及取得的成就会被人熟知。但如果没有人鼓励他们去讲述,没有人会知道这些。这种情况扩展到了那些曾完全无法用语言进行沟通的老人身上。工作人员报告说他们是如何逐渐对老年痴呆症患者的反应产生了浓厚的兴趣的，是如何开始对老人亲属的问题刨根问底的。在一些案例中，他们自己甚至研究起了他们所照顾的老人的生活史。

《回忆》和类似项目的发展都围绕着一种假设，即故意进行回忆刺激是一种补偿性干预手段，是用来适应生活在老人院这样的机构中的老年人生活中的缺陷的。不过可以假设一种倾向：类似的活动会令那些积极参与的人有非常积极的结果。

改变做法

罗斯·多布罗夫对于"巴特勒论文"最初的影响的回忆恰如其分地凸显护理人员如何为他们自己目睹的一切所改变。研究证据和有趣的观察相继表明参与回忆相关的活动是如何影工作在的工作人员的态度和做法的。护理人员描述，他们在搞清楚老人院的老人以及其他享有此项服务的人员的生活细节问题之后，就能采取一种更个性化的方式来进行服务。这一点已经被大家所证实。护理人员、老年人以及老人的家人朋友都比较欢迎能在护理过程中给予老人们讲述过去生活和个人生活细节的机会。这种机会已经包含在评估方案和护理计划之中了。这种方法把更加注重整体以及更加积极的评估方法应用到了护理实践中去。这些方法还能预防老年人因为心理脆弱而排斥各种服务设施。这一点对护理人员的影响也是积极的。然而，回忆的这一方面倒还很少有人研究。虽然此做法被提倡并像宾戈游戏和多米诺骨牌游戏一样被很好地融入到活动项目中，但吸引和鼓励人们进行回忆的相关技巧却仍然不是正式训练的一部分，至少在英国是这样的。

这个遗漏可能是由于担心介于治疗手段和转移手段之间的这种干预手段充满了不确定性，最后得到不想得到或意料之外的结果。尽管苏珊娜·约翰斯顿给《回忆》写过一份使用指南，但《回忆》的命运仍然在非常大程度上掌握在那些买它的人手里。早期的时候，人们就已经开始指出《回忆》如何引起了人们痛苦的情绪。但由于它产生了积极的结果，所以大家虽然知道这一点但却对此不承认也不解释。约翰斯顿为使用者所写的指南中只简短提及了《回忆》使受众产生的悲伤情绪：

尽管在很多情况下人们不得不忍受生活中那些令人悲伤的事情，但有些人首次回忆起多年前的悲伤经历可能会号啕大哭。一位妇女描述这种释放情感的行为是"幸福的发泄"。不过她说当她哭泣的时候周围的人员都非常担心她。

这些文字发表后的几年里，关于回忆会引起"创伤"的争论越来越激烈。护理人员和老人亲属也表达了自己的担忧。此外，关注防止老人和护理人员产生失控情绪还成为了培训的一个关键重点。最终回忆援助得到了更谨慎的使用,人们也开始重新强调它的积极影响和转移注意力的作用。这种发展倾向未必受到人们欢迎。实际上,约翰斯顿在《回忆》使用手册中指出了年轻人可能会被误导从而错误地寻求防止老年人情绪低落的方式。不过,她认为分享情绪会使人获得力量,"人们在回忆自己度过的危险和情绪失控的经历时会感到自豪或满意。"

虽然没有忽视回忆过去可能会引起的情绪波动,费斯·吉布森(Faith Gibson)在她的"实用指南"中帮助人们去挑选出那些需要特别关注的"低落人群"。她的方法有把许多老年人的低落状态当成一种正常的心理状态的趋向。有时,这种状态也许是失去伴侣或住所的反映。她还指出情绪低落对于痴呆症病人而言是相当可以理解的。她认为一些精神健康问题是非常"棘手的",进而认为,在这样的情况下,专业的生命回顾和回忆也许是最合适的选择。与多布罗夫相呼应,她总结说一般情况下剥夺和阻止人们进行回忆是更加残忍的一种行为:"更危险的做法是什么都不做,使老人处于没有人激励和支持的孤独状态。"她还和其他人一起强调监督和支持回忆工作者的必要性。

同口述采访和其他需要激发人们回忆的活动一样,这个过程从来都不是单向发展的。结果可能两方都难以预料。口述史学家兼回忆戏剧导演帕姆·史怀哲讲述了通过回忆戏剧来表演一位妇女的故事的影响和作用,这位妇女把这部回忆戏剧称之为"医学奇迹":

这名闷闷不乐甚至有点病态的妇女在看到自己的经历被表演出来后变得活跃起来。她看到了我们对她故事的演出后,对整个事件的回忆比我们初次采访时更加清晰了,于是又添加了许多五十年都没想起的细节……与演员的互相交流和故事的发展对这名妇女产生非同寻常的生理影响。她点亮了生活,成为了当地的"明星"。

为人们进行回忆服务的机构其实是提醒人们,回忆是一项非常自然的活动,可以达到很多的目的。研究人员定义了六种主要的回忆类型,即综合型回忆、工具型回忆、传递型回忆、叙事型回忆、避世型回忆和强迫型回忆。这不是一个固定的定义列表;其他人还加上了"死亡准备型回忆"、"亲密型回忆"和"解决问题型回忆"。虽然没有人辩论这些类型的哪一种更为突出,但值得一提的是,有关回忆的观察表明这些涉及的议题可能各式各样,可能有所冲突,也可能有一定的社会意义,也可能没有,有可能推动社会发展,也可能不会推动社会发展。这些发现的重要性在于它们能够确定回忆如何进一步发展和进一步使用,以及它们促进人们参与一项回忆活动的主观性的范围和类型的程度。回忆有一点与口述史不谋而合,那就是在看似简单的行为下,可能有层层秘密有待我们去发掘。

评 价

尽管工作人员的态度的变化可能非常重要,但有一种压力这么多年来是一直存在的,那就是很多个人或团体都试图通过参与回忆来获得积极的结果。芭芭拉·海特(Barbara Haight)和雪莉·亨德里克斯(Shirley Hendricks)对于这项研究的评论阐明了讨论类型的范围以及衡量形式和干预形式的范围。他们的评论分为"学术讨论"、"研究方法"等部分,也包括"研究"部分(这部分包含了 46 篇文章)。其中有 13 篇文章描述了参与者的所发生的积极变化,这些参与者有养老院里郁郁寡欢的老人,也有被诊断出有老年痴呆症的老人,也有独自生活在家的老人。这 13 个案例中,只有一个显然使用了控制组的方法,没有一个案例采用了科尔曼式的纵向研究方法,研究结果显示老人发生变化的证据往往局限于研究开展期间或是研究结束之后的短期之内。基本上来说,这些研究倾向于解释小规模的干预措施,这些干预措施阐明了人们是如何使自己回忆或人生回顾变得有意义的,这类回忆通常与特定的生活事件或变化有关,比如养育子女、追求持续性资源或是追求有用的过程。尽管某些特定的群体变得不再那么忧郁,交往能力也有所增加,但并不是所有人都有巨大的变化,调查发现因为群体规模不同和具体情况不同,同样的结果是很难复制的。

随后,伍兹(Woods)等人系统回顾了有关痴呆症老人回忆的文献,他发现了"有前途的迹象"。但他们只查询到了一小部分有关随机控制研究的文献。干预手段的高度变化的特质以及他们所要测量的变量都意味着他们能得出的唯一结论就是:需要做进一步的研究。后来的一项研究运用控制手段确定了一些精确的手段并为患有痴呆症老人和照顾这些老人的人们确定了一些积极的成果。

结 论

对于回忆的干预手段本身是要有一些成本的,比如工作人员的时间成本、资源成本、培训成本以及相关实践和政策变化的成本,而探究干预手段的基础证据能够让人们易于抓住回忆工作和人生回顾的评估和成果的本质。这种探究也许本身就是一种评估公众和专业人士在过去五十年里对回忆的态度和理解的变化的手段。回忆这种人们过去所拥有的东西,是一种正常的活动,现在却很容易被人们忽视或视为病态,就像老人容易受到疏远并被人们视为困难和问题,现如今,我们正在凭借对特定群体的测量结果为其正名。在 21 世纪,人际交往活动可能会由金钱的价值和所主宰,这也许并不意外。

但如果这种评估的证据和形式会决定回忆活动在未来的发展,这将是莫大的遗憾。回首过去,英美先驱以及后来者所取得的成就与其说是关于改变衰老过程的一些方面,还不如说是通过认识老人的个性和生活经历从而使社会保障实践更加人性化。

参考文献

[1]罗伯特·N.巴特勒:《为什么活着? 在美国老去》,哈珀与罗出版公司 1975 年版。
[2]彼得·G.科尔曼:《老龄化与回忆进程:社会及医学价值》,威利出版社 1986 年版。
[3]费斯·吉布森:《现在的过去:回忆运用于健康和社会关怀》,健康专家出版社 2004 年版。
[4]马克·卡缅斯基编:《回忆的运用:与老人合作的新方式》,霍沃思出版社 1984 年版。
[5]帕姆·史怀哲、爱罗琳·布鲁斯、费斯·吉布森:《回忆昨日,珍爱今天:痴呆症护理中的回忆——良好实践的向导》,杰西卡·金斯利出版社 2008 年版。
[6]杰弗里·迪恩·韦伯斯特、芭芭拉·K.海特编:《回忆工作的批判赞赏:从理论到实践》,施普林格出版社 2002 年版。

第 14 章　普鲁斯特效应:口述历史和感官

保拉·汉密尔顿(Paula Hamilton)

从海岭下来你会嗅到海藻的气味,这就是家的气息。

——多萝西·奥尔森(Dorothy Olsen)

我发现所有的感官当中视觉是最肤浅的,听觉是最傲慢的,嗅觉是最性感的,味道是最迷信、最易变的,触觉是最深刻的且最富哲学意味的。

——狄德罗(Diderot)《写给盲人的信》,1749 年

对每个人的人生体验来讲,五感——听觉、视觉、触觉、味觉和嗅觉——当中的至少一个是极其重要的。然而,研究这些人生体验的口述史学家对感官的研究却仅仅局限于对生产和交流过程中声音和听觉的明显关注。长期以来,感官一直在诗歌和散文的文学想象中处于核心地位,但除此之外,感官还被用作阐述和解释经历体验的概念研究。先是被人类学家用于研究不同的文化,再是被后来的文化史学家所运用,然后这种研究思路被广泛地传播开来。口述史学家是时候该去发掘人文学科领域的这场"感官革命"(sensory revolution)所带来的可能性了。

众所周知,感官可以作为记忆手段或是触发记忆的工具。茶和玛德琳蛋糕的气味和口感勾起了普鲁斯特(Proust)对往事的回忆。他在那段关于记忆的著名文章中写道(这段文字同时也自始至终向我们展示着语言本身的美感):

但从遥远的过去来看,一切都不复存在,比如人死之后,东西被破坏、被打碎,寂静,孤独,虚弱随之而来。然而你的嗅觉和味觉却会久久不愿离去,反而更具活力,更加超越物质,更能够坚持,更为忠实,灵魂一般,随时准备提醒我们,在其余事物的废墟中等候、期待合适时刻的到来;用它们微小的、近乎无形的存在坚决地去记忆那结构巨大的回忆。

普鲁斯特把这种突然浮现的回忆称为"非意愿记忆"（involuntary memory），这一现象的出现似乎抹消了事件本身与回忆里中事件的再现时光的流逝。电影中常常用来表现回想的一句话很好地概括了这一现象："我记得这件事，仿佛它就发生在昨天。"感官有能力在任何时候把过去的体验带回当前，但是在口述史访谈这样较正式的场合中，这些感官体验也可以被人们刻意地突出。例如，只要闻到曾经闻到的香味，就会开启当时的记忆，这被科学家们称作"普鲁斯特效应"，然而记忆只有传达给别人时才具有社会意义。

尽管关于气味的记忆在普鲁斯特身上展现了强大的力量，但是传统意义上，感官体验被认为是生理感觉，这种感觉受到个人心理和经历的影响，因此并不属于分析和抽象思维的领域。在普鲁斯特的年代，但并非只有他认识到记忆与感官的重要联系，哲学家亨利·柏格森（Henri Bergson）在 1909 年也观察到："一切感觉都是充满记忆的。我们通过运用感官接收到的当前的即时数据，将已往经验中的上千个细节结合起来。"然而，他们各自的观点，像在这一方面研究的前人一样，似乎并没有得到人们强烈的回应，直到 20 世纪末的"感官革命"提出了感官研究应当作为人文学科的一部分。如今，感官的地位正如道格拉斯·豪斯（Douglas Howes）所言："（它是）文化表达的最基本领域，所有的社会价值观和社会实践都需要通过它这一媒介得以进行。"近几年，学者们已经对个人感官历史进行了越来越多的研究，同时也开始重视各个感官之间统一的联系。

所有那些提倡感官的作者，都谈到了视觉在人们研究对过往经历的理解中的垄断地位。他们认为，盲目地将视觉作为认识社会的主导因素限制了我们的想象力，并且忽略了其他感官在我们体验和理解世界时所起到的同样重要的作用。学者们认为，对感官的重视赋予我们用截然不同的视角看世界的能力，使我们不得不重新思考社会体验的本质，不管是针对人际关系还是群体关系，甚至思索关于我们如何生活以及如何穿越空间。

马克·史密斯（Mark Smith）是感官史研究领域极为举足轻重的一名历史学家，他对感官史展开了全面的研究，并声称："感官是具有历史性的，它们并非千篇一律，而是人们所处时间和地点（尤其是时间）的产物。因此人们所感知和理解的嗅觉、听觉、触觉、味觉和视觉是随着历史而改变的。"他认为感官历史有着非常广泛的研究目的：它"严肃地记录着那些普通大众日常中平凡琐碎的事，就像它严肃地记载知识分子、精英阶层以及杰出人士的历史一样，它竭力全方位地理解过去的感官体验对人们的意义"。这听起来很像起初口述史运动中的"下层人民的历史"研究产生的背景，在这一背景下，口述史运动首先选择了去记录那些一直"保持沉默"的人们的生活，但重要的是，史密斯认为，人们有可能使用感官来研究那些没有听觉的人的人生经历，或是没有视觉或嗅觉的人,抑或是那些没有味觉或是嗅觉的人。事实证明他是正确的,因为已经出现了一些对美国奴隶制和声音的优秀研究。他还声称:"历史也是能够解释最强大的感官的。"

人类学家康斯坦斯·克拉森(Constance Classen)指出,对于过去的感官世界的研究不应仅仅停留在描述存在于某一特定时间内的声音和气味上,尽管它们着实令人回味,研究应该更深入地去探索那些气味和声音对人的意义。换句话说,我们的工作不应仅仅是去简单描述那些通过感官获得的诸多往事经历,还应该去解释这些感官经历的意义,特别针对那些仅仅通过视觉层面去研究收获不大的经历。简而言之,对于马克·史密斯而言,感官历史与其说是研究的"领域",还不如说它更倾向于是一种思考过去的习惯——"一种与过去变得更加协调的方式。"当我们想到感官的时候,我们接触到的是"潜意识的历史",这让我们用新的眼光解释先前访谈的意义,并且重新思考以后的访谈的过程和内容。

记忆中的感官

人类学家已经关注不同文化在某种或其他感官方面的社会价值方面存在的差异,与此同时历史学家关注了从 17 世纪到 20 世纪中叶这段历史时期,研究这一时期的各种书面文本。因此,历史研究往往倾向于成为一种利用被研究时间段内所产生的史料所进行的创造性的对话。可能会有各种各样的原因使得到目前为止几乎没有针对这段时期的研究,而那段世人记忆中的历史是可以通过利用口述史研究的。最重要的核心问题是感觉如何被记住,然后成为清晰的记忆,从而把这种生理现象与社会、文化因素结合起来。例如,如果视觉刺激在生理基础上保持较长的记忆,那么我们需要在我们的分析中考虑到这一点对社会因素的影响。

到底感官体验是如何精确地与记忆联系起来,迄今为止这对心理学和科学的研究人员来说还是一个尚未完全认知的领域。2004 年,英国神经学家声称发现了气味或声音能够引起大量情境记忆的生理基础。他们指出:"关键在于,与某件事情相关的记忆一方面分散在大脑的感觉中枢,一方面又被海马区支配的。如果其中一个感官受刺激唤起记忆,那么涉及其他感官的记忆也同样会被唤起。"

正如普鲁斯特所展示的那样,嗅觉长期以来一直被誉为记忆感官,因为它最有可能唤起对往事的追忆。"气味似乎是最难被遗忘的,"科学家戈特弗里德(Gottfried)说,"先前的研究已经发现对看到图像的记忆在几天甚至几个小时后就开始消失,然而对气味的记忆可以完好如初地保存长达一年。"不过,霍华德·休斯医学研究所(Howard

Hughes Medical Institute）2008 年的一份报告指出，在很大程度上气味仍是"神经科学的一个未解之谜"。

　　尽管所有的感官能力都会随着年龄的增长而下降，事实上人类从视觉获取的信息远不及其他具备视觉的生物。考虑到我们西方文化中科技对视觉传播的重视，如摄影、电影和通过电视和互联网传播的海量影像，这一研究结果似乎有些不可思议。与视觉技术相互补的还有那些强化听觉传播的科技，例如广播和电话，但到目前为止我们对这些新技术对我们感官和它们在记忆当中转化的重要性依旧知之甚少。米尔科·扎尔迪尼（Mirko Zardini）认为在新的感官革命中"与其说感官构成了一个新的研究领域，不如说它促使了我们在观察和定义我们自己的研究领域的模式和媒介上产生根本性的转变"。他将这种感官领域与新的数字技术以及利用移动通信来影响更为广阔的受众的可能性紧密联系起来。看来我们再也无法使视觉或听觉脱离那些增强它们传播范围的科技了。

　　心理学家也在我们对记忆和认知的理解方面取得了重要进展。库尔特·丹齐格（Kurt Danziger）已经讨论过心理学与感官研究合作的历史背景，并指出："回忆的过程不仅涉及对过去的回忆，还包括现在对过去的感觉。"他认为记忆和感知之间的界限很模糊，但特别强调了个人的过去对感官记忆的塑造作用："我们采取任何感官体验的方式、实际体验的方式和赋予它的意义，总是受到我们其他体验的影响。其中的一些来自当前的背景感知，还有一些来自过去经历的遗留。"

　　除此之外，我们知道每个感官在被回忆起时会以不同的方式发挥作用，尽管目前还不清楚如何区分它们所有的特征。因为它们本质上是相互关联的，并受到情感的支配，所以这个问题是极其复杂的。尽管如此，研究各个感官的学者们依然确认了其中的一些特征。例如，吉姆·多罗拔尼克（Jim Drobnick）指出："气味本质上是不连续的、零碎和松散的"，而视觉更加强烈和持久。"周围无处不在的气味被人体吸入之后与身体紧密结合；它们会弥漫到周围的空气中，令人无法忽视。"

　　矛盾的是，对感官的研究也显示出我们对过去体验认识的局限性，特别是在口述历史研究中。文字不再被看作是体现人类思想和体验的唯一途径，因为感官和具体体验有时是语言之外的东西，它们并不仅仅是人们所看到的和听到的，而是人们用生活去体验的。乔伊·帕尔（Joy Parr）在一篇几年前的名为《默会维度》（*The Tacit Dimension*）的著作中援引作家迈克尔·波兰尼（Michael Polyani）的话："我们所知道的要比我们所能言传的多"，也就是说我们都拥有具体体现、情景化的知识，"这些知识很隐晦，理解时需要互相参照。"这些知识常常是我们长期以来了解到的东西，所以我们习惯性、无意识地去实践它，而从不去刻意思考它。然而，口述史的的确确把三维体验还原转化成二维的采访,后者通常又会被转换成平面的文字。

口述史,就其本质而言,是在阐明讲话、语言、手势(如果技术手段包含视觉维度的话)的经验。既然口述史本质上是关于某个机构的或是某些作为其人生故事的中心人物的个人的,因此,区分受访者是作为一个感官的"消费者"还是"生产者"就显得尤为重要。正如佩格·罗斯(Peg Rawes)指出的那样,我们都在通过环境来创造自己的感官景象。我们积极地构建个人的经历,但是如果我们过去听到、看到、闻到、接触到或者品尝到的东西都被清晰地记录到记忆中,那么我们所讨论的是一个目前无法复制的情景。过去人们如何听到或闻到和我们如今体验的不一样。因此感觉的"历史化"显得至关重要。虽然目前重构和重现过去记忆的形式多种多样,比如十分流行的博物馆展览,但是我们事实上并无法重现当时的接收和感受到的情境。一些感官体验甚至与过去冲突。例如,很少人如今能回想当时所抽的第一支烟的气味和味道,那是一种"纯粹的快乐"。但是,对于五感中的视觉和听觉来说,19世纪以来的视觉再现技术以及20世纪至今的声音再现技术使得我们可以把这两种感觉作为无形遗产保留下来,将它们凝固在时间中,保存在电影和声音档案里。

感官和口述历史

我们希望在访谈中涉及所有感官,不管它们是交流过程的一部分,还是记忆的实际行为。在这里我用不同的国际档案和两个位于澳大利亚悉尼郊区的社区项目来说明,后者是我多年以来一直参与研究的。虽然我的很多研究个例涉及视觉、听觉和嗅觉,但是涉及味觉和触觉的,我所发现的并不多。味觉似乎大多跟食品有关,并且几乎都出现在某些特定主题的项目中,此外很少涉及。同样地,我也仅在一位受访者身上明显找到触觉唤起记忆的事例,她叫吉恩·哈德逊(Jean Hudson)。吉恩在曼利(Manly)已经生活了五十多年了,当她在曼利闲逛时,她经常会伸出手去抚摸像楼梯、栅栏或建筑物这样的地方,因为这些地方能使她想起她所失去的心爱的人,还有生活中发生过的种种重要的事情。正如马克·帕特森(Mark Paterson)在观察触觉时写道,"触觉似乎更亲密、可靠、靠近说话者",但是因为它是"我们自身很重要的一部分,并且集中表现为一种非言语的交际形式",所以我们不太可能把它用言语表达出来,除非使用比喻的手段。然而正是通过触摸,我们接触到世界的物质,并且它可以唤起涉及其他感官的强烈记忆,就像上面举的吉恩·哈德逊的例子一样。人们经常将他们可以触摸的东西与特定的人联系起来记忆:比如说触摸感受到父亲烟斗的光滑或是母亲的塔夫绸礼服的纹理。

有几种方法可以用来考量感官在口述史中的作用。首先是重新思考过去被我们习以为常对待的视觉的本质，例如，哈利·奥雷根（Harley O'Regan）告诉我这样一个故事，他是在悉尼的一个郊区摩士曼（Mosman）长大。当我对他的视觉感官的角度深入思考时，这个故事体现出更大的意义：

　　那是个极其漂亮的蓝色游泳池，叫作卡维尔之浴（Cavill's Bath）。不过，当时这个泳池最诱人的地方要数在其中游泳的罗达·卡维尔（Rhoda Cavill）。她有着曼妙的身材，那种梦幻般的美丽，她的泳姿轻盈得像一只燕子，仅仅看着她就令人如此着迷。她比我年龄大一些，不是我们班的。

　　重读这个故事时，我被奥雷根的描述所触动，他脑海里回想起的画面照片一般的清晰。他的叙述展现了一个典型的当代澳大利亚女性形象，那流畅的曲线和漂亮的泳姿，因为他见过太多次了，所以这已成为他记忆的一部分。我们可以理解他对所看到的画面的叙述充满了热切的渴望，包含了一个年轻人触不可及的梦。

　　其次，感官感受可以是受访者所讲述的故事的中心主题，也可能仅仅碰巧是用来解释某个行为的原因。其中的一些情况包含生理上的因素，就像奥立佛·沙克斯（Oliver Sacks）当时的感官那样发挥影响。著名神经学家沙克斯通过他出版的案例分析探索了认识活动的相关条件。这些故事并不常见，但来自旧金山口述史档案的例子非常典型。2002年，格洛丽亚·里昂（Gloria Lyon）接受采访了犹太人大屠杀项目（the Jewish Holocaust project）的访谈。她出生在捷克斯洛伐克（Czechoslovakia），当时只有14岁，在1944年5月，在奥斯维辛（Auschwitz）集中营，她失去了她的嗅觉：

　　在1944年5月份的某个时候，我被分配到加拿大做工。当时我只是觉得不太舒服，一直呕吐，我不停地呕吐是因为嗅到了尸体焚烧的气味、包括骨骼和头发焚烧的气味。那气味非常，非常糟糕。我意识到这就是我为什么呕吐的原因。因此我甚至吃不下分给我们的那一丁点食物。

　　这令我母亲非常担忧，我也非常担心，因为我的体重正在飞快地下降。即使我没有呕吐，体重也会下降。要知道在奥斯维辛集中营一旦有人体重减轻，说明这个人活不了多久了……可突然有一天我不再呕吐。我听到别人谈论我的情况，但我发现它已不再令我困扰了。我不知道我嗅不到那些东西的原因。事实上直到13个月后我被解放，到了瑞典，才意识到自己已经完全失去了嗅觉。

　　格洛丽亚的故事是关于创伤体验以及创伤对感官影响的典型事例，但当她给我们讲述的她47年后恢复嗅觉的事，我们才发现其中更为重要的意义。1991年，格洛丽亚和丈夫重返奥斯威辛：

　　不管怎样，当我再次踏上奥斯威辛集中营的时候，我触摸了那些不再有威胁的电网，把大门打开又关，确定它们不会伤害我。我喋喋不休地说个不停，可苦了我的丈夫。

我们离开奥斯威辛集中营的路上,正要穿过波兰宁静的乡村,我开始留意到什么。我对卡尔(Karl)说:"我闻到了什么?是肥料吗?"就好像我从未失去嗅觉那样。他那时正在开车,说:"你闻到了吗?"我说:"我想是这样的。"这才想起,天哪,我之前可是丧失了嗅觉哪。他把车开到路边,打开了一个漂亮的盒子,拿出他的须后水说:"闻一下。"就这样47年来我第一次找回了我的嗅觉。但我不能理解的是,为何我恢复得如此顺利,就好像我从未失去嗅觉,这是为何?现在回想起来,似乎很奇怪。

这个故事就是所谓的"情境知识"及其具体化的典型事例,也就是说,感官理解与特定地点、时间相联系。格洛丽亚只有回到创伤的地方才能找回她的嗅觉,就像重新打开开关一样。

另一个案例中,一个医生的嗅觉拯救了朱丽·叶辛(Juliet Sheen)的生命。那是20世纪60年代,叶辛居住在悉尼郊区,当时她颈部脓肿,病得厉害,但没有人知道是哪里出了问题。老巴里(Barry)医生,是这个区的辖区医生,到她家时叶辛已经奄奄一息了。她回忆:"他站在床边鼻子闻了闻"(谈及此时,她也模仿着用鼻子闻了闻),然后说"我闻到了好像是来自一战战壕里的味道",然后他给她注射了大量青霉素,就这样治好了她的感染。这个故事提示我们,尽管当今的医疗专业设备提供了疾病诊断的检测技术,有很多医生依然会依靠他们的感官认识和先前的感官经历来诊断病情。

由于口述史的存在依靠于声音的技术,难怪听觉在过去采访中的突出地位。有些口述史学家认为声音应该被视为记忆传达的中心媒介。例如马丁·托马斯(Martin Thomas)表述的那样:

太多懒惰的历史学家依旧仅仅从口述历史中挖掘具体的内容(更有甚者只偏爱访谈的记录文本),而忽略了录音的环境、采访内容的夸大成分和各种媒介的不同特性,所有这些都影响了口述史内容的史料价值。

对于托马斯来说,除了采访本身,实地录音和声音制作"也总是他研究活动的一部分"。关于声音的重要性,他提出了一个重要的观点,指出声音不仅对于采访内容,而且对于口述史研究本身都具有重要意义。

朱丽·叶辛的叙述另一方面还吸引了研究感官的口述史学家,那就是访谈中感官效应的表演倾向特质。前面谈到,朱丽·叶辛模仿医生用鼻子闻了闻,也就是说人们常常在采访录音中会通过做出或表演出各种感官感受。由于没有视频,受访者用身体来演示或重现一种声音、视觉或是气味受到了限制,因此他们使用语言来比喻或是重现这些信息。约翰·贝瑞(John Berry)描述出了在悉尼郊区的煤气厂旁边成长的经历,而且重要的是他能确定所叙述情境的准确位置并能够模仿出其中的声音。

煤气厂对我的人生影响很大,因为它离我们很近,它位于检疫站和小曼利之间……

每天发出呜呜,呜呜,呜呜的沉重声响,这已经成为你生活的一部分了,你和它就是那么近……还有那里煤气的臭味。

　　贝瑞试图去表现那种声音渗入他当时的生活,所以他在模仿那种声音的时候紧抓胸口。但是声音是跟地点还有其他感官相联系的,所以他谈到"煤气的味道",这两种感官体验在他的记忆中已经相互联系了起来。这段叙述在重现过去时已经不仅仅停留在声音的维度上了。它们提醒我们,我们在生活中的不同环境和不同时期是如何运用各种感官的。正如康斯坦斯・克拉森(Constance Classen)所说:"当我们回想某种感官体验时,我们回想的又不仅仅是感官而已。"不同的学者也提醒我们声音和其他感官之间的关系是错综复杂的,因为它们总是与感情联系起来。

　　当然,采访中我们遇到了各式各样与声音和听觉有关的情感流露。其中的一些与低声细语、忏悔、窃听和偷听有关。玛丽・斯坦顿(Marie Stanton)就谈到她的童年和传统的天主教忏悔室间的联系。她的关注点是听觉,而不是视觉:

　　老神父麦克唐纳(McDonald)在那里待了好多年了,是个聋子,如果你去忏悔,他会说:"我听不到你说的话",于是我们都偷偷溜进去偷听。

　　对于玛丽和她的朋友们来说,"偷听"仅仅是无视教堂规定和权威的小小过错,但是,他们所讲述的经历包含了更大的声响,比起通常的童年冒险回忆显得有些不恰当。

　　然而,一些感官体验以更为严格的方式记录。正如凯西・奥卡拉汉(Casey O'Callaghan)所说:"时间对于听觉正如空间对于视觉一样。"例如,珍・迈尔斯(Jean Miles)1920 年在悉尼上学时,悉尼海港大桥(Sydney Harbour Bridge)正在建设中,从 20 世纪 20 年代末一直到 1932 年才完工。珍的学校紧挨天文台(Observatory Hill),从这里可以俯瞰整个海港大桥:

　　我们是在这样的环境中长大的,房顶上的石头嗒嗒作响,教室就好像处于爆炸的噪声当中,你知道的……伴随着风钻的工作声音……这么多年来,我的大学生活,都是在这样的噪声中度过的。

　　学校是一个需要学生专注倾听的正式场所,因此难怪这些持续多年的噪声成为珍对童年的主要记忆和理解。通过一些其他的讲述,我们了解到所有生活在城市北部的人们都像珍一样,热切盼望海港大桥的完工,因为人们不能轻易地穿过海港,所以这一期待一直支撑着她的记忆。

地点与感官／感官都市化

　　我参与的社区研究项目之一是悉尼巴尔曼的"当地人的转变研究"项目。它记录了 20 世纪 60 年代以来一个前工人阶级聚集地的郊区逐步走向中产阶级化的过程,世界上不同城市的城市历史学家都记录了这一现象。许多关于中产阶级化的研究大多通过研究外部的改变来讲述这一变化的过程,如房屋装修、商店类型的转变或收入水平的改变。但很少有研究从那些经历过这个一转变进程的人的角度来研究。通过这个口述史项目,我得以机会来询问受访者他们能回忆起哪些感官体验,从而检验自己关于感官的新想法。带着这些问题,我试图创造一个更精细的刻度模型,发掘人们随着时间变化体验变化的动态意义。迈克尔·布尔(Michael Bull)谈到了声音和体验的空间特性,这种特性隐藏于"主要靠视觉激发的关于经历的认识论,而这种认识论影响了很多当代的社会科学调查……我们的城市面貌很少轻易变动"。

起初,这些关于气味和声音问题的研究徒劳无功,但通过坚持不懈地提醒受访者并给他们时间来思考,我收获了令人满意的结果。最终成果是得到了对于这一地区景观的丰富描述:这个地方曾是郊区,是工人生活和工作的地方,而经历这一变化之后不仅工作的类型发生了重大的改变,而且人们的工作地点和家的位置也分离了。

我们一说到现代化城市就会联想到那刺耳的声音,其中的大部分被定义为噪声,我们设法消除屏蔽这些噪声,因为它刺激我们的耳朵、眼睛和鼻子。相比之下,我们总设想郊区是"安静"、祥和的,如果不是寂静的话。20 世纪中叶,城市之间的郊区地带完全和我们想的不一样。这里的声音和气味深深地受这里的工业化和巴尔曼(Balmain)这个港口半岛的影响,巴尔曼聚集了需要用水的重工业,例如造船厂或进口海外原料来制造化学品和肥皂的工厂。大多数接受采访的人并没有在这些工厂工作过,但都在 1960 年后搬到那里。访谈的最初观察结果显示人们能够根据气味能够确定他们所在的位置。通过辨别特殊的气味,他们能够说出风往哪个方向吹。

我记得如果风来自西方,你会闻到孟山都(Monsanto)的化学制品的味道,一种非常刺鼻的气味。我最喜欢的是从皮尔蒙特(Piermont)殖民地糖业公司(Corporation Social Responsibility)飘来的风,带有甜甜的味道,我觉得它更像是糖蜜。在我的记忆中是从南方吹过来的(采访者表示:"我不喜欢这味道"),在其他的风中你能闻到来自帕莫莱夫 & 利华兄弟的皂片以及厨房洗涤液以及沙皂的味道,这是非常清新的味道。

社会学家格奥尔格·齐美尔(George Simmel)形容气味为一种"游离的感官",因为"关于气味的情感判断是彻底的、不容商量的"。在访谈摘录中,采访者对气味有着不同的评价。这就体现了地方化的差异感,因为在巴尔曼的其他地方有三个电站,正如另一个受访者所讲,你可以"闻到装煤机中煤粉的味道,如果风从西南方刮过来"。

该地区大部分人的工作节奏同样也决定了该区域所有人的时间安排。半岛之外的鹦鹉岛(Cockatoo Island)是用于造船的。琼·查普曼(Joan Chapman)回忆说你会知道什么时候下班，因为"那奇怪的令人难忘的汽笛声"。然后人们坐一小会儿船就回到了巴尔曼。很快，"成百上千的来自码头的人都涌到街头"，这里将充满"男孩争先恐后叫卖报纸（午后要闻）的无尽的吵闹声"。这些声音是暂时的，但每天都会重复上演。他们谈到那些充满男性色彩的工作一方面很喧闹，一方面影响而且改变了当地的郊区景象，琼已在不久前从这一区域搬走了。弗兰·通金斯（Fran Tonkiss）谈到了感官，特别是声音，认为它们"能够捕捉到集体生活和个人生活之间的较大的都市性矛盾"，而这种紧张气氛似乎在这一地区是显而易见的。

上述故事也谈到了波及整个区域的中产阶级化运动，以及我们把城市看作一种"感觉中枢"——在这里各种感官彼此融合并且深受这一运动的模式和风格的影响。生活在巴尔曼的人们曾经步行上下班，很少人有汽车。然而几年之后，据另一个采访者回忆，每当他听到车门被关上的碰击声和发动车子引擎发动的轰鸣声，就知道一天你的工作结束了。这些容易勾起回忆的背景音，唤起了我们在日常生活中对不同音调、音量和音色的回忆，并且它们帮助我们及时确定各种地理位置。此外，一些很现代的声音并不被大家所认同和接受。例如，戴安娜·布莱恩特（Diana Bryant）嫁给了一位医生，然后搬到了巴尔曼，住在距离货运码头不远的地方生活。对她而言，"靠近工业场所并非我的选择，我的朋友没有一个在那工作。"然而，令她记忆犹新的却是 20 世纪 60 年代末集装箱的出现和"它们被搬到船上时撞击发出的金属撞击声"……那些住在巴尔曼周边的人无疑受到这些噪声的影响。在以前的生产系统下，很可能在装卸货物时产生不同的声音，譬如铁路调车的声音，还有起重机的声音，人们的呼喊声，但是在这里生活过一段时间的人们对这些声音会慢慢适应，使之成为他们日常背景音的一部分。科比对这里的记忆是刺耳的噪声，这些新的噪声侵入了这个新兴的郊区。

当然，对一些受访工人对气味和声音的回忆与此截然不同：例如，高露洁棕榄工厂，于 1923 年建立在水边的一个老肉品加工厂。它的黄金时期是在 20 世纪 60 年代，当时它雇用了 1250 名当地工人。众所周知，彼得·沃特曼（Peter Waterman）来到高露洁"棕榄系列"的工厂工作，他是第一个被录用的办公室勤杂员：

> 好吧，当我走在那里就会有大量的香气扑鼻而来。你知道这里有不好闻的牛脂，当然还有香味，大约一个星期左右你会闻到芳香的香味，但当我过去常常这条街时……我再也闻不出它的味道。因为它已经成为该地区的一部分——如果你在一个地方长久工作，那个地方的气味将被你慢慢吸收，而你却不再闻得到它。

这或许是巧合，那好闻的肥皂厂被建在一个旧屠宰场的位置，但这只是习俗的延续，所有会带来强烈气味的作业都会被安置在那个位置。沃特曼想起"牛脂——动物脂肪——被用来生产肥皂，然后被送到工厂码头。当它们在高温下放置太久，就会开始融化,散发出的气味相当难闻"。

采访中很常见人们谈论将他们的工作场所与某种长期充斥在那里的气味和声音联系起来,但是依然还有大量的研究需要做,关于通过感官工作来研究劳动的意义。这个故事的另外一面是男人下班带回家的衣服的味道,妻子或孩子们都能记住自己的丈夫或父亲的工作服、工装裤或夹克的味道,这味道将未知的外部世界带入到家庭的亲密环境当中。这些气味虽然不大好闻,但是却提供了感官感受"跨场所"转移的实例。

这些例子展示了对城市中产阶级化过程的不同理解,通过不同人的角度来体验这一过程。一方面,这些案例透露了巴尔曼"当地社会"的复杂性、其多层次的历史以及当地场所的多重意义,尽管"当地人"暗示了它们的一致性;另一方面,这些案例让我们了解到当地的范围,以及随着时间上巨大的社会变迁和空间上不同形式的人员流动,人们如何重新定义它们的。

对所有那些从事写作、制作或记录历史的人们来说,感官研究仍处于起步阶段,还有许多解释性框架需要制定。但是,历史学家马克·史密斯(Mark Smith)是正确的,他认为致力于感官工作已成为一种"思考过去的方式"或是一种思考习惯,因为它包含了一种概念的转变,这一转变将给采访过程和结果带来新的研究角度,并给未来的记忆研究带来了新的唤起回忆的可能性。

参考文献

[1]罗斯·班德、米歇尔·达菲、多莉·麦金农:《倾听的场所:声音、地点、时间和文化》,剑桥学者出版社 2007 年版。

[2]迈克尔·布尔、莱斯巴克编:《听觉文化读本》,伯格感官形成系列丛书 2003 年版。

[3]康斯坦斯·克拉森:《感官世界:跨越历史和文化探索感官》,劳特利奇出版社 1993 年版。

[4]康斯坦斯·克拉森、戴维豪斯、安东尼·西诺特:《芳香:气味的文化历史》,劳特利奇出版社 1993 年版。

[5]黛安娜·柯林斯:《声之旅:探索和寻找澳大利亚的听觉历史》,出自《澳大利亚历史研究》2006 年 10 月,第 1—17 页。

[6]史蒂文·康纳:《各种各样的感官》,《感官与社会》2006 年第 1 期,第 9—26 页。

[7]史蒂文·康纳:《现代听觉 1》,出自罗伊·波特编:《重写自我:从文艺复兴时期到现在的历史》,劳特利奇出版社 1997 年版,第 203—223 页。

[8]阿兰·柯尔本:《恶臭与芬芳》,哈佛大学出版社 1986 年版。

[9]阿兰·柯尔本:《时间、欲望和恐惧:面向感官历史》,政体出版社 995 年版。

[10]杰弗里·丘比特:《历史与记忆》(历史方法系列丛书),曼彻斯特大学出版社 2007 年版。

[11]库尔特·丹齐格:《标记心灵:记忆的历史》,剑桥大学出版社 2008 年版。

［12］迪斯·雷迪肯、乔伊·达姆斯编：《在现代化时代去诉说与倾听》，澳大利亚国立大学出版社 2007 年版。

［13］詹姆斯·多罗拔尼克编：《气味文化读本》，伯格出版社 2006 年版。

［14］法伊特·额尔曼编：《听觉文化：对声音、听觉与现代化的研究》，伯格出版社 2004 年版。

［15］卡罗琳·A.琼斯编：《感觉中枢，浸入式体验、科技与当代艺术》，麻省理工学院视觉艺术中心，麻省理工学院出版社 2006 年版。

［16］大卫·豪斯：《这些骨瘦如柴的人能生存下去吗？从人类学角度探讨感官历史》，《美国历史期刊》2008 年 9 月。

［17］大卫·豪斯编：《感官帝国：感官文化读者》，伯格出版社 2005 年版。

［18］大卫·豪斯：《感官关系：感官参与到文化与社会理论中》，密歇根大学出版社 2003 年版。

［19］乔伊·帕尔：《闻起来像？五大湖历史上的不确定性资源》，《环境历史》2006 年 4 月，第 282—312 页。

［20］乔伊·帕尔：《二十世纪加拿大的感官历史的说明：及时、默契以及物质性》，《加拿大历史评论论坛》2001 年 12 月，第 719—745 页。

［21］马克·帕特森：《感官的接触：触觉，情绪反应与技术》，伯格出版社 2007 年版。

［22］佩格·荣威：《索尼克信封》，《感官与社会》2008 年 3 月，第 61—76 页。

［23］奥利弗·W.萨克斯：《火星上的人类学家：七个自相矛盾的故事》，克诺夫出版社 1995 年版。

［24］奥利弗·W.萨克斯：《因为一顶帽子而误解太太的丈夫》，顶峰书籍出版社 1985 年版。

［25］马克·史密斯编：《听觉历史：一位读者》，乔治亚大学出版社 2004 年版。

［26］马克·史密斯：《感觉的产生和接受：感官史的危险与前景》，《社会史杂志》2007 年，第 841—858 页。

［27］马克·史密斯：《感应过去：历史上的看、听、闻、尝与摸》，加州大学出版社 2007 年版。

［28］马丁·托马斯：《记录热潮：传递土著文化的声音》，《澳大利亚研究》2007 年 1 月，第 107—118 页。

［29］米尔科·扎尔迪尼编：《城市感官：另一种方式的都市生活》，加拿大建筑中心 2005 年版。

第 15 章　行动之后：口述史与战争

梅根·哈金（Megan Hutching）

他们如何将伤员从海滩撤离？

这个问题提得好，但是我不知道答案。可能你从来没有回头看，而是一直向前走。在我的印象中，那时的你不惧牺牲。后来随着伤员的再次上阵，他们变得更有组织性，但这种组织性在最早一波的攻击中并未体现。虽然你已经做好牺牲的准备，但仍不忘祈祷。我不知道你是否有种解脱的感觉。简单地说，你快乐因为你还活着。①

这是艾伦·罗伯特（Alan Robert）对 1944 年入侵帕劳群岛的贝里琉（Peleliu）的回忆，这回忆向我们诉说前线的活动是怎样的。在前线任务并不明确；更多的时候是混乱不堪的。会出现危险、噪声、死亡和受伤，甚至会同发号施令的人失去联系。这时候就必须依靠同伴、自我保护意识和不受控制的环境适应能力。正如罗伯特·拉贝尔说的那样，团结一直可以解决争端，但他们却在独自体验战争。

在对口述史和战争进行更普遍的总结时，我曾用了八年时间对二战退伍军人进行记录访谈研究，并将此作为个案研究。我并不想去探讨诸如情绪影响人们回忆的不同方式或者人们构建自己人生回忆的方法，因为这些都是进行大型口述史研究的必需部分。相反，我探索别人为什么研究战争，研究其他研究人员已经发现哪些不同类型的信息。

我是一名社会历史学家，虽然我参与的项目本该由一名军事历史学家完成，但是我渴望去做这项研究，因为我认为我会以不同的方式来诠释。我想从个人角度审查参加战争的影响，而不是专注于那些标准的战争叙事重点：即对军事行动的全面概述，例如

---

① 艾伦·罗伯特：《绝望之地：新西兰人的太平洋战争回忆录》，梅根·哈金编，柯林斯出版社 2006 年版，第 240 页。本章所有的口述引语均出自已出版的书籍。

军事战略、战事信息、前进或撤退、军事装备的技术信息。

重新定义战争经历

口述史研究的访谈阐述那些人们常常忽视的卷入战争中的普通人的经历以及战争不同方面诱发他们所产生的一系列反应,同时提醒我们,战斗——"典型的战争经历"——并不是唯一重要的战争经历。专注于战斗经历的访谈只是反映一个非常狭隘的战争概念。大多数军人并不是在前线的战斗部队。我以前对记录一些我的受访者服兵役期间的经历以及他们对服兵役的反映的一些信息特别感兴趣,但是现在,我对一些传统历史学家因为某些事件过于普通而常常忽略的事件也非常感兴趣。这些事情包括他们服兵役期间的生活细节,例如准备食物以及清理衣物和身体。

我组织的这个项目得到新西兰文化遗产部门的支持。在此之前,海伦·克拉克总理(Prime Minister Helen Clark)对土耳其加里波利(Gallipoli)进行国事访问,此行的目的是为了庆祝新西兰军队 1915 年在此登陆的 85 周年纪念。访问期间,她阅读了一本新西兰作家莫里斯·沙德博尔(Maurice Shadbolt)的书《加里波利之声》(Voices of Galli-poli)。这本书是根据作者于 20 世纪 80 年代与加里波利退伍军人的访谈记录编写而成。海伦·克拉克同加里波利战役有着深厚的历史渊源——她的一位叔祖在这场战役中牺牲——所以她对这个话题很感兴趣,同时她也被书中生动形象的主人公经历所打动。

一回到新西兰,她就要求内阁考虑为二战退伍军人做一个类似的项目,因为这些老兵已经年迈而且在世的已经不多了。2000 年,我着手实施这个项目,准备采访 1941 年 5 月克里特岛战役(the Battle of Crete)中的退役军人。

开始时,在选择采访者的问题上产生了分歧。有人认为它不会成功,因为所有"知道发生了什么事情"的军官都已经不在人世。这就意味着他们认为只有掌权者才可以理智地谈论他们的经历。我强烈反对这个观点,与他们不同,我比较倾向于普通军人也就是所谓的"非被委任的军官"。我认为,因为这些人占着很大的比例,所以我认为如果我们要对很久以前的战争有全面的认识,就不能忽略这些普通士兵,因为他们的经历都是非常重要的证据。

因为最初是我自己在研发这个项目,同时又考虑到被采访者的年龄,我希望尽快记录访谈内容,所以我需要找到一些适合一个人操作的方法。于是我决定,鼓励人们与我取得联系,然后我会发给他们一份有一定长度的调查问卷。此问卷涵盖他们的基本信息、第二次世界大战时期的服役信息以及服役地点,同时如果他们愿意,这个问卷也为他们提供了详细地描述自己经历的机会。

这个项目被分为不同的活动，这些活动对新西兰人都有着重要意义。一共有六个主题，其中包括战俘的经历，以及在国内服役的士兵的经历。[①] 在每个主题中，特定经历的所有重要部分都要涉及，这是非常重要的。对于 1941—1943 年之间在北非进行的采访，我必须确保包含一些重要的话题例如十字军行动（Operation Crusader）、新西兰人在叙利亚的敏卡（Minqar Qa'im）突围、鲁维岭战役、阿拉曼战役和泰克鲁奈战役。我的受访者都曾至少参与过其中一个战役，因此他们有话可说。

结果却出乎我的意料，收到的调查问卷的数量和问卷上信息的详细程度令我震惊不已。然而每个主题我只能采访大约 15 个人，这就使得被采访者的选择变得异常困难。我只得依据问卷调查的书面来做出选择，这就意味着一些书写能力弱的人可能选不上，而一些书写能力强而表达能力弱的人则会被选上。虽然我完全了解这种做法的缺点，但是在资源和时间受限的情况下找不到更好的办法。

有些项目可能专注于一个特定的单位或事件，在一系列的访谈中记录各种各样的观点是非常有用的，即使是它的关注面很小。因此我需要确保访谈包括不同阶层的经历，不仅仅是前线部队。在项目运行过程中，我们采访了一名军队牙医、一名牧师、一名火车工程师、几名护士、几名职员、一位坚定的异议者和一些服务人员。

此外我要确保这个项目在地理上覆盖整个国家。比起其他大国家，在新西兰这样一个只有 400 万人口的小国家，这个目标是较容易实现的。地理分布非常重要，因为我将这些访谈视作战争的纪念，类似于出现在全国各个城镇的战争纪念碑。而且由于这是一个由国家支持的项目，所以在我看来，这些访谈是官方以另一种形式承认和铭记那些曾在第二次世界大战期间做出过贡献的战士。

这并不意味着我戴着有色眼镜进行访谈。我不仅想了解这些人做了些什么，而且想要记录下他们的想法、记录下战争中不光鲜的一面。例如，新西兰部队因"弗赖贝格（Freyberg）和他的 40000 个小偷"而著名，因为他们喜欢抢劫死去的敌军，之后再将获得的物件留作自用或进行出售，而且指挥官也支持他们这样的行为。蒂尼·格洛弗（Tini Glover）回忆说：

我看到过军官被枪击倒在地上，腰上别着鲁格尔（手枪）。这时，我总是喊我的同

---

① 其主题是：克里特岛战役，北非战争，意大利运动，太平洋战争，成为战俘和回乡务工。每个主题都对应一本书，均由梅根·哈金编著：《独特的战斗：新西兰人的克里特岛战役回忆录》，柯林斯出版社 2001 年版；《沙漠之路：新西兰人的北非战役回忆录》，柯林斯出版社 2005 年版；《公平之殇》；《绝望之地》；《内部故事：新西兰人的战俘记忆录》，柯林斯出版社 2002 年版；《最后的防线：新西兰的国内战争回忆录》，柯林斯出版社 2007 年版。

伴，"嘿,地上有一些美元。"(我的朋友)就会出来洗劫一空,之后对我说,"卖掉之后,我会给你分点。"而我没有拿过死人的东西。

而且任何能使得新西兰士兵生活得更舒适的东西,不管他们是否需要这样东西,他们都收入麾下。例如,伊恩·约翰斯顿(Ian Johnston)回忆说,他的炮兵部队就是以这种方式获得各种各样的东西。"在我们的一个三吨位(卡车)上,甚至有一架钢琴。这架钢琴是我们从意大利民众那窃取的。"虽然他们以幽默的语气谈论这些行为,但是掠夺死者财物肯定是违反军法的。

象征性经历

作为口述史学家,我们需要记录退伍军人的"象征性"经历,诸如应征入伍、训练和部队的日常生活,还需要记录被采访者个人的独特经历。通常这两种经历是相互交织的。除此之外,我还想知道被采访者在战时服役时是否会害怕。当我询问罗伊·科茨(Roy Coates)当他 1941 年等待从克里特岛撤离时是否感到恐惧时,他给出的答案不仅回答了我的问题也总结了他自己的战争经历：

其实每次在行动时,并没有多余的时间让你用来思考害不害怕。虽然我从来不曾表达过,但是在整个战争中我都有一种感觉,那就是我要活下去。尽管我的想法没有依据,但我觉得这个想法确实在发挥作用,因为我一直保持着乐观的人生态度,坚信自己肯定会渡过难关,我才会幸存下来。但是90%靠的还是运气。

我认为,与军人对待他们所效忠国家的人民的态度一样,记录下他们对待敌对方的态度以及在一段期间内他们的态度是否有所变化也很重要。新西兰驻扎在埃及的部队觉得开罗与他们的不相容度超过了他们的预期,而且他们也很难接受埃及人的行为。克利福德·沃斯(Clifford Vause)曾服役于一个步兵营,他说："开罗是一个非常杂乱无章的城市,在商店里你可以讨价还价。我从未从店里拿过东西,但有些家伙拿了东西就走,而当地人就只会大喊大叫。"

那些曾参加太平洋战争的士兵由于不了解他们的敌对国——日本——及其文化,通常对日本有很大的意见。当他们获悉日本军队在战争期间的行为时,这些负面意见就会升级。虽然有些人在战争结束后对日本放下仇恨,但是仍有许多人表示,他们仍然抵触购买日本商品或同日本人讲话。这既出乎人意料又在暗示着参加战争的人不一定记恨他们的敌对方,正如拉尔夫·威廉姆斯所回忆的：

我永远记得,那一次在维拉拉维拉的扫荡训练,上级要求我们搜查日军的原驻地,检查他们是否有所遗留。我们用炭笔伪装一番后,隐没在丛林中,像山羊一样前行着。

在穿过丛林中的日军露营地时,我们发现了一名幸存者。这是一个可怜又瘦弱的日本士兵,他是营地里唯一的幸存者。正在这时,有人朝他开了一枪。看到一个家伙枪击这个日本人我感觉糟透了。他已经没有武器,已经一无所有了。这给了我不小的打击。我说:"根本不需要这样做。他已经失去防御能力,他什么都没有了。"……我不喜欢这样。而且我并不是唯一一个有这种感受的人。

这段摘录还提醒我们,口述史的乐趣之一就在于你得到的总是比你期望的多。一个关于对敌对方态度的简单问题,答案却包含一些关于丛林作战的信息、伪装的信息,以及面对可接受的敌人会产生的意想不到的人道反应。

实际上,战争中的大多数时间都是在虚度,而我非常乐意听士兵们描述他们的假期。关于性病和避孕,军队给他们建议了吗?一旦感染了性病,有什么惩罚吗?军队是否对嫖妓的行为心照不宣,是否规定嫖娼场所应该在"干净"的地方,也就是接触不到性传播疾病的地方?我想知道他们对于相关问题的反应。虽然被采访者都非常诚实,但是也有像之前提到的蒂尼·格洛弗谈论掠夺死者财物的那样,谈论发生在朋友身上的经历,或者只是作为一位旁观者经历过这件事。他们更愿意讲述自己与其他士兵一起喝酒打架的事情。这些事情经常被诙谐地讲述出来,一方面说明他们怀念自己的年轻年代,另一方面也说明他们希望此类事情能被记录而不是那些不好的行为。

大多数被采访者没有把他们的假期用于去妓院或者喝酒。在埃及和意大利服役的士兵的假期过得特别有意思。当时的大多数人对《圣经》和古代历史都有一定了解;许多人利用假期去金字塔和帝王谷(the Valley of the Kings)、罗马和庞培(Pompeii)以及《圣经》中提到的当时的巴勒斯坦去旅行。甚至其中一位被采访者有机会出席意大利小镇的一场歌剧,这个经历也促成他余生对音乐的热爱。

战争的基本细节无疑也会加深我们对这些经历的理解。被采访者会被问到吃了什么,以及他们如何洗澡、洗衣服。这些问题往往会引出一些详细信息,例如他们的交往、他们的态度和他们所服役国家的人民。约瑟夫·贝克斯(Joseph Bacos)这样回忆他的坦克部队与意大利人的关系:

我们过去常常给意大利孩子糖果还有盐。盐!他们就会聚在我们周围,亲吻我们的脸颊。而大人不允许他们的女儿靠近我们。在意大利有的年轻女孩长得很漂亮,她们喊着:"低价出售!低价出售!"她们肯定极度缺盐。渐渐地,我们开始了解意大利人,我们给了他们不少食物,奶酪、咸牛肉等等。而我们之间的是通过蹩脚的英语和意大利语。

记录战士跟人民的相处很重要,同样地,记录人民本身的经历也不容忽视。20世纪以来,国与国之间的战争已经不那么频繁了,而国家内部不同团体的冲突却愈发明显。由于战争不再是以有预谋的方式而是类似游击战的形式出现，战争对人民造成的影响也发生着变化。那些反战活跃分子，如拒绝服兵役者和游击队员，阐述了他们不一样的经历。

访谈帮助我们跳脱刻板印象。战俘，虽然依旧穿着制服，却永久地失去生活的意义。如果看了《霍根英雄》(Hogan's Heroes)，这个电视剧讲述英雄们把他们所有的时间都用在谋划越狱上，我们就会了解战俘只是表面上无法支配他们的生活。吉姆·杰克逊(Jim Jackson)是兰开斯特轰炸机上的一名机尾炮手，1941 年在柏林被击落。一直到战争结束，他一直周转于各个战俘集中营，其中包括位于立陶宛—波兰(Lithuanian-Polish)边界赫德科诺格(Heydekrug)的第六战俘营：

这是一个非常完善的战俘营。在我们成为阶下囚犯的那段时间里，有一个家伙叫迪克西·迪恩斯(Dixie Deans)，他是一个伟大的领导者，他为了我们而努力战斗。他可以不以屈服为前提，同【德国人】和平相处。红十字会(the Red Cross)和基督教青年会(YMCA)会时不时派送囚犯。而他就成为与这些人交流的那个人。迪克西总是为我们的待遇问题同红十字会讨价还价。他似乎有诀窍，使得自己可以在与他们相处时为我们争取福利。

我们【在赫德科诺格】还进行了很多有益的运动。我过去常玩所有可以玩的东西。一些人认为，你应该一整天躺在床上积聚能量，但是我们认为运动会更好。即使我们只能玩一场十分钟的榄球比赛，它也是在锻炼我们的身体。我认为在最后的日子里正是这些锻炼拯救了我们。

通过与吉姆的访谈，我们可以看出战俘集中营的管理者对战俘比较仁慈，然而被日军俘虏的士兵却讲述与之不同的经历，原因是日本政府没有签署 1929 年《日内瓦公约之战俘待遇》(Geneva Convention Relative to the Treatment of Prisoners of War)。吉姆提供的运动信息使我们了解到，甚至在最特殊的情况下日常运动也不曾间断。

根据吉姆·杰克逊和蒂尼·格洛弗的摘录，我们可以得出结论，对于查究在一个特定团体或特殊的战争经历中形成的谬见和思维定式，采访退役老兵是一种很好的方式。在新西兰军队中，士兵与军官非常平等，他们打成一片，经常直呼其名，而且向军官敬礼也不是硬性规定。一个杜撰的故事是这样讲的，这个故事是关于二战期间的新西兰第二远征军将军让·伯纳德·弗赖伯格(Gen.Bernard Freyberg)，他在北非与一位英国军官坐着吉普车，这时他们驶过一队新西兰士兵。"那些人没有敬礼。"英国官员诧异。"我觉得，如果你同他们挥手，他们通常也会向你挥手的。"弗赖伯格答道。这个故事我听过很多次，但是我的发现都是类似的，例如，一些官员对礼节的重视、军官和士兵休假时很少待在一起。另一方面，这个故事被讲述这么多次也说明新西兰人是多么想展示他们的平等特色。

通过口述史访谈,我们获得对领导者的行为及其性格的个人见解。瓦特·麦克尤恩(Watt McEwan)是弗赖伯格将军坦克部队的一名无线电报务员。瓦特有很多同弗赖伯格密切接触的机会,所以他口中的弗赖伯格与传统传记中不同:

在我们搬到位于阿拉曼的起点线之前,将军的勤务兵就带着一瓶威士忌、一瓶白兰地和一瓶杜松子酒从(分区)总部出发到达目的地,我们非常小心地把这些酒放入给养箱,好好地保护着。在一次会战中,我们打了个大胜仗,于是乔治(坦克司机)向将军提议,这是一个品尝美酒的好机会。将军却说,这些酒仅供紧急情况使用。乔治继续劝说将军,这不仅是紧急情况而且这一刻值得庆祝,庆祝我们在这场会战中狠狠地收拾了德军(Jerries)一顿。将军想了想,对他的提议表示赞同,但他说第一个喝酒的人应该是我,因为我仍然待在坦克里,艰苦奋斗。你会以为他在外面肯定想不到我。

战争是处理冲突最暴力的方式,而同战争参与者的访谈必然涉及这一方面。蒂尼·格洛弗如此回忆在意大利佛罗伦萨附近展开的战斗:

我们得到消息说,发现老虎坦克部队(Tiger tanks),我们的一个排被敌军牵制,情况危急。我们必须赶去营救。在路上,我看到很多尸体,其中有六个是我们的人。

那是一座绵长蜿蜒的山,我们奋力爬到山顶,13排就在那里,伤亡惨重。我们中的三四个人冲破德军封锁,随后我们的副排长遭到德军机枪射击,他的胳膊被击得粉碎,这血腥的一幕燃起了我们心中的愤怒。他躺在地上,悲泣着、呻吟着,他的兄弟对我说:"我要下去看看查理。"我劝道:"他没什么大问题。只是有点痛所以躺着。"但他还是坚持下去。我想,如果是我的兄弟,我也会去。这一秒他去救查理,下一秒机关枪响了。我对威若·堤波(Whiro Tibble)说:"我的眼里只剩一个颜色,血红。"他问我:"你到底在等什么?"我立马对着(干草堆)一顿扫射,只见偷袭者举起手臂,另外两个人爬出来向山上跑着。其中一个人跑的时候,腿都是软的,我击毙了他们两个。我想知道射击一个人时的感觉。你从中得不到快乐,只有对任务完成的满足感。

这是一段丰富详细的叙述,包括蒂尼在事件发生时的角色、他对战友情谊、看到战友受伤时的情绪,以及在战争中杀人的典型经历。

只要没有公开宣布和平的到来,战争经历就不会结束。对一些人来说,这些经历造成的心理影响对他们生活的伤害是持续的。一些人则承受长期或短期的身体创伤。其他人,如哈利·斯宾塞(Harry Spencer),最初退伍后自己很难适应家人的生活方式。哈利这样解释自己对于军队生活的怀念:

我是一个军人,当我从军队回归到平常生活时,我发现那是完全不同的……我用了很长时间去适应我的家人。我已经习惯周围永远有一大群人,而家却很安静,只有几个家人……我很容易就心烦意乱。

还有一些人发现自己的战争经历对自己产生了积极的影响。泰德·马丁-史密斯（Ted Martin-Smith）就是其中的一个幸运者：

战争确实让人【精疲力竭】，但它又是一种既让人兴奋又充满奇妙的存在。我参加过相当多的行动，但我在行动时从不担心，总是行动过后才后怕。天哪，我那样做到底是为了什么?! 这种担忧往往出现在行动后。因为在行动中，我所做的一切都特别自然。参战对我来说是一次奇妙的教育。我发现每个人都不一样，一个整天处理垃圾罐头的家伙居然有着精湛的医术。我的视野在战争中变得开阔了。

讨论同正式采访之间存在一定的时间间隔，这是对研究者提出的挑战。有些事情会记不住；有时叙述者只记得一个事件；有时候就好像他们在重新经历。比尔·弗林特（Bill Flint）在回忆他于 1941 年在希腊被德军俘虏的感受时，几乎语无伦次：

我认为，当时的形势一触即发。我当时的感受……几乎是难以形容的。它的恐怖……我不知道是什么，只是，有点，气愤，有点……为什么是我经历了这一切？

如果对经历过的事件存在着强烈的情感，这种情感缓缓输出生动的记忆，在这个经历中，个人通常是处于极端危险或绝望之中，这也促成了他对这个经历有着长久的记忆。故事的其他讲述方式，例如他们的解释和描述十分流畅，这暗示着这些故事已经被讲了很多次。通常是完美的奇闻逸事，有开头、过程和结尾。这类故事适合在聚会上讲述，像退役军人俱乐部或者家庭聚会。有些故事从来没有公开过，也许是因为从来没有人问到过或者是因为这些经历太惨痛。前者往往是那些日常活动，对别人来说太过平凡以至于不吸引眼球。当询问后者时，必须给予叙述者极大的关心，其次要学会识别哪些行为使叙述者悲痛万分，这是非常重要的。这些迹象包括长时间的沉默、无法描述、声音的变化、肢体语言等等。尽管记录这样的回忆非常重要，但是更重要的是一旦访谈完成要确保被采访者的心理健康。因为一个口述史访谈不是一个治疗会议，也不是一次心理咨询，在访谈结束之后你没有机会去安慰一个悲痛欲绝的人。

口述史学家已经对人们参与战争的许多方面进行过探索，我也已经对其中一些方面做了讨论。因此，我们对战争影响的理解变得更丰富也更深入。我们发现"战争的痛苦同时也衍生出一些积极的结果，平凡的小事也可以减轻伤痛，但对人们来说重要的是，它丰富了自己的生活经历"。战争期间，人们相遇并坠入爱河，士兵们为战区的儿童组织聚会，开启常青的友谊，而在战争结束后，服役军人一起向他们战斗过的地方运送救援物资。

战争对叙述者生活造成持续性影响，这也是战争的显著特征。有时可能是心理或生理影响，但这些影响往往是很微妙的。参战对一个士兵来说是一场极端体验，即使他们没在前线。重回平常生活也并不容易,尤其当这场战争被人民所反对或者你是战败方时。对那些已经回到自己生活的人来说也不容易。因为随着他的加入,家庭成员的生活会有所改变,因为他们已经好久不曾联系而且他们不能或不愿同这个经历很多的人分享自己的喜悦。但是如果这个访谈除了参军的内容以外还涉及生活,而且被访军人的家属也是军人的,那么这个访谈将会非常有益于记录战争对个人和社会的其他影响。

对集体经历的纪念

集体经历通常是对战争最好的纪念。国庆日那天,退役军人的纪念游行和那些在战争中牺牲的无名战士的坟墓和衣冠冢,无不在向社会讲述着它的人民都经历了什么。这样的纪念活动往往会令我们联想到参战者的牺牲以及他们可敬的事迹。

这样的纪念活动没有什么不当之处,这是一个民族一个国家建立的一部分,但是作为纪念战争的一种方式,它过于简单。通过将个人经历融入对战争的叙述中,口述史使集体经历更加丰富更加真实,随着口述史被研究者所利用,我们得以丰富和充实人们对战争经历的理解。

参考文献

[1]梅根·哈金:《绝望之地:新西兰人的太平洋战争回忆录》,柯林斯出版社 2006 年版。

[2]梅根·哈金:《公平之殇:新西兰人的意大利战役回忆录》,柯林斯出版社 2004 年版。

[3]埃里森·帕尔:《沉默伤亡:第二次世界大战中新西兰不言而喻的遗产》,串联出版社 1995
    年版。

[4]莫里斯·沙德博尔:《加里波利之声》,霍德与斯托顿出版社 1988 年版。

第 16 章　案例研究："总之,我们需要证人":大屠杀幸存者的口述史①

杰西卡·威德洪(Jessica Wiederhorn)

对大屠杀幸存者和目击者的记录,早在第二次世界战争尚未结束就已开始。日记、期刊、书信和笔记或被隐藏起来,或被土埋起来,或被塞进瓶中,或被塞在地板下,但是大多数仍旧遗失或遭到销毁,而那些重新找到的证据却不足以记录和见证那段历史。在战争期间的欧洲,证据收集活动也开展起来,并一直持续到战争结束后,证据的收集者主要包括犹太人志愿者、犹太机构和难民组织。② 到 1948 年成千上万的证据已被成功收集:解放犹太人委员会(CHC,the Committee of Liberated Jews)在整个欧洲范围内已经收集约 2550 条证据;犹太历史研究所(ZIH,Zydowski Instytut Historyczyny)仅仅从波兰就获得了超过 7000 条证据。到 1950 年,纽约的意第绪语言与文化研究中心(YIVO Institute)已经收集超过 1200 条一手证据;1953 年正式成立的大屠杀纪念馆(Yad Vashem)是以色列纪念大屠杀殉难者的权威,其档案馆存有 15000 条证据。

连同在之后 60 年中收集的证据记录,这些目击者的记录改变着相关研究和教育的方向,这种改变不仅存在于大屠杀研究领域,还跨越了学术界限。

幸存者想要让全世界知道,这巨大的灾难对他们自己、他们的家庭以及他们的生活方式造成的后果;同时由于许多犹太委员会和机构的鼓励,数千人在战后立即对他们的叙述进行了记录。尽管这些记录像"口述史"一样被分类到各档案和存储库,但是它们

---

① 耶胡达·鲍尔:《反思大屠杀》,耶鲁大学出版社 2002 年版,第 23 页。
② 这些组织包括伦敦的维纳图书馆、1943 年建于格勒诺布尔的当代犹太文档中心;志愿者于 1944 年在卢布林成立的犹太历史委员会(1947 年更名为犹太历史研究所(ZIH));1945 年成立于匈牙利布达佩斯的救助遣返者国家委员会(DEGOB);1945 年成立于美国在慕尼黑的占领区的解放犹太人委员会(CHC)。在纽约,美国世界犹太人大会和 YIVO 犹太研究所收集大屠杀的证据;在巴勒斯坦,Vaad Hatzala 和犹太人大会也是如此。

并没有以录音的形式进行保存,而是以书面回答问卷的形式,最多也是被收藏机构的工作人员以"转录"或总结的访谈形式进行收录。

幸存者的第一份口述史

大屠杀幸存者和目击者的第一份"真正的"口述史是由于大卫·波德(David Boder)的无意之举而被记录在钢丝录音机里,大卫·波德是芝加哥伊利诺斯理工学院(the Illinois Institute of Technology)的一名心理学家。波德博士是东欧移民,出生于拉脱维亚,受教育于立陶宛、德国和俄国,因此他熟知多种语言,这也为他以后的成功奠定了基础。波德于 1946 年分别在法国、瑞士、意大利和德国的流离失所者(DP, Displaced Persons)营地进行了采访。① 这些访谈的长度从 20 分钟到 4 个小时不等,其内容被存入美国国会图书馆(the Library of Congress),但直到 1998 年才被发现。

波德的访谈方法论领先于当下对心理创伤和创伤后应激障碍(PTSD, Post Traumatic Stress Disorder)的认识和实践,同时也令 21 世纪的口述史学家为之震惊。在 1946 年的一次采访中,被采访者是亚历山大·格特纳,19 岁,口齿不清,不是特别容易接触但却透露一些令人毛骨悚然的证词,而波德突然向他表示感谢并试图结束这次访谈。但格特纳礼貌地说:"我想再说几句……"继续说道:"我的犹太名字是肖洛姆……我母亲本姓是冈兹(Gonz)。"这一刻所有人都为之动容,值得称赞的是,波德继续进行采访,他请格特纳拼写他母亲的本姓,并鼓励他多讲些关于他家人的故事。② 今天我们知道,正如劳伦斯·兰格观察得出的结论,每一位幸存者的故事"不只是讲述自身的幸存,同时也是在叙述别人的陨灭",而采访者尽可能多地为被采访者提供机会去悼念那些逝去的人。③

波德的访谈令人震惊的不止这些。因为采访者并不熟知大屠杀中的暴行,所以他才会要求证人拼写和定义 Musselman,类似于当今的一个行尸走肉集中营的概念,意思是他们已经失去生存下去的欲望。④ 波德不知道,即使那些大多数非专业的大屠杀学者也知道集中营这个名词。在这一点上,波德显示出了他的无知和缺乏经验。而今,波

---

① 波德的 109 个访谈中有 70 个被翻译和转录,而且可以在线阅读:http://voices.iit.edu/index.html。

② 亚历山大·格特纳 1946 年 8 月 26 日在瑞士日内瓦接受大卫·波德的采访。第 77、78、79 卷,http://voices.iit.edu/index.html。

③ 劳伦斯·兰格:《大屠杀的证据:记忆的废墟》,耶鲁大学出版社 1993 年版,第 16 页。

④ 亚当·克拉科斯基 1946 年 7 月 30 日在法国巴黎接受大卫·波德的采访。5A 卷,http://voices.iit.edu/index.html。

德的访谈与欧洲犹太委员会志愿者和员工记录的访谈一同因其特殊价值而被普遍认同,一部分是因为纽伦堡审判(1945—1949,Nuremberg Trials)原本有机会根据幸存者的证词对大屠杀进行记录,为大屠杀的历史作证,从而赋予证词本身以新的含义,但是并没有成真。

纽伦堡审判的审判者在深思熟虑之后,决定不使用幸存者的证词,因为他们认为这些证词与其他文档相比,可信度和稳定性较低。"尽管目击者和幸存者的证词可能会对纳粹暴行提供一个道德标准,但是这些证词……在夸张的指控面前容易失控。"尤其当这些证人被辩护律师操纵和迷惑时。①

除了在德国审判裁定战犯罪行时律师收集的证词以外,在 20 世纪 50 年代大多数大屠杀幸存者依然保持沉默、依然遭受排挤,这在波德的早期作品和犹太委员会均有体现。社会和他们个人都想忘记过去的伤痛,期待未来的美好。

重燃对幸存者证词的兴趣

1961 年 4 月 11 日,战争结束后的第十六年,阿道夫·艾希曼在以色列受审。与纽伦堡审判不同,这个审判是依据目击者的描述进行裁定。大屠杀幸存者的证词将大屠杀的骇闻拉回历史的扉页,同时这些证词也使他们的故事开始变得"非边缘化"。这次审判在多个方面均做出贡献,特别在主张个人证词是合法的历史和法律证据方面。如果一个事件已经过去几十年,在法庭上普通民众对该事件诉诸情感的叙述不能被视为不可靠、存在偏见而被驳回。"公认的幸存者有一个新的也是核心的作用,那就是成为历史的载体。在艾希曼审判中,证人成为记忆的化身(一个人的记忆)(un homme-memoire),他们能够证明过去的存在。"②

在 20 世纪 60 年代,全球经济急速上扬,大屠杀幸存者们生儿育女,特别是那些移民到北美、以色列和澳大利亚的幸存者和在西欧生活的幸存者们努力工作以改善境况、提高生活水平。加之受到 60 年代的反主流文化、反战、民权和女权主义运动造成的影响,对家庭、职业和同化的关注度明显降低,这也波及许多大屠杀幸存者。尽管在艾希曼审判中幸存者的证词得到重视,但是公众对幸存者的经历仍不够关注。

1952 年《安妮·弗兰克的日记》在美国出版,1959 年被改编成电影,并于 1967 年再次被改编为电视剧。同电影《当铺老板》(1964)、《大街上的店》(1965)和《悲惨的青

---

① 劳伦斯·道格拉斯:《记忆判断:大屠杀审判改变法律和历史》,耶鲁大学出版社 2005 年版,第18 页。

② 安奈特·维奥尔卡:《历史的见证》,《今日诗学》2006 年第 2 卷,第 391 页。

春》(1970)——最后两个均获得奥斯卡最佳外语片奖——的作者一样,安妮·弗兰克也在延续着幸存者的故事。最著名的两个大屠杀回忆录在 20 世纪 60 年代初以英文形式发表(埃利·威塞尔(Elie Wiesel)的《夜晚》和普里莫·莱维(Primo Levi)的《奥斯威辛生还记》),但是在那时这两本书并不畅销。

大屠杀幸存者的经历得到关注始于 20 世纪 70 年代末。那时,耶鲁大学建立了福群大屠杀证据视频档案馆(Fortunoff Video Archive for Holocaust Testimonies),其组织者开始进行访谈,该档案馆的建立具有开创性的意义。迷你电视剧《大屠杀》在 1978 年开播(紧跟着电视剧《根》,在播出一年后取得极大反响),在美国和德国都获得巨大成功。时代精神使得公众思考人权意识形态,提倡种族平等,促进政治认同时代的到来。"所有人享有平等的知情权,这一观点得到确立。"①

此外,在战争的结束时,幸存者的平均年龄是二十多岁,而现在已经将近六十岁。他们中的许多人仍在苦苦挣扎,因为他们的孩子们或异族通婚或已经不再拥有犹太身份。受这些趋势的困扰,一些犹太领导人试图通过唤起人们对大屠杀的记忆以遏制这些趋势。

随着出生率的降低,通婚率超过 40%,犹太文盲数量日益增多——谁说大屠杀已经结束?……这个怪物以不同的更良性的形式仍然存在……但它的邪恶目标永远不会改变:创造一个无犹世界。②

尽管失去了对"犹太性"的兴趣,但注册学习大屠杀课程的犹太学生在增加。到 1978 年,已经有超过 700 所大学开设这门课程。③ 历史学家彼得·诺维克(Peter Novick)认为,在政治认同的时代,犹太身份在美国已经不再是宗教习俗、以色列人,甚至一种民族自豪感,而成为大屠杀的代名词:"实际上,大屠杀受害者作为 20 世纪美国犹太人的唯一身份,它满足了人们对自愿象征的需要"。④

所有的文化、政治和人口压力在 20 世纪 80 年代继续加强。威廉·斯蒂伦的畅销小说《苏菲的选择》于 1979 年出版,1982 年被改编为电影,由梅丽尔·斯特里普(Meryl Streep)领衔主演。1985 年,《大屠杀》这部时长为九个小时的纪录片,由克罗德·兰兹曼的证词构成,并在美国公共电视台播出。它向美国公众介绍大屠杀以及幸存者的证

---

① 弗里德里克·高森:《风格生活故事》,法国《世界报》1982 年 2 月 14 日(转引自维奥尔卡引用于《历史的见证》,第 391 页)。

② 叶史瓦大学校长诺曼·兰姆语,由彼得·诺维克援引自《美国生活中的大屠杀》,米夫林出版公司 1999 年版,第 185 页。

③ 同上书,第 188 页。

④ 同上书,第 7 页。

词,并阐述了大屠杀的表征问题(the issue of Holocaust representationlity)。① 1986 年,诺贝尔奖获得者埃利·维瑟尔(Elie Wiesel),在接受新杂志《大屠杀和种族灭绝研究》(*Holocaust and Genocide Studies*)的访谈时表示,"幸存者比任何历史学家都更有资格谈论大屠杀的经过。"②

见证大屠杀历史的幸存者基金会

20 世纪 90 年代,大屠杀记忆研究中心和研究院在全世界范围内建立起来。许多研究机构开始在他们所处地区收集幸存者的证词,并将这些证词应用于他们的教育和纪念活动中。到 1998 年,瑞典政府建立大屠杀教育、纪念以及研究国际合作工作组(the Task Force for International Cooperation on Holocaust Education,Commemoration,and Research),并创建了一个国际目录,其中包含一千多个这样的机构。这个名单涵盖各政府和各社会机构,其中包括美国华盛顿特区的大屠杀纪念馆(the United States Holocaust Memorial Museum in Washington D.C),这个纪念馆于 1994 年开放以来广受赞誉。

一年之前,史蒂芬·斯皮尔伯格的电影《辛德勒的名单》,在国际票房获得巨大成功,并斩获七个奥斯卡奖项。③ 这部电影以及近三十年发生的事件,无不在促使社会建立一个能够开发出高质量口述史研究项目的组织。正是受到《辛德勒的名单》的启发,斯皮尔伯格着手开发了一个这样的项目,同时这也成为他进入大屠杀幸存者国际团体的通行证。那些经历过大屠杀的人对这部电影中描述的种种暴行深有感触,继而渴望倾诉自身经历。

1994 年,斯皮尔伯格在洛杉矶建立见证大屠杀历史的幸存者基金会(Survivors of the Shoah Visual History Foundation)。该组织为全世界成千上万的幸存者提供讲述自己经历的机会,每一个故事都将被收录在优质广播录像带中,这些证词会被编录成数字化

---

① 参见肖沙纳·弗尔曼、多利·劳伯:《证词:文学、心理分析学和历史学的证明危机》,劳特利奇出版社 1992 年版;肖尔·弗里德·兰德编著:《探测的限制表示:纳粹主义和"最终解决方案"》,哈佛大学出版社 1992 年版;杰弗里·哈特曼编著:《大屠杀纪念:过去的状况》,布莱克威尔出版社 1994 年版;杰弗里·哈特曼:《内心的疤痕:与伪装抗争》,帕尔格雷夫·麦克米伦出版社 2002 年版;玛瑞纳·赫尔希、依瑞纳·卡坎德斯编著:《大屠杀代表的教学》,美国现代语言协会 2004 年版;以及多米尼克·拉卡普拉:《奥斯维辛集中营的历史和记忆》,康奈尔大学出版社 1998 年版。

② 哈里·J.卡格斯:《采访埃利·维瑟尔访谈》,《研究大屠杀和种族灭绝》第 1 卷,1986 年版,第 5 页。

③ 电视电影的首映于 1997 年覆盖 6500 万个家庭,是美国电视历史上最庞大的观众群之一。

档案,以方便深入访问调查时使用。① 虽然幸存者群体和公众的反响很热烈,但是学术界却对此褒贬不一。有的学者不信任该项目的范围;有的对其开展速度深表怀疑。他们认为斯皮尔伯格这一基金会建立的目的值得称道,但主题的复杂性已经超出一个好莱坞导演的能力。耶鲁大学的福群大屠杀视频档案馆(the Fortunoff Video Archive for Holocaust Testimonies at Yale)是当时进行录像访谈的最大机构(当时约开展 3000 次访谈,现在约 4300 次),其项目主任杰弗里·哈特曼(Geoffrey Hartman)表示:"我们正与一个具有教育和研究价值的优质高校合作……除非他们证明自己具有相同的资质,否则我们不会与其合作,因为如果我们只简单地说,'让他们做',那么造成的结果将会是灾难性的。"②

然而大屠杀基金会却成功了。由于受到曾经采访过大屠杀幸存者的历史学家、心理学家和口述史学家的指导,基金会启动了一个推广计划,在国际范围之内开展基础研究。从一开始,对全球范围内的幸存者进行访谈就如同与时间赛跑。因为幸存者群体正在一点点走向衰老,许多人甚至已经死亡或出现记忆衰退,因此急需大量的采访者。采访者的培训课程已经在全球 24 个国家开展,时间长度为 3—4 天。采访者们的职业多样,最常见的是教育家、心理学家、记者、研究生和历史学家,而且许多采访者是幸存者的后代。1995 年我在洛杉矶参加了一个培训,并在那个培训机构一直工作到 2001年。在四年访谈中,有 2300 多名训练有素的采访者开展访谈,涉及 32 种语言和来自 56个不同国家的被采访者。

令人印象最深刻的也许是,大屠杀基金会在苏联进行了大量访谈,而自战争以来东欧剧变(the fall of the Iron Curtain)第一次波及幸存者是在苏联。许多这样的幸存者仍然居住在大屠杀时的镇上,有时甚至距离迫害者非常近。只要进行访谈,基金会就会同当地犹太和幸存者团体接触,并根据这些特定人群的文化需求去调整推广程序以及访谈方法。例如,许多东欧的幸存者在战后隐瞒自己的犹太身份,犹太人在今天意味着什么? 这个典型的反思性问题在这些访谈中均未提及。

大屠杀基金会最终赢得其在学术研究领域的合法性。它收集了近 52000 条证据,这些证据都保存在洛杉矶的南加利福尼亚大学(the University of Southern California),成为跨学科中心——南加利福尼亚大学大屠杀视觉历史和教育基金研究院(the USC

---

① 虽然大屠杀基金会的访谈中绝大多数(约 90%)是采访犹太幸存者,但是基金会还采访了同性恋的幸存者、耶和华的见证人幸存者、解放者和解放证人、政治犯、救援人员和援助提供者、议院和罗马(吉卜赛)幸存者、优生政策的幸存者和战争罪审判的参与者。

② 劳拉·沙皮罗:《与时间赛跑:大屠杀幸存者讲述自己的故事》,《新闻周刊》1994 年 11 月 21日,第 98 页。

Shoah Foundation Institute for Visual History and Education)——的一部分。这些证据分布在世界各大学图书馆和博物馆，包括耶鲁大学的福群视频档案馆。按照斯皮尔伯格最初的想法，访谈并没有被转录，而是将研究者带入数字化的视频访谈之中。大屠杀基金会以其工作方方面面上的尖端技术而著名，它能够对超过 10 万个小时的证词进行索引，这个索引的专利系统是 21 世纪研究工具的典范。该系统拥有一个庞大的索引词典，使用超过 5 万个关键字和索引器将每个证据进行划分，同时每一区间都有特定的关键词。① 通过"书签化"各个重要事件和想法，使学者们能够在繁杂的档案信息中快速找到所需资源。

　　大屠杀基金会不只是为了争取自己的合法性，也是为了自己作为福利机构的身份认同感，为了使自己极具历史价值的访谈能够被接受，甚至还为了争取其学术尊严，在口述史上它所有的追求从来都不是特殊的存在，因而它能够反映这一领域的历史。由于时间有限，因此对"当事人"经历进行记录迫在眉睫，许多口述史项目应运而生。当理论问题不可避免时或者在"目击者"口述过程变得不再不言自明、不再直截了当之后，项目的设计者在后期的尝试中发现这些理论问题是与生俱来的。安奈特·维奥尔卡(Annette Wieviorka)在她的作品《证人的时代》(The Era of the Witness)中写道：

　　原则上，证词证明了每一个个体、每一个生命以及每一段大屠杀经历都是独特的、是不能简化的。但是通过使用发表时期的语言来反馈那些出于政治和意识形态目的提出的问题和期望，证词阐释了其独特性。②

　　虽然这些记忆是个人的、主观的、几十年前的甚至受到过外界的刺激，但是现在即使是最客观的历史学家也接受并认同其合法性。大屠杀幸存者的证词不再因为"事实"扭曲、不准确而被判定无效。阿莱达·阿斯曼(Aleida Assmann)写道，历史和记忆"不再对立"。③ "由于对个人的观点以及其史学地位的认可，正如大屠杀幸存者和历史学家索尔·弗里德兰德在他关于纳粹德国犹太人的书中(1997)举例证明的，在某种程度上'真实的历史'与'记忆的历史'之间原本清晰的界限正逐渐变得模糊。"④

　　自大屠杀幸存者第一次向世人倾诉他们的故事以来，六十多年已经过去了。大屠

---

　　① "索引是浏览所有证词而且在电脑上链接关键词(人物、地点、事件、观念)到证词中的时刻。例如，当一个幸存者公开 1932 年在克拉科夫的逾越节故事时，关键词'逾越节'、'习俗和仪式，犹太人'、'克拉科夫(波兰)'、'波兰(1926—1935)'均可以连接到这个故事的视频时间码。"《大屠杀基础通讯》，《展望未来》2003 年夏，第 12 页。

　　② 安奈特·维奥尔卡：《证人的时代》，杰瑞德·斯达克译，康奈尔大学出版社 2006 年版，第 12 页。

　　③ 阿莱达·阿斯曼：《证词的历史、记忆和类型》，《今日诗学》2006 年第 2 卷，第 263 页。

　　④ 同上书，第 263 页。

杀基金会进行了大量的访谈,被采访者大多已经七八十岁,正走向他们人生的终点,因而这正是与大屠杀幸存者进行的最后的访谈。这些访谈录像连同口头和书面证词一起,自 1945 年以来就在全世界范围内被收藏,形成"历史上针对特定事件最大数量的证据收藏"①。除了大型机构收藏的 10 万多个证据以外,本地规模较小的史学会、会堂和其他组织也采访了数千人。②

　　大量幸存者的证词有利于人们对口述史进行全方位的了解。它是口述历史上单一主题的最大收藏,而且因为这些访谈超越了时间和距离,进行了 60 年,所以有很多是值得我们学习的。我们可以对不同时间点、不同的文化、不同的语言甚至生命周期不同阶段的证据进行对比。一些幸存者参与了不同的项目,被采访过多次,有的访谈甚至相隔数十年,所以我们还可以比较他们与不同采访者之间的证词。在大屠杀基金会的早期,由于采访那些想参与"斯皮尔伯格项目"的幸存者,基金会曾被批评为"抄袭",因为其他机构也开展过此类活动。现在我们领会到这些"重复行为"的非凡价值。2005 年 6 月,丽塔·霍瓦特(RitaHorváth),大屠杀纪念馆(Yad Vashem)的研究员,写道:

　　通过比较指导原则和实际证词,我们可以分析研究那些指导这些证词合集的不同的史学假设、研究方法以及研究目的。这种方法的新颖性在于,一方面试图评估不同历史观之间动态的相互关系,另一方面评估见证人观念的变化——这一切都是大屠杀的结果。③

　　研究创伤与记忆的研究者正从这些访谈中搜寻大量可用材料,这些材料能够演示创伤的持久性,以及寻常事物如何引发一个事件,比如气味引发的联想,再比如类似"9·11"的恐怖事件。"从暴行记忆的研究中,最普遍的研究成果是暴徒均具有非凡的毅力。"④研究叙事结构的学者研究出能够阐述叙事流派的叙述模式。即使在叙述大屠杀经历时,"访谈常常需要符合叙事流派的预期。"⑤我们可以对比东欧与美国的证词,美国证词因为遵循文化标准所以结局大多完美:叙事坚持"一个准则:开头总是创伤、

---

　　①　托尼·库什纳:《大屠杀的证词、伦理和代表性问题》,《今日诗学 27》2006 年第 2 卷,第 275 页。

　　②　美国大屠杀纪念馆集合包含 9000 多个访谈音频和视频;殉难者档案馆收藏了 44000 个音频、视频和书面证据;大屠杀基金会收集了 52000 个;福群已进行 4300 次访谈。美国大屠杀纪念馆在当地开发 139 个项目以收录证据。

　　③　丽塔·霍瓦特:《比较匈牙利救助遣返者国家委员会和其他大型纪念大屠杀直接后果的项目(1945—1948)收集的犹太幸存者证词》,《学院新闻》第 2 卷,第 8 页。http://www1.yadvashem.org.il/about_yad/departments/institute/Dr_Ritahtml.html。

　　④　罗伯特·N.克拉福特:《档案记忆:大屠杀口头证词的代表》,《今日诗学》2006 年第 2 卷,第 315 页。我衷心地感谢《今日诗学》关注大屠杀口述史这个特殊话题并汇集这么多宝贵资料。

　　⑤　库什纳:《大屠杀的证词》,第 285 页。

暴行和失去,而结尾常为康复、希望和救赎。"①这类研究目击的议题涉及该主题的各个方面,从受害者作为证人到采访者作为证人。②

史实、纪念和教育

　　口述史学家都会对采访者和被采访者之间的互动感兴趣,他们能从早期到如今的访谈中感受到史实与纪念之间的微妙关系。采访者追求精确度、彻底性和历史相关性,而幸存者可能只是把访谈当作对家人和朋友的一种纪念。事实上,他们可能不需要保存对某些经历的记忆。采访者可以获得什么? 他怎么知道何时收手?

　　当面对活生生的人时,历史学家就像是个"记忆批评家"吗? 幸存者阐述自己经历的苦难,这个人可能是整个队伍中唯一的幸存者,他或她承载着所有亡灵的记忆,而历史学家却对此无动于衷。历史学家知道所有的人生故事都是构造出来的,而且也知道这种构造或是重新构造是构造者当前的人生故事的主线条。③

　　这些问题在口述史实践中十分常见。口述史要求对生活资源具有敏感度,而其他研究模式却没有这个要求。但在大屠杀史学中,一切形式的证词都发挥了巨大的改革性作用,幸存者的证词是进行暴行类口述史的重要依据。如今,大屠杀基金会是卢旺达和达尔富尔地区,通过口述史记录种族灭绝的众多大屠杀机构中的一个。

　　大屠杀口述史持续开展新的教学突破。大屠杀历史的教学新增了幸存者的口述史以及其他证据,通过声音和面容使全球学生对大屠杀有了更深层次的认识和理解。教师和学生们已经发现一种理解"不可理喻"事件的方法,这个方法就是研究个人的幸存故事。这些故事引人入胜、令人难忘,与更传统的文档证据结合便成为无与伦比的教育工具。

　　奖学金的范围持续扩大。学术界开始重视真情实感、承认"纯粹事实"的绝对主观性。采访大屠杀幸存者时运用录像形式,以及大屠杀基金会在研究录像访谈——非转录文稿——时开发的索引技术,都说明了研究人员将会拥有人类经历的第一手资源。学者和研究者越是习惯这样,口述史的实践对于研究来说就越重要,不仅仅是在大屠杀

---

　　①　沃尔特·里奇:《不受欢迎的故事:聆听隐含在美国的大屠杀证词中的主题》,《今日诗学》2006年第2卷,第466页。

　　②　参见阿斯曼《证词的历史、记忆和类型》:"受害者和证人不再分离,相反,是大屠杀幸存者的双重身份",出自艾维杉·玛格丽特编:《记忆的道德标准》,哈佛大学出版社2002年版,第267页;"介绍了术语'道德的证据'以区分遭受迫害的证人和旁观者或专业记者。是痛苦的经历还是二手证据,据此可将证人明确划分为有信仰的证人和世俗的证人,合称为大屠杀证人"(阿斯曼,第269页)。

　　③　维奥尔卡:《证人的时代》,第395页。

领域更是在其他更广阔的领域,这也使得历史叙事和历史学术成就达到一个新的高度。

参考文献

[1]劳伦斯·道格拉斯:《记忆判断:大屠杀审判改变法律和历史》,耶鲁大学出版社 2005 年版。

[2]杰弗里·哈特曼:《大屠杀纪念:过去的状况》,布莱克威尔出版社 1994 年版。

[3]多米尼克·拉卡普拉:《奥斯维辛集中营的历史和记忆》,康奈尔大学出版社 1998 年版。

[4]劳伦斯·兰格:《大屠杀的证据:记忆的废墟》,耶鲁大学出版社 1993 年版。

[5]彼得·诺维克:《美国生活中的大屠杀》,米夫林出版公司 1999 年版。

[6]安奈特·维奥尔卡:《证人的时代》,斯塔克·杰瑞德译,康奈尔大学出版社 2006 年版。

第 17 章　案例研究：灾难现场记录：对"9·11"事件口述史记忆和叙事项目的反思

玛丽·马歇尔·克拉克(Mary Marshall Clark)

因为熟悉口述史，所以我对口述史学家经常接触的人或团体有所了解，要么有过惨痛的经历要么承受着精神上的创伤。可见，口述史学家不遗余力地修复政治暴力造成的创伤，即使要求并非如此。

——斯特万·魏内(Stevan Weine)，精神病学家

在 2001 年 9 月 11 日恐怖袭击发生之后，在一年之内，在纽约市共收集了近四百条口述记录，这使哥伦比亚大学口述史研究办公室的访谈者有机会通过与幸存者进行访谈来了解幸存者的故事以及袭击发生之后的情况，从而见证意义创建(Meaning-making)的过程。这个案例研究的目的有两个：探索口述史作为一种道德实践在支撑积极的历史记忆(即使在其最初的阶段)过程中的固有能力；将"9·11"口述史叙事和记忆项目作为一种界定口述史在记录历史创伤可能的方式。

随着时间的推移，公众和大众媒体对口述史的反响愈加热烈，然而我们仍需牢记口述史的庄严目的——探索记忆、创伤和苦难的边界，作为一个跨学科的专业实践活动，随着口述史的发展，这一目的也在不断扩展。与此同时，"如何解释我们每天通过大众媒体接触到的灾难性事件"这一全球性问题也接踵而至，然而口述史学家很少有机会对此作出直接回应。就人类而言，当下口述史对于创伤事件政治后果的记录，与对灾难中的集体经历的理解程度以及之后的历史叙述的准备程度越来越具有相关性。但是，正如精神病学家斯特万·魏内所主张的：当代口述史最伟大的价值在于，它不仅为经受过灾难的人提供意义创建的过程，而且帮助那些灾后负责对灾难进行多维度理解的专业人士记录下这一过程。

魏内认为这是一个必要的贡献，它比口述史学家认识到的更必要："之所以必要是

因为有创伤心理的人，都经历过许多，他们的经历可能会成为口述史的一部分，然而在涉及幸存者的故事时总有所困扰……这个情况令人担忧，因为很多人认为创伤可以压倒、扰乱甚至于扭曲我们的叙述能力，这就是人性，同时也是使叙述史成为梦魇的重要原因。"①

创伤口述史

　　研究灾难性事件影响的心理学家，从种族灭绝、战争研究到自然灾害，他们将这一系列的工作定义为"创伤心理"。做出这一定义有其重要性，心理和生理创伤事件不仅对受害者而且对倾听者都会造成非常强烈的情感和心理反应。正如心理学家和人权工作者接受的培训那样，这个培训用于训练他们对于受害者倾诉的敏感度，应鼓励在灾难事件领域工作的口述史学家重新从灾难的角度定义自己的工作。这一类口述史的价值，不仅存在于口述史学家中也存在于心理学家、社会工作者、历史学家、维权者以及其他工作在创伤领域的人，可能是以"创伤口述史"的名义被提及，"创伤口述史"的定义是口述史中一种高度集中的自然能力，用以在上下文中以不同程度的主观性来创建意义。

　　在记录无论是自然还是人为的创伤和灾难性事件上，口述史已经证明了自己的价值。正如我在 2005 年为《纽约时报》基金会活动而准备的报告，我相信会出现一种新兴流派的口述史，其目的是为了用文档证明这些灾难和创伤事件。尤其当媒体和政府参与拟定公众意义时，这个流派的叙述和倾听就会变得尤为重要。它调查口述史学家的"沉默"，他们常在数十年后进行记录，试图利用记忆的优势重新进行访谈，这些访谈曾经发生在街角、私人住所，甚至还在公众抗议或自发的纪念活动中。口述历史的纪念和历史价值在于，我们能够影响公众意义的发展，而且这种影响不仅具有及时性还具有延时性：

　　口述史访谈是最纯净的对话；对话是所有人类关系的基础，因而也是我们拥有的最古老最珍贵的艺术。叙述者有时为了倾诉而活着有时也是为了活着而倾诉。也就是说，他们的叙述是有目的的，因为他们已经意识到自己作为重大历史事件目击者的重要性。作为这些事件的解说员，他们是我们最可靠的证人，即使他们的证词【充满意图和主观观点】可能与事实不相符。他们是社会集体记忆的第一批承载者，他们构造出的

---

　　① 这篇题为"幸存者的证词，巴赫金的直觉和叙事视角"的演讲是"创伤和反抗的记忆"小组提供的。2001 年 10 月 17 日到 21 日，在密苏里州的圣路易斯举行的 2001 年度口述史协会的会议上发表了这个演讲。

故事能够随着时间的推移证明该事件的意义。见证有着悠久的传统,而这一传统又给予目击者以勇气,使他们能够公开谈论自己的经历,使所有人都了解这段历史。灾难一旦结束,灾难本身的意义似乎也被摧毁,而证据可以将所有不明了的事情明朗化,但是所有证据的提供都是需要勇气的。

在创建历史事件意义的过程中,在纪念经历的过程中,目击者参与公众对话的积极性提升了,他们的经历在性质上是公共的、本质上是永久的、形式上是具有建设性的。为了保护集体记忆免于流失,在讲述的过程中产生了历史见证的概念,它汇集了古老传统的证词和口述史的专业问题。①

口述史的这个方法让我们看到,那些传统上的"受迫害者"是什么样的,事实上,他们还是历史的中介,为我们提供多种方式用以体验和解读历史。口述史学家——历史和创伤性事件的第二批证人——的挑战是如何使用固有的专业口述史环境促进记忆过程的发展。

虽然我们出于许多学术目的而记录历史,但是我们也承认我们的工作在本质上是为了纪念,在这些目标中有所反映:

为了纪念那些直接受到心理创伤人的经历,为了体现他们对于历史见证者的尊重他们仔细聆听和观察见证者

为了给予那些经历过灾难的人以支持,他们能够为了自己描绘自己的惨痛经历

为了给予那些经历过灾难的人以支持,他们能够为了自己阐明自己的惨痛经历

为了给予那些经历过灾难的人以支持,他们通过纪念和阐述能够参与塑造公众记忆

"9·11"事件口述史记忆叙述项目

恐怖袭击一周后,我和社会学家彼得·贝尔曼开始构建一个大型有深度的口述史研究项目,这个项目是关于"9·11"事件及其后果的。我们的目的是从纽约及周边地区的人群中获得大量信息,这些人与事发地间的距离各不相同,同时我们还考虑到"9·11"事件对穆斯林、拉丁裔以及其他移民群体造成的后果。随着时间的推移,这个震惊整个国家乃至全球的事件如何被不同的群体所阐释,我们对此很感兴趣,于是我们在事件发生后立即展开访谈,在本项目开始的第一年中我们就采访了 400 多人。并且

① 2005 年 5 月,哥伦比亚大学口述历史研究办公室依据《纽约时报》发表报道,其中包含 CU-OHRO 特别报道《通过口述史记录灾难:工作指南》。

在"9·11"事件发生一年半以后,我们又对其中的 202 人进行了回访。

虽然创伤类访谈并不是我们工作的重点,但是因为我们研究的外延广泛性和多样性、创伤是事件的直接后果以及反移民、反穆斯林和反阿拉伯团体事后的抵制活动,经过多次此类访谈使得我们接触到不同层面的创伤。这就对意义创建工作提出挑战,在集体范围内,例如国家、城市;文化领域,例如社区身份;制度领域,例如工作、宗教信仰;个人空间,包括家庭、家人和朋友圈。为了应对灾难发生时以及发生后给工作所带来的复杂挑战,这个项目依靠口述史的隐含约定,以生活史访谈的类型记录下不同程度的创伤。

第一阶段:灾难的即时访谈,2001—2002

因为我们最初计划在第一年采访 300—400 人,后期再对其中一些人进行回访,但是我们只有 30 个采访者,所以我们只好减少每个人的访谈数量。采访者进行访谈的目的是为了探究被政府和大众媒体渲染的民族主义和战争的主题,是如何影响被采访者的人生、影响事件的记录,包括对他们的工作、他们的家庭、他们的社区和他们的朋友圈造成的影响。

而在项目开展的第一年,我们并未将创伤本身作为一个明确的主题或类别,紧接着我们就面临如何倾听经历过极大创伤的故事的挑战。值得注意的是,虽然第一年我们没有关注创伤而且它的意义也不明确,但是我们确实为被采访者提供一系列的创伤服务,并且主动帮他们寻找免费或者低成本的服务。

我们于 9 月 11 日早晨在曼哈顿市区收集到的故事都是十分详尽的、自然的,同时也是令人毛骨悚然的。他们的表述远远超过任何媒体所提供的,媒体关注的是遇难者和记者目击报告。访谈中的创伤性内容感人至深。我们采访的许多人,当时都在这个半径有六个街区的塔楼之中,他们都会谈到有人从塔楼上跳下,这些故事在各大媒体中经久不衰。[①] 我们在移民、穆斯林、拉丁美洲和难民社区的调查得出令人震惊的结果,显示政府干涉普通百姓的生活,并且记录下民众间的暴力活动。不同层次的创伤,悲剧地结合在一些人身上,他们在经历过恐怖袭击不久又经历排除"异己"的暴力行动。

在 2001 年 10 月——项目实施两个星期时,同斯特万·魏内的谈话证实了我 9 月下旬的猜想。口述史学家可能扮演着非常重要的角色。与心理学家不同,我们并没有

---

① 《纽约时报》直到 2002 年 4 月才开始刊载有关跳楼事件的文章。美国英语广播媒体作出一个决定,除了事件发生时曝光跳楼者的照片外之后不再重复展示该照片。

进行诊断或治疗,也没有判定他们是否会患上创伤后应激障碍(PTSD)。作为口述史学家,我们的首要任务是倾听,听他们讲述自己的经历,没有什么比听他们的人生故事更重要。① 为了永久保存他们的记忆,我们计划将其存档,使之可以被学生、学者以及公众所熟知并传承。因此,我们不同于心理学家,我们不需要劳神费力找人同我们进行对话。尽管如此,我们得到答复的数量相当可观。

我们决定和30位访谈者一起开展工作,这使该项目从多个层面受益。它减少了个人创伤暴露的数量,并且不仅在知识上而且在方法论上提供了一个促进项目发展的团体结构。因为"9·11"的后果尚不明了,又因为我们对其影响的认识在不断改变,彼得和我也不强制被采访者参加我们为他们组织的周例会。令我们惊讶的是,所有的被采访者均按时出席,而且会议甚至持续3—4个小时。虽然我们将会议视为信息共享和战略规划的平台,但是我们很快意识到,会议的功能不止这些。对被采访者来说,这是一个至关重要的机会,在这个安全的环境中他们可以复述所见所闻,并合作设计问题和策略,在会议上他们的转述者甚至他们自己能够掌控这些痛苦的经历。

虽然在访谈转录时没有赞助商,但是这最终却推动整个过程的发展。为了了解发生的情况,每周在例会之前彼得和我不得不听至少15小时的录音。这使我们意识到看录音文本不足以体会灾难的次生效应对被采访者造成的影响。因而,我们设法间接接触被采访者面临的现实以及灾难的范围。

此外,由于我们没有接受过专门的培训,不是创伤专家,也不知道如何管理,彼得和我只是倾听,只在要求介入时发言。我们钦佩被采访者的勇气以及他们的行动,因此为了表达尊重,在他们叙述时我们聚精会神、不发一言。回想起来,当时我们的角色是他们的证人,我们记录下整个口述史过程。②

这种"无结构",或者说缺乏层次的结构,事实上却为我们提供了最重要的结构,正如之后我们从被采访者口中听到的那样。

第二阶段:灾难后果的研究工作,2002—2003

到2002年,我们并没有意识到我们创建了美国最大的灾难类档案,但是我们意识

① 2005年我采访的一位精神分析学家格斯林·博兰格关于"9·11"事件的访谈。2008年4月,在她上交给美国心理协会精神分析部39分部的论文中,谈到被一位口述史学家采访的经历。在这篇论文《持续未完成的状态:精神分析叙述》中,博兰格博士写道,她认为与典型的结构化精神分析会议相比,在口述史访谈中她能够更自由地谈论自己有关"9·11"的生活经历。

② 多利·劳伯作为第三方证人向其他证人描述自己的证词。

到创伤已成为我们工作的知识范畴。在第二个工作阶段,我们对第一阶段的 202 个叙述者进行了回访。此时,野外工作条件、采访者的沟通,以及对整个项目的使命感已经发生改变。灾难离我们更遥远,我们同采访者和被采访者的联系也减少了,而将"9·11"作为政治和道德的理由来煽动伊拉克战争的行为,也引起许多纽约市民对政府的不满。我们清楚采访者中的许多人本身也经历过灾难,他们此时需要发泄,发泄累积在心中的痛苦,而这不是一个团体能够提供的。虽然我不精通心理学,但是我仍然可以辨认出心理学家所谓的二次创伤。有些采访者失眠、呈现出他们采访过的受难者的症状,或出现受其他急性压力影响的症状。

基于这些原因,我请要好的同事为我推荐一位纽约大学的心理学家,他需要对创伤有所研究,并且具有临床经验。于是同事强烈推荐刚刚从康奈尔医学中心转到纽约大学的玛莉莲·卡洛(Marylene Cloitre)博士。她不仅是个创伤研究员,还曾经在康奈尔和一队优秀的临床医生一起创立过创伤科。她得到《纽约时报》基金会的赞助,用以我们的合作并为叙述者和访谈者提供 16 个免费咨询会议。此外,她对口述史的建设性潜力很感兴趣,因为口述史通过融合创伤故事和人生故事来缓解创伤后应激障碍造成的不利影响。

玛莉莲·卡洛对我们这个项目贡献很大,但有些访谈者最初不认同她,不接受她和其他心理学家每月只参加两次我们的周会议。① 介于此,她不参与定义第二阶段的知识目标,小心翼翼地扮演着辅助者的角色,然而正因为如此,人们担心后续访谈的运行,对她表示质疑。一些问题是存在于第一阶段的,但是采访者们还不清楚如何在第二阶段中转换自己的角色。这意味着我不得不以一个更权威的身份指导该项目,以此改变之前的运行方式。

回访时我以这样的问题作为开头,"自从上次我们见面以来,你过得怎么样呢?"但是由于该问题的绝对主观性,令一部分被采访者感到不安。还有一部分被采访者能够适应这样的问题,他们认为以这样的方式走进他们的生活继而引入创伤,是个很好的策略。随着我们想方设法解决好这一紧张局势,回访取得明显成效。虽然不像第一次访谈那样戏剧性、引人注目,但是回访充满了被采访者微妙的思想和协调方式的变化,他们是如何努力回归原有的工作和生活、如何重塑同家人的关系?他们承受的巨大压力构成了"9·11"事件在政治上的公共意义。叙述者可以任意从个人、社会、政治和集体的角度拟定意义,因为我们并没有对访谈的结构和议程进行限定。

心理学家的加入,虽不能让项目瞬时成功,但是他们却通过将访谈以更广泛的形式

---

① 最后,寻求纽约大学服务的采访者比被采访者的人数要多。

呈现,使我们在探索"9·11"事件带来的主观细微的影响之路上走得更坚定。在卡洛博士等人的帮助下,我们懂得由叙述者自己创建的倾诉方式是适合他们自己的,尤其是对于那些遭受不同暴行致使自己的信仰和人生观被完全摧毁的叙述者。当叙述者讲述极端痛苦的经历或者需要专业人员时,我们就急切需要熟知、值得信任且拥有丰富临床经验的医生。

　　许多叙述者告诉我们,当我们将他们提交的审查和编辑记录编译入哥伦比亚档案时,就是为后人记录下他们的记忆,这个机会对他们来说非常有意义,他们的言论为"9·11"事件及其后果的记录做出巨大贡献。由于我们视叙述者为代理而非受害者,他们的这种认识也逐渐增强,同是也大大减弱他们对于自己的经历会被遗忘或误解的恐惧。

反　思

　　这个项目让我们确信,口述史方法论是个既有意义又非常有效的工具,因为它能够记录下灾难破坏私人圈、社会圈、文化圈以及制度圈的众多方式。我们中的许多人都见证了 2001 年发生在纽约的恐怖事件,我们认识到斯特万·魏内所描述的"人性"是对灾难的自然回应。口述史通过将这一自然过程拓展到记录领域,以促进意义的积累。灾难导致沉默,灾难孤立灾民。口述史研究能激发那些经历过灾难的人一同研究沉默的界限、诉说能够共享的经历。

　　创伤口述史主要依赖于采访者的个人能力和交际能力,他们的能力直接影响采访内容的引出、保存和传递。作为高度复杂的沟通形式,访谈需要采访者具备专业素养,其中最重要的是:

　　1.能够发自内心、饱含情感地同被采访者交流;

　　2.能够创建一个中立或者支持方的倾听环境,不能表现出多余的情感,使得无论是多么形象多么痛苦的经历都可以如实传达;

　　3.能够自然、不唐突地表达对被采访者经历和生活情况的关心;

　　4.能够承认被采访者的生活经历同其他经历的联系,以此扩充其在访谈以外的意义;

　　5.能够以评论性以及建设性的方式倾听;

　　6.能够暂缓"协调"由政府和媒体提供的支离破碎的灾难片段;

　　7.能够以问答形式,流畅地询问出连叙述者自己都不明了的关系网;

　　8.能够提出有效问题,通过这些问题能够获取具有解释和说明意义的故事。解释

性的故事不仅能够知道原因而且能够了解整个过程,同时它对于受害者具有重要意义;

9.能够在采访中来回变通进行取舍,因为叙述者总是将经历的矛盾性视为灾难经历的必然结果,所以他们提供的信息时常自相矛盾,采访者需要梳理好这些矛盾的信息。

在理想的情况下,联系和分析之间的相互作用应该出现在所有的口述史采访中,这种相互作用对于那些经历过暴力创伤的人来说是至关重要的,因为创伤事件影响到主观的公共情感记忆与时序型历史记忆之间的平衡。这种分裂的证据以讲故事的那种不连贯的方式呈现出来,而且为普遍使用的"超现实主义"所激发来描述事件的发生。创伤口述史的一部分任务是认识到这种不平衡,而且支持叙述者在描述他们的经历时能够恢复一定序列感,即使这个故事支离破碎、严重失真。正如温迪·里卡德(Wendy Rickard)所写:"口述史不仅提高个人叙事的确定性也增加其不确定性。"①通过对2001年的"9·11"事件的暴力、苦难和记忆之间的关系进行探究,口述史叙述和记忆项目了解到,只要遵循创伤口述史的伦理和专业要求,可以将采访者和被采访者的不稳定风险降低到最小。

当代所有专注于灾难性创伤的口述史项目的目标均是创建既尊重历史又尊重记忆的永久档案。随着时间的推移和多视角的研究,灾难性事件得以被运用和被理解,创造生活档案成为口述史的最终目标也是其最珍贵的价值。因为通过保存记忆和纪念苦难,口述史避免个人、团体和文化因灾难特别是政治灾难走向沉默和遗忘。

参考文献

[1]乔凡娜·博拉朵莉:《恐怖时期的哲学:尤尔根·哈贝马斯和雅克·德里达的对话》,芝加哥大学出版社2003年版。

[2]玛丽安·伯西、朱迪思·布拉·怀斯:《创伤转化:赋权响应》,哥伦比亚大学出版社2007年版。

[3]朱迪思·格林伯格:《家庭创伤:"9·11"后续》,内布拉斯加大学出版社2003年版。

[4]亚瑟·G.尼尔:《国家创伤和集体记忆:美国不寻常的事件》,计划出版社2005年版。

[5]凯伦·斯利:《恐怖袭击后的治疗:"9·11"、心理咨询师和心理健康》,剑桥大学出版社2008年版。

---

① 温迪·德:《口述历史——"比治疗更危险?"的受访者关于记录创伤或禁忌问题的反思》,《口述史》1998年秋,第34—43页。

第四部分

技术影响

第18章　制作视频口述史

布赖恩·R.威廉姆斯(Brien R.Williams)

口述史学家曾倾向于将访谈录音看作是他们工作的收集资料环节,在他们看来,文字记录才是权威的记录文件。然而,后来录音的重要性逐渐增加,逐渐被看作是一种正当的访谈形式,即使不是完全同效的。目前,口述史学家正稳步将视频记录添加到他们的工作中去。是什么条件促使了这一进步?视频的优势是什么?添加视频是否改变了访谈的性质和范围?口述史学家将视频添加到其工作中时需要考虑哪些实践和技术方面的问题?作为一名口述史学家兼视频制片人/导演,我从一开始就大力提倡"视频历史"(video history),尽管不得不承认这种媒介并非适合每个人或每个口述史项目。

在这个传媒驱动的世界中,信息越来越多地通过视觉手段而非书面文字的形式传播。尽管书面文字终将会消失的预测有些夸张,但很明显,越来越多的信息通过广播电视、有线电视频道、互联网、手机、CD 和 DVD 等视觉方式传播,甚至还会出现更有创意的传播方式。作为口述史学家,如果我们将工作严格限制在声音和文字的范畴,我们也就限制了信息的潜在传播。鉴于对视觉传播信息日益增长的需求,认真评估无论如何也不记录下这些访谈的视频部分的可能影响似乎成为我们义不容辞的责任。制作出高质量视频记录的成本很低并且操作视频设备也很容易,这使得视频的发展更具有吸引力。

视频的优势

视频的优势中,最重要的是获取信息量的增加,哪怕是在发言者只有"头部特写"的访谈中,也可以获得极高的信息量。可视化元素所开拓的整个新领域,是口述录音和文本很难或根本无法传达的。

访谈中除了口头语言外,还包含了许多其他信息。而在文本记录中,口述人的个性和情感只能通过文字的文体和词汇选择来传达。口述录音可以通过传达语调、音量和可听到的非语言线索,如笑声和叹气等,使其更具表现力。然而,这些表达有时并不清晰,且通过在文本中使用斜体或在括号内添加"有力地"、"用颤抖的声音"之类的短语会显得很不自然,甚至可能带有编辑者的个人倾向。而录像则能展示说话人的行为举止和面部表情,这极大地丰富了口头语言所要表达的意义。如说话时带有讽刺意味的假笑,在录音时往往会被忽略,除非由认真专心的采访者指出并在文本中描述出来。

除了能提供非言语信息和表明口述人的情感状态,视频图像几乎不可避免地会导致观众对发言者形成心理及情绪上的反应。比如和一个人见面之前先与其在电话里进行交谈,我们会根据电话里的谈话在大脑中想象这个人的样子,但是相见之后,根据其外貌和举止,我们往往会形成明确的有时候完全不同的情感反应。这种现象普遍且深切,这就意味着口述史学家需要认真思考该现象。

人们可能会争论这一经验的现实意义,尤其当目的仅仅是对知识信息的积累时,个人风度和魅力似乎没有任何现实意义。然而,如果制作口述史的目的是找出那个人是谁,那么他或她个性的视觉表达将会成为我们想要获取的个人完形①的主要部分。

视频能实现收集全新的信息世界。在微观范围内,视频可以展示一个发明家手执他所发明的物件,指向并说明其部件,解释其功能。第二次世界大战的老兵可以展示他服兵役时的照片,指出他的战友。一名舞蹈演员可以展示如何完成古典芭蕾与现代舞中完全不同的一个特定的动作。在宏观范围内,视频可以展示大型设备,整个实验室、制造工厂、艺术家的工作室,以及其他和研究对象有密切关系的物理空间,这些都配有口述人的专家评论。

当移动镜头不仅仅拍摄到发言人头部特写时,视频制作就会变得很复杂,且我们要改变通常使用的制作口述史的方式。尽管我们的目标是严格地积累信息及创造供研究人员使用的历史记录,但我们必须清晰地捕捉到视觉信息(虽然不一定是以高度抛光和美观的方式)。如果视频被应用到媒体中——新闻、纪录片或网站——画面就必须要有更高的技术和审美秩序。视频的使用也会产生叙事性的问题。如何安排在视觉上讲述故事的画面?使用视频必须意识到且跟随影像语言的原则,这是由可以以无缝的方式讲述视觉故事的专业人士创造的。对于学术性记录而言,可能仅使用一个单一的

---

① 完形,心理学概念,指的是完整形态。——译者注

镜头就足以拍摄一整套动作,使用放大和缩小去捕捉适当的细节,但是这种临时的摄像机运动在音像拍摄中是不能接受的。对于叙事,常见的做法是先使用广角"主镜头"拍摄全过程,然后将各个情节精心分开,来记录一系列的详细的特写镜头,这样将它们编辑起来时就会显得非常流畅。"中立镜头",就如一个旁观者的视角,虽然和学术目的完全无关,但它们在用于覆盖编辑点和缩短耗时场景时是非常有用的。

使用"影像语言"一词反映了有多少视频制作是依赖于电影遗产的。这不是在为"拍摄访谈"一词的频繁使用找借口,事实上,它仅仅是在录像!但随着这个产业从录像带转向了其他形式的录制媒介,即使是"录像"这个词也可能会被误解。影像语言的原则是需要进行研究才能掌握的,所以更容易且更可靠的方法是雇用一个熟悉影像语言的专业摄影师或导演来指导视频拍摄。①

视频历史制作准则

如果你打算使用简单的一对一发言者头部特写访谈制作口述史视频的话,以下是一些建议的准则:

设备

· 需要的设备包括大众化摄像机("便携式摄像机"),至少有一个外置麦克风输入接口,相机三脚架,和一个或多个高质量麦克风。

· 尽管如今的摄像机能够利用背景光拍摄出可以接受的画面,但该项目仍需要一些基本的灯光设备。很多摄像师都会使用一个简单的布置:一个专业柔光作为"主灯光",放置在口述人的一侧,一个小的聚光灯作为"背景光"放置在口述人的背后上方,以及一个简单的反射板作为"辅助光"放置在主灯光对面。主要从一侧照射的主灯光使人脸的轮廓和纹理更清晰。而背景光则能在人的头顶产生光晕效果,这使得画面清晰分明,且可以将人的头部从背景中分离出来。

· 技术创新与竞争激烈的行业营销使得便携式摄像机的广泛使用得以实现。除了整体技术质量(通常反映在价格范围上),这些摄像机间的主要差异是录制格式和录制介质。所有由模拟信号构成的音频和视频都会同时记录在磁带上。模拟信号现在已经让位于不同的数字格式、记录介质和屏幕形状。在这些新格式没有通用标准的情况

① 视频制作的介绍,最好的教材是赫伯特·泽特尔的《电视制作手册》(沃兹沃思圣智学习出版公司 2009 年版)和《视频基础》(汤姆森/沃兹沃思 2007 年版)。

下,我们不得不做出选择,且我们需要将记录从旧格式转换为较新的格式,因为旧设备会逐渐变得过时。由于科学技术的快速变化,此处不宜做设备建议,最好的办法是跟随行业发展以及依靠信任的零售商获取建议。

制作技巧

· 要将摄像机固定在三脚架上。因为手持摄像机录制口述史访谈,不论录制多长时间,都无法保持稳定。

· 不要使用摄像机的内置麦克风,因为其音质很差。要使用佩戴式话筒("领带式麦克风")或放置在与摄像机外接麦克风输入端相连的支架上的麦克风来记录口述人的声音。没有必要为采访者也提供麦克风,因为口述人的麦克风足以清晰地记录采访者的声音。一些口述史学家用摄像机和录音机同时录制声音,以保证至少有一个录制音频可用。而我在自己的工作中则会使用两个连接到录音机上的领带式麦克风,使用电缆连接录音机的输出端和摄像机上的两个麦克风输入端,这样两台设备就能同时录制口述人和采访者的声音了。

· 摄像机可能会带有一些口述史工作不需要的功能。如果你的摄像机固定在三脚架上,那么就不需要启动"防震"功能。要使用摄像机上的光学变焦而非数字变焦,因为数字变焦会降低图像的清晰度。同样的原因,不要使用任何摄像机增加内部光的功能,因此需要提供足够的背景光以获得良好的图像效果。大多数摄像机都有一项"自动对焦"功能,但应该避免使用该功能,因为它总是聚焦于画面的中央部分,无论画面中是什么。如果人物移动出了中央区域,摄像机仍然会聚焦于此时占用中间区域的任何其他事物,而最常见的通常是背景。此外,摄像机也会有光圈设置、快门速度和"白平衡"(设置正确的色彩再现)等手动优先于自动的功能,但只有专家才应该使用手动设置。另外,如果摄像机有不同的录制速度,要选择最快的速度,因为录制速度越快,录制质量就越高,即使这意味着要定期地更换录制介质。

· 对于双人访谈,摄像机应放置在距离口述人大约1.5米的位置,保持和口述人的眼睛在同一高度。且采访者不应出现在镜头中,而要坐在摄像机旁边。(如果一个项目中有很多不同的口述人,我会让采访者从摄像机一侧移动到另一侧,以防所有的口述人都看向同一方向。)一个构思访谈有效的方法就是,将口述人和采访者之间看作是一个能量的交换,主要的能量沿着两人之间的轴线流动。将采访者安置在摄像机旁就意味着摄像机将捕获口述人最大的能量,能够最清楚地展现其面部表情。口述人应该直接面向采访者而非摄像机进行谈话,因为和摄像机进行眼神接触将会干扰口述人和采访者之间的动态,并且打破电视访谈的一个惯例:口述人除特殊情况外不得与摄像机进行直接交流。①

· 我过去常常给口述人一个大特写,以捕捉到最大的能量流动。但现在我更喜欢松散些的拍摄镜头,我们将其称之为中特写(MCU),会拍摄口述人从胸部到略高于头顶的位置。如果你选择了这种拍摄方式,且口述人不大幅度的改变位置,那么你可能在整个访谈期间都不需要移动摄像机。

· 初学者经常想要让采访者和口述人同时出现在屏幕上。当你有两个或两个以上的摄像机可以同时拍摄两个参与者的特写镜头时,这才能实现。如果没有第二个摄像机,但又想要拍摄“双人特写镜头”,就会存在两个弊端。首先,它使得参与者之间的能量轴和摄像机成直角,因此我们只能看见他们脸部的侧面,并且摄像机只能捕捉到他们之间很少的一部分能量。再者,双人特写镜头还会让他们在屏幕上变小,使他们的非语言线索更难察觉。尽管小组访谈录像很有吸引力,但如果你没有多个摄像机的话,应尽量避免如此。因为试图用一个摄像机拍摄小组讨论是非常困难的,除非你只是固定一个静态广角镜头拍摄整个小组,这和双人特写镜头有同样的缺点。(然而,静态广角拍摄在识别多个发言人时有很大的价值。)如果一个项目有多个摄像机的豪华配置,标准程序是用一个摄像机进行广角拍摄,范围覆盖整个小组,使用其他的一个或多个摄像机,在讨论进行时对发言人进行特写拍摄。此外,小组访谈还会遇到音频上的困难。如果每个参与者都使用麦克风,那么后期还需要对一个或两个摄像机音频轨道上的不同麦克风录制的音频进行混合。

· 具有作为摄影师和口述史学家的双重经验,我可以同时操作摄像机和进行一场访谈。若有相关经验,那么做这件事一点也不难,若没有经验,还是聘请一个摄影师比较保险。

· 为摄制工作招聘到专业人员后,应使他们意识到制作视频化历史和他们可能已经习惯了的视频制作之间的不同。在标准的电视节目制作中,一切都面向特定的最终产品——一个节目或新闻故事。而视频历史访谈本身就是最终产品,他们往往会详细地探讨各种主题,且多由长长的连续的镜头构成。在标准影像制作中,我们则更倾向于使用各种类型的短镜头,从特写镜头到广角镜头,以达到节奏感和戏剧性的效果。在视频历史制作中,要避免为了变化而变化。标准影像制作的制作过程本身是透明的,摄像机、麦克风和全体工作人员都不能出现在视频中。而在视频历史中,没有必要隐藏制作

---

① 直接对着镜头讲话通常只出现在现场采访中参与者不在相同位置时。在这些情况下,我们的惯例是两个人都对着镜头讲话。这意味着他们要通过观察器互相交谈,这是一个值得注意的心理现象。更多挑衅性的电视和能源领域的讨论,参见赫伯特·泽特尔:《图像、声音、运动:实用媒体美学》,汤姆森/沃兹沃思 2008 年版。

工程。有时,见证生产过程和摄像机内外人员进行交流也有其优势。①

· 视频也有能将人放在可以表现自己个性和兴趣的物理环境中的优势。因此,在人们的家里或办公室进行访谈更为可取,因为在那种环境中他们的感觉最为舒适,但环境必须要保持安静。我们在现实生活中很容易阻止的外来声音,在录音中会变得更加显著,且会严重影响录音效果。因此,最好要避免在户外进行访谈,也不要在靠近机场、学校或消防局和警察局的室内进行。此外,尽量在园丁与他们的割草机和鼓风机不太可能工作的时间安排访谈。

· 要注意口述人的位置。不能直接把他们安置在一个窗户前,因为日光的照射会使他们看起来像阴暗的剪影。而在晚上,窗户上的反光也会造成干扰。在访谈开始前,为防止视觉分散,要记住以批判的眼光再确认下摄像机画面。通常情况下,我们往往会忽略一些细节,但屏幕画面会将其放大。比如在一次访谈中,我没有注意到恰恰在讲话者背后的一个脏兮兮的电灯开关,直到我审查录像时才发现。如果一不小心,一个灯罩就会变成口述人滑稽的帽子;一定高度的画框将会呈现出贯穿口述人头部的模样。

· 正如访谈中经常遇到的那样,口述人会提及然后拿起一个物品,如一张照片,展示给采访者看。在匆忙情况下几乎不可能给这些手持的物品拍到好的镜头。因此在访谈中,镜头要集中在口述人身上,忽略那些他们想要展示的物品,等访谈结束后再去拍摄所要展示的物品。补拍时,口述人只需重复之前的评论即可。拍摄物品,尤其是照片时,最好的办法就是将它们依次放置在桌面的画架上,口述人和采访者可以面对画架而坐,身后的摄像机聚焦在物品上。以这种方式拍摄,摄像机拍摄到的正是他们评论时所指出的细节。

· 许多口述史学家对视频可能对访谈造成的负面影响表示担忧。他们认为,设备是令人生畏的,摄影师也会使口述人分散注意力,以及"在电视上"的想法会让他们表现得不自然。然而,根据我自己多年的经验,我注意到并不存在如此严重的负面影响。诚然,在设备安装过程中口述人会意识到设备的存在,且访谈刚开始时他们往往会感到些许紧张,但一旦访谈开始进行,他们似乎就忘却了视频组件的存在。当然,摄影师及访谈人员以外的房间里的所有人都要保持安静和尽量不引人注目,这点是至关重要的。有些人有着一辈子观看电视访谈的经验,他们在摄像机前接受采访时会假定一个"电视访谈"的角色。摄制的实际情况可能因此也会和访谈的执行有关,虽然这可能会被

---

① 这些差异的进一步讨论,请参见布赖恩·威廉姆斯:《录制视频历史:远景》一文,出自特瑞·A.邵兹曼编:《视频历史实用介绍:史密森学会和阿尔弗雷德·斯隆基金会实验》,克里格出版有限公司1993年版。

认为是只有听觉的访谈。①

在摄制之后的模拟录制期间,视频历史学家复制了原始录制材料用以使用,并且尽力在最适宜的环境条件下保存原件,原件只有在特殊情况下才能使用,比如纪录片。我们对于当今的数字录制品应采取同样的做法:制作多个拷贝副本加以使用,限制对存储在最佳条件下的主副本的使用。

视频演示

当拍摄演示过程、事物发展进程以及参观一些东西和工作场地时,视频制作会变得更加复杂。这些情况都极大地扩大了影响制作口述史的参数,但它们需要运用电视制作的标准流程,而这超越了录制头部特写所需要的简单技巧。清晰和能提供有用信息的拍摄变得至关重要,尤其当目标是制作出高质量,能够在媒体展示中使用的片子时。有时,这种需要迫使我们偏离了一些口述史正常的做法。

拍摄大范围的对象——从单一的设备到像一家制造工厂一样庞大的事物——构成“视频演示”。典型的第一步是要口述人指出和解释某个对象的各个部分或摄像机广角镜头涵盖的某个地方。通常情况下,口述人也会出现在画面中,但并不总是如此。最初的演示之后,需要尽可能清楚地重新拍摄细节。这通常意味着需将动作分解成一系列单独的特写镜头,四处移动摄像机以获得要展示物品的最佳角度。口述人也需要再次鉴定并解释我们所看到的东西,他很可能会进入到画面框架中来指出组件或证明过程。有时,当很难将口述人囊括在画面中时,可以让他们看着摄像机显示器上的作品,并为其配“画外音”(能听到声音但看不到讲话人),解释摄像机所展示的东西。这种方法在处理大的拍摄对象时尤为适合。在演示过程中,口述人甚至可以指导摄像机的移动。

这种技术非常适合用于为历史记录的视觉信息积累。然而,当考虑未来媒体演示时,我们还需要运用其他技术以保证高质量的画面。首先,镜头必须聚焦,摄像机不能出现不稳定的晃动。他们必须以准确无误的明确的方式,在没有任何视觉干扰的情况下传达相关的视觉信息。视频化历史学家必须能够预见各种镜头在编辑程序中将如何混合在一起,此时才是真正地在讲述故事。拍摄仍有可能由广角镜头、远景镜头和详细

---

① 这些差异的进一步讨论,请参见布赖恩·威廉姆斯:《录制视频历史:远景》一文,出自特瑞·A.邵兹曼编:《视频历史实用介绍:史密森学会和阿尔弗雷德·斯隆基金会实验》,克里格出版有限公司1993 年版。

的特写镜头组成。现在一定要注意的是,拍摄过程中要保持一致的屏幕方向,因为摄像机视角方向如果发生反转,观众就会因此而感到迷惑。且要找到能将动作从一点到另一点顺利衔接的镜头,因为在编辑过程中镜头往往会被缩减。另外要特别留意动作的进行,避免出现干扰和不合适的镜头。

你可能需要拍摄"中立"或者"反应"镜头,比如一名工人的特写镜头,以覆盖最终项目中的编辑点。大多数情况下,我们想要通过这些镜头记录自然的声音,其中不包含口述人的评论,虽然画面中的人们只是在进行他们的工作或默默地演示操作。最后,在演示时有必要对镜头和动作进行彩排。口述史学家很看重自然,但准确且美观地录制动作是一件十分复杂的事情,因此有必要在拍摄之前进行细致的讨论,也许需要对将要发生的动作进行彩排。期望重复动作和拍摄会达到完美的视觉效果。

创作口述史时,一个场景和它所包含内容的外观通常会发生改变。我发现当记录那些科学家和发明家时尤其如此,他们与历史学家和档案保管员不同,一般不会想着保持物品和场所的完好无损,即使它们涉及重要的发现。他们的本性就是进行下一个项目,从不考虑盗取设备的关键部件的一部分以构建新的东西。因此,我们经常需要请人去重新构建一个场所的外貌,例如一个科学实验室,或重新组装曾经构成一个整体的零件。有时,这仅能通过展示一个物体外貌或如何组成的图片完成,然后从口述人处引出回忆。在跟踪医疗仪器历史的一个项目中,我们记录了为数不多的仍然存在的原始设备,然后进行详细的拍摄,展示当前版本设备的制造过程。

在一些情境下,视频历史学家要设计舞台表演。一次,我们请一位天文学家在白天展示他的观测技术,通常他都是在晚上进行的。他是一个演技精湛的演员。当然,再创造和设计表演对口述史的基本假设来说是一个挑战:我们正在收集历史上准确的信息。然而,录像本身往往能明确所发生现实的操控范围和性质,因为它显示出人们被给予线索和假定角色的争论是合理的。然而,如果可能出现任何混淆,要在录音过程中直接说明正在重现场景或是设计舞台表演这一事实。

综上所述,在拍摄美国国立博物馆视频历史项目的早期非洲裔美国飞行员期间,我目睹了采谈者,西奥多·罗宾逊(Theodore Robinson)——他自己以前是塔斯克基飞行员,与口述人珍妮特·哈蒙·布拉格(Janet Harmon Bragg)——女子飞行员的先驱,曾在第二次世界大战期间因为种族被拒绝加入女子空中服务飞行员(WASPs),之间深刻的交流。研究过此次访谈的视频副本后,我试图在方括号中尽可能地描述叙事过程中伴随的非语言表达。

泰德·罗宾逊:你曾提出申请加入女子空中服务飞行员组织,请跟我说说那些事情吧。

　　珍妮特·哈蒙·布拉格:哦【停顿,带着无奈的微笑】,有些事情【咳嗽】真的很痛苦。当时我在【微笑】经营一个小的飞行学校,约翰逊先生和我一起。我们学校有几个女孩子,女孩儿们【扬起眉毛】驾驶我的飞机,有时我就跟她们一起,你知道的。

　　罗宾逊:当然,你现在有飞行员执照。

　　布拉格:是的,我们会飞行。一天,一个女孩来找我说,【扬起眉毛】"珍妮特,我给你带了份女子空中服务飞行员的申请。""哦。"她说:"把它填好,也许我们会被录取。""好吧。"我填写了申请,然后收到了一封来自希伊女士(Mrs.Sheehy)的电报。希伊女士在芝加哥的一家酒店下榻。我来到她的套房,有几个姑娘在那等我。当我走进希伊女士的房间时,她抬起头,【向上抬起她的眼睛进行模仿】说,"啊!"我告诉她我是谁,她那里有我的申请表和所有其他资料。她说:"哦,不。"【皱起眉头假装惊愕,声音很紧张】她说,"我不知道该怎么办。"我说道:【前倾】"您说不知道该怎么办是什么意思?"她说,"嗯,我从来没有在飞行面试中遇到过黑人女孩。"我说:【皱起眉头】"哦,有很多飞行员都是黑人女孩。"【笑】她说:"我只是不知道该怎么办。"她没有给我进行面试【低头】或任何其他东西。她告诉我会再通知我。【讽刺的微笑】大约两个星期之后,我的确收到了她的来信,附带负责人杰奎琳·科克伦(Jacqueline Cochran)的签名。她说:"希伊女士跟我说的仍然成立。"所以我没有被【扬起眉毛】女子空中服务飞行员录取,仅仅因为我是黑人,即使我是个合格的飞行员【讽刺/听天由命地微笑,歪着头】。①

　　我强烈认为这段摘录证明了当我们不对访谈进行录像时将丢失些什么,最终会错失记录将给我们的工作带来大量额外的意义和人性的非言语的语言。

参考文献

[1]特瑞·A.邵兹曼编:《视频历史实用介绍:史密森学会和阿尔弗雷德·斯隆基金会实验》,克里格出版有限公司 1993 年版。

[2]赫伯特·泽特尔:《图像、声音、运动:实用媒体美学》,汤姆森/沃兹沃思 2008 年版。

[3]赫伯特·泽特尔:《电视生产手册》,沃兹沃思圣智学习出版公司 2009 年版。

[4]赫伯特·泽特尔:《视频基础》,汤姆森/沃兹沃思 2007 年版。

---

　　①　口述史记录单元号 9545,《黑人飞行员》,1989 年 11 月 28 日,史密森视频历史收藏,史密森学会档案馆,华盛顿特区。

第 19 章　案例研究:打开回忆空间
——视听历史的挑战

阿尔伯特·利奇布劳(Albert Lichtblau)

口述史的出现和技术的发展息息相关——即记录人声音的可能性。录音技术发展迅速,20世纪80年代,昂贵的电影制作开始被更实惠的视频格式取代,这使得口述史的技术发展也达到一个新的视听水平。

口述史引起的范式转移——历史学家们开始创造他们自己的第一手资料——标志着历史学家们工作方式的另一次转变:他们告别了书面形式,而是以视听的形式交流学术成果。虽然仍有很多人反对这种发展,但口述史学家的日常实践证明了这种反对的荒谬性。例如,当代历史展览再也离不开视频演示。当我们的任务是将最重要的视听媒体作为提出学术和政治相关问题的方式时,如果我们能够积极参与到该视频演示的设计中去,之后我们就可以不被"图像的力量"搞得晕头转向,而是学会掌握它。①

摄像机的眼睛

本章的目的主要在于描述视觉层面的融合对口述史学家制作回忆记录的意义。我希望我能够表达出感受视听魅力的感觉,因为那极大地扩展了口述史学家的工作范围。这就是为什么我将本章的题目定为"打开回忆空间",因为我深信可视化元素能使我们将纪念活动放到一个更复杂的环境中去。

在这里我将以几个具体的例子来阐述我与摄像机的眼睛的结合是如何改变我作为口述史学家的工作的。视听作品面对的挑战是需要在访谈开始之前及过程中能够察觉什么

---

① 丹·西普:《口述史和动态影像的未来》,引自罗伯特·帕克斯、阿里斯泰尔·汤姆森编:《口述史读本》,劳特利奇出版社2006年版,第406—416页。

是可视的，并将其融入到我们的问题及我们与口述人一起参与的活动中去。口述史学家们知道，一个人的家往往是一个充满与过去息息相关的宝藏和纪念文物的私人档案室。尽管我们已经习惯于在私人住宅进行口述史访谈以及在房子中到处寻找古旧物品，但这一过程并非我们关注的焦点。也许我们会注意到内部空间并发表各自的评论，甚至可能将文档复制并拍摄几张照片。虽然空间的安排及口述人遇到和处理能触发回忆的物品的方式并非我们首要考虑的因素，然而，这些东西可以告诉我们很多关于在私人空间中一个人某个特定的生活时期是如何表现出来的，或以前在一个人的生活中承担非常重要的角色的事件现今是如何被转移至后台的。虽然它们表面上被隐藏了，但它们仍然呈现出很多信息。

我作为视听历史学家的经历中有两个说明观察口述人家庭内部过程的例子。我和我的同事赫尔加·艾巴赫（Helga Embacher）正在拍摄一部关于逃离纳粹并在纽约当了作家的移民的电影。[①] 一个是诗人咪咪·罗斯伯格（Mimi Grossberg），1905 年出生于维也纳，是一名制帽匠。当我们在 20 世纪 90 年代见到她时，她仍然生活在——仅是这个就在视觉上令人着迷——华盛顿高地区（Washington Heights），以前许多来自欧洲的犹太移民居住的纽约邻近地区，目前已成为拉美裔为主的邻近地区。一进入咪咪·罗斯伯格的公寓就能和她的生活史有直接的接触。前门右边的架子上放置着数十顶她自己制作的女士帽子，她出去的时候仍然喜欢戴着它们。你看见这些作品就仿佛进行了一次 20 世纪 30 年代到 50 年代的时尚之旅。

在我们电影中的"帽子场景"中，她手拿帽子，向我们展示如何以最漂亮的方式佩戴。这位女士实际上更喜欢在说明中加以冗长的叙述，不过多亏了这些帽子，她成功地声情并茂地浓缩了她作为一个打工女孩的一生的故事。她从学校毕业后，一个女友曾劝她学习贸易，这样她就不用完全依赖她的丈夫了，但这与那个年代占上风的妻子应该担任的角色的资产阶级观念相违背。她的母亲建议她成为制帽匠，因为她可以在世界上任何地方从事这一行业。这是一个很好的建议，她后来在其流亡的国家——美国，很容易就找到了一份这个行业的工作。

摄像机的眼睛可以帮助我们更清楚地表明回忆是一个互动过程，不仅需要尽力调动回忆，还需要用到触觉和肉体。在咪咪·罗斯伯格的例子中，她用帽子、面部表情、手势和动作来描绘她可追溯到 20 世纪 30 年代的历史。由于它们的触觉特质，像帽子这样的物件使得"抓住"现在和过去之间的联系成为可能。它还使和我们一起工作的人更容易接近他们以往的生活。

---

① 赫尔加·艾巴赫、阿尔伯特·利奇布劳：《维也纳——纽约：回归书本》，纪录片，1992 年，87 分钟（www.unitv.org）。

下一个例子是加布里埃·马古斯(Gabriele Margules)的,我们对她的访谈将作为为博物馆展览准备的影片制作的一部分。她是一位 1938 年 11 月被纳粹拘留在达豪集中营的拉比的女儿。在战争爆发之前,这位拉比和他的妻子及两个女儿逃到了英国。[①]加布里埃·马古斯采用了一个十分不寻常的方法去处理她的童年回忆:她从她的泰迪熊——奥古斯特的角度描述它们。当我们去拜访她并开始拍摄时,我们询问她是否仍保留着她的泰迪熊,接着她就去取奥古斯特了。奥古斯特躺在她的怀里,她高声朗读他的故事——他怎么和家人一起来到英格兰,在闪电战期间总是害怕希特勒也可能会来到那,但是"希特勒永远不会到来"成为她一首诗的关键句。加布里埃·马古斯与曾陪同她度过一生的泰迪熊的亲密接触中建立了与其童年生活的联系。口述史学家对这个经常观察到的现象十分熟悉:老人们回想起自己的童年时面部表情通常会发生改变,正是在这种情况下传记的真实性通过面部表情的非语言因素强烈地表现出来。

在这两个例子中,口述人四处走动,也就是说他们非常活跃。因此,相较于传统的口述史而言,口述人有更多的身体活动,而传统口述史中口述人通常都是保持坐姿。我深信身体主动的回忆也会影响叙述,尤其是当心理和思想可以和过去相接触时。

过去的遗迹

在做口述史访谈的职业生涯中,我很早就认识到与过去的遗迹进行直接接触的重要性。在一个其家人从捷克斯洛伐克移居到奥地利的女人的访谈中,她的明显失忆成为了我们谈话的阻碍。我们得知,她是一名热情的摄影师。直到她主动提出要给我看看她的老照片,她的记忆阻塞才得以溶解。站起来,寻找照片,然后展示照片的动作使得她可以更深入地走进自己的生活。这种情况没必要非要用到摄像机,但这是一个过去的实物帮助打破记忆阻塞,通过具体的刺激帮助回忆的实例。口述人的信件、日记、照片,甚至图画都像是来自过去的声音。使用它们进行一种行之有效的帮助回忆的方法。对于视听工作,这些都是不可或缺的步骤。

作为口述史学家,我通常对照片所反映的真实方面感兴趣——也就是说照片上能看到什么——何时——谁——在哪里以及谁拍摄的照片。但制作视频时,其范围往往超出了事实——即照片的联想情感特质。一些照片的意义远远超出了其表面能看到的,因为它们表达的层次与个人经历、恐惧或渴望有关。反过来,这些和真实的生活经

---

① 赫尔加·艾巴赫、阿尔伯特·利奇布劳:《希特勒永远不会回来》,纪录片,2002 年,9 分钟(www.unitv.org)。

历有关,因此也和我们要讨论的回忆有关。根据我的观察,它不一定只能是私下存档的照片;它也可以是引起这种反应的普遍传达的图像。

在制作德国国防军(the German Wehrmacht)罪行展的一部电影时,我询问带团来参观展览的向导,展出的照片中哪些对他们最有意义。鉴于许多照片都是人被谋杀的场面,我准确地作出假设,这使得人们只能深入了解与众不同的照片,因为深入了解所有这些照片对他们来说感情上很难承受。但令我惊讶的是,没有一个向导选择大家都熟悉的照片,相反,每个人都从展出的众多不同的照片中选择了不一样的。而且这些人中,在解释选择照片的理由时,没有一个给出的是纯粹的根据事实的依据,他们都将自己的经历和所选择的照片联系起来,其中一些甚至提到了他们的梦想。这不是这些照片传达的真实的视觉信息,而是个人的接触点使得这些照片和人经历的当前世界联系起来。这种感觉、情绪、恐惧和希望使得在传记访谈中仅仅反映出一个更加深刻过程的表面的回忆叙述得以最大限度地清晰呈现。

使用胶片进行工作使得将照片和可使用的私人镜头片段融入其中成为可能。该领域的技术发展非常迅速——在网络博客、视频播客和手机视频中——这些都是我们必须要学会合理利用的资源。我想举两个利用私人镜头工作的例子,因为我深信我们的兴趣和那些商业化媒体是完全不同的。当我在拍摄一部关于一名指挥迈克尔·吉伦(Michael Gielen)的电影时,我发现他的妻子赫尔加·吉伦(Helga Gielen)有很多用超 8 毫米胶片拍摄的影像,记录了吉伦一家多年来的生活。我问赫尔加和迈克尔他们是否愿意给我们播放这些录像,并且告诉我们他们观看时的想法。由于这些影像没有声带,这对夫妻不得不向我们解释我们看到的影像。观看之后,我们发现这些视频材料的确有很大的历史价值。例如,有一段录像是关于吉伦的阿姨索尔卡·维特(Salka Viertel)的,她是一名编剧,和葛丽泰·嘉宝(Greta Garbo)是朋友,还有一段录像记录了阿诺德·勋伯格(Arnold Schönberg)的歌剧《摩西和亚伦》于 1974 年由让-马里·斯特劳布(Jean-Marie Straub)和丹尼奥勒·惠勒特(Danièle Huillet)改编成的电影的拍摄过程。这段私人录像甚至超越了记录电影历史材料的历史价值,它不仅提供了迈克尔为这部电影指挥音乐的方式的详细描述,同时对这名指挥家有着传记和政治方面的意义。吉伦说:"我很少因为团队合作如此有效而高兴,因为我也是这个项目中的一分子,即使我必须隐蔽到幕后。丹尼奥勒后来出版了一些关于这部电影的东西,她说:'吉伦发现了团队工作的好处。可以说,我最终吸收了社会主义的一些东西,尽管我认为这不是很好。'"①

① 阿尔伯特·利奇布劳、阿洛斯·普鲁斯科兹:《谁是迈克尔·吉伦?》,纪录片,2001 年,45 分钟(http://www.unitv.org)。

这段录像也是在一个特定的历史时期文化和美学如何被制作成产品的一个很好的例子,特别是对这些用超 8 毫米胶片拍摄的影像独特的预设格式颜色质量的设计来说,以及对像衣服、头发样式以及两性和两代交流过程中人们的身体语言而言。

回忆的可塑性

直接利用胶片开展工作的另一种情况是节选我们拍摄过的访谈或其他有口述人出现的片段,然后就此与口述人进行讨论。有时我们在分析和解释这些材料时过于中立,且我们会直接利用口述人所说的话作为材料。特别是在电影片段中,这很有诱惑力。因为我们现在有了语言水平以外的身体语言水平,因此观看他们回忆的过程是十分有趣的,这也清楚地表明了口头语言和身体语言并不总是一致的。另外我还发现,将我观察的结果告诉他们并向其解释我们的理解是非常有用的,同时也给了他们确认或更正的机会。这是达到反射性记忆的另一种可能性,但它也显示了在各个主角塑造回忆的过程中回忆的程度。程度不同,对于回忆的解释可能会大不相同。

在日常生活中,回忆协商(the negotiation of remembrance)通常发生在家庭内部沟通或一组人共同回忆一些事件的情况下。交互作用对回忆结构的形成非常重要,正如欧文·高夫曼(Erving Goffman)和其他一些人的工作表明的那样,那是一个非常复杂的过程。这里,摄像机的眼睛可以帮助我们观察到作为语言平行交流元素的非言语信息。①再举最后一个例子来说明这一点:为了制作一部关于茅特豪森集中营(the Mauthausen concentration camp)幸存者的电影,我们故意选择了一些个人,他们都由其孩子陪伴出席了新毛特豪森游客中心的开幕式。之前对他们进行的采访是作为新展览的一部分,而在当天,他们是尊贵的客人,这同样也是每年集中营解放的庆祝。我们想从电影中捕捉到的信息是这些幸存者是如何向他们的孩子讲述其过去在集中营这段痛苦的经历的。单独的该场景就能引发这些人对往事的追忆,但同时,他们都不知何故都对眼前所看见的场景感到陌生。"这现在看起来和之前大不相同"是集中营幸存者所罗门·J.萨拉特(Solomon J.Salat)说得最多的话,将他的回忆和眼前看到的场景进行对比,这个被美化了的地方显然给他带来了疏离感。②

---

① 欧文·高夫曼:《交互作用习惯:面对面的行为论集》,道布尔迪锚出版社 1967 年版。

② 阿尔伯特·利奇布劳:《毛特豪森回忆》,纪录片,45 分钟,2005(www.unitv.org);阿尔伯特·利奇布劳:《记忆再现》,出自约翰尼斯·迪特尔·斯坦斯特、英格·韦伯·纽斯编:《营地之外和强迫劳动:纳粹迫害的幸存者当前国际研究》,《伦敦国际会议会议录(2006 年 1 月 11—13 日)》,伦敦,2008 年,光盘。

在这种情况下,复杂性程度可以分为几个强度层次:带有代码和标志的创伤性位置,纪念仪式的惯例在这种背景下进行,幸存者与其孩子两代人之间的相互作用,以及和采访者之间的交流过程。此外,我们还在进行后续访谈,因为我们已经在幸存者的家中对他们进行了采访。在萨拉特家族的例子中,幸存者的女儿们带了一台小摄像机,用来记录对集中营纪念馆的参观过程。他们的录像成为了作为我们正在进行的工作的基础的重要文件,因为它展示了他们作出的选择。这是视听工作可以帮助描绘回忆复杂过程不寻常地加剧的一个很好的例子。

有时我完全将摄像机当作是观察的附带工具,我的录像也仅作为学术分析的基础。当回忆的整体包含几个人,以及回忆——如纪念仪式——同时在多个位置进行时,摄像机的眼睛是不能被代替的。视觉信息是如此之多,我们即使用摄影,也只能捕捉到其中的一部分。影片帮助我们囊括和汇集语言、声音、交互和意象。我会用摄像机来观察移民庆典,这是他们为保证种群文化的生存以及举办活动来展示自己民族起源地方的虚拟文化所做出的努力。

新方法和新问题

在视听媒介的帮助下"打开回忆空间"是指向新的工作方法和新的问题开放我们自己。这具有方法和理论上的意义,并提出了我们作为历史学家该如何着手沟通交流我们的见解和发现的基本问题。在电影中呈现它们就意味着我们必须学习影像语言,而这是有别于我们习惯使用的学术语言的。记忆在电影中被描述的过程的复杂的相互关联性是令人震惊的,这点已经被杰出的电影所说明,例如由克劳德·朗兹曼(Claude Lanzmann)执导的《浩劫》(*Shoah*)(1985)和埃罗尔·莫里斯(Errol Morris)执导的《细蓝线》(*The Thin Blue Line*)(1988)。但我想要强烈反对我们的努力面向商业电影制作,以此来增加通过一个几乎不可能实现的方式达到成功的压力。我们需要考虑的更重要的问题是如何让学术方法融入到与电影合作的工作中去,如我们都熟悉的从人类学或民族学的电影中而来的工作。

此外,用电影片段作为我们书面分析的源材料也可以为我们打开新的视野,但我们目前还没有达到这种程度。在我们选择主角或我们形成想要调查的问题时,在我们初步思考在阶段性或伴随的交互作用中使用什么样的记忆触发因素,在深入思考那些作为展示人们一生的故事的场所的私人空间的功能时,在与文档进行对抗时对抗,在进入那些和一个人的传记有关的地方的实际过程,或是在和他人一起观阅私人影像时,我们一旦决定使用视听媒介,那么我们新的工作方式已经开始。当我们忙于使用话语分析的方法来思考回忆过程并将其嵌入多模式交互作用过程中之时,视觉材料作为一种资源就能够为我们提供重要的信息。① 这适用于"体现模式"——身体的表现力——也适用于"脱离体现模式",如空间条件对交互作用的影响或信号的影响。我们该如何处理这一问题呢? 这对我们来说有什么现实意义? 我们从中可以得到什么新的见解? 我们仍有许多这样的问题需要讨论。

参考文献

[1]冈瑟·克雷斯、西奥·范·莱文:《多模式话语:当代交际的模式和媒体》,霍德阿诺德出版社2001年版。

[2]西格丽德·诺里斯:《分析多模式交互作用:方法论框架》,劳特利奇出版社2004年版。

[3]罗恩·斯考伦、苏茜·黄·斯考伦:《恰当的话语:物质世界中的语言》,劳特利奇出版社2003年版。

---

① 西格丽德·诺里斯:《分析多模式交互作用:方法论框架》,劳特利奇出版社2004年版;冈瑟·克雷斯、西奥·范·莱文:《多模式话语:当代交际的模式和媒体》,霍德阿诺德出版社2001年版;罗恩·斯考伦、苏茜·黄·斯考伦:《恰当的话语:物质世界中的语言》,劳特利奇出版社2003年版。

第 20 章　在数字时代实现对口述史的承诺

道格·博伊德（Doug Boyd）

> 一场革命，就如一部小说一样，最难创造的部分正是结尾。
>
> ——亚历克西斯·德·托克维尔（Alexis de Tocqueville）

"数字革命"一词常出现在流行和学术话语中，用于描述我们电子化程度日益丰富的且过度依赖计算机的多重社会环境。在将访谈作为主要研究方法的口述史和其他学术领域，"数字革命"特指口述史进程的各个方面都融入了数字技术并将其作为主流——在录制现场、在档案室中以及在访谈内容的分配中。在这一章我们将探讨数字技术如何对口述史的录制以及访问和保存的双重存档规则产生显著的影响并成为其不可或缺的一部分。

首先，数字技术并不能使我们成为更好的访谈者，更好的项目负责人或更好的口述史档案保管人，数字技术也并不会改变那些众多的可以记录、研究、归档并保存的故事。技术的巨大变化常常令从业人员感到挫败，因为他们必须要学习新的方法：然而，当考虑到口述史的核心实践活动的时候，数字录像单独产生的影响就很小了。我们仍然需要一个麦克风连接到一台能将声音在某种形式的媒体上转换成数据的录像机上，且最终需要对其进行存档并妥善保存。现在的摄像机变得更小，却可以记录多更高质量的信号。媒体不再是磁带，数据也不再以磁性粒子的形式进行保存。尽管基本的计算机附件极大地改变了工作进程，但是仅仅利用数字技术进行口述史访谈还谈不上是革命性的变化。

当使用数字技术改变口述史作为一种信息包（information package）的制作、访问、使用和保存的方式时，数字革命将更彻底地履行其对口述史的承诺。口述史合集（oral history collections）一直是一个操作起来比较复杂的资源。对于口述史领域而言，真正的数字革命才刚刚开始，它需要更多的经济或技术上的进步，使得录音设备更便宜，更小巧,能更快更好地合成声音。真正的革命将是意识的改变,即:作为一种历史资料,人们如何能更轻松地从事和发现口述史,如何能更广泛和更有效地传播口述史,以及如何最终更负责任地保存口述史等等问题。

数字录音

从 19 世纪末到 20 世纪初开始,采访者就在口述史、民俗学、人类学、民族志学、民族音乐学、语言学、社会学和其他相关学科的专业实践中,依赖技术,尤其是依赖音频录音技术来记录他们的数据。1890 年,民俗学者和人类学家 J.沃尔特·菲克斯(J.Walter Fewkes)宣布,民俗学的研究"将无法达到其最高的科学价值,除非采用可以使故事的准确记录得以获取和保存的方式"。[1] 在整个 20 世纪中,模拟录音技术在便携性和保真度方面得到了很大的提升。1937 年《南方民俗季刊》(*Southern Folklore Quarterly*)的一篇文章中,民俗学者约翰·罗马克斯(John Lomax)描述了他在 1933 年第一次使用"电动"录音机录制民歌的场景。

改善十分缓慢……扩音器有一百多磅重;唱盘箱也有一百磅重;两个爱迪生电池每个重七十五磅。麦克风、电缆、工具等使总重量达到五百磅。

罗马克斯之后又描述了其在一次实地考察途中将车后座卸掉来倒置安装录音机,他回忆道:"为此我的儿子被硫酸烧伤,且损坏了一套衣服。"[2]

1954 年,人类学家阿伦·梅里亚姆(Alan Merriam)写道:"目前……民族志学者对是否使用录音机不是特别感兴趣,正如对哪种类型的录音机会有最好的效果一样。"那时声学圆筒录音机已经过时。然而,根据梅里亚姆所述:"光盘、电线和磁带录音机之间的选择……仍是民族志学者面临的问题。"[3]圆筒、光盘和电线很快就被磁带取代,卷轴录音机数十年来保持着主导地位,但最终让位给了便携的、大众化的且无处不在的盒式录音带。

专业和业余的采访者对用日益便携的音频录音机来收集现场资料的依赖代表了民族志导向的学科的目标和实践发生了革命性的转变,突出了文本的中心地位,正如其最初表现的一样。便携式录音机在方法论、理论及从业人员的意识上都导致了彻底的改

---

① J.沃尔特·菲克斯:《一个对帕萨马科迪族民间传说的贡献》,《美国民间传说》1890 年第 3 期第 11 卷,第 257—280 页。

② 约翰·罗马克斯:《录音机器的现场体验》,《南方民间传说》1937 年第 1 期第 2 卷,第 58—59 页。

③ 阿伦·梅里亚姆:《现场录音设备的选定》,《克鲁伯人类学社会论文》1954 年第 10 期,第 5—9 页。

变,正如口述史学家戴尔·特里莱文(Dale Treleven)在 1984 年指出的那样:"机械录音机将新的历史学家采访者从口述人的潦草的书面字迹中解放出来。"①

自 1996 年以来,我就开始使用数字音频和视频现场记录器。近年来,我接触过许多民俗学家和口述史学家,推动他们向数字录制技术转变。我观察到,模拟用户在按下专业模拟卡匣录音机的机械播放键和录制键时感受到录制开始时所表现出清晰的舒适感和安全感。人们转而使用数字音频和视频技术,这不再是对技术决定论的盲目应和。不管是数字音频还是数字视频,相对于模拟的音像制品来说,都有许多优势,包括最重要的质量优势。

除了捕捉动态范围更广,数字音频的录音噪声也更小。和专业的优质录音机相比,数字录制信号的声波质量要远远优于模拟录音机。在数据转化方面,数字音频的优势也是非常突出的,高质量的现场录音将不再有质量和时间上的困扰。这些技术上的优势并不意味着数字技术不会带来巨大的挑战。然而,模拟录制即将过时,会让很多从业人员产生紧迫感,并因此感到沮丧。

所有的技术都在变化。将技术进行改进后再出售给消费者,使这些技术成为商业主流。创新出现后,技术就要进行适应,他们会再次出售,这是因为普通消费者离不开这些改进,商业主流也会随之再次改变。每个改变都将对口述史方法论产生影响,但它没有彻底改变这个行业。但从口述人在纸上"涂鸦"的方式到现场利用便携式录音技术的方法的转变,的确是该领域革命性的转变。

磁带录制技术几十年来主导着我们的实践。近二十年来,一位采访者不得不作出的关于设备的决定:是购买马兰士还是索尼的盒式磁带录音机。飞利浦公司 1963 年发明了盒式录音磁带,之后的十年,4 轨道和 8 轨道墨盒技术开始在商业音乐市场上争夺市场份额。8 轨道磁带播放机在汽车上获得了主要的立足点,但是从商业录制的角度来看,盒式磁带成为了占主导地位的形式。20 世纪 80 年代早期,光盘的出现成为了商业音乐的替代传播媒体。尽管光盘出现了,但数字录音技术并没有很快从主流中消失,直到 20 世纪 90 年代初期,它都担负着便携式现场录音的重任。事实上,此时,盒式录音带技术还在继续主导着现场录音方案,同时保持在商业音乐市场上的强大影响力。根据美国唱片工业协会(RIAA)的调查,直到 1992 年,商业音乐磁带的销量都持续超过光盘的销量。令人惊讶的是,盒式录音带在整个 20 世纪 90 年代期间都稳稳地站住了阵脚,1997 年,盒式录音带的音乐销售额仍占总额的 18.2%。但是到 2007 年,这一数

---

① 戴尔·特里莱文:《口述史学家:技术大师还是技术奴隶?》,《口述史评论》1984 年第 12 期,第 101—104 页。

字减少到 0.3%。目前随着合法的以及非法的可下载音乐的显著增加,我们正面临着光盘销售量的迅速下降。

商业音乐从盒式磁带到光盘的转变对音乐行业造成的变化很小,虽然消费者必须购买新的设备,但基本范型和商业模式保持不变。从光盘到可下载数字音乐的转变则彻底改变了音乐行业。档案工作者、民俗学家和口述史学家对便携式录音和保存的选择始终要受制于消费者音乐市场的动态趋势,但其利益并不总是符合现场录音和档案保存的需求。口述史学家、民俗学家、民族志学者和档案工作者不会,且永远也不会,为录音技术和媒体引领消费市场发展趋势。

虽然便携式现场录音机数字录音技术的使用是一个相对较新的现象,但数字音频录制自 20 世纪 80 年代就已经在进行了。录制的声音总是被保存成某种数据格式。模拟录制设备使用传感器再现复制,在这种情况下,麦克风将模拟声音振动转换成电信号,磁带上的磁性颗粒的排列就代表了电信号。想要听到磁带上录制的声音,只需将该过程反过来进行即可。电脑不能读取磁性粒子或电信号,需通过一个模拟装置将数字音频添加到数字(A/D)转换器上,将电信号转换成电脑可读的视图代码。为了回放数字音频,数字数据通过数字到模拟(D/A)转换器,从二进制代码转换为电子信号,然后成为发言者发出的声音振动。现在,从数据的角度看,一个数字音频文件更类似于 Microsoft Word(文字处理软件)文档而非磁带上的模拟录制。

数字音频录制为了呈现作为数据的模拟信号而使用时间采样和量子化。视图时间采样,这是"所有数字音频系统的本质",它包含在不同的时间间隔采样的声波。增加的采样率将会产生更高质量的声波。如果采样代表数字音频测量中的时间,"量子化代表测量值,或……采样时的波形振幅。"①

由于光盘占支配地位,因此早期的数字音频质量标准得以建立。"光盘录制"就意味着声音的标准是 16 比特/44.1 千赫。一个标准的音频 CD 包含 74 分钟或 650 兆的未压缩的音频信息。随着存储媒体价格的显著下降和录制功能的改进,这个标准已经开始改变。因为录制功能的增多,音频录制技术的数据内存也有所增加。为了应对日益增大的音频数据文件和数量越来越有限的可用带宽,某些数字音频技术采用了压缩算法(有损和无损),给这些文件赋予了网络移动性。有损压缩算法利用心理声学和噪声成形技术以减小文件大小,也使录制声音的质量降低;无损压缩算法虽使得文件大小减小,但保留了最初录制的声音质量。

① 比特深度是一个测量对每个样本的动态范围进行编码的比特数:比特深度越大,样本的分辨率就越高。肯·C.帕尔曼:《数字音频原则》,麦格劳希尔出版社 2005 年版。

正如计算机技术一样,数字音频市场已经成为一个迅速变化和动态的环境,曾经大有前途的格式和技术在很短的时间变得过时。数字音频磁带(DAT),一种早期的便携式数字录音格式,仅使用磁带的一面进行录制,且使用了技术上精心设计的旋转式录音头,该录音头对磁带上的编码数据采用的是螺旋扫描的方法。但随着时间的推移,人们证明 DAT 技术并不稳定,从保存的角度来看十分脆弱,于是它突然间便被录音棚和现场工作者等抛弃。

迷你光盘是另一种转瞬即逝的形式,在口述史学家和民俗学家当中短暂流行了一阵子。这项技术的主要市场是以前由经久不衰的盒式录音带主导的利润丰厚的便携式音乐市场。然而,迷你光盘很快在商业音乐市场上失去市场份额,输给了更普遍以及更加灵活的 MP3 压缩技术。

尽管光盘在商业音乐市场上最终战胜了盒式录音磁带,但早期可刻录光盘技术价格昂贵,令人负担不起,因此不容易得到。盒式磁带面对光盘保持它在市场上的地位主要是因为其熟悉度和其曾经的普遍性。刚跨入 21 世纪,可刻录光盘技术(CD-R/RW)发展得更为普遍,几乎每一台出售的电脑都配带可刻录光盘(CD-R)驱动器,但可刻录光盘便携式现场录音机还没有发展成为现场录制的主流。鉴于音频光盘在商业市场上的主导地位,我预计,这种格式终会成为主流。它有两个重要优势:人们可以在几乎任何地方购买到可刻录光盘,并且它可以完全脱离计算机而独立存在。然而,可刻录光盘只能进行 74 分钟的录制,且格式仅限于 16 比特/44.1 千赫,最重要的是,商业市场中的用户正在逐渐放弃使用可刻录光盘作为其储存音乐的手段。

便携式可刻录光盘录音机出现在舞台上时,电脑正迅速成为管理个人音乐集的主要手段。闪存录制的过程是数字化摄影的过程,逐步成为占主导地位的便携式、数字现场录制格式。闪存录制占用很少的可动原件,价格低廉,且可以录制你能负担得起的内存的时长。占主导地位的便携式现场录制格式的选择再一次反映了商业市场的需求,从而导致更大的市场和格式的稳定。纳普斯特(Napster)和苹果公司(Apple)的 iPod(音乐播放器)的出现使得数字音乐行业发生了革命性的变化,且其技术已十分成熟。2008 年 6 月,苹果公司宣布"音乐爱好者已经从 iTunes 商店里购买和下载了超过五十亿首歌曲"。由计算机管理的数据文件形式的录制声音的范式现在主导着商业音乐和档案界。

数字视频

消费者进行数字视频录制是非常普遍的。新兴的技术再次使用实惠的摄像机捕捉到高质量的数字信号、在家庭电脑上进行视频编辑、制作和发行数字影碟（DVD）或者从家庭电脑上传压缩文件到 YouTube（视频分享网站）得以实现。价格适中的数字视频摄像机除了可以捕捉到超出之前"广播品质"标准的视频信号外，还能捕捉到极高品质的数字音频。尽管具备这些功能，但数字视频实地录音设备的使用尚未成为标准规程。档案工作者和口述史学家已经就视频口述史的利弊争论了多年。高分辨率且广播品质视频保存的高成本阻止了视频主流融入标准现场规程。从访问使用的角度看，数字视频的确对口述史主导范式造成了挑战，特别是随着视频从标准清晰度到高清晰度的转变。数字视频在互联网上的流行，用网络摄像头和低成本手机拍摄视频的能力以及纪录片中口述史方法的广泛使用，仅仅是促使社会对视频产生更多期望的一部分因素。口述史也会受到这种期望的影响，因此口述史档案馆应该为大量涌入的数字视频做好准备。用户对视频的期望在增加，但是档案部门面临的保存数字视频档案并使其顺利得以访问使用方面的挑战则意味着资源上需要更多的投入。一个高清晰度的录像访谈（用高分辨率的编解码器录制的）大小相当于一个标准的计算机硬盘的大小，而十个这样的访谈的大小就相当于目前使用的档案设置中的许多文件占据的数据空间大小。当前我们的保存技术状态要落后于我们录制高分辨率访谈能力的状态。高分辨率的视频录制已不那么昂贵，但同时，维护和保存这些视频却变得更加昂贵。然而，随着 YouTube 等视频分享网站的普及，用户对质量的期望实际上已经降低，对高度压缩视频的宽容度也已大大增加，甚至可以接受视频在网络和有线新闻电视频道播出。互联网提供的视频内容所占的百分比极大地增加，使得人们在世界各地都能观看口述史录像，有时甚至是在访谈录制刚完成的瞬间就能看到。

访问：为口述史用户提供便利

口述史专业人士十分欣赏口述史访谈中嵌入的历史和文化的丰富性。口述史作为一种历史资源，越来越普及，但历史研究仍未对其进行充分的利用，部分是因为研究人员在利用口述史合集时遇到的困难。口述史信息包可能包含一次访谈中各种格式的多个录制文件的复制品：盘式磁带、盒式磁带、音频光盘以及多种形式的数字数据文档。如果访谈被转录，相关档案可能拥有一份打印稿以及一份电子稿，这份电子稿可能不存在，也可能处于各个编辑阶段（初稿、审核稿以及编辑稿等）。此外，该信息包应包含相关的能够将上述多项内容智能化连接在一起的描述性和技术元数据，这些数据要么已经是汇集成稿，要么是还处于原始的访谈记录状态。

数字技术，尤其是互联网，极大地改变了档案行业和信息查询与检索的习惯。20

世纪 70 年代至 90 年代期间,许多口述史合集出版了印刷版的存档指南。将这些指南从印刷版转化为网络版本意味着存储库可以集成有效的远程搜索和浏览包含在或大或小的口述史合集里的书目记录,所有这些都在网络环境中进行。然而,简单地使用互联网来分配元数据记录,意味着用户仍然必须亲自来到档案室查询这些视频资料,当然,除非存储库的口述史合集可以进行流通。

　　档案查询助手历来都是档案资料查询和详细描述的重要工具。然而,"数字革命"极大地改变了用户关于互联网可以提供什么的期望,存档的物质性不再是典型的用户首选的公共访问点。档案保管员在过去的几年中从没听到"你们的馆藏合集什么时候能在网上看到?"这样的问题。当用户咨询关于上传到网络的口述史合集的事务时,他们不再局限于他们期望能远程访问访谈书目记录。通常情况下,用户更想要访问这些访谈的数字代用品,他们想——甚至要求——从他们的计算机上访问到所有种类的档案材料,不管是在家里,在机场,还是坐在星巴克里。档案和数字化口述史项目在过去的十年中已经迅速地启动,极大地加强了其数字化程度,以满足用户的需求。但是,在商业市场上提供数字内容的巨大进步降低了公众对档案机构在网上上传其档案资料的较慢速度的宽容度。

　　考虑研究方法的较旧模式,通常情况下,研究者们会发现他们研究所需的口述史合集或访谈是存在的。这个最初的发现通常是通过目录、馆藏指南或口头问询实现的。研究人员会亲自到档案馆去,在那里他们将面对大量的磁带和抄本(如果相关馆藏已被转录)。基于文本和纸张环境的信息查询和检索包括浏览文本,找寻和查询者意图一致的关键字和概念。在一个以文本为导向的社会中,在模拟的机械环境下搜索音频是一个相对来说效率不高的查询具体信息的方式。与浏览可视化的文本相比,从认知层面来浏览模拟音频是一个效率低下且较缓慢的过程。如果研究人员的时间有限或缺乏耐心,他们很可能会选择浏览一个包含超过一万页抄本的口述史合集以及选择听取附有相关文本的音频,而不会去收听整个合集的音频,这其中可能包含超过两百个小时的录音。当下,如果能准确生成抄本的话,它仍然是在合集中查找特定信息最有效的工具。在没有文本的情况下,按顺序排列的、基于主题的索引的存在极大地促进了模拟音频口述史合集的导航功能。给出简要的项目级描述和代表合集中访谈主题标题的列表的查询助手效率低下,但是附带库存清单的合集层面的描述将有可能成为档案库的选择。最终,合集层面的描述对大型口述史合集中的访谈中的具体信息的查询者并没有起到很大的帮助。

　　访谈层面的描述历来都是理想的元数据。简单的描述性元数据使物理合集的用户得以高效地聚焦于具体的访谈内容,或者是偶然浏览到或发现了个别以前不会在意的访谈。形成具体内容层面的描述遇到的问题一直都是时间和金钱问题,大型口述史合集的档案工作人员则只能作出合集层面的描述。典型用户会得到一个合集层面的描述、抄本和磁带,然后就开始其手动查询信息的艰巨任务。

随着互联网的成熟,存储库开始在静态网页上放置全文抄本、音频摘录或访谈。尽管一些档案工作者因控制问题反对在网上放置访谈,但这种做法极大地改变了口述史访谈的分布模式,使得访谈可被更多的观众观看,但这并无法改变用户和访谈交互作用的方式。过去的十年中,带宽和数字存储的成本降低,因此产生了众多举措,包括在互联网上发布口述史合集的更加创新和有效的方法。

在我自己的职业生涯中,我从一个口述史档案保管员,发展到指导肯塔基州口述史委员会(the Kentucky Oral History Commission)的位置。随着越来越多的重点放在数字化和数字项目上,我离开了委员会,来指导阿拉巴马大学(the University of Alabama)图书馆的数字项目。由于在学术数字项目领域中所做的工作,我成为了肯塔基大学的路易・B.纳恩口述史中心(Louie B.Nunn Center for Oral History)的理事,在此期间,口述史正向着数字的和在线的环境中的展示转变。

1998 年,肯塔基州口述史委员会(肯塔基州历史协会的一个项目)发起了一项记录结束肯塔基州法律种族隔离抗争的倡议,项目总监指导制作了一百多个模拟访谈,这些访谈像其他新的合集一样进行处理,口述史描述是合集层面的。因民权项目(the Civil Rights Project)在 2000 年得到一些资助有了发展的动力,该项目制作了一部视频纪录片,记录美国肯塔基州的民权运动。这部纪录片深受欢迎,因此持续在肯塔基州教育电视台播放。当时我是口述史合集的档案保管员,我们所面临的公众对这个民权合集的使用需求是其他合集所没有的。在面对具体和精确的信息需求时,我发现了用于档案描述的合集层次系统对这种在物理档案环境下的特殊项目是无能为力的。

为了更好地满足用户的需求,我试图研发一个在线界面,以便能以总信息包的形式更有效地传送口述史材料。我们自定义的口述史合集管理数据库平台是一个定制的 Microsoft SQL(结构查询语言)数据库,同时控制着全州范围内的《口述史指南》(Guide to Oral Histories)。我认为合理的解决方案是将内容传送系统融入到我们先前存在的口述史合集管理数据库的体系结构中去,这些数据库的一体化确保了记录不需要被导入或导出到另一个接口用于联机分配。记录只需要键入一次,只需单个命令和附加的可链接到数字替代品相应文件名的链接(例如,数字音频文件和 SQL 服务器上的记录文本文件),公众就可以访问到访谈。

我的新界面的首要目标是允许用户快速、轻松地浏览和搜索记录和访谈以及收听和观看收藏的访谈片段。所有的音频和视频访谈并非由肯塔基州口述史项目公民权利数字媒体数据库传送,因为肯塔基州历史协会并没有准备好接受流媒体技术。该数字化倡议的目标是为以我目前观察到的收藏使用模式为基础的收藏,创建多个接入点。大多数用户试图浏览基于主题的收藏——主题则主要是基于使纪录片形成体系的范畴。我观察到用户似乎更想要就以下主题与访谈进互动:废除教育种族隔离、隔离下的生活、公共膳宿处、黑人与白人自由混合居住以及示威游行。

很明显用户更愿意与"本地区的"材料进行互动,因此,我们创建了下拉式菜单,可以将项目立即从预先选定的肯塔基州各县分离出来。除了为用户提供传统的、可搜索的元数据记录,其中包括含有访谈摘要和关键词的描述性元数据,用户还可以通过主题、县和年份进行浏览。

只浏览包含链接到音频和视频摘要和将近一万页的文本的描述性元数据的元数据记录,对于没有强大搜索能力的重要研究者来说没有太大用处。肯塔基州口述史项目公民权利数字媒体数据库确保用户可以查询元数据记录,并能实现对完整的口述史记录进行全面的以及具体内容层面的关键字搜索。为了使音频和视频摘要能够实现可检索,每个摘要的抄本都会放入数据库中的附加文本字段并链接到数字代用品。为了使音频和视频摘要可以被研究者所发现,每个摘要必须包含其自身层面的描述性元数据。对于这个项目,元数据需要在合集的层面、访谈的层面以及个别摘要的层面生成——这个过程是非常耗费人力物力的。

肯塔基州口述史项目公民权利数字媒体数据库旨在增强用户使用口述史的体验,这种手段试图综合各种模块:搜索、浏览和元数据。一位叫玛丽·拉森的评论家曾指出:

这个网站包含了现代互联网用户在可搜索性、易用性和优良设计方面所期望的所有可能,同时,它还为许多不同类型的受众呈现了许多不同格式的信息——从公众到重要研究者再到高中学生——使它对于所有人都有意义……这是一个模范的口述史网站,也许它会激励其他口述史项目在未来寻求这种类型的解决途径。①

为肯塔基州口述史委员会的肯塔基州口述史项目的民权运动开发的在线数据库是一个专门定制的解决方案,这个方案需要大量的资源、精力和维护成本。这种模式对于其他的口述史合集来说是不容易复制的或是在现实中不太能负担得起的。我们需要一个更具扩展性的模式用更加节省人力和成本的方式来向公众传送我们大部分的数字资料。设计这个数据库的一个积极的方面是,它是专门用来处理口述史材料的。给音频

---

① 玛丽·拉森:《肯塔基州口述史项目民权运动数字媒体数据库审查》,《口述史评论》2007 年第 34 期第 1 卷,第 145—146 页。

和视频格式的口述史资料配上文字效果更好。完全彻底的定制解决方案的缺点是需要对其提供持续的支持和维护。该项目的程序员虽然极有才华,但其使用的技术并不容易被其他人识别。此外,肯塔基州政府的信息技术部门加强了他们的 IT 经理的功能,并将他们的 IT 经理从肯塔基州历史协会撤走。因此,我 2006 年离开肯塔基州历史协会时,定制的解决方案实际上已经没有任何支持,最初设计为动态性的并能快速更新的数据库最终成为了一个静态的数据展览。

那些相对廉价的商业平台,如 OCLC's CONTENTdm(在线计算机图书馆中心内容数据挖掘),使那些较小的研究机构、公共图书馆、州历史协会、学院和大学可以构建一个复杂且比较容易管理的数字档案馆。当我接受阿拉巴马大学数字项目负责人这一职位时,图书馆已经装备了 CONTENTdm。面对这个界面我感觉非常舒服,因为我曾经在肯塔基州历史学会是实施该系统团队中的一员。像很多其他的数字档案平台一样,CON-TENTdm 最初的设计初衷是用于为摄影和手稿材料提供数字替代品的,针对这些格式的界面已经十分成熟。然而口述史信息包的复杂性给更普及的在线界面增加了一定的难度。如果数字口述史合集的形式是单一的,只包含音频文件或文字版本,那么复杂性最小,口述史合集和界面也很容易进行兼容。而如果数字口述史合集包含的形式多样,包含元数据、文字版本以及音频或视频,则与口述史材料进行交互的有效性就会变得很难实现。CONTENTdm,使用简单,擅长展示在线数字照片的合集,该界面的设计是为了简洁性和高效性,如果您的机构已经准备好聘请一个好的 PHP 程序员,它也是完全可定制的,但是很少有机构会这么做。在传送口述史内容方面,CONTENTdm,正如最初设计的那样,努力贡献着自己的力量。

本地系统管理员可以创建"复合对象",将多个对象相关联以使用户可以同时体验。从理论上讲,在口述史方面,这使得用户能够同时访问口述史合集的文字版本和音频,但在实践中,却完全不是这个样子的。虽然音频和文字合并成了单个记录,用户仍必须分别使用每个口述史包的组件。在美国阿拉巴马大学,我们致力于把工作生活口述史项目(the Working Lives Oral History Project)放上网络,该项目是一个专注于阿拉巴马州中部的非洲裔美国工业工人的口述史项目。幸运的是,此口述史合集已被转录成文字,我们以打印稿件的形式保存了该收藏。在将文字版本进行扫描并将音频数字化之后,我们将材料上传到我们的 CONTENTdm 界面,阿拉巴马大学图书馆将口述史访谈作为复合对象进行上传,将扫描的文字版本放置在和数字音频档案同样的记录下。由于我们的工作人员中没有 PHP 程序员,我只能努力以更综合的方式来呈现我们的口述史访谈记录。单击"访问该项目"就可以打开音频文件,但它是在一个单独的浏览器选项卡中打开的,用户会离开访谈记录界面。因此用户必须打开音频文件,然后再返回到原始浏览器选项卡上的访谈记录,打开访谈记录的文字版本,将音频选项卡移开,只有这样用户才能跟上文字版本的节奏。

　　数字档案环境下的口述史合集面临的主要挑战是使合集中所有的单个组件都以便捷的、高效率的、有用的、直观的方式一起工作。有很多资料存储库,它们将数字化口述史合集上传到那些无法满足多种形式的口述史资料的复杂性的平台上。研究人员可以阅读和搜索到这些资料的文字版本,也可以听到或看到口述史访谈,但他们通常不能以便捷的且直观的方式同时做这两样事。如果他们在文字版本中搜索某个单词,他们应该同时在音频或视频文件中直接链接到该单词出现的那一时刻。如果一个数字口述史合集上传到网上,但访问访谈的界面却不能使用,那么负责任的存储库可能会为那些档案材料增加潜在的读者;在功能上,这种访问模式将更类似于访问磁带盒和成堆的打印文本的模式。这两种方法之间唯一的区别就是场地的变化。技术的存在是为了能使文本和音频材料能够在线一起工作,而且,作为口述史材料的保管人,我们有责任使它们能够更容易地、有效地使用。

　　自从成为肯塔基大学图书馆路易·B.纳恩口述史中心的主任,为了完善其在线口述史界面,我曾与 Kentuckiana(是指印第安纳州和肯塔基州的县市区)数字化图书馆(KDL)密切合作以改善他们的在线口述史的访问界面,这个数码图书馆是肯塔基州图书馆特殊馆藏以及数字化项目与纳恩中心(Nunn Center)的数字化口述史合集的主要分销商。这个数字化项目已经开发了创新的查询和检索界面,但界面的设计使得其使用起来非常困难。很少有合集层面的元数据,也没有任何内容层面的元数据能够展现给用户,从而导致用户最初不得不凭猜测,或凭之前了解到的口述史合集的内容才能获悉要使用什么有效的搜索条件。搜索界面的确是十分强大,并且在不断地创新,它针对的是整个访谈而不是预先选定的访谈摘录。埃里克·威戈(Eric Weig),是 Kentuckiana 数字化图书馆的负责人和原始界面的联席设计师,他阐明了他的计划:

　　我们并没有去设法确定音频中的关键时间点或将其分成逻辑片段,我们选择在元数据中储存一些标志:将文字版本中的行编号(line numbers)和音频中的 5 分钟时间间隔相关联。①

　　通过在文字版本中嵌入时间代码,我们使文字版本与音频或视频之间建立了时间关联,产生了一个各组件共同工作的综合性最终产品,搜索结果将会突出显示出来并突出其在文本中的上下文。威戈指出:"每个搜索结果出现的行的编号都会标出……每 5

_____

　　① 埃里克·威戈:《一个案例研究——口述史大范围数字化》,《数字图书馆杂志》2007 年第 13 期第号 5/6 卷,第 1—9 页。

分钟音频间隔的行编号也会显示出来,这样,用户就可以选择他们想要的片段,甚至可以估算在片段中的哪个位置能听到他们搜索的内容。"①文字版本和音频之间的关联性存在于自动创建的5分钟音频片段和文字版本中手动标记的相应的时间代码之间。文字版本和音频之间的关联性是当时其他在线口述史的界面所缺乏的。正如KDL的口述史界面的第一个版本所表现的那样,这种关联很尴尬,但是我们一直在肯塔基大学一起努力完善它。仔细检查初始界面时,我们发现缺点主要集中于行编号系统。行编号功能可以告知用户搜索内容在文本中的位置,并告知其应点击哪些相应的音频片段,以收听他们搜索的结果。用户将单击相应的链接,就会被引导到收听5分钟的音频。然而如果记录文本中没有出现行编号或时间代码,那么这种引导就会偏离搜索结果,这就没有太大意义。用户链接到包含他们要查询的特殊信息的音频片段,但他们不得不浏览整个文本以精确定位他们想要的文字。偏离搜索结果页面并进入PDF文本/音频界面,将使你偏离"上下文关键词",而这些关键词对你识别适合的搜索结果非常有用。

我们一直致力于将搜索引擎和上下文中的生成关键字嵌入到同一界面,用户可以导航至该界面以查看相应文本(见下页图)。此外,我们创建了定制的软件解决方案,可以更加轻松地(尽管还是手动)将时间代码标记嵌入文本之中。我们决定将这些标记每间隔一分钟就嵌入整个文本,因为在确定音频文件中查询信息的具体位置时,5分钟的时间间隔还是有太多的文本需要浏览。

新的KDL口述史界面允许用户搜索文本,将搜索结果置于上下文中理解,将搜索结果链接到它们在文本中相应的位置,最后,并在一分钟内把用户带入到音频文件中的搜索结果。一旦用户决定完善他们的原始搜索,他们还能很快地移动音频和文本,发现和确定他们查找的文本上的或概念上的信息。界面组件的布局是一个简单的四象限界面(four-quadrants interface)——访谈元数据与媒体播放器的界面占据上半部分象限,记录文本与查询和搜索的界面占据下半部分象限。

记录文本左边的时间代码会像链接一样出现,和音频文件中的时间代码相对应,单击时间代码就能链接激活特定的音频片段。此外,用户还可以使用该界面下载自定义的音频片段,或打印已经格式化的文本。

在肯塔基大学,我们正在探索可以把用户生成的标签作为口述史访谈和口述史合集的元数据结构的一部分的方法。Flickr(图片共享网站)和其他在线数码图片共享网站使用的是建模标记方法,用户可以对口述史访谈的内容添加标签,将用户生成的标签

---

① 埃里克·威戈:《一个案例研究——口述史大范围数字化》,《数字图书馆杂志》2007年第13期第5/6卷,第1—9页。

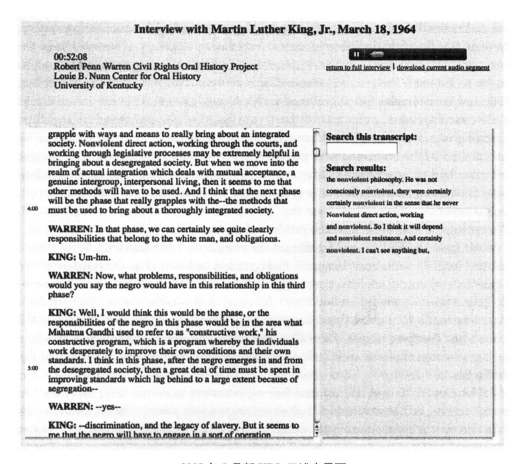

2008 年 9 月新 KDL 口述史界面

与档案保管员创建的主题标题相结合,赋予用户对他们来说重要的主题进行标记的权利。由此产生的记录代表了用户和档案保管员生成的元数据,这些元数据强化了用户进行搜索和发现的整体体验。此外,我们正在探索口述史合集和其他的数字合集能够更有效且自动合并的方法。当然,口述史访谈包含在 KDL 界面全球搜索范围之内,但是我设想的是使访谈内的概念和术语能自动链接到数字环境中的其他相关材料。如果一匹赛马的名字在口述史文本中被提及,而数字化图书馆存储有培育这匹赛马的农场的数码照片,当用户与历史访谈记录互动的时候,我们应提供用户访问这些相关材料的选项。

数字革命使得我们可以进行复杂的搜索和数据挖掘,同时给予了我们一种查询技术,使得用户可以以一种全面综合的方式与数量庞大的口述史材料进行交互和交流。随着语音识别技术的成熟,毫无疑问,非文本搜索也即将出现,这再次加强了信息搜寻者的发现能力。数字环境可以将不同的数字代用品融入到口述史信息包中,使用户或研究员以用户自定义的方式进行体验,在这种环境下,用户可自己决定如何浏览口述史资料合集。在很多情况下,在线档案传送系统似乎是由档案保管员和图书管理员为其他档案保管员和图书管理员设计的。数字档案系统设计师需要平衡用户需求和内容的关系,并创建一个以用户为中心的信息体系结构系统。这些相同的设计师需要研究用户使用口述史资料合集的方式,然后为我们的资料设计发现、检索和传送的工具。用户想要一种像谷歌一样使用简单并能有效查找和检索的系统,他们还想要直观地浏览界面,如那些在亚马逊网站或苹果公司 iTunes 上的一样。社交网络为用户提供了很多能瞬间与比传统档案馆环境更为广泛的观众分享口述史资源的机会。更具创新性的、便捷的和直观的展现口述史材料的方式可以改变如今我们使用口述史材料的方式,且我们要努力不断完善提高对口述史资料合集访问的进程。

数字化存储

"数字革命"的一项具体成果是专业级别的音频数字化设备和记录设备变得更加便宜和易得。我帮助很多机构和个人实现了记录的数字化,也帮助他们实现模拟资料和数字资料的保存。大多数以保存档案为重点的重大的口述史项目出于保存资料的目的,已将它们记录的资料进行了数字化处理。20 世纪 70 年代使用的盒式录音磁带和盘式录音带快要寿终正寝了,由于模拟资料的快速过时,数字化已经成为实际的音频保存手段。然而,口述史档案保管员却要面临即将发生的保存危机,这和已经过时的模拟磁带保存无关。由于数字记录技术近年来有所改进,直到最近,人们才对数字内容的长期保存加以重视。

在数字化努力的早期阶段,口述史资料库将他们的数字内容存储在可刻录光盘上,我们知道这种技术在过去的一百多年里持续流行。虽然测试表明,用酞菁染料制造的黄金可刻录光盘(Gold CD-Rs)更稳定,但也有一些研究表明,可刻录光盘的保存方法不会长期流行,估计其生命终结只需要十年时间,远比储存原始模拟录制的模拟录音带介质寿命要短得多。除了预期寿命的问题,数字音频保存还有媒体和格式过时的问题。面对模拟格式过时的问题,对保存手段,我们没有太多的选择;但是,当我们生产出大量的数字内容时,很少有人重视档案存储,直到最近,人们才采取了精确的、可扩展的策略,认真负责地保存我们生产的数字内容。

由于硬盘价格相对较便宜,人们经常建议使用它们来备份材料。那些有机构支持的人鼓励将他们的资料放置到一个基于服务器的、网络化的环境中,也需对其定期进行备份。只创建访谈的备份副本并不是负责任的数字化存储方法,虽然制作访谈备份副本对访谈的短期保存来说至关重要,但记录音频的长期储存要求有保护措施,确保数字文件不被破坏,且将来从硬件和软件上均可以访问。技术创新令人兴奋,且对应用程序和格式的改进往往使我们的生活变得更轻松,然而,改变也是有一些影响的。

格式陈旧过时在当下的环境中是很难想象的。当前的标准格式,如 wav、MP3 或 pdf,在商业市场上的地位根深蒂固,似乎很难想象这些格式变得不可用是什么样的一个场景,然而这却是不可避免的。档案保管员和从业人员继续不断交流以完善资料储存的策略和标准是非常重要的。非专有格式常常不等同于流行格式,但流行格式也不能幸免于戏剧性的变化或最终遭到放弃。然而,数字格式资料的保管人要继续监测档案和储存机构的当前"最佳选择",因为这些机构在这个问题上有很大的发言权。

储存电子资料的时候,很重要的一点是要把这些资料储存在将来能够进行自动的高效率的迁移的储存环境中。在硬盘上或在网络环境中存储大量的数据可以保证将来用户的"批量转换"格式,用户只需设置和运行一个简单的转换脚本,就可以根据脚本中设置的参数将文档迁移到另一种格式。单独上传数百或数以千计的访谈记录到个人光盘上或以数据文档存储在个人光盘只读存储器上是非常耗时且昂贵的,自动格式迁移大量的数据文档效率要高得多,且目前价格也相当实惠。

数字存储过程中另一个非常真实困难的变量是维护数据的完整性。数字档案一旦损坏,无意中备份的损坏档案的副本也就没有了多大的用处。并且,当我们的硬盘储存的数据量越来越大时,档案工作人员必须每年批判地听审口述史合集中的每个记录,以确保数据的持续完整性的工作流程和程序也是不切实际的。自动化的方法可用于进行这种令人生畏的手动任务,但是,这些方法通常仅用于大型的、基于服务器的数字存档环境。和那些资金雄厚的且已经实施了负责任的数字储存计划的档案机构密切合作永远,我认为这是非常重要的,现在更是如此。

虽然从录制/拍摄的角度看,数字视频技术已经十分成熟,但从保存的角度来看,数字视频仍然产生了似乎无法克服的挑战。与以前的模拟存储格式一样,磁带数字视频是一个脆弱的媒介。对大多数个人和机构来说,大容量、高分辨率的数字视频的硬盘存储仍然是十分昂贵的,但这种情况瞬息万变,随着视频压缩系统的改进以及数据存储变得越来越便宜,我们将会在该领域和档案馆中看到数字视频使用程度的激增。数字视频摄像机可以选择直接记录在板载硬盘或可移动闪存驱动器上,而不是光学媒体或磁带媒体上。由于高分辨率数字视频数据占用的巨大空间和有限的带宽可用性,数字视频现在仅仅在数字革命中扮演一个以访问为导向的组件中的潜在因素。即将到来的技术将会带来更多实惠的、自动的方法来长期存储的高质量的数字视频。

　　"卡特里娜"飓风之后,阿拉巴马州的几所大学获得了博物馆与图书馆服务研究会(IMLS)的补助,并用其建立起一个全州范围内的数字存储网络。此网络是基于服务器的网络,执行一个由来自斯坦福大学的团队开发的,名为 LOCKSS 的简单的软件包平台。LOCKSS 的字面意思是"大量拷贝确保数据安全",在这种情况下,服务器应用程序从一个位置获取数字资料,然后将该资料的精确副本放置在另外五个节点上。在我们的例子中,"黑色档案",这是一个高度机密的以保存为导向的数字资源库,包括了阿拉巴马大学、阿拉巴马大学伯明翰分校、特洛伊大学、斯普林希尔学院和北阿拉巴马大学,该项目由奥本大学负责。在该资源库网络中,其他节点均将会收到阿拉巴马大学的数字资料副本,且阿拉巴马大学的节点也会收到其他机构的数字资料。然后 LOCKSS 会使用一个投票系统,不断地监测数据的完整性,如果某一档案开始损坏,其他五个文档就会用最新的副本替换损坏的文档。分散式数字资源储存对未来的有充足的资金投入的大型档案机构来说是一个极好的模型,不幸的是,它对较小的机构来说并不具有可扩展性。比起以往任何时候,与一个能胜任的口述史档案馆合作都是至关重要的,由此可以将数字资源保存的责任让那些有能力存储模拟化格式和数字化格式资的机构来承担。对于较小的机构,则应建立协作的伙伴关系以满足其资料储存的需要。

　　数字革命才刚刚开始。数字技术创造了新的、令人兴奋的记录、保存和传播口述史访谈的机遇,它很有可能会以戏剧化的方式改变整个口述史领域。同时,数字技术迁移也产生了口述史学家和档案保管员必须克服的一些挑战。口述史研究总是和技术紧密相连,而技术则是一直在发生变化的,因此我们必须从依赖技术向从技术中拯救自己转变。由于格式退化或技术过时,许多历史资源已经绝迹,为了给予我们有幸来记录的故事以尊重,口述史资料的保存需要我们投入最大的精力。

参考文献

肯・C.帕尔曼:《数字音频原则》,麦格劳希尔出版社 2005 年版。

第 21 章　口述史:媒体、信息和意义

克利福德·M.库恩(Clifford M.Kuhn)

在过去的几十年中,媒体和口述史研究都经历了巨变。回想起来,我在 1978 年的秋天开始与亚特兰大的社区广播自由佐治亚电台(WRFG)合作制作"亚特兰大生活"系列节目。这是一档反映两次世界大战之间亚特兰大日常生活的栏目,共 50 集,每集 30 分钟,由美国国家人文基金会(National Endowment for the Humanities)赞助播出。"亚特兰大生活"很大程度上是那个年代的产物,是自由佐治亚电台工作目标的直接产物。在 20 世纪 70 年代早期,这是一个由主张公民权利和反战运动的资深活动家为广大的、之前通常没有机会接触媒体的人群所搭建的广播平台。具体来讲,这一系列节目旨在反驳当地历史叙述中主流的必胜主义。社会学家和自由佐治亚电台的联合创始人之一哈隆·乔伊(Harlon Joye)负责管理这个项目。而我和伯纳德· 维斯特(Bernard West)是这个项目主要的历史学家兼访谈人员。

之前我们都从未接触过广播节目制作。然而,靠着五十多磅重的盘式磁带录音机和笨重的录音架子,我们最终为这一系列节目访谈了 200 名来自各行各业、典型的亚特兰大老人。我们很快意识到,为广播节目做采访与我们之前接受的学术研究训练截然不同。在访谈中,采访者必须留心背景噪声和录音架的放置。采访者不能像日常交流时那样突然插话,而且必须引导口述人讲述具体的故事,而不仅仅是只言片语。与电视和电影不同,广播的收听方式决定了采访者无法依靠肢体语言、面部表情以及访谈场景来表达观点,而只能让讲述人用语言为听众描绘出"画面"。

在磁带完成配音剪切之后,项目志愿者把其中具有潜在价值的部分复制到其他的磁带上。我们还为栏目的访谈部分录制了副本,并用刀片进行了剪裁。因为资金问题,我们未能将其转录为文本。要想制作出优质的广播节目,除了历史内容之外,我们还需要考虑制作录音过程中的种种因素,如计时、节奏和录音质量。所有的项目成员检查并

改善了节目录音之后,才合成了最终版本的节目,其中包含了伴随着相应历史时期音乐的讲述。这个节目最终的版本是合成在四轨道盘式磁带上的。

尽管这一节目的制作过程大多是依靠我们的直觉,"亚特兰大生活"依旧被赞为广播口述历史这一类型的先驱者。栏目不但赢得了美国国家广播奖项,而且在美国公共广播电台(National Public Radio)播出。同时,栏目也赢得了著名作家斯特兹·特克尔(Studs Terkel)的好评,获得了美国人文学科捐赠基金会(NEH)的高度评价。众多学校和图书馆纷至沓来,争相购买栏目作品。在接下来的十年里,这个栏目在自由佐治亚电台衍生出的口述史纪录片节目一直延续到了下个十年。此外,保存在亚特兰大历史中心(Atlanta History Center)的该栏目节目和"亚特兰大生活"系列的访谈内容长期以来被众多学者和研究人员频繁查阅。

1985年,佐治亚州立大学出版社(The University of Georgia Press)同意我们将访谈出版成书。我们想要将访谈出版的原因有很多。例如,95%的原始访谈资料从未对外公开,其中包括很多和播出的节目内容同样丰富多彩的访谈资料,但是出于时间因素和技术条件考虑从未播出。对于广播系列节目而言,每档栏目都相对彼此独立。但是我们觉得与广播节目相比,书本这一更为持久的媒介会更系统、更全面地处理主题。

我们还必须考虑节选的口述史内容应当以何种方式展现在书中。例如,运用快速切换技术(quick cut)可以使得广播节目更具吸引力,这一剪辑技巧的典型运用使我们通过快速切换技术将亚特兰大黑人和白人的回忆并列展示给观众。但是这种技巧在平面文字上却行不通,而相对的,我们会在书中展示更长一些的采访选段。我们选择了兼具史学和口述史特性的编写格式,书中大部分章节按照主题进行排列,并将节选的口述史穿插其中,而不是与叙述部分割裂开来。为了在书中传达出广播节目中的口头性和主观性,我们还在书中穿插了13段较长的"档案故事",它们是那些我们认为格外富有信息性和启发性的人物的采访节选,虽然这些人的讲述不总是能够完全融入整个记叙内容。全书我们一共插入了80张照片,这些照片从不同角度强化、补充甚至有时候刻意偏离了访谈内容。《亚特兰大生活:这座城市的口述史(1914—1948)》于1990年出版。

20世纪90年代初数字革命的兴起,又一次激起了人们对"亚特兰大生活"系列的访谈特别是针对其中非印刷媒介采访内容的兴趣。这档访谈节目的口述人受邀为拍摄《1934年大暴动》接受了访谈,而另一位口述人的评论导致了一部关于二战期间的B-29轰炸机电影的诞生,而这部电影反过来又被用于纪录片《战争状态》之中——一部关于佐治亚州这个战争的后方防线的公共电视纪录片。"亚特兰大生活"系列节目以及相关访谈的节选也被用于广播系列节目《循环会被打破吗？》（*Will the Circle Be Un-broken?*）之中，该节目的主题是发生在南方五个州首府的民权运动（此时，节目已经采用数字制作而不再是磁带了），并在 1997 年赢得了全美口述历史协会非印刷媒体大奖。开拓性的划时代作品《谁创造了美国？——从 1786 建国百年到第一次世界大战》CD（除了口述历史之外，其中还包括影像、歌曲、演讲和其他形式的视听作品，以及大量的文件资料）及其续作，还有由国家历史与新媒体中心资助的关于 1919 年流感大暴发的网站，都向我们展示了"亚特兰大生活"系列中的口述人。最近，访谈的形式又被用于旨在纪念 1906 年的亚特兰大种族大骚乱的活动当中，也被运用到当地高中生的戏剧表演当中，以及在马丁·路德·金国家历史遗迹地举办的"红色之夜"展览活动中。

　　笔者在文中提到"亚特兰大生活"的例子并不是为了抒发怀旧之情，而是想要阐述过去几十年中口述历史和媒体经历的翻天覆地的变化，同时也想指出口述历史在各种媒体和不同形式中的多面性。口述历史访谈只有除去狭隘的学术气息，符合历史事实，通过讲故事的形式，面向广大听众，妥善保存并经常被使用，才能在多领域获得丰硕成果。在过去 20 年中，随着录音质量的增强和录音、剪辑、播放设备费用的削减，制作出高水平、高音质、多地区展示的口述史访谈的可能性得到了极大的增强。采用价格适中的录制、编辑和重放设备，可以在复杂环境中制作高音质的口述历史访谈。数字革命由于其即时性和组合多种类音频、视频信息的能力，使人们重新开始发掘听觉口述史的意义，而且在线上和线下各种环境中名副其实地推动了口述史作品的剧增。

博物馆中的口述史

　　目前，基于口述史的媒体方案数目繁多、令人震惊。例如，博物馆中与口述历史相关的展览如雨后春笋般出现。在 2002 年，陆荣昌亚洲博物馆（Wing Luke Asian Museum）的常务董事赵植平（Ron Chew）曾经写道："口述史已经遍布于博物馆"。同时，一份最近的谷歌搜索记录显示，人们同时检索"口述史"和"博物馆"的次数超过了 200 万次。① 但是就在 25 年前，口述历史在博物馆中仅仅以极少量的纯文本形式出现。随着科学技术的发展，特别是电脑驱动的激光光盘和触摸屏幕的出现，口述历史展现了在 20 世纪 80 年代一些重大展览中的重要意义，例如美国国家历史博物馆举办的名为"更完美的联邦"（A More Perfect Union）展览，展览的主题是关于二战期间美裔日本人

---

① 赵植平：《收集的故事：口述史博物馆展览的崛起》，《博物馆新闻》2002 年 11/12 月。

集中营和埃利斯岛上重修的移民局博物馆大厅。① 在过去的 20 年中,随着新技术产品的出现,例如音响、交互式电脑、导览机、MP3 播放器、苹果手机和其他交互式产品的出现,都极大地增强了口述历史史料在博物馆出现的可能性。

任何技术发展都不可能在真空中出现。20 世纪七八十年代见证了博物馆本身使命和意义的重大转变,也对口述史带来了明显的影响。博物馆中出现了专业口述历史人员表明史学领域中出现了受众由精英向所谓的普通人转变的重大变化。他们力图使博物馆面向更广大的参观者,使博物馆更为现代化,更加迷人,更具有互动性。对参观者进行的研究显示,游客通常与博物馆在个人层面上建立联系,而且经常通过第一人称叙事的形式。一份关于美国人与历史的重要调查显示,相较其他形式的历史展示,大众更信任博物馆,因为博物馆代表了权威,同时博物馆可以用美国著名口述史学家迈克尔·弗里希(Michael Frisch)所说的"共同的权威"来激励参观者。博物馆里,游客可以按照自己的节奏参观,或是与家庭中的另一代人一同游览。②

这一切都意味着,在各类博物馆当中充满了供口述史蓬勃发展的沃土。从大型市政博物馆(芝加哥历史博物馆)到民族博物馆(日裔美国人国家博物馆),再到社区博物馆(唐人街博物馆和开普敦第六区博物馆),它们都有口述历史的相关设施。这些口述历史访谈为生活中被忽略或边缘化的群体带来了生机和活力。③ 同样的,大型国家博物馆,例如新西兰蒂帕帕东加雷瓦国家博物馆(New Zealand's Te Papa Tongarewa)和美国印第安人博物馆(the Museum of the American Indian),通过个人讲述来传达原住民的历史,显得别具特色。科学博物馆、儿童博物馆以及其他相对更多运用视频音频资料的博物馆,成为了将口述历史访谈融合到博物馆当中的领军者。

在田纳西州,孟菲斯的摇滚夜与灵魂乐博物馆,游客可以在导览器上选择数百段口述史节选和音乐选段,与展览的内容互为补充。为了吸引各个层次的参观者,博物馆记录了人类历史的暴行(以及反抗),例如美国大屠杀纪念馆(the U.S. Holocaust Memorial

① 关于"一个更完美的联邦",参见西尔玛·托马斯:《公共空间中的私人记忆:口述史和博物馆》,出自保拉·汉密尔顿、琳达·肖普思编:《口述史和公共记忆》,天普大学出版社 2008 年版,第 90—95 页。关于埃利斯岛,参见迈克尔·弗里希:《作为史料和挑战的观众期望:埃利斯岛,一个案例研究》,出自《共享权威:口述史和大众历史的技巧与意义》,SUNY 出版社 1990 年版,第 99、215—224 页。

② 赵植平:《收集的故事:口述史博物馆展览的崛起》;罗伊·罗森维、大卫·泰伦:《过去的存在:历史在美国生活中流行的用法》,1998 年版,第 31—32、105—108、181—185 页。

③ 凯瑟琳·路易斯:《不断变化的公共历史:芝加哥历史学会和美国的博物馆转变》,北伊利诺伊出版社 2005 年版。柯丽佳·拉索尔、桑德拉·普罗萨拉迪斯编:《回忆开普敦社区:创建和组织的第六区博物馆》,第六区基金会 2001 年版。约翰·郭伟成:《创建一个对话型博物馆:唐人街历史博物馆实验》,出自伊万·卡普等编:《博物馆和社区:公共文化政治》,史密森学会出版社 1992 年版。唐人街历史博物馆已更名为美国华人博物馆。

Museum) 和波兰华沙起义博物馆（Poland's Warsaw Uprising Museum）同时采用了从个人甚至是私密到公开各个场所的口述史访谈资料。在一些家庭博物馆，如吉米·卡特童年家庭国家历史遗址博物馆（the Jimmy Carter Boyhood Home National Historic Site），口述历史访谈有效地补充了历史实物展览。在神秘海港博物馆（Mystic Seaport）这样的关于工作和技术的博物馆，口述历史资料也发挥了同样的重要作用。有时，口述史会取代历史实物成为整个展览的核心和动力，例如在新西兰法伦克顿铁路枢纽（Frankton Junction）的铁路社区。此外，博物馆越来越重视收集口述历史访谈资料，将其作为收集计划的重要组成部分。[1]

　　或许由于博物馆需要考虑到空间、时间、观众以及声音的影响，博物馆的专业人员十分重视在博物馆植入口述史的相关问题。例如，陈列厅的面积、高度、颜色、供电线路、交通车流量等，这些具体限制会对人们体验音频视频资料造成影响。参观者的平均参观时间和展览的时长都会明显制约口述历史的展示。博物馆中口述历史访谈和其他历史实物之间的关系，以及一半的参观者是学龄儿童这一事实，也同样制约着口述历史资料的展现。当然，设备和成本方面的考虑从来都是不能忽视的因素。

　　其他的问题同样贯穿展览的所有阶段，博物馆人员只有解决了这些刻不容缓的问题，才能最充分地在博物馆中利用口述史研究资料。如果一个博物馆想要自己制作访谈，应当在何处进行采访？如何进行采访？采访内容的范围和广度是什么？历史学家、档案管理员和博物馆馆长之间应该是什么样的关系？编辑过程中需要考虑哪些问题？具体方面，既然在博物馆界很多人谈论到权威共享和合作关系，那么在展示给公众的采访节选中剪切掉采访者提问的内容又会带来什么样的影响？高科技展览对人们信息的接受有什么影？对信息的性质和意义又有什么影响？我们如何在博物馆中质问记忆这一主题？如何将口述采访与博物馆的节目因素相结合？与存储、访问和分配相关的问题是什么？会有博物馆允许游客在便携式设备上下载口述史采访资料吗？游客能够将自己的故事添加到博物馆收藏当中吗？

互联网上的口述史

　　从 20 世纪 90 年代以来，口述史的数量在互联网上同博物馆中一样得到了激增。

---

[1]　关于华沙起义博物馆，参见玛塔·库科斯卡·布赞：《一份来自波兰的报告，公共空间中的口述历史》，口述史协会年会公布的未刊文章，2008 年 10 月。安娜·格林：《展览不言而喻：口述史和博物馆》，出自罗伯特·帕克斯、阿里斯泰尔·汤姆森编：《口述史读本》，劳特利奇出版社 2006 年版，第416—424 页。赵植平：《收集的故事：口述史博物馆展览的崛起》。

网络的即时性、可访问性、活力、民主的特性、非线性、交互性及其结合不同形式的沟通和信息的能力,为超越传统意义时间、空间的边界提供巨大的可能性,同时也对口述史造成了巨大影响。然而,与此同时,口述史实践者才刚刚开始思考和领会到网络上口述史的特点和内涵。有一段时间,口述史数据库出于法律和道德因素考虑而反对将采访内容上传网络。假如对上传的口述访谈失去控制会带来怎样的后果? 对那些早在互联网出现之前签署了采访公布协议的口述人又有什么样的义务? 但是,情形在 20 世纪90 年代中期发生了转折,惠顿大学(Wheaton College)的比利·格雷汉姆中心档案馆(the Billy Graham Center Archives)成为首个将馆藏口述史资料上传至互联网的先驱。从此以后,不管是音频文本还是视听资料文件的访谈资料在互联网上变得司空见惯。①

资料库使用多种越来越有深度的方式将口述史采访展示在网络环境中。最初,只有采访文本得到展示,再配上一些相关材料来介绍口述人,或是偶尔地讲述一下采访活动的产生背景。到了 20 世纪 90 年代晚期,南密西西比大学的民权项目为文本资料提供了在线主题索引。随着技术的革新,21 世纪初,资料库开始将采访音频文件的节选(极少情况下也会有完整音频)上传网络。这一活动的领导者包括加利福尼亚州立大学长滩分校的虚拟口述/听觉历史档案馆(the Virtual Oral/Aural History Archive of California State University,Long Beach),该组织其试图让用户真正意义地倾听访谈节选,上传的档案中只有音频节选(无采访文本)以及描述性的材料。近年来,日益增多的机构将视频、音频片段甚至完整的访谈资料上传网络,并且通常伴随着文本,便于那些喜欢边听边阅读的读者使用,还配有详细的、与音频和文本同步的帮助和索引,以及关于音频线索和音频原文更详细的描述和索引。在网站整体的设计和音频/视频与其他元素之间整合方面比较成功的网站是:美国加州大学伯克利分校的区域口述史办公室(the Regional Oral History Office of the University of California-Berkeley);伝书组织(Densho),记录日裔美国人在集中营的经历;以及两个与密歇根州立大学的矩阵中心(the MATRIX Center of Michigan State University)合作建设的关于缝被工的网站。

需要特别关注的是,阿拉斯加大学费尔班克斯分校(the University of Alaska-Fairbanks)的近期的开拓性研究项目——点唱机(Jukebox)项目,该项目在 20 世纪 80 年代曾是通过数字化手段整合口述史采访的先驱者,其将阿拉斯加本地人访谈的背景

① 详细讨论在互联网上公开口述历史访谈的法律问题,超出了本章的研究范围。这里有一个优秀的入门介绍,是凯伦·布鲁斯特在 2000 年完成的《口述录音的网络访问:发现那些问题》,http://www.uaf.edu/library/oralhistory/brewster1/research.html。也可参见口述史协会最新出版的手册,约翰·A.纽恩斯万德:《口述史与法律》。可以通过 OHA 获得这本手册,或是参见约翰·A.纽恩斯万德:《口述史与法律指南》,牛津大学出版社 2009 年版。

信息和发生地的环境与当地照片、地图和其他文件相结合。项目自动播放器计划在一些方面有他的独到之处。采用交互式光盘的"自动播放器"可以播放完整的访谈音频/视频，这些播放器通常放置在访谈地附近的社区，通常是州内一些偏远地区。2000 年，在调查了使用口述史资源的网站并咨询一些口述者本人对互联网上的使用的看法之后，该项目把几十个播放器连接到了互联网。2006 年，自动播放器项目开始与澳大利亚口述史中心合作（the Australian Centre for Oral History）。澳大利亚口述史中心当时已经开始研发软件，通过各种模式之间的联系，同时传输数字影像、声音和文本到用户浏览器。随后，两家科研机构合作推出了在线示范项目——社区故事自动播放器。

尽管在线发布口述史访谈可能仍然是网络上是最常见的口述史使用方式，但是互联网对其的运用不仅如此（在 YouTube 上搜索"口述史"，你就能感受到网络上口述史的多样性、复杂性和各种可能性）。口述史协会更新后的网站提供了可能是业界最大的单一专门信息收藏窗口。北卡罗来纳大学南部口述史项目（the University of North Carolina's Southern Oral History Program）和其他机构提供了口述史的基础知识介绍，而"历史大事"（History Matters）网站现在包括《口述史在线》（Oral History Online），能够指导对其他口述史网站的评估。纽约州立大学的"会说话的历史"（Talking History）网站的鲜明特点就是包含了一个关于"听觉历史与历史音频纪录片制作"的课程大纲，并且把著名的广播节目制作人和"会说话的历史"的广播节目相结合。口述史的访谈已经出现在网上博物馆展览之上，作为相关音频、电影和电视纪录片的一些补充材料，也出现在一些出版物当中，比如《传媒史》（the Journal of Multimedia History）。另外，一些口述史的访谈资料也是诸如"声音纪念项目"（the Sonic Memorial Project）此类音频存放机构的重要资料，作为音频"设备"的重要组成部分。"声音纪念项目"是 2001 年 9 月 11 日事件之后，一些主要的纪录片制作人合作收集和展示原世界贸易中心的声音的项目。

伦敦博物馆赞助的伦敦之音（London's Voices）网站巧妙地展示了口述史在互联网上的应用的领域。伦敦之音项目始于三年前，旨在通过新颖的口述史项目吸引更多游客。网站拥有在线展览的链接，可以观看关于材料的简短特色说明，如伦敦电影和戏剧之旅。网站为对社区口述史感兴趣的人们提供了一个可下载的列表。它包括口述史访谈的全部信息链接，包括按照摘录主题整理好的短音频和打印节选。这个网站记录了一个在刘易舍姆（Lewisham）区开展的口述史和照片收集项目。而且，这个网站还介绍了其他一些非传统的口述史资料活动，其中一个是表演片段，是在回顾那些对伦敦新移民进行的访谈的基础之上制作出来的。

这个网站还能链接到艺术家格雷姆·米勒(Graeme Miller)的网站,还描述了一个名为"联系"(Linked)项目,名字起得很应景。该项目位于伦敦东区附近。20世纪90年代,这里为修建M11公路而拆除了大约350间房屋。"联系"作为一档音频栏目,被人们描述为"听觉历史的里程碑,一个无形的艺术品,一条新的道路",传播范围很广,从隐藏的发报机到随身携带的耳机,都能听到,并创造性地将口述史访谈片段穿插到音乐和其他音频当中。它代表了口述史另外一个迅速发展的领域的外延:导游指引的游览设备,这一媒介因为播客、MP3播放器和手机技术的进步而变得更加便利。托比·巴特勒是米勒的临时合作者,是一个文化地理学者,他有一个自己独特的网站——"记忆风景"(Memoryscape)。① 巴特勒发展了标准的声音漫步之旅(audio walks),并很细心地思考了这种游览设备的特性。

个人叙述和数字化叙事

除了"传统"口述史这种两个人面对面的接触的模式,互联网还包含了大量的以第一人称叙述的故事。在20世纪90年代晚期,乔治·梅森大学(George Mason University)首创了历史和新媒体中心(Center for History and New Media),开始通过收集网络上一些个人对最近的科技史的叙述,并将这些个人的叙述打印存档,其中包括关于早孕测试盒的叙述以及电脑专家克劳德·香农(Claude Shannon)的叙述。这些工作都为历史和新媒体中心进行大规模收集"9·11"事件的个人叙事打下了基础,这些个人叙事成为"9·11"数字档案库的一部分。截至2004年下半年,超过35000名个人将自己的故事上传网络。

在关于启动"9·11"数字档案库的会议上,口述史学家琳达·肖普斯(Linda Shopes)问到,是否有一种收集口述历史题材的方式,能够代替那些"培养良好的人际关系和……通过集中、深入的面对面访谈,运用微妙的副语言暗示来推动的采访。采访者需要提出特殊的观点,只有提出突破性的问题,才能深入到受访者的言语中,获取深层次的有效信息"。尽管没有忽视以上的问题,历史与新媒体中心的成员罗伊·罗森维和丹尼尔·科恩(Roy Rosenzweig和Daniel Cohen)曾经就在线搜集个人生平事迹是否要比传统收集方式更具多样性和包容性这个问题进行争论。而且,受访者自己去打字

① 托比·巴特勒、格雷姆·米勒:《联系:一座声音里程碑,一件公共艺术作品》。出自罗伯特·帕克斯、阿里斯泰尔·汤姆森编:《口述史读本》,第425—433页。托比·巴特勒:《记忆轴线:声音如何通过融入艺术来加深我们的空间感,口述历史和文化地理学》,《地理指南》2007年第1期,第360—372页。

记录故事远比将口述历史访谈转录成文本更加经济。①

实际上，第一人称的叙事方式在网络上剧烈增长，成为各种口述历史网站的核心记录手段。在一些特定的致力于纠正、扩展甚至挑战大众对于特定具体事件的历史认知和发展的组织或是利益集团的网站上，这种叙事方式尤其突出，因为它们对于这些历史认知和发展有自己第一手的体会。有一个隶属于资深民权运动者（the Civil Rights Movement Veterans）的网站尽管还处于基本设计之中（可以用有限的资源做出一个模型），但是这个有趣的网站从 2008 年 12 月起就获得了几十万的月点击量。网站的介绍明确表明了它的目的："民权运动（The Civil Rights Movement）首先是人民大众的运动——人们为自己聚在一起来改变自己的生活。但是这一真相常常悄悄地退出历史，让步于'仁慈的'法院裁决、几位魅力超凡的领导者、几位在知名地点的著名抗议者、一些不幸的殉道者、还有那些宽宏大量仁慈慷慨的立法者。我们的目的就是给那些真正经历过这些事件的人们一个讲述的平台"。该网站包含了易于搜索的丰富资料，包括口述历史的访谈文本和授权协议。还有关于民权运动的常见问题解答（这可能在访谈时会被问及），以及来自运动经历者记述的回答，还有回忆录、照片和其他重要文件、时间表、讨论板块（其中一个名为"我们的故事"）以及许多其他特色功能。

除了以文字为主的个人叙述网站，网络上还有一些蓬勃发展的数字化叙事网站。在这些网站上，个人的简短故事往往涉及一个特定的主题，他们通常使用照片或图片，有时旁白伴随着音乐视频剪辑在一起。在学术界内外，这些网站是讲述数字故事的核心阵地，数字化的故事也被证明是教学的有效补充。② "威尔士一瞥"（Capture Wales）是 BBC 旗下最出色的数字化叙事网站，该网站按照种类将数据分门别类，为收集到的故事提供索引，并提供了一个关于如何创建和上传个人故事的指南。

故事会（StoryCorps）是和数字化叙事运动相近的组织，创建者是大卫·伊赛（David Isay）。与厨房姐妹（the Kitchen Sisters—Davia Nelson 和 Nikki Silva）、杰伊·艾莉森（Jay Allison）、史蒂夫·罗兰（Steve Rowland）、乔·里奇曼（Joe Richman）、丹·罗伯茨（Dmae Roberts）等人一起，伊赛属于新一代的音频档案制作人。他们熟练的技巧完全超出 20 世纪 70 年代和 80 年代的广播纪录片音频纪录片的水平，并在口述历史中整合众多元素，创新传统的纪录片形式，并以各种格式，媒体甚至网络呈现他们的工作，尽力追求访

---

① 琳达·肖普斯：《互联网和收集当今的历史》，该文曾在 2003 年 9 月 11 日以《历史：收集当今历史为明天服务》为题发表，美国国会图书馆。丹尼尔·L.科恩、罗伊·罗森维：《数字历史：在线收集、保存和展示历史指南》，宾夕法尼亚大学出版社 2005 年版，第 161—164、175、181、184—187 页。

② 瑞娜·本梅尔：《口述史课堂的电脑教育》，出自罗伯特·帕克斯、阿里斯泰尔·汤姆森编：《口述史读本》，第 434—445 页。

问性和实用性。① 1994 年伊赛创办了声音肖像(Sound Portraits)制作公司,"致力于向全国观众讲述那些被忽略了的美国声音",除了广播,该公司还将网站与音频、文字记录以及相关文件相融合。它们中的一些案例已经出版成书,或是光盘,甚至成为多种媒体应用的指导典范。

受到 20 世纪 30 年代的 WPA 的生活史项目的启发,在 2003 年,故事会(StoryCorps)在纽约中央车站设立一个展位。在现场主持人的协助下,观众亲自对家庭成员或者朋友进行了 45 分钟的访谈。访谈结束后,受访者会获得了访谈的光盘,而副本会交给美国国会图书馆下属的美国民俗中心(the American Folklife Center of the Library of Congress)来存放。一些精挑细选的访谈选段甚至会通过美国国家公共广播播出。在 2005 年,故事会(StoryCorps)又增加两部移动展览车,从此之后在全国进行巡回展览和采访。在 2007 年,故事会推出口述史保存计划(StoryCorps Griot),开始收集非裔美国人的故事,并与后来的非裔美国人历史与文化国家博物馆(National Museum of African American History and Culture)合作收集。除了常规的美国国家公共广播电台(NPR)广播和多层面的故事会(StoryCorps)网站,访谈已在众多社区小组倾听活动和在《听是一种爱:故事会项目对美国人生活的赞美》(Listenning Is an Act of Love:A Celebrations of American Life From the StoryCorps Project)一书中进一步开展。书中把访谈按照主体编排,而不仅仅是音频节选。的确,故事会已经成为一个远远超出了伊赛最初构想的杰出活动。

故事会确实吻合了大众对激情、互动性以及口述史听觉质量的需求。这也大大提高了大众对讲故事的了解,但是并非在所有的口述史社区都对这种创新之举感到适应。2008 年,伊赛在口述史协会会议发表演讲,并在口述史协会时事通讯上发表了后续评论。而一些批评者声称,故事会收集的资料零碎,结构松散,并算不上口述历史研究,与专家们所认识的口述历史可谓是差别甚远。其他人声称,故事会虽然广受欢迎和大获成功,但是它从那些更为称职、更严肃的活动与组织那里夺取了资金。

"传统"的口述历史从业者经常感到不安的是,除了单纯的技术问题之外,还存在其他的数字环境因素。在线数字故事、个人陈述,或是其他模式的展现,总是让人觉得

---

① 想要了解更多关于音频档案历史的内容,参见查尔斯·哈代三世:《声音的创作:听觉历史、广播和数字革命》,选自罗伯特·帕克斯、阿里斯泰尔·汤姆森编:《口述史读本》,劳特利奇出版社 2003 年版,第 393—405 页。哈代、帕米拉·迪恩:《声音中的口述史和走向图像记录》,出自托马斯·L.查尔顿、洛伊斯·E.梅尔、丽贝卡·夏普利斯编:《对口述史的思考》,阿尔塔米拉出版社 2008 年版,第 268—319 页。在那些以音频记录资料为主要特色的网站中,除了一些个人建的网站,还有 Storiesist.org、Hearingvoices.com 以及 RadioDiaries.org。

奇怪，甚至觉得存在威胁感。最近我听了自己在 1977 年对一位退休的纺织工人的访谈，现在保存在北卡罗来纳大学美国南方数字出版项目的记录当中。我可以证明刺耳的声音如何从我的电脑传出。然而，口述史学家需要做的不是拒绝这类数字故事叙述或其他在线个人叙事，而是需要在创建、编辑以及传播等各阶段去批判性地思考它们的属性：它们独自或是与其他发展一起所能做的事情以及如何发挥作用。温尼伯大学（the University of Winnipeg）的亚历山大·弗洛伊德（Alexander Freund）质疑数字化故事运动重视那些持久的和成功的个人故事，而忽视那些失败的或集体行动的故事，这是否强化了数字化故事运动，抑或是否是与主叙事背道而驰，或是与我们时代的"传播自我"的情感背道而驰。①

在互联网上，也有对口述史的争论和批评。即使是一些口述史发烧友也提出了数字环境中口述史资源所面临的脱离语境问题。例如，如果大多数用户通过谷歌获得了一份访谈原文，那么他们就绕过了相关机构的免责声明，或是错过了一些能够表明这个访谈所发生的具体情形的相关资料和其他文件，不了解这篇访谈所属于哪一访谈系列，也不了解这篇访谈的相应的史学意义。互联网所具有即时访问的特性也引起了一些潜在的法律和道德问题。比如，如何处理一些个人所提出的第三方伤害的事务，而这些人并不是那些已经公开发行的访谈的叙述人。再比如，一个人的访谈可以通过互联网广播的话，这会给坦诚的叙述者带来寒蝉效应吗？

多媒体的未来

如今，构思日益周密和运作日益良好的数字口述史应用项目比比皆是，形式多样，存在于各种环境当中。事实上，今天的流行词是多媒体，最成功的多媒体从业者已经能够将多种媒体结合起来并游刃有余，为人们提供全方位、有价值的门户网站。然而，也有一些是平凡的项目，这些网站只是提供在线媒体视频。例如，没有真正质问媒体本身及组成部分或性质，就开始做关于口述历史的网站。然而，也确实有一些一般的网站项目。在这些网站中，仅仅因为他们能够在网站中嵌入网络视频，他们就这样做了，但是却并没有真正了解视频这种媒介本身的特性，或者没有了解这种媒介中与口述史相关部分的特性。

在数字化环境中，对于口述史的重要评估就是要求能够按照特定的术语组合方式

① 亚历山大·弗洛伊德：《论口述历史的正统性》，加拿大口述历史博客，2004 年 4 月 24 日，具体见 http://blog.uwinnipeg.ca/ohc/2009/04/；亚历山大·弗洛伊德：《给编辑的信》，引自《口述史协会通讯》，2009 年春。

对录音、影像、照片、其他文件以及印刷文字进行多次访问。比如，一个视频访谈的特性和环境如何影响人们在网站上呈现并看到这个视频的方式？相比于视频访谈，在编辑一个音频访谈时要注意事项是什么？各种形式的口述历史在不同媒体上的优势和问题是什么？我们如何才能最好地去关注史料本身，去关注历史和记忆的关系，以及去关注共同创造了一个口述史访谈的双方？我们如何考虑网络上的观众，如何考虑与他们之间的互动性以及真实性？何时以及如何利用先进的技术削弱沟通或是加强沟通？媒体和信息之间的关系是什么？当我们要去选择多到令人咂舌的高科技时，如果我们想要在多媒体环境下最大化地利用口述历史，那么我们就需要问自己这样的基本问题？

参考文献

[1]丹尼尔·L.科恩、罗伊·罗森维：《数字历史：在线收集、保存和展示历史》，宾夕法尼亚大学出版社 2005 年版。

[2]保拉·汉密尔顿、琳达·肖普思：《口述史和公共记忆》，天普大学出版社 2008 年版。

[3]克劳福德·M.库恩、哈伦·E.乔伊、E.伯纳德·韦斯特：《亚特兰大生活：这座城市的口述史（1914—1948）》，佐治亚州立大学出版社 1990 年版。

[4]约翰·A.纽恩斯万德：《口述史与法律指南》，牛津大学出版社 2009 年版。

[5]罗伯特·帕克斯、阿里斯泰尔·汤姆森编：《口述史读本》，劳特利奇出版社 2003 年版。

[6]柯丽佳·拉索尔、桑德拉·普罗萨拉迪斯：《回忆开普敦社区：创建和组织的第六区博物馆》，第六区基金会 2001 年版。

第 22 章　带麦克风的弥赛亚？口述史学家、科技与音频档案

罗伯特·B.帕克斯(Robert·B.Perks)

几十年来,口述史学家和他们的磁带录音机一直形影不离,但二者的合作却伴随着种种不便。录音机既是我们的"行业的工具",同时也是我们采访时最不舒服的部分。我们依靠录音技术来创建、保存数据资源,这些内容是我们史学分析的重中之重。然而,我们对这一技术的态度始终很矛盾,但同时我们也努力去理解它。对于二战后的那些作为先驱者的口述史学家而言,他们最初反对使用任何形式的音频技术。而当他们不得已使用音频技术时,他们中的一些又不愿严肃对待音频材料,而宁愿从音频文件转录成的文字而不从事声音本身去进行研究。直到不久之前,新颖的口述史音频技术使用形式一直只在广播、博物馆和声音艺术家那里得到了创新性的利用。①

口述史学家与档案管理员的关系一直很尴尬。从 20 世纪 40 年代现代口述史运动开始之际,档案管理员就发挥了重要的作用。到了 20 世纪 80 年代初,尽管口述史仍受到传统档案保管员和图书管理员的质疑,这一现象英国尤为严重,但是人们对口述采访还是达成了共识,直到最近的数字革命使得这一话题又被炒得沸沸扬扬。"无须磁带的"数字录音机的出现以及因特网给大众带来的信息便利已经改变了历史学家和历史史料之间的关系。21 世纪有所成就的口述史工作者(这些人通常在人文、艺术领域和社会科学研究中出现)期待能够运用先进技术来获取、保存、分析和编辑数据,并向越来越多的受众展示。讽刺的是,当复杂的潜在的录音技术变得越来越不可知时,数据的

---

① 查尔斯·哈代:《声音的创作:听觉历史、广播和数字革命》,选自罗伯特·帕克斯、阿里斯泰尔·汤姆森编:《口述史读本》,劳特利奇出版社 2006 年版,第 393—405 页。也见托比·巴特勒、格雷姆·米勒:《联系:一座声音里程碑,一件公共艺术作品》,选自罗伯特·帕克斯、阿里斯泰尔·汤姆森编:《口述史读本》,劳特利奇出版社 2006 年版,第 423—433 页。

创造者和数据保管员的角色才最终汇聚在一起。高保真的采访比以往任何时候都更容易收集，并且口述史中"口述"成分的获得也越来越便利，但关于科技、音频档案、口述史学家和口述人以及广泛的公众用户之间相互作用的道德关系也受到了前所未有的争论。

口述史学家和录音技术

1877 年，托马斯·爱迪生发明留声机，使得声音的记录成为可能。但在之后的很多年，记录和存储声音仍然非常困难，因为留声机有它的致命缺点，它的录音不能复制。虽然在 19 世纪 90 年代，埃米尔·伯利那（Emile Berliner）发明了可被复制的唱盘。但是这种设备很笨重，音质比较差劲，并且设备成本超出了大多数人的承受能力。录音最初记录在蜡盘上，但是蜡盘非常脆弱，因此只有少数一战前的原始录音得以保留至今。①

虽然在技术层面上录音活动已经可以脱离录音室这种人为控制的录音环境，但室外录音依然极具挑战性。人类学家是第一批使用新的设备进行了"现场录音"的先驱。早在 1890 年，美国人杰西·沃尔特·福克斯（Jesse Walter Fewkes）用留声机收集保存美洲原住民的故事，并向剑桥教授阿尔弗雷德·科特·哈登（Alfred Cort Haddon）推荐这种"能将声音永久保存的神奇蜡盘"。后者领导了 1898 年英国在托雷斯海峡（the Torres Straits）实地录音考察。② 这种录音方式很快在民俗学家手中得到了运用，1914 年之前的英国，音乐家珀西·格兰杰（Percy Grainger）、塞西尔·夏普（Cecil Sharp）和作曲家拉尔·沃恩·威廉姆斯（Ralph Vaughan Williams）用其来收集英国民歌。③ 两次世界大战期间，麦克风（约在 1925 年）和瞬时唱片录音机（instantaneous disc recorders，也称为的"醋酸盐胶片"）的发明，使得人们可以录制更长、更优质的录音。但除了越来越多的音乐产业、广播电台和少数发烧友和专业人员外，录音仍然是一项非常专业性的神秘活动。创建于 1922 年的英国广播公司（BBC），开始时都是现场直播而不使用录音。直到 1936 年英国广播公司无意中建立了自己的音频档案馆，才改变了英国之前没有上

---

① 皮特·科普兰：《声音记录》，大英图书馆 1991 年版。

② 马丁·克莱顿：《大英图书馆国家声音档案馆的民族志蜡筒：收集史料的简史和描述》，《英国民族音乐学》1996 年第 5 期，第 67—92 页。

③ 安德鲁·金：《明亮的金色商店：英语传统音乐的背景》，见 http://www.bl.uk/collections/sound-archive/traditional_music.html。

规模的音频档案馆的历史。① 早在 1906 年,大英博物馆曾极不情愿地从留声机公司
(the Gramophone Company)接受了一批从世界各地录制的金属母盘录音,但到 1925 年
这批预计达到 10 万份的录音只剩下几十份保留在大英博物馆。②

在 20 世纪 30 年代,民俗学者艾伦·罗马克斯(Alan Lomax)在美国南部广泛记录
民歌和民间故事。新政联邦作家项目(New Deal Federal Writers' Project)收集了成千上
万的采访记录。尽管被一些人认为这是现代口述史的开端,但是这些记录大多都是手
写下来的,而不是录音。一些知名的口述史先行者起初并没有使用录音机。在 1948 年
创建哥伦比亚大学口述史研究中心(the Oral History Research Office at Columbia Univer-
sity)的艾伦·内文斯(Allan Nevins)在工作时也没有使用录音机,而是用学生做笔记来
协助采访。内文斯自己估计文字速记能够记录 60% 左右的信息。③ 但是不久之后,他
就开始使用第一种磁性录音机——钢丝录音机(the wire recorder),后来又使用开盘录
音机(open-reel recorders)。正是这些 20 世纪 50 年代出现的更便携、更便宜的磁性录音
机,使得新一代的史学家把所有的采访记录下来成为可能。加州大学伯克利分校于
1954 年创立了区域口述史研究中心(Regional Oral History Office),充分运用了新技术。
在英国,利兹大学(Leeds University)进行了开创性的英国方言调查,在十年中到 300 多
个地点收集记录语言和社会历史故事。④ 其他一些研究中心,如爱尔兰民俗委员会
(the Irish Folklore Commission)⑤,在加的夫的威尔士民俗博物馆(the Welsh Folk Muse-
um),以及在爱丁堡的苏格兰研究学院(the School of Scottish Studies)也都非常活跃,他
们在人类学、民俗学和语言传统方面进行了大量研究,这都推动了新兴的口述史运动。

对英国口述史运动先驱最有影响力的当数是民俗学者乔治·尤尔特·埃文斯
(George Ewart Evans)。他在研究农业历史时做出了创造性成就。在 1956 年,他以自己
与萨福克郡乡村邻居的对话为背景编写了《问那些割草的家伙》(*Ask the Fellows Who*

---

① 2007 年 9 月 1 日,肖恩·斯特里特在 BBC 广播 4 频道的《档案时间》的节目《挽救历史的声音》。该节目讲述了一个临时秘书玛丽·斯罗科姆创建一份档案的故事。见 http://news.bbc.co.uk/1/hi/magazine/6968321.stm。关于 BBC 音频档案的缺点,可见保罗·汤普森:《英国广播电台档案》,《口述史》1971 年第 1 期第 2 卷。

② 蒂莫西·戴:《国家声音档案:第一个五十年》,选自安迪·林汉:《声音历史:记录声音》,大英博物馆 2001 年版,第 42 页。

③ 1963 年,哥伦比亚大学对艾伦·内文斯的采访,第 238 页。刘易斯·斯塔尔:《口述史》,选自大卫·杜纳维、威拉·鲍姆编:《口述史:一个跨学科的选集》,美国各州和地方的历史协会 1984 年版,第 8—9 页。

④ 哈罗德·奥尔顿:《英国方言的调查介绍》,E.J.阿诺德 1962 年版;罗伯特·帕克斯、乔尼·罗宾逊:《我们说话的方式:英国社区变化在网络中的表现》,《口述史》2005 年秋第 33 期,第 79—90 页。

⑤ 参见肖恩·欧苏利文:《爱尔兰民俗学委员会的工作》,《口述史》1974 年秋第 2 期。

Cut the Hay）。同年他向英国广播公司租借一个新一代百代（EMI）"袖珍"（Midget）开盘式录音机：

> 这种便携式录音机引发了室外广播的一场革命。此前，记录室外谈话是一项昂贵的作业，需要一辆特殊的工作车和两三个工作人员。袖珍录音机是非常不错的机器，操作比较简单，并且配备电池，只需一个人就可以在任何地方进行录音。①

埃文斯很快意识到，利用新技术他能捕捉到的不仅仅是信息（不用手写记录下来），而且还有人们说话的方式，后者被他称为语言"朴实纯洁"的部分，它们对传达的信息来讲是"合身且更耐用的包装"。② 在许多农村家庭还没有通电的年代，便携式小型录音机，凭借其创新的集成电路和小型电动马达，解放了录音师和广播员。这其中就包括另一位英国口述史先驱——查尔斯·帕克（Charles Parker）。在 20 世纪 50 年代，帕克和民谣歌手伊万·麦科尔（Ewan MacColl）在英国广播公司开创了一种新型广播口述史栏目，催生了 1958 年到 1964 播出的"广播民谣"栏目。这档节目内容基于那些之前从未被媒体传播、大多未被人注意到的口述故事，它们来自矿工和铁路工人之类的"普通"人。③

当社会历史学家保罗和西娅·汤普森（Thea Thompson）在美国遇到埃文斯和艾伦·内文斯之际（1967 年口述史协会已在美国成立），英国口述史的运动已在进行之中。其他便携式磁带录音机开始进入市场。飞利浦公司在 1963 年研制了小型盒式磁带，但是它被视为"不够专业"，因此许多采访者仍旧使用开放式录音设备。Uher 采访机（Uher Report Monitor）在 20 世纪 70 年代成为许多史学家的标准录音设备。但是，它也有它的问题，正如保罗·汤普森（Paul Thompson）在 1996 年回顾在自己的第一次大型口述史项目中使用这种设备的经历：

> BBC 建议我们使用 Uher 采访机，这家伙非常沉重……真的不怎么便携，而且十分笨拙。每次转磁带时，你不得不重新上紧它。而且设备的麦克风又大又别扭，在很多方面，这机器相当难用。但它确实录制了高品质的录音，十分适合广播作业。机器有一个开放的卷轨，你可以随意剪切卷带。所以它确实有一定的优点。而且，长远来看，它是唯一一种可以录制供长期保存的档案音频的设备。直到最后十年中，录音带才被认为勉强可用作资料录制。但在另一方面，我认为我们在录音质量上有真正的麻烦，因为训

---

① 乔治·艾瓦特·埃文斯：《口头历史》，费伯出版社 1987 年版，第 4、141—142 页。也见乔治·艾瓦特·埃文斯：《人类档案》，《口述史》1973 年第 1 期。
② 乔治·艾瓦特·埃文斯：《口头历史》，第 15 页。
③ http://www.birmingham.gov.uk/charlesparkerarchive.bcc.

练人们正确使用这些机器是相当不容易的。①

　　Uher 采访机还是得到了人们的使用，只不过人们越来越多地配套使用翻领或"领夹式"话筒，而不是手持话筒，直到带来了广播级录音效果的新设备，如马兰士系列（the Marantz Superscope，后更名为 CP-系列）录音机进入市场。模拟录音带使得社区口述史研究的数量在英国激增。没多久，几乎所有的口述史学家都在使用盒式录音带。②

　　汤普森指出了口述史的后续挑战之一：如何掌握技术来录制录音，并避免在采访中对当事人不当的影响。在早期，显然很少有研究人员曾接触过录音机或知道如何使用它们，并且他们对记录设备持怀疑态度。查尔斯·莫里西（Charles Morrissey）曾认为"过分依赖工具，而不是依赖传统的职业直觉，这是很危险的"，但他指出，比起口述人，采访者更害怕他们的设备："采访者不知道自己做的是否正确，音量是否足够大，麦克是否足够接近，如此之类的困扰。而这样的事情影响了采访质量。"③

　　关于采访者应该具备什么水平的操作能力和技巧，各方众说纷纭。美国口述史学者斯特兹·特克尔（Studs Terkel）表明了自己有些极端甚至反机器主义倾向的观点：

　　我不知道该怎么用录音机，哪怕这是最简单的……我不知道如何打开它，我不知道怎么放磁带，不知道磁带那一面该朝上，放进去了又不知道如何关上盖子，不知道按那个按键可以开始录音，也不知道按哪个按钮可以停止录音。我不清楚它的任何功能……我所描述的是什么呢？我所说的是我最大的设备之一。它徒有虚名。为什么说它还是有用的呢？你会害怕一个想用录音机来记录你的谈话的家伙吗？——他可是连录音机都搞不定。我不是带麦克风的救世主，我也不过是个普通人。④

　　因此，设备小型化成为一个重要议题。《口述史手册》（Oral History Handbooks）也相当重视这个问题：有人建议："当使用录音机时，应当避免机器吸引口述人的注意力，也不该因为让它转移使用者自己的注意力。"⑤"和口述人发展融洽的关系……尤其是

---

　　①　1996 年 6 月，凯伦·沃克曼对保罗·汤普森的采访，第 29—30 页。具体见 http://www.esds. ac.uk/qualidata/online/data/edwardians/biography.asp。"1918 年之前的家庭生活和工作经历"是英国在 1970—1973 年间进行的第一次国家口述史访谈研究。汤普森引用了社会学家彼得·汤森德和他以采访为基础的研究——《老年人的家庭生活：一项在东伦敦的调查》（劳特利奇出版社、开根·宝罗出版社 1957 年版），还引用了乔治·艾瓦特·埃文斯的《口头历史》。汤普森认为汤森德和埃文斯对发展英国口述史事业有着重大的作用。

　　②　罗恩达·杰米森：《口述史项目和档案的方方面面：新西兰、美国和英国》，《口述史》1992 年秋第 20 期，第 53—60 页。

　　③　查尔斯·莫里西：《关于口述史访谈》，选自 L.A.德克斯特编：《精英和特殊采访》，西北大学出版社 1970 年版。

　　④　汤尼·帕克：《斯塔德斯·塔克尔先生：语言中的生命》，哈珀柯林斯出版社 1997 年版，第163—164 页。

　　⑤　保罗·汤普森：《过去的声音：口述史》，牛津大学出版社 1978 年版，第 173 页。

老年人,因为他们往往怀疑陌生人,对录音机感到紧张。"①"在采访开始时,握手可以使其放下心理屏障。"②一些手册建议回放几分钟磁带来使得口述人对设备安心。③

渐渐地,随着口述史学家对录音设备愈加相信,大家对技术的共识开始显现,这在全球定义了"最好"的口述史实践。到了20世纪80年代中期,虽然对使用何种录音机仍存在不同意见(开放式卷轴还是磁带式的),但是大家达成广泛的共识:一对一的访谈是最佳的采访模式;如果精心放置录音机,受访者更容易忘记机器的存在;多使用领麦,而不是手持话筒;多余的"噪音"应当最小化,以提高录音整体的清晰度;积极地倾听,避免大声的打断,可以提高录音质量,也减少了后期制作中转录和编辑的难度;花时间学习如何设置录制最佳质量的音频是非常有必要的。这个目前看来似乎不言自明的基本技术规范,是用了超过30年的时间才逐渐被总结出来的。现在,对于第二代口述史学家而言,他们一开始就已经习惯使用录音技术,已经失去了对录音技术的畏惧感,录音设备已经不再是采访过程中令人胆怯的部分了。随着体积更小、干扰更小的录音机和第一台数字录音机的出现,口述史学家所要考虑的采访关系从技术层面转向人际关系问题,如对主观性和合作创造性的思考。

音频档案管理员和口述史学者

在世界上许多地方,口述史的发展受到了音频档案管理员和图书管理员的影响。④在美国,曾经有一段时间磁带被转录之后不久就会被销毁。⑤ 20世纪60年代,档案管理员和图书管理员最终赢得了的一个重要的辩论,即:有关磁带在访谈记录中的重要地位,原始的磁带需要得到保存"以供后来的研究者研究,一些新的事实可能从口述录音中发掘而无法从文本中透露"⑥。玛莎·珍·扎赫特(Martha Jane Zachert)在1968年的文章"口述史对图书馆的启示",标志着出版刊物第一次试图调查和评估新兴学科对信

① 史蒂芬·汉弗里:《口述史手册》,互动印记1984年版,第19页。

② 肯·豪沃思:《记住,记住:用磁带记述口述史》,本宁遗产网络1984年版,第34页。

③ 埃文斯:《口头历史》,1987年版,第27页。瓦莱丽·罗利·尤:《记录口述史:社会科学家的实用指南》,赛奇出版社1994年版,第59页。

④ 威尔玛·麦克唐纳:《起源:加拿大、英国和美国的口述史项目》,《加拿大口述史协会杂志》1991年第10期,第12—24页。

⑤ 1962年,哥伦比亚大学口述史研究中心主任刘易斯·斯塔尔指出:"为了重新使用磁带,我们将很多录制好的磁带消磁了。"引自唐纳德·A.里奇编:《大家来做口述史》,牛津大学出版社2003年版,第165—186页。

⑥ 艾伦·内文斯:《口述史的应用》,选自伊丽莎白·狄克逊、詹姆斯·明克编:《蓄势待发的口述史:第一届全国口述史研讨会论文集》,口述史协会1967年版,第40页。

息专家可能造成的影响。① 罗恩·格雷里(Ron Grele)辩称,在美国口述史发展过程中,档案保管员和图书管理员依然普遍具有指导性影响力,虽然,至少在最初阶段,"大部分项目的核心都是精英主义倾向的。"②

英国口述史研究源于民间传说、语言学以及民族学,所以相关档案库很早就顺势而生。而且英国历史上对于录音文本取代原始录音这一做法也从未出现过严肃认真的提议,正如保罗·汤普森回忆说:

> 我想我们很快就会意识到:我们真的已经生活在一个物质极其丰富的社会,我们不可能用一本书(指《爱德华时代》[The Edwardians])就完全描述它。这就是创建档案的原因。这也是一个完全独立自主的决定。我们从未见别人所类似的事,像这样制作档案库。③

其他人同意汤普森关于口述史本质的激进观点,尤其是拉斐尔·塞缪尔(Raphael Samuel)和社会主义女权史研讨会运动(the socialist-feminist History Workshop movement)。他们将口述史作为一种手段,不仅挖掘了那些被边缘化群体的"秘史",而且让这些资料在档案馆和图书馆永久展示。就如塞缪尔所言:

> 口述信息的收集者——包括口头记忆和传统——处于优势地位。某种意义上,他们可以说是自己所收集档案的创造者,他因此应该相应地履行自己的义务,他应该清楚地认识到自己作为档案保管员或者是历史学家的身份,去检索和存储那些珍贵资料,因为不这么做那些资料就会被永久地埋没在历史当中。目前,可以复制和储存他所收集的资料的档案馆尚不存在……但未来的史学家会以新的眼光审视我们收集的材料;他们会询问不同的问题,寻求不同的答案。④

数个英国档案馆已经在收集语言和民俗录音,其中卓有成效的有成立于 1951 年爱丁堡大学的苏格兰研究学院(the School of Scottish Studies at Edinburgh University)⑤,以及在圣法根的威尔士民间博物馆(Welsh Folk Museum,从 1957 年开始收集关于口述习

---

① 玛莎·珍·扎赫特:《口述史对图书馆员的影响》,《大学与研究型图书馆》1968 年第 29 期;也见威拉·K.鲍姆:《通过口述史建立社区身份:地方图书馆的新角色》,《加利福尼亚图书管理员》1970 年第 31 期,第 271—284 页。

② 罗纳德·J.格雷里:《作为证据的口述史》,选自托马斯·L.查尔顿、洛伊斯·E.梅尔、丽贝卡·夏普利斯编:《口述史手册》,阿尔塔米拉出版社 2006 年版,第 47 页。

③ 凯伦·沃克曼对保罗·汤普森的采访,1996 年 6 月 24 日。也参见汤普森:《英国广播电台档案》,《口述史》1971 年第 1 期。

④ 拉斐尔·塞缪尔:《记录文本的风险》,《口述史》1971 年秋,第 22 页。

⑤ http://www.celtscot.ed.ac.uk/archives.htm;艾里克·克里根,《口述史》,《国际音像档案协会公报》1981 年第 29 期。艾伦·布鲁福德:《苏格兰研究学会的档案》,《口述史》1974 年第 2 期。

俗和方言的现场录音）。① 但是，不可否认的是，大多数地方图书馆、档案馆和记录办公室并未负责收集视听资料，这种情况在此后几十年都没有得到改变。在 1969 年英国音频记录学会（BIRS，现在的大英图书馆声音频档案馆）上成立了后来的英国口述史协会。虽然它收藏保存了汤普森和埃文斯收集的录音资料，但直到 20 年后它才特设了一名口述史馆馆长。②

渐渐地，20 世纪 70 年代和 80 年代，随着英国一些档案馆的出现，地方性的音频资料库开始在各地得到设立。这些档案馆包括西北之声档案馆（the North West Sound Archive，即后来的兰开夏郡档案室的一部分）、韦塞克斯声音和电影资料馆（the Wessex Sound and Film Archive，汉普郡档案室），以及诺福克郡、萨福克郡和埃塞克斯郡记的录办公室等等。其他主要的口述史收集部门都集中到了国家级博物馆，例如在伦敦的帝国战争博物馆（IWM）。在 1978 年，帝国战争博物馆音像记录管理员大卫·兰斯（David Lance），编写了一本《口述史的归档方法》（An Archives Approach to Oral History）。这或许是第一本在英国出版的关于此题材的意义重大的作品。③ 但是，很显然，兰斯对那些由如汤普森、塞缪尔，社会历史学出身的口述史研究的"开拓性狂热"感到不安，这些研究由汤普森、塞缪尔和另外一些人领导。兰斯后来成为英国口述史协会的创始会员，但是他逐渐对"社会学家的主导地位"感到失望，时常感受到其中的"疏远感"，认为自己从来不是"团体中的一分子"，因而他最终离开了协会。④ 一些有影响力的音频档案管理员同样感受到了兰斯的不安，例如肯·豪沃思，1979 年西北声音档案馆的创立者，他也是口述史学界中的一员，但并未在口述史档案学会发挥过积极作用。⑤ 兰斯和豪沃思都与英国广播公司有着紧密的合作关系。虽然英国广播公司已经不再使用演讲广播的模式，并且辞退了查理斯·帕克（Charles Parker）。⑥ 但是英国广播公司事实上依旧是英国最大的音频资料库，并对口述史研究者采用的录音样式发挥着自上而下的影响力。

---

① 贝丝·托马斯：《特殊责任：威尔士民间博物馆的民间生活档案》，《口述史》1974 年第 2 期。具体见 http://www.leeds.ac.uk/english/activities/lavc/Conference%20Paper%20PDFs/BethThomas.pdf.

② 英国录音协会成立于 1955 年，在 1983 年 4 月加入大英图书馆，更名为国家声音档案馆（NSA）。现在是英国的国家口述史中心，拥有全英国最多的口述史档案。http://www.bl.uk/collections/sound-archive/history.html.参见蒂莫西·戴：《国家声音档案》，选自林汉的《BIRS/BLNSA 的历史》。

③ 大卫·兰斯：《口述史的归档方法》，帝国战争博物馆/国际录音档案馆协会 1978 年版。还有他的《口述史档案：观念和实践》，选自《口述史》1980 年第 8 期。

④ 米歇尔·温斯洛对大卫·兰斯的采访，2003 年 6 月 20 日，大英图书馆声音档案馆，C1149/01/01－02。

⑤ 肯·豪沃思：《口述史》，萨顿出版社 1998 年版。也参见：http://www.lancscc.gov.uk/education/record_office/about/archive.asp

⑥ 参见埃文斯：《口头历史》，第 141—150 页。

　　这段时间,口述史活动在地方博物馆的数量也得到了显著增长,部分原因是政府为了降低失业率而资助了这些社区项目。① 大型博物馆,如布拉德福德、纽卡斯尔、南安普顿、比米什以及伯明翰都以这种方式开始进行收集。在英国,不是图书馆、档案馆或是办公室网络,而是博物馆带头创建口述史档案。这与在美国和南非的情况不同。在这两个地方,地方高校图书馆和档案馆在创建口述史档案馆的过程中发挥了至关重要作用。到 1980 年,在英国口述史的口述史协会的目录中,至少记录了五十家博物馆口述史档案,成千上万的磁带。十年中,这个数字持续增长。②

　　对世界各地的档案管理员和图书馆员而言,音像记录技术颠覆了行业的基本概念。面对这一挑战,英国和北美面对改变和挑战做出了截然不同的应对措施。多年来,在这两个地方,档案管理员都热衷把视频音频资料作为档案记录的"补充模式"(supplementary model)。他们认为:口述史的观点依托的是记忆,因此是不可靠的,只能作为文字记录档案的补充(还是在最好情况下)。到了 1991 年,英国企业档案理事会(the UK Business Archives Council)的专业手册里,口述史被缩减为最后一章——"补充性的资料收集"(Supplementing the Collection),只有在"档案馆的主要工作……完全被进行"之后才有必要收集研究。③ 口述史呈现出了一个对西方文化中普遍流行概念的重大挑战,即档案管理员只是历史材料的被动和中立的收集者,而这些历史资料是岁月自然的沉淀。传统观点认为,档案管理员应避免在整理搜集过程中发挥主观作用。④ 有人认为,积极建立历史档案会破坏其原有的公正性和自发性。而且当档案堆积如山需要整理时,档案管理员也没有足够的专业知识、资金支持和时间去"创建仅有边缘价值的记录"。⑤

----

　　① 阿里斯泰尔·汤姆森:《英国口述史和社区史:在二十五年的连续性和变化中个人化的和批判的反思》,《口述史》2008 年第 36 期。

　　② 安妮·麦克纳尔蒂、希拉里·楚普编:《英国口述史资料目录》,口述史协会 1981 年版。对英国以博物馆为基础的口述史研究的反思,可以参考斯图尔特·戴夫斯:《充耳不闻吗？博物馆的口述史和策略》,《口述史》1994 年第 22 期,第 74—84 页。安妮特·戴:《倾听的展台:将口述史展现给公众》,《口述史》1999 年第 27 期,第 91—96 页。若参阅 20 世纪 80 年代末 500 多份英国声音档案和史料的目录,可以参考如下图书:拉利·维拉辛哈、杰里米·希尔弗编:《英国声音档案词典》,大英图书馆 1989 年版。

　　③ 艾利逊·特尔顿编:《商业档案管理》,巴特沃斯—海涅曼出版社 1991 年版,第 395 页。

　　④ 艾伦·D.斯万:《口述史中的档案:口述史在二十一世纪的记录功能》,《美国档案》2003 年第 66 期,第 139—158 页。

　　⑤ 让·德莱登:《口述史和档案:反对》,《加拿大口述史协会杂志》1981 年第 5 期,第 34—37 页;以及德里克·赖默尔:《口述史和档案:赞成》,《加拿大口述史协会杂志》1981 年第 5 期,第 30—33 页;F.米勒:《社会历史和档案实践》,《美国档案》1981 年第 44 期,第 119 页;T.亚伯拉罕:《收集策略或归档策略:理论和实践》,《美国档案》1991 年第 54 期。

    同口述史在美国和加拿大受当地档案管理员的热情欢迎不同,在英国,存在着巨大的阻碍阻止档案管理员积极投入口述史研究当中,更大范围来看,甚至可以说阻碍了他们投入视频音频资料的记录活动。当美国档案工作者协会(SAA, the Society of American Archivists)早在 1969 年就成立了口述史委员会,并且在《美国档案工作者期刊》(American Archivist)上发表多篇论文。但是他们的英国同行们却依旧没什么大动作。《档案管理员协会期刊》(The Journal of the Society of Archivists)在其创刊发表的五十多年间,仅仅发表过屈指可数的几篇口述史相关论文,直到最近才与口述史学家们开展了合作。①

    但是到了 20 世纪 80 年代初,在新兴的视听信息专业人士施加的压力之下,口述史在收集档案时的第二种模式得到了形成。这就是"积极的档案保管员"或称为"填补空白模式"(activist archivist or filling the gap model),其受詹姆斯·弗格迪(James Fogerty)1983 年在《美国档案工作者期刊》上发表的同名文章影响。这种模式十分重视个人文件、日志和组织记录的局限性,突出了口述史阐明重大人生事件的能力,例如针对童年。口述史可以揭示那些"不善言谈[或]没受过教育……没有个人纸质文档和记录"的群体的经历。口述史还可以弥补那些持"公正观点"记录的空白。弗格迪强调口述史是"比奢侈品更珍贵的必需品",并且其辩称档案工作人员在收集整理个人档案时应当发挥积极作用。② 同在 1983 年,口述史学家谋求在国际音像档案学会(IASA)获得第一次讨论机会,但是与会的多数档案学专家都将其视为特殊的边缘兴趣学科。加拿大音像档案专家理查德·洛克海德(Richard Lochead)在支持档案管理员参与口述史研究方面有很多贡献。③

    国际音像档案学会(IASA)各个国家分支的机构和会员在制定口述史实践调查技术标准中发挥了关键作用,并努力改善了以纸质记录为基础的专业信息人士保存音像的标准。当时,档案管理的课程在全球范围内的大学都鲜有提及。④ 国际音像档案学

---

    ① 参见 http://www.archives.org.uk/thesociety/specialinterestgroups/filmsoundand photographygroup/celebratingmemoryanoralhistoryofthesocietyofarchivists.html,已发表的文章中缺乏下面的一篇文章:格拉汉姆·伊尔斯、吉尔·金尼尔:《档案管理员和口述史学家:朋友、陌生人还是敌人?》,《档案管理员协会期刊》1988 年第 9 期。

    ② 詹姆斯·E.弗格迪:《填补差距:档案中的口述史》,《美国档案》1983 年第 46 期,第 148—157 页。

    ③ 理查德·洛克海德、劳尔夫·舒斯玛:《口述史:档案管理员的角色》,《录音通报》1983 年第 37 期,第 3—12 页。关于国际音像档案学会,参见 http://www.iasa-web.org/pages/ 00homepage.htm,参见麦克唐纳的《起源》一文,该文概述了加拿大口述史研究的发展。

    ④ 戴尔·特里文:《口述史和档案界:记录二十世纪生活的共同问题》,《国际口述史杂志》1989 年第 10 期,第 50—58 页;海伦·哈里森编:《音像档案:一个实用的阅读器》,联合国教科文组织 1997 年版。网址:http://unesdoc.unesco.org/images/0010/001096/109612eo.pdf。

会（IASA），加上口述史学家们之间新兴的国际化网络人脉，①也把优秀的实践研究带给了发展中国家的口述史学家和音频档案工作者。在这些发展中国家中，由于缺乏书面档案，档案管理员更易于去接受口述资料作为书面档案的替代品。② 同样，先前处于共产主义统治下的东欧国家和独裁政权统治下的拉丁美洲国家都采用了口述史补充先前的国家档案。他们在抢救和保护濒临消失的关于镇压和国家恐怖主义的档案。在南非、澳大利亚和新西兰，新的证据主导的档案搜集在调解过程和土地地权案例中发挥了作用。③ 国际音像档案学会（IASA）英国的分支机构，英国声音档案搜集协会（BASC）在其会员中有很多口述史项目。协会的会议会去讨论很多现实议题，比如关于卷带式录音和磁带的争论。该协会推动许多新技术的发展，为图书编目和新的数字储存技术献言献策，并且从 20 世纪 80 年代末期开始，协会一直为英国口述史活动的开展提供重要的专业支持。④ 大英博物馆的国家音频档案室和英国口述史运动致力推动国际音像档案学会（IASA）与英国声音档案搜集协会（BASC）的合作。1988 年大英博物馆任命口述史协会的秘书长为第一任口述史档案馆馆长，这也标志这着国际音像档案学会（IASA）与英国声音档案搜集协会（BASC）合作关系的完全确立。⑤

　　20 世纪 90 年代，涌现了档案管理员和图书馆员参与口述史的第三模式，即"后现代模式"。加拿大档案管理员让·皮埃尔·瓦洛特（Jean-Pierre Wallot）和诺曼德·福捷（Normand Fortier）提出了这种中肯的称谓。他们摒弃了档案工作者在口述史研究项目中作为中立收集者的谨慎看法，转而支持主动收集的后现代观点：积极的档案收集者应当意识到自己的个人、政治观点以及二者对其搜集的史料的影响。⑥ 这也卷入了关于对美国发生的"解构主义"档案收集的争论。他们认为档案工作者和档案使用者都

---

　　① 　1979 年 3 月，第一次国际口述史会议在埃塞克斯大学举行：保罗·汤普森编：《我们共同的历史》，布鲁托出版社 1982 年版。

　　② 　W.W.莫斯、P.C.玛兹卡纳：《档案、口述史和口头传统：一项对于 RAMP 的研究》，联合国教科文组织 1986 年版；也可参见 C.汉密尔顿：《"流动生活"：口述史、资料保管和归档策略》，选自 C.汉密尔顿、V.哈里斯、J.泰勒等编：《重构档案》，克鲁沃学术出版社 2002 年版，第 209—227 页；S.皮特、K.曼努哥：《我们有讲故事的传统：口述史在津巴布韦》，《口述史》1988 年第 16 期，第 67—72 页。

　　③ 　罗珊娜·肯尼迪：《被偷走的一代的证词：创伤、史学和真理》，选自帕克斯和汤姆森编：《口述史读本》，2006 年版，第 506—520 页；肯尼斯·克里斯蒂：《南非真相委员会》，麦克米伦出版社 2000 年版。

　　④ 　BASC 在 20 世纪 90 年代末成立，并于 2006 年成功并入 BISA，具体见：http://www.bisa-web.org。

　　⑤ 　罗伯特·帕克斯：《国家声音档案》，《口述史》1989 年第 17 期第 2 卷，第 52、58—59 页。

　　⑥ 　让·皮埃尔·瓦洛特、诺曼德·福捷：《档案科学和口述史料》，《杰纳斯》1996 年第 2 期，第 7—22 页。帕克斯、汤姆森编：《口述史读本》，1998 年版，第 365—378 页。

在积极创造自己的价值和意义,终于完全摒弃了档案搜集是一个中立、客观过程这一观点。①

这种档案收集的后现代主义转向,与围绕采访资料的二次利用用于在分析的学术讨论同时发生。乔安娜·博纳特(Joanna Bornat)曾写道:"认识到数据是一个社会和历史背景下产生的,而重新解读这些数据就是一种社会行为,这应该归为研究人员的技能和对调查者理解的一部分。"博纳特提出了一些关于档案管理员的伦理方面的问题,因为这些管理员同意将一些口述史资料再次运用到与最初的采访初衷不同的研究项目中去。这样的情况是可以接受的吗? 她提出,当使用者从不同的角度,在脱离语境的情况下,为用户重新解释档案中的资料,甚至以那种当初受访者可能无法认可的方式。尽管这场争论曾经是因为社会学家关注那些定性的数据而引起的,而不是口述史史料本身,但这一争论也引起了口述史档案管理员的共鸣。

随着越来越多的口述史和声音档案馆已经可以通过网络进行浏览和准确索引,所以它们的产生背景和道德所有权变得越来越不明显,但却更为重要。② 最近,在 2006年,詹姆斯·弗格迪(James Fogerty)说:"要想口述史访谈的持久价值得以实现,必须将其精心保存,便于使用者接触,面向大众,并且拥有忠实的形成背景记录的支持。"但在此期间,档案管理员看门人的作用已经被削弱,数字化的远程站外和虚拟访问远远超过了直接控制的真实访问。③

很明显,全球档案馆和图书馆变革的速度有很大差异。一位英国档案管理员指出:如果新的后现代思维影响北美音像档案活动和其他国家的音像档案员,"所有这些在美国的辩论和重新评估几乎没有影响到英国运行的档案行业……英国档案馆,无论是其拥有的历史材料,还是它的用户性质,都显得偏离典型的英国社会。"然而,21 世纪初见证了重大变化,档案管理员受政治驱动下的新政策影响,在不同的环境中工作,承受着与他们的前辈们不同的新外部压力中。这种基于"面向客户"的服务、社会参与和跨部门合作从而预测用户需求的做法,往往比被动收集信息更具意义。新的战略组织的建立带来了博物馆、图书馆和档案之间更为紧密的合作。口述史研究项目明显能给许多地方和中央政府财政机构关于社会包容和社会意义的期望带来相应回报。许多县和

---

① 例如汤姆·奈斯密斯:《看到档案:后现代主义和档案在变化中的知识的地位》,以及马克·A.格里纳:《意义的力量:后现代时期的归档任务》,《美国档案》2002 年第 65 期,第 24—41、42—55 页。参见伊安·约翰逊:《它是谁的历史?》,《档案管理员协会期刊》2001 年第 22 期第 2 卷,第 213—229 页。

② 凯伦·布鲁斯特:《互联网接入口述史记录:发现问题》,该文于 2000 年发表在 http://www.uaf.edu/library/oralhistory/brewster1/index.html 的"研究成果"栏目里。

③ 詹姆斯·E.弗格迪:《口述史和档案:记录背景》,选自查尔顿、夏普利斯:《口述史手册》,第235 页。

地方记录办公室已经开始在口述史和音频搜集中发挥更积极的作用。与此同时,新的资金流,尤其是英国遗产彩票基金会(HLF),催生了数以百计的新的社区口述史研究项目,他们都在寻求可以永久存储数据的资料存储库,来保存音频口述史资料(以及越来越多的视频资料)。①

　　过去人们认为,档案保管员和图书馆员是性格内向的人,不擅长跨学科交流,他们更倾向于"关注论文和书籍,而不是与人打成一片"。然而,口述史学家却截然不同,他们性格外向而且协作性强。全世界有越来越多的证据表明,这些刻板印象正在变化和并变得模糊。当然,之前那些不愿意接受口述史的英国档案管理员和图书馆员被迫需要应对这些事件的压力。展望未来,前面的问题是未来的档案管理员比以往更加受到变幻莫测的政治趋势影响。如果我们接受档案管理员(和口述史学家)作为改变的积极因素,接受他们的信念、激情和成见,什么才是可靠的档案标准以用来保护档案的概念? 如果新的 Web 2.0 用户引导的模式成为主导,并且口述史学家和档案管理人员的各自角色合并,那么在这种情况下,关于档案的选择、权威、持久性和出处这些概念又该何去何从?

数字革命

　　1982 年,数字光盘(CD)问世;1989 年,便携式数字音频磁带(R-DAT)出现。伴随着这些数字记录技术革命的步伐,不确定性和角色不安全性的气氛弥漫开来。这些新形式便于进行高质量的数字采访。采访记录可以复制,而不会降低音质或质量损害。并且可以对记录进行时间编码,方便编辑。不过,大多数的音频档案管理员呼吁人们谨慎采用新技术。而且,相比于 DAT 所使用的金属磁带,由于模拟录音带的成本较为低廉、电池寿命更长以及录音带使用寿命更长,因此,口述史学家普遍倾向于模拟录音带。1992 年,数字音频磁带被另一个便携设备迷你光盘(MD)所取代。光盘可以进行高保真长时录音,并且设备小如烟盒易于携带。迷你光盘价格适中,在个人的研究项目以及小型研究项目的预算的承受范围内。迷你光盘预示着新的曙光。我们进入了一个经济实惠的数字记录时代,可以进行档案的实时复制和自动标引。

　　然而最初的喜悦兴奋很快消退,人们逐渐认识到,小型磁盘录音机(MiniDisc)在实地采访中难以使用,并且数字储存媒介特别是可刻录光盘(CD)还有数字式录音带

————————

　　① 从 1999 年到 2007 年,遗产彩票基金会为口述史事业贡献了超过 4900 万英镑,主要资助了基于社区的研究项目。到 2009 年,上升到 7200 万英镑,资助了 2600 个项目。遗产彩票基金会和其他资助者,例如威康信托基金会和一些研究机构等,为科研提供了资金来源。

（DAT），并没有宣传的那么耐用和坚不可摧。一些数字储存格式，例如迷你光盘，依靠未普遍使用的压缩数据技术（MD 储数据的五倍之多），并且只能支持一个制造商的（及受版权保护的）计算机软件。这使得这些技术存在潜在的不可靠性和不可持续性。正如 1997 年彼得·科普兰（Peter Copeland）所说的那样，声音档案管理员的理想和制造商的目的是南辕北辙：

> 长期保存意味着站在了影音行业的对立面。目前，技术发展迅速，但无论声音还是照片相比二十多年前有着更高的保真度。"发展"也意味着设备更便宜，更轻，使用更方便；而反过来，这也意味着媒介（其声音和图像存储方式）在不断变化。但是储存技术的不连贯性是档案管理员不愿看到的。

新的数字储存格式也引发了关于长期保存和档案可靠性的辩论。全球围绕模拟录音的正确保存和储存的共识，也因为视频音频管理员对新格式的不同意见而打断。直到二十年后的今天，其中的一些才渐渐达成了一个基于数字化的共识。即使这种与视听技术创新的步伐相一致的转变也严重地依赖资源。

关于数字化的信心危机最初使得许多音频档案管理员异常谨慎。其结果是许多口述史学家在下一代数字录音机出现之前依然使用模拟录音带。2005 年左右，固态紧凑型闪存卡（和硬盘驱动器）录音机趋于实用。这种新的录音形式，似乎第一次为口述史学家的采访提供了无与伦比的优势。它价格便宜，体积小巧，可以记录大约 3 小时的高品质立体声录音。它使用以非专有的国际标准格式（Wav 格式，比压缩质量较差的 MP3 格式能够多保存好几个小时）进行储存，能够进行时间编码和转换储存格式。但这种录音机标志着录音媒介的一个分水岭。在以前口述史学家需要整理录音带，它需要标记、整理，并进行物理保存。而现在记录的音频文件是一个储存在临时储存设备上，必须转移到一台电脑上才能永久保存。除了对新储存格式和新的录音设备的正常焦虑，这种转变还要求口述史学家适应新的工作方式，这将使创作和管理间的距离变得模糊。

现在整个高保真音效档案可以在个人电脑和外置硬盘上创建、存储和复制，并能使用网络下载的免费软件。进行数字编辑。即使不依靠物理实体档案、口述人或者是档案保管员，这些记录就可以通过网络让全世界的亿万观众进行任何数量的共享。创造和传播的过程中令人振奋地转向大众化，导致了分享个人生活故事的视听数据数量的激增，不仅仅关于口述史活动，还包括个人分享的个人和日常视听数据。在其最极端的形式，即所谓的"捕捉生活"。低廉的费用和越来越大的内存使得所有实时声音和图像都可以得到数字记录和存储。[1]

---

[1] 2008 年 6 月，http://trendwatching.com/trends/LIFE_CACHING.htm。

　　创建和处理数据的新方法为口述史学家和档案学家带来了若干问题。在实践层面，档案馆现在需要拥有足够的计算机内存容量，发展能够识别和检索存储音像文件的新系统。大量的备份和数据迁移需要得到牢固、长寿命的数据保存策略的支持，否则这些数据可能会消失或变得不可访问。数字音频数据可能比以往任何时候都更容易获得，但相比过去的形式，它却更加脆弱。最近的一份报告警告说："数字文档可能在任何时候无预警地消失。因此所有的最重要的原则是，每个文件在任何情况下至少需要两份拷贝，并存放在不同的地方以防事故发生。"①

　　在大英图书馆的实地调查和保护活动中，从模拟储存到数字记录和存储的过渡是痛苦而漫长的过程。在这个过程中，需要大量的资金和人员培训，并建立相互之间的信任。口述史采访者不仅需要进行记录，他们现在还需要上传、接收和复制他们的数据，包括一些档案工作者的传统任务。他们中的一些人仍然不适应与这些"无形"的电子数据打交道。但是他们都必须适应采访活动，以进行更长时的连续记录，而不再是使用录音磁带（开盘磁带）时，由于设备限制不得不录制 30 分钟便停下来休息。这就巧妙地改变了采访过程思维上的潮起潮落。图书馆范围内的数字内容管理（大容量存储）系统已经完成采集和测试，一个全新的录入系统已经完成开发。由于每个音轨需要一个唯一的编号和描述符，早期使用的 30 分钟自动分割录音技术已经被遗弃，因为它在编号和归档每个单独的音轨时过于费时（比写在盒式录音磁带上标注收藏柜的号码更为费时）。

　　数字音轨可以轻易删除，编辑起来不留痕迹，可以从闪存卡下载到硬盘驱动器。这也就需要人员进行严格培训和数据管理。数字文件的高速度和易用性以及易复制是相比磁带的明显优势。但有太多相抵触的数据和音频文件格式，我们需要注意使用公认的国际标准，并尽可能地避免使用私人数据压缩。即使这样，也不是所有的远程用户都有权访问这些文件。毫无疑问，新技术的早期采用者和不接触电脑的老一代之间存在文化鸿沟。总之，口述史采访人员不管是否喜欢这样，他们正在成为数据的管理者。

　　数字录音带来的巨大好处是地处偏远的用户也可以接触到这些数据记录，后者越来越不愿意亲自前往档案馆。他们希望随时随地使用电脑在线访问档案馆网站。② 事实上，根据对原住民的研究项目发现，网络特别适用于那些更习惯口头、视觉叙事而不

　　① 　舒勒：《音频和视频媒介》，第 14 页。

　　② 　罗伯特·帕克斯：《英国口述史档案的网络访问》。2006 年 7 月，该论文发表在悉尼国际口述史协会会议上。

是书写形式的人们。①

多年来,口述史学家一直在努力应对不同的文档记录策略,争论转录方法,并苦苦思索编目协议。网络的全球影响力带来了思维模式的转变。② 尽管如此,旧的辩论仍然存在。虽然语音识别和自动音频索引软件正在发展改善,但很显然,在可预见的将来,我们仍然需要基于文本的大型口述史档案检索工具。内容总结和文本转录极其耗时并且花费高昂,似乎只有相关机构(比如档案馆)才有足够的资源,在长时间地进行这项工作。换句话说,在未来,网络上铺天盖地的视听数据可能是无法访问的。

口述史学家——不管是社会上还是高校中——和档案管理员之间新型的合作模式正在形成。这种合作关系下二者都可以合作创作、记录当代文化。这种模式不再仅仅视档案馆为"储存资料的地方",而把他们当作创造、保存并积极与新的全球听众共享数据的角色。这种模式认为,档案必须对社会具有代表性和敏感性。在这种模式下,口述史学家同时扮演档案数据管理者的角色,他们采用大量的新技术,不仅捕捉到个人的记忆数据,并以新的方式分析和传播这些数据。在尊重个人的道德权利、认识文化的所有权和语境分析个人记录的前提下,通过强大的搜索引擎,如语义万维网(the semantic Web)③、Web 2.0 的用户交互以及相关图片及文字来源的混合,口述史资料被用于新的用途。关于它的潜能,我们才刚刚开始畅想。④

参考文献

[1]凯文·布拉德利:《音频遗产的保护:道德、原则和保护策略》,国际音像档案协会(IASA)2006年版。

[2]皮特·科普兰:《声音记录》,大英图书馆1991年版。

[3]乔治·艾瓦特·埃文斯:《口头历史》,费伯出版社1987年版。

---

① K.弗里克、希瑟·古道尔:《Angledool 故事:原住民的多媒体历史》,选自帕克斯、汤姆森编:《口述史读本》,1997 年版;罗伯特·帕克斯:《档案的新生:口述史、声音档案和可访问性》,《国际声音档案协会杂志》1999 年第 12 期。

② 玛丽恩·麦特斯:《口述史编目手册》,美国档案工作者协会 1995 年版。也参见 C.克拉克:《国家声音档案 IT 项目:运用独角兽录音管理系统将声音档案存档》,《IASA 期刊》1995 年第 5 期,第 7—25 页;B.H.布鲁默:《口述史的使用:一项国家使命》,《美国档案工作者期刊》1991 年第 54 期第 4 卷,第 494—501 页。关于文字转录的大量文献,请参见里奇:《大家来做口述史》,第 64—75 页;以及尤:《记录口述史》,第 227—36 页。

③ http://semanticweb.org.

④ 迈克尔·弗里希:《口述史和数字革命:走向后记录敏感时代》,选自帕克斯、汤姆森编:《口述史读本》,2006 年版,第 102—114 页。

［4］C.汉密尔顿、V.哈里斯、J.泰勒等:《档案重构》,克吕韦尔学术出版社 2002 年版。

［5］海伦·哈里森:《音像档案:一个实用阅览器》,联合国教科文组织 1997 年版。

［6］南希·麦凯:《规划口述史:从采访到档案馆》,离开海岸出版社 2007 年版。

［7］玛丽恩·麦特斯:《口述史编目手册》,美国档案工作者协会 1995 年版。

［8］罗伯特·帕克斯、阿里斯泰尔·汤姆森编:《口述史读本》,劳特利奇出版社 2006 年版。

［9］瓦莱丽·罗利·尤:《记录口述史:社会科学家的实用指南》,赛奇出版社 1994 年版。

第 23 章　案例研究:口述史的"生"和"熟"
——来自厨房的提示

迈克尔・弗里希(Michael Frisch)
道格拉斯・朗伯(Douglas Lambert)

口述史中的方法悖论

在布法罗技术孵化器大学(the University at Buffalo Technology Incubator)的兰德福斯联营公司(the Randforce Associate)的咨询办公室的指导下,我们将新的音频和视频数字检索技术运用于口述史的工作中,这一点已经导致我们就关于把口述史转化为用途更广的资源的挑战做出更为全面的思考。我们开始明白,对于这些挑战的认识、理解和回应与主要资源为视频或音频的口述资料相关的技术、数字化或保存并没有必然的联系,尽管这些已经成为了我们特定的项目工作以及其他一些出版物中议论的焦点。利用一个作为案例研究的口述史项目的特定的参考文献来跟踪这项工作的发展过程,我们希望能够加强口述史工作的中心——使口述史资料的复杂性变得更加清晰明了,不管是何种模式;我们这样做的目的也是为了能够在更广泛的范围内来使用口述史,无论是从专业研究领域还是公众能够参与的领域。

很长时间里,面对口述史资料,人们一直用两极思维来理解的,这两极思维精确地表述为"生"和"熟"。许多人将口述史看作是基本的史料,他们关注于采访的实施、收集、保存、文字誊抄以及采访组织等等方面,他们把这些当作口述史工作的基本"内容"。相应地,有人常常从利用口述史的优势的角度来理解口述史的——被人选择性的加工"成熟"并以历史的形式呈现出来——呈现形式可以是一场展览、一部电影、一本书、一篇文章、一个网站以及一个文字专栏等等,或者是存在于这些载体之中。这两种对于口述史的两极理解都是至关重要的,当然,许多口述史的论著要么是倾向于这一极要么倾向于那一极。

这种将口述史分为"生"和"熟"的二分法表明了存在于对口述史的传统认识中的一个更宽广的悖论。简单地说，口述史领域中大多数的培训项目、研讨会、手册以及方法指导手册主要将采访作为核心，在有些项目中完全将访谈作为核心，比如：访谈项目的组织、规划和设计访谈、访谈运用的设备和技术、访谈技巧和规划以及所有围绕口述史资料产生和制作的相关问题。

近来，这种访谈——制作的模式已经发生了快速的变化。确实，近来的一些入门书籍、工作指南以及工作手册与早几年的那些薄薄的使用手册和研讨会有很大不同。现在，它们一般都会包括一些关于记忆、叙事、主观性以及访谈过程中对话的复杂性的复杂讨论。但是这些事情通常表现为解释性和理论性的评论，可以告诉我们做什么、怎么做访谈以及我们能用访谈来做什么，但并不见得是基本的口述史"研究方法"的一部分。访谈的组织、描述以及使用看起来都很重要，但是，就方法论而言，人们一般会认为这些事情已经被图书馆馆员和档案管理员所完成。而且，虽然口述史工作指南现在常常要解决构建口述史的表现形式的问题，比如：从纪录片到门户网站，再到教学模块，再到故事叙述的数字化，但是这些讨论有一种向"下一步"深层发展的感觉，而且这些讨论通常会把口述史的基本史料以及完成口述史的方法论看作是一种前提条件。总的来说，无论是理论读物，还是信息架构，还是作品产出，这些通常都不会被人们视为口述史方法论的基本元素。

这些看起来都非常的恰当，也非常的直截了当，直到我们逐渐发现，在更广泛的意义上，这些假设在历史方法论的大背景下是多么的不寻常。例如，在历史学科中，那些方法论的课程以及书籍比较重视去生成一份基本史料——也就是说比较重视史料的搜索、确定和获取。但是它们的重心，也就是方法论关注的中心问题是在于工具、兴趣点、规划、相关说明以及历史学家如何获取史料、组织史料以及利用史料的技巧。在方法论的层面上，研究历史一直是围绕着进入我们视野的那些一手史料和二手史料来做一些东西。而口述史研究工作在一手史料生成方面有一个相反的重心，或是把一手史料融入到口述史研究成果之中，而在口述史研究过程中，每一条史料都会有一个不同的关注点。

现在，这个区别正在迅速消失，在很大程度上，这一消失过程是由新的访谈组织技术和新的使用技术所引起的。目前正在形成的是一个更加简单和更加包容的定义，该定义使得利用所采集的访谈开展的口述史研究工作独立地成为一项令人愉悦的工作目标，而这种工作是介于所谓的"生"和"熟"之间的。在大型的访谈合集中，人们为了实现更流畅的且意义更丰富的研究而将访谈的内容和意义贯穿于访谈之中，这项工作正在变成一个主要的、令人激动的且发展迅速的研究方法,这一发展对于口述史领域的研究来说有着重要的革命性意义。

编目、检索以及历史创造者的童年故事项目

让我们转而去探索我们自己的音频—视频数字检索工作是如何把我们引至这个相对陌生的研究方法中来的。尽管我们了解许多项目,但是我们的讨论专注于我们和"历史创造者"有限公司的合作,这个公司是一个芝加哥的公司,它要制作一个空前规模的且极有意义的生活史视频访谈库——目前为止,已经有超过 2000 条的将近一万小时的视频资料,记录了 20 世纪非洲裔美国人的生活的每一个方面——并且,在这一过程中,可以获得更丰富的美国史故事。

我们通过利用 InterClipper 这款软件来开始我们的研究工作,InterClipper 是一款来自市场调研领域的常用的软件,这款软件对我们口述史的研究带来很大的希望。这款软件将数字的影音资料置于一个数据库环境之中,在这一环境中,访谈记录的片段(从整个访谈到部分访谈,再到你所感兴趣的访谈片段)都可以进行构造、注释以及可以进行丰富的前后对比参照。运用这一检索工具,人们就可以搜索、浏览并研究访谈的视频,这一点和那些管理良好且能前后参照的文本资料一样容易。

之前,我们曾有一次机会通过 InterClipper,并依据十五个"历史创造者"项目的访谈来开发一个原型数据库,我们处理了这些访谈中与家庭背景、童年以及成长有关的情况,总计大概有 25 小时的访谈记录。通过与"历史创造者"项目的紧密合作,我们开发了一个检索、注释数据库,其特点是元数据多维度以及专题编码,这样的特点能够支持在有着共同的特定内容、特征或是主题的访谈合集中来对相关的访谈片段进行定位、归类、收集、播放以及输出。随后,我们在许多"美国历史教学"(Teaching American History)项目里使用了这个交互视频数据库以及其他数据库。在这些项目中,老师和学生可以确定哪些访谈片段可以运用在课程计划、多媒体制作以及类似的载体之中,之所以能做到这一点,这是因为老师和学生们能够流畅地在许多不同的口述史访谈合集或是数据库中挖掘到超过一百个小时的访谈资料,也是因为人们可以多角度查询这些数据库并能将其运用到教学的各个方面。这些"美国历史教学"项目给人们有效地查询庞大的口述史音频或是视频合集提供了一种令人激动的"概念验证",展示了一个细致的内容地图的强大力量,这就像一本书丰富的索引或是或其他的元数据方案。

在这项工作所包含的创新和实验的过程中,我们发现我们正航行在一条崭新并有点诡谲的航道之中。渐渐地,人们发现这些航道只是支流,正在汇入关于发展历史内容

管理方法的讨论的主流之中。在这些方法之中，有两个是非常重要并值得人们注意的。

第一个方法似乎可以看作是围绕一个中心轴转动的单一平面，而这个中心轴的一端是编目，另一端则是索引。在传统的图书馆中，图书目录能够帮助你找到一本你需要的图书或是相关的图书，一旦你找到你所需要的书，图书索引就会将这本书中你所感兴趣的内容进行定位。而现代信息工具缩短了这两个不同的功能之间的距离，展现了一个有趣但有时令人迷惑的中间地带。不再像老式的卡片编目那样，电子编目不再仅仅局限于给图书的作者和书名加上一个或是两个主题词，电子编目能够包含相关图书的深层次内容，通过多个主题标签和各个标签的不同的组合来确定相关内容。这样的主题词必然仍旧倾向于是相对宽泛笼统的主题词，并且不能确定具体的段落或是连接到具体的段落。

在这一方面，索引已有很大变化。几百年来，图书索引已经提供了灵活的工具以确定非常精确的内容以及意义的重要性或抽象的主题，在这一过程中并不会有所特殊倾向或是限定范围。当一本书的索引把读者引向 312 页，读者就能看到与确定的具体内容和段落相关的全部内容。事实上，这种索引对于搜索相关文字内容来说是一种非线性超文本的模式。数字化极大地转变了传统的索引的作用，就像它正在改变主题词编目的作用一样，这是因为人们能轻松地将各种术语以及各种术语的意义以任何组合形式或是顺序进行组合，以便能够在相关文本中或是在口述史的视频或是音频记录中搜索出特定段落的内容。此外，在数字领域里，将索引的概念从一本书延伸到其他相关书籍，从一个访谈延伸到整个访谈集，或是贯穿到其他类似的访谈集，这些都是没有什么固有的障碍的。

我们和历史创造者童年访谈项目（the History Makers Childhood Interviews）的小型试点工程是我们为了给一个特定的口述史访谈合集开发此类段落层面索引的早期努力。在这一过程中，我们发现了将编目和索引的识别能力融合在当代的信息管理方法之中的优点和缺陷。历史创造者项目访谈集的丰富性使它有可能发展出一个索引框架，这一框架可以使人深入到访谈之中或是在多个访谈之间搜索特定的主题或内容。我们可以轻松地从 25 小时视频资料中将那些有着相同主题标签的相关段落汇集在一起并将它们从数据库中拷贝出来，然后把视频片段插入到幻灯片之中。例如，四个不同的人评价在他们的童年时生活的社区中，成年人是如何教育在公共场合有不恰当行为的儿童的。当这些视频片段展现在人们眼前并一个一个播放，能够让人们立刻进行认真的研究时，"一个社区培养一个儿童"的观点就展现在人们面前了，人们就这个观点的主题以及细微的差异都变得非常可视化。

在制作加了索引的口述史访谈数据库的过程中，历史创造者项目访谈集有着更宏大的目标,强烈要求使用标准化和连贯的元数据术语以增加贯穿信息资源和搜索环境的识别度和连贯性。我们尽可能地做到这一点。但在这一过程中,我们遇到一个困境,这个困境源于索引和目录之间的差异:大多数的术语表、主题词表以及控制词汇基本都是源于编目主题词框架之中,无论是综合性更强的国会图书馆的主题词框架还是更专业的档案库的主题词框架(比如非裔美国人史的布朗主题词)。他们做出了完美的感觉,但是他们很少能提供人们所需的粒度(Granularity)以便让人们能够在一个自然连贯的内容主体中运用到有效的索引工具。当访谈合集中的每一个人都花费了大量时间来描述他们在学校里的童年往事时,那么给这些故事或是片段编上"教育、小学"这样的编码就会让人在搜索时很难大有收获。这些讨论的特殊性几乎必然需要归档在"低调神秘"这样的主题词之下。

在这个试点项目中,我们有能力尽可能地利用那些有用的术语框架以期它们能够实现我们的目标。我们利用更具体的分类来改造这些术语框架,这些更具体的分类能够适应所查询内容的细小差异——使用者会发现这些术语更加实用,能够使他们在一系列的访谈中快速定位一个更具体的故事或故事的部分片段。

在进行历史创造者研究项目和其他早期研究项目的过程中,第二种宽泛的实践方法逐渐显现出来,这种方法产生于数据库去界定不同学科领域的能力。InterClipper 给人们提供了三种主要的控制词汇的领域,也提供了至少五个额外的关于名称信息(nominal information)、数字信息(numerical infornmation)或代码以及一系列特定的控制词汇的领域。最初的 InterClipper 软件是为了市场调研的现场记录而开发的,当时这种软件并没有独立地设置它的主要的控制词汇的领域(也就是说每一个控制词汇的领域都有自己独立分类的编码表和兴趣点),这是因为更重要的是这个软件要给编码器提供多个控制词汇领域以便能够快速地给人们所感兴趣的内容贴上适当的标签。

我们很快决定,为了进行口述历史研究工作,将这些控制词汇领域精细化成独立的搜索参数,使每个控制词汇领域都有自己的独立的学科分类表,这种软件会更有作为。结果是,我们将历史创造者项目的人生故事/童年故事数据库的主要控制词汇领域区分为三个:一、初级领域,这一领域的控制词汇尽将明确的内容尽可能紧密地对应起来。二、二级领域,这一领域的控制词汇则把相关内容定位于人生故事的范围之内,这些控制词汇与特定内容没有关联。三、三级领域,这一领域将更广泛的历史参照的背景对应起来——由外至内的。比如说,将假定一个类别为"一个历史学家或学生感兴趣"的类别,在这一类别中,可以查阅到相关故事或是相关逸事或是相关观点,无论是它的文字内容还是传记故事都能得到恰当的安排。

通过在传记故事的类别里搜索(比如说,与父母发生冲突),或通过在历史的或文化的背景的类型里搜索（比方说，民权运动），人们会定位到某一特定的逸事。随机搜索可能包含明确的术语，但是这些方式却有所不同，这些方式能够使更丰富的搜索成为可能。选择所有归类为历史主题的与父母之间的冲突的故事，或是选择所有归类为传记主题的关于人权运动的故事，将会使不同的用户实现其兴趣点的组合——比如说，在民权运动时期与父母之间的冲突。但在搜索后，这些用户会发现和探索到各种各样的、意想不到的搜索组合。

　　这种方法除了能在内容的层面上实现连贯的多变量搜索，它还有助于我们意识到在明确的内容之外的其他的维度的资料可能适合于搜索历史资料，尤其是对于情感极其丰富的口述史访谈来说。我们渐渐把这看作是意义映射（meaning-mapping），这是与内容映射（content-mapping）对比而言的。虽然界定特定内容的特征并给其贴上合适的标签这一过程有着自己固有的在一致性和主观性方面的挑战，但是人们对这样的能力有一定的公认的判断，特别是像在历史创造者项目这样的公共的历史研究项目之中。在这一研究项目中，人们在搜索关于勇气的故事、或是关于歧视的故事或是任何在历史方面相关联的情感方面的数字的时候，随着这些资料在那些似乎更加客观的内容或是背景的类别中得到精准定位，人们在这些方面的更加大众化的兴趣符合了或是超越了人们对于搜索特定内容或是背景的兴趣。

四种维度

　　当我们完成历史创造者工程（History Makers project）这个试点项目之时，历史创造者项目从博物馆和图书馆服务协会（IMLS）收到了一笔巨额拨款，以用于建立全面的视频索引数据库。而这一数据库在卡内基梅隆大学的计算机科学家霍华德·瓦茨勒（Howard Wachtler）、迈克尔·克里斯特尔（Michael Christel）以及他们的信息传媒数字视频图书馆的一起努力下已经开发了一阵子了。卡内基梅隆大学的软件能将强大的文本搜索工具以及其他一系列强大的搜索和交叉引用工具和视频文件进行关联，因此可以说这种软件特别适合于如此庞大和多样化的视频资料库。在博物馆和图书馆服务协会（IMLS）资金帮助下，卡内基梅隆大学与历史创造者项目共同为美国历史创建了一个卓越不凡的视频资源库：丰富多样的且可以检索到的多达 400 条访谈，总数长达 1200 小时非裔美国人的生活故事。我们很荣幸能协助测试这种开创性工具的首次迭代。而这反过来又引发了另一个项目的诞生：对历史创造者项目和卡内基梅隆大学的这个资源库进行下一个层级的提升和丰富，我们关于检索的认识和经验对于这项工作来说是合适的。

随着我们在其他项目上的实践不断拓宽了历史创造者试点项目最初的领域并不断引领我们去酝酿一些新的关于宏观口述史内容管理和微观信息技术演进的发展和方法，那么总结出我们已经了解到的认识可能是对大家有所帮助的。下面是我们对于当前的一些比较重要的趋势的四种认识和理解，以四个宽泛的且又互相关联的标题向大家呈现出来：

1. 访谈片段内部检索

我们自己的研究工作中所遇到的编目/索引的压力标志着这一领域所面对的非常广泛且非常令人兴奋的一个挑战，随着人们能够访问到庞大的数字化口述史资料的机会急剧增加，无论是网上的资源还是相关机构的馆藏，这种挑战所具有意义就越来越大。这是我们的一个发现。而目前基本的困境是：那些用于在庞大的资料库内外进行描述、识别、组织和映射内容的强大的图书馆技术和档案工具最初就是为了进行核心搜索而设计的：它们能识别一本书、一篇文章、一件工艺品、一件东西、一个文件或者在口述历史的一条访谈的相关方面的内容。大多数根据共有的元数据标准（比如都柏林核心集）去改变和集中资料库之间的功能的努力都必然会将精力集中于如此相对宽泛的对象级别的或是单元级别的主题词。这些情况会推动人们能够访问到资料库内部特定的主题、特定的方面或是特定的部分，但是在大多数流行的搜索系统中，索引的基本内容还是保持在单元级别的，而且这种索引的基本内容会因为单元编目的预设和概要而变得更加紧密，而同样的内容索引的预设和概要却达不到同样的效果。

这种情况表明了口述历史所面临一些实际困难，特别在那些单元比较庞大的口述史资料库之中，检查和搜索所需要的时间就特别漫长，而且在这类资料库中，内容和主题的范围或是人们对于相关资料的潜在兴趣点的维度都是非常广阔的。当这些资料库能够使用用户访问庞大的资料库或是进行资料库之间的访问时，而且尤其当这些资料库能够让用户访问到基本资料——录音或是录像的时候，上述的困难就更加严重；这是因为，不像那些可以跳跃式阅读的文本资料，音像资料必须按部就班一点点听完或是看完。在实际应用中，那些不能在庞大的内容单元之内将用户直接引导至他们所感兴趣的部分或是特定段落的索引是不太可能令人满意或是有所作为的。现在的图书馆或是资料管理数据库的系统都是以内容单元为基础设计的，比如 CONTENTdm 系统，而这些系统之内如何提供上述服务是目前非常值得考虑的事情，也值得人们一试。总而言之，找到一些方法来提升是这一领域内一个最前沿的问题。

对于这种困境，人们最常见的反应是将单元级别的主题词和带有文本的编目或是和基于文本的关键词搜索合并在一起，这种关键词搜索能将用户索引到一个文件中某一个具体的内容点。如果人们总是可以获得全部的文字文本内容，如果特定的单词或是明确的术语，甚或是可以识别的关键词是基本目标的话，这种方法可能是有用的。但是，这些假设显得限制条件过于复杂，而且与人们大范围地访问大型口述史资料库的预期不符，这些大型口述史资料库包括那些可能还没有被转录为文字内容的资料库或是那些根本就无法转录成文字的资料库，比如那些包含了很多视频文件的资料库。这一点直接导致了第二个维度的产生。

2. "CVS"模式或者多维检索模式

编目/索引紧张关系的另一个特点是编目受内容限制的程度。提示词的"主标题"一词通常会有一个文字的、描述性的以及指导性的含义，这种含义仅仅适合于特定内容。另一方面，索引器总是可以自由地指引到除了特定内容之外的所有种类信息，比如抽象的概念、主题以及意义和经验的类别。

我们之所以在早期的研究工作中就遇到了这些概念之间的紧张关系，这在很大程度上是因为 InterClipper 数据库系统不是依赖于关键字或文本字符串的搜索，而是依赖于那种容易定制的指定元数据值。像其他任何数据库一样，InterClipper 系统也能够为这些元数据值提供各种各样的领域和图表，这些领域和图表尽管彼此独立，但是可以通过将每一个领域或是图表分配对应的特定的独立内容来进行系统整合。

我们运用这些数据库概念越频繁，我们就越来越发现这些概念对历史学家是多么地重要；而且在档案馆和图书馆中，这些概念也很重要。这些概念在社会科学领域十分普遍，更适用于定性分析。对社会科学家而言，数据的意义通常并不一定必然是明确的或是有名无实的，是可以通过文本所导向的东西。相反，它是一种为了响应某个搜索而所确定的意义，然后进行编码以便归类和分析。社会科学家也比较认同这一观念：可能存在一种完全不同的领域，通过这一领域，数据的每一个单元都能出于研究的目的而得到描述和分类。例如，如果一位记录和研究操场冲突的社会心理学家可能不需要知道或不想知道孩子们是否是因为争夺一个桶或一个球而开始打架的。这一项目比较倾向于将复杂的类型学应用于研究冲突发生的行为和场景，并且这个项目的编码员按照要求将这些行为和场景持续不断地运用于档案文件，以便相应的模式和关联得以为人们所研究。

将这类方法应用于历史和档案研究项目似乎不太容易让人理解。我们将其比喻为大家比较常见的食谱，这能较好地表达出其中的微妙之处。对于我们来说，对照检索变成了"CVS"模式，我们用 CVS 代表"Chinese"、"Vegetable"和"Spicy"。这种方法非常接近于我们其他场合所认为的多面检索。而且这个想法很简单：在一本食谱中，或者在一个包含 10000 道菜谱的数据库之中,一道特定的菜可能是中国菜或是意大利菜,这道菜的食材是蔬菜或是肉类,是非常辛辣的或是一点也不辛辣的。每个人都立刻意识到如果问"这道菜是中国菜吗?这道菜是西兰花做的吗?"这样的问题是毫无意义的。这些问题不是对关键词进行非此即彼的选择,而是对这道菜的各个独特的方面进行选择,这些选择分别代表着某个东西的不同方面或维度。也可能存在着其他的多种独立的维度(如烹饪时间、营养价值、是否有坚果或其他过敏性食材),通过这些维度,任何一道独立的菜品都可以进行描述和归类。而且,在任何维度和任何层级的细分和粒度都是可能的。以汉语为例,仅仅用"Chinese"这个词来描述充分吗?或者是汉语是否应当细分到普通话、湖南话和广东话?

无论运用食谱来做比喻是多么地显而易见,但是人们还是不太容易理解这样的概念如何能运用到某个访谈中某些逸事、某些故事或是某些特定的片段之上。如果口述史的访谈可以在映射于检索的许多领域,那么这些领域分别是什么?对于口述史研究项目或是一系列故事来说,它们等同于我们食谱中的种族划分(中国人的)、原材料(蔬菜——西兰花)和辛辣度(很辣),那么历史意义和检索的独立维度到底是什么?对于每一个确定的维度来说,在该项目中,映射这个维度的最佳的粒度是什么?

因此,对于我们来说,通过不断的实践,我们最初为了对口述史的音频和视频开展研究而对特定工具的兴趣已经演变成对于这种改变了的内容关系所蕴含的学术内涵的痴迷。我们已经发现很多人对这些概念非常感兴趣,尤其是与数字化工具和互联网接入相关的那些方面的概念。在电子化的形态下,这样的方法变得更加强大,就好像整本书或是一系列书籍可以按照要求重新编排索引,将图书的内容通过索引条目的任意组合来进行显示和组织。这些方法所具备的易操控性、易搜索性以及所具备的分析能力使这些信息工具极大地促进了人们运用流畅的以及相关联的方法获得信息的能力。这意味着同样的内容可以轻松地从多个相异的方向进行搜索。这些方向不只是局限于正式的学术研究。推动人们发展和研究这样的方向的力量来自于一个非常不同的维度——从一个不是那么正式的相对比较随意的维度,但是这个维度却是更强大搜索和研究工具。这种工具是数字化和网络化信息模式所产生,以适应人们能够无限制地访问到数字化和网络化信息模式所产生的海量信息。这一点可以使人们了解我们所分析的最后两个类别。

3. 整理衣服检索模式,或者称为探索模式而非搜索模式

在我们早期的 InterClipper 口述历史数据库中,包含了不仅限于历史创造者实验项目的资料,早先我们探索出很多有价值的认识并将其运用到项目当中去,同样地,还有

一些由软件构架所支撑的研究方法，并将我们学到的方法专门运用到具有丰富内容的口述史研究当中。然而，我们渐渐意识到将某一个极度精确层次的特定片段进行标注并能够实现交叉检索的能力可能需要极大的代价。

为了应对相关资料内容或者意义的细微差别和变化，我们开发的编码框架，在那些对访问和交叉检索如此复杂的资料感兴趣的客户的协助下，开始变得越来越细致和具体。在为一本书编制索引时，在编制过程中必然的压力就是要注意到细微的差别，并要去不断调整相关术语以便这些术语能够在交叉检索中被发现，从而通过对它的搜索而实现资料的可访问性。实际上，如果给标记过程命名的话，可以称之为"分离而非聚合"，即某个特定的片段似乎是如此特别而让人感兴趣以至于需要给这一片段另外一个改变的编码术语。

这种方法非常适合于标记那些高度集中的访谈片段，比如历史创造者项目中的关于童年故事的访谈，运用给这些访谈所开发的简明编码框架可以有效地在片段这一层级搜索到这些访谈。但是，有些访谈资料库的内容比较宽泛，比较具有包容性，或者有些访谈资料库的使用者的兴趣更加广泛且其研究的问题不是那么简明，那么这种方法的风险就会比较大。随着我们的研究实践不断发展，我们渐渐开始思考我们该如何在校正编码框架以适应于特定的资料、需求以及对于特定资料库的兴趣的过程中将同样的交叉检索的能力变得更加流畅且富有变化。

我们直接转而去研究如何理解我们在编码分配过程中所从事的工作，这是最有意义的一个调整。我们从询问"我们怎么命名这个片段，它是关于什么的"这样的问题，转化到"我们可以把这一片段放在哪里以至于我们能够找到它"。在编制索引和编码的过程中，我们不再想着把某一片段"钉"在某个地方，而是开始把这一过程当作是一个不是那么正式的"整理衣服"的方法。这一方法的优点在于能够随着内容和规模的变化而调整所要整理的衣服。第一步，"袜子、衬衫、内衣、床单"可能已经能够填满对应的衣服筐了。接下来，在需求驱动的基础上，随着某个衣服筐越来越满，达到了一个收益递减的满溢点，我们就能轻松地界定和找出对于这一衣服筐中所收集的内容的有价值的次一级类别的内容。渐渐地，这种方法已经证明是一种比较实际的且有效的方法来完成许多研究项目的交叉检索的工作，这一方法能够使第一步的工作可以较快地完成，并且随着资料库不断丰富可以实现更为精细的检索。

在这种模式下开展工作能够帮我们和我们的合作者认识到我们的目标不仅仅是（而且有时候也主要是）去进行精确搜索以找到精确的内容。我们开始认为我们关于搜索的整个导向在某种程度上是错位的并且是毫无益处地严格，这种导向已经主导着数字化的信息世界，特别是在线的信息世界。简而言之，用户并不是必然或是主要的去搜索某种特定的东西或是为了搜索这个东西而去搜索任何可能的资料。更准确地来说,我们可以理解用户说是为了探索,是为了看看在这个资料库中是否有什么东西可能感兴趣或是可能用得到。这一目标可以通过那种非常随意的浏览而达到,或是通过那种学生和学者们搜索大型资料库所运用的"警惕到共鸣"(alert-to-resonance)的方式达到。为了使这个过程变得有意义且富有成效,他们并不太需要搜索引擎以满足他们的好奇心,而更需要这个资料库良好的整体布局图以引领他们在哪里该重点搜索,到什么方向去搜索。探索能够使人确定更加特定的目标或者确定出更感兴趣的领域,这一方面,一种非常不同寻常的搜索工具——Mapquest 或者谷歌地图能够精确到各个方面——可能真的是有实用价值的。

探索的概念对于上文所述的多维检索模式也是比较合适和有益的,因为它提供了许多实现目标的潜在路径:用户不再需要运用更加限制性的和更精确的搜索条件从大范围的内容搜索到到特定的目标,通过多维搜索模式,用户所进行的探索可以用不同的方式来过滤出自己想要的内容,并能产生不同的搜索结果。在我们关于 CVS 的比喻中,通过民族首先进行过滤,然后再用原材料进行二次分类,然后再用辛辣度进行三次分类,某一个特定族群的民族宴会就能获得特定的自己希望的菜品。

在信息时代,人们对这样的方式越来越感兴趣,尽管人们折服于谷歌和其他搜索引擎所具备的超强搜索能力,这些搜索引擎可以通过线性搜索来进行大范围的检索,而这种线性搜索是根据是否可以检测的优先顺序来安排的。然而,在这类超级强大的搜索工具的帮助下,这类应急的搜索仍旧可能降低搜索到结果的可能性。这些搜索根本与人们因为对某个地方好奇而根据直觉进行的搜索不一样。为了实现从横向搜索到纵向搜索的转变,如果搜索引擎的数据挖掘技术可以区分出"挖掘到的东西"和"挖掘过程中的东西"的价值的区别,那么资料的探索过程就更像一种筛沙子的能力,对任何可能重要的有价值的东西都要非常敏感。

反过来,这个比喻回避了一个问题:"是谁在筛滤那片土地?为什么?"而且,这一问题会会将我们引向在目前的数字化信息领域以及网络世界中进行检索的最后一个维度,这一维度对于我们正在探讨的主流检索方法有着极大的启示意义。

4. 用户自创型和术语大众化检索

随着我们完成了历史创造者项目的儿童时期的故事项目以及其他几个小型试点项目,我们发现我们自己面对着其他的一些资料库的挑战,这些资料库要么是庞大无比,要么是其潜在功能极具多样性,所以要在宏观片段层面上预先编制一个全面的主题索引是不明智的,也是不现实的。

除了"整理衣服"的编码方法,我们和我们的合作者临时开发出另外一种普通的方法,以便能使同样的软件架构来应对这种结构性挑战。我们的选择即是在某种更大的单元层面去编制某种较为普通的索引并搭建出交叉检索的框架———一般来说是长度5—12 分钟的片段,这类片段能够使资料库的使用者自然地接近他们所感兴趣的资料。在这类片段的摘要的基础之上,使用者他们自己就能对这一片段之内的某个特定的段落或是某个故事进行确认、构建、注解并且给其进行编码,并能将这些东西加进数据库之中以供其他使用者使用。

这样的路线图并不是在资料库的大森林中设计出通过这个森林的路径,而是能把访问者引领到他们感兴趣的区域,在这一区域之内,访问者他们自己能够设计出路径,这样的路径能表明好奇心、兴趣点以及特定需求是如何把访问者引领至特定的资料的。这种方法能够产生出更加细致的内容地图,这一地图中相互协作和交互的输入扮演着一个非常重要的角色。

再一次,我们在研究过程中临时设计的东西已经渐渐与对数字化信息领域中的一种更深层次的迷恋相结合。术语大众化"大众分类法"或者用户社群信息管理法已经变得广为流行,一方面是因为维基百科,另一方面也是因为用于去标明很多网站上用户自创型地图的标签云(tag-clouds)。在计算机科学领域,通过人工智能进行的计算机处理过去常常被人们看作是一种超越于人类智能极限的方法,现在,人们对人机交互越来越感兴趣,因为通过人机交互,计算机的系统能够向人类的输入学习并能对人类的输入做出反应,这种反应是一种辩证的交互方式进行的。由于博物馆和图书馆的用户现在已经越来越习惯于运用简单的、直觉型的、母语型的搜索工具,这种搜索工具在互联网的搜索引擎中是非常高效的,因此期待这些用户把这些搜索工具置之不理,并仅仅利用控制词汇和正式的专业检索系统的搜索语法进行搜索,这是不够的。

将来总是会有人带着对标准降低的哀叹或是带着对每一种新能力的转化力量的极度痴迷来实现这样的结合。但是,对于传统的二选一的观念的依赖已经渐渐消失,人们已经开始对精心设计的兼容性较强的创造性检索系统感兴趣,这种系统能够将运用所有的方法在丰富的资料中找到自己想要的内容、意义和作用。

人们把这样的发展看作是一种对于参考馆员(reference librarian)的数字化扩展,这是一个良好的图书馆的核心特征。参考馆员或是档案管理员的作用是要界定那种正式且专业的将所有的存档资料进行科学管理的机构以及那种走到咨询台的人员所提出的询问,无论这种询问是多么的不精确或是不专业。一个合格的参考馆员是要能将两者关联起来,尊重并且关注用户的好奇心和兴趣点,同时能够帮助用户使用图书馆的较为丰富完备的检索系统以满足用户的好奇心和兴趣点。在口述史领域,比较有意思的是,我们可以研究出那些能够映射出访谈库的内容的新兴方法是如何向相似的方向发展的。这种想法又可以运用于我们的历史创造者项目之中,这个项目的相关运营机构最近已经着手给我们已经创建的相当成功的数字资源增加了一些新的维度。我们是在卡内基梅隆大学的信息传媒数字视频图书馆的协助下创建这个数字资源的。

历史创造者主题编码项目

我们的历史创造者项目的口述史视频资料库编制的索引非常丰富,易于搜索,功能极其强大。这个资料库的建立集中了卡内基梅隆大学的计算机科学家们高度创新型信息处理系统和我们的项目成员所竭力获得的资料内容以及我们的深刻认识。我们共同努力的结果就是得到了一个复杂而高端的资料系统,通过这一系统,用户可以以一种轻松、深刻、强大并且极度精确的方式来探索和研究非裔美国人口述史项目以及其他任何同等规模的普通美国人的历史。

每个访谈都分成了较小的片段,一般来说平均时长大概十分钟,这是基于访谈内容的框架和访谈的长度而定的,我们通过时间、主题以及地域等几个变量来具体确定这些片段。这些变量可以轻易地配置以便挑选出次一级的视频供用户在访谈之内和访谈之间进行浏览,而且这些变量可以根据用户从简单到复杂的查询的相关度进行测定。人们可以直接更加精确地搜索访谈视频的全部文本,这些文本和视频流之间是无缝连接的。这样的搜索可以使用强大而复杂的内容分析工具,而不是使用简单的单词搜索工具,因此进而能够在一个庞大的数据库中进行甚至更为宽泛的搜索而获得意义非凡的成果以便可以进行高效的浏览。

有数个机构参与利用这一些系统和数据库进行的集中的 β 测验,我们是其中之一。这一测试的目的是要改善这一系统和数据库的交互功能以及改善它的相关工具,并且也要改善它利用这一资料库的特定内容进行高效工作的能力,这种能力与学生、研究者以及公众的需求息息相关。测试的结果是非常激动人心的,验证了这个系统的许多功能,并且帮助我们确定了数个需要改善的因素以使得人和资料库的交互过程变得更加舒适和有效。不出意外的是,这次 β 测验也产生了几个人们对这个系统额外的特色和功能的预期,这些特色和功能在将来的某个时间是值得我们进一步研发的。

其中,有一个测试者所期望的最重要的一个特色是我们最初研发的时候就考虑过的,但是出于某些原因而没有开发出来:访谈内容的主题编码标签系统,这一系统对通过高级文本搜索所获得的资料起到补充作用。甚至在 β 测验完成之前,历史创造者项目的执行总监朱莉安娜·理查德森(Julieanna Richardson)已经决定要在我们的体系中加入这一标签系统。

因为这一需求和我们在 InterClipper 系统中开发的基于非文本的编码方案的工作极度吻合,其中也包含我们利用历史创造者项目的儿童时期故事项目所开展的工作,因此我们受邀成为一个小团队的一员,这个小团队包括历史创造者项目的档案管理员、工作人员、伊利诺伊大学非裔美国人历史专业的博士生以及一些来自布法罗大学和我们的兰德福斯办公室的研究生,这些人和卡内基梅隆大学的信息传媒计算机专业的科学家一起紧密合作。在 2009 年前半年,经过我们数月辛勤的工作,这个主题编码框架终于搭建起来,并在 2009 年的暑期就开始运行。

我们是非常幸运的,因为卡内基梅隆大学的软件系统已经搭建了访谈内部的单元体系,这种单元是根据宽泛的访谈和内容来界定的,而不是武断地界定或是机械地界定的,这种单元可能是主题编码的基本单元:将 400 条访谈分成了 18000 多个片段。初期,我们决定我们需要对每一个片段分配多个标签,因为这些小的单元的内部可能有一定的话题、主题以及意义的范围。另外,从一开始就非常清晰的是,我们需要一些多维度的检索功能以便可以捕捉到对于这个项目来说的一些重要的内涵,而这些重要的内涵是卡内基梅隆大学的软件系统所根本无法实现的——这些内涵是和明确的历史内容没有关系的,主要是一些诸如领导能力、激励、性格、勇气或是其他特定的情感和精神特征的例子。

随着我们工作的开展,每一个人都意识到我们需要设计一个能容纳更宽泛类别的框架,在这一框架中,相关的内容能够得到分类。如果主题框架因为资料规模庞大且其意义复杂而没有达到极度细致和复杂的状态,并且因此而没有达到预期效果,那么,某种类似于我们的"整理衣服"模式的方法就变得非常有必要。在实现这一目的的过程中,呈现在我们面前的每条"线"对于整个过程来说都是非常重要的,而且每条"线"在我们的项目所编织的"织品"中都是显而易见的。在完成这一"织物"的过程中,我们遇到了两个阻碍我们研究进程的基本困难,我们一直在试图解决它们。

第一个困难是如何理解新的主题编码系统和既有的基于搜索的组织和界面的能力这两者之间的互补性。在基于文本的系统中,难道编码系统应该仅仅是为了那些已经无法访问的东西吗? 或者这一编码系统也要试图去采用一种宽泛的主题方式来"映射"到那些我们的系统已经可以通过更加直接和具体的搜索方式而获取到的历史内容和意义吗?

第二个困难源自于第一个困难。如果一个编码框架系统要达到能够搜索到分类如此宽泛的资料或是特征如此捉摸不定的资料的程度,且这些分类和特征是很难简化到具体的内容,那么我们如何避免主观性陷阱? 如何实现那种社会科学家所引以为傲的近似于编码者之间信度(inter-coder reliability)的东西？如果一致性不能得到保证,那么在引导用户浏览资料库的时候,如何保证搜索的结果的是用的？

我们对这两个困难的应对与其说是去解决这些困难倒不如说是认为这些困难代表着机遇而不是问题。我们的研究小组认为我们研发出一种宽泛的历史编码体系并不是多余的,因为这个系统可以用来从外部进行流畅的搜索。这个系统可以形成另外一个搜索方式,这是一种具有额外价值的能够让用户访问到自己感兴趣的资料的信息过滤模式。在用户进行的搜索要么不太顺利或是很难有效地找到自己所需的信息时,大概很多用户会喜欢这一模式。另外,这种配套的系统可能会爆发出潜在的优势:强大的文字搜索和宽泛的主题编码分配可能在将来的某个时间能够进行分析性关联和建模,以便实现让文字搜索能够促进主题编码的发展。也即是说,对于已经完成主题编码的文本资料的分析可能能够确定语言学上的和语言上的使用模式,这种使用模式能够预测出特定的编码分配,能够为文本资料的自动主题检索开辟出一条路径出来,甚至将来最终能够实现对音频资料的自动主题检索。

一旦编码的主要目的是让非正式的搜索和浏览变得更容易,这一点对于本系统已经具备的正式内容搜索功能是一种补充,那么主观性的危险也就会降低一些。我们尽可能地降低了系统的不一致性,这一目标通过细致的规则、实例、定义以及引导更有可能实现,而不是通过主题编码架构本身来实现。但是,在最后的分析之中,我们意识到,对于那些需要进行较为主观和概念性较强的编码分配的领域来说,我们认为把我们的编码人员看作是为普通的使用者服务的可能更好一些,而不是把他们看作是进行连贯的数据分析的社会科学家。最后,这一系统可能变成大众界面的一个部分,而不是变成一种为使用这一系统而研制的组织分类学。最后的结果就是至少出现一种能够在某些领域收集并储存用户反馈的系统,并能够使这些反馈成为一种资料库如何回应对它进行的搜索的术语地图,而为大家所利用。确实存在着各种各样的云方法,这些云方法在引导人们对在线资料库进行搜索的方面确实让人称奇,令人激动不已。

我们所有努力的结果就是会产生出一套丰富的初始编码菜单,这一编码系统非常精简,可以在人手有限的情况下对海量的数据资料进行编码。这一编码系统的框架内包含三个非常宽泛的类别范围,这一设计体现了我们早期的 InterClipper 项目中的"CVS"多维度框架结构,但是要比"CVS"结构更有效。第一个类别范围聚焦于一系列映射非裔美国人历史主题的门类的资料。第二个类别范围是从人物传记的视角来对待整个资料库的,这一类别提供很多菜单选项,可以追踪特定人员的人生轨迹、个人成长的各个方面以及个人经历和历史主体之间的关联。第三个宽泛的类别能够使人有机会对故事和叙述类型进行编码、给特定的情感特征贴上标签并能标记出关于某些具体主题的特定案例的人生故事。在审视这 18000 条片段时，编码员尽量在每一种术语类别中编制出尽可能多的编码，而且他们也有机会建议设立新的术语或者标记出某些特定时刻的名称。

我们在写作这篇文章的时候，编码工作还在继续，还无法说出这些系统和框架如何去发挥作用，虽然我们对我们的方法的作用还是比较自信的。我们之所以自信，是因为我们所遇到的挑战、处理的过程以及收到的反馈似乎都恰好处于研究总体历史内容以及具体的口述史汇编这一重大而又"开放"时刻的核心位置。这又使我们回到了我们的文章开头所探讨的关于口述史的方法，我们希望以此作为本章的结论。

要让口述史变得大众更加容易接触到

很明显，数字化、数字化工具和能力的大爆发以及强大的互联网，这一切都使人们能够立刻访问到大量的关于口述历史的资料。这个过程将来会更快。但随着口述史规模的增加，访问又意味着什么？如果我们不确定 10 条访谈或是 50 条访谈的意义，那么我们就算能够访问 150000 条访谈又有什么意义呢？

这种思考会给我们提出更多的要求，而且这种思考能够重视将实际的利用口述史资料开展的研究工作融入到我们研究领域的核心方法论研究中的价值和作用。通过这篇案例研究论文，我们力图表明我们需要超越在口述史领域传统上那种对原始的"生"的史料的重视，也需要超越我们以前热衷于将各种展览中、电影里以及网站上出现的"熟"的加工过的口述史作为我们指导、欣赏和批评的主要对象的做法。相反，我们鼓励口述史从业人员和学生们都能更积极地参与将口述访谈的内容和意义进行恰当的映射的挑战中去，以及去解决如何为了扩大使用者范围和作用范围去探索这些资料所具有的意义。完成这些工作的工具和技术应该成为我们的中心任务，同时，数字记录设备以及如何操作这些设备的指导也是非常重要的。

我想用一首合唱《爸爸在屋顶上》来对本章进行总结，这是一首 20 世纪 30 年代由勒罗伊·卡尔(Leroy Carr)演唱的美妙的歌曲，他是一名印第安纳波利斯布鲁斯歌曲演唱家。歌曲里提到的每个词都可能与我们讨论的编码系统有着某种关系，但是能够和我们的观点相得益彰的只有下面这一段：

婴儿在摇篮里，哥哥去小镇

妹妹在客厅，试穿礼服

妈妈在厨房里，周围一片杂乱

爸爸在屋顶，他不会下来

厨房是一个过渡空间,其中,"生"的原料和"熟"的食物都在一起。在过去的几年里,在实践应用的过程中,我们确实已经从我们的研究项目这个杂乱的大厨房里了解了很多最广泛意义上的口述史,而且我们认为在这个大厨房中,我们可以做出更多的有意义的关于口述史研究的工作。

参考文献

［1］历史创造者股份有限公司网站:http://www.thehistorymakers.com。

［2］兰德福斯网站:http://www.randforce.com。

［3］卡内基梅隆大学信息传媒数字视频图书馆项目:http://www.informedia.cs.cmu.edu。

［4］迈克尔·克里斯特尔、迈克尔·弗里希:《视频表达对生活口述史资料库的贡献》,宾夕法尼亚:匹兹堡,计算机协会与电子电器工程师学会计算机学会关于电子图书馆的合作峰会,2008年6月。

［5］丹尼尔·科恩、迈克尔·弗里希、帕特里克·加林格尔等:《交流论坛:数字历史的愿景》,《美国历史》2008年第95期第2卷。

［6］迈克尔·弗里希:《三维和多维:超越方法悖论的口述史》,引自夏莱娜·纳吉·海赛—比伯、帕特丽夏·利维编著:《应急方法手册》,吉尔福德得出版社2008年版。

［7］迈克尔·弗里希:《口述史和数字化革命》,源自罗伯特· B.帕克斯、阿里斯泰尔·汤姆森编:《口述史读本》,劳特利奇出版社2006年版。

第五部分

法律、道德和归档的迫切需要

第 24 章　口述史的法律分歧

约翰·A.纽恩斯万德(John A.Neuenschwander)

　　两年一次的全球口述史协会在各大洲进行,平均有 40 多个国家出席。这个数据再次阐明了这一现象:口述史已几乎成为每一个国家的调查工具。在美国,它涉及的领域十分广阔,包括老兵的口述史项目、故事会以及其他数以万计的协会和学术项目、出版物和媒体等。但是,和人类其他形式的调查一样,口述史也避免不了法律的挑战和法律诉讼。

　　尽管绝大多数口述史的内容都不会面临诉讼的威胁,但实现法律和道德上程序的双重安全是确保该情况不会发生的最好办法。所有的口述史学家都应该熟悉与口述史相关的法律条文,例如法律发布协议、采访限制的挑战、诽谤罪、隐私侵权、版权、互联网、伦理审查委员会(IRB,Institutional Review Board)关于人体实验的采访。本章聚焦美国法律,但讨论的问题应该和其他国家的口述史学家息息相关,并鼓励从业者反思一下他们本国的法律体系是怎样规定的。

法律解除协议

　　采访者所记录的回忆录最开始是被访者的知识产权。人们都拥有自己的话语权。口述史学家将产权以及记录本身转移到他们自己手里或是他们的节目里,是根据法律解除协议的标准进行的。若要具有法律约束力,这协议必须根据该项目所处位置的国家的法律授权进行起草。尽管大多数国家都认同这些条约所要求的基本款项,但不同国家也有细微的差别,所以不能假定一项条约里的术语也适用于另一项国家的口述史项目,只简单改一下合作方的名字就用在其他地方是不可取的。

　　一个关于开放前最高法院大法官瑟古德·马歇尔(Thurgood Marshall)的相关文档

的争议性事件为我们提供了一个很好的案例,可以解释说明合作双方对转让协议中的术语有明显分歧时会发生什么。作为一个著名的民事权利律师以及第一位坐在美国最高法院的非裔美国人,大法官马歇尔将他的包括几篇口述史在内的文档捐献给国会图书馆,他坚持要在他去世后立即允许公众浏览。1993 年他去世后,他的这一意愿也实现了。马歇尔坦诚地记述了他对同僚的观察以及法庭是如何作出某些重要的决定的,这一举措给一些仍在位的法官造成了困扰。这一轰动事件平息之前,美国的一个小组委员会深入调查这一事件,国会图书馆馆长被迫公开辩护马歇尔的转让协议。小组委员会的调查集中在国会图书馆是否遵守了协议的规定。在马歇尔决定把他的相关文档存在国会图书馆之后,图书馆与他签署了一份送让契。反映他死后将相关文档立即公布于众的意愿的条款如下:"之后这些相关文档将可以由图书馆行使自由裁量权公布于众。"①国会图书馆馆长坚持说图书馆的自由裁量的度在本质上是技术性的。它所涉及的时间是指图书馆工作人员整理他的文档后,公众才能浏览。对此持反对意见的包括首席大法官威廉·伦奎斯特(William Rehnquist),他认为"自由裁量权"一词意义十分广泛,不单指国会图书馆能延长公众进入访问的时间。

转让协议最常见的类型是送让契。它反映了用转让协议来赠予纪念品和书写物的这一悠久的慈善家传统。礼物或者在世的捐赠品是自愿地转让非房地产的任何财产。要求有三个要素:(1)捐赠意愿(2)实际交付(3)接受赠与。② 在口述史采访的背景下,个人应自愿接受采访,并愿意赠与最终的记录和抄本。赠与和接受的要素很容易被满足。采访的记录和抄本归采访者或档案室保存。在本章的最后有两个赠与的转让协议的案例。

合同制转让协议运用在较小的范围内。一份具有法律约束力的合同必须包含四个要素:(1)协议(agreement);(2)约因或对价(considertaion);(3)有法定能力的当事人(competent parties);(4)合法的目的(lawful objective)。③ 签署协议的双方和被转让的采访都必须满足合约要求。对价要求各方在议价中损失某些东西。在一个典型的口述史采访情况下,被采访者分享回忆,换来的是对他的回忆的采访、记录和存档。能力要素也应发挥一定作用。如果未来的被采访者精神不正常,那么采访也无法进行。同样,一个口述史学家故意或是被骗入某个采访以满足非法目的,例如欺诈或误传,很明显不能满足合法的目的要素。合同制的转让协议的案例在本章结尾处可以看到。

---

① 巴巴拉·布莱恩特:《国会图书馆关于开放瑟古德·马歇尔收集新闻故事激起公愤》,《国会图书馆的信息公告》1993 年 6 月 13 日。见 http://www.loc.gov//lcib/93/9312/marshall.html。

② 38A C.J.S.纪念品(A C.J.S.Gifts Inter Vivos),2007 年,第 5 节。

③ 约翰·R.艾利逊、罗伯特·A.普伦蒂斯:《企业法律环境》,德赖登出版社 1990 年版,第 181 页。

运用具有法律效力的赠与或合同的转让协议非常重要,此外,另外两个必要的起草问题也应该慎重考虑。第一个是"将来使用"的条款。由于记录和文本的使用范围不断扩大,过窄或过宽的条款都应该避免。最行之有效的"将来使用"的条款,说明了必要的细节,同时又提供了未来可能使用的合理期待。以下条款说明了这种平衡性:"未来我的采访中的引用可能出自出版物或广播以及包括互联网在内的任何媒体。"

第二个必须要考虑的是确保法律解除协议获得了被访者版权的转让。拿到了采访并不意味着拿到了版权。现有成千上万的口述史,但是很多口述史栏目都被关闭了。由于发起者忽略了版权转移的取得问题,他们便不能安全地用于研究和出版。依据国际惯例,《美国版权法案》明确要求,任何版权的转移都必须成文才具有法律效力。这一法案没有规定具体的形式,只是一个简单的述说。根据法庭的说法:"它不一定来出自大宪章,一句形式上的陈述就足矣。"①

最好的法律解除协议应包含精确的而非过量的法律术语,为双方各自的观点提供文件,以及给未来的使用和管理提供方法。换句话说,协议应能很易于被非专业人士所理解并在法庭上具有辩护性。法庭不站出来解释有争议的协议,但当不得不站出来的时候,运用相对标准的规则来解释。尽管大法官马歇尔签署赠与契约没有告上法庭,但假如让法庭处理这一事件,就会像解决其他要求司法解释的协议的争端一样。为了给"自由裁量权"一个确切的定义使国会图书馆将他的书写物公布于众,法庭应该考虑表达马歇尔的意愿的证据,以及先前捐赠者协议里被广为接受的意义,还应该考虑该行业的习惯(如编目集合的准备时间)。至少有大量的时间和金钱花在了调查和律师费上。反过来,国会图书馆求助于对"自由裁量权"的狭隘解读可能最终是站不住脚的。

采访限制的挑战

从 20 世纪 40 年代现代口述史运动兴起以来,一些叙述者拒绝接受采访,除非他们可以掌握自己的访谈观看权或者是准许他们长时间的密封访谈。起初,通常是像小爱德华·F.普里查德(Edward F.Prichard,Jr.)这样的政治家或者是政府官员,他是肯塔基州人,被誉为他们时代最有头脑的政府官员之一。但是他因在选举中擅自篡改投票而被指控。出狱后,他为所在州的教育体系做出重大改革而复权。普里查德死于 1984 年,在他死前的两年,他做了一系列的采访,主要关注他漫长而波折的政治生涯。然而,直到他的妻子 2006 年去世,他"冷却"的掌权时期结束,随后他的这些采访向公众开

---

① 　Effects Associates 股份有限公司,科恩,908F. 2d555,557(2d Cir. 1990)。

放。我们可以想象,在首次开放时众多媒体和好事者就守在门口苦等,将是一幅什么样的画面。①

如今采访限制变得越来越广泛。这种趋势很大程度上反映了口述史学家越来越多地探索一些敏感的话题,如卖淫、非法移民、吸毒、艾滋病以及政府资助的酷刑等。对一些包含敏感话题的采访设限是为了保护被访者免受起诉和惩罚,然而口述史学家也有相同的责任。他必须确保不仅要详细地解释这些限制,还要在受挑战的时候极力去维护它。它遇到的挑战通常是两个范畴里面的。在美国,联邦政府、州政府和当地政府都必须遵守《信息自由法》(the Freedom of Information Act,FOLA)。该法案的目的是保证媒体和广泛大众可以浏览官方的记录。国家机构赞助的历史类节目通常不能免除请求信息的自由,一些特殊的法定豁免除外。因此,一个通过《信息自由法》的请求很可能会取消公共机构举行的采访的所有限制和封锁。然而,在联邦政府的口述史学家常常做出这样的假设,如果采访是自愿的,而非是服务政府的要求,很可能会受一些被访者附加的限制。由于像手稿集这样有价值的材料不受限于《信息自由法》,那么联邦的口述史学家也同样不受这一限制。

另外一个挑战可能来自法院的传票。依据美国最基本的法律,法庭有权审查每个人的证词。由于法律体系本身的敌对本性,在诉讼中就把调查和介入当事人的证据视为首要责任。近几年,开始介入学术类调查甚至传唤调查者本身。这种趋势说明,受限制的采访也会偶尔不受制于法院的传唤。几乎到目前为止,背着传票的律师大有人在。尚未找到一种让学者或/和其访谈合集不受传票的打扰的特权。

在1998年密西西比州的一个谋杀审讯中,美国三K党(the Ku Klux Klan)白色骑士的巫师皇帝(Imperial Wizard of the White Knights)卷入其中,它是三K党的一个激进的分支。这一事件提供了一个戏剧性的案例,以此来说明一个传票是怎样冲破了受访者的访问限制。塞缪尔·H.鲍尔斯(Samuel H. Bowers)被控涉嫌暗杀一个黑人民权主义领袖弗农·达默(Vernon Dahmer)。审判开始之前,当地律师发现鲍尔斯的三个口述史采访都被放置在了密西西比档案与历史部门(Mississippi Department of Archives and History)。在鲍尔斯的请求下,他们答应在他死前密封。可能是觉得这些采访能在审判的时候发挥些许作用,于是当地的律师就传唤这些采访。档案与历史部门的律师寻找了一个保护令,声称这个传唤相当于有约束力的合同的第三方干涉,但是他们的努力白费了。尽管在审判中这些采访最终没能用到,如经鲍尔斯本人证实,当地律师还打算借

① 肯尼斯·H.威廉姆斯:《"我确定有一些那种聪明反被聪明误的想法":爱德华·普里查德口述史采访》,《肯塔基州的历史协会的登记》2006年第104卷,第395—397页。

此达到弹劾的目的。①

　　因此，在法律上，确实存在着一些限制人们接触这些访谈的条款。受访者主动要求或被怂恿去挑战访问权限的限制就应该警惕这些法律的限制。尽管通过《信息自由法》的请求或传唤能打破这些附加在采访上的限制可能会遥遥无期，也应该认真思考一下这些限制的保护条款是怎样增加的，又是被谁增加的。

诽　谤

　　诽谤的流行是 18 世纪英国伟大作家、词典编纂家塞缪尔·约翰逊（Samuel Johnson）在他的时代观察到的。"诽谤是十分常见的。人类的讽刺文学家可能在人性的弱点、生活的烦扰、愚蠢的意见以及行事的腐化等方面，热情洋溢又充满机智地花上大量篇幅。"②约翰逊所说的诽谤众生的现象在我们今天可能也是如此。诽谤是一个文学术语，既指诽谤性文字又指诽谤性言论。诽谤性文字指的是在文字上的诽谤，诽谤性言论则指在言语上的中伤。一个采访的音频里有诽谤的陈述被视为言论诽谤；如果文字记录中包含中伤性文字则是文字诽谤。诽谤类诉讼包括像杰瑞·希恩菲尔德（Jerry Seinfeld）、罗杰·克莱门斯（Roger Clemens）这样的被媒体密切关注的名流，他们每年都会被一些名气不大的人士提出数以百计的诉讼。

　　举个例子，近期一个陆军预备役军人起诉了电影制作人迈克尔·摩尔（Michael Moore），他抗议迈克尔·摩尔把关于他的一小段采访用到了纪录片《华氏 911》（Fahrenheit 9/11）里。该军人起初是被美国全国广播公司（NBC）的布莱恩·威廉姆斯（Brian Williams）采访，内容是关于止痛剂药物的有效性。这个采访中的一段 16 秒的内容被摩尔用来描述在伊拉克的受伤士兵药物紧缺。由于纪录片攻击了乔治·W.布什（George W.Bush）的领导并就战争本身提出质疑。预备役军人坚持称，他这段被闪现在电影里的采访片段使他受到了中伤，因为电影错误地把他塑造成与电影持有相同观点的人。③尽管最终他的诉讼被撤销了，然而这一事件有力地说明了诽谤诉讼绝不仅是富人和名人的专利。

　　通常地，五个要素构成诽谤罪：

　　1.须有捏造某种事实的言论。

---

① 塞缪尔·H.鲍尔斯：《赠与合同》，密西西比档案与历史部门，1973 年 10 月 24 日。
② 塞缪尔·约翰逊：《漫步者》45，1759 年 2 月 24 日。
③ 达蒙·V.摩尔，520 F. 3d 98C.A. 1，2008 年。

2.原告须明确是言论的所指人。

3.被告向第三方公布了言论。

4.言论对原告的名誉构成了损害。

5.公布或散播言论的人有过失。①

第一个要素的重点是要辨别言论的真假。真相是一个终极标准,假如控诉的内容属实,那么就不会有诽谤的事情发生了。不幸的是,往往是直到双方对簿公堂才能知道孰真孰假。当很多人都成为了所谓的诽谤言论的对象时,第二个要素就开始发挥作用了。受害人必须有能力随时出来声明说他即是诽谤言论所指。第三个要素十分简单明了,但对口述史学家来说有特别的重要性,因为不仅适用于第一个说出诽谤性言论的人,任何散布这种言论的人也都应负法律责任。当某个口述史栏目把采访的录音和(或)文字记录公布于众,就被视为一个发布者。假如在采访中冠名的某个人提起诉讼告其诽谤罪,那么受访者和口述史栏目毫无疑问就是被告。

关于第四个要素,要理解其中的损害名誉罪须从构成伤害的五个范畴说起:犯罪、行为不道德、联想到令人不快的人或者举止不当、表现出无责任的金融行为以及表现出专业的无能。② 前三个范畴十分明显。如果某个受访者说另外一个人是罪犯,说他道德败坏或是让人联想到"坏人",那么应立即敲响警钟。后两个损害名誉的范畴很可能会成为诽谤罪的漏网之鱼。许多口述史采访关注的都是工作或者经商的经历,让受访者批判自己的员工或者生意上的伙伴这种类型的采访并非罕见。这种批判的行为不会像指责某人犯罪那样会自动敲响警钟。类似于批判某人缺乏职业道德、能力有限、错误的业务决策等这类潜在的诽谤性言论可能会被忽视。为防止犯这种错误,个别采访者和节目应特别注意第四和第五个范畴,应警惕受访者潜在的诽谤性言论。

在 2003 年,加州大学伯克利分校的区域性口述史项目(Regional Oral History Program,ROHO)不得不提起这样的诉讼。有一个受访者发表了诽谤性言论,其中辛辣地批判了一个学校的领导,说这位领导几次三番要求资金支持、一副领导风范以及完全缺乏专业性。尽管在 2005 年 ROHO 就可以驳回诉讼,但是起初针对学校领导发表以上言论的受访者却不可以得到撤诉,直到加利福尼亚最高法院做出了对 ROHO 有利的裁决。

第五个要素——过失是一个要素。许多受诽谤的原告,他们前四个要素都能满足,却唯独缺乏这一要素。个中原因可以在 1964 年最高法院对《纽约时报》公司诉萨利文一案(New York Times Co.v.Sullivan)的裁决中找到答案。为维护宪法第一修正案中人

---

① 劳埃德・杰辛、史蒂芬・斯卡特:《版权许可和诽谤手册》,威利出版社 1998 年版,第 109 页。

② 布鲁斯・W.桑福德:《诽谤和隐私》,阿斯彭出版社 2002 年版,第 4.12 节,第 130 页。

们有评论公众人物的这一权利,高级法院认为,对公众人物来说,别人须对他造成更多的"过失"才能构成诽谤罪。因此,公众人物必须有能力证明发表的诽谤言论是"纯恶意"的。其中恶意被界定为"错误的知识或鲁莽地不顾言论的真假"。相比之下,普通人只需要证明发布机构玩忽职守,他们的责任就轻多了。自然也就有一些激烈的法律纠纷,对控诉诽谤罪因人而异的现象争论不休。

与此相关的案件给我们提出一个问题:随着时间的流逝会不会改变对一个人的界定? 换句话说,一个淡出人们视线很多年的公众人物能否回到普通人的生活? 根据联邦巡回上诉法院(Federal Circuit Courts of Appeal)的规定,答案是否定的:一日成名,终身成名。最具说明性的案例是关于维多利亚·普莱斯(Victoria Price)的。20 世纪 30 年代在阿拉巴马州发生了臭名昭著的科茨伯勒男孩(the Scottsboro Boys)案件,而她是该案件的最主要的目击证人。大约四十年过去了,美国全国广播公司(NBC)播出了根据这一案件改编的电影《法官霍顿和斯科茨伯勒男孩》(*Judge Horton and the Scottsboro Boys*)。在这部电影中,维多利亚·普莱斯被塑造成了"一个试图把九个未犯强奸罪的无辜黑人送上电椅的女人"。由于她已经远离媒体的聚光灯四十余年了,普莱斯在她的诽谤诉讼案中称,她现在已经是一个普通人了,因此应该只需要证明美国全国广播公司(NBC)失职就行了。值得庆幸的是,法庭却不认可她关于身份变化的说辞。由此我们认识到,如果像普莱斯这样的公众人物仅仅因为他们淡出人们视线很长一段时间,就被允许变成普通人,那么媒体和历史学家评论和解读过去事件的能力就会被严重削弱。

减少诽谤诉讼的可能性的最好方法是建立一个全面的预防机制。这种机制应包括:

1.员工培训:所有负责采访的创建、处理、编辑和归档的人员都应该接受培训。它应是一个连续性的过程,其中要讨论一下潜在的诽谤性言论,审查它们是来自采访本身还是通过其他渠道。

2.清单:列出一系列关于潜在诽谤的问题是一个促进员工培训的很好方式。例如,评论的主体是否存在? 会不会改变观众或读者看法或者对人物的评价? 负面的评价是否言之有据? 最后,有其他证据证明受访者言论的真实性吗?

3.验证/编辑/密封/删除? 并非所有的令人震惊的言论都是诽谤性的。可能有其他的证据来证明言论的真实性。历史性的记录不应该被创建者和保存者所清除。如果言论不能被证实,那么就悄无声息地将它封存。最后也可以选择把材料完全删除。

隐私侵权

诽谤罪并不是口述史学家需要防范的唯一类型的法律诉讼。在基于口述史的采访、出版物或纪录片中,歪曲他人和当众曝光他人隐私是另外两个要防范的行为。歪曲报道构成了隐私侵权(损害个人名誉或商业利益的民事责任),这是和诽谤罪类似的一点。诽谤罪诉讼通常是把歪曲报道作为它的辅助。构成一个歪曲他人诉讼要有三个必需的要素:

1.须对当事人造成严重侵犯;

2.作者或出版商须在多处有必要程度的过失和恶意言行;

3.引起了大范围的公众的注意。①

不同于诽谤性言论的是,侵犯隐私事件中的言语或图像不一定非得是错误的,只需要把一个人的行为不当公开就可以了。这并非对他的名誉造成伤害,而是对个人的情感造成伤害。知道这个被不当公开的行为的观众人数相对于诽谤罪来说也必须多得多。曲解或者虚构是此类诉讼的最常见的原因。在 1997 年的一个案件里,前黑豹党领袖鲍比·希尔(Bobby Seale)称有一个文献片对他进行了歪曲报道,该片暗示他从黑市的枪支经销商那里购买枪支来武装他的队伍。而事实上,他是从体育用品商店购买的武器。尽管这个事件中存在着明显的对于历史记录的虚构,但是希尔关于歪曲事实的诉讼还是没有胜诉。② 另外一种最常见的诉讼是引起错误的联想。就是把某人的照片和一个众所周知的罪犯的照片放在一起,或者是和一个名声败坏的人的照片放在一起。一个芝加哥的黑帮老大的妻子记录了这种类型的案件。她的诉讼仅有的依据是她的照片出现在了一本描写她丈夫以及她丈夫与手下暴徒的关系的书中③。

幸运的是,大多数法院都没有受理过这种令人不知所措的隐私侵权案件。在有些国家,这可能都不能算作一个正规的诉讼。一旦受理,法院一般会要求提起诉讼的人提供最有力的证据——当事人遭到最恶意的伤害;由于这种伤害很难去界定,制裁诽谤罪的法律通常也不适用。

当众曝光他人隐私是比歪曲事实更罕见的诉讼类型。然而,口述史学家仍需要对此提高警惕。构成隐私侵权要有四个必需的要素:

1.曝光他人隐私的行为;

2.必须是向一个规模相当大的人群公开;

3.事实须对当事人造成严重侵犯;

---

① 约翰·L.戴梦得、劳伦斯·C.莱文、M.斯图尔特·马登:《了解侵权行为》,律商联讯和马修本德 2007 年版,第 391 页。

② 《希尔诉格拉梅西制片公司》,964F.Supp. 918(E.D.Pa. 1997)。

③ 戴梦得等:《了解侵权行为》,第 392 页。

4.事实必须与公众关注的事情无关。①

与歪曲事实和诽谤罪不同，这一行动的诱因从本质上说是如果有人真实地揭露隐私，即使并不具有新闻价值的隐私，也能得到金钱补偿。有无新闻价值这一因素往往决定了这个诉讼的结果。这一点对于那种不是发生在当前而是很早之前就发生的隐私事情尤其适用。1995 年，被《爱达荷政治家报》（the Idaho Statesman）写在头版的故事《男孩们最喜欢》（"The Boys Most Likely"）再现了 20 世纪 50 年代中期那一场备受争议的事件，其中男同性恋者在爱达荷州博伊西市的基督教青年会上向男孩求爱。根据法庭的记录，在这个故事里，青年会里一大批与该丑闻无关的人士都被卷入其中。由于大约四十年过去了，那个被起诉的揭发隐私的人称这一事件不再具有任何新闻价值了。尽管法院也承认事情过去了这么多年，曝光给他带来了很大的痛苦和不便，最终还是驳回他的诉讼，原因是报纸上已经刊登了这一公开的事实并被保存在公共记录中了。

对于那些把口述史材料以任何形式出版发行的人，需要着重强调的是，这种侵权行为不能有任何的造假。所要的只是令人尴尬的隐私而已。因此，当决定要不要把一些极其私人的细节放在书里、文集里或暴露在媒体上，应该退一步想一想公布这种信息会不会对住在社区里的当事人造成影响。如果答案为"会"或者"可能会"，那么就另寻别路吧。

版　权

午夜秀喜剧大师大卫·莱特曼（David Letterman）的"十大排行榜"成为了文化偶像，还派生了许多人们行为搞笑类或古怪类的排行榜。与口述史学家最为相关的排行榜要数"十个常见的版权许可的神话"。其中的几个神话强调了为什么口述史学家需要在他们的采访中、出版物中和制作中注意版权的保护问题：

1.如我给予你信任和赞许，则不需获得你的许可；

2.如我引用著作的一小部分的内容，不需获得许可；

3.我可在事后获得许可；

4.如计划用于非营利教育目的，我不需获得许可②。

解决这种误解最好的办法是更好地了解版权法，了解它提供给著作者的保护以及

①　《乌兰加诉联合出版公司》，138 Idaho 550，2003 年。

②　劳埃德·J.杰辛：《十个常见的版权许可的神话》，见 http://www.copylaw.com/new_articles/copy_myths.html。

是怎样捍卫这些保护的。版权是为极富创造力的作品提供立法保护的一种形式。它是一种类似于专利或商标一样的知识产权。版权拥有者可以出售、租赁、分配或是遗赠他的利益。美国宪法的制宪者依据经济的基本原理,"为促进科学和实用技艺的进步,对作家和发明家的著作和发明,在一定期限内给予专有权利的保障"①。

根据1976年《版权法》(the 1976 Copyright Act),"相关作者的那些有任何切实公开媒介(既有的或是将来会有的)的原创作品"可以获得保护②。现已明确规定口述史采访是可以获得版权的原创作品。继而,版权法又把口述史归类为非小说类"文学作品"。这一非小说的定位尤其重要,因为这类作品的作者比小说类作品的作者得到的保护明显较少。版权法其中一个最基本的前提是基本事实不收版权保护,是公共领域的一部分。如果不是这样,发现已知事实的人就有权禁止他人的使用,实际上是损害社会的垄断行为。

作家对事实的解读也算作共有领域。例如,假如一个历史学家对某一事实进行解释,那么这个解释也是一个已知事实,也应归在公有领域③。有时这个最基本的前提在法庭上也会遭到质疑。有个作家写了两本关于大萧条时期的银行抢劫犯约翰·迪林格(John Dillinger)的书,他起诉哥伦比亚广播公司(CBS)的网络电视,因为把他独特的解读放在了一个关于犯罪的节目里。他控告对方版权侵权,因为对方未经授权使用了他的历史性解读。然而,法庭驳回了他的诉讼,并解释说"夏洛克·福尔摩斯(Sherlock Homes)的创始者掌握着角色的命运,那么版权就在他手里;而第一个做出迪林格还活着这个结论的人并不能获得相应的版权保护"④。

口述史学家以及其他非小说类作家的作品仅仅可以在以下情况下申请版权:(1)作者对事实、观点、理论和研究的原创叙述和表达。(2)作者对材料的原始筛选、协调以及整理⑤。这被叫作"小版权"(thin copyright)理论。如果哥伦比亚广播公司(CBS)实质性地运用了作者的原话和他整理的材料,那么他就可以控诉对方侵权。由于他自己的解读本身就是一个已知事实,那么就属于公有领域,他的版权也就不受保护。

版权保护从相关作品创作的那一刻就开始了。在一个典型的口述史采访中,在录音机关闭后的一刹那,对版权的保护就已经开始。下一步通常是把受访者的版权利益法通过一个法律解除协议转移过来。从那之后,口述史学家或是口述史项目就拥有了

① 《美国宪法》,第8节第1条。
② 《美国法典详解》(U.S.C.A.),2005年,第102节第17条。
③ 马歇尔·里弗尔:《了解版权法律》,律商联讯出版社2005年版,第93页。
④ 《纳什诉哥伦比亚广播公司》,899 F. 2d 1537,1541(7 Cir. 1990)。
⑤ 威廉·F.帕特里:《帕特里说版权》第2卷,汤姆逊/韦斯特出版社2007年版,第3—176页。

全部的版权。但是,需要说一下另外一个附带的问题,那么采访者在他所做的采访中究竟有没有版权利益? 版权法规定在一部作品中可以有不止一个作者,这种情况被认定为一个联合的作品,也就是"两个或多个作者投入完成的作品,他们的贡献是统一的整体的不可分割或相互依赖的一部分"①。

采访是否有资格被认定为一个联合作品,这一点还没有任何一个法庭开此先例,但是可以举个强有力的案例来说明一下,一旦可以认定将会得到人们赞同。这个情况的有力证据来自于美国版权办公室(the U.S.Copyright Office)本身。每当办公室的工作人员收到一个采访注册的申请,如果登记表上只登记了合作双方一方的名字,工作人员就会再次确认一下所有权,然后再进行下一步。这种情况建立在以下假设上:"一个含有采访的作品常常包含采访者和被采访者的作者版权。有达成协议的前提下,双方都有表达权。"②另外一个论证来自于 2007 年法庭的一个判决,是一个关于联名作者的纪录片《你老妈是动物杀手》(Your Mommy Kills Animals)。其中一方自称是该片的联名作者,他进行的一系列采访被运用到了这个纪录片中。她把这些采访中的所有问题都写了下来,还做了一些背景调查。她的采访足以让法官明白她独立为影片做了版权贡献。由于他们又发现从一开始合作双方就坚持要当联名作者,最终还是宣布了她当联名作者。③

最好的做法是假定除了专职的采访者,其他任何采访者无论他或她是独立的契约人、兼职雇员或是志愿者,都是他进行的采访的联名作者。"雇佣工作"原则解释了为什么"受雇者在他工作范围内"所完成的采访的版权自动转移到了雇佣者④。这个原则很少适用于独立的契约人或兼职者。最好的办法是通过一个法律解除协议让所有的非雇员采访者放弃公认的版权利益。

让这些受访者签署法律解除协议尤其重要,因为对于每个联名作者过多利用版权具有相当大的法律权威。1976 年《版权法》在版权问题上赋予每个联名作者无法剥夺的利益。这意味着每个作者可以在不经过其他作者的同意的前提下自由使用该作品。联名作者之间唯一的责任是解释和分享版权著作所带来的利润。尽管大多数口述史采访都不是很能赚钱,项目仍应该单独进行,而不要把联名的采访和文本当成首要目标。

联合工作确实有一个特别的好处。如果有人提出捐赠一组未经依法发布的采访,就会发挥作用了。如果付出很多努力还是无法找到受访者或是其继承人,那么退路就

---

① 《美国法典详解》,第 101 节,第 17 条,2005 年。
② 美国版权办公室:《纲要二,版权局实践》,第 317 节,1984 年。
③ 《贝尔曼诉约翰逊》,518F.Supp. 2d 791—97(E.D.VA. 2007)。
④ 《美国法典详解》,第 101 节(1),第 17 条,2005 年。

是转向那个知道或是可以提供采访的采访者。让采访者作为联名作者就可以让他们签字转让他们的版权利益。之后栏目或者档案室就可以让采访为研究者所用了。在这种情况下,如果这个采访赚得了利润,唯一一个法律责任就是把这些利润分给受访者和他的继承人。

版权作为一种知识产权赋予了持有者六种权利:(1)复制;(2)衍生作品的筹备;(3)复制品的分配;(4)公开演出;(5)公开展示;(6)通过智能音频传输公开播放录音。所有这些权利可以单独地或整体地被许可或转让给另一方,这在每次被采访者和采访者签署发布协议时都例行公事地提到。

版权不是无限制的垄断行为,它不会允许持有人在几十年内不受约束地决定谁能或者谁不能使用他的著作。有一个重要的限制是特权的合理使用问题。所谓合理使用,就是要尽力去平衡持有人的知识产权和公众起码可以有限地浏览创造性作品的需要,而不用获得许可或是支付费用给版权所有者。合理使用是目的用于诸如"批评、实况报道、新闻播报、教学、奖学金或者研究,只要不侵犯版权即可"。①

找到版权保护和合理使用的分界线并非易事。当法庭被要求作出这样的决定时,1976 年《版权法》给申请者提出了一个四步测试。该测试要求密切检查侵权出版和版权著作的平行关系。测试的第一步是关注侵权者的目的和用途的性质,特别是看他是用于商业用途还是非营利的教育目的。第二步是考虑侵犯著作的本质。举个例子,假如它被出版了,这种情况一般对于版权所有人是有利可图的,因为侵权著作可能会影响未来的出版销量。第三步深入研究关于版权著作的总数的使用的数量和实体。第四步通常是最重要的一点,也就是对潜在的市场的影响或者说是版权著作产生的价值。

由于大多数的采访的版权都归口述史学家所有,问题很自然地就出现了:究竟何种类型的使用超出了合理使用的范畴? 大规模挪用采访内容很明显是超出了合理使用范围。那么如果是未经授权用了采访的一小部分会怎样呢? 答案是,假如口述史采访有"小版权"的保护,那么未授权使用需要相当实质性地挪用才会失去他们的合理使用特权。在一个案例中,作家材料的百分之五来自于一系列已发行的采访,那么他的未授权使用就被认定受合理使用特权的保护。②

口述史学家可以采取多种途径来防止他们的采访被未授权使用。最好开始就要确保在所有采访中都出现一条版权公告。非商业目的合理的使用应该给予明确的指导,若要用于商业目的,则需指明怎样才能获得许可。最后考虑在不提起诉讼的情况下,当

---

① 《美国法典详解》,第 105 节。
② 《麦克星顿·格拉汉姆诉伯特克尔》,803 F. 2d 1253(2d Cir. 1986)。

有人未经授权使用超出了合理限度,可以寄送一封警示信。由于版权侵权的诉讼费大都昂贵且当版权作品为非小说类,诉讼一般不易成功,这一步应该是最后再考虑的。

有一个防止版权侵权的方法就是放弃版权。可以在法律发布协议中插入一个条款,将采访置于公有领域。公有领域是一个大的知识仓库,包含很多版权到期的创新性作品。如果口述史学家不想要警示他人对他采访的侵权,而是有意鼓励人们无任何束缚地使用,他们应认真考虑一下走这一步。

以上的讨论仅仅说的是美国的版权法律。其他国家对采访的版权的保护是一个更为复杂的体系。大多数国家都签署了国际条约给外国的版权以法律地位,那么国与国之间有什么不同呢?不同的国家版权所有者的权利也不尽相同。例如,加拿大保护国家政府的著作的版权,而美国政府不允许各种机构申请著作的版权。因此,一部著作在一个国家有合法版权而在另一个国家可能得到也可能得不到该国的保护。

互联网

万维网(World Wide Web)不仅使人们能够自由地接触到口述史学,而且给档案管理员和图书管理员提供了一个来加强他们机构发展的机会,他们正在扩大他们的资源的可见性和可用性。与此同时,相对于传统的现场研究,对材料的随意使用和快速移植提高了滥用的可能性。尽管信息高速公路的独特性迫使法律做出一些适用性的修改,大部分运用在地面的法律原则也同样适用于网络空间。前面提到的相同的保护措施也是非常适用的。在法律发布协议里的未来使用条款中应该强调,受访者应明确同意在网上显示他们的声音和文字。用前面所倡导的同样的检查措施来发现和控制潜在的诽谤性语言,这一点会更加重要,因为在网上观看采访的潜在读者会更多。尤其重要的是,把一条版权所有的公告放在所有上传的采访中,并提出一个规定好的合理使用程序(少量引用和改述),以及在什么时候以及怎样获得更多的使用许可。①

机构审查委员会

隶属于相关学院和大学的口述史从业者可能需要面对一个附加的行政障碍,也就是他们学校的机构审查委员会。这一委员会由教员、研究人员和公众代表组成。委员会不仅有权威决定一个口述史项目的进行,而且经常性地强加一些与已有的口述史实

---

① 埃伦·M.科扎克:《作家版权和出版法律指南》,亨利·霍尔特出版社2004年版,第94页。

践有争议的限制。

　　机构审查委员会有责任阻止辱骂或虐待那些调查研究的对象的行为。这些委员会背后的推动力是公众对于纳粹分子对犹太人及其他少数人实施的残酷的医学实验的愤怒,以及对由美国公共卫生部(U.S.Public Health Service)授权启动的塔斯基吉梅毒实验(Tuskegee Syphilis Study,携带梅毒的非裔美国人仅用安慰剂治疗)的愤怒。这些打着旗号称持续地对人类对象的生物医学研究对于提高全人类健康是必要的,这种行径导致了国家监控程序的革新。最初,这一项目的建立是仅仅是进行审查联邦出资的研究,但很多年以来,规避风险的学校管理者要求机构审查委员会检查包括本科项目在内的所有的在校研究。由于生物医学研究很可能会强加一些重大的伤害,因而包含在所谓的共同规则中的保护性的监管自然而然把自然科学①当作重点研究对象。这一强调很不幸地对做口述史研究的定性研究人员有害。由于生物医学是共同规则的焦点以及对于机构审查委员会成员来说极难对进行科学定位,口述史项目经常被转变或被强加过分的限制性的保密要求、不现实的安全条款以及在法律发布协议里极端的警告。

　　尽管共同规则允许机构审查委员会豁免了几种类型的研究,包括口述史、定向研究这类很难取得豁免资格的类型。美国历史协会(American Historical Association)和美国口述史协会(American Oral History Association)尽力通过联邦人类研究保护办公室(OHRP,the federal Office for Human Research Protection),解禁大部分为机构审查委员所掌控的口述史研究。联邦人类研究保护办公室负责监督所有的人体对象研究保护项目。联邦人类研究保护办公室在 2003 年做的一个声明证明了他们的努力没有白费,大意是说口述史采访正如共同规则定义的那样没有为"概括性的知识"做贡献,它们因而可以被"机构审查委员会(IRB)排除,因为他们不包含美国卫生和公众服务部(HHS)规定里的研究"②。除了这个明确的政策规定,美国心脏协会(AHA)在 2006 年进行的调查揭示了只有少数的机构审查委员会(IRB)实施了人类研究保护办公室(OHRP)的规定,因此不再把口述史包括在需要检查的研究中。尽管学校的机构审查委员会(IRB)被合法授权去审查及批准所有的联邦出资的研究,要想使他们不再干涉口述史研究其实是一个行政问题而非法律问题。共同规则的目的是为了确保机构审查委员会(IRB)是真正独立的。结果,当所有的学校都包含了一些形式的上诉和审查的形式,对权威的挑战和机构审查委员会(IRB)的决定都很少成功。

　　使机构审查委员会(IRB)接受人类研究保护办公室(OHRP)规定,让口述史研究

---

　　①　《美国联邦法规》,第 46 节第 45 条,2005 年。
　　②　琳达·肖普斯:《谈判机构审查委员会》,《视角》2007 年第 45 期,第 38—39 页。

免于审查,或者起码把口述史研究分类为被免除审查的研究,最好的方法是将游说和教育相结合。科学培训过的机构审查委员会(IRB)的成员与定向研究人文学科和社会科学的研究者之间通常有一个巨大的分歧。通过试图去教育或再教育机构审查委员会(IRB),让它成为口述史研究非指导性的和通常是无害的财富,应包括以下几点:

1.提供一个向导来全程解释口述史作为一个研究工具的方法学;

2.发展一个口述史资源的参考书目,其中包括与口述史研究相类似的那些已出版的或收录在图书馆和档案室的例子;

3.解释研究的项目是如何遵照口述史协会中的《口述史的最佳实践》(*Best Practices for Oral History*),尤其是在关于获得被访者知情权方面;

4.详细说明你们自己在口述史研究中的工作;

5.如果有足够多的口述史研究在进行,让你们的部门成立一个委员会来回顾所有提出的口述史项目;

6.给机构审查委员会(IRB)展示其他大学的政策的案例,它们有的实施了人类研究保护办公室(OHRP)的规定,有的大体上都把口述史研究看作被豁免类别。密歇根大学、得克萨斯大学以及哥伦比亚大学是研究机构的三只领头羊,它们的机构审查委员会(IRB)要么是都遵守人类研究保护办公室(OHRP)的规定,要么例行公事地承认口述史研究的豁免地位。

健全的法律保障

有一句老话是这样说的:"对法律一无所知不是借口,除非你能雇佣一个好律师"。这种信条的谬误是显而易见的。现代的诉讼既昂贵又耗时。诉讼引起的公众注意可能会破坏一个口述史项目的声誉,尽管最终的结果还差强人意。更明智的做法是把健全的法律保障深入项目的每个领域以减少挑战法律的可能性:让一个律师审查你们的法律发布协议,建立一个员工培训项目来告知采访者和其他与该项目潜在的责任领域相关的人(如自己单独工作就教育自己),并像你追求新知识和新设备一样,要保持追随最新的法律进展。

有限制的送让契

朗维尤历史中心(Longview Historical Center)的任务就是为北威斯康星州(Northern Wisconsin)的历史提供文件。它的一个重要的组成部分是对各阶层知识渊博的人的口述史采访集锦。想要让你的采访放到该中心的档案室以备后用,你必须签署一份协议。在做此之前,你应该认真阅读并问清你想问的所有相关的条款和条件。

本人,_____[采访人],来自_____[地址,城市,州,邮政编码]在此永久地将本人的口述史采访捐赠及转送予朗维尤历史中心。在此送让契中,我已明确将所有权利、头衔及版权利益转让给朗维尤历史中心。作为回报,朗维尤历史中心给予我非独家的终身使用的权利。我也给予中心在任何出版物或项目的宣传材料中使用我的名字和肖像的权利。

我已明确,采访通过音频和视频形式用于历史性研究之前,我将有机会对我的采访进行审查或编辑。之后中心可以根据以下限制条件将我的采访供研究者使用。未来的使用可以包括从出版物上的引用以及通过包含互联网在内的任何媒介播放。

限制条件

_____我希望采访的使用日期截止到_____

_____我希望对采访具体的部分内容的使用日期截止到_____

_____我希望在网上的使用日期截止到_____

_____研究者在没经我的允许的情况下引用我的采访的权利截止到_____

_____我希望可以用自己的笔名并可以使用所有的引用直到我的身份_____

暴露,编辑截止到_____

中心同意采取任何合理的措施来尊重我的限制条件。但是我知道,当中心收到一个信息自由的请求或传票时,中心也许不能维护我的限制条件。

_____   _____

受访者   采访人或代理

_____   _____

日期   日期

送让契:志愿采访者

密尔沃基社区项目(The Milwaukee Neighborhoods Project)致力于保护具有历史意义的社区。为协助达成这一目标,全城的密尔沃基的老年人就开始进行口述史采访。这一项目一部分资金是来自于威斯康星州人类委员会的拨款,大部分是靠志愿者的工作维持的。为保证作为志愿者进行的采访能被存档以及能为研究所用,你就需要要求签署以下协议。在做此之前,你应该认真阅读并问清你想问的所有相关的条款和条件。

本人，_____［采访人］，来自_____［地址,城市,州,邮政编码］在此永久地将我的关于密尔沃基社区项目的所有的采访捐赠及转送予密尔沃基历史研究中心。在此送让契中,我已明确转让了所有权利、头衔及版权利益。我将可以面向社会成为它的一个联名作者。

我已明确,采访通过音频和视频形式用于历史性研究之前,我将有机会对我的采访进行审查或编辑。社会将可以让采访无限制地供研究者使用。未来的使用可以包括从出版物上的引用以及通过包含互联网在内的任何媒介播放。

_____
项目主管

_____
日期

_____
采访人

_____
日期

合同协议

美国陆军历史中心（U.S.Army History Center）的任务是提供证明文件和保存近几年战争和冲突中的美国陆军人员个人历史。"沙漠风暴"口述史项目的目标是记录战争参加者的经历。把你的采访放置于该中心,你将必须签署这一协议。在做此之前,你应该认真阅读并问清你想问的所有相关的条款和条件。

关于"沙漠风暴"口述史项目对我的采访的音频和（或）视频录像的编辑、制作和存档,本人,_____［采访人］,来自_____［地址,城市,州,邮政编码］在此永久地将我的采访转送予美国陆军历史中心。我已明确将所有权利、头衔及版权利益转让给中心。作为回报,中心给予我非独家的终身使用的权利。我也给予中心在任何出版物或项目的宣传材料中使用我的名字和肖像的权利。

我已明确,采访通过音频、视频或文本形式用于历史性研究之前,我将有机会对我的采访进行审查或编辑。之后中心可以根据以下限制条件将我的采访供研究者使用。未来的使用可以包括从出版物上的引用以及通过包含互联网在内的任何媒介播放。

_____
受访者

_____
日期

_____
采访人或代理

_____
日期

参考文献

关于版权

［1］版权和合理使用中心，斯坦福大学图书馆，http://fairuse.stanford.edu 为其他有用网站提供文章、新闻、有特色的博客和链接。

［2］知识共享，http://creativecommons.org，一个鼓励版权所有者允许他们的作品被别人使用的非营利组织。它们提供类似于知识共享证件的工具，允许版权所有者保留某些利但放弃未来创造者的利益。

［3］斯蒂芬·菲什曼：《版权手册：作家必知》，加利福尼亚出版社 2008 年版。

［4］埃伦·M.科扎克：《作家版权和出版法律指南》，亨利·霍尔特出版社 2004 年版。

［5］马歇尔·里弗尔：《了解版权法律》，律商联讯出版社 2005 年版。

［6］美国版权办公室，www.copyright.gov，登记档案信息、执法和法律，包括超过 75 个有关关键的版权问题：《版权的基本知识》、《1976 版权法案下的雇佣工作》和《在线版权登记工作》。

关于诽谤罪/隐私权

［1］约翰·L.戴梦得、劳伦斯·C.莱文、M.斯图尔特·马登：《了解侵权行为》，律商联讯和马修本德出版社 2007 年版。

［2］劳埃德·杰辛、史蒂芬·斯卡特：《版权许可和诽谤手册》，威利出版社 1998 年版。

［3］布鲁斯·W.桑福德：《诽谤和隐私权》，阿斯彭出版社 2002 年版。

第 25 章　医学口述史所面对的伦理挑战

米歇尔·温斯洛（Michelle Winslow）
格雷厄姆·史密斯（Graham Smith）

口述史对医学史的贡献是一个里程碑。如果医学史把口述史排除在外，那么这种存在于活生生的记忆中的学问就会遭到人们的质疑。保拉·迈克尔斯（Paula Michaels）在回顾中国现在的医学史时说道：

口述史作为一个日常的且有生命力的活动，毫无疑问，给早期的共产主义中国所进行的医学研究和实践活动的意义和内涵提供了一个比较积极且栩栩如生的画面。

然而，口述史对医学史的贡献是相当复杂的，我们将会在探索医学专业人士和医疗行业的历史以及呈现出来的病人的故事这两个方面来强调这一点。我们随后会认真考虑"共享权威"方面的问题：当受访者的"权力"是一个影响因素时，与专业人士一起合作的问题，以及我们和那些人们认为是"易受伤害的"的"病人"这个医学口述史主体之间的关系问题。交织在整个讨论里的是关于伦理的问题，随后我们会提及一些在医学史领域内部产生的伦理挑战。

医学专业人士和医疗行业的历史

口述史在现代的医学史领域流行的一部分原因是长期以来在这个分支学科中对传记和人生故事的材料的运用。20 世纪 70 年代以前，大多医学史的写作视角是从重要的男性和少数女性寻找新的治疗方法出发。例如，在 20 世纪 50 年代中期，拉尔夫·马霍尔（Ralph Major）出版了《医学的历史》（*A History of Medicine*）一书，在书中他讲述了"伟大的"男人们在技术发明的启蒙下摒除迷信、不屈不挠取得知识进步的历史背景下是怎样"探索"医学知识的。尽管马霍尔承认他把他的英雄们放入一个更广泛的历史语境,却仍把历史性的巨变看作是个人努力的结果,而非更广泛的社会历史的结果。在这样一个背景下,口述史甚至早在 20 世纪 60 年代就被用来给这些伟人出版自传的现象就不足为奇了。然而,到 20 世纪 70 年代,作为口述史创始人及美国医学史协会终身会员,索尔·本尼森(Saul Benison)认为,使用口述史创作自传产生很多问题,因为这太过于强调个人对医学进步的贡献。

随着社会历史的发展,把医学史仅仅当作个别的临床医生和科学家做出医学发现的观点受到挑战。在英国,成立于 20 世纪 60 年代晚期的医学社会历史协会(Society for the Social History of Medicine)的成员对将公共卫生的历史和社会科学研究方法结合起来开始感兴趣,当然,社会历史学也包括在内。托马斯·麦基翁(Thomas McKeown)在一系列的文章中说道,相对于经济和社会条件的提高对死亡率的影响来说,医学没有为减少死亡率做出显著的贡献,后来这一论述成为了他著名的"论断"。这是一个令人震惊的论断,随后成了大家定期争论的对象。然而,重要的是,它把医学史学家的注意力引向了更广阔的历史变革。

到 20 世纪 60 年代中期,医学史学家开始受社会历史发展的影响。尽管像麦基翁这样的医疗专业人员继续主导着这一领域的主题,他们经常声称他们的临床知识能提供独到的深刻见解,但是正是专业的历史学家和社会科学家促进并掌控着知识进步的节奏。他们开始探索社会历史环境怎样影响影响医学,并且争论诸如法国大革命如何对医药的兴起产生影响等这样的问题,这种情况也标志着医生与病人之间关系发生了变化。

研究个人的贡献开始让步于去探索改变医学的社会力量。对很多历史学家来说,这意味着研究专业化的兴起和相关职业的出现。正如约翰·C.伯纳姆(John C. Burnham)后来说的那样,专业的观点改变了医学史的写作。它也促进了对医学和医疗专业人员的批评日益增加,这些批评主要是因为或至少一部分是因为女性运动,并且这些批评也是对于医疗化的激烈反对;随着日常的生活条件变成了医疗问题,因此有些人呼吁由医疗专业人员来实施相应的社会管理。

对包括索尔·本尼森在内的口述史学家来说,主体性变得越来越重要。本尼森作为美国国家医学图书馆(U.S.National Library of Medicine)的口述史顾问,在 1967 年出版了病毒学家汤姆·里弗斯(Tom Rivers)这一领军人物的口述史回忆录。《美国历史评论》(American Historical Review)中的一个评论家赞扬这本书时说道,本尼森"明确创造了一种新型的历史文献,并立即成为一部重要的科学人物的回忆录,是一个历史学家兼采访者的作品,他设计了所有的问题并设定了历史问题"。在几年后,本尼森说道:

事实上,这种充斥了半真半假的陈述、神话以及偏见的合集如果能被适当地欣赏和评估,对于历史来说犹如原始的真理一般宝贵。它们经常导致矛盾的产生。事实上,正是这些材料中产生的矛盾才构成了最美妙的历史问题。

理解主体性的意义不仅会有助于辨别半真半假的陈述,也有助于理解在历史和文化的层面上,医学知识是如何产生的。到 20 世纪 80 年代,医学知识的构建成为了医学史学家最关注的问题。人们渐渐注意到各种医学职业和专业在对待病人的身体、疾病和医学本身等方面的观点大相径庭。例如,在 20 世纪 90 年代早期,林赛·格兰沙(Lindsay Granshaw)描写了外科医生、解剖学家他们的不同的观点,也描写了直肠手术专业的兴起。

在那些对于医学史学家来说非常重要的理论中,有一种是社会建构主义,这个理论有许多变体。对于柳德米拉·乔丹诺娃(Ludmilla Jordanova)来说,医学史上的社会建构主义有一个独特的特点:那就是会富有同情心地理解那些"参与者",这些"参与者"的信念和行动来源于他们的职业利益、力量、技术以及他们生活体验的内容和背景。通过这种方式,她指出了语言在医学领域的使用方式的重要性。"一种能够解释任何可想象到的有关健康、治疗和疾病的观念的历史学"这样的评价对于乔丹诺娃来说就是对她的奖励。这样的历史学是为了创作出一些反现代主义或反进步主义的历史叙事,以供其他历史学家分享。

人们用社会建构主义来应对被其提倡者视为科学主义和类似于辉格党的历史行为的东西。但是这种明确地将社会(而不是医学或是科技)视为解释范畴的立场表明了一种特殊的学科方向。总有许多人喜欢医学史,这些人有点类似存在于口述史领域中的一些人,这些人被多萝西·波特(Dorothy Porter)叫作"业余的历史学家和专业的历史学家折中的混合体"。采取这种强调社会的理论是符合专业的医学历史学家利益的,而这种理论是以牺牲那些临床医生为代价的。而如今在医学史上,人们把这些临床医生看作是业余的。

把这种方法运用于实践的例子是罗杰·考特(Roger Cooter)对战争和医学进行的韦伯式的分析(Weberian analysis):

如果战争和现代化的关系受到至少一种系统成熟且理论复杂的社会学和历史学的分析方法影响的话,那么战争和医学之间的相互影响就不一样了……直到最近,以从业者为中心讲述医学史怎样通过战争受益和并取得进步的著作成了这一领域绝对的主导。这种胜利者的认识表现出了隐隐约约的军国主义态度,就像他们是天真的实证主义者和偏袒者。

考特明确指出医学绝不是为现代化而服务的,而是充当了现代化的催化剂以帮助实现现代化。他也含蓄地指出书写医学史的任务不能丢给在任的或是退休的临床医生。

这一点对医学口述史学家很重要,其原因是有点机缘巧合的。我们收集和分析的主观叙事的方法本身就在许多方面适用于那种重视社会的研究。它也给从事这一领域研究工作的口述史学家带来了很多挑战。这些挑战包括把我们收集的传记式叙事置于更广阔的社会历史范围之内。作为口述史学家,我们对记忆和意识进行处理的深刻认识使我们承担了这项工作。我们要不断去学会收集和使用有争议的历史叙事,同时也要学会如何将自己和我们要采访的人联系起来。

在 20 世纪 90 年代中期,在医学史领域,出现了两个主要的口述史评论家:一个是英国的保罗·汤普森(Paul Thompson),另一个是美国的南希·托姆斯(Nancy Tomes)。尽管汤普森发现大量的口述史被作为辅助性工具来使用,然而他还是确定了一系列人们正在使用的研究方法。也就是说,口述史仅仅是被人们用来阐释或支持现有的记录资料的附加史料。汤普森还未能找到太多利用口述史来挑战现有记录文献的例子。相反,他发现了许多口述史正在用于去研究医学史领域中的某些具体事项,这些口述史包括一些深入系统的自传性内容,主要是关于医生的自传,还有一些是回顾人生历程的访谈。这种方法也开始被社会科学类型的研究所采用。

在美国,托姆斯也阐述了类似的内容,此外他还补充说明了口述史被用来研究包括医院在内的特定机构的历史,这已非常常见了,比如那些记录重大事件和新发明的项目,其中也包括 20 世纪 50 年代的抗生素的发展史。在某种程度上,口述史应用于对杰出的医学科学家和临床医生的生活和工作的研究,这也是不可避免的。但她也指出,有一些人试图用口述史来揭秘医疗系统的结构和官僚主义,并用此反驳那些"进步"的观念。尽管这类口述史仍继续把重点放在人的能动性上,但是还有些人试图纠正一些现象,比如去研究隐藏于历史之中的个人与非正规"大学"之间的关系。还有些口述史想要强调医学上的特定进展中的问题,其中包括医学专业面对的风险。在托姆斯的调查中,我们可以发现口述史学家和医学史学家从事的研究项目的主体性日益趋同,这包括医疗行业的历史以及医学专业人员的历史。

如今想要重复进行托姆斯和汤普森做过的调查将会是一项艰巨的任务。1995 年以来,在全世界范围内的医学口述史有了蓬勃发展。然而,在这里,仍需要举几个例子来说明一下汤普森和托姆斯所确定的几种研究方法是怎样继续进行并得以发展的。另外,这一领域还有很多新的发展值得一提。

尽管杰出的医学史学家们对那些过于理想化的研究项目采取批评的态度,但是人们仍在继续赞美医疗行业的"伟大"和"进步",特别是在北美,那里有很多在证词基础之上书写的关于医疗行业某些个人的口述史。特别讽刺的是,当很多口述史学家努力从社会最底层来从事历史研究,并为那些经常被历史学家隐藏的人们提供一个发言的机会的时候,医学口述史仍继续将医学上的要人的个人生活奉为至宝。还有一些出版物试着跳出这个局限,改去关注一些专题,比如艾伦·魏瑟(Allen Weisse)的《心连心:20 世纪对抗心脏病:口述史》(*Heart to Heart:The Twentieth-Century Battle against Cardiac Disease:An Oral History*)。在一些传记作家中间还存在着一些令人不安的迹象,比如雪莱·麦克凯勒(Shelley McKeller)在描述唐纳德·沃尔特·戈登·默里(Donald Walter Gordon Murray)的晚年时带着一丝讽刺的意味。根据唐纳德的一些同事的证词,人们脑中浮现的画面是这样一个加拿大外科医生:他富于冒险精神又老眼昏花,颇有造诣却也有所缺陷,并且脾气十分暴躁。她在引言里明确表达了自己的不安,把自己的著作描述为一部"死去的白人的历史"。

从 20 世纪 80 年代到 2000 年,罗纳德·拜耳(Ronald Bayer)和杰拉尔德·奥本海默(Gerald Oppenheimer)进行了一项口述史研究,对象是那些生活和事业各方面都与艾滋病息息相关的美国医生。他们汇集了很多重要的观点,但是后来逐渐明白他们所收集的故事从许多方面反映了艾滋病的历史。当受访者讲到一些事情时,他们流露了一些个人想法,这些个人的想法会随着个人经历、知识和权力的增加而发生变化。当谈到这些医生个人对所经历的艾滋病的意义的认识时,这些受访者说他们目睹了糟糕的事情,这些糟糕的事情不仅与病人和医生相关,而且也与社会的歧视和禁忌相关,包括对他们自己的职业的歧视。

用口述史来对记录的资料进行补充和说明是非常重要的,特别是在医学和卫生政策中那些尚未充分研究的领域更显得尤为重要。然而人们以更加成熟的方式使用证词,最著名的是维吉尼亚·贝里奇(Virginia Berridge)的《艾滋病在英国:政策的制定,1981—1994》(*AIDS in the UK:The Making of Policy*,1981—1994)。在艾滋病/艾滋病毒(AIDS/HIV)的研究史中,这本书赖以依存的对于艾滋病的研究是非常独特的。艾滋病社会史项目(The AIDS Social History Programme)用图表显示了几年内国民健康危机,这个项目独立于所有的政治组织和压力集团,并且在缺乏政府官方资料的情况下运用了口述史的方法。贝里奇对这项研究面临的挑战进行了探索,这些挑战中也包含了一些关联的问题。在 1987—1989 年间,一些关于政治决策的口述史合集被看作是毫无价值的,与是减轻病痛和寻求治疗的目标背道而驰。主流的医学社会学受到了攻击,因为其"缺乏实用性,它更多的关注的是发展一般社会学理论,而不是对病毒传播的过程施加影响"。关于这一点,对于社会科学家来说,有一种方法就是宣布他们的研究是直接与政策相关的。最后,正如贝里奇所言,会有一个更普遍的"实证主义社会科学的复兴"。

其他研究则进一步强调了在不采用实证主义的立场的情况下,通过口述史来理解政策的重要性。这其中也包含去揭露政策失败的原因。举一个很好的例子,大卫·史密斯(David Smith)、H.莱斯利·迪亚克(H.Leslie Diack)、T.休·彭宁顿(T.Hugh Pennington)和伊丽莎白·M.罗素(Elizabeth M.Russell)所著的关于1964年在苏格兰阿伯丁爆发的伤寒的历史。他们描述了卫生专业人员、媒体、地方政府和中央政府之间复杂的关系以及他们对这件事做出的反应。他们十分肯定地说伤寒的爆发加强了对消费者的教育监管,转移了人们对政策制定的过程的注意力,也巩固了公务人员和专家队伍而非政客们的地位。他们的结论是特别重要的,因为这有助于理解为什么发生了后来的大规模的食物中毒事件以及为什么这些事件处理的方式和以前的一样。

口述史也被继续用来矫正现有的历史叙事。甚至在有大量的档案数据存在的情况下,口述史学家仍能向人们展示如何用证词来提供另外一个版本的历史叙事。举例来说,安妮·佩雷斯·哈托(Anne Perez Hattori)利用从查莫罗人那里得到的证据对在关岛的美国海军的卫生政策从跨文化的角度进行了描述,这些内容从官方大量的公共卫生档案和个人卫生档案中是看不到的。同样地,不同的社区是怎样利用常用制剂的,它们是如何以一种制造商想不到的方式来利用药品及医疗技术的(包括自我疗法以及在诸如纽芬兰这类的偏远地区的所使用"药物"等等),口述史可以对这些问题有针对性地提供深刻的见解。同样地,凯特·费舍尔(Kate Fisher)在研究节育对女性生活的影响时,强调了在特定的文化和社会背景中理解避孕问题上口述史的重要性,特别是要理解在提供避孕服务方面性别和社会等级之间的相互关系。

病人的故事

除了药物和医学科学对部分人口的影响,口述史学家和医学史学家对病人的故事越来越感兴趣。一些人开始着手纠正对于医学史认识上的失衡,罗伊·波特(Roy Porter)也是其中一员。他发现:"我们有关于疾病的历史,却没有健康史和医生传记的历史,也没有病人的历史。"口述史学家对于这类抱怨早已习以为常。1985年之前,关于病人的口述史的数量就非常少,并且有可能在广义上的"健康"的范畴内找到这类口述史,而非在医学范畴之内。比如说,在杂志《口述史》(Oral History)中有一些关于生育控制和鸦片使用的文章,但关于病人的论述和言论却寥寥无几。

病人的历史在医学史学上姗姗来迟并非是简单的遗忘或无视。罗伊·波特不仅需要寻找与病人的故事相关的新的信息资料,而且还要至少部分地反对那种认为"病人"是医疗力量的组成部分的想法。波特的关于关注病人的历史的呼吁得到了弗吕兰·康道(Flurin Condrau)的响应。弗吕兰评论道:"病人的历史该怎样去书写?怎样应对主体性和经历等问题,甚至究竟该怎样应对选择的问题?这些对于医学史学家来说都是尚无人涉足的领域。"

口述史研究逐渐开始关注医学史上中人们一直忽略的病人,进而关于病人的口述史开始急剧增加。这些口述史中包括了那些经历过特殊疾病和治疗的病人的故事。典型的例子是三纪夫·卡卡尔(Sanjiv Kakar)所著的关于那些麻风病患者的历史以及在英国殖民地印度的传教士医疗史。还有一些其他的研究,包括对接受临终关怀的病人的研究,记录下那些意识到患了不治之症的病人的人生回忆。

尽管这些方法倾向于对更广泛的社会历史背景表现出一些兴趣,但这些方法并没有用同样的方式挑战"病人",就像一些口述史学家那样指出失当的医学化和药物的过度使用。甚至,有一些与之对应的反叙事已经在医学杂志上刊登了。最著名的是在《英国医学杂志》(the British Medical Journal)上的一篇文章。文章援引以前的病人的证词,详细描述了从 20 世纪 50 年代其英国对同性恋的医学治疗。

那些被诊断出性生活不健康的人也是如此,口述史学家收集了一些这些人的人生故事,这些人因为医疗干预而遭受的痛苦要比性无能本身还要大。例如,克劳迪娅·马拉克里达(Claudia Malacrida)记录了加拿大阿尔伯塔省的一个治疗"心理缺陷"的综合机构里的一些幸存者的回忆。她指出了做这个项目有多么困难,在每个环节她面临多少障碍。刚开始她被拒绝和这些幸存者联系,接着又被拒绝进入这个机构和它的档案室。尽管面临这么多的障碍,马拉克里达还是得以记录了"大量有力的证据证明制度化残酷性",并"从那些遭受国家的残疾人政策和措施迫害的病人的角度"写出了"一部这些人的解放史"。凯瑞·戴维斯(Kerry Davies)所写的关于精神疾病的历史著作中描述了相关医疗机构是怎样用制度化的体系来压制病人的意见的,但是这些病人无论如何还是通过这种缺乏表达机制的机构找到了表达出"让人接受的"言论的方法。这种表达机制的缺乏不仅是受病人本身疾病影响的结果,而且还因为他们的自由受到了限制以及他们作为"病人"的客观性,除此之外还由于他们是"病人"的客观事实。在这样的叙事模式中,作为一个病人,作为一个幸存者,能够自我发现并且能够重新获得个人的能动性,个体本身就得到了发展和进步。

20 世纪 90 年代中期以来,口述史学家就记录着那些受尽医学折磨的人们的证词,他们也在努力促进护理状况的改变。开放大学(The Open University)的先锋组织——智力障碍社会史协会(Social History of Learning Disability Group)在做出这样的改变方面尤其活跃。他们的出版物关注的是那些有智力障碍的群体,例如《好时代,坏时代:智障女性讲述她们自己的故事》(Good Times, Bad Times: Women with Learning Difficulties

Telling Their Stories)。后来,还有关于这些智力障碍群体的家庭和工作的著作,例如《见证改变:家庭、智力障碍及其历史》(*Witnesses to Change: Families, Learning Difficulties and History*)。在这些著作中,那些智力障碍人士和家庭成员都积极做出改变,他们挑战那些失当的且又粗线条的卫生工作和社会关怀。其结果是提出一些新的方法去了解过去的不足并提出一些新的方法去影响未来的政府决策。这一结果因为这个协会使用口述材料而得以强化,表明那些有智力障碍的人能够规划自己的人生,成为他们的社区积极的一员。这个协会进一步扩展了他们的工作内容,又从澳大利亚、英国、加拿大和冰岛收集了一些为自己呐喊的那些病人的故事,这些故事随后被出版为《反抗的证词》。

口述史作为权利和辩护的一种形式,逐渐为其他许多协会所接受。Scope 是英国国家残疾人组织,这个机构完成了一项关于一群患大脑麻痹的人的口述史研究,这项研究是非常具有开创性的。这个项目有一个每月更新的播客——《为我们自己代言》(*Speaking for Ourselves*),已经完成了 230 个小时的访谈,记录了一些 50 多岁的患有大脑麻痹的病人的证词,这些访谈已经存放在大英图书馆声音档案(the British Library Sound Archive)和维尔康姆图书馆(the Wellcome Library)以供公众使用。摄影师凯伦·希区柯克(Karen Hitchlock)把受访人的个人肖像和口述证词结合在一起,给患有多发性硬化症的人一个机会来表达患病后他们自己独特的经历,以及作为一个研究实验的参与者的感受。她引用了一句著名的话"科学无国界"并说道:

事实上,科学家们非常擅长制造界限,他们非常遵守协议并且非常注重结果。在科学界正是这种类型的知识才似乎至关重要。这是一种客观的、公开的、富有成效的以及经得起验证的知识。但这种研究方法也存在一定的弊端,因为它让科学家们对他们的委托人和委托人的真实情况变得越来越漠不关心。同时也鼓励了一种冷静的和不带个人感情的研究方法,但这一点和临床医生的双重身份相冲突,因为他们既要作为一名客观公正的研究人员又要充当有爱心的临床医生。

在大脑麻痹病人的个人叙事中,参与者提出了一些对他们来说至关重要的问题,发现了这种疾病影响他们生活的共同点和共同认识。在呈现这些故事时将照片和个人叙事融合在一起的做法鼓励人们重新评价参与研究的科学家和参与研究的志愿者之间的关系,并且使价值观发生了转变,即从分析性和客观中立的研究方法转向重视个人经历的研究方法。

护士的故事

长期以来,口述史不仅被用来记录杰出的临床医生的生活,也用来记录一些普通从业人员的生活,特别是那些类似于"灰姑娘"之类的职业,比如一般的医师以及老年医学。然而,护理历史的研究已经最广泛使用了口述史研究。目前,人们已经收集了大量的护理专业的口述史以及许多不同方面的护理经验的口述史。在美国,杰奎琳·萨鲁莫斯(Jacqueline Zalumas)用口述史来书写重症护理的历史。大卫·拉塞尔(David Russell)进行了一项精神健康护理的研究。第二次世界大战后,在英国,邓肯·米切尔(Duncan Mitchell)和安妮-玛丽·拉弗蒂(Anne-Marie Rafferty)着手进行智力障碍病人的护理的研究。谢莉尔·布伦南(Sheryl Brennan)描述了一些一群澳大利亚的护士在回忆 20 世纪 60 年代的所受的培训时讲述的"矛盾的故事"。海伦·斯威特(Helen Sweet)和罗娜·麦克道戈尔(Rona McDougal)详细描述了社区护理在英国初级保健护理中的作用。为了反驳护士是女性专有的职业的言论,卡洛琳·麦金托什(Carolyn Mackintosh)利用口述史资料向人们展示了一部英国男性从事护理的历史。其他的一些项目也建立了这样的档案,比如英国的"护理之声"(Nursing Voices)以及苏格兰的皇家护理学院的档案(the Royal College of Nursing Archive)。

　　遗产彩票基金(the Heritage Lottery Fund)是英国口述史项目的一个主要资助者,支持了大批的医院口述史项目,把护士的证词和病人、医生及其他工作人员的证词结合在一起。这些项目包含:一个北爱尔兰穆卡莫尔修道院项目(2002 年);一个社区项目,让本社区的居民讲述关于利物浦的安特里医院开创性的医学发展(2005 年);皇家阿尔伯特医院档案项目,记录了一个为智力障碍者设立的长期医院的传统(2005 年);全体圣徒遗产项目,该项目旨在研究工作在皇家医院工作的黑人和少数民族群体对于伍尔弗汉普顿的公共医疗卫生服务的贡献(2007 年);达特福德隔离精神病医院的院史(2007 年);唐卡斯特门医院遗产项目,该项目记录了罗瑟勒姆医院的历史,由于该医院濒临关门停业(2008 年)。①

"共享权威"的问题

　　医学的口述史引发了很多的道德问题。正如南非的口述史学家菲利普·丹尼斯(Philippe Denis)所说,一直到近些年,大部分大学和科研机构里的人文学科倾向于将研究工作中出现的道德行为问题看作是研究人员个体的良心问题。现在情况已经发生了改变,人们采取越来越多的措施来规范研究者对私人材料的使用问题,以及规范研究者和被研究者之间的关系问题。除此之外,还制定一些伦理准则以减少在访谈中伤害参

---

　　① 详情见遗产彩票基金:http://www.hlf.org.uk。

与者的可能性。有些问题,诸如口述史是否总是好的? 受访者是否愿意一直参与? 人们为什么要讲述他们的故事? 讲述的是什么样的故事? 围绕专业兴趣和病人的自主权方面会存在什么样的紧张关系? 以及采访者和受访者之间关系的本质等问题等等,这些问题对于任何学科的口述史学家来说都不陌生,但我们在此要讨论的问题是针对医学来说的。医学伦理委员会日益要求口述史学家对他们的研究以及他们与医护人员和患者的关系负责。

在医学史研究中,口述史学家似乎最得心应手的领域却也面临着和那些无足轻重的、被边缘化的以及在史学上鲜有露面的人一起工作的挑战。用迈克尔·弗里希的话来讲,"共享权威"让访谈者和受访者一起工作,并自动地产生对历史的理解。我们在很多项目中选择了几个项目,一些人的证词对这些项目有所帮助,包括那些智力障碍的人、有精神疾病的人,还有那些被医学所指责的人。和这些没什么影响力的人建立合作伙伴和同盟关系是需要付出巨大努力的。这样的项目通常具有反思性,就像诸如温蒂·理查德(Wendy Rickard)对艾滋病幸存者的研究。

在 1997 年,英国维尔康姆证词研讨会(Wellcome Witness Seminars)的开启标志着医学史研究的一个重大发展。会议邀请了 20 世纪在医学上响当当的人物聚集在一起共同探讨近期医学史上的一些特殊的发现和事件。在蒂利·坦赛(Tilli Tansey)的指导下,这些精英人物的讨论涉及了广泛的话题,其中包括药物在精神病学中的使用、缓解癌症疼痛的发展以及"超级细菌和超级药物:耐甲氧西林金黄色葡萄球菌的历史"("Superbugs and Superdrugs:A History of MRSA")。医学史学家欧文·劳登(Irvine Loudon)称这是"口述史的黄金时代":

> 无论你自己的研究兴趣是什么,你都必须读完所有的与会者的发言记录,因为参与者都显得不拘小节,谈话也比较轻松,丝毫不像出席一个科学会议。他们公开讨论了医疗实践和医学研究发展中隐藏的现实问题。但是研讨会的发言记录不仅仅非常有趣,它们首先来说应该是重要的历史性的记录。

在医学史研究中,我们若想立即与那些我们想挖掘其历史的人们进行合作,会面临着一定的挑战。医疗政策、病人以及医疗从业人员的口述史会在"共享权威"方面产生一些特定的困难,这些困难对于工作在其他领域的口述史学家来说可能是不太熟悉的。之所以产生这样的情况,在很大程度上是因为医学是一个强大的社会力量,其中的从业人员、决策者和患者只能根据时间和地点行使不同程度的权力。医学史学家与医学力量或权威之间的关系随着时间的推移也在发生着改变,并试图采用更重要的研究方法,将医学置于更广泛的社会和历史背景之下。口述史学家不得不做出艰难的抉择,不仅要选择应该讲述谁的故事,还应该知道该如何讲述这个故事。

　　在对仍在任的医疗和卫生的专业人士进行采访的口述史项目常常会面临这样的敏感问题,特别是如果他们的言论可能会被同行或是未来的老板看到时,他们会变得更加敏感。有一个口述史项目,它在整理伦敦的一个安养院的历史的过程中,在访谈其专业工作人员时也碰到了一系列类似的担忧,尤其是当在讲述他们自己以及这个安养院的时候。受访者会非常仔细地检查他们的文稿,看看里面有没有可能令自己或安养院受到负面评价的信息,另外还要把"错误的"语法改正过来。访谈者要和受访者协商,以便尽可能地保留原始的访谈,但要完全保留访谈的提要并用于发表将会面临更多的问题。通过与受访者的沟通可以保留下很多内容,但并不能保留下全部内容。

　　口述史学家看待医学史的方式和看待访谈的对象有什么区别,这里可能会牵涉到一个更宽泛的问题。历史学家的利益可能和那些对医学史持有某一特定观点的人们想要被世人所记住的方式是有冲突的。和以前的临床医生或医学科学家一起工作的时候,通常很难把他们个人的贡献和他们的职业融在一起,尤其是当他们的叙述并没有提到更广泛的结构上和文化上的变革的时候。在访谈中提到这种变革的细节可能会让受访者感到一种挫败感甚至侮辱感。

　　甚至与医疗行业的普通从业者进行口述史访谈的时候,有时也很难提出一个令参与者满意的问题或解释。格雷厄姆·史密斯在对一个苏格兰小镇的家庭医生进行采访的过程中指出,一些受访者不愿谈论他们的家庭和家庭生活,有时他们也会拒绝在家里接受采访。罗伯特·帕克斯(Robert Perks)从对一些商业人士的访谈中也提出了一个类似的问题。罗伯特解释说这些人之所以不愿意揭示他们工作角色背后真实的自我形象,这可能是在竞争激烈的工作环境中的一种生存机制。在采访医学专业人士的时候也应该同样考虑到这一点。

　　在史密斯的研究中,那些全科医生也渴望把注意力放在他们对职业的个人贡献上,并且让"隐藏的团体"(hidden colleges)继续被隐藏。在访谈过程中,有一点越来越清楚,有些医生能够根据病人不同的社会地位,让他们接受不同的二级护理。这种情况取决于不同的社交网络,但是想要深入挖掘研究这些社交网络是有一定难度的。有一个医生非常不情愿谈论她的社交生活,甚至带点敌意。她参加了海兰郡的一个跳舞协会,其结果是她可以让她的老年患者病人享受当地的老年服务,而其他的家庭医生却做不到这一点。这种服务在当时被普遍认为是非常高端而且极难获得的。当地的老年病学专家也是海兰郡跳舞协会的狂热成员,这一事实证明了一项非常重要的因素:简言之,成为跳舞协会的成员要比诊所在病人口中的声誉还要重要。关于塑造医疗系统行为方式的社交网络的访谈草案以及所有其他相关的出版物都被送到了所有参与这项研究的全科医生手中。这种情况给大家提供了一些额外信息,但也给人们带来一定的困惑。

即使受访者看到了在医疗实践中存在一些包括家庭和友谊在内的社会影响，让他们接受这样的境况还是有些勉强。虽然有时紧张状况可能超出预期而且人们也可能达成一些共识，但是这种状况有时与其说是"共享权力"还不如说是相互对峙。

当医学伦理委员会像在英国一样执监管制度时，如果没有意识到医学史中的社会因素就会有一种特定的影响。在这样的监管制度下，如果研究人员的研究工作被认为是纯粹浪费医护人员的时间，那么研究人员对医护人员的研究就会被拒绝，在一种这样的权力能够决定知识的价值的氛围中，提醒临床医生注意他们工作的社会环境是很重要的。

约翰·柯瑞林（John Crellin）在一篇名为《医院感染的历史》的评论中认为口述史有可能提出重要的伦理问题。他指出，口述史可能会提出诸如"医院想要在患者的知情同意下对感染数据保密"等伦理问题。我们很容易低估医学权威，而且往往在不同国家的医学伦理可以压制反对言论。正如我们前面所提到的那样，克劳迪娅·马拉克里达在加拿大对精神疾病的幸存者的研究刚开始会遭到相关法令的拒绝。恰恰是这种原本是保护病人的权力被用来保护滥用医疗手段的人和他们工作的医疗机构。

访谈那些正在接受治疗的人也会使在医学中运用口述史的意义从宽泛变得更加具体。在实施临终关怀的过程中，口述史所获得的不仅仅是记录了一些人的历史，还包括其价值观、在人生故事中寻找到了意义以及凸显自身作为家庭遗产的身份。口述史学家还发现人们在一个医疗机构中的回忆能够在病人和医护人员之间建立一定的社会关系，而且能够在人们面临死亡和变故的时候保持一定的认同感。

有时候口述史访谈可能具有潜在的危害性，甚至会有点危险。费尔哈特·曼苏尔（Farhat Manzoor）、葛丽泰·琼斯（Greta Jones）和詹姆斯·麦肯纳（James McKenna）研究了在"北爱问题"期间北爱尔兰的护理工作在道德上和职业上的典型困境。他们的研究工作主要是基于在冲突期间的有关道德的问题、选择和困境相关的一些证词。道德和伦理问题包括对于受访者匿名问题的关注以及对于在发表的研究成果中使用访谈材料的关注。还有一个不太确定但更复杂的问题是在采访过程中让受访者回忆痛苦和悲伤的事件会给他们带来潜在的伤害。任何一个口述史的话题都避免不了这种伤害的可能性，因为在个人故事里既分享好时光又分享不好的时光可能会把受访者带回到以前的痛苦回忆中。然而，在医学史中揭露出个人痛苦的故事带来的伤害性可能会更大。

在医学口述史访谈中的某些情况下，由于话题本身的性质，受访者很明显会表现出情感脆弱的状态，例如在姑息治疗的口述史项目中访谈那些被诊断出时日不多的病人。显然，考虑到许多伦理问题是与那些重病患者一起合作开展研究的一部分，其中一个首要的问题就是口述史是否是一种疗法。访谈中的回忆可以起到一定治疗性的作用，但是"有治疗性"和"疗法"是有区别的。有治疗性所表达的是向一个善解人意的倾听者详细诉说的有益的过程,疗法是一种干预措施,是要达到恢复健康的结果。莱斯利·洛斯(Leslie Lowes)和保罗·吉尔(Paul Gill)发现想要达到真正的宣泄作用,就要为患者提供一个客观且保密的环境,患者可以和那些真正对他们的话题感兴趣的人无所顾忌地、从容不迫地交谈。由于访谈是在医院里进行的,患者还可能担心不参加访谈可能会对他们的治疗以及与医疗人员之间的关系带来负面影响。因此,口述史学家应尽量与病人的治疗团队脱离干系,并且告知潜在的受访者他们和治疗团队两者之间不存在任何关系。

在姑息治疗背景下进行的访谈使我们认识到,口述史研究关注的是活着的生命而非将死的生命。在这类访谈中,受访者首先谈到的是他们的生活遭重病破坏之前的自己,然后再会谈到这些疾病不可逆转地改变了他们的生活方式,还会谈到人们是怎么看待他们的。但也有例外,特别是那些在就医过程中有过不太好的就医体验的受访者。那些身患癌症直面死神的病人所讲述的主题都是连贯一致的:诊断结果出来的那一刻、后续的治疗和痛苦以及接受治疗的过程。

在对临终病人的采访过程中,必须要考虑的是那些将要失去亲人的家属,必须要和受访者讨论一下相关的口述史材料里有没有可能会令听者伤心的内容。这些信息可能包括婚外情以及孩子对自己的领养身份毫不知情等等。这种敏感度就和采访本身一样具有主观性。因此可取的办法是受访者在接受采访后尽快听一听自己的采访,以确保他们对自己的叙述满意。在受访者不满意自己的采访的情况下,采访人必须听从他们的直觉,建议编辑有问题的材料,这种方法在伦理上是无可挑剔的,尽管这样做违反了口述史保留原始资料的原则。

奈杰尔·亨特(Nigel Hunt)和伊恩·罗宾斯(Ian Robbins)认为,在叙述个人的人生故事时,讲述人很可能会能够接受自己曾经痛苦的人生历程。他们把这种叙事方式看作自己想方设法应对这些令他们痛苦的事情的非常关键的一个步骤。叙事的发展是一种减轻讲述人情绪压力的一个有效的方法,不至于让这些不受控制的痛苦回忆全部涌入这个痛苦的讲述人脑中。那些想要倾诉他们故事的人往往会认为谈论过去的事情都是有疗效的。那些不想接受采访的人通常是认为谈论过去可能会带来害处,口述史学家一定要尊重他们的决定。

病人参加一项口述史研究项目的动机不总是十分明显。受访者对于某些事件的观点和回忆可能和他们参与访谈的动机是有联系的,这种动机在访谈刚开始的时候并不明显。受访者个人化的反思会表达出他们如何理解某些事件和情况的意义和影响,并且也能揭示出他们进行回忆的动机。访谈中的反思的过程可以增强受访者参与访谈的原始动机。但是,应告诉访谈者他们可以在任何时候退出一个或多个采访,而无须向访谈人解释他们的决定,这是一个很好的做法,符合大多数医学研究伦理。

在大多数口述史采访中,病人愿意讲述他们的人生故事的原因有很多。通过参与口述史项目,病人可以提高他们的自尊心和自我价值感,令他们的人生经历又多了一层意义,还创建了个人的家庭记录,获得认同感并记录了人生足迹。他们也为临床实践和医学研究提供了很大益处:深入了解了每天带着致命的疾病生活的状态;提高了病人对安养院、医院和家庭治疗的意识;充分认识了致命疾病对个人及其生活方式产生的影响;深入观察了病人、家庭和医护人员之间的相互关系。

安妮·哈德逊·琼斯(Anne Hudson Jones)一直在思考口述史叙事和医学伦理之间的关系,通过病人讲述的故事的内容(人们所说)以及通过对这些故事的形式的分析(故事是怎样讲述的,为什么是重要的),她明白了口述史叙事所起到的作用。她提倡研究虚构故事和真实的故事,将它们作为理解医学伦理的辅助材料。她相信文学批评的技巧可以应用于去分析伦理文献和实践,可以阐明一个道德困境中不同的观点。她断言,听病人的故事还可以帮助临床医师接受病人道德上的选择。然而,这样的观点说到容易做到难。

病痛叙述(illness narrative)有许多可能性的解读,但病人是他们自己作品的最终作者。口述史使他们有机会高度自主地创作出一个自己决定其内容的人生叙事作品,而通过其他途径可能是做不到这些的。受访者开始融入到创作他们自己的生活史的过程中。他们对自己的整个人生的经历进行回忆,通过一个合适的叙事方式来塑造一个他们自己满意的自我形象。口述史作为一种自传的形式,比其他书面的叙事方式更有优势,比如记日记以及一些出版的疾病故事。因为口述史提供了一个使参与者能够突破某种能力局限的机会,能够让参与者可能写不出来但能口头将他们的故事讲述出来。

访谈病人的过程需要周全考虑。医学口述史的研究,通常情况下,一方是一个身体健康的领着薪水的访谈者,他的生活方式完全与医学需求无关,另一方则是一个身患重病的受访者,他可能已经病入膏肓,生活方式明显已经与患病前的状态相背离,他面对的是不同程度的不确定性。这是两个完全不同的状态。如果时间允许的话,在访谈进行前双方提前建立联系是非常有帮助的,但是如果受访者身体条件不好,那么这种情况就没有办法实施。有些受访者在访谈刚开始的时候十分健谈和友好,时间长了就会感到疲惫和不舒服,想要停止访谈。对于那些重病患者,只能接受短时间的采访,这就影响了访问的质量。在最坏的情况下,这样的访谈会有流于表面的倾向,这是由于访谈者想要知道一些细节,但是受访者考虑的是他在单方面分享个人信息时的舒适程度。

口述史在医学上能否有所作为？

在思考口述史在医学史上的地位的时候，我们要问一下究竟口述史学家是否对医学实践产生了影响。有些医学专业人士承认口述史在医学上是有一席之地的。在病人正在遭受他们自我意识丧失或消耗的状况下，病人的人生历史就可以看作一种恢复性的医疗干预过程。在一本针对医学专业人士的书中，凯瑟琳·布格（Kathryn Boog）和克莱尔·特斯特（Claire Tester）推荐将病人的人生历史作为医疗环境下的一种非治疗性的干预：

鉴于患者只有非常有限的体力，无法进行任何形式的身体活动，他们总是认为自己是从一个"活动"的人变成了一个"活着"的人，我们需要帮助他们改变这样的观点……为改变这种情况，提到一些对他的人生来说至关重要的大事件是一个很积极、很有意义的尝试……允许病人自己选择究竟该讲哪个故事以及怎样讲这些故事，以此来促进他们有所克制的自我表达……重新找到了生活中被消极的事情掩盖了的成就感和乐趣，提高了积极的自我认可和自尊心。

索拉·德克尔（Sola Decker）和罗恩·伊福芬（Ron Iphofen）在用口述史写作射线照相专业的发展时，他们考虑的则是是否能从放射科技师的职业经历的叙述中获得一些东西。他们从放射科技师的职业经历发现这些技师用独特的策略应对日常工作活动；发现口述史可以充当一个跳板，让社会化的新成员进入这个行业；还发现所进行的访谈让人们了解在这一行业的培训和操作过程中的政策制定过程。使用口述史所得到的叙事作品能够创造"一个机会来反思这一职业的活动"。

口述史研究能够非常有助于从那些病人的家属的角度来阐述和认识心理健康护理的意义和转变。卡莉·雷纳（Carlee Lehna）记录了一个 22 岁的姐姐和她的 8 岁得白血病的妹妹的故事，卡莉着重强调了在确诊时、治疗中以及治疗后这三个过程中妹妹的患病对姐姐的生活以及家庭的生活造成的影响。14 年后，卡莉认为她所写过的关于活动、亲密、愤怒、恐惧、担心和精神的主题都是"来自这一对姐妹的叙述"。这一点表明了医护人员应该考虑一下患有癌症的孩子的兄弟姐妹的情感。

口述史在抵制包括塑造病人故事在内的医学力量方面也非常有用。葛切·波斯玛（Geertje Boschma）口述史的作品来自加拿大阿尔伯塔的家庭成员，展示了对心理疾病的主流生物医学解释的矛盾心理。波斯玛的一系列故事将心理疾病看成一个在文化层面的谈判活动，而且是能达成一致意见的，例如，是否要把某个家庭成员的行为看作是心理疾病。波斯玛总结说，占主导地位的文化话语影响着人们如何形成、适应、使用以及抵制带有心理疾病的生活方式。

我们也应该清楚口述史学家能够对评价医学和医疗实践做出贡献。口述史学家通过帮助研究医学史可能对健康事业做出了更重要的贡献,而不仅仅是在医护人员面对疾病时给他们提供另外一个工具。有些人认为"口述史研究要么凭借自身要么结合其他解释性研究方法,有可能将医疗行业引向未来",但是医学口述史的首要任务是批判性地回顾医疗行业的过去。

医学史上的口述史研究能够让人洞察过去行为,这些过去的行为又能让人们考虑当下的环境。该怎样采取行动?面对着哪些选择?有着什么样的影响?接下来该怎么做?认识到与这些问题相关联的成功或失败可以启迪现时的问题以及将来的讨论。在英国的安养院和姑息治疗的运动的历史中,人们可以发现医护人员以及其他参与建立医疗服务的相关人员的叙事作品反映了他们把什么视为个人成就,还有哪些是他们依然想实施的,以及还有什么有待完成。这些人员的贡献包括他们在卫生和社会保健服务范围内的关于临终关怀的地位的重要观点,并且他们的贡献也提供了对临终关怀未来的发展方向的反思。

口述史研究在医学史领域中已经建立完善起来,它从医疗行业杰出人物的"精英"史发展到研究一个"病人"的生活史。将医学口述史继续扩展到新的领域还留有很大的空间,比如可以促进更好地理解具体的叙事、物质性和社会构建主义,研究日常的工作实践或工作实践的环境以及它们与理想政策的关系。在重视和有权势的人一起合作时面临的伦理挑战以及和那些因为疾病认识到自己对于疾病和生活无能为力的人合作时面临的伦理挑战的方面,还有很多事情有待完善。还有一个问题,就是我们如何总结我们所进行的口述史研究。目前,医学口述史学家通常是进行一些地方性的小规模项目,他们的做法非常有利于应对当地的突发事件,但是不利于得出普遍适用的结论。通过证词的再利用把各种小型研究结合在一起是解决这个问题的一个途径。国家或国际的对患者和医护人员经历的研究可以进行相互比较和对照,这也会有所帮助,尽管还尚未找到这样做的方法。

本章我们有意不选择叙述法律、伦理和管理的疏忽。不同的伦理审查会和委员会在全球范围内运作方式不同,特别是在医疗卫生领域,会让这项工作更加困难。除此之外,不断增加的各种法律、法规和准则在各国之间都不尽相同,这将意味着提出的任何建议将会很快过时。相反我们要尽力去全面思考那些工作在医学卫生领域的口述史学家面对的伦理挑战。

仍需继续更加全面地意识到医学史学家面临的问题和争论。这些问题给口述史学家提供了一个重塑我们伦理问题的机会。因此,举个例子,在与现任和前任的专业人士、病人和护理人员合作过程中,"允许表达"和"共享权威"的复杂性有所增加。之所以这样,有一部分原因是在医疗卫生领域的关系中长期充斥着权力和信仰。因此,对这一领域进行口述史访谈需要格外的理解力和敏感度。但是,口述史现在已经成为研究当前医疗卫生历史的一个重要的手段和资源。

参考文献

[1]多萝西·阿特金森、米歇尔·麦卡锡、简·沃姆斯利等编:《好时代,坏时代:学习困难的妇女讲述她们的故事》,BILD 出版社 2000 年版。

[2]罗纳德·拜耳、杰拉尔德·奥本海默:《艾滋病医生——流行病的声音:口述史》,牛津大学出版社 2000 年版。

[3]维吉尼亚·贝里奇:《艾滋病在英国:政策的制定,1981—1994 年》,牛津大学出版社 1996 年版。

[4]大卫·克拉克、尼尔·斯莫尔、迈克尔·莱特等:《少数人的天堂? 英国现代临终关怀运动的口述史》,天文台出版社 2005 年版。

[5]邓肯·米切尔、兰韦赫·绰斯达多蒂、罗斯·查普曼等编:《有学习障碍的人探索提倡的经验:对抗的证词》,杰西卡·金斯利出版社 2006 年版。

[6]艾伦·魏瑟:《心连心:20 世纪对抗心脏病:口述史》,罗格斯大学出版社 2002 年版。

第 26 章　档案的迫切需要：口述史能否在档案机构渡过融资危机？

贝丝·M.罗伯逊（Beth M.Robertson）

　　图书馆和档案室管理档案收藏的成本和复杂性正在以前所未有的速度增加。① 人们期望收藏机构少花钱多办事，这是自 20 世纪 80 年代以来大多数公共资金资助的存储库共有的经历。档案机构已经被大量积压的未加工的档案搞得焦头烂额，这些机构现在要负责电子馆藏，而电子馆藏以惊人的频率成倍增长并且需要一种全新的模式来管理。档案必须提供线上和线下服务以满足研究人员，而且也要让那些分配财政资金的人员感到满意。需要为日渐膨胀的馆藏寻找更多的空间，并且同时需要应对档案的大规模数字化的成本和管理电子存储的问题，这些问题都令人日渐沮丧。

　　然而，这些需求是可喜的，因为它们证明了长期存在的对档案存放机构和它们档案收集的持续相关性的一种需求。这也是令人兴奋的事，它能够向全世界在线展示现实馆藏并且能够调查正在开发的用于管理数字档案收藏的技术解决方案。资金很少能跟得上，但也确保不了以后能不能跟得上。到了预算时间，预算管理人员坐下来决定如何分配可用的资源。每年他们都会问："我们可以停下什么项目？"他们的目标是平衡预算以及把资金重新分配以满足更迫切的需求。

　　在某些方面，口述史很适应在这个动荡的环境中生存。20 世纪 70 年代以来，许多档案机构一直培训地方档案馆达到他们的存储库所要求的标准。维拉·鲍姆（Willa Baum）第一个就这个话题发表论著，她称之为"替代性创作"——她指的是档案馆已接受了相关机构捐赠的访谈，这些访谈是由相关机构的口述史项目独立实施的，并且符合

---

　　① 口述史录音和文本原件构成了未出版的档案材料，保存在图书馆和档案馆中。用在此章节的"档案"和"档案机构"词条也同时代表图书馆。

档案馆的要求。图书馆和档案室扮演这种角色的这种方式是全球口述史的发展的主流趋势。这种收藏类型的口述历史是"现成档案"。大多数档案机构支持口述史的原因是他们深信口述史能让他们的档案更加完备，把它们放在网上使用更是对此深信不疑的表现。公共资金资助的机构也将代表他们所有的选区。口述历史的声音、图像和文字让这一切成为现实，并且可能对赞助商非常有吸引力。①

在其他方面，口述史特别脆弱。这个行业的传统工具——模拟磁带和半职业性的盒式录音机变得过时了。将磁带复制到开盘磁带的保存方式也过时了。模拟录音可以无限期地存储，但是它们比纸制材料更需要一个凉爽、干燥的环境以减缓老化的速度，而且重播的设备以及维持其正常工作的零部件都已不再生产。档案管理员们要把模拟磁带的录音数字化是在与时间赛跑，由于最初的转化必须是"实时"的，因而是比较昂贵的。符合保存标准的音频文件在数字化存储时既占空间又昂贵。② 电子存储变得越来越便宜的想法是一个常见的谬误。硬盘等存储空间的单位成本确实在下降，但与管理存储文件相关联的成本，包括软件系统和工资在内，随着文件数量的增加也在大幅上升。③

生存的关键是要有适应性。当档案机构的管理者仔细考虑如何省钱的时候，他们还会问："我们怎样做才能更有效率？"他们会检查包括采购、编目和保存等主要功能，以确定改动哪些程序可能节省开支。他们实施了一些新的战略，诸如风险管理、回归主流和外包等策略，以及考虑将收藏转移到其他机构等。简单的解决方案是没有的。就像语音识别技术并不能轻松代替艰苦的转化过程，同样，投入更多的持续资金来管理口述史项目这一目标也很遥远。如果从业人员、图书管理员和档案管理员不仅可以证实采访记录的研究价值，还能证实提高管理成本的有效性，那么口述史作为档案收藏整体的一个部分，它的幸存机会将可以最大化。

---

①　本章并没有称呼为录像，因为绝大多数在模拟时代的产生的口述史都是录音。同样的原则也适用于管理口述史视频，但由于其制作优秀视频的复杂性，成本会更高。采访者通常需要一个摄影师的援助以及包括照明设备的设置。由于高分辨率视频需要更大的电子存储，因此成本也较高（超过了音频大约 100 倍）。

②　主要音像档案室正在寻找高速数字化模拟录音的方法。瑞典国家录音和移动影像档案馆拥有 700 万小时的视听记录，开发了一种系统将四分之一英尺的开盘式音频格式数字化，是原来速度的四倍。然而，这些专业系统需要一个专门的计算机基础设施。

③　乔纳斯·帕姆通过分析瑞典的国家档案馆数字化和管理电子存储的成本，强调了一旦被"数字黑洞"数字化（2006），将要承担长期的财务责任以保存对信息的获取："转换越多的信息，访问它的成本越会上升。数字黑洞有其牢牢控制着的（数字化）项目。它将会继续损耗金钱或者信息：资金必须持续投入，否则输入的信息将被浪费掉。"他总结说，除了数字化保存视听材料别无他法，使用计算机临时输出的数字文件产生的缩微胶片可能是一个花费更加巨大的方式来保存纸质材料的扫描。网址：www.tape-online.net/docs/Palm_Black_ Hole.pdf。

评估采购

替代性创作是一种划算的采购方式。成立于 1987 年的南澳大利亚国家图书馆（The State Library of South Australia）口述史收藏馆，代表着 150 万的人口和 100 万平方公里的疆域。它每年收集约有 350 个小时的口述历史记录，其中超过 75% 的记录是口述史馆长支持的基于社区的项目的成果。该馆馆长结合当地的口述史协会提供培训课程，为预算和资金申请提供建议，并把数字野外记录设备租借给合格的口述史项目组。作为回报，项目组所收集到的记录的内容、文件形式以及文件编制等内容就成了该档案馆的"现成档案"，这些内容包括口述人签订的使用条款协议以及访谈的概要（如果没有全文本的话）。如果馆长全身心投入这项工作的话，每年她自己单独就可以制作出不少于四分之一的访谈，制作这些访谈所耗费的成本将再次使档案馆收藏的口述历史的数量减少一半。① 当然，数量不是研究价值的度量尺，并且捐赠的采访往往只关注特定的地点、组织和事件，而并非深入的生活史。但是，替代性创作和一个合适的委托访谈项目一起合作就可以产生一套口述历史汇编，该口述历史汇编真正代表了该选区的民众并能真正服务于研究。

捐赠的口述历史资料要想达到这种平衡，代价是特别昂贵的，特别是那些提前完成口述历史访谈工作的访谈者，或是那些不清楚或者忽视了档案机构的口述史咨询服务的访谈者。有些捐赠者简直是一个传奇！试想，有这样一个居住在海外的老人，他长期居住在澳大利亚，只会时不时地回家处理一些个人业务。在终身的教学和写作事业之外，他偶尔会利用这些机会整理一些论文。在他人某次拜访他的时候，他决定整理在 20 世纪 70 年代和 80 年代做的二十个小时的录音采访，他采访的主题有相当大的争议。他得知他的隔壁邻居在一个档案机构工作，于是他在去机场之前把这些采访记录放在了邻居的洗衣房的浴缸里。他没有把他的意图告诉邻居，而且当时邻居也不在家。磁带上有标签，但没有其他的证明文件。

究竟是什么驱使着这位令人尊敬的绅士采取这一行为呢？从根本上说是期望档案存储库能够对收到的一切资料承担一切责任。这种期望不一定是没有根据的。在过去整理档案的过程中，许多档案机构会不带太多歧视地接受口述历史资料。如今，他们比以前更有一定的选择性，但当一个捐赠摆在面前，它们似乎都满足选择标准，存储库也

---

① 在南澳大利亚国家图书馆的替代创造的成本代价是非常明显的，更别说还要算上字段记录工具、数字音频存档系统和音频师的薪水，都要用十多年分期偿还。

总是会接受它。一些馆长会开始认真期望能与捐赠者保持长久联系并期待占用大量遗留给子孙后代的零碎资料。他们将稀缺的资源用于追踪口述人的境况，用于去听访谈录音，用于去写总结并创建使用副本。还有些馆长将这些捐赠的口述史资料连同许多它的同类资料归在"太难处理"的类别里。第一反应往往是花费巨大且不能使人信服。第二个反应是拖延成本以及录音仍然不能被研究人员利用。

没有任何一个公共资金资助的档案机构能够负担应对这样的慷慨的成本或负担耽搁太久的项目。还有第三种情况，这种情况对主动提供的口述史的捐赠者提出同样的要求，就像替代性创作对现存的以社区为基础的口述史项目提出的要求一样。培训捐赠者多年来已经成为政府档案机构的标准规范。给政府相关部门提供培训和支持，但他们必须按照严格的指导方针将非流动的记录转移到存储库。收集私人记录的档案机构也开始遵循相同的做法，它们也要求相关机构、企业和个人在文件获得评估前将它们列表和装箱。澳大利亚国家图书馆的稿件部在 2006 年引入了这个程序。两年后，一位高级档案保管员这样说道：

坦率地说，我们刚开始就要求这个有点尴尬。但是，我们发现大多数捐助者不仅乐于这样做，而且他们也更愿意描述他们自己的记录——包括我们将永远无法收集到的背景——并且对自己保存的记录考虑得很周全，既有纸质记录也有电子记录……我们也非常肯定捐赠者更愿意维持与我们的关系，他们明白自己提供的记录里面的信息很可能是永久的记录，或者至少将工作告知给那些整理他们的文件或记录的档案管理员。

当这种方法应用于口述史后，应该把主动捐赠的口述史返还给寄送者（或那个饱受折磨的隔壁邻居），并附带一系列的信息，解释说明在档案机构接受这个记录之前，捐赠者需要做些什么。首先，潜在的捐赠者需要完成一个评估问卷，让存储库决定是否接受捐赠。这个调查问卷应明确基于该机构的口述史的获取或收集资料的发展政策。阿拉斯加大学费尔班克斯校区的口述史项目（The University of Alaska-Fairbanks Oral History Program）的馆藏发展政策首开历史先河：

馆藏的视听材料的验收标准如下：

1.材料应该与阿拉斯加和/或北部地区相关；

2.材料应该有实质性内容和/或对于特殊事件或时间段提供独特见解；

3.材料应该尽可能达到高质量的视/听标准。材料录音情况差或令用户使用困难和/或用户无法使用将不会被接受；

4.材料应该可以被用户使用。材料上的任何限制不应该过度地附加在用户和/或图书馆工作人员身上。

把这个标准转换成一个评估问卷并插入一些附加问题，可以为对捐赠者的培训过

程和存储库的评估过程提供进一步的信息,这个标准可以这样写:

1.是与［本］地区相关的采访吗?

2.采访有实质性内容和/或对特殊事件或时间段提供独特见解了吗? 请总结。

3.这个收藏集里有几个采访? 请估算总共几个小时。

4.这些采访记录的是哪个时间段?

5.你与这个收藏集的关系是什么(例如,采访人、广播制作人还是委托方)?

6.访谈项目的最初目的是什么(例如,社区项目、为一本书做调查、广播节目、大学论文)?

7.访谈项目是否关联到一个特定的组织(例如,大学、广播电台、委托方、出版商)? 请提供一些组织里的相关人员的详细情况。

8.每一个采访都请口述人签署了授权协议书吗? 请提供一份样本。

9.口述人给访谈附加什么样的限制了吗?

10.你打算给访谈添加什么限制吗?

11.如果没有授权协议书或样品形式是不被［本机构］接受的,你会与口述人协商新的授权协议书吗?

12.采访中是否包含敏感信息? 请总结。

13.录制的技术质量情况如何(例如,非常差、差、好以及非常好的音质)?

14.录制的格式是什么?

15.使用的是什么品牌和型号的录音机或麦克风?

16.有多少用来录音的插入式麦克风(例如,没有、一个、两个)?

17.访谈集是否包括任何馆藏发展政策中列出的过时的格式以至于不能被［本机构］接受?

18.是否每个访谈都有一个总结? 请提供一份样本。

19.如果没有总结或样本不被［本机构］接受,你会创建新的吗?

20.是否每一个访谈都有文本?

21.是否每个记录都贴上了口述人的姓名、采访人、日期和地点这样的标签?

有些潜在的捐助者会对这样的要求感到沮丧甚至产生敌意的反应,如果产生了这样的抱怨,高级管理人员给馆长和馆藏发展政策提供支持是十分重要的。如果访谈集是在评估问卷的基础上被拒,员工可以就评判标准来对结果进行解释,如果合适的话,建议更换到另一个存储库。这个捐赠者至少可以将他的收藏归类以提供到其他地方。

回顾性替代性创作的第二阶段要求对潜在的捐献者做出进一步努力。馆长要为捐赠者提供电子模板和表单，这些单据能够使捐赠者为访谈集提供一份详细清单并且给每个访谈确定下证明文件。也可以为给捐赠者提供实际的支持，比如借给捐赠者一个保养良好的带有脚踏板控制开关和耳机的回放机来协助他们写总结，以及如果他们的访谈集已出现混乱，给他们提供备用的盒式磁带和标签供他们重新整理。

这一过程也同样给馆长提出了要求。他们与主动捐赠口述史的捐赠者的关系就像当前他们与以社区为基础的口述史项目的关系一样紧张。但要求潜在的捐助者承担维护他们自己的记录的责任，馆长就不用承担拼凑别人的未完成的口述史项目这项既耗时又令人头疼的任务了。而且我们不知道的是：有些新近培训的捐赠者可能志愿去调查仍旧潜藏于"太难处理"类别里的为孤儿捐款的项目！

目录访问

在图书馆里，几十年来，人们一直在审视和赶紧将已版材料进行编目的不同模式的成本效益。根据出版的定义，出版涉及生产一个内容的多种情况。如果一本新书、杂志、地图、DVD 或者网站已经被一家机构在线编目在册，那么其他的图书馆就是简单复制它的记录。那些仍然进行原始编目的比较大的图书馆了解这项活动的单位成本。大部分都已经与商业机构比较过内部成本。资源描述与检索（RDA）正在逐渐取代英文编目标准的第二版英美编目规则（AACR2）。新标准旨在通过减少图书馆术语和在每条记录中强制元素的数量以减少目录记录的复杂性。

档案材料大部分是独一无二的，包括安排、安置、描述或者编目在内的传统的处理过程大都躲避了外界评判的注意力。然而，自 20 世纪晚期以来，由政府、组织、企业和个人创建的大量文件进入存储库之中，导致在过去的几十年里积压的未加工的档案材料急剧增加。在 2005 年发表的一项开创性的研究中，美国档案管理员马克·格林（Mark Greene）和丹尼斯·迈斯纳（Dennis Meissner）透露，虽然现在未经加工的积压超过存储库的三分之一的现象是非常常见的，但是档案工作人员会继续按最完美的档案标准处理档案，检查每个口述史收藏集的条目（或页面）。他们提供替代性标准，将处理时间缩短了 3/4 到 4/5，并总结了对他们对这个领域的一些忠告：

我们必须开始做不同的事情，如果我们希望开始减少积压，就要比以前做得更好以服务我们的顾客、资源分配者和捐赠者。如果我们需要安慰我们自己去幻想我们的处理程序是让每个处理器适应每年 500 英尺的规格，而不是 50 或 150 英尺的规格，这只是一个暂时的权宜之计，并且"将来有一天"我们会回去再具体到条目的层面上来加工这些收藏集，这就是一个无害的幻想而已。然而，我们建议，我们成熟的标志就是我们要爽快地承认我们工作的限制条件,并且接受我们在这里建议的黄金最小值(或做得"足够好"而不是要求完美)是我们真正能实现的。取代那种安慰自己的幻想,我们可以感到欣慰的事实是我们将革新对我们的馆藏的使用情况。

图书馆和档案室的新型编目工作背后的动力不仅是为了节省费用,还由于坚信进入存储库的口述史材料在几周或几个月内应该可以被研究者使用,而不是等上几年或几十年。这项工作也响应了数字时代的号召。图书馆和档案馆都承认不仅专业编目员或档案管理员可以产生为编录记录创建的数据,还有"无论我们同意与否……那些支持人士、非图书馆员工以及出版商"等不同阶层的与电子类相关的工作流也为数据的产生做出了贡献。

将这种方法应用到那些采用标准的口述史研究方法制作出来的录音中是十分简单的,因为这种材料有相对统一的特点。从事替代性创作的口述史馆长习惯于口述史访谈录音一入存储库就给它们分别编上独特的数字,那么就可以适当地控制后续流程,比如复制和转录。这种形成一个最基本的编目记录所要求的标签元素,对于当前从业者和潜在捐助者来说很容易就能学会。一个简短的记录可以用音频师添加的技术数据、捐献者做的总结以及专业的编目人员插入的主题词进行扩展。

在那些每天与视听材料打交道的图书管理员和档案管理员中间持续存在着一种恐惧感。公平地说,很少有人配有合适的工具来应对这项工作。这些每天一成不变整理视听材料的图书管理员或档案管理员的桌子上应该有一个可以播放常见音像格式的播放器的架子,并且紧挨着他们的电脑。其他工作人员应该可以使用另一个在中心位置或在手推车上的架子上的播放器。如果一个机构具备录音制品的保存转换设备,那么加工资料的需求就不应该中断保存资料的工作流程,反之亦然。

为了达到利用的目的而进行的编目工作可以转化那些未经加工处理的积压档案——即归在"太难处理"类别里的内容。那些推行资料使用改革的图书馆和档案馆向人们展示他们正在通过在它们的目录中创建提要汇编记录来处理积压档案。这些档案可能指的是一批2500个未经编目的海报或是大约500英尺厚的未经加工处理的公司记录。口述历史中的每一部分积压的档案资料也应该做提要性的描述,以使它在存储库的主要公共目录中可以为研究人员所发现。例如,南澳大利亚国家图书馆在2000年从当地大学的社区广播电台获得了大约1000小时的录音资料,这相当于一次就达到了正常情况下三年的资料获取量。这份录音资料必然会被列入积压档案列表之中,但是下面的记录添加到了这个图书馆的在线目录:

机读编目格式标签	联机公共目录查询标签	目录记录文本
O090	序号	OH-
245	标题	电台 5UV 磁带归档:临时总结记录(录音)
260|c	日期/s	1974—1999
300	质量	1000 小时(最多)
340	格式	录音带;数字音频磁带
520	概要	在 1999 年决定,南澳大利亚国家图书馆的 J.D.萨默维尔口述史收藏集将与阿德莱德大学共同负责归档电台 5UV 项目材料。经多年来电台 5UV 工作人员选择的广播电台的磁带归档被转移到国家图书馆。2000 年 11 月,图书馆选择南澳大利亚的有研究价值的材料进行处理。剩下的磁带归档被送回阿德莱德大学的档案室储存
505	内容	国家图书馆持有的录音档案来自通用领域,只有小部分代表音乐和爵士乐部分。在 1994 年民间的合作收藏集被转移到国家图书馆。主要的项目系列包括:阿德莱德艺术节论坛;纪念仪式;南澳大利亚的工艺;驾驶与边缘;基础课程;全球的韵律;传统的行业;就职和告别演讲;音乐早午餐;南澳大利亚的乐器制作;关于校园;南澳大利亚历史的档案;南澳大利亚写作的档案;杰出的学者;艺术之邦;斯特灵纪念讲座;音乐的技术;女性与法律;作家之周(1992,1994,1996);作家的广播/作者的证据
506	访问	程序完成之前不准访问。
555	检索工具	"电台 5UV 磁带归档库目录 29/3/99" 标 555 的节目标题转移到国家图书馆(184 页)
530	可用的副本	当前无
610	主体	5UV(广播电台:阿德莱德,南澳大利亚)
710	添加作者	5UV(广播电台:阿德莱德,南澳大利亚)

标题、内容和概要部分可以通过关键字检索。到目前为止,1/5 的收藏档案分配了特定的编号并得到了处理,以便当资源可用时以满足研究者的查询和使用。相应地,临时性的提要记录的范围在逐步缩小。

强调对收藏的档案提供访问权限并不意味着那些仍在进行中的或被禁止的项目中的录音可以投入使用。它意味着研究人员(和捐赠者)可以知道这些资料是存在的。关于这个原则,应该很少有例外情况。研究人员可以申请访问未经加工的录音,能不能获得授权就要根据存储库管理未加工的材料的使用政策。有一些档案机构允许研究人员使用未经处理的档案文件,但要随之而来会有一个风险管理的过程,在这一过程中,工作人员会迅速评估档案资料的内容,然后监督档案资料的处理过程。很少有档案机构会冒险提供对原始的视听材料的访问,因为在评估这些材料时必须实际听一遍,并且在重放时可能会损坏。例如,包含有争议议题的澳大利亚侨民的收藏集的录音在开放使用之前肯定需要特别的注意。可能会有一些例外情况,比如,一个研究人员可以在工作人员监督的条件下利用原始的口述史记录以便在工作人员对所保存档案进行选择和编目的过程中能有所帮助。

选择性保存

已经没时间再互相推诿了。尽管获取口述历史资料并对其进行编目的费用是可以算清楚的,但是不可否认的是保存音频资料的成本是巨大的。随着时间的流逝,大部分模拟记录格式的资料已经老化并且依赖于很快就会过时的重放设备。这种情况也同样适用于大多数通物理格式存储的数码录音,包括 20 世纪 90 年代中期口述史实践广泛采用的数码音频磁带(DAT)和迷你唱片。

在世界范围内,主要的音频档案馆正在把他们的馆藏转化到大型的数字存储系统。澳大利亚国家图书馆(the National Library of Australia)已经把一半的口述史和民俗馆藏数字化,总计超过 20000 小时,并计划在 2020 年之前完成另外一半。图书馆正在储存重放机器所必需的配件,但是也承认"在未来十年左右的时间里让过时的机器运作仍将是一个挑战"。美国国会图书馆(the United States's Library of Congress)和欧洲音像档案馆(the great audiovisual archives of Europe)的录音馆藏数以百万计,他们也在做着同样的事情。他们也在存储回放设备和相关部件,并充分意识到机器的可用时间可能会短于转化音频的时间。与此同时,大多数传统档案机构并不知道这种紧迫性,或者继续愉快第幻想:当他们的模拟设备,如盒式录音机、复印机和转化设备等正在有条不紊地工作的时候,他们是完全不用为未来担心的。

南澳大利亚国家图书馆口述史收藏规模超过 7000 小时,它是少有的几个收藏有近 30000 件包含录音、电影和录像的视听资料图书馆之一。这些资料的大部分是模拟视听资料。然而,在这个图书馆所保存的可以在法律上和道德上让公众使用的已版资料和档案资料中,这种视听资料只占了 1% 的比例。仅南澳大利亚的报纸就占了这个图书馆收藏的资料的 10%。要将南澳大利亚图书馆保存的资料数字化以便保存和使用,需要一个全面的计划来设定将这些资料数字化的重点、目标、成本和策略。初步研究发现,在数字化技术允许情况下,整个收藏的资料最多有 1/400 可以在 15 年内得到转化。虽然没有大型的档案机构试图将所有的馆藏资料数字化,但是保存这些资料的迫切性——以及用户和资金提供者与日俱增的期望——都要求加快数字化的速度。①

———————————————

① 找到为收藏比例设定目标的收集机构的数字化计划是很困难的。美国国家档案与记录管理局(NARA)计划在 2012 年之前将 1% 的收藏数字化。澳大利亚国家图书馆的目标是将澳大利亚持有收藏的 5% 数字化。在美国国会图书馆"尽管数字化工作持续且雄心勃勃,但也许在可预见的未来,这个 1.32 亿的对象中只有 10% 可以被数字化"。

在所有收藏的资料里，模拟视听材料的境况最危险，这是由于模拟格式所固有的不稳定性以及它们对过时的回放设备的绝对依赖。理想情况下，虽然每个档案机构的目标仅仅是将 5% 或 10% 的收藏资料数字化，但这一数字将包括其所收藏的全部模拟视听材料。这一目标对极个别资金充裕的机构来说是可以实现的，但是现实中有大量的视听材料将永远实现不了数字化，最终将会丢失。这等于说错过了一个良机。但在管理良好的收藏机构，务实的决策将能确保最重要的材料得以及时保存。

将选择收藏资料的标准应用于一部口述史汇编集可以分四个阶段完成，并可以用一个决策树形图来有效地表达出来：

1.这个机构是否对录音有保护责任？

如否：

决定所收藏资料集中的相关记录的未来状态。

考虑转让、归还或销毁。

如是：

2.访谈和它的录音质量是否有资格被保存？

如果好的采访+好的录音→高级保存优先权。

如果好的采访+差的录音→中级保存优先权→保存为文本。

如果差的采访+好的录音→低级保存优先权。

如果差的采访+差的录音→无保存优先权→善意忽视。

如是高级保存优先权：

3.录音格式是否正在老化或有老化的风险？

如否：

保留高级保存优先权。

如是：

4.录音格式的回放设备是否过时？

如否：

保留高级保存优先权→尽快数字化。

如是：

立即数字化。

有一些口述史的录音可能由其他机构负责保存。最常见的例子是广播节目和录音讲座、演讲以及公共事件。这些录音包括了民族志学者对于土著文化的录音资料，这些录音的副本经常分散保存于相关同事和一些收藏机构手中。20 世纪中叶的一些民俗学家也是这么做的。并非所有的传统的口述史录音都是独一无二的。在 1957 年和

1984 年间,澳大利亚的口述史学家的先驱黑兹尔·德·伯格(Hazel de Berg)做了 1300 多个访谈。澳大利亚国家图书馆支持了她的大部分访谈工作并充分认定她的口述史作品是澳大利亚国宝。南澳大利亚国家图书馆安排购买她的开盘磁带录音的副本,结果几乎一半都是她的口述史作品的复制品。

复制的材料可能会多达数百甚至数千小时的录音,耗费的保存成本可想而知。决定另一个机构——原创广播电台、一所大学或国家档案机构——是否接受长期保存这些资料的责任就意味着将把这些资料保存于另外的独特的保存材料中。口述史也可能是一些没有任何内在价值的录音记录的收容所。当人们在 20 世纪 60 年代可以利用便携式开盘磁带录音机的时候,这一新颖的技术产生了各种冗余的但却是正式登记在册的录音资料。在南澳大利亚的国家图书馆,这类录音资料包括考试录音、图书配音(由非作者录制)以及一些行政告示,比如"菲茨帕特里克夫人就我们的电传程序做出的解释"。

口述史资料的复制品以及这些冗余资料的未来去向应该在选择保存的过程中得以确定。一些复制的录音资料将保留下来以供本地使用。其他的可以转让或遣返回对原件有保存责任的机构。另外一些资料,尤其是多余的录音资料应该卖掉和销毁,而不是把难题抛给随后接任的馆长。这样的决定必须有充分的授权并记录在本机构的目录和永久文件中。

在选择保存过程的第二阶段,口述史资料的收藏可能会达到最大值。大多数口述历史收藏会包括一些捐赠的但是音质较差的访谈记录。较差的音质意味着这些访谈的音频在未来可能不会有人去使用。如果一些访谈具有很高的研究价值且其内容得到了文字化处理,那么对这些访谈的录音的保存就可以暂缓一下。如果一些访谈研究价值不高并且音质较差,那么可以把这些访谈录音归到"善意忽视"的类别之中去。这些资料将被重新格式化,除非有研究者在这些资料老化之前提出研究申请,否则一旦这些资料老化了(这是必然不可避免的),那么再恢复这些资料就绝无可能了。

在确定了那些需要优先保存的录音记录之后,通过检查这些录音的状况以及重放设备的过时状态,人们可以再次确定资料保存的顺序。大多数口述史资料内容包含开卷式磁带录音、标准磁带、数码音频磁带(DAT)以及迷你唱片,可能也有零散的微型卡式录音带出现。一些口述史资料(如果不是传统的口述史访谈的话)将声音保存在了蜡桶唱片、瞬时光盘(称为醋酸纤维素或油漆)以及其他各种媒体形式上,比如 16 英寸转录光盘和盒式磁带。国际声音和音像档案协会(the International Association of Sound and Audiovisual Archives)的出版物和一些权威的网站针对这些视听格式及其重放的设备要求提供了详细的信息。

在 1987 年到 2003 年间,南澳大利亚国家图书馆的把这些选择标准应用于口述史的征集以及现有图书馆的收藏,以确定哪条录音记录可以被转化到开卷式磁带这种特定的存储格式之上,这种存储格式在模拟时代是符合国际存储标准的。在这十几年间,南澳大利亚国家图书馆将其获得的近 5300 小时的口述史访谈记录中的 3300 小时资料进行了重新格式化。在现有的数字化的计划中,开卷式磁带录音是优先保存的重点。

当一个档案机构确立了优先保存的重点后,它就必须确定如何实现数字化以及在未来如何维护已经生成的数字化资料。每一个选择的成本都很高。作为唯一一个在该地区从事音频保存的文化机构,南澳大利亚国家图书馆决定建立图书馆的内部转化设备。在 2004 年,图书馆投入了 10 万澳元来建立一个数字化音频档案系统。在接下来的四年又额外投入了 15 万澳元巩固原来的设施并且建立了第二个工作站。工作人员的工资和服务器存储空间成本是额外的开销。①

甚至,外包服务可能也会对有内部转化设备的机构的资料转化工作有所贡献。如果南澳大利亚国家图书馆能够获得额外的 50 万澳元资金的话,它所保存的那 3300 个小时的开卷式磁带录音资料就可以被一个商业机构来进行数字化。将这项工作外包给其他商业机构能够释放图书馆的内部转化设备,这样的话就可以跟上当前新增资料的速度了,当然,这些新增资料也包括比较陈旧的模拟录音。相关的储存设备也必须进一步改进,因为每个小时的声音音频按照 24 比特/48 千赫的标准储存格式进行储存的话,所占用的空间是 10GB。3300 个小时的开卷式磁带录音的数字化就需要 3.37 兆字节(TB)的存储空间。

在不增加新的积压资料的情况下,把存储的模拟录音及时数字化已经是任重道远了。任何仍然使用模拟现场录音设备的档案机构都应该换成能够以 24 比特/48 千赫的标准存储录音的数字系统,比如说一个闪存卡记录器。自从做出这一改变,南澳大利亚国家图书馆一直承受着来自社区团体以及专业的历史学家的巨大压力,因为这个图书馆要将那些已经借给当地口述史工作者近 30 年马兰士 CP430 盒式录音机予以出售。然而,这些压力丝毫不能阻止那些模拟录音需要数字转化的大趋势。但是,便携式录音机已经得以妥善保存,以备在将来的某个时候重新播放一些模拟录音时使用。

确保口述史的生存

评估、编目以及保存策略等所要求的实用主义对那些热情积极的口述史馆馆长来

---

①　南澳大利亚的国家图书馆使用国际立体音频和四功能系统来数字化录音,并将其转换成一个数字对象存储系统。图书馆绕开了 20 世纪 90 年代多数档案机构的 CD 音频保存阶段。

说是简直就是一个魔咒,就好像近年来档案机构的基本原则对图书管理员和档案管理员来说也是一个魔咒一样。到了预算时间会,管理者会问:"有没有什么项目我们可以停下来?""我们怎样做才能更有效率?"图书管理员和档案管理员的回答是:"没有!但为什么不给我们提供我们优异地完成工作所必需的预算外资源呢?"管理者可能会同情他们,但他们不仅面临着去实现"增效节支"的问题,还面临着每年投资新的在线服务的问题,图书管理员和档案管理员这样的回答是不够的。

即使是奇迹降临在口述史项目头上,它们有了更多的资金,但是那些未经处理的已经积压下来的口述史资料以及没有被确定位重点保存的口述史资料仍将没有资格利用这个机会。那些设法改变策略以适应环境变化的馆长更有可能从中受益。澳大利亚国家图书馆稿件分部的高级职员确信这样的措施最终会得到回报:

我们已经承受着这样的风险:通过真正实施图书馆的更多的提高记录性能的方法,并且将我们的需求硬塞进一个为处理书籍和期刊设计的系统之中,我们获得最终为点对点档案处理所需要的东西的机会已经减少。这些风险可能会造成一定影响,但我们认为我们的冒险已经得到了回报。我们使这一过程不再神秘,因为,坦率地讲,这种神秘感不仅对我不起作用,对我们的读者、我们的捐助者或最终我们的雇主都起不到什么作用。

现在,我们坚决地把自己融入到提高处理性能的方法当中。当我们的高级管理者在一个资源缺乏的环境中要在相互竞争的资源需要之间做出一个近乎不可能的选择时,这一点就明显提高了我们的需求会被这些高级管理者考虑的可能性。

改善口述史的收集特别是改善口述史的管理已经成为我们工作日程的重点。在我们新开发的权利管理和数字化存储工具集中,我们的地位十分关键。确实很高兴能听到我们自己的"咒语"能从别人嘴里说出:"如果你能把这套工具集用于你自己资料,你的一切都将会好转。"

要确保口述史能够在在相关档案机构未来的资金危机中生存下来,口述史项目的负责人必须尽最大努力使口述史项目成为该档案机构中不可或缺的一部分。这并不意味着相关口述史项目负责人应该对所存储的模拟录音进行数字化的紧迫性和花费保持沉默。他们必须站出来阐明口述史的对历史记录的独特贡献,阐明它在网络上的发展潜力,并阐明口述史的管理是如何适应数字时代的资源紧张的现实。

参考文献

[1]维拉·K.鲍姆:《在口述史上图书馆管理员的角色延伸》,大卫·K.达纳韦、维拉·K.鲍姆编:

《口述史:一个跨学科的选集》,美国州际和地方历史协会 1984 年版。

[2]布莱德利·凯文编:《制作和保存的数字音频对象的指导:标准、推荐实践和策略》,国际声音和音像档案协会 2004 年版。

[3]马热拉·布林、吉拉·弗洛姆、伊莎贝尔·詹纳塔西奥等编:《为传输保存数据格式而建立的模拟和数字音频内容的选择标准的工作小组》,国际声音和音像档案协会 2004 年版。

第27章 案例分析:美国南方口述史项目

凯思琳·纳斯多姆(Kathryn Nasstrom)对

杰奎琳·德奥德·豪尔(Jacquelyn Dowd Hall)的采访

南方口述史项目(SOHP,the Southern Oral History Program)从1973年到1999年的起步阶段,就被安排在北卡罗来纳大学教堂山分校(UNC,the University of North Carolina at Chapel Hill),而不是像一般的口述史项目那样从属于图书馆或者档案馆。目前,南方口述史项目虽然从属于北卡罗来纳大学教堂山分校的美国南方研究中心(UNC's Center for the Study of the American South),可它依然是历史系不可或缺的一部分。该项目组专注于美国南方的种族问题、劳工问题和性别问题,开设了口述史课程,并与当地社区合作,通过采访编写了许多学术著作,其中包括获奖作品:《就像一家人:美国南方棉纺厂世界的形成》(北卡罗来纳大学出版社2000年版)。从成立至今杰奎琳·德奥德·豪尔一直领导着这一项目。本案例分析提炼了在2008年对她的两次采访,采访者是凯思琳·纳斯多姆,该项目组的毕业生,现任旧金山大学副教授。

凯思琳·纳斯多姆:谈起项目组走过的历程,不得不谈到您的事业和生活。如果我说的没错的话,那似乎很有必要来谈谈这些故事是如何交织在一起的。

杰奎琳·德奥德·豪尔:我最早涉及口述史研究是在20世纪60年代末,当时我离开纽约的研究生院,搬家到亚特兰大。参加资格考试之后,我就结婚了,丈夫和我决定回到南方去。我们了解在亚特兰大参与民权运动、反战运动和妇女解放运动的那些人,并且当时我们正在阅读亚特兰大的地下报纸。于是,我俩把那点寒酸的行李往我们的红卡车上一扔,就向着南方出发了。民权运动活动人士朱利安·邦德(Julian Bond)、霍华德·罗曼(Howard Romaine)和苏·斯莱斯(Sue Thrasher)当时正在组办一个名为南方研究学会(Institute for Southern Studies)的研究中心,该中心目前依然在北卡罗来纳州的达勒姆(Durham)。我当时的丈夫鲍勃·豪尔当时就在那里就职,而我则和保罗·加斯顿在南方区议会负责管理它的储蓄文件。非常幸运的是,这些文件使我接触到了妇女反私刑运动,而我后来的毕业论文和第一本书①都是围绕这一主题的。

　　南方研究学会的成员当时正在致力于将社会运动和分析结合起来,试图去解释一场运动的精神影响是如何传播到一片新的领域的。可是与此同时,他们也希望去了解过去的历史。而我那时正在为我的毕业论文做采访,我和苏·斯莱斯、李·文斯(Leah Wise)创建了一个关于 20 世纪 30 年代到 40 年代美国南部激进分子的口述史计划。我们努力筹集资金(不幸未能成功),拼命地去做采访。这些访谈记录的一部分最终被保存在了北卡罗来纳大学教堂山分校,至今我仍然视它们为南方口述史项目组保存资料中的瑰宝。我担任北卡罗来纳大学教堂山分校的南方口述史项目的首任主任之时,我们正在准备出版一份特殊的关于口述史的研究期刊——《南方揭秘》(Southern Exposure)②。

　　凯思琳·纳斯多姆:来到南方口述史项目,我总有一种不一样的感觉,这里从属于历史系而不是图书馆或是档案馆。这一与众不同的地方背后有什么故事吗?

　　杰奎琳·德奥德·豪尔:没错,这一点即使不能算独一无二,也是相当特殊的。我个人猜想,当时图书馆可能不是特别愿意接纳南方口述史项目,后来的历史系也是如此,这可是一件相对不令人乐观的事。

　　我们的访谈记录存放在学校图书馆的南方历史部,后者目前是我们的紧密合作伙伴之一。我们组织的运作正是依赖于这个大型档案馆和历史系的合作。但是在 1973 年,当我初次到这里时,感受到的气氛可是截然不同的,人们对于新型资料以及这些资料所需求的保管措施持有不同的态度。当时南方历史部的核心资料是种植园的记录。如今我们的访谈记录也是它最常被使用的资料之一,而它也一直在积极地收集 20 世纪的各类手稿。

　　同样地,历史系也发生了改变,申请我们的关于美国历史的毕业项目的学生中,许多人表示,吸引他来到这里的因素之一就是南方口述史项目。我们的教职员工通过口述史来研究历史上的方方面面,从法西斯的历史到巴格达大屠杀,再到俄罗斯的婴儿潮一代,这一代人并不视自己属于一个公正而又饱受批评的运动的一分子(某种程度上正如 20 世纪 70 年代的我们对自己的看法一样)。这些变化反映了人们对口述史的看

---

　　①　http://www.southernstudies.org/;保罗·盖斯顿:《乌托邦时代来临:一个思想的艰苦历程》,新南方出版社 2010 年版;《对骑士精神的反抗:杰茜·丹尼尔·艾姆斯和妇女反私刑运动》,哥伦比亚大学出版社 1983 年版。

　　②　苏·斯莱斯:《信任之环》,出自康斯坦斯·克里等编:《我们内心深处:自由运动中的九个白人女性》,乔佐治亚大学出版社 2000 年版,第 207—252 页;也参见苏·斯莱斯、李·文斯编:《南方揭秘:停止呻吟,南方抗争的声音》1974 年第 1 期第 2/3 卷。

法和对其使用的变化轨迹。

但是到了 1973 年,历史系的氛围变得截然不同,满是争议。一群新来的教职工把自己视为身处落后机构的现代化主义者,并与被他们视为南方守旧主义者的教职工作斗争。被他们贴上这一标签的包括乔治·廷戴尔(George Tindall),正是他从 Z.史密斯·雷诺德基金会(Z.Smith Reynolds Foundation)争取到拨款才有了我们南方口述史项目①。

除此之外,第一批真正意义上的女性教职工那时刚刚来到我们学校,关于平权措施、薪资平等、职位分配和诸如此类问题的争论正值白热化阶段。南方口述史项目还有我本人都被卷入到了这些争论当中。一方面,我是被所谓的守旧派带入历史系的,而另一方面,我身为女人,又在研究口述史、女性历史和其他新鲜的事物。双方的问题并非简单的出于彼此不理解而产生的敌意。对于双方,我都不认同,或者说我不关心他们的争论。除了几次比较重要的情况之外,双方谁也不怎么在乎南方口述史项目在忙什么。

当时的局势相当不稳定,其中一点是,尽管我被安排在一个终身制的岗位上,我的薪资却来自于项目组成立时得到的拨款,而那批拨款只能维持五年。我来到这里的第二年,即 1975 年,系里请来了几个口述史方面重要的领导人——维拉·鲍姆(Willa Baum)、罗恩·格雷里(Ron Grele)和查尔斯·莫里斯(Charles Morrissey)——来对南方口述史项目做一个全面的评测。最终,系里决定把我和我们项目组保留下来。也可以毫不含糊地说,对于我本人,不管是他们眼里的形象,还是被评测时的角度,都首先是一名历史学家,然后才是口述史项目的主任。

由此,我们就可以明显看出南方口述史项目组在历史系眼中的地位。这意味着南方口述史项目从未享有过一个专职的主任,但是它同时又参与了实力雄厚的历史系的教学和研究任务中,并且与外边世界的历史研究始终保持着密切的交流。

凯思琳·纳斯多姆:当你回想 73 年你刚刚来到这里,那时的你对未来有什么梦想?

杰奎琳·德奥德·豪尔:我当时确实是带着你所谈到的梦想来到这里的。我意识到这点是因为最近我碰巧读到了 1973 年我在《当代南方》(South Today)上发表的一篇文章,那是我来到这里之前的春天,文章的标题就很好地说明了一切:《口述史运动:找寻女性、黑人、激进派和工人阶级的呼声,还原一个更为均衡的历史》。其中我提到了北卡罗来纳大学教堂山分校的新项目,并且引用了乔治·廷戴尔的原话,谈到项目会"首先聚焦于对名人的访问",但是一旦完全成立,它可能会启动项目去一些采访那些

---

① 乔治·B.廷戴尔(1921—2006),1958—1985 年任职于北卡罗来纳大学教堂山分校,曾任美国南方历史协会会长,是美国南方杰出的历史学家。

"不那么善于言辞的人们"。① 可见项目组发起人的目标和我的之间,存在着根深蒂固的矛盾,我的目标是"历史研究要从最底层人民开始",追溯到20世纪30年代的联邦作家项目和纪实的传统。当然,"一个更均衡的历史"当时是一个很有力的措辞。以上就是当时我对南方口述史项目未来的梦想。我希望它能够同时关注斯特兹·特克尔(Studs Terkel)口中的"普通人"和那些有影响力的人物。对于二者的研究并不矛盾,能够研究社会的整个横截面似乎更对我的胃口。因此,虽然我们之间存在着矛盾,可是那是一个充满创造力的矛盾,是对于常见的二选一型解决方案的一种反抗。

我们间的第二个矛盾是:项目组为档案馆提供资料这一任务和通过对口述史的研究来推动社会变革这一任务之间的矛盾。南方口述史项目始终致力于使得口述史面向大众,鼓励人民去记录属于他们自己的历史,从历史角度来思考当代的问题。这一重任随着时间变得越来越重要,这主要都归功于我们的那些肩负起如此重任的学生和教职人员,他们努力地为档案馆收集资料,与此同时又不忘把眼界放在学校以外的社会。我们的行政主管兼外展服务协调人贝斯·密尔伍德(Beth Millwood)在这一方面的成就尤为突出。

还有第三个"带来创造力的矛盾":那就是创造档案史料和直接追求学术成就之间的矛盾。绝大多数的口述史项目把自己的主要目标定位为向他人提供第一手史料。我也认同这一观点,我们的大量经费和研究作业都被用在了艰辛的资料创建和处理过程中。可是,还是因为我们从属于历史系,所以我们的工作就不仅仅局限于创建资料而已。我们还向那些年轻的学者传授如何使用这些资料,教会他们去提问:"这意味着什么? 我们如何才能从这些个人的讲述当中发掘历史意义?"

凯思琳·纳斯多姆:听了您的讲述,我很好奇你们是如何将教学融合在你们的工作当中。

杰奎琳·德奥德·豪尔:我认为南方口译项目组在它的鼎盛时期为学生提供了这样一种环境,在那里他们可以抵御研究生教育日益激烈的竞争压力,可以彼此间团结在一起,坚守合作研究和市民参与的理念。我的教学采用了很多从实践中学习和举例子的教学手段。同时我还大量参与了研究生咨询工作,我也一直在主持口述史研讨会。这一研讨会是我们工作的重中之重,从中产生了我们许多最优秀的项目课题,也为我们培养了一批最棒的项目执行人员。

凯思琳·纳斯多姆:起初,你是如何看待您刚才谈到的梦想? 又是如何把它变为现实的呢?

① 《当代南方》1973年第4期,第2—3页。

杰奎琳·德奥德·豪尔:开始时,我们很快从洛克菲勒基金会得到了一笔拨款,用它去做了两个项目。一个聚焦于二战后美国南方政治局势的转变,其中包括了对后来的政治新秀的访问,比如说正投入到第一次竞选的前总统比尔·克林顿、年轻的前副总统戈尔(Al Gore)和其他许多著名的政治家①。另一个项目关注的是1920年女性获得选举权之后的几十年内美国南方的女性活动家和知识分子。因此可以看出,一开始我们主要采访拥有权势的男性和虽未身居高位但凭借自身实力引人瞩目的卓越女性。

凯思琳·纳斯多姆:您能谈谈南方口述史项目经历的不懈发展吗?

杰奎琳·德奥德·豪尔:我要谈谈1978年以后我们项目组进入的一个新的时期,那是我们从国家人文基金会(NEH)得到了一笔拨款,用来资助我们关于美国南方工业革命的研究项目。《就像一家人》的出版正是源自这一项目。布朗特·格拉斯(Brent Glass)就是为这一项目打下了根基的创始人之一,那时的他是北卡罗来纳大学教堂山分校的研究生,他成为了南方口述史项目的第一任助理主任,现任美国国家历史博物馆馆长。我们敏锐地洞察到20世纪六七十年代关于新工人阶级的历史忽视了美国南方,而美国南方的历史学家又忽视了工人阶级。我们计划着去利用南方与备受研究重视的新英格兰的不同,这一不同在于南方关于工业革命的回忆还存在于现今活着的人的记忆里。我们希望采访那些从务农转业到工厂的第一代工业革命参与者,研究探索这一地区不为人知的劳资冲突历史和许许多多关于家庭、工作、日常生活的故事。

我选择了教学课程研讨作为我在该项目的第一步,这一课程后来演变成了十分值得纪念的研讨会。我的研究对象是拜纳姆(Bynum),位于教堂山南部的一个工业城镇。那里的房产至今属于公司,那里居住的仍然是当年的那些家庭。我们根据学生们的访问记录创立了我们关于工业化进程的研究项目。这笔拨款支撑了我们这个项目好几年,在此期间我们采访了五百多人。

凯思琳·纳斯多姆:出版《就像一家人》这本书的想法是怎么来的?

杰奎琳·德奥德·豪尔:我希望能够就这一研究项目出一本书,可是由于工作实在繁忙,我们要做无数的访问,再将它们编辑成档案,我觉得我们不得不停下来歇一歇,至少歇一阵子。然而,这样的情况一再频繁地发生。这时,一群由于我们项目相聚在一起的研究生,提出了极具创造性的下一步计划。他们是:克里斯托弗·戴利(Christopher Daly)、路·安·琼斯(Lu Ann Jones)、罗伯特·考斯泰特(Robert Korstad)、詹姆斯·利鲁迪(James Liloudis)和玛丽·墨菲(Mary Murphy),他们后来都凭借自己的努力成为了

---

① 杰克·巴斯、沃尔特·德夫瑞斯:《南方政治的转型:1945年后的社会变革和政治后果》,乔佐治亚大学出版社1995年版。

杰出学者。当我们终于把所有的访问记录都处理完,我们深吸了一口气,大概说了下面的话:"我们亲自完成了这些访问,见到了这些人,我们对他们的故事十分感兴趣,因为他们太动人,太富有深意,也太有价值了。我们的工作是为其他学者提供资料,但是我们应该第一个去尝试着阐述它们的意义,至少是对我们来说的意义。"就这样我们决定出一本书,后来这本书在 1987 年由北卡罗来纳大学教堂山分校出版社发行,并在 2000年经过我们修改后再版。①

　　这一研究项目给我们带来了不少好事,其中一件令我格外欣喜。黛拉·波洛克(Della Pollack)是表演学研究的一名新教职人员,她在我们那本书的基础上,创造了学生表演学研究项目。我们这本书的作者和表演学教职工一起访问了州内的工厂社区。后来我们俩又合作完成了其他几个表演学研究项目,还尝试把表演学课程和口述史课程一起教授。从她身上,我学到了很多,她给南方口述史项目带来了与之前截然不同的氛围。②

　　凯思琳·纳斯多姆:口述史项目组在这之后又经历了什么?

　　杰奎琳·德奥德·豪尔:我们在《就像一家人》的延伸研究项目和工业化研究项目上投入了许多精力。在那之后,我们意识到最近应该关注一些专题项目之外的事情了。我们需要通过采访一些名人来提升我们项目的形象。我还认为非常有必要提高对大学历史的关注度。作为对北卡罗来纳大学教堂山分校建校 200 周年的献礼,通过 300 次采访,我们搜集整理的资料足以展示全校上下,从服务人员到学生,再到校长的精神面貌。我们对于校史上尤为重大的事件——1968—1969 年食品工人罢工有着无比丰富的资料。从那以后,我们一直在完善发展北卡罗来纳大学教堂山分校的校史项目。

　　我不喜欢把金钱视为衡量标准,可是我不得不说 1944 年学校的主要赞助人之一沃尔特·罗佑·戴维斯(Walter Royal Davis)拨款支持口述史的研究之后,我们项目组进入了一个新的时期。这些资助帮助我们完成了关于二战后北卡罗来纳州各方面的转型研究项目的整个系列,其中涉及政治、经济、女权、拉丁美洲移民、军事方面对北卡罗来纳州沿海地区的影响,以及作为"向贫困宣战"公共计划先兆的北卡罗来纳州基金。③

---

　　①　杰奎琳·德奥德·豪尔、詹姆斯·利鲁迪、罗伯特·考斯泰特等:《就像一家人:美国南方棉纺厂世界的形成》,北卡罗来纳大学出版社 1987 年版;添加作者的编后语和迈克尔·弗里希的前言后于2000 年再版。关于另一本由南方口述史项目组成员根据此次采访编写的获奖作品,参见艾伦·图洛斯:《工业的习惯:百人文化和卡罗来纳州皮德蒙特的转变》,北卡罗来纳大学出版社 1989 年版。

　　②　黛拉·波洛克编:《记忆:口述史研究作出的成绩,由杰奎琳·豪尔作后记》,帕尔格雷夫·麦克米伦出版社 2005 年版。

　　③　项目最近两名南方口述史项目组的两个毕业生,罗伯特·R.科斯泰德和詹姆斯·L.勒洛迪斯就这个项目出版了一本书:《赢得权利:20 世纪 90 年代美国一场终结贫困和不平等的斗争》,北卡罗来纳大学出版社 2010 年版。

有了这笔拨款，我们也第一次能够对进行独立口述史研究的学生给予现金奖励。

在这一时期的高潮，南方口述史项目迎接了它所经历的最为辉煌的时刻之一：在它成立 25 周年之际，前总统比尔·克林顿先生为其颁发了 1999 年的国家人文奖章，表扬其为"深化公众对重要的人文资源的了解认识，推广了公众在其中的参与力度"所做的工作和努力。来自四面八方的人们有的慕名而来，有的写信关注我们。① 这枚奖章虽然是颁发给我的，但它所表扬的是整个南方口述史项目的团结合作。

在 1999 年，我们收到了来自 Z.史密斯·雷诺德基金会一笔可观的拨款，来支持被我们"倾听带来改变"的研究项目，我们的目标是通过口述史去影响北卡罗来纳州的人们对过去的理解和当下的决策。"倾听带来改变"这一项目的不寻常之处在于其中单独的项目团队大多是由独立学者带领的，并且每个项目都有相当一部分的市民参与组成。比如说，我们基于社区进行了一个关于社区内黑人和拉丁移民之间矛盾的研究项目，通过采访我们完成了一部纪录片。我们与服刑犯人、主导老师机构合作，就学校的种族隔离和反种族隔离完成了一个研究项目。

对于公立学校的研究项目引出了我们目前最为关注的课题"漫长的民权运动：1960 年后的美国南方"。② 就我个人而言，这次的项目是对我在亚特兰大的那些年所提出问题的一次回归："种族隔离法的废处之后，我们将何去何从？"巴拉克·奥巴马总统的当选使得这一项目越发变得深刻和重要。奥巴马总统站在运动变革一代人的肩上，可是他和他的当选又使得他成为了后来人的范例，人民奋力推开了运动变革之门，充分利用新的经济机遇，大力整合各个机构，迎接面对来自权利的回应。

我们同时也长期在思考口述史研究发展的新方向。我们从一开始就希望口述史能够走出象牙塔，面向人民大众。现如今数字技术使得这一切都成为了可能，而这些是四十年前的我无法想象的。与北卡罗来纳大学教堂山分校图书馆合作，我们将近 600 份来原本储存在盒式卡带上的口述史资料进行了数字化转存，用新的方法使得录音与记录文本同步，对于采访所处的历史环境背景进行了注释，使得它们的检索查询变得前所未有的便捷。这些工作目前还在进行，我们把这些"最初就是数码录音的采访资料"和模拟磁带上的资料上传到网络上以供查询。在安德鲁·W.梅隆基金会的资金支持下，我们正在与北卡罗来纳大学教堂山分校图书馆、出版社、法学院民权中心合作，目标是

---

① 该事件的带头人是后来南方口述史项目组的副主任斯宾塞·勒夫。

② 杰奎琳·德奥德·豪尔：《漫长的民权运动和历史在政治上的运用》，《美国历史学刊》2005 年第 91 期第 4 卷，第 1233—1263 页。

通过数字技术来记录发表关于漫长的民权运动的新著作。①

我们还有一项新的举措:目前项目从属于历史系,但将来或许要成为较为新兴的美国南方研究中心的一分子。我们也要从我们那位于全校最丑建筑内的两间小屋子内搬出,搬到主街上一座漂亮的翻新房子里的新办公室去啦。这无疑将是一段新时期的开始。

凯思琳·纳斯多姆:您对项目组目前的形势有何感想?

杰奎琳·德奥德·豪尔:首先,我无论如何也未曾想到口述史是能够像今天这样蓬勃发展。因此我的心情主要是惊喜和感恩:口述史研究繁荣发展,我们的口述史项目才能够跟着发展。我还非常感恩的一点是,尽管目前项目组在它的主要项目上依然需要独立地接受馈赠和拨款,但是它终于拥有了我们向往已久的经济保障。的确,当我回首往事,不得不承认心里面还是会有些怀念往昔的岁月,尽管其中充满了艰辛。我们能取得今天的成就,要归功于热爱这份工作的每一个人。我们白手起家,摸爬滚打才换得了如今的资金和安稳,我坚信项目组的一些程序化使得我们比之前越来越接近学校里的其他项目组和中心。这其中也有我的参与,我主要负责学术上的领导、筹集资金、协调项目组和学校双方,确保项目组成员投入到历史的研究中,接触到当今主流的学术潮流。但我现如今的投入程度已经不比早些年了。

凯思琳·纳斯多姆:听了您的一席话,我首先想到的是,项目组如今的形势有好的一方面,但也存在着一些负面影响,你能谈谈这两方面吗?

杰奎琳·德奥德·豪尔:好的一面是目前我们可以地地道道地享受制度上的扶持,如果这么多人奋斗了这么些年,做出了那么多成就,而南方口述史项目依旧挤在两个小屋里面,依靠着捐款惨淡经营,那就有些荒唐了。可是我们又丢失了什么呢?我认为对于为项目工作的研究生来说,可能少了那么一份自己是这里的主人的感觉,再想在项目的发展中留下他们的足迹可能会变得越发困难了。

这是非常重要的一点,因为正是一代代聪慧的学生给项目带来了源源不断的创造力。我很想能够道出他们每一个人的名字。他们后来成为了杰出的学者,同样重要的是,他们离开这里时,是带着更为开阔的视野,他们明白研究历史意味着什么,他们中的许许多多都在领导着口述史研究、负责着公共历史项目或是在象牙塔之外研究历史。最重要的是,正是他们所做出的努力是我感到自己非常幸运,生命中一系列的偶然因素引导我来到了这个地方。

---

① http://www.sohp.rog/;http://docsouth.unc.edu/sohp/;http:lcrm.unc.edu。感谢南方口述史项目的副主任乔·莫斯尼尔带我们进入数字时代。

参考文献

杰奎琳·德奥德·豪尔、詹姆斯·利鲁迪、罗伯特·考斯泰特等:《就像一家人:美国南方棉纺厂世界的形成》,北卡罗来纳大学出版社 2000 年版。

第28章 案例分析：大学口述史研究是做什么的？加州大学伯克利分校的经验

理查德·坎迪达·史密斯（Richard Cándida Smith）

　　大学的口述史研究需要一次转型：四处采访来获取历史事件的第一手资料的研究方式跟历史学科本身一样的古老。古希腊历史学家希罗多德和修昔底德都曾依靠采访来研究历史，尽管所遗留下来的如今只剩下呈现在他们作品中的那些转述。采访这种形式依旧是研究当代话题的重要方式之一，但是当今的口述史研究始于19世纪初期，那时研究人员开始汇编和保存通过速记得到的访问记录。现代口述史研究非常重视采访记录可以被大众阅读到，这样口述人就可以向下一代人讲述自己的经历。同样重要的是，进行采访的研究者对于历史的解读可以和最原始的访问资料一起让人们对比着反复地审阅检查。

　　磁带录音机的出现使得记录口述人原话这一难题得到了解决。随着磁带录音机的推广，美国的一些大学纷纷设立了口述史项目来扩大它们的采访规模，深化它们的方法论研究。加州大学伯克利分校的地区口述史办公室创建于1954年，是美国研究型大学的第二所开展口述史研究的项目组。地区口述史办公室（ROHO）致力于"保护关于加州和美国西部发展的重大历史记录"。① 它至今已经搜集了关于加州历史上各种主题的3000多份访谈记录。地方口述史办公室对于地方研究的关注在他们的工作中得到了如此广泛的诠释，逐渐他们将加州的个人和机构拓展运用到了许多国际领域，因此地区口述史办公室的许多访谈有了国际性。此外，学者们目前已经捐献了7000多份他们在调查中制作的采访记录。

---

　　① 被地区口述史办公司的宣传手册和其他描述性材料引用，参见地区口述史办公室网站：http://bancroft.berkeley.edu/ROHO。

被访问的感受

20 世纪 90 年代末,那是我还从未想到自己有一天会成为地区口述史办公室(ROHO)的主任之前,我曾接受过地区口述史办公室丽莎·鲁本的一次采访,采访主题是关于 1964 年震惊校园的校园言论自由运动,采访属于地区口述史办公室的一个系列节目。1964 年时我是伯克利分校的大一新生。那时,我支持过那次运动,支持过学生罢课,要求校方限制政治材料在校园里的传播。但是我绝没有在那次运动担任领导者的角色,也从未参与任何左右学生运动领导决策的内部讨论。鲁本之所以采访我,是因为希望通过我这个平凡的大学生的视角,来了解学生群体对于这场学校管理方和政治活动家之间斗争的看法。此外,我还参加过"shop-in"活动,该活动的起因是因为一家本地超市招聘收款员时拒绝雇用非裔美国人,由于这一抗议活动,当地的商界向校方施压,要求他们阻止类似的校园骚动。①

鲁本采访我时,我已经在口述史研究领域工作了近 13 年,那时的我拥有相当丰富的采访经验,但是我却从未当过口述史的被采访者。坐在磁带录音机被采访者的一端,对我来说可真是十分强烈的情感体验。这次经历使得我对先前自己关于采访流程展开的认知产生了质疑。我有一肚子的话要说,可是每个问题又让我对于如何回答产生了迷惑,我想这种反应在受访者身上是普遍存在的。这次经历对我的影响深远,特别是对于我之后思索地区口述史办公室如何才能更有效地为研究型大学的工作做出贡献这一点上。

鲁本的提问十分尖锐,她对于这次话题的直接材料和间接材料都了如指掌,而且她同样地留心我想要表达的内容——或者更准确地说,是我试图去表达的内容。使我震惊的第一个事实是,自己对于一些问题喋喋不休的同时,对于另一些问题又近乎哑口无言。那些我记忆中清晰的具体事件,如今却被证实并非我一直所认为的那回事,谈论起这些事着实令人不悦。我的脑袋里,对于发生过的事,都统统归纳为一两句总结,而我又死死不能跳出它们的束缚去思考。尽管鲁本一再仔细探究,我依然无法逃出脑袋里死板的公式化回答。言语已经完完全全抹杀并取代了记忆。即使有时我的回答能够长一些,我依然无法回想起语言以外的事,也完全无力将我的描述具体化。感受到自己的

---

① 关于校园言论自由运动的历史和导致校园政治冲突的背景分析,参见威廉·J.罗拉鲍夫的《冲突中的伯克利:20 世纪 60 年代》(牛津大学出版社 1989 年版)和罗伯特·科恩、瑞吉纳德·E.泽尔尼克编写的《校园言论自由运动:20 世纪 60 年代在伯克利的反应》(加州大学出版社 2002 年版)。校园自由运动口述史项目采访的一部分以及其他关于伯克利历史的采访可以在网上查阅。参见地方口述史办公室网站:http://bancroft.berkeley.edu/ROHO。我的采访在我从伯克利分校退休之前是不公开的。

局限令我十分沮丧,因为这些问题都是最简单的那部分。

幸运的是,对于其他的很多问题,我的脑海涌现出丰富的画面和充沛的情感。可是要诉诸言语却更是难上加难,因为我不知道从何说起。我的胸中满是言语,我急切地希望了解引出鲁本某个特定问题背后的大主题,这样我才有可能挑选出恰当的细节去回答。这使我意识到,"口述史学家给口述人诉说自己故事的机会"这一说法或许并不准确。我有许多故事要讲,其中却只有一部分跟鲁本的提问有关。我只有仔细倾听,努力分析出她此次采访表面的目的和潜在的动机,才能开始我的回答。有些时候,我觉得十分有必要去推进她的采访目的,比如说,我坚持要讲述 1964 年秋季一段自己的经历,一天夜里十点伯克利警方来敲我公寓的门。很明显是我的邻居举报我和室友在招待女性,那时的伯克利当地有一条法令禁止未婚男女在晚上九点以后共处一室。对此我们一无所知,直到警察告知我们他们有权依法搜查我们的衣柜,检查否有女客藏匿其中。1964 年之后我从未谈论甚至哪怕去回想这件事,但鲁本谈到伯克利"开明"的声誉时,我不禁回想起这段早已忘却的记忆,迫切想要讲述自己的这段经历,向她诉说那次事件如今令我感受到的人身攻击意味。

身为史学工作者的我如今可以轻松地(甚至可能是轻而易举地)解释 1964 年的我这次有趣的经历和当时的校园氛围之间的联系以及当地政府在其中的重要影响,他们有意激起本来不受束缚的学生对于自由性行为的担忧,以达到他们贬低当时学生运动的目的,因为这些运动当时从本质上被理解为公办高校对广大公众尽职尽责地服务大众的方式。但当我被访问时,我并非以一个史学工作者的角度来思考。我也说不出其中缘由,只是觉得自己必须讲出这段经历。事实上,作为一种民间故事的个人经历和我作为史学工作者的分析在我心里矛盾纠结着。①

我反思自己在这次经历中了解到的采访过程中口述人内心的动态变化,我开始相信那个瞬间——当史学工作者和普通口述人的身份出乎意料地频繁交替出场发言——正是口述史研究如此重要、如此令人兴奋的原因之所在。口述史研究要想蓬勃发展,必须超越简简单单去搜集人们的故事这一层次,去推动人们参与历史研究,激发出更多对历史新的解读。每一次的采访,都应该成为这些解读中一环,只要有人继续参与讨论、提出新的观点,这次访问就能永葆生机。②

---

① 民间口述史研究和学术口述史研究的关系是我在论文《口述史采访的分析策略》中讨论的一个主题。该文写在鲁本对我的采访后不久。该论文发表在由贾比尔·F.古布勒姆和詹姆斯·A.荷斯坦编写的《采访调查手册》,赛奇出版社 2001 年版,第 711—732 页。

② 我认为,亚历山德罗·波特利所说的从"讲故事"转变为"谈历史"中很重要的一点就是口述史交流在这方面的发展。参见亚历山德罗·波特利:《朱利亚谷冲突:口述史和对话的艺术》,威斯康星大学出版社 1997 年版,6ff。

为地区口述史办公室设定目标

2001 年,我加入伯克利分校历史系并担任地区口述史办公室的主任。我从上述的个人的经历中,我归纳出了自己为地区口述史办公室设定的目标:(1)制定我们采访的研究议程,取代之前的搜集整理议程;(2)最大可能地吸引本科生和研究生参与地区口述史办公室的所有研究项目,积极鼓励他们在地区口述史办公室的支持赞助下启动他们自己的研究项目;(3)最大可能地向学生、研究人员和公众传播研究成果,从采访资料的传播开始,但绝不局限于此,通过互联网的各种传播形式来进行推广。自从 1948 年艾伦·内文思在哥伦比亚大学的巴特勒图书馆开设口述史研究办公室以来,美国高校的口述史研究机构大多被定位为资料搜集整理和保存的机构,而这三个目标大胆地向其提出了质疑和挑战。地区口述史办公室也同样地从属于保存了许多珍贵图书的班克罗夫特图书馆(Bancroft Library)。

以图书馆为基础的项目组把工作重心放在了口述史研究工作的资料搜集方面:收集那些在功能上等同于日记、信件和手稿等特殊资料的访谈记录。在我看来,把口述史研究的工作重心放在资料搜集的就是犯了最基础的错误。因为口述史不同于信件、日记、票券和手稿,它不是仅靠收集就能得来的。口述史研究记录搜集的文章和评论不能仅仅储藏在一个地方,就好像它们是等着被认领的一样。在采访者和口述人在录音机前坐下之前,这些记录从物质和非物质的角度都是不存在的。讨论得以形成,源自于特定的相关个人之间的独特关系,也来自于所提出的问题,也来自于采访过程中受访者脑海里被激发的那个被反复陈述的固定回答和早已忘却却又忽然涌现的记忆(后者比如我回忆起 1964 年警察去我家的那个例子)。另外一次关于校园言论自由运动的采访很可能会令我讲述其他的故事,或许一连串别的提问会唤起我另一段尘封已久的记忆。口述史的访谈或许看起来像一份回忆录的初稿,然而事实上他们不尽相同,因为我们常常会在访谈中说出一些我们永远不会想到去写下来的事情。如果采访者不了解口述人的陈述,他可以通过提问的手段来消除困惑。再如果采访者发现口述人的回答中出现矛盾,他同样可以通过提问来判断口述人的观点是否有靠得住的依据,并且引导口述人换个角度去解读。

简而言之,口述史的采访是需要精心打造的,因此,采访者总是需要运用一定的方法论来开展自己原创性的研究,而音频、视频资料以及常见的文本资料,这都不过是方法论运用过程中的产物。录音录像和文本资料可以,也应该被保存在图书馆里。但是,由于典型的美国口述史项目组的管理机构通常位于拥有特色馆藏的图书馆内(国外情况少一些),这一事实使得人们对于口述史研究产生了一种本末倒置的理解,把本来是次要的工作内容视为口述史研究的工作重心。就这样,口述史研究的成就是按数量来衡量的——根据记录总时长、记录文本的页数和每学年口述史采访记录架子上新增文章的数目去评判。人们依据引用这篇材料的出版物的数目来评定文件材料的现实意义。材料的被引用记录被神圣地妥善保存,然而却没有人去评定一个学者或是记者如何通过口述史材料建立起他自己的论点,没有人去评定他们如何运用口述史中学到的东西去挑战现存的观念。①

　　想到这一点,我希望地方口述史办公室的项目组织者和领队采访者在研究课题上是经过高阶训练的专家学者。他们通常必须要拥有历史博士学位,对于他们在地方口述史办公室的研究领域要拥有相关工作经验并且曾经写过相关方面的研究文章。他们了解他们访谈的领域过去的历史和现在的学术辩论。他们拥有的是学术职位而非管理职位,这样他们对自己工作性质的认知才是学者,并且允许他们将教学纳入日常工作的一部分。我希望项目管理者出于强烈的个人意愿积极投身学术活动,并且希望口述史在他所研究的观点中处于中心地位。我并不认为大到每一个口述史研究项目,小到每一次访问,都需要或是应该发表文章或是出版书籍。但是常规性的写作确实有助于采访者了解他们当下的研究工作是否融入整个学术大环境,它能够激发更深层次的分析,使得采访者意识到他们所记录的材料事实上是否填充完善了历史记录,如果是的话,又是从哪个具体的角度。

　　对研究的积极投身和与时俱进的学术精神,对于消除分歧至关重要。这一分歧的对象是这样一些员工,他们根据学术上的解释力和大量证据支持下的新的解读来评定工作,或者说至少在历史学上他们是这样做的。史学工作者对于口述证据的怀疑态度,不单单出自他们对主观资料来源的不信任。当代大多数的史学工作者也都意识到传统资料中存在的偏见,并试图寻求能够给陈旧主题带来全新论点的新型资料。② 他们怀疑的源头反过来恰恰是口述资料在基础上相对缺乏创新性、挑战性的新论点。正如在我加入伯克利分校不久一位同事告诉我的那样,他说口述史研究的主要用途仅仅是对

---

　　① 从 1984 年到 1993 年我都在加州大学洛杉矶分校工作,我们日常活动的相当一部分就是维护我们的"数据",那也是我们年度报告的全部内容。同样的要求也曾存在与地方口述史办公室。我继任之后就废除了此类的报告,如今,地方口述史办公室的网站上可以查看即时的"年度报告",只不过相比较更重视内容和学术参与,而不再是数据优先,尽管在任何临时用户看来那些数字还是相当令人印象深刻的。

　　② 关于口述史和其在新的历史趋势下的地位的精彩讨论,可以查看彼得·伯克编写的《新视角下的历史写作》(宾夕法尼亚州立大学出版社 2001 年版)和安娜·格林的《文化史》(帕尔格雷夫·麦克米伦出版社 2008 年版)。

于"地方特色"的贡献。大学的口述史研究项目组目前正把握着这样一个机会,他们有机会去展示,口述资料在发展我们对过去的新观点中也可以扮演十分重要的地位。事实上,美国大学的口述史研究状况之所以如此坎坷,是因为主流的以资料搜集为重心的发展模式对于项目内容彻底的评估毫无优势。对于单位工作研究结果的评估力度不够,而本来这其中蕴含着可能性,本可能带来足以引发当今学术界最为激烈的争论的采访。

我对相关学术证书的重视挑战了图书馆工作的各项指标。因为口述史采访者在过去被设置为编辑这样一个没有内在的研究需求的管理职位,因此伯克利图书馆上下当时都在热议拥有相关的终极学位是否应作为担任口述史办公室高级职位的硬性要求之一。学校图书馆领导和班克罗夫特图书馆馆长都很支持我,他们理解地方口述史办公室通过变革参与大学研究和教学任务能够带来的长期的潜在的可能性。得益于此,用学术职位替换当时采访者的管理职位这一过程进行得十分顺利。该模式将会给一些人留下这样一个印象,大学口述史项目的深层的、民主的目的是使得更多、更广的民众参与到对历史的讨论中来。然而,适合社区口述史项目的东西目前看来未必适合大学口述史项目,因为二者在口述史领域整体上各自有着截然不同、专门的地位。

过去半个世纪中,在社会各个层次中进行的采访数量向设在研究型大学的口述史项目组提出了挑战,巨大的采访数量要求他们更深层地思索他们工作的独特方面。采访和采访项目的数量暴涨到成千上万,然而其中的大部分却没有得到充分利用,或是其采访记录就很难被外人接触到。1989 年,当时我正担任美国口述史协会(U.S.Oral History Association)的执行秘书,一家负责复制档案资料的查德威克—希利公司(Chadwyck Healey)告诉我,美国的图书馆和档案室保存着上百万的口述史采访记录。当时互联网还未普及,他们绞尽脑汁在思索一个能让这些资源被更多人利用的方法,可是单单是那庞大的数量就让他们十分为难。在过去的二十年,很有可能又有成千上万的采访内容加入到这个庞大的资料种类当中。查德威克—希利公司的估算还并未将还在研究者手里的磁带算在内——其中的大部分最终都被存放到了储藏室当中。

如此数量庞大的口述资料的妥善保存反过来也暴露出口述史研究工作的不足。越多的访问资料被保存下来,就意味着它们中的信息除了满足当时研究人员的一时需要之外,很难被再次利用。口述史对于改变人们对历史的理解的有着超乎想象的巨大潜力。就在这些现有的口述资料内,就存在着可能会撼动当代史学重大结论的内容。大学的口述史项目组仅仅完成了口述史研究工作的一小部分,因此对历史认识最深层次的转变将会出现在其他地方的研究工作当中。可是,大学口述史项目组的研究成果却相对更容易被人了解到。地方口述史办公室保存的超过 3000 份采访资料涉及美国西部历史的一大部分,可是这些资料却不够全面和完整。与社区机构的独立学者不断增长的海量采访资料相比,大学研究机构的采访资料保存虽然资金充沛,却无法提供一套权威涵盖州内、该地区内历史发展各个方面的口述史资料。他们能够提供给着手最重要工作的学术界的,是他们的对照试验,关于如何加深采访内容的,如何将口述史资料引入当代学术讨论当中,以使得他们这些研究机构的重要性得到认可,如何使采访发现更有意义地被那些可能需要它们的研究者们接触到。

口述资料的保存,自从它的出现至今,经历了一段双重的、矛盾的发展历程。口述史研究呈几何数级增长,其专业化程度也迅猛发展。大学口述史项目组是这一过程的关键,它们设立了大量关于项目设计、采访过程、资料转录、资料保存和资料开放程度各个方面的标准。或许不是每个人都会遵循或是有能力遵循由加州大学伯克利分校、哥伦比亚大学、加州大学洛杉矶分校、北卡罗来纳大学教堂山分校或是其他身份显赫的大学项目组所设立的标准,但是这些项目组确实坚持不懈地提醒每一个口述史研究人员,提醒他更深层次地去思考自己正在做什么和自己有能力做些什么。

当代大学口述史研究的意义并不是收集保存资料的重复作业,而这一活动却大量占据了社会各种口述史研究机构的工作内容。不管它是资金充沛、由企业委托的商业化口述资料文档项目,还是成百上千的、依靠志愿者的社区项目。大学项目组的成员有更多的机会去反思如何使得口述资料更加紧密地联系到研究、教育和公共文化方面,如何使得口述史成为当代社会对历史的讨论中不可或缺的组成部分,从我们已知的一切中能够得出什么样的意义。研究型大学的口述史学家正在从整体上服务于这场改革趋势的民主精神,这体现在他们的工作贡献与组成了他们学术生涯中复杂交错的对话和辩论,更体现在他们的研究使得同龄人去深思个人和社会团体是如何塑造了他们对历史的理解,是他们将民间对历史的解读融入到专业史学研究的根基当中。

在过去的 200 年中,口述资料是学术研究十分重要的组成部分,因为他们将以其他方式难以保存(尽管也不是完全不可能)的大众生活记录保存了下来。和过去一样,如今的人们只要聚在一起,交谈起来——不管是在饭桌上、酒馆吧台还是大学走廊,就会创造和维持着他们共享的想象生活。这些非正式的集体共识渗入到群体做出的每一个决策当中——不管它们是否基于文本的形式——它们构成了每一次采访的背景。这些讲述既是私人的又是社会性质的,它们为重现一个社区过去的面貌提供了依据,它反映了该地区过去关心的事物和其中的冲突。有些思想在当时尤为重要,却没有以文本或是其他出版物的形式记录保存下来,口述史研究使得这些思想得以重见天日。我那段警察上门来检查我和室友是否在夜晚招待异性的记忆之所以被忘却,是因为——转眼之间——那种警方有权监视大学生两性生活的观念变成了无稽之谈,而那件事和我后来的日常生活又毫无干系。

然而,1964 年的这次意外却是一段令人震惊的回忆,尽管当时社会上鼓励青年人去努力追求个人独立,我们的政府却试图去控制干涉完全私人的行为。警察到我的公寓搜查女客这件事我和朋友们谈论了个不休,这使得 35 年后的我在一个好提问的引导下去重新发现认识这个事件。这件意外经历和校园言论自由运动没有任何直接联系,因为它从未引发任何正式的抗议,除了我的一个室友——一个英国的交换生——在警察搜查之际抗议道:"可是警官,这里没有发生任何的私通行为。"当时我的同学对新校警的做法表示愤慨,我们那个事件也加重了他们的不满情绪。某种程度上,我们那次事件激化了学生的抗议情绪,大家觉得决不能让他们(他们中任何人)就这么蒙混过去了(不管是对以上哪一点)。

我并不想夸大个人经历的重要性,可是我向地方口述史办公室提供的关于校园言论自由运动的信息足以证明口述资料通常可以向我们揭示那些看不见的大众生活和集体意识,同时在不夸大事实的基础上,将人们自身和他们的关心、信念、恐惧和抉择重新带回到历史进程中,去探索对历史的新的解读。个人生活和历史变迁之间还有另一道更为清晰的联系,正是它吸引学生们加入到口述史研究中来,在这里他们可以和学科专家一起去探索那些吸引他们、具有高度复杂性的课题,而这样的复杂课题超出了他们单单凭靠个人的研究能力之外的。

造福学生

口述史研究可以为学生带来三点实用的并可以立即获得的好处。首先,是对于日常生活中各种联系更为深刻的理解,不管是针对他们的个人生活,还是对社会变革和保护进程。其次,它提供了学生一套实用的代代相传的研究方法,使得学生有能力去创造他们自己原创性的史学资料。让他们体会到搞学术不单单是死记硬背图书馆能找到的一切,确实那也属于学术研究的一部分,但是学生常常止步于这个最起始的阶段。最后,口述史研究鼓励学生创造性地思索如何将自己的背景、兴趣和经历结合到对这个世界整体的学习了解中来。和其他大学一样,地区口述史办公室的课程同样擅长鼓励学生按照他们对世界的理解去设计研究项目,然后把他们学到的东西联系到这个世界更为宏观的层次上。学生并不是被简单地要求去完成记录,而是通过撰写分析论文来接受评估,评估他们从采访中学到了什么,以及受访者的陈述是否符合现存的文献。

从口述史学家的日常工作我们可以找到当今教育界面临的最重要问题:我们如何教导学生去阅读他本身持有偏见的资料? 只有这样他才能意识到有多少被压制的意

见。如何教导学生全面思考他们碰到的论点的根据,然后去评估逻辑、证据和情感因素是如何结合形成这种看法? 人们如何才能在有着共同需求、共同利益的方面发展出共同语言,同时又不忽视经验和立场上的长期不同? 知识与信念之间又是什么样的关系? 当学生们把自己的文章发表在研究项目的网页上这一刻,他们对学术的态度有发展了一步? 他们撰写论文不再仅仅是给教授看。① 他们和受访者的对话面向了一个范围更广的公众群体,这些人读他们的文章是处于对该话题的关注。他们的文章发展出了一个新的目的,去向大范围的潜在读者解释为什么他们从访问中了解到的内容是那么的重要。正如口述史运动所宣传的那样,大学口述史项目组可以为历史民主化进程做出贡献,它的本质是一场开放性的对话,对话的参与者包括了所有愿意讨论过去历史、使其永葆活力的人们。

参考书目

[1]彼得·伯克:《新视角下的历史写作》,宾夕法尼亚州立大学出版社 2001 年版。

[2]安娜·格林:《文化史》,帕尔格雷夫·麦克米伦出版社 2008 年版。

[3]理查德·坎迪达·史密斯著,贾比尔·F.古布勒姆、詹姆斯·A.荷斯坦编:《采访调查手册》中的《口述史采访的分析策略》一文,第 711—732 页,赛奇出版社 2001 年版。

---

① 伯克利分校学生作品的展示,包括采访和分析论文,都可以在地方口述史办公室网站的教育板块查看。

第六部分

口述史的呈现

第 29 章　面向公共口述史

格雷厄姆·史密斯（Graham Smith）

　　公共史学是一个"模糊的概念"，①也许对它最简单的定义是"它记叙了一系列由非学术机构雇佣的历史工作者描述的历史进程"。② 在这一定义下，至少在某种程度上，经费是区别公共史学和专业史学的一个重要因素。瓦莱丽·尤（Valerie Yow）认为，公共史学就是"委托在特殊机构和团体执行的历史研究"，因此"公共史学的目标读者是委托者本人或者委托者所选择的读者——而没必要是其他学者"③。利益方面，在口述史和公共历史领域的杰出学者唐纳德·里奇（Donald Ritchie）曾指出，公共史学的定义在过去是与历史学家的工作场所和工作地点（是在公立机构服务或是作为私人顾问）相关联的，而如今，公共史学的定义已经转化成历史学家们意图去服务的"公众"或是努力去影响的"公众"。里奇发现："对于其他的专业史学工作者来说，虽然大多数的历史文献都是为他们服务的，但是，他们只占公共史学读者的一小部分。"

　　公共史学是一项有组织的工作，它将准确的而又富有意义的历史呈现给公众，而口述史是为达成这一目标自然而然所使用的最理想的工具。口述史和公共史学天生就关系密切，二者都吸引了这样一批从业者和读者，他们有别于那些倾向更传统历史著作的从业者和读者。口述史和公共史学的研究中都涉及了出现在博物馆展览、戏剧演出、以及其他形式的教室之外的公共应用中的录像带和影音幻灯片，甚

---

① 吉尔·里丁顿：《什么是公共历史？公众和他的历史、意义和实践》，《口述史》2002 年第 1 期，第 83—93 页。某种程度上，这种模糊性来自于"公共历史"被用来描述概念和实践的方式。

② 具体例子详见迈克尔·高登在密尔沃基市威斯康星大学教授的公共历史课的介绍；http://www.uwn.edu/People/mgordon/hist700.html。

③ 瓦莱丽·尤：《口述史的记录：人文和社会科学导读》，阿尔塔米拉出版社 2005 年版，第 144页；尤还详细地探索了在处理委托工作中面临的挑战（第 98—105 页）。

至是交互式视频。①

因此,或许可以说公共历史研究是一种专门面向特定读者群的历史解释成果。有些人认为。学院派历史学家和公共史学历史学家的一个重要不同点在与:前者的著作是学院派专家互相写给彼此的,而后者是在面向一个更广大的读者群解读历史。② 但是,公众史学工作者一直以来认真地强调,尽管在读者群和经费方面存在着差异,但是公共史学和学院派史学的从业人员在研究和实践"史学这门行业"方面是有着共同准则的。菲利普·V.斯卡皮诺(Philip V.Scarpino)写道:"作为史学工作者我们都去做调查,都去分析和解读调查结论,我们都交流研究成果。"③又或许正如资深自由口述史学家查尔斯·莫里斯(Charles Morrissey)谈到的那样,公共史学是由受过专业训练的史学工作者在不能够达到学术标准的非学术环境进行的历史研究。④

参与公共史学研究的口述史学者遇到的挑战和机遇是令人兴奋的,又很可能会是鼓舞人心的。的确,把口述史学研究已经设计的各种研究活动结合进来,还有那一系列二者所共有的情感因素,就可以创造出一门崭新的公共口述历史学。这样一门公共口述历史学将会建立在参与型的研究实践基础上,而这些研究已经发展成民主化历史解读的共同目标之一。在得出这一结论之前,口述史学家参与公共历史的方式将会被讨论,首先是口述史学家带给公共历史研究的情感因素,然后是对于已经出现的二者之间差异的思索——这些差异更加模糊了"公共史学"的定义。

口述史与公共史学——共同的情感

想要了解公共史学研究活动的激增与口述史之间的密切关系并不困难。口述史研究作为一项研究活动、一种项目研究工具,本身易于接触,又便于理解。它带来的研究成果十分有趣,看起来又不具有排外性。因此,它轻而易举地为上述的三个方面做出了

---

① 唐纳德·A.里奇:《口述史研究:实践指南》(牛津大学出版社 2003 年版),第 42 页。英国历史学家亚瑟·玛威克在《历史的新特性:知识、证据、语言》(帕尔格雷夫·麦克米伦出版社 2001 年版)中读者问题上为口述史做辩护,尽管他质疑了我们是否需要"美国货币制度"这个术语,因为"历史是社会必需品"并且喜欢"实用历史"胜过公众历史。

② 参见史蒂·L.雷肯的《研究公众历史:探寻过程,但更注重原因》,《美国季刊》总第 45 期,1993年第 1 期,第 188 页。罗伯特·凯利也同样主张过"公共历史是指学术界之外对历史工作者的委托和对历史研究手段的运用",出自他的《公共历史:起源、本质和前景》,《公共历史》1978 年第 1 期,第 16—28 页。

③ 菲利普·V.斯卡皮诺:《关于定义、评估、奖励公共学术作品的几点思考》,《公共历史》1993 年第 2 期,第 55—61 页。

④ 正如尤在《记录口述史》第 144 页所提到的。

贡献：扩大了读者群体，拓展了论题范围和关注话题，提高史学研究中的参与性。这有助于重新定义我们对史学的认识：它是做什么的，受到哪方面的支持，又达到了什么样的结果。① 公共历史是一种政治活动，无论它是以民众的名义进行，还是以慈善组织、宗教组织、政府或资本家公司的名义。路德米拉·乔达诺娃（Ludmilla Jordanova）曾主张，公共历史"编织了道德话语"，发掘新的历史记述或证实已有的历史记述，这些道德因素和政治因素是密不可分的。②

这些道德话语随着时间而改变，可以说口述史也推动了这一进程。我们可以满怀信心地确定，在 20 世纪 80 年代中期，学院派史学家对历史中的大多数前人的生活是没有兴趣的。当时吸引口述史学家的是这样一些研究项目：试图去研究那些在过去的历史记录中被忽视或是被排除在外的人物的故事。尽管吸收了前人的研究成果，如今的口述史学家依旧在思索：在历史中还有谁可能被忽视了。由于公共历史常常是属于强者和胜者的历史，口述史学家习惯于去质疑历史中是否有谁被埋没了，而对这样的人的研究可能会纠正现存历史记录中的错误。

口述史学家同样也有兴趣去探索研究那些可以呈现他们所收集的口述访谈的各种方式。这一点在社区的口述史学家身上尤为突出，他们常常通过当地独立出版机构、展览、电视节目或是广播去接触新的受众。对许多口述史学家而言，最重要的不单单是如何描述甚至是如何分析历史，而是如何展现（重现）往事才能吸引观众去探讨自己和他人回忆的意义。

作为记录回忆工作的一部分，口述史学家与受访者之间通常在互信的基础上建立起合作关系。因此，口述史学家自然而然地十分关心口述资料的收集、使用和归档可能会带来的影响。所以，公共历史保存和口述回忆还原工作中的道德考量一直以来都备受口述史研究的个人与组织的关注。对口述史学家而言，口述史研究经常需要采取被迈克尔·弗里希（Michael Frisch）所说的"共享权威"的立场：

口述史和公共历史研究最吸引人的是它们重新定义、重新分配知识权威的能力，因此其研究才可能被更广阔的群体共享和交流，而不是继续作为维护等级制度和权力的工具而存在。

尽管得到了不同的解读，"共享权威"向与个人、团体合作研究的各种途径提供了基础。其中的案例包括丹尼尔·科尔（Daniel Kerr）的"对话街头流浪汉"，这些采访带来了后来以克利夫兰历史为基础的视频和广播节目，俄亥俄州的"流浪专家"。丹尼尔

---

① 迈克尔·弗里希：《共享权威：口述史和公共历史的技巧与意义》，纽约州立大学出版社 1990 年版，第 185 页。

② 路德米拉·乔达诺娃：《实践历史》，阿诺德出版社 2000 年版，第 156—162 页。

把重点放在了那些无力带来社会变革的人们的力量之上。他认为,通过结合口述史和公共历史,"个人经历和社会结构间错综复杂的联系"是可以被探索研究的,科尔称其为"政府机构的根源"。①

尽管对于"共享权威"存在着一些批评的声音,到目前为止它依然是一种为大多数口述史学家所追求的理想。它还提供了一种针对口述采访关系影响力的研究方式。② 可是,正如弗里希在后面会谈到的那样,共享权威仅仅是开始,而不是最终目的,并且共享权威的挑战"绝不是单一方向的"。③

总而言之,口述史学家进行涉及理论认识和伦理解读的公共历史研究时,曾多次采用权威共享和情感共享。然而,口述史学家的工作也总是在特定的背景下进行的。最为明显的是,处于特定的地理位置的公共历史学家将会对当地历史研究和解读造成影响。

国际上的公共历史和口述史研究

纵观全球,人们对公共历史的理解和对过去的想象不尽相同。同样不同的,还有人们对公共历史的研究方式和得出的结论。至少某种程度上,这些差异是由其所处的社区历史或对应的读者群体所造成的。

在英国,公共历史一直被视为"民众的历史",而社会冲突通常被看作历史变革的推动力。④ 这与美国的情况形成了对比,在美国,研究认为社会团结是许多历史活动的标志。(不过这一差异不应被过度夸大,因为英国的许多当地口述史项目尽管致力于发掘"社会底层的历史",在研究过程中却又常常凸显了公众团结的重要性,而忽视了社会冲突。)此外,英国的口述史学家还致力于使历史真正成为人民大众的财富,他们努力去避免口述史和公共历史变得过于专业化。与此相反,他们通过编著手册、公开培训和案例分析,广泛传播了优秀的研究实例、伦理法则以及能解读历史的理论。

尽管人们认为公共历史作为一种研究成果,对于更注重研究过程的口述史学家不那么有吸引力。自 20 世纪 90 年代末,英国的《口述史》(Oral History)杂志开始融汇了

---

① 丹尼尔·科尔:《"我们知道问题所在":使用视频和音频口述史对流浪者进行协同分析》,选自罗伯特、帕克斯、阿里斯泰尔·汤姆森编:《口述史读本》,劳特利奇出版社 2006 年版。

② 例子参见《口述史评论》2003 年第 1 期。

③ 迈克尔·弗里希:《权利共享:口述史和协同作业》,《口述史评论》2003 年第 1 期,第 111—113 页。

④ 例子参见由希尔达·肯、保罗·艾什顿合编的《人民与他们的历史:当代公共历史》,帕尔格雷夫·麦克米伦出版社 2009 年版。

公共历史研究的一般特点,去讨论口述史在公共历史研究成果中起到的作用。其中涉及了公共历史、博物馆展览、家庭自制电影、音频蒙太奇、网络展示、电视和广播节目等各个领域中的口述史。①

公共历史本身常常处在变化当中。这一点可以从见证人对历史描述的变化中感受到,这些变化通常会受到历史解读和现存公共历史重构的影响。这些影响的内容一直是许多争论的主题,而一些口述史学家认为关于过去与现在之间关系的这一方面给他们带来的灵感。例如,阿里斯泰尔·汤姆森(Alistair Thomson)的研究发现了澳大利亚的军人对于第一次世界大战的回忆是如何随着时间而改变的。② 这些变化部分反映了历史上澳大利亚与英国间不断变化的关系,但是更重要的是——通过将其作为案例分析——汤姆森向我们展现了更宏大的公共历史背景是如何影响前澳新军团(Anzac)士兵们的回忆的。

在澳大利亚和美国,已经出现过多的公共历史课程和学位课程,两国都拥有大量的、超过学院派史学家的公共史学家。两国也都在作为结果的公共历史研究方面备受争议。但是,两国的情况又不尽相同。澳大利亚作为移民社会的历史影响了它的公共历史,同时为相对年轻的殖民地提供了一种独立于英国来发展本国历史身份的方式。这方面最为显著的例子是当地原住民要求社会复位和政治复位的运动。在这一情况下,对历史的解读带来了了巨大的变化。例如,当新当选的澳大利亚首相约翰·霍华德(John Howard)谈到1996年选举胜利后面对的残局时,他抨击了在他看来是试图"为党派政治原因去改写澳大利亚历史"的行径。③ 对一些人来说,这标志着澳大利亚"历史之争"的开始。④

"历史之争"这一称呼最早是一本关于美国一场早期论战的著作的书名。1994年,史密森学会国家航空航天博物馆(Smithsonian Institution's National Air and Space)为了庆

---

① 例如,该杂志折中地发表了艾尔·约翰逊的《洗衣业的土地:一次口述史项目的设置》,《口述史》1998年第2期;安妮特·戴:《听觉的画廊:口述史的展示》,《口述史》1999年第1期;史蒂芬·苏泽尔坤:《家庭自制电影的价值》,《口述史》2000年第2期;查尔斯·哈代:《浪子和浓妆艳抹的小姐:对都市民俗、生活故事和听觉历史的几点反思》,《口述史》2001年第1期;罗伯·帕克斯、琼尼·罗宾逊:《我们讲话的方式:基于网络的英格兰社区变化表现》,《口述史》2005年第2期;吉尔·里丁顿主编,艾兰·迪恩、马克·威塔克合编,《从广播倾听过去》,《口述史》总35期,2007年第1期;萨拉·豪斯登、珍妮·莫罗泽克:《通过英国广播公司对人们关于战争记忆的访谈去探索他们之后生活的身份认同》,《口述史》总第35期,2007年第2期;史蒂夫·汉弗里:《电视上的口述史:回顾过去》,《口述史》总第36期,2008年第1期。

② 阿里斯泰尔·汤姆森:《澳新军团记忆:传奇在身边》,牛津大学出版社1994年版。

③ 被梅丽莎·诺贝尔引用在《官方道歉的政治学》,剑桥大学出版社2008年版,第103页。

④ 斯图亚特·迈金泰尔、安娜·克拉克、安东尼·梅森:《历史之争》,大学出版社2004年版。

祝太平洋战争结束五十周年,举办了一场展览,当时博物馆邀请参观者思考对日本的核武器打击的道德影响。这一举动是一些保守主义者无法接受的,其中包括纽特·金里奇(Newt Gingrich),后来的美国众议院议长,也是一位"业余"历史学家。

这一备受争议的事件结果或许意味着美国公共历史一个更为谨慎的发展转向,但是在澳大利亚情况却截然相反,这一事件引起了激烈的反响。人们坚决地捍卫了对历史解读可以多个版本共存并且解读是不断发展的这一理念。一些人主张,根据当前人们关注的变化,去发掘新的历史信息和重新解读历史,是一种暗中破坏"固定了的、已被完全揭秘的、最终版本的"历史的阴险举动。斯图亚特·迈金泰尔(Stuart Macintyre)尤其驳斥了这一指责。①

由于口述史对于历史、后现代主义以及与政治左派的重新解释,口述史同样激怒了澳大利亚的右派历史学者。比如说,基斯·温德舒特(Keith Windschuttle)就曾主张前任导师派特里克·奥法雷尔(Patrick O'Farrell)的批评观点:

派特里克先生非常实际地指出当时正在崛起的口述史领域的研究是多么的不可靠。然而,那之后口述史还是发展成为一流行的历史研究手段,特别是在澳大利亚原住民的历史研究方向上——目前口述史在这一研究方向上出现了期刊和课程——但是,我们中的一些人依然记得并且可以援引派特里克先生当年的批评观点。②

温德舒特援引奥法雷尔的观点批判道:"由于未经原始文献证实,原住民口述史是非常不可信的,正如白人的口述史一样。"③该观点很好地展示了历史学新右派思想的核心原则:历史绝不可以被重新解读;即使任何新的史学研究工具得到运用,或是发现任何新的历史资料,人们也只需重复先前史学家的观点,这就足够了。这等于一下子就无视了奥法雷尔之后所有口述史研究手段的发展;同时这一观点还忽视了一点,即使是文献资料可也能存在错误;而且,有很多不具备或者不擅长书写能力的人,口头表达和记忆对这些人的意义和复杂性也被温德舒特统统置之不理。

温德舒特反复论述并坚信口述史资料不同于文献资料,④但是他不仅无视口述史学科内部的一些观点,而且还无视整个史学界内部的一些观点。这包括对历史学扑朔迷离的历史问题的讨论。更确切地说,他未能正确认识历史进程的复杂性,比如关于历史学家在资料室和档案馆所使用的资料(包括各种文件),对这些资料的保存、分类和

---

① 迈金泰尔、克拉克、梅森:《历史之争》,第 13 页。
② 温德舒特 2002 年在塔特萨尔俱乐部发表他的新书《原住民历史的捏造》时的演讲、参见 http://www.sydneyline.com/Launch%20speech.html。
③ 引用自迈金泰尔、克拉克、梅森:《历史之争》,第 45 页。
④ 例子参见亚历山德罗·波特利:《什么让口述史与众不同?》,帕克斯、汤姆森编:《口述史读本》,第 32—53 页。

传播是需要巨大的、有组织的人力和物力的。

对于这一点，我们可以引用一些对口述传统有深刻见解的观点。薇诺娜·惠勒（Winona Wheeler）主张原住民的口述历史不应该为了符合西方历史观而被滥用。她谈到："事实"是提取出来的，而剩下的"多余的数据则被置之不理"。正如惠勒十分简洁地概括道："大量的信息被滥用，其背后的声音却被迫沉默。"但是对于克里人（惠勒本人所属的北美洲最大的原住民群体之一），对于其他的一些群体，无论他们曾是征服者还是当年征服下的幸存者，口述史绝不仅仅只是一个抽象的概念。对他们而言，而是一个关于事件（过去/现在）、空间（个人/公众）、再现（记忆/历史）的丰富多彩、复杂、多角度和对话性的概念。

幸运的是，其他人并没有像温德舒特一样缺乏对历史复杂性和口述资料的了解，原住民的口述资料也被澳大利亚原住民之外的人们广泛地利用着。例如，新西兰的外坦吉法庭（Waitangi Tribunal）搜集了从古至今人们反抗 1840 年协定（the 1840 Treaty）的种种证据，该协定使得新西兰附属于大英帝国。该法庭通过公共历史来研究毛利族的原告关于本族历史的谈话、文字和歌曲，从而发掘了丰富的历史研究资源。

在其他国家，关于如何解读历史，也同样存在着冲突——如果不是战争的话。在加拿大，存在着同样的争论，那些对美国和澳大利亚具有丰富经验的退休历史学家甚至抨击新的研究方式和研究思路迷惑了学生，降低了他们对历史的兴趣。

在其他地方，争论以其他形式出现。从集权国家政体背景走出的人们，都采取了修正主义，尝试以新的视角去了解历史，这些国家包括南非、智利、阿根廷，还有先前属于苏联和东欧阵营的国家。口述史研究是重新解读历史的一个重要手段，特别是在人们的记忆受到压制的地区。如此背景下产生的公共历史常常称口述史是先前政权不公正的见证人。例如，柬埔寨的占族穆斯林口述史项目（the Cham Musilim Oral History Project）就发现了民主柬埔寨（Democratic Kampuchea，1975—1979）政府犯下的滔天罪行，当时执政的红色高棉政权屠杀了大约 200 万人民。在搜集证词的过程中，该研究项目还积极参与了对柬埔寨年轻人关于大屠杀历史的教育，大力促进了经历过国家和民族毁灭性灾难的父辈一代人与先前难以理解这些历史的下一代之间的关系。

这样的背景下，博物馆、展览会、档案馆口述史的搜集和再现成为社会集体记忆的一部分，而这些通常总是伴随着复仇抑或是和解的目的。然而，这样的过程和目的会带来一些问题，并且很难像起先所设想的那样顺利发展。所面临的挑战包括理解和再现之前受压迫人们的记忆。例如，琳赛·杜波依斯（Lindsay DuBois）关于布宜诺斯艾利斯市郊工人阶级居民的记述揭示了"当人民试图去交流那些不恰当、不合拍的记忆时感受到的困难"。她所搜集的一个关于占领棚户区的回忆就不仅仅是不协调的，这些记忆甚至和现存的对抗性言论(例如人权组织的言论)也没有关系。但是,根据杜波依斯的"底层人民"观点它们是可以解释得通的——这些记忆是无力感的产物。

纵观全球,一些首创性的活动致力于揭露人权问题,包括国家恐怖主义、种族灭绝以及大规模有计划的酷刑。搜集、解读和公开展示这些历史尤其困难。正如费德里科·圭尔勒莫·洛伦茨(Federico Guillermo Lorenz)所言:

社会记忆根本上来说是动态的。它会不断发展和变化,不停地发掘或掩埋事实和意义。史学家参与了这一过程:我们的工作使得个人可以感受更广大的、集体性的整体存在。当要被揭示的历史包含富有巨大道德意蕴上的灾难性事件时,这一工作更难以展开,就像阿根廷那个例子。

这些工作向我们展示了文化经验要想影响口述或是使人缄默是多么的困难。例如,20世纪末的古巴妇女在公开场合下欢呼革命,采访结束后却又在私底下对其表示质疑。与此形成对比的是,智利皮诺切特(Pinochet)独裁统治的女性幸存者证实了她们的失望,尽管她们在政治上活跃起来,却依然觉得自己是制度、文化下性别歧视的受害者——即使她们已经在民主时期生活了一段时间。

在南非,作为"真相与和解"委员会工作内容的一项,南非种族隔离的历史通过口述史的研究手段得到了仔细的审视。近些年,日益多样化的主题受到口述史研究的关注,包括1930年至1980年地下酒馆和酒类贸易的回忆。凝聚这些研究工作的力量正是研究者们向广大公众呈现口述史的献身精神。研究者们所关心的事情,正如公众记忆研究中心(the Centre for Popular Memory)的雷纳特·梅尔(Renate Meyer)所言:

研究结果绝不应该仅仅躺在我们的档案室里,等着被编辑索引输入到数据库里。如果我们想要达成更具社会性的目的,就必须让我们的研究数据走出实验室,面向世界。

上面谈到过,这并非是一个简单直接的过程。皮特·里德(Peter Read)谈到,对那些出于和解情绪的口述史研究活动,我们需要带着敬意去谨慎对待,他的观点值得我们反思。2006年国际口述史协会大会上,他就澳大利亚和智利的口述史研究以及这两个国家的内部和解问题发表了主题演讲,他说:

如果我们这些口述史学家现在不继续探索我们国家历史上最黑暗的角落,记录它们,将其归档,发表它们,而要等到达成共识再去或多或少地揭示它们,那么我们永远也做不到了。被拒绝承认的历史是无法被和解的。

参与公共历史研究需要研究者做出一些政治上的决策。最简单来讲,这意味着要回答这样的问题:是政治上选择立场还是保持中立从而看得更广。两者都是政治性的决定。即使保持中立也是选择了自己的政治立场,但是致力于报复、断定有罪无罪的研究工作会陷入一种危险,那就是研究者对历史更为细微的理解可能会被忽略。例如,关于英籍乌克兰人主题的巡回展览在实际操作中进行得十分艰难,因为其中讲述的回忆包括了曾经在二战中同德军并肩作战的老兵的证词,他们隶属于党卫军第十四炮兵师(Fourteen Waffen SS "Galicia" Division),而一些妇女当时也曾在纳粹军工厂和德国农场做奴隶劳工。尽管遭到了一些老年参观者的反对,展览还是展出了一些乌克兰人参与的战争暴行的照片。展出的内容还涉及老一代乌克兰人流离失所、移民和定居的回忆,以及那些当年被当作乌克兰流放犯的孩子来抚养的人们的回忆,他们中的一些人表达了对其父辈在战争中作为和不作为的行为的关注。通过展示这一群体更为完整的面貌,使得观众对不断变化的意识形态信仰有了更好的理解。除此之外,民众的重要性得以变得更加清晰,因为这些民众有着不同背景,以一个"想象的身份"为核心,而这个"想象的身份"包括去创造了一段具有替代性的且带有怀旧意味的公共历史。

唐纳德·里奇曾经主张:"公共史学家没有享有终身职位,工作又要求他们无政治偏见,根据在公众领域的这样的一种地位,他们会避免公开地表达个人的政治意见。"而要在公共历史中的口述史研究中做到客观且没有偏见,比里奇所主张的会更加不易。如此情景下作出的决定看起来多少都会有政治倾向,甚至会来带危险。如果事先就此达成协议,研究者要做到无政治倾向似乎更容易一些。正如大卫·克拉斯伯格(David Glassberg)所言:"在一件大家仍然关注的历史事件的公众解读上,要想达成一致几乎是不可能的。"但是口述史学家所研究的最吸引人的公共历史部分就包括了那些公众依旧关心的历史。

至少在西方,学院派史学家不同于公共史学家,他们不仅拥有终身职位,更享有尤为重要的学术自由。这相当于给予了他们去研究那些不受欢迎的事件和论点的许可,这部分是因为人们意识到过去对无政治偏见和客观性的要求阻止了新思想的传播。事实上,至少在某种程度上,公共历史本身可以作为一种对于那些变化的、看起来"客观"的信仰系统的检验方式,因为客观性本身可是随历史条件而定的。

在波兰和乌克兰,一些主要的公共历史项目产生了对过去的新观点,特别是针对纳粹和斯大林独裁统治时期。但是,在修正这些历史的过程中,公共历史学家需要格外留意可能存在的大规模缄默和缺失。安妮特·戴(Annette Day)在对波兰博物馆的调查中,对一个地方博物馆馆长的一席话感到震惊,馆长谈到了人们如何忘记——"或者应该说是有意地去忘记"——二战前那里犹太人社区的存在。

在政治动荡的余波中工作的口述史学家,由于社会目击着他们编纂新的大众历史,因而面临着格外严峻的挑战。捷克共和国记忆与历史部极权体制研究学院(Institution for the study of Totalitarian Regimes)的亚当·拉迪莱特(Adam Hradilek)搜集了斯大林时期的一些口述证词,进而声称发现了证据能够证明举世闻名的捷克作家、反共产主义者米兰·昆德拉在青年时期不仅和当时的共产党当局合作,还积极告发了一名乔装成逃兵的间谍。这一揭露吸引了大量的媒体关注,并且激发了人们关于暴虐统治下的生活的讨论。关于在类似背景下人们是该反抗、该勾结还是顺应局势的讨论也出现在其他国家,例如德国,①亚埃尔·鲁巴维尔(Yael Zerubavel)曾就"被创造的传统"(invented tradition)做以下评论:

当一个社会正经历迅猛的发展,破坏了它之前的社会和政治秩序,它就需要向制订未来计划那样迫切地去重信构架它的历史……那些"被创造的传统"对于新兴的社会和政治秩序的合法化,有着格外重要的意义。很大程度上,它们的成功与否关键在于是否能够创造一段被大众所接受的历史。②

重构历史不仅在动荡时期会成为核心要务,事实上,在各个社会中,维护"被创造的传统"都会发生,包括那些正在向稳定时期过渡的社会。不难看出,"被创造的传统"和公共历史密切相关,尽管其中的活动和进程随地区变化而有所不同。

记忆、讲述和历史

要讨论公共历史和口述史研究,不得不谈论记忆的问题。在概述口述史学家和公共史学家在这一领域的种种贡献之前,很有必要认识一下不同的记忆类型。其中的一种分类方法将回忆分为个人记忆、社会记忆和公众记忆。③ 个人记忆包括对独特的亲身经历的记忆和通过参与他人的记忆而被唤起的记忆。个人记忆还包括习惯上的身体记忆,也被称为"具体型记忆"。社会记忆大体上包括个人对于彼此间共同记忆交流的过程,和通过追忆而获得记忆的过程。这些概念对于了解社会记忆和个人记忆是如何运作很有帮助。公众记忆包括了共同叙事、公开纪念和对具体历史事件、历史危机和历史情境的纪念。

公众记忆、社会记忆和个人记忆之间的关系不是简单明了的,这一关系也是众多争论的主题。在深入讨论之前,口述史的公共历史研究的存在需要得到承认。这一需求源自于数量不断增长的试图去描述口述史的近期历史的出版物。几乎所有的这些历史

---

① 例子参见莫利·安德鲁:《一百英里的生命:东德国家安全局文件解密东德人民的历史》,《口述史》1998 年第 1 期,第 24—31 页。

② 亚埃尔·鲁巴维尔:《被制造的传统和记忆》,约翰·R.吉利斯,《纪念:国家认同的政治》(普林斯顿大学出版社 1994 年版),第 105—106 页。

③ 下面的描述部分灵感来自爱德华·S.卡西《关于地点和时间的公共记忆》一文,出自肯达尔·R.菲利普编:《公众记忆》,亚拉巴马大学出版社 2004 年版。

记录都声称 20 世纪 70 年代末,口述史学家的研究思路出现了一次意义重大的转变。从那时起,对于回忆的研究开始被认为是核心问题。包括亚历山德罗·波特利、迈克尔·弗里希和罗纳德·格雷里等人都对于推动这次观念上的转变做出了杰出的贡献。波特利在 1979 年发表了《什么让口述史与众不同?》(*What Makes Oral History Different?*),主张口述史可以为历史学者提供理解历史的新思路,这些新思路影响的不仅包括具体的往事回忆,还涉及事件意义的持续性和变化性。同年,帕塞里尼(Passerini)承认"主观的现实使得我们有能力从一个未被传统历史编纂学运用到的新视角来书写历史",她的观点平衡了一些口述史研究中的平民主义。

把这种口述史研究所带来的一部分难题暂且搁置一边,我们很有必要进一步思索一下与公共历史学家对记忆的使用相比,口述史学家是如何给自己定位的。对一些口述史学家来讲,总有一种挥之不去的失望感,因为公共史学家没有像他们那样深入地投入到对记忆的研究当中,因此,上面的考虑显得更为重要。和大多数口述史的公共历史一样,保拉·汉密尔顿和琳达·肖普斯都认为,尽管目前在口述史研究领域之外,人们对于记忆的兴趣正在日渐攀升,但是这一缺失的的确确存在的。汉密尔顿和肖普斯抱怨很多参与这次"向记忆研究转向"的人们都忽略了口述史学家对以下概念理解所做出的贡献:

记忆传递过程中的回忆、隔阂和沉默的动态本质;在个人回忆过程中,过去和现在的解体;以及人们对于"活在当下"或历史意识的感知。

在试图去解释为什么情况可能是这样的时候,汉密尔顿和肖普斯提出,口述史学家和那些被他们称为当代性的批评家相比更贴近生活体验。后现代主义被一些口述史学家带着怀疑和反感的眼光看待,他们认为它在重新塑造早期对记忆的反思性观察上过于抽象和理论化。因此也可以这样认为,口述史学家也和他们所谓的"他者"一样缺乏投入。在这个方面,迈克尔·弗里希在《公共史学家》(*The Public Historian*)上的言论实在无法被看作是去试图建立学科间相互理解和合作关系的行为:

我们【口述史学家】已经在"那一领域"钻研很久了,我们定期地使用高度具体以及清晰明了的方法去研究那些问题。而这些问题据说是研究者历经千辛万苦、大胆探索比较文学和文化理论的大历史才得来的。①

究竟为何这一领域双方缺少交流,汉密尔顿和肖普斯还发现了其他几个原因。他们认为双方在研究的规模上有所差别。——口述史学家倾向于地方规模的研究,而公

---

① 迈克尔·弗里希:《公共历史能提供什么,它为什么重要》,《公共史学家》1997 年第 2 期,总第 19 期,第 42 页。

众记忆研究倾向于选取国家甚至世界层面上的研究。①

规模的问题其实要比它们看起来要复杂得多，并且这个问题与口述史和公共历史学家处理社会记忆和公众记忆的关系问题上的不同方式相联系。大卫·克拉斯伯格认为，20 世纪 90 年代中期在公共历史学家中出现关于记忆的新型学术研究的不同之处，不在于学科而在于"研究方式"。这种新的研究方式是去探索"不同的历史版本是如何通过众多机构和媒体在一个社会中交流传播的"，而并非先前对于单一社会团体的历史理解的考察。他还提出了"规模问题"，自传式记忆和回忆属于"最私密的规模"上，而公众记忆属于最宏大的规模。因此我们拥有以两个极端呈现出来的个人记忆和公众记忆。然而，从这个角度去思考记忆问题，还是会有一些疑问。

这个二元结构背后存在的主要构想是，受某种方式影响的公共历史构成了个人和团体记忆他们历史的方式。这样的假设解释了为什么一些回忆的传播要比其他的要广。什么被记忆，背后的原因是什么，都可以得到解释，然而，正如一些口述史学家所指出，个人对于过去的理解不是仅仅由公共记忆、公共历史、制度和媒体传播构成，或是简单建立在其基础上。事实上，个人是通过一些小社会群体——比如家庭、同事和朋友间的集体记忆，进而主动地创造他个人对于历史的解读。记忆的过程不仅受到公共记忆的影响，还携带者社会结构、性别、世代、种族和意识形态的印记。

与主流公共历史相矛盾的看法不仅停留在个人层面上，还存在于小型社会团体当中。比如人们对温斯顿·丘吉尔的印象，不管在英国还是美国，丘吉尔都被社会和媒体塑造成一位战争期间团结国家对抗希特勒德国的好战领袖的形象。但是，不同群体对于他的印象却不尽相同。一些人，例如住在采矿社区的人们，回忆起他是一位残酷的人，是工人权益的对立派，特别是他在 1926 年英国的工人大罢工当中的形象。20 世纪 20 年代他曾经在丹地（Dundee）担任议员，当地妇女把他描述为酒鬼和战争贩子。在英国的波兰移民的回忆里，他在二战中背叛了波兰的利益，对斯大林政权采取了绥靖政策。

公共话语压制个人记忆和社会记忆的力量很容易被夸大。有时候讲述人回忆中出现问题，可能仅仅是因为回想起的内容不符合记忆所接受的习惯，这样的情况是可以辨

---

① 尽管近年来，口述史学家，特别是研究记忆的口述史学家，把目光转向了地方，但并不总是那样。例如，在 20 世纪 70 年代，有些口述史学家致力于国家的口述史研究，比如罗纳德·弗雷瑟的《西班牙之血：一部西班牙内战的口述史》（艾伦兰出版社 1979 年版）和保罗·汤普森的《爱德华时代的人：英国社会评论》（威登菲尔德和尼古拉斯出版社 1975 年版）。当然，两本书都没有像后来的口述史研究那样深层次地讨论记忆问题，但是二者都努力去提升个人证词的地位。帕克斯和汤姆森认为弗雷瑟复杂的自传文学"是凝结成记忆的感受和思想"（《口述史读本》，第 82 页）。

认出来的。假如当事人的语言不清楚、不完整、不稳定、支支吾吾,最终难以被记录成整齐的书面文字,这都可能意味着受访者在回想一个没有现成的叙事框架的过去时遇到了困难。对于这种情况,我们不仅要意识到这可能是受访者在遣词用句表达上出了问题,还应该意识到这可能意味着他的另一些记忆正浮出水面。毕竟,人们支支吾吾的回想有时候是在向新的谈话内容过渡,这种情况被称为"替代框架"(alternative frameworks),从这些谈话中也许就能挖掘出与"官方历史"相反的内容。

确实,可以说口述史研究的目的之一就是搜集、思考、理解不同的历史观点,来质疑现存的历史表述。这种相背离的诠释证明了公共历史即使和强大的势力联合起来,仍然是有局限性的。卢德米拉·乔达诺娃(Ludmilla Joranova)曾谈到政府"伪造公共历史的核心",保罗·艾什顿(Paul Ashton)和保拉·汉密尔顿(Paula Hamilton)回应说政府并非庞大而僵化的:"被许可承认的历史随着时间不断发展,从而引起政权、社会、文化的变动。"可以说即使在变化之前,即使在被许可承认之前,相背离的历史回忆也可以是存在的。

虽然历史学家常常无法看到被掩埋的历史真相,日常生活中的人们却常常会一起回忆过去。正如肯德尔·菲利普(Kendall Phillips)在《为公共记忆做框架》(*Framing Public Memory*)中所讲的,一群个人通过回忆就造就了公共回忆。假如私密的回忆或者个人回忆可以和政府、媒体所宣扬的公共历史在影响力上相提并论,那么社会群体内和群体间对历史的解读、运用的方式的意义最终就可以被彼此所理解了。更重要的是,不管对于个人还是他所属的群体,他们对历史重新解读的能力和他们的机构,很可能会被人们忽视,只因为没能受到公共历史学家的重视,因为公共历史学家关心的是如何使得个人回忆顺应政府所认可的公共框架。

公共口述历史成为趋势?

口述史学家常常迫切地与他们的受访对象建立联系,甚至能达到权利共享的程度;但是他们和他们的采访合作对象以及观众所处的社区去开展更为广泛的交流的意向却不是那么迫切明显。公共口述史研究可能仅仅意味着对口述史研究手段的应用,也可能包含更多的内涵。它可能不仅包含口述史的研究方法,还包括它的情感以及它与更广泛公众间的联系。

在"向记忆研究过渡"时期,一种对主流的或的社区化的口述史研究的批评观点日益发展,它称当时盛行的口述史研究方法是幼稚的,甚至是错误的。路易莎·帕塞里尼(Luisa Passerini)和公共记忆研究小组(the Popular Memory Group)都恰当地批评了口述史学家没能将研究实践、方法与记忆的理论认识联系起来。没有了这方面的理解认识，口述史研究很可能会沦落为一堆不证自明或是经验主义的事实的集合，而不是我们现在正在努力进行的对历史进行的社会化重构。

尽管这样的评价可以刺激口述史研究的发展，特别是它和公众历史的关系发展上，但是这对于口述史走向大众化研究的发展上，却有着负面影响。它可能无意间支持了精英主义观点——只有有资格的人才可以解读历史——而这一观点是口述史学家起初要去反驳的。总之，到了 20 世纪 90 年代，那股推动个人和团体尤其是那些在传统意义上的知识构建中被边缘化的人们去编写他们自己的历史的力量渐渐停滞下来了。

社区口述史研究作为口述史主要研究活动基础的重要意义十分值得一提。在美国，很多口述史学家的职业起步就是社区历史研究，他们中间包括电台节目制片人、口述史研究者、作家查尔斯·哈代（Charles Hardy）。口述史和社区历史研究相联系的意义在他的研究观察中变得清晰（他谈到了在 20 世纪 70 年代末组织过一个研究项目），他"对人们如何理解他们自己社区的历史有了更深入的了解——包括他们的目的范围"。在英国，许多口述史学家在 20 世纪 80 年代的经济衰退时期参与了他们的首个大型项目，一个针对失业救济计划的研究项目。政府赞助的项目提供了物质条件，推动口述史研究在更广泛的社群中进行传播。鉴于当时的大学历史系带着怀疑甚至仇视的眼光看待口述史研究，这一点尤为重要。

社区口述史研究对口述史研究如何在公众历史领域开展进行做出了重要贡献。但是，社区从业者对于口述史研究理论和实践有着更为广阔的影响，也对口述史的学科设置有很大影响。有时候，他们是通过当地博物馆进行的。例如在南非，"在口述回忆的文化政治"研究项目（cultural politics of oral memory）中，社会历史工作者对口述史研究的限制受到第六区博物馆（District Six Museum）的专业知识的质疑并得以改变。在英国，也存在着相同的事例，一些在社区研究项目中收获丰富经验的口述史学家后来被请去领导档案馆工作，或是负责大学口述史研究项目。除此之外，学术界内外的合作伙伴关系也不断涌现。例如伦敦博物馆、伦敦城市大学和 15 家不同的难民组织之间的合作，最终给我们带来了难民的故事研究项目（Refugee Story project）。

尽管社区活动的积极影响在全球范围日益明显，但是针对广大公众的口述史研究训练却没有得到如此广泛的传播。大卫·达纳韦（David Dunaway）认为：

想要使得对于历史的认知冲出图书馆，我们必须把它们还给它们的创造者。要想历史不仅仅停留在课堂和书本上，历史研究者必须发掘途径去和大众分享他们对历史的热爱。为达成以上目的的行动被我称作"公共口述史"。

但是要想在美国完成这样一个项目十分困难。2003 年，有人曾要求达纳韦任意找到四位从事大众培训的口述史学家,而最后,他表示这一任务"几乎不可能完成"。①

与此相对比的是,类似的项目却在其他国家出现。在南非,公众记忆研究中心(the Center for Popular Memory)已经发展了一系列的公众口述史培训课程。② 这方面最有系统的尝试出现在英国,为了在社区推广口述史研究的应用,当地开展了一系列相关的培训项目。英国口述史协会(Oral History Society)在其中起到了主要作用,他们不仅通过在社区项目中开展公众课程来向大众介绍口述史研究的基本方法、实践和理论,还开展了包括将口述史带进剧院,进行视频访问,将资料文献数字化等许多工作。③

1994 年,英国遗产彩票基金会(Heritage Lottery Fund)资助了越来越多的口述史研究项目,从而提升了人们对口述史培训的兴趣。截至 2007 年,英国遗产彩票基金会声称已在口述史项目上投入了 4900 万英镑(约合 7550 万美元)。至 2009 年据估计该数字已经上涨到 6000 多万英镑(约合 9250 万美元)。该基金会政策顾问斯图亚特·戴维斯(Stuart Davies)指出口述史研究项目"拥有着极其独特的应变能力去贴合基金会的发展目标和重点",其中包括紧密的社区联系和吸引不同人群自愿参加的魅力。除此之外,基金会还一直称赞口述史对跨文化理解和两代人间交流的促进。戴维斯认为:"口述史一般意义上是一种合作性、社会互动的研究工具,特别适宜乡村、社区、邻里历史和遗产组织。"④每一点对于基金会这样一个对它负责的各式社区都必须采取敏感态度的组织来说,都格外重要。

英国遗产彩票基金会资助的项目涉及邻里口述史、残疾人(包括盲人和截肢患者)口述史、国家(包括北爱尔兰皇家警察部队乔治红十字基金会(Royal Ulster Constabulary George Cross Foundation)的关于北爱尔兰治安的口述史研究)、种族渊源(包括黑人历史联合会(Black History Consortium)和孟加拉国妇女协会(Bangladesh Women Association)的研究项目)、两性(包括伯明翰市、诺丁汉郡、爱丁堡市的新奇传闻)。研究项目积极接纳志愿者的参与,大多数项目的目标设定为取得受访者和其他社区成员都可以接触到的研究成果。最终的研究成果以各式各样的形式展现给大众:出版物、展览会、戏剧、

① 达纳韦:《公共口述史:对公民史学家教育的反思》,出自贝瑞·兰曼、劳拉·M.温丁编:《为下一代口述史学家做好准备:口述史教育选集》,阿尔塔米拉出版社 2006 年版,第 23 页。

② 参见 http://www.popularmemory.org.za/index.php? option=com_content&task=view&id=4&Itemid=3。

③ 史蒂芬·汉弗瑞评论了地方团体对视频记录的使用,参见其著作《看不见的故事:博物馆视频历史》(《口述史》2003 年第 2 期,第 78 页)。培训项目的成形,部分是因为英国口述史协会早期想要树立起地区代表来负责回应整个英国的地方公众的询问。这个网络中的几乎每个成员都参与了不同类型的公众历史研究。更多详情,请参见 http://www.ohs.org.uk/index.php。

④ 戴维斯:《千禧年之前的一百万年》,第 107 页。

音频、视频和在线展示。①

但是,这些研究活动中还是存在着一些问题。最主要的是,对口述史讨论的投入力度还需加大,特别是围绕记忆和讲述这两方面。大多数的社区口述项目太急于为过去的历史而骄傲自豪,却没有批判性地去思考采访者和受访者构建这段历史的方式。

另一个相关的问题则在于媒体展示给公众的历史的重构模式。虽然研究成果的数量十分重要,这项任务本身也极具挑战,却同时带来了对历史过于简单化的处理。正如吉尔·里丁顿(Jill Liddington)所言:

是啊,"历史就像异国他乡";他们依旧"在那里做着与我们不同事情。"可是渐渐地……过去的历史以这样一种印象被展现给我们,好像它离我们并不遥远,只有一步之遥,甚至触手可及。无须什么护照,也无须繁杂的旅行,打开电视,或者点击一下鼠标,看看历史频道,你就能转眼间——频繁地,舒舒服服地——回到历史当中去。②

除此之外,有力的证据证明了为什么公共口述史研究项目的目标应该包括拓展它在一定历史条件下去搜集、解读以及展示口述回忆的培训。通过这样做,我们会鼓励人们批判性地去思考理解过去的方式,甚至去质疑那种仅仅视读者为被动接受者的公众历史,因为这种观点看来,读者就只会被动地参观博物馆和画廊,吸收媒体提供的内容,或是安静地在教室听课。③

20世纪70年代,口述史使历史趋向民主化的潜力吸引了很多人开始接触这一领域。④ 这个理想在21世纪变得更为重要。值得一提的是,一些社会学家也都同意这一点。其中,迈克尔·布洛维(Michael Burawoy)指出大量的社会学家的工作地点是在学术机构之外的社区和地方政府。布洛维还将社会学家分为两类:传统型和社会连带型。前者视公众面向的是一个广阔的、普通的且通常是被动的群体,而后者却直接与积极的地方群众交流,经常从事一些与主流相违背的研究活动。布洛维认为这两种社会学家都必须大胆探索更为广大的群体,来抵御社会所面对的"第三波市场化浪潮"。在当今时期,正如前两次浪潮中一样,不仅劳动力成为商品,金融市场的波动性也受到政府保护。布洛维认为更重要的是,大自然——包括土地、资源、环境,甚至我们的身体本

---

① 英国遗产彩票基金会还为它所有在英国的自主项目建立了数据库,在其网站上可以通过关键词进行搜索:http://search.hlf.org.uk/English/GrantsDatabase。

② 里丁顿:《什么是公共历史?》,第83—93页。

③ 乔治·里皮兹非常实用地主张观众可以既不被动,也不主动地质疑,但可能会在给他展示的内容和他自身的主张之间协商,参见《时光流逝:集体记忆和美国流行文化》(明尼阿波利斯大学出版社2001年版)。

④ 正如乔达诺娃所言:"口述史研究尽管是一个潜在的高复杂性的技术,但还是可以被广泛实践,而且在某种程度上,它是历史民主化进程的一部分。"乔达诺娃:《实践历史》,第53页。

身——都以一种更为系统化的方式沦落为商品。这一浪潮影响之广,可以说是全球性的。他认为第三次浪潮中的生活体验使得社会连带型的社会学家更为有利。假如他是正确的,现在也是公共口述史大展拳脚的时候了——因为只有具有来自于对公共历史和口述史关系的理解而产生的历史意识,才能最大限度地发挥公共口述史研究的力量。

参考文献

[1]迈克尔·弗里希:《共享权威:口述史和公共历史的技巧与意义》,纽约州立大学出版社 1990 年版。

[2]保拉·汉密尔顿、琳达·肖普斯编:《口述史和公众记忆》,天普大学出版社 2008 年版。

[3]卢德米拉·乔达诺娃:《实践历史》,阿诺德出版社 2000 年版。

[4]希尔达·肯恩、保罗·阿什顿编:《人民和他们的历史:当代公共历史》,帕尔格雷夫·麦克米伦出版社 2009 年版。

[5]斯图亚特·迈金泰尔、安娜·克拉克、安东尼·梅森:《历史之争》,墨尔本大学出版社 2004 年版。

[6]肯达尔·R.菲利浦编:《公共记忆》,亚阿拉巴马大学出版社 2004 年版。

第 30 章　用口述史激励 21 世纪的学生

格伦·惠特曼（Glenn Whitman）

谈及我的口述史教师生涯，要从美国宾夕法尼亚州卡莱市的迪金森学院讲起。当时还是大一新生的我在学习史学方法课，课程里一个项目要求学生做一场口述史采访，对于这种史学研究方法当时的我可是一无所知。我上大学前的历史课学习都是以教材为中心以及以教师授课为主体。这种教学方式虽然也对我有所吸引，可是从未让我完全领会到所研究事物的真正价值。

正如大多数对口述史研究毫无经验的学生一样，我的第一次采访——在美国卡莱区的海外作战退伍军人协会（VFW）的会堂采访三个越战退伍老兵——充满了各种问题：提问太快、后续问题却没能跟上、没有认真倾听每次回答、记录设备的使用也是一团糟。我不想过于夸大地说，这次经历对我今后的教育事业和对我的学生具有多么深远性的影响，只是，与口述史研究的初次接触使我感受到口述史在激发和转换学习体验方面所具备的独特能力。教师可以把古希腊史学家修昔底德当年记载伯罗奔尼撒战争时所运用的史学研究方法带进 21 世纪的课堂和研究项目里，用这种研究方法中所包含的现实世界复杂的学习机会去挑战学生的认识。因此，当我开始教授大学预科课程的时候，我会给学生介绍我学生时期所做的最真实、最持久、最有意义的工作，我希望通过这些使我的学生拥有历史学家一般的思考和行动能力，从而帮助他们成为一名真正的口述史学家。

口述史在课堂

为了培养学生能像历史学家一般思考和行动，我设计了一套包括阅读和讨论在内的课程，内容主要围绕历史学家所做的工作和记载历史时所面临的挑战。对史学方法论的哲学性讨论应均匀分散于每节历史课,这类课程教授给他们的东西将远远超过他们在考试时能够回忆起的所掌握的实实在在内容,因为这为学生日后成为口述史学家做了准备。

我先是让学生列出他们认为最能代表美国历史进程的十个人的名字,不出意料,他们列出来的都是华盛顿、林肯以及肯尼迪这样清一色的白人。我们先是讨论了这些答案,然后我问学生们名单上有没有遗漏谁,引导他们用发散性历史思维搜寻经常被教科书忽视或是不那么出名的人物和群体。每一个学生都尝试着去思考一种有助于平衡克利福德·库恩(Clifford Kuhn)提出的"历史主叙事"①的方式。

接下来我安排他们在课堂上阅读和讨论芭芭拉·塔奇曼(Barbara Tuchman)的伟大著作《实践历史》(*Practicing History*)节选作为练习。芭芭拉在"历史学家的机遇"那一章节里讨论了两类历史学家:一类是专业历史学家,"他们接受过专业的研究生教育,拥有专业学位,但是他们的研究实践局限在大学里"。另一类是非专业历史学家,他们出现于校园之外,没有研究生学位。② 这两类史学家从两个完全不同的视角来叙述历史,如果单单将记录历史的任务留给专业史学家,许多故事恐怕永远都不能为人所知。因此,要想还原一个最具包容性的历史,二者缺一不可。口述史在客观地呈现历史进程方面具备着独一无二的能力。口述史研究可不仅仅是按下采访设备开关,然后对口述人说"请给我讲讲你的故事"这般简单。要想进行一次可行的采访,学生们必须接受适当的训练,拥有从基础阶段至研究生阶段的跨学科知识储备,还需要有大量个人经验和足够的能力。通过训练,老师指引学生进入这个领域,并提升他们发掘和揭示美国作家、口述史学家斯特兹·特克尔(Studs Terkel)所说的"历史的储藏室"。作为正在接受培训的未来历史学家,学生们在专业领域的探究方面也起着非常重要的作用,就像社会学家詹姆斯·洛温(James Loewen)在谈到他所做的工作时说:

每过一年,资料就会消失一些,事件就会被遗忘一点,想通过口述史去展现更重要的话题就会更加困难……因此(教育者)不是仅仅因为口述史能让课程变得有趣才推行它——尽管它的确给课堂增添了趣味,也不是仅仅因为它将成为学生整个教育阶段里最重要的学习经历之一就推行它——尽管它必定会是。这样做也是为了我,为了众多的社会科学家、历史学家。也许在你和你的学生告别这个世界多年以后,他们将会通过你们的作品了解到你所生活的社区在你的年代里发生过的重要事件,以及你们是如

---

① 《纽约时报》1997 年 3 月 26 日。
② 巴巴拉·塔奇曼:《实践历史》,巴兰坦图书出版集团 1981 年版,第 57 页。

何生存在这个在我们有限的视角内被称之为现代的时代。①

研究口述史的学生在方便后代收集、保存、发行过去的和现在的资料等方面发挥着多重作用，各式各样的口述史项目也将在各个层次全面展开。美国国会图书馆国家民俗中心（American Folklife Center of Congress）的老兵历史项目就积极寻找学生帮助他们实现这个宏伟任务，这些上至研究生下至中学生的志愿者帮忙"搜集参加过一战、二战、朝鲜战争、越南战争、海湾战争的退伍老兵的回忆、叙述和记录文件"。要从1900万参加过美国对外战争的老兵中收集他们的战争经历，还要面对每天有大约1500人离世这样一个事实，完成这个任务的唯一方法就是招募学生加入收集大军。②

口述史项目是如何区别于其他学习经历以及激起起学生的兴趣的？在考虑这个问题之前，教育者必须认识到为什么这是一种有价值的教学方法。教育者愿意在多大程度上将口述史与课堂融合，这主要取决于时间、进度和资金状况，还有越来越被重视的国家标准化考试。最起码，教育者应该把现成的口述历史资料加入课程里，"把口述史当作一种史学研究方法推荐给学生，这样做的同时也为该领域的研究提供了授课内容。"③历史真正的参与者要比学生经常在教科书中见到的那些经过处理的英雄人物真实得多，学生通过观摩对这些历史亲历者的采访而置身真实的历史之中。在人们评估过去的时候，这些历史资料会提供另一种不同的视角，这也使之变得更有吸引力，因为学者们发现信息所采用的叙事形式是"容纳、传播和记忆重要信息的最佳媒介"④。

我推荐高中学历史的学生用一个暑期阅读斯特兹·特克尔所著《我的美国世纪》（*My American Century*），通过这个方法开始让高中生接触口述史。展现在学生面前的是一个由美国最著名的口述史学家编著的口述史故事，他称自己是"游击队记者"，其作品具有广泛的代表性。在研究20世纪的美国时，学生便经常用特克尔的访谈去支撑他们对美国大萧条、第二次世界大战、美国民权运动这类事件的解读。作为一名口述史学家，特克尔能坦诚自己的错误，这一点也赋予他人性的光辉，因为学生也会犯那些作品丰硕的口述史学家们犯过的相类似的错误。在学生对这些口述的历史故事有了初步了解以后，他们也会了解到特克尔为其提供的该领域的杰出标准以及他们今后可仿效的模板，从而转变自己的学习经验和对过去事件的看法。除了特克尔的著作，学生们还读

---

① 詹姆斯·洛温：《与过去对话：用口述史吸引学生，达到学术标准》"前言"，格伦·惠特曼编著，阿尔塔米拉出版社2004年版，第10页。

② http://www.loc.gov/vets.

③ 巴里·A.兰曼、劳拉·M.温德林：《培养下一代口述史学家：口述史教学选集》，阿尔塔米拉出版社2006年版，第9页。

④ 大卫·肯尼迪：《故事的艺术：讲故事与历史教学》，《历史教师》1998年第31期，第318页。

了描写越南战争的《鲜血》(Bloods)和《五十年代:女性的口述史》(The Fifties:A Women's Oral History),这些口述资料挣脱了教科书的古板,给学生带来一场历史知识的洗礼。他们开始认识到,自己也可以成为下一个斯特兹·特克尔。

通过既定项目,让学生接受现成的口述史资料是使其由被动变"积极主动"的口述史学家的第一步,该项目的持续时间可以是一天,或是一学期,抑或是一学年。积极主动的口述史包括向"历史的创造者"进行提问并倾听他们的回答。在谷歌上被搜索到或者出席美国口述史协会(Oral History Association)的年度研讨会(http://alpha.dickinson.edu/oha/)将会提高越来越多的校园"定期举行的"口述史项目在全美乃至全世界的知名度。一位来自加州贝尔市苏瓦中学(Suca Intermediate School in Bell)的老师迈克尔·布鲁克斯(Michael Brooks)在谈到这个时说到他的学生所做的口述史访谈"变革了他的课堂"。布鲁克斯说:

我的学生学着去做研究,问一些深入的问题,学习到了诸如倾听、记录、编辑、排版和发行这些技能。他们学会了写作技巧、熟知语气、形式以及观众的感受。他们对待陌生人亲切自然,无论在社区、图书馆抑或是其他远离贝尔卡登市(Bell Gardens)的环境里他们都能充满信心。他们得到了社会的认可,也学着去尊重多元化的贝尔卡登,尊重那些将要载入史册的社会文化遗产故事。①

另一个校园项目——"讲述他们的故事:口述史存档项目"(Tell Their Stories:Oral History Archives Project)。这是旧金山城市学校的一门历史选修课,学生用数码录像仪记录下对当年犹太大屠杀中的幸存者和二战期间在海湾地区被扣留的日裔美国人的访谈。该计划——http://www.tellingstories.org——包含 20 小时的影像与全部文本。这为学校与社会的协作和课堂上高科技的使用提供了模范样本。该计划的协调人豪尔·莱文(Howard Levin)评论道:"这个计划不仅只是教会孩子用电脑制作影像,它更重要的使命是通过推崇前辈们所做出的贡献来鼓励青年领袖发展数字文化,同时也拥有一项工作技能,拥有创造力和积极的公民价值观。"

美国加州北海岸乡村挑战网络口述史项目(The North Coast California Rural Challenge Network Oral History Project)——http://www.ncrn/org/projects/av/av_vov.html——因八个七年级的学生的加入而取得意外进展。他们的老师米奇·门多萨(Mitch Mendosa)鼓励他们去挑战一项能给学校和社会带来贡献的有意义的项目。在讨论了该项目实施的可能性之后,他们成立了安德森山谷口述史项目(Anderson Valley Oral

——————————

① 迈克尔·布鲁克斯:《很久,很久以前:中学口述史项目秘诀》,《美国历史学家组织美国历史学会》1997 年第 11 期,第 32 页。

History Project）。为了保存被采访人的录音，他们还学会了使用数码录音技术。两年后，他们完成了《山谷之声：第一卷》(*Voices of the Vally：Volume* Ⅰ)，书里还包括一整套音频光盘。同样地，在马里兰州的贫困县丹·维兹尔（Dan Whetzel），学生们每年都会编一部对过去特定时期的记录，出版了一些诸如《银幕映像：阿勒格尼县影院的历史》(*Reflections of the Silver Screen：A History of Allegany County Movie Theatres*)一类的图书。教师朱迪·古勒吉（Judy Gulledge）和她的同事克里斯汀·卡帕奇（Christine Capaci）与八年级的文理科学生一起成立了一个跨学科口述史项目。他们把对切萨皮克湾史密斯岛和丹吉尔岛上居民的访谈编成一本书：《派尼维克：切萨皮克湾史密斯岛泰勒顿的口述史》(*Pennywinkle：Oral Histories from Tylerton，Smith Island in the Chesapeake Bay*)。在汉普顿高中，课余作家俱乐部的学生对长期居住在匹兹堡波兰山社区的居民进行采访，并成功出版《波兰山记忆》(*Polish Hill Remembered*)。肯·伍德华德（Ken Woodard）的高中生的口述史访谈结合了其他历史资料，还把它转换成能在地方电视台上播出的影视纪录片。通过"一个探究驱动项目——以口述史为基础，并且把它作为一种探寻和呈现自身的有趣方式"，丹尼尔·凯林（Daniel Kelin）将夏威夷中小学学生与社会连接到了一起。

凯瑞·麦奇宾（Kerry McKibbin）是一名历史兼英语老师，她很好奇她的八年级学生是如何"将文学作品与他们周围的世界连接到一起的"，他们以哈珀·李（Harper Lee）的《杀死一只知更鸟》(*To Kill a Mockingbird*)为切入点进而融入她的口述史教学当中。在谢南多厄河谷口述史项目（Shenandoah Valley Oral History Project）中，大学生记录了居住在弗吉尼亚州谢南多厄河谷边缘人群的历史、故事和他们的观点。各种各样的项目也给学生提供了多种多样的机会，让他们参与过去的历史，在保护历史的道路上贡献他们自己的一份力量。

教育者称这个为"以学习为基础的项目"，原因在于它通过广泛的调查研究，围绕复杂、真实的问题以及精心设计的项目和任务，使学生参与进一种能学习知识与技能的项目中。该项目为学生提供了习得知识和技能的主人翁意识和对困惑的自我认知。它改变了传统课堂上信息的单向流动，取而代之的是让学生自己去收集信息。推动教育者将口述史项目引进课堂和教学计划有两个原因：其一，它能激励他们的教学，转变学生获得重要知识和技能的方式；其二，基础教育阶段的学生对达到国家学术标准的期望程度越来越高，口述史项目因其对高认知思维的需求，已然超过了国家规定的学术标准。尽管在口述史项目与传统教学法的认知利益上的研究受限，一项在马里兰州巴尔的摩（Baltimore County，Maryland）的一个城市高中开展的研究还是得出这样一个结论："在教授移民历史和黑人历史方面，口述史确是一个正当合理的选择。"这个发现驳斥了之前大量关于口述史的非公开的评论：认为与传统教学法相比，口述史项目在发展美国历史的认知领域是一种较低级的方法。

与传统教学法相比，口述史是一种非常有效的激励因素。研究指出口述史的优势在于"学生认为这个方法提高了其历史参与度"，通过口述史项目获得的这种情感态度由此便给认知表现提供协助。

有两种教学理论尤其强调了口述史项目的价值，并且为学生从这类工作中所获取的必要的知识、技能、理解做出阐释。霍华德·加德纳（Howard Gardner）对儿童多元智能教育理论做出的定义和本杰明·布鲁姆（Benjamin Bloom）的分类法——一种以评估学习成果为目的来研究认知过程的系统化途径，都突出了口述史项目的价值，忽略了学生的学习能力和学习方式的不同。没有一种教育方法像口述史要求如此广泛的技能，符合加德纳所著《多元智能理论：实践中的理论》（*Multiple Intelligence*）一书中所定义的八种"多元智能"。上表选取了学生作为口述史学家工作时可能出现的每一个阶段，并对加德纳和布鲁姆观点的适用性做出估量。

将加德纳多元智能理论和布鲁姆的分类法应用于口述史项目

	对受访者的选择	访谈前的准备工作	调查/内容的背景	访谈提问问题	访谈发布形式的法律/道德议题	采访	记录	分析/解读	作品公开展示	存档/保存	口述史开展方法培训
加德纳多元智能理论											
语言学（句法学、音位学、语义学、语用学）	×	×				×	×		×		×
音乐（音高、节奏、音色）	×	×	×			×	×		×		
逻辑数学（数字、分类、联系）			×	×					×	×	×
空间（精确的心智可视化，图像心智转换机制）			×	×		×			×		
肢体动觉智能（控制自己的身体，控制带柄物体）						×			×		×
人际功能（意识到他人感受、情感、目标、动机）		×		×	×	×	×	×	×	×	
自然学家（对环境中的物体有识别和分辨力）	×	×	×	×		×	×	×	×		×
布鲁姆的分类法											

续表

	对受访者的选择	访谈前的准备工作	调查/内容的背景	访谈提问问题	访谈发布形式的法律/道德议题	采访	记录	分析/解读	作品公开展示	存档/保存	口述史开展方法培训
知识(专业术语;特定事实;处理细节的方式方法。被定义为记忆(回忆)之前习得的适当信息)	×	×	×	×	×	×	×	×	×	×	×
理解(抓住(理解)信息型材料)		×	×	×	×	×	×				×
应用(把以前学过的知识运用到新的和具体的情况中,解决只有单一答案的问题)				×		×			×	×	×
分析(将信息材料分解至各个部分,通过识别动机和起因来检查(试图去理解该信息的组织结构)该信息,从而得出不同的结论,作出推论或者找到支撑概论的证据)		×	×	×		×	×	×	×		×
合成(将先前就掌握的知识创造性地运用到产生一个新的或原始的整体)						×			×	×	×
评估(依据个人价值观/观点来判断材料的价值,制成最终作品,在统一的目标下,答案没有对错之分)									×	×	×

在完成每一个口述史项目的同时,学生们发展并且改进了宝贵的直接或间接获得的研究技能。他们研究写作、编辑、采访、积极倾听和提问的技能,增强自己分析、解读和评估信息的能力。在达到或者超过国家学习标准的时,口述史项目鼓励学生们深入探讨他们感兴趣的主题。考虑到标准化考试所带来的压迫窒息感,教育者们也尝试着开辟一些另类评估途径,例如在课堂引进口述史项目,教育者们不得不提醒自己"不要陷入标准和技能只能通过国家制定的教科书获得的旧式思维"。

我们的工作:美国世纪口述史项目

课堂口述史项目大致可分为两类:一类是关于个人传记/生平/回顾的访谈,一类是针对特定的主题、事件、时期、话题或者地点的访谈。美国世纪口述史项目（ACP）由马里兰州波多马克的圣安德鲁教会学校（St. Andrew's Episcopal School in Potomac, Maryland）于 1997 年发起，其独特之处在于它永远都处于未完待续的状态。每个班级的学生都把自己收集到的访谈录贡献给学校图书馆的档案室。校方对口述史的过程和结果同等对待，认为它们恰好形成了互补的两种教学目标。大部分学校的口述史项目都选择将焦点对准一个开放的时期——20 世纪，这与聚焦在一个特定的历史事件或者狭窄的时间框架里相反，这样能给学生更大的灵活性，让他们追求自己感兴趣的领域。正如一个学生曾说："我认为口述史项目是我第一次能够完全根据自己的兴趣选择主题，然后不断改进使之成为一个可操作、可提交的产物。因为这个项目从始至终都是自己积极主动参与完成，我们也成了这个项目真正的主人。"通过调查研究获得的知识使他们成了他们所研究主题的"专家"。当研究课程进行到美国历史的时候，学生们已然变成了一个小老师。尽管每次访谈都只能从个人口中得到一个对特定时期或者特定事件的解读，当把多年收集的访谈录汇聚到一起时，一部宽广深邃的美国历史就诞生了。

这个项目涉及了种族、战争、文化、政治这类民族主题，融合进整个美国历史概况，这让学生有机会接触一些著名的人物，也使得学校能够近距离接触华盛顿特区。然而，很多学生忘记了他们最初的想法，起初只想尽可能地采访名人，可是后来他们更倾向于采访当地人，去了解地方层面的而不是全国层面所感兴趣的人和事。这个决策通常超出了学生的认识——在老师的帮助下——如果他们的访谈能填补口述史资料的缺口，他们就能够为有关本州以及当地的历史机构的记录贡献更多内容。收集的访谈录提醒着他们社会是如何形成的，以及个人生活与这种显著客观的历史叙述之间的关系。

下面的大纲重点突出了"美国世纪口述史项目"的每一个阶段，阐明了每部分对这部在历史层面上是合法可信的并且栩栩如生的访谈录的贡献。在研究过程中，学生们不仅发展了作为史学工作者必须具备的所有技能，而且这样发展下去，在不久的将来他们很有可能向公众、档案机构和在线出版贡献大量的学术作品。

口述史方法培训

对方法的学习使学生了解到口述史作为一种史学方法论所具有的挑战。培训始于学生对暑期所读的斯特兹·特克尔《我的美国世纪》（*My American Century*）一书的讨论，紧接着又读了唐纳德·里奇为《大家来做口述史》（*Doing Oral History*）所写的使用手册。11 月初我们引进口述史研究项目，培训相应终止。培训的内容有口述人选择、采访前准备、做记录和长达四个月的项目实施过程中要了解的法律要件。学生将他们对口述史研究过程不断提升的理解应用到一个迷你访谈和记录中,经过两个晚上的制作,访谈最终以"国耻日"为标题,内容聚焦在个人对三个日子的记忆,分别是 1941 年 12 月 7 日、1963 年 11 月 22 日和 2001 年 9 月 11 日。

挑选口述人

如果选择的口述人和要访谈的美国历史的特定时期或事件没有联系,学生要对此负责,对大部分学生来说,这是一项充实又艰巨的任务。教学目标是通过让学生去采访一个非家庭成员从而使他们走出自己的舒服的环境。学生们最初都渴望采访住在这个地区的名人,而且这些人以前通常都被采访过。但是老师强烈鼓励他们去采访那些不著名的人,那些永远不会出现在新闻头条或教科书上的人。受访者一定愿意签署授权协议书,尽管还是有限制条款,最起码他们同意录音、做记录、将采访刊登到电子出版物和其他资料上。多年来,将记录文本发布到网上已经成为一种重要的发行方式,如果不能被公开,这些访谈就永远不会被人所知。

人物传记

学生们制作了一个只有一页的人物传记(附照片),提供口述人的背景和生平,从而使他们能够更深刻地了解采访。

寻找时代脉络

确定受访者以后,学生要负责准备好一份大约 7—10 页的研究报告,用来审查他们找到的与采访主题相关的第一手和第二手资料。这份报告会使他们更好地理解这个访谈。学生希望在"当天的报纸"上寻找资源,发掘采访背后历史学家们对这个时期、事件或者人物感兴趣的原因。学生对访问主题所做的深层次调查使他们成了特定时期或事件的"专家",同时也为他们提供了充足的背景知识准备采访问题。自始至终,有一点学生总是铭记在心:采访前做再多的准备也不为过。但是他们也需要知道什么时候停止。历史学家巴巴拉·塔奇曼说过:"一个人必须要在临近完成时停止,否则就永远无法停止,也无法完成任务。"

采访与记录

一集访谈录持续一个小时左右,但是要把采访内容整理成文本却需要花费六个小时——这通常被学生认为是整个项目里最枯燥的环节。采访前,学生根据之前所做的调查研究列出一组逻辑有序的问题,和老师商讨之后再将问题加以润色。即便拿着提前备好的问题,口述史访谈的不可预知性依然挑战着每个人,为了做更深层次的解析,学生通常要绞尽脑汁地想很多后续问题。在这个环节学生必须要学会倾听,这样他们便可以问一个重要的后续问题,也是唐纳德·里奇曾经向我的学生说过的:"这个我以前不是太清楚,您可以多给我讲点吗?"学生要对采访做一个完整记录,还要把它转换成可以按时间索引的音频/视频记录。

历史学分析

在培训学生走向口述史学家的道路上,有必要教会学生判断他们所做采访的历史价值和口述史作为一种史学研究方法具有的优势和劣势。学生要判断出在大的历史背景下,他们的采访属于哪一个历史阶段,对一个大家全面了解的美国历史来说,它是如何进行补充或者反驳。如果有对一个特定时期或事件的进一步揭示,不管是对之前收集的资料进行了补充还是反驳,学生都必须再次认真检查自己准备的问题,防止采访存在偏见。我们希望学生能发现自己的偏见并能及时纠正,历史学家小亚瑟·施莱辛格(Arthur Schlesinger, Jr.)所谓的"无意识的偏见"或许可以帮助他们发现一些问题,并给出解决办法。通过填写国家档案馆的"书面记录分析表",学生开始分析他们的访谈。

最终作品

每个学生要提交自己的采访记录和所完成项目的两份备份。一份存档,另一份评估过后返还给个人。还会附加一份备份留给口述人。每一份备份里都包含有目的陈述、人物介绍(带照片)、历史背景、书面记录、历史分析以及参考文献。

展示

在项目接近尾声之时,学生必须在年度口述史咖啡馆(Oral History Coffeehouse)将他们的访谈展示给包括其父母和受访者在内的观众。在这个夜晚我们会庆祝这些小小口述史学家顺利完成任务,颂扬他们采访的这些鲜活的生命。经过这么多年的努力,学生们已经把采访转变成集海报展览、独幕剧、幻灯片讲解和肢体语言讲解于一体的多元化访谈录,在这个咖啡馆他们会把这些分享给社会。在得到了受访者的书面同意后,访谈也被放到了网上(http://www.mdch.org)呈现在全世界观众面前。

对大多数教育者来说,对项目所投入的大量时间无疑是一个不利因素。把美国世纪口述史项目的各个阶段与加利福尼亚学术标准做一个对照,我们便得知这种另类评估是如何达到甚至超过国家学术标准的了。

加利福尼亚规定历史与社科技能（九至十二年级）与口述史项目对照表

	对受访者的选择	访谈前的准备工作	调查/内容的背景	访谈提问问题	访谈发布形式的法律/道德议题	采访	记录	分析/解读	作品/公开展示	存档/保存	口述史开展方法培训
时间和空间的思考											
学生拿现在与过去对比，评价一些历史事件和当时所做决定的影响，明白从中学到的教训	×	×	×	×		×	×	×	×		
学生分析变化是如何在不同的时间以不同的速率发生的；要了解在其他不变的情况下有些方面是可以改变的；要知道改变是复杂的，它不只影响科技和政治，还影响价值观和信念			×	×		×	×		×		
学生运用各种各样的地图和文件来解读人类的活动轨迹，包括世界上最主要的移民模式，改变环境优先的聚落模式，人口群体之间产生的摩擦、观点、科技发明和商品的传播			×	×		×	×		×		
学生将当下事件与地方和地区的物理特性与人类特性联系到一起			×								
史学研究、证据和观点											
在对历史的解读上，学生要将合理的论证同荒谬的论证区分开来			×	×		×	×	×			×
在对历史的解读中学生要认清偏见与成见	×	×	×	×		×	×	×			×
学生对历史学家关于历史的另类诠释方面的主要争论做评价，包括对作者所使用的证据进行分析，声音归纳与具有误导性的过分简化之间的区别			×	×		×			×		
学生建立假设，并对其进行检验；从各种各样的第一手和第二手资料中来收集、评估、利用信息；将这些信息运用到口头或书面表达中			×	×	×	×	×	×	×		

续表

	对受访者的选择	访谈前的准备工作	调查/内容的背景	访谈提问问题	访谈发布形式的法律/道德议题	采访	记录	分析/解读	作品公开展示	存档/保存	口述史开展方法培训
历史解读											
在特殊历史事件和更大的社会、经济以及政治发展趋势之间，学生要展示它们之间的偶然的或非偶然的关系			×	×		×		×	×		
学生要识别历史成因和历史影响的复杂性，包括查明原因和影响上所受的限制		×	×	×		×		×			×
学生在大的历史背景下解读历史事件和问题，在那个背景下，一个事件是完全展开的，而并非只是从当今的行为规范和价值观来说			×	×		×		×			×
学生理解历史事件的意义、暗示和影响，认识到事件不可能有别的发展方向			×	×		×		×			
学生分析人类的环境改造，检查所引起的环境政策问题	×		×	×		×	×	×	×		
学生开展成本效益分析，运用基本经济指标来分析美国经济总体经济行为			×					×			

加利福尼亚州公立学校历史—社会科学标准：从幼儿园至十二年级。加州教育委员会，2000 年 10 月。

21 世纪的学生

　　21 世纪要求学生掌握什么样的知识和技能？设置什么课程来培养学生掌握那些重要技能？这是当今教育者面临的最大挑战。在 21 世纪初，有三本书问世——丹尼尔·平克（Daniel Pink）的《全新思维》（*A Whole New Mind*）、托尼·华格纳（Tony Wagner）的《全球成就鸿沟》（*The Global Achievement Gap*）以及霍华德·加德纳（Howard Gardner）的《迈向未来的五种能力》（*Five Minds for the Future*）。书中讲到新成长起来的一代有着和我们极为不同的世界观、人生观和价值观，要求老师和学校重新思考他们培养社会未来接班人的模式。

成长于 21 世纪的学生如此焦躁不安,从 iPods 到数字录音机,他们总是渴望用最新的科技工具来提升对世界的认识,是名副其实的"数码宝贝",当要求他们把所掌握的知识和技能用到学习上时,他们的好奇心、决心和积极性也会相应增强。不幸的是,他们的创造力和聪明才智往往在课堂上被扼杀。一说起历史课,许多学生脑海中蹦出的第一个词语就是"无聊"。这样的描述通常让老师感到困惑不解,因为从素材的丰富性和对当代生活的实用性上来说,没有任何一门学科能跟历史相匹敌。

成长于 21 世纪的学生课堂注意力集中时间短,一心多用,对任何事物都要找出研究的意义。他们既是信息时代的消费者也是制造者,乐此不疲地在视频分享网站和社交网站上"发布"他们的作品。关于这一点,曾经做过老师的罗布·弗赖伊(Rob Fried)指出:"他们完全凭感觉和兴趣行事,渴望有机会去尝试更具智力挑战性和创新性的工作。"很长一段时间他们都只在老师的主导下学习,而他们周围的世界在真实和虚拟的协作中实现着更多的思想交流。他们是有史以来与网络联系最密切的一代。从他们要掌握的国家学术评估标准来看,他们也跟自己的老师一样,要承担起比先辈们更重大的责任。

令人感到意外的是,口述史这个被认为最古老的记录过去的方法却与 21 世纪的课堂配合得严丝合缝。教育者们认真研究了三本书中所提到的"意识"(丹尼尔·平克),"生存技能"(托尼·华格纳)和"思维"(霍华德·加德纳),认为这些都是 21 学生未来走向成功的关键性因素。口述史项目在满足所有 21 世纪需要的思维方式(见下表)方面具有独一无二的能力。当一个雇主被问到最希望应聘者身上具有什么样的品质时,他回答道:"我想要能够问出好问题的人……我想要懂得如何与人交流的人——看着

21 世纪需要的技能

丹尼尔·平克《全新思维:为什么右脑思考者将主宰未来》(2006)	霍华德·加德纳《决胜未来的五种心智》(2007)	托尼·华格纳《世界成就的差距:为什么最好的学校也教不会孩子生存的技能——对此我们能做什么》
六种意识	五种心智	七种生存技能
构思	修炼心智	审辩性思维和问题解决
讲述	统合心智	跨界合作,以影响力形成的领导力
共鸣	创造心智	敏捷,适应能力
扮演	尊重心智	主动性和敢于冒险
调和	伦理心智	口头与书面的有效沟通能力
意义		获取及分析信息能力
		好奇心与想象力

我的眼睛,与我有眼神上的交流。"问出好问题和懂得如何与人交流是口述史的核心,也突出了口述史项目作为 21 世纪一种新的教学方式的价值所在,在计算机网络逐渐取代人与人之间的面对面交流,成为办公主流的时代,口述史项目的价值尤为突出。

　　21 世纪的学生既给口述史项目的发展带来优势也带来劣势。在"网络一代"几乎要被这种虚拟的网"网到一块"的时候,他们最缺乏的就是人与人之间面对面的交流,而这正是口述史访谈的核心环节。他们努力让自己倾听,又问不出深入的问题。口述史项目能帮助学生准确地掌握这些技能。美国心理学家丹尼尔·高曼(Daniel Goleman)在他有关情商的著作中指出了口述史研究项目如何才能健康发展,而不是只停留在学生认知能力阶段。情商是口述史学家必备的一种能力。作为社交技能,情商在口述史项目过程里的每一个阶段都有非常显著的作用。根据高曼所说,情商包括自我认知、自我调节、动机因素、情感共鸣和社交技巧。在决定未来成功与否的问题上,情商与智商同等重要,因为情商并不是从出生起就固定不变了,口述史项目就为学生习得这项技能提供了一个重要机会。

　　从 21 世纪的学生通过口述史访谈收集到的素材中发现,有相当一部分基础教育阶段的口述史研究项目都没有完整的记录,这些访谈很难被归档为未来研究所用。

　　不过,在越来越多的学校里,学生所做的远比记录采访要多得多。他们将访谈转换成博物馆展览品、短剧表演和历史纪录片(运用视频剪辑和最终剪辑软件)。嘻哈歌手杰斯和黑暗堡垒乐队还把口述史访谈编入了《十二月四日》和《健二》(Kenji)这两首歌。歌曲《十二月四日》的开头引用了一段杰斯妈妈所说的话,讲述了在杰斯生命里对他有重要影响的事件。《健二》里使用二战时被囚禁的日裔美国人的真人原声去还原这段历史。学生们不断尝试创新的方法让口述史研究适应他们所用的语言。他们为网页辅以声效,赋予自己的访谈以生命力,这是单靠文字记录无法做到的。网络上所"发布"的口述史研究项目包括文字记录和音频两部分。真人原声是口述史区别于 21 世纪科技和其他历史研究方法的重要特质,再加上让生活在 21 世纪的学生做采访人,让过去的声音变得嘹亮的同时又不失平易近人。

　　就美国世纪口述史项目来说,如果没有学生对科学技能的掌握和运用,这 750 多篇从 1997 年就开始收集的访谈,不管对研究者还是对那些渴望分享自己故事的受访者来说都是一个无法企及的任务。学生们为这个研究项目设计并建立了专属网站(http://www.americancenturyproject.org)。网上虚拟档案馆(http://www.mdch.org)包含这个项目的几乎全部馆藏,都是线上可利用资源,供那些积极的学生下载和进行数字化制作,在科技工具的辅助下,他们运用的会更加自如,会感受到和世界分享自己工作的价值所在。

激励 21 世纪的学生

当教育者有动力利用口述史来丰富他们的课堂后,接下来要面临的挑战就是如何激励学生以口述史学家的身份进行思考,去完成更出色的工作。在写调查报告时,学生就会以历史学家的方式来思考,这对学生来说是最真实的体验历史学家的机会,完成的调查报告交由老师评阅,经过评分后就算完成。在口述史研究项目里,调查报告是整个过程里较早的步骤,学生能够多方面参与,并把他们的作品带给广泛的受众。老师给学生分派项目,让学生用自己学过的知识为史学记录做出长久贡献,不论学生的能力大小和兴趣所在,他们都将发现一个与以往不同的学习方式。曾执导《讲述他们的故事》(*Telling Their Stories*)的导演霍华德·莱文(Howard Levin)说:"因为作品的永恒性,学生很清楚自己所做工作的重要性。对许多学生来说,结果远远要比这是否是一份激励人心的工作要重要得多。这一份真正有意义的工作,学生已经完全理解并且深深感到这份工作的重要性。他们自然会被激励。激励在这里不是问题,也不是主要成果,而是超越课堂的具有真实意义的令人感到骄傲的工作。"

另一个教育者评论道:"我有一种感觉,口述史使学生直接参与了历史的创造过程。如果能好好教他们,让学生相信这个项目,他们就会看到历史活跃、通用和活泼饱满的一面,而并非静态、无趣和死气沉沉。"在评价口述史研究项目的价值方面,圣安德鲁教会学校一个学生说道:

在我所有的高中学习经历中,口述史因其完整性是最令人印象深刻的。它不仅仅是一次访谈或者一份调查报告、一部传记文学,它是所有这些事物的合成,我们创造故事来帮助我们更好地了解历史。我们不只是在学校学习一门课程,我们也学到了移情与情感,恐惧、欣喜和绝望。历史变得个性化——大屠杀幸存者不仅仅被定义成幸存者,而是一个母亲,一位作家,一个罗马尼亚裔美国人;不只是一个数字,而是一个活生生、有血有肉的人。政客不只是一个雄心勃勃的伪君子,他也是一个有自己的家庭有自己矛盾的人。非裔美国人对民权的追求不仅仅局限于 20 世纪 60 年代。从某种意义上讲,口述史项目给我们呈现了整个世界,让我们知道每个人都有他自己的故事。

口述史项目始于学生开始选择他们的采访主题或者口述人,这个过程"学生自己对自己的学习负责"。学生要了解口述史研究项目有它自己的准则和限制,尤其是,一个可能的口述人必须是可以采访的(就我们这个项目来说),而且不能是家庭成员。选择采访主题和口述人的主动权都在学生自己手里。有一个学生将自己感兴趣的棒球主题与民权运动主题结合起来。现代民权运动在标准历史课程里占有大量篇幅,而棒球运动只在提及棒球明星杰基·罗宾森(Jackie Robinson)的时候占了一点篇幅。这个学生获得采访到了曾经在黑人联盟打球的欧内斯特·伯克(Ernest Burke)。他说:"当伯克先生谈论到他童年的经历时,谈到在那个实行种族隔离政策的年代他所遭受的疼痛、苦难、屈辱和歧视,要我封闭自己的情绪,将注意力集中到所问的问题上太困难了。不过,当我们开始谈论黑人联盟和棒球运动这些主题的时候,我会感到更自在一些,我们共同对待这项运动的激情已经超越了我们之间年龄和其他方面的巨大差距。"除了能为这个学生提供机会去追求他的激情,这次访谈还具有额外的重要意义——欧内斯特·伯克先生在访谈结束的几个月后离开了这个世界。这篇访谈如今被纽约库伯斯敦国家棒球名人堂(National Baseball Hall of Fame in Cooperstown, New York)收藏。

另一个学生对 1969 年发生于曼哈顿格林尼治村的"石墙暴动"(Stonewall Riots)事件感兴趣,这是教科书里没有涉及的内容。她游历至纽约,追寻到一位名叫沃伦·艾伦·史密斯(Warren Allan Smith)的人,并对他进行了一次访谈。他自诩为女权主义者,采访过一位 20 世纪 50 年代的家庭主妇。他称他的采访完全颠覆了他以前所做的调查和看法,"我无法理解为什么这位女士会喜欢待在家里没有事业没有教育机会,只是抚养五个孩子。我认为我做了一件错事。但是我知道她没有机会讲出自己故事,我讲述了她的故事。"

即使没有老师的指导,大部分学生也都了解口述史作为原始典藏资料的价值。在美国,学生们每年都会参加全国历史日(National History Day)竞赛,在展示时由于口述史访谈的加入而创造出一种"证据的汇集"现象。一个选手被问到在一个关于杰基·罗宾森的访谈项目中他是如何获得采访前洛杉矶道奇队老板汤米·拉索达的机会的,他回答:"我搜索出他的信息并获取了电话号码,就给他打电话了。"另一个是圣安德鲁教会学校的学生,他被问到"口述史是以什么不同于其他学习经历的方式来激励你的",他回答:

口述史项目最激励我的地方在于它的真实。研究物理、化学和数学的学生发现他可以用这些技能去建一座吊桥就会感到兴奋,但是这种实践是要到大学或者以后才会实现。我们的口述史项目,就像建一座吊桥一样,也有一个目的。我们有机会去保留一个很可能以后会消失而且再也没有机会讲出来的故事。口述史研究项目让我们感觉我们不仅是学生,更是历史学家。这给了我们一种专业精神,我们会尽最大努力去寻找我们可以找到的故事。

大部分学术活动都包含两种人:学生和老师。口述史不同于其他类型的学习经历就在于它带进来除这两种之外的第三类角色:口述人。而且学生要承担起保存这个口述人的故事的责任。由学生推动的口述史项目的一个独特的方面在于每一个参与者——教育者、学生采访者和口述人在这个项目中所扮演的角色。每一个参与者都代表着一定程度的权威,为作品的质量和实用性保驾护航。从口述史的特性看,这是采访者和受访者共同拥有的一段经历。

对学生来说,激励他们的一个最强烈的因素是认识到他们所做的不仅是在保留对某个人生命的记录,更是对未来的研究的贡献。在项目开展之初,我给大家公布了口述史协会规定的原则和标准,强调学生所从事工作的专业性,让他们认识到他们是在做一件"专业人员"的工作,以此增强学生对项目的责任心。他们也阅读了查尔斯·莫里斯(Charles Morrissey)的《提出尖锐的问题》(*Asking Hard Questions: Harvey the Historian as Colleague*)。莫里斯提醒他们要问问题——尤其是有争议的问题——未来的历史学家会想问,但到那时如今的口述人都已不在,要谨记,今天的学生所做的口述史也是为未来的历史学家所做。

口述史研究项目一个特别值得做的原因是为学生提供机会以历史学家的身份回馈社会,让人们感觉到个人的历史同样是有价值的。最后,通过与社会相结合,口述史研究项目成为了"真实世界的组成部分",这也激励学生去习得技能来完成工作。

正如我的一个圣安德鲁教会学校的学生说的:

口述史研究项目最让人满意的地方在于,我们作为学生,可以保留下来一些故事,一些如果不记录下来就永远跟随主人埋进地下的故事,通过这样的方式,我们能够为社区、为社会做出一点贡献。看到关于我的受访者和他亲身经历过的事情的报道,我感到一切都是值得的。他以前从未接受过采访,当他知道他所说的事情将要被保存下来,他非常激动。人类的行为表明每个人对其所经历的事都会有不同的解读。

对历史的丰富叙述

詹姆斯·鲍德温(Jamnes Baldwin)曾经说过美国历史"比任何人所讲述的都更长、更宏大、更多元、更精彩、更让人战栗"。很长一段时间里,大部分的学生在他们的历史课上都没有表达出对美国历史的丰富描述。不过,在老师的指引下,学生们可以把历史审视得更全面一些。2000 年,圣安德鲁教会学校的一名学生采访了一个参加过二战的退伍老兵。八年以后,为了得到法律许可能把这篇采访刊登在学校网页上,学生寄给受访者以及他的妻子一份访谈的记录,他的妻子回信说同意刊登,我们在她的回信中再次看到了这个项目的意义:

采访记录寄来以后我就念给我的丈夫听,这唤起了他曾经的记忆。他患了老年痴呆,许多事情都不记得了。但是他的确回忆起了他曾经在访谈中说到的一些事情,并且很乐于去回忆这段他人生中非常重要的时期。看到他对那段时间的经历有所回应,我感到很幸福。

在这个项目结束的时候,学生们回忆起他们最初——或许也是唯一一次——作为历史工作者的经历。许多学生知道了口述史在"捕捉想象力和激发情感"方面的力量。做口述史访谈为他们在学校的学习带来动力,他们也知道了自己学习的意义。一个学生的回忆继续激励着作为老师的我:

现在回过头想想,对我来说口述史项目不仅独特在它带给我一个另类的视角去解读历史。还因为它要求研究者具备相当水平的个人主动性和独立思考的能力。带着录音设备来到"我们的战场",做好准备,却又无比的紧张,这一切都在帮助我完成从一名普通高中生到口述史工作者的转变。

如果我们的学生在离开校园的时候都能够以那样的方式思维,那我们不仅培养出了未来的口述史学家,我们还培养了一批有思想的公民。

参考文献

[1]丹尼尔·克林:《和先辈感同身受:收集和展示口述史》,海纳曼出版社2005年版。

[2]巴里·兰曼、劳拉·万德林:《培养下一代口述史学家:口述史教学选集》,阿尔塔米拉出版社2006年版。

[3]索恩·马卡姆、约翰·拉尔默、杰森·拉维茨:《专题导向学习:以学习为基础,以达到学习标准为目标的中学教师指导手册》,巴克教育研究所2003年版。

[4]托尼·华格纳:《世界成就的差距:为什么最好的学校也教不会孩子生存的技能——对此我们能做什么》,基础读物出版社2008年版。

[5]葛兰·惠特曼:《与过去对话:用口述史吸引学生,达到学术标准》,阿尔塔米拉出版社2004年版。

第 31 章　口述史在大学：从边缘到主流

詹尼斯·威尔顿（Janis Wilton）

在 20 世纪 70 年代晚期我无意中走入并开始了我的口述史工作者的生涯。在澳大利亚，那个时期的口述史主要是在校外开展的一项活动。口述史刚刚风靡校园之时被看作一种并不怎么复杂的项目研究方式。我第一次接触口述史，是为一个研究项目做助理研究员，那个项目是为记录二战前后迁徙至澳大利亚的欧洲难民当时的经历。带着录音设备，准备了一些关于这个主题的背景内容，在没有接受任何口述史方面培训的情况下我就踏上了我的第一次采访征程。对口述史的初次接触并没有什么不寻常的地方，那个时期在澳大利亚，大学要提供关于口述史研究的培训会受到好多方面的限制，一些专业历史学家①依然对口述史抱很深的怀疑态度。还是会有一些有探索精神的人进入这个领域，不过他们也只是认为口述史采访不过就是提问问题和记录回答。对于这个理解，大多数人都认为这是"常识"。②

这种怀疑的态度——尽管如今经过了改进和过滤——依然在大学校园里存在。不过，大学里逐渐增加的口述史研究课程、研究项目、档案资料和各种活动，以及激增的有关高等院校口述史教学方面的文献，都表明口述史在大学已经从边缘进入主流，被当作一种复杂的理论和研究方法。

如今口述史在澳大利亚或者其他地方的大学校园里已十分普遍。口述史与众不同的实践形式和跨学科教学，它所贡献的学术文献，对学生和所有参与这个项目的人的影响，以及对大学和其周边社会之间的关系影响，都证明这是一种非常值得我们去探索的

---

① 在澳大利亚，从派特里克·奥法雷尔发表的评论上很明显看出这种观点的存在，例如《口述史：事实和虚构》一文，该文发表在《澳大利亚口述史协会期刊》1982/83 第 5 期，第 3—9 页。

② 这种观点的存在导致特雷西·K.迈耶发表了名为《"这不只是常识"：口述史教学方案》的文章，《口述史评论》1998 年第 25 期，第 35—37 页。

研究方式。考虑到口述史过去、现在和未来在大学里所扮演的不同角色,这次调查受很多方面的限制,并不彻底。例如,学校主要还是集中在英语文学、计算机或其他我所熟悉的学科开设口述史课程,再加上我自己的教学经验寥寥。不过,它的目标是提供口述史取得的重要成就,所涉及的问题和应对策略,以及它所面临的挑战,引起对现在和未来会出现的问题、策略和担忧的思考。

专业术语注释:单个单元研究(持续一或两学期),被称作课程;一系列课程(通常为获得一个学位)被称作一个项目;教学人员就是雇员或者老师。

口述史课程

1973 年,新成立的巴布亚新几内亚大学(建于 1966 年)开创了一系列口述史课程,这是因为有来自不同方面的动力,罗德里克·蕾西(Roderic Lacey)解释道:对大多数公众来说,通过口述史资料记录是他们认为的唯一也是最接近事件真相的记录方式。在曾经是殖民地的国家,文献史料上记载的都是殖民统治者的历史和观点,学生在大学里接受的是完全西化的教育模式,这种教育传统使他们远离了乡村生活,从而远离了从口述素材和口述传统来说最具价值的区域。曾经有一个特别的契机,一位来访的非洲学者,他发起了一场有关口述史的研讨会,从而引发了对口述史的研究。对口述史,大家都有一种顾虑,觉得它多多少少会与历史有所差别,但是还是决定设置一些能让学生在实践中学习的课程。正如蕾西所指出的,这一系列课程的特点和学习成果包括均衡的理论与实践、重视培训、从实践中学习、认识到口述资料的价值、尊重他人、接受和欣赏不同的世界观、作品发布、档案馆创建以及拉近大学与学生所属的不同社区之间的关系。

巴布亚新几内亚大学是较早开设口述史课程的大学,它亲历了口述史在高校的发展历程,本科生和研究生课程数量和开设口述史课程的学科数量逐渐增加,还涌现出了一系列不同的教学重点和教学目标。2008 年,本科阶段许多专业都开设了口述史课程,如历史学、女性研究、社会学、考古学和许多交叉学科。在研究生阶段,研究项目里有个性化课程,整个项目都是对口述史或对与其相关的方面进行研究。还有一些课程在本科生和研究生阶段都有开设,但课程安排不固定。

大学里各种各样的口述史活动也催生了许多口述史教学方面的作品,都为口述史做出了一定程度的贡献,特雷西·K.迈耶(Tracey K.Meyer)和阿里斯泰尔·汤姆森经过调查研究勾勒出口述史的教学实践与战略总览。唐纳德·里奇在他的《大家来做口述史》一书中对于口述史在大学的地位和身份提出疑问,并给出希望得到的答案。还有更多的贡献是为口述史提供关于特定课程和个性化经验的反思性和分析性说明。

大学里各种各样的与口述史相关的课程设置、学术文献和特定研究项目,都成为口述史教与学在当代的发展和未来走向的中心环节。

反思性教学与学习方式

正如反身性(reflexivity)已经成为口述史学学术研究的核心问题一样,反思性学习是学习口述史课程的核心要素。教师鼓励学生每天记日记,记下他们对口述史研究过程中各方面的反思性思考。作品激发出来的感受与想法、失误、启示、对一次采访所设想的结果、实际结果、失败、挑战、概念理解、概念应用、概念曲解、学生与受访者的关系、学生之间的关系,以及学生和老师的关系——所有这些都要记进日记里。口述史学术研究中就存在相当多引人深思的例子,它们表明反身性是如何并且可以重塑一个主题、一次采访或者最终作品的思维模式。瓦莱丽·尤(Valerie Yow)在其论文里论述了文学作品中的主体间性和反身性的演变历程,为该领域的研究提供了一个有效的和振奋人心的开端。许多特定的主题都能在里面找到特定的范例。

我在教学实践过程中有许多让人津津乐道的例子:希瑟·古德尔(Heather Goodall)在记录核试验对澳大利亚南部原始部落群的影响时对自己研究议程的反思,还有最近写的对伊莎贝拉·弗里克(Isabel Flick)进行采访后的反思;凯瑟琳·波兰德(Katherine Borland)揭露出她是如何在听了祖母的讲述以后颠覆了和改进了她对祖母所经历的一切的理解。有的作者将两种评论综合了起来,一种是对口述史研究过程的评论,另一种评论针对他们在发掘口述人生命史和家庭史中所扮演的角色,他们的例子很好地支持了研究者反思的例子。这种事情发生的可能性很宽泛。这样的例子有很多,我选取了三个:马克·贝克(Mark Baker)的《第五十道门》(*The Fiftieth Gate*)、苏珊·瓦尔加(Susan Varga)的《海蒂和我》(*Heddy and Me*),以及阿诺德·扎贝尔(Arnold Zable)的《珠宝与灰烬》(*Jewels and Ashes*)这三本著作。在学生自己对反身性影响的论证和评价过程中,反身性的力量发挥到极致。维基·鲁伊兹(Vicki Ruiz)用三个学生的自我剖析来解释反身性的本质与效果。蕾娜特·普雷斯科特(Renate Prescott)对一个学生的自我发现之旅做了一个详细叙述,这个学生发起一个与越南战争有关的口述史项目,并对当年参战士兵的家庭成员进行采访。盖瑞·索仁森(Gerri Sorenson)讲述了她的口述史小组的学习经验和过程,并谈及为何以被子的发明作为课堂展示的重点。巴里·兰曼(Barry Lanman)和劳拉·万德林(Laura Wendling)通过三个学生的反思性叙述,强调捕获学生在学习过程中的观察力的重要性。

对反身性的强调并没有停止鼓励学生参加实践。教授口述史课程的老师也会对他们的教学进行反思性思考，并把反思过程和结果记录下来。艾伦·布斯（Alan Booth）在其关于大学史学专业授课的专著中推崇反思性探究对所有参与人员和学生的重要性，有利于他们全面参与对方的研究过程，分享彼此收集的主题材料。经过教学反思，老师的教学实践经验和自己的知识储备都会得到提升。桑迪·波利修克（Sandy Polishuk）曾公开承认她在波兰特州立大学开设口述史课程的最初原因是建一个档案馆，用来保存社会积极分子的口述史访谈资料，她认为他们是"激进的长者"。她找学生来完成一部分工作，但是通过对她自己教学实践和反思和评估，波利修克逐渐认识到了学生们和她自己的学习经验的重要性。学生与口述人交流过程中提升了倾听技能和随机应变能力，这一切她都看在眼里，记在心里。建立档案馆的想法依然存在，只是如今又多了一个目标，就是看着她的学生"逐渐成长，对过去的一切心怀感激，被口述人所做出的奉献和所产生的影响所激励"。安妮·巴特勒（Anne Butler）讲述了她在一门女性研究课上引进口述史研究项目的发展历程：首先，记下从其他学者和实践活动中借鉴到的思想；其次，逐渐适应这些已被证明的理论，并做出回应；最后，把以往教授不同年龄段学生的教学经验运用到口述史项目中。巴特勒对文献资料、别人的先例和自己的经验进行了反思性和批判性思考，并说明自己的口述史教学是如何在这些反思性和批判性思考中得到成长的。

主动式学习

在大学的口述史课程学习过程中，反身性很容易与口述史另一个强烈的属性联系在一起：主动式学习。口述史逐渐被看作一种方法，不仅是学生以此来读史的方法，也是他们"创造"历史的方法。对金伯利·波特（Kimberley Porter）来说，她的学生在北达科他大学"与口述人一起创建出独一无二的史料"，实实在在地参与了对历史的收集。在南非的历史教学中，口述史地位逐渐得到提升，德里克·德·布鲁恩（Derek De Bruyn）对此进行反思并进一步指出口述史的魅力一部分源自于它所提供的教学方式同以往陈旧落后的教学方式所产生的鲜明对比，以往都是依靠"传输"模式教学，学生只能学习我们所提供给他们的信息。

主动式学习的核心是访前准备、采访过程和后期制作。哥伦比亚口述史研究办公室主任罗纳德·格雷里（Ronald Grele）曾言简意赅地指出："从本质来讲，任何与口述史相关的课程都是一个实地调查课程。"教育者所面临的挑战就是如何在理论与实践中保持平衡。大学里与教授口述史有关的著作中不止一次地强调了在为学生提供口述史访谈实践的同时引进丰硕且复杂的口述史学术研究成果的必要性。口述史已经得到了各种各样的发展战略和资源。格雷里所关心的是当研究生课堂上出现各种对史学问题的争论时，各种各样的口述史教科书如何才能被用作的争论焦点，当研究需要与他人合作时，这些争论如何提高学生的采访技能和挑战意识。1997 年，在美国口述史协会（American Oral History Association）举办的年会上，来自高等院校的老师们在教学教育方面互相交流，这次交流象征着理论与实践的结合的混合教科书的诞生，以及为实践做准备的教与学策略与实际实践活动的结合。课程侧重点不同，开设年级不同，实行的教学策略也相应不同。

为提供一个特定范例，学生会在我的课堂上引入一些口述史作品（书籍、网址、电影和无线电广播）和学术成果，学生在研究过这些作品和学术成果后会写一篇分析性短文，内容是关于口述史是如何帮助我们理解过去以及为何会产生这样的作用。精选的学术研究将是他们以后采访的重点。学生在采访前的实际训练包括采访策略和采访练习，提供的方法与文献中讲到的口述史教学技能相类似：他们彼此之间或者和家人之间互相采访练习；听现存的口述史采访，再对听过的口述史采访做评价；思考和体验如何唤起一个人的记忆；面对与道德有关的议题，想象出一个"棘手"的情况，角色扮演双方并想出解决方法。实践经验之外，他们还广泛涉猎学术文献，这些文献对口述史访谈中的特定研究经验和实践进行了讨论、分析和评估。这种理论与实践的平衡在当前使用的课程指定教科书中反映出来：罗伯特·帕克斯和阿里斯泰尔·汤姆森合著的《口述史读本》（*The Oral History Reader*），贝斯·罗伯特森（Beth Robertson）的《口述史手册》（*Oral History Handbook*），还辅以一系列的论文、读物和在线资源。和其他口述史课一样，学生们要通过反反复复的阅读、思考、实践来为他们的采访做准备。

将理论与实践相结合，注重主动性学习和反思，是大学口述史课程的教学策略。有些课程的首要目标包括对学生的采访资料进行归档保存，或是鉴于口述史资料保存的特殊需要，把学生培养成图书室或档案馆的口述史管理员。在以上范例中，学生在加工处理采访的过程中学习技能并得到实践，这其中就有与资料收藏相关的技能。在悉尼新南威尔士大学，口述史课程只面向拥有图书馆学或档案馆学的硕士研究生，在学生对口述史和口述史采访有了了解以后，它还会考察学生在资料保存、信息管理和储存方面的知识和能力。

口述史课程鼓励学生将这些采访运用到中小学课堂——学生表演、创意写作、视觉艺术以及数字化讲故事方面，例如把采访加进阅读课和适合这一形式和目的的活动当中。以史学研究为重点的口述史课程更倾向于发掘从访谈中得出的历史证据和见解的分层特性，以及向观众解读和呈现的方式。以教学目标和课程发展水平为基础，不管是本科生还是研究生，不管是入门级还是高级，都具有同样的侧重点和关注点，面临同样的挑战。

在后期处理和评价采访阶段，反身性能够为其提供战略指导。反身性可以帮助学生做出反思性总结，对这次采访和自己的表现做出评价。口述史文献和手册也能为学生提供一些指导意见。我的学生开始时是以贝斯·罗伯特森的《口述史手册》为指导，书中提供范例指出应该在访谈结束后立即总结，这样才能够捕捉到访谈内容的精髓，还指出口述人与采访人之间的互动方式在创造一份适合公共收藏记录的同时，对采访会产生的影响。从国际口述史协会（International Oral History Association）期刊《语言与沉默》（*Words and Silences/Palabras y silencios*）中挑选出的"最令人难忘的访谈"和"最令人失望的访谈"范例看出，评价性反思是必不可少的。这些范例易于理解和吸收，在阐明反身性作用的同时也令学生感到宽慰，哪怕是非常老练的口述史学家也会体验到口述史带来的愉悦和挑战。课程使用的教材和范例都不尽相同，但是目的都是相同的：让学生在更为广博的采访技能中对他们的采访经历进行反思，反思理论和道德方面的问题。

作为一种学习策略，对反思和评价的强调所产生出的影响由学生在采访后做出的评论证实。在苏·伯利（Sue Bruley）的关于女性研究的口述史课程上，一个学生回忆到她的第一次采访经历使她感到尴尬，因为要她直面关乎隐私的伦理道德问题：

我感觉自己像是一个入侵者……我中断采访，然后问了我自己几个问题，我们有什么权利去问她们这么私人的问题？……这些访谈向我们表明，口述史由于自身的主观性而显示出多么微妙的特质，这就要求我们在接触时必须极其用心地对待。

伯利的其他学生在访谈结束之后对存在于采访者和口述人之间的协商空间有了更好的了解，有必要认识到这项采访是由双方共同授权、共同拥有的一次经历。在认识到她的受访者可以选择回答什么以及如何回答以后，一个同学说道：

采访者与口述人之间的关系不是简单的控制与被控制……而是两个有自主权的成人之间的关系……通常在下列情况下，口述人能够控制访谈：拒绝回答不想回答的问题；想塑造出他们认为他们最美好的一面；告诉采访人他们认为她想听到的；重新构造一个想象中的过去。

在对自己的采访经历进行反思与评价后，学生再把从文献资料上获得的知识进行加工以适应实际。理论指导实践，实践反作用于理论。

有些课程要求印刷版的采访记录，在对采访进行记录和编辑之前，通常要阅读有关这方面的读物，再互相讨论，才知道如何把一段录制出的采访从"声道"转变成平面印刷体。这些讨论和争论必然会把实践（形式、标点、技巧、层次、编辑风格）与理论分析相结合。为创作出一字不差的记录文本，学生必须认真倾听受访者的回答，正如罗恩·

格雷里所说,这项耗时的工作,不仅让学生接触到文字记录这项技能,体验到它所带来的挑战,也让他们更加重视细节的重要,重视在采访和文字的运用中使用的采访技能和叙事结构。

这项决定涉及最终展示形式,进一步让人直面口述史采访的所有权和控制问题,在处理口述史资料时遇到的有关道德、概念、解读和文学方面的挑战,口述人和采访人在一定程度上都会经历迈克尔·弗里希所提出的如今对口述史至关重要的"共享权威"问题。由于越来越多的口述史学家把原始口述史资料转变成口述史作品的过程分享出来,致使可选资料越来越多,这引起了思考和争论。这类文学作品对在校学生和毕业生的作品影响非常明显。例如:洛林·斯提齐亚(Lorraine Sitzia)对困难的说明涉及了试图运用迈克尔·弗里希的"共享权威"理论;凯瑟琳·埃莉斯·佩里(Katharine Elise Perry)对用诗歌来呈现她母亲回忆做出解释;在对来自阿富汗哈扎拉的难民所受的创伤这一采访中,丹尼斯·菲利普(Denise Phillips)分析了涉及其中的道德和理智的问题。

学习和其他成果

反身性、主动式学习以及理论与实践的结合——这些是大学口述史教与学的标志。从最初的接触口述史,阅读口述史文献,到采访前的准备工作、开展采访、后期制作,再到创作出各种各样的口述史访谈作品,口述史课程会提供全程培训与指导。这当中不可或缺的就是学生可以从口述史课程学到的与反思任务和其他成果相联系的各种学习活动。

经过全面思考并对任务和学习成果有了确切的评估以后,就会发现学生选择口述史课程的原因不尽相同。特雷西·K.迈耶发现有些人做口述史研究是因为这是规定的研究项目;有的人把它看作是硕士学位的一个"跳板"研究项目;还有一些人——因为各式各样的原因——把它选作选修课。在最后一类学生中,梅耶和其他人认识到有些学生把它选作选修课是以为这门课比较容易,同时又能修满学分获得学位。还有一部分学生选择这样一门选修课是因为他们接触过口述史的基础课程,想学习更多关于口述史的知识,他们认为口述史能让他们学习到不同的技能,通过不同的视角重新认识历史,记录亲人或朋友故事。学生报名来上我的一节口述史课的原因,我列举几个:"它给我提供一个记录家庭成员回忆的机会";"我发现做采访这种实践性的机会真的很罕见";"它会对我以后的研究有帮助,因为我未来所研究的东西访谈将会占很大一部分";"它能提升我已经完成的对考古学和古人类学的研究";"我对当地博物馆特别感兴趣,而口述史是研究这方面的一个非常有用的工具";"我被这个项目所吸引,因为它与我以前所研究的历史项目完全不同";"我想把从这个项目中学到的技能运用到基础教育课堂中";"我是做印度(南亚)历史研究的,我打算研究移民经历。"①

在我的学生所表达的对口述史的期望中,有一条始终贯穿始终,就是渴望把一次采访当作学习技能的方式,记录即将消失的故事和记忆,给大家或至少他们的家人分享他们的作品。与这些期望并行的,还有动摇:口述史并非大家以为的一条简单的道路;要投入大量时间和精力;要面对人与人之间的对抗与冲突;要把理论与实践完美的结合;害怕得到差评,因为采访技能不是把所有要素拼凑到一块就能掌握的;它所涉及的多样化任务和技能;采访人在采访前、后期制作和最终展示这一系列过程中的紧张不安;对口述史学术研究的范围和水平感到焦虑不安。

学生的期望与害怕,他们不同的背景,和他们所掌握的不同技能都被纳入评价要素。许多口述史课程所关注的焦点是学生是从口述史学到了什么以及如何学,而不是把采访技能当作一项可评价的任务。这里再次强调了反身性的重要。我们需要评估的是学生对一次采访经历的自我评价,他们使用口述史文献来对这场经历发表的评论,他们识别自己强项与弱势的能力,以及他们需要提升自己的地方。对这些方面做出评估也是为了不管是从理论上还是实践上都能更好地完成口述史过程、形式和主题中所涉及的每一步和每个一阶段。一个完整的口述史项目应该包括研究计划、短期实践、报告、形式、对资源和读物的分析性注释、口头陈述、书面文章以及在大多数情况下的一个最终成果。

在创作一件作品时要强调的是,要求学生的基本情况、期望、害怕和理想的学习成果以及对评估的需求相匹配。一件作品超出它本身的价值——作为大学必修课的一个可评估的作品,这是最理想的状态。这就是霍华德·列文(Howard Levin)和金伯利·波特(Kimberly Porter)所提及的"真正的做"和"真正的以学习为目的的任务",这些项目都超越了课堂。采用这种方法是相信通过制定适当的教学策略和学习策略,本科生和研究生都能够创作出高质量的作品,可以呈现给那些除了他们老师以外的更广大的观众,也可以有更广泛的用途,而并不只是把它当作一项可评价的学习任务。有一种观点是反对对口述史访谈资料进行存档,在 20 世纪 80 年代早期,莉奥诺拉·瑞特(Leonora Ritter)对她的学生所做的口述史实验进行了反复研究之后,她提出反对保存口述史的观点;她也惊讶于自己竟然"同意了这种观点,对这种学习方式产生的怀疑,

① 2008 年 7 月,学生在一次在线讨论中把他们自己和吸引他们兴趣的事物引入口述史远程教育课程。这一学期总共招收 68 名学生,年龄普遍偏大,且来自不同领域。在许多学士学位课程里都开设了口述史课,例如教育学、城市规划、农家学、应用历史学以及文学学士专业课程。

只是把口述史当作一种有用的练习,而忽视它所具有的真正价值"。还有一种观点,一个来自苏格兰南部苏·布吕莱口述史课程的学生担心她所做的事对她的受访者不公平,因为她只把对他的采访当作一个大学研究项目,而人们认为应该为她的这种担心做点什么。

对学生能力和对口述史课程中设定的教学策略的信任,产生了令人震惊的作品。来自大学和社会的口述史档案和珍藏已经获得了具有重大意义的附加产品。例如,弗吉尼亚理工大学图书馆所收集的学校历任校长采访记录,并且还可以在网上可以搜索到完整的文本记录。上过苏珊·道格拉斯(Susan Douglass)口述史课的学生参与对二战时期驱逐舰的记录,对学校档案室的专业馆藏做出了贡献,而且学生可以在网上看到他们的作品。

当学生们看到他们的作品完成、展示并公开发布,他们会得到空前的自我满足感。在阿尔伯特·利奇布劳(Albert Lichtblau)的视频历史课上,他的学生能够制作出三种不同类型的短片。黛博拉·萨特芬(Debra Sutphen)的历史推理课将研究聚焦在二战时期被扣留的日裔美国人的经历,她和她的学生们所做出的贡献被编进了书中。我的学生公开发布了他们所完成的任务,并在研讨会上提交了论文。

学生的反应和评论充分体现了这种"实境学习"的影响。从头至尾,不管成果多小,多分散,多与众不同,在参与口述史项目的过程中学生都会积极主动学习,所取得的多样化的学习成果使学生的经历和眼界变得更开阔。这些学习成果不仅涉及技能方面,也涉及一个人的认知、自我认同、主动参与学习、对复杂有挑战性的事物认知的提升以及口述史学术成就与实践带来的满足。

· 【课程最后的陈述】……为我打破了障碍,找回自信……我觉得我很能干。

· 这种经历把我带回到学生生涯,我怀念这样有形的学习方式,你能坐下来,倾听一场演讲,并且久久不愿离去。

· 我认识到口述史是一门高度灵活、精练的直觉式推理艺术,有一个考虑周密的研究主题。

· 这是……一次能改变一个人生活的经历……人们的故事所展现出来的那种顿悟和力量鼓舞着我们;因为有些故事而产生的气愤与怒火带给我们惊讶;因为另一个人的生命史,我们获得的理解与同情改变了我们。

课程体系里的口述史

很明显,在大学口述史教学拥有丰富多样的实践。上过口述史课的学生到处吹捧他们的学习成果。老师会对他们所得到的激励和见解、学生的参与程度做出评价。档案馆、各种社会团体、史学和其他学科都会受益。然而,在大学各色各样的学科中,口述史处于一个什么样的位置呢?

1990 年,在新南威尔士大学,马丁·里昂斯(Martin Lyons)在对新开设的口述史课程的反思中特别提到了口述史经常遭受的怀疑。对"口述史就是关乎假设,价值观,态度,和实际发生的事情"这种观念做出评论。他也无奈于如此多的史学家仍然把口头证词看作一种劣等的资源,苦恼于他们患的马克布洛赫所谓的"文档癖"。他所担忧的有多大程度的适用呢? 口述史是已经成为了大学的主流课程还是只是一门附加的选修课呢?

答案不一而足。在一些国家,口述史这一研究方式都没有被大学接受,更别说设置口述史课程了。国际公认一流的口述史学家亚历山德罗·波特利就提供了一个极具说服力例子。2006 年在悉尼第十四届国际口述史大会的圆桌会议上,波特利发现,意大利是唯一一个举办过三次国际口述史会议的,而且还拥有许多国际一流的口述史学家,尽管如此:

在意大利,没有人以从事口述史为生,一个都没有。我教授美国文学。路易莎·帕塞里尼直到出版了几本没有使用口述资源的书才申请通过教授职称。意大利口述史运动发起人之一萨雷·贝尔马尼待业在家。其他人也都在不同的领域工作。

在这样的发展氛围下,口述史只有通过研究项目才能进入大学得到学生的关注。相比之下,口述史在有些大学拥有很强烈的存在感,有以其命名的课程,甚至研究项目,学者能以口述史某生,或者至少能够通过教学来分享他们的知识和技能。这样的范例里就包括老牌名校哥伦比亚大学历史悠久的口述史硕士课程。2009 年,位于澳大利亚墨尔本市的蒙纳士大学开设口述史与历史记忆硕士学位,英格兰哈德斯菲尔德大学开设口述史文学硕士学位。在传统硕士和其他荣誉学位中还开设了个性化研究方法课程或者包含口述史要素的课程。在南非开普敦大学,开设了一个名为"口述史:方法,实践和理论"的硕士选修课程,美国俄亥俄州达顿市的莱特州立大学硕士历史课程设立了口述史选修阅读研讨会。

本科阶段,这种趋势朝着这样的方向发展:为一个学位项目提供一个或者两个个性化课程。在数量众多的传统课程里这些个性化课程显得势单力薄,有时候还要辅以其他与其相似但相对现代一些的有前途的课程。巴布亚新几内亚大学的口述史课在太平洋历史、当代欧洲史、澳大利亚历史、美国史和 20 世纪的战争与和平这一系列课程的伴随下开设。在我的大学,新英格兰大学,口述史课在应用历史课程和传统历史课程的夹缝中生存。在新西兰惠灵顿维多利亚大学的女性和性别研究项目中,艾丽森·劳丽

（Alison Laurie）提供了两种口述史课程,第一种以现存的口述史和自传体为例来教授课程,第二种重点教授口述史研究的方法。它们安逸地存在于研究女性和性别的课程中,吸引本科生去探索、以女性观点来分析图像和古怪的研究对象。

由瑞典马尔默大学的马特·格雷夫（Matts Greiff）所开创的课程象征着一种更完整的方式诞生。格雷夫说在一所大学发展历史课程时,口述史不应只是被当作一种方法,"还应该是史学研究的一种视角"。这是一种"深入人心"的研究方式,吸引学生参与的方式——这些学生中的许多都可能会走上教师岗位——在教授历史的同时还能与他们所在地的周边社会保持密切联系。口述史在课程体系中被设置成了一门基础课程。

在马尔默大学和其他大学里,口述史成为大学课程体系中的一员,不是作为一门选修课或附加课,而是一门必修的基础类课程,很明显,作为大学课程体系中一个必不可少而且激励人心的组成部分,口述史逐渐被大众接受。口述史已经形成了逐渐清晰的轮廓,越来越多的可确认的口述史课程和项目正在被引进和扩充。然而,它们往往被当作研究方法课的一部分,集中在拥有口述史馆藏和口述史研究办公室的大学里。还有一些不固定的口述史课程,有的研究项目被撤销,工作人员流失,极少一部分人认为口述史教学应该存在于传统大学里。想要口述史成为历史学科的或是其他学科和跨学科的研究项目里一种不可或缺的要素,还有很长一段路要走。不过,口述史这种创新性的教与学策略依然屹立在大学教育的前沿。

调查、存档、社区

大学里关于口述史的讨论主要就是围绕在哪教和如何教,还有与口述史教与学相关的技能、评估和认可。而口述史在高等教育机构中的存在和地位经常被人们忽视。大学研究所的研究人员公开利用口述史来做项目研究;口述史档案珍藏和口述史研究项目让大学更好地融入周边社区;在校外,也会举办学术会议、研讨会以及成立工作室。确实,这些活动更能博得公众的眼球。大学里口述史课程的开设更是促进了一种校园文化的诞生,这里对口述史来说是一个更安全的地方,因为它开创了一个集教与学、研究与收集资料、服务以及社会关系为一体的独特教育方式。

口述史研究项目在大学非常普遍。它们既存在于那些公开教授和收集口述史的大学,也存在于那些非公开进行的大学。口述史在大学被一些人追捧,他们中的有些人沉浸在口述史学术研究和项目培训中,有些人几乎没有接受过任何与口述史有关的培训或是有这方面的背景,甚至有的人依然认为口述史只是到那里打开录制设备,收集口述信息和故事。在这样的学术氛围里,硕士论文和教职工研究项目的范围和数量就变得无边无沿了。稍微看一下国内外口述史大会上的研究项目或者索引口述史期刊就会发现大学的口述史研究已经被拥有不同学科基础、不同专题、不同论点的研究人员占据。[①] 口述史论文与研究现代史的硕士论文和研究项目相类似，口述史已经被嵌入完全不同的主题和论点中去。例如，在我的学校，开设口述史课程的硕士学位论文和一些荣誉学位论文在研究诸如难民经历、土著研究、食物历史学、成人教育、义工组织农村定居点计划这些领域时，都把口述史当作信息来源的主要途径和研究方法。

这些内容广泛的口述史研究项目，成为多元文化的组成部分——或者至少是大学默认的组成部分。大学利用自己的档案馆和图书馆馆藏来为口述史提供资源，在该领域，这项举措很可能是一种率先突破。1948 年，哥伦比亚大学开始收集口述史，1970 年，得克萨斯州贝勒大学的口述史研究所开始收集口述史，这些是世界范围内较早有口述史收集项目的大学。

一些大学档案馆收集的口述史采访还包括对学校以前的和现在的员工的采访。该项目的启动含蓄地表达出学校对这些记忆的认可，认为它们是研究学校制度史的关键资源。从 1980 年开始，新南威尔士大学（New South Wales）已经开始通过采访学校员工来记录学校的发展史。澳大利亚珀斯艾迪斯·科文大学（Edith Cowan）1987 年就使用磁带录音设备来录制口述资料，主要研究学校制度对学校的师范教育或整个西澳洲的师范教育的影响。位于日本名古屋的南山大学（Nanzan University）从 1990 年起开始收集对学校教授的口述史采访。收集的这些采访主要是针对高校科研人员尤其是专业级别高的教授，这些都是口述史珍藏里的精华。

在那些口述史珍藏中还发现了一个不同类型的主题，这个主题的发起很可能是为了与口述史课程相呼应，去记录在校生的一些经历，尤其是来自少数民族地区的学生。从口述史收集之初就已经包含这些方面了：重点记录和保存最容易被忽略的人们和群体。例如，弗吉尼亚理工大学（Virginia Tech）存档的"弗吉尼亚理工大学的第一个黑人妇女"，记录和呈现出"首位黑人妇女先后成为——学生、工作人员、教员"以及她在进入这所学校后所经历的一些事情。另一个是位于蒙特利湾的加利福尼亚州立大学的口述史和社区记忆研究所和档案馆，成立的初衷是为收集对第一代大学生和学生领袖的采访。

大学所收集的口述史访谈不止是关于学校的历史。一些研究项目是与学校科研人员的研究兴趣相关；还有一些项目的发起初衷想与学校周边的社会有一个亲密接触，或者整理有广泛意义的素材。在众多的研究项目中，有一些特别的范例，如成立于 1981

---

①　要了解国际口述史大会的信息可以访问国际口述史协会网址（http://www.iohanet.org），公布在网上的《国际口述史协会新闻报道》能让读者浏览来自世界各地的口述史期刊内容列表。

年的哈佛大学中东研究中心的伊朗口述史存档;位于珀斯的默多克大学巴厘岛口述史存档;位于新南威尔士州的伍伦贡大学档案馆的口述史珍藏。

在线共享是这些资料和馆藏最主要的特征,学校的目的是想把这些馆藏公之于众,让公众加以利用。通过互联网实现共享资源表明口述史在大学里的另一个重要特征:通过分享资源和专业技能,他们学着与社会组织和机构达成合作。南非就是很典型的一个例子。约翰内斯堡威特沃特斯兰德大学(University of Witwatersand)历史工作室早期就发起了一系列社会口述史活动。贝琳达·博佐利(Belinda Bozzoli)在对这些外延活动的发展进行反思时说:

早期,我们认为——以我们天真、缺乏经验的视角——我们是在为群众"制造历史"。但是我们忽略了存在于一种文化和一个社会中那种与生俱来的自信,这导致了20世纪80年代南非发生"群众革命"。我们领略到了"反霸权"的厉害——因为群众才是历史、音乐、娱乐领域的真正主导者。

如今历史工作室的一些外延项目都是与当地组织和博物馆合作进行。它的师资培训和课程开展工作是经过与学校负责口述史项目的老师密切协商后完成的。开普敦大学设立的公众记忆中心标榜出它能识别出谁拥有历史。它在任务说明上写道:

人们在南非有大量流动的、未被记录的遗产。我们可以帮助人们听到、看到、回忆起这些故事。

这个项目是与社区和政府组织合作进行的;收集到的资料会以各种不同的形式发布和呈现出来;该项目有一个档案馆,在线注册以后便可以登录并且访问其中的一些文件;资源分享既通过网络也通过我们工作室。在纳塔尔大学(University of Natal),斯诺姆兰多口述史与记忆中心(Sinomlando Centre for Oral History and Memory Work)将研究重点从"唤醒基督教社区沉默的记忆——在种族隔离政策阴影笼罩下的人们"转移到一些实用性的探索上,探索与HIV/AIDS、社会性别、非洲传统宗教、黑人居住区的生活以及家族历史有关的研究。这个中心的记忆盒子项目(Centre's Memory Box Program)以团队协作为特征——在这个案例中,所有工作人员与HIV/AIDS感染者以及他们的家人一起参与项目——充分体现中心的团队合作宗旨。

在外延项目中,关注点的中心放在了社区和个人观点上,与校外的组织和团体间的合作也越来越密切,这都反映了口述史研究思维越来越广阔的发展趋势。有一点需要认识到,权威、知识和专门技能是互相共享的。对所有权引发的不同看法和问题,应该得到承认和解决。对于沉浸在传统学术精英论和专注于大学教职员专业知识的大学,这些要求具有相当大的挑战性。然而,针对这些情况的"革命"已经发生,而且不只是在南非一国。以大学为基础的口述史项目与社会团体合作,共享他们的资源和作品,这个过程不仅打破了横亘在高等院校与周边社区的障碍,也建立了延伸至全国乃至全世界的网络资源。

还有一些例子阐明了这一点。在英国,莱切斯特大学(University of Leicester)与当地政府共同发起建立了东米德兰兹大学口述史档案馆(East Midlands Oral History Archive)。它为涉及周边地区的口述史项目提供档案资料,在线展示特殊项目,为社区组织提供口述史培训,在线提供"如何做"的信息表格。密歇根州立大学的 MATRIX:人文艺术与文字、社会科学在线中心(The Center for Humane Arts,Letters,and Social Sciences Online)成立了两个意义重大的项目。第一个是历史之声项目(Historical Voices project),同社区、政府组织,还有其他大学和研究机构合作"创立一个联邦档案馆和跨体制资源库"。它的目标是在线共享口述史项目、数字资源和培训、教育资源。第二个项目是美国人文社会科学网路在线网络项目(H-Net online network),和包含在其中的口述史国际论坛(H-Oralhist)——一个在线论坛,把世界范围内大学内外的口述史学者和实践者汇聚到一块儿。MATRIX 在主办美国人社网中所扮演的角色与其他大学主办口述史协会学术会议时所起的作用相似。这些项目的举办一方面加强了高校内的口述史研究,重要的是,还使得口述史研究的合作不仅仅局限在世界高校之间,而是飞出象牙塔,拓展到更为宽广的全世界范围。

口述史的存在

21 世纪早期,口述史在大学里由一些相互关联的活动组成。有对不同级别不同学科开设的口述史课程,它们为公众所了解的程度不一。高等教育机构开设的口述史课程创作出许多关于口述史的文献,这些文献强调反思性实践、主动式学习、理论与实践相结合,学习成果、评价与学生所完成的作品之间的关系。各式各样的研究项目、存档以及社区项目提升了口述史的活力和存在感。通过开展培训和项目合作和互联网分享资源表明口述史长期以来的核心:让人们听到并且认可那些被埋没在历史中或者传统学术生涯中的经历。

需要注意的是:尽管已经建立起一些长期存在的口述史项目,而且越来越多的学者接受了口述史成为他们文化中的一员,但还是有一些大学把口述史拒之门外,或是给它保留一个可有可无的位置。不过,只要有口述史存在的地方,口述史教学和口述史研究项目就会帮助打破存在于大学和社会之间的屏障。它让大学开始质疑存在于大学内部的过分高捧教学人员的学术研究和专业技能的做法。通过网络和外延项目,口述史把大学资源向本地以及全世界公众公开。我们需要确保这种趋势能继续保持下去。

参考文献

[1]艾伦·布斯:《大学历史教学:加强学习和理解》,劳特利奇出版社 2003 年版。

[2]艾伦·布斯、保罗·海兰:《大学历史教学手册》,曼彻斯特大学出版社 2000 年版。

[3]巴里·兰曼、劳拉·万德林:《培育下一代口述史学家》,阿尔塔米拉出版社 2006 年版。

[4]罗伯特·帕克斯、阿里斯泰尔·汤姆森编:《口述史读本》,劳特利奇出版社 2006 年版。

[5]唐纳德·里奇:《大家来做口述史》,牛津大学出版社 2003 年版。

[6]贝斯·罗伯特森:《口述史手册》,澳大利亚口述史协会南澳洲分会 2006 年版。

第 32 章　案例研究:通过数字技术演绎

丽娜·班梅尔(Rina Benmayor)

　　差不多十年前,我将数字技术引入本科生的口述史课程。我致力于设计简单的数字工具让学生记录访谈内容、写反思日记、提交作品和接受评论。那时,我通过邮件与学生交流,使用数字工具接收和评论学生的作品,还设计了方便学生写日记和做记录的模板,这些在那时看起来都是那样"先进"。但以现在的眼光来看,我那时的"高科技"策略如此古怪,如此过时。学院里为口述史课程教学提供了更为复杂的电子工具,包括数字记录程序,集声音、图像、文字于一体的多媒体工具,还有完整的学习管理平台,在这个平台上老师可以分享资料,与学生交流,组织小组讨论,接收、评论、评分和发回作品。

　　除了教学技术方面的进步,当代学生的科技素养与十年前相比要高得多。他们都配备有先进的数字设备:电脑、苹果音乐播放器、手机,许多学生都知道如何使用数码录音机和摄像机。以前我们都要教学生如何使用一些专业软件程序,如今,学生会用幻灯片演示文稿被看作是理所当然。有的同学已经对声音或影像剪辑方法相当熟悉,个别的甚至已经有了多媒体制作经验。

　　2008 年,美国口述史协会(Oral History Association)会议上明确表示数字技术已经成为口述史不可分割的一部分。① 带着超过三十种数码科技项目的新一届"数码与社区成果展示会"在那次会议上开幕,包括数字应用与出版平台、网络和互联网的应用、GIS 存储变换、社交网络工具、记录与保存程序、口述史在线研究档案馆以及口述史教学所使用的数码工具。我们就要见证带有超文本的口述史在线期刊的诞生。数字技术

---

　　① 2008 年口述史协会年会在宾夕法尼亚州匹兹堡举行,会议主题围绕"一种利益的趋同:数字时代的口述史"。要了解会议细节参看项目网址:http://www.oralhistory.org/annual-meeting/past-annual-meeting。

正在影响口述史的教学与实践,而且,由于种类繁多,要与最先进的数字技术保持同步变得越来越难。

我所感兴趣的是数字技术如何运用在教学领域,针对数字格式在呈现和演绎口述史上的优势和局限性,分享我最近得到的经验和想法。数字战略让学生通过完整的图片和声效去展示访谈,尽情发挥他们的创造性思维,使得分析和诠释口述史过程中所包含的认知性内容更加清晰可见。不过,在口述史教学上,数字战略与传统教学法一样,也需要密切的教学关注。对教学来说,科技只是一种辅助工具,不是替代。

情境:本科阶段的口述史课程

这些反思所产生的情境是我在一个州立大学人文与通信专业所开的一门课——"口述史和社会记忆"。由于是一门开放的选修课,每节课可能会有多达 35 名来自不同专业的学生来听,包括新闻学、修辞学、文学、哲学、史学、创意写作、女性研究或者种族研究。这些学生不是来自传统的史学专业,对口述史没有特别的兴趣,也没有基础的学科知识,而我所要做的,就是引起他们对口述史的兴趣。

为了做到这一点,我让学生全程参与对一个或多个原始口述史访谈的设计、执行、录像、存档和解读。我通常围绕一个主题来组织课堂,如加州萨利纳斯市的亚裔美国人的成长记忆;第一代大学生的经历;或者家族历史。课程以项目为导向,让参与者发展自己的才智、组织、交流方面的技能。一节课按顺序由三个部分组成:(1)对口述史的概述和采访前要做的准备;(2)对访谈进行录制和指导以及为存档做准备;(3)解读并展示。

为了给解读过程做示范,我让学生阅读一系列非专业读者能够接触到的一些批评性文章。包括很多口述史方面的经典著作,如亚历山德罗·波特利的《什么让口述史与众不同》(*What Makes Oral History Different*),以及凯瑟琳·安德森(Kathryn Anderson)和丹娜·C.杰克(Dana C.Jack)所著的《学会倾听》(*Learning to Listen*),阿里斯泰尔·汤姆森的《澳新军团记忆》(*Anzac Memories*),凯瑟琳·波兰德(Katherine Borland)的《那不是我说的》(*That's Not What I Said*),露丝·芬妮根(Ruth Finnegan)的《家族神话、记忆和访谈》(*Family Myth*, *Memories and Interviewing*),等等,让学生知道口述史可解读的范围。① 这些读物围绕记忆力、陈述、立场以及表现等方面为学生提供了批判性分析的范例,学生能够将此应用到对自己访谈的分析和解读当中。

这门课上学生最喜欢的两个过程是采访过程和在学期末的展示过程。这两部分所

---

① 这些文章都被收录进帕克斯和汤姆森合编的《口述史读本》一书中。

涉及的要么是人与人之间的直接互动,要么是科学技术的使用,而并非批判性阅读和写作,这并非巧合。大部分学生在这门课上都没有接受任何有关史学知识或者符号分析方面的培训,当老师要求他们从口述人的叙述中挖掘更深层次的意义或者把他们的采访当作一项回忆工程时,他们经常搔首挠头不知所措。因此,我们现在所面对两个主要的教学问题是:如何让学生更好地融入对口述史的解读当中? 在向大家展示他们的采访时,如何才能让他们超越"表演和讲述"? 最近我大部分使用数字技术的实验都是在寻找这些问题的答案,得到的答案各式各样,同时也引起了我对使用数字形式来制作访谈录的机会、收益和成本的深思。

用科技解读

数字技术为课堂里的口述史提供了各种各样的机会。首先,数字技术让我们把注意力转移到口头表达、倾听和操演上面。对某些档案的归档,文字记录仍然扮演着很重要的角色,我们用一种相对轻松的方式再现音频和视频采访,也改变了我们获取、分享、检查、分析以及解读口头叙述的方式。网络和互联网给我们带来了集声音、图像、文字于一体的完整的口述史,如今,不管有没有文字记录稿,我们都可以在教室里或听或看一集完整的访谈录。正如波特利强调的,我们的关注点已经从形式转变到意义,我们的关心是用什么方式去讲述一个故事,如何让人们记住这个故事。

不过,对数字化教学战略我们也要辩证地看待,因为从媒介的本质来讲,它不可避免地会影响到批判性调查和反思过程。把数字化讲故事当作批判性分析的一种形式,针对这一点,文化史学家迈克尔·科芬特里(Michael Coventry)问道:如何对数字设备讲出来的故事进行批判性反思,数字化战略在哪一部分加强了批判性反思,是隐藏在哪里了吗? 在批评性分析的展示环节,我们也想知道:数字化分析的优势和局限性是什么,是不是刚好与传统的书面描写模式相反? 我们都知道在会议上提交一篇论文与直接向观众陈述自己观点的区别。幻灯片演示已经成为口述史一个非常普遍的数字化演示工具,毫不费力就将图像、声音、文字集合于一体。一张张幻灯片有序地组织好展示素材,但是幻灯片也能取得和书面分析一样的效果吗? 在口述史学的情境下,数字化讲述口述史是如何与对它进行批判性解读联系在一起的? 对数字化媒介的使用是否改变了学生分析、辩论、阐释以及展示他们想法的方式?

口述史解读过程中幻灯片的使用

口述史的特性决定了在批判性解读和展示方面,声音和视频这两个要素是不可或缺的。作为老师,我鼓励学生用尽可能生动和多感官的方式来研究口述史,包括供学生开展项目、展示作品的多媒体策略以及从反思性思考中得到的信息反馈。在他们小组讨论时,我用科技工具来促进资源共享,帮助学生展示自己的作品。在使用数字工具来做批判性解读时,我使用教育学上的建构模式来指引学生通过分析和解读过程。

在注重过程的培训上,我用幻灯片放映取代传统的书面论文,幻灯片里是剪辑好的访谈录,有声音有影像,还融合进了具有批判性思维的读物和学生解说。我们要求学生利用数字设备分析他们的采访,展示研究结论。从传统的书面文件向视听并存的幻灯片的转变有以下几个优势。首先,学生用不同的方式来处理任务,他们把数字工具与自己的创造性思维相结合。这就容易把学生吸引进这个任务中来,把对自己访谈的分析变成一种充满活力的动态活动。其次,超文本容量能容纳进音频/视频文本以及批判性概念和阐释性反思。最后,该形式也给口头陈述、小组对话、集体批判式想法以及各式各样的解读提供了便利。学生要准备好一系列幻灯片:

1.字幕幻灯片

2.从采访中得知的关于讲述者的简短的光荣事迹

3.一段访谈摘要

4.五个采访提纲

5.访谈所用形式的分析,要引用一个或多个具有批判性思维的读物

6.对采访里某个重要内容进行分析,引用口述史方面的一个或多个具有批判性思维的读物

7.最后反思:关于口述史,我们都学到了什么

在进行第5、6步时学生要展示出每张幻灯片之间的关联性,关于口述史和回忆的批判性解读,还有自己的采访所具有的意义。

从表面上看这项任务可能很简单,但是要想操作成功,必须要做到以下认知步骤:缜密的思索和准备工作;阅读和回顾指定论文;挑选适合的、有重大意义的涉及内容与形式的节选来分析;分析节选要运用批判性思维;把关键点压缩成适合在幻灯片上展示的短语,最后,在课堂上对自己的批判性解读进行口头解释、详述和辩论。正如科芬特里所说的,我的幻灯片实验是要让学生参与"从理论上讲,使用除传统书面形式以外的其他形式来取得对文本和背景有见识的理解"。我的目的是要把批判性解读的每一步都更加清晰地展现在学生面前,鼓励学生把批判性思维引用到他们的叙述当中,展示出拥有视/听/说模式的批判性思维。

以一个学生的作品来举例说明我在其中看到的一些优点和不足。令人感到意外的是,我觉得只用书面语还是不足以表达我想说的话。以下范例是从三个学生进行的一

场采访里抽取的,采访对象是当年琼斯镇大屠杀受害家族中的一员。在幻灯片的空白处,他们将安德森和杰克关于表现的重要性的理论应用到全面抓住叙事的意义上来。

形　式

批判性阅读

"一些人在回忆采访过程时发现自己对当时的记忆与所做的文字记录不一致,因为我们回忆当时所听到的内容是通过紧张的嗓音和身体语言表现出来的,而不是只通过文字"。

解读

"单单记录下伊丽莎白所说的话并没有传递出她的话语所表达的意思。当你听着她的采访,看着她的录像,她在探寻为什么她会作出这样一个决定,去正视她妹妹之死所带给她的影响。她的身体语言,她每一次声调的变化,特别是周围的寂静使得她看着与平时那样不同,这些都是书面文字所无法记录下来的。当你看到她望向远处,这是她在把所有的记忆碎片拼接到一起,以运用到她今天的生活当中。她怀疑她究竟是为她的妹妹而活还是为自己而活,她放慢了语速,沉默了一会儿,这说明她在思考一些她以前从未想过的事。影像可以提供音频无法提供的细节。"

伴随放映的视频片段显示出伊丽莎白在对她自己的思想进行反思。学生的解读显示出伊丽莎白在采访过程中的一种意识,对意义的搜寻意识。("她望着远处,把所有的记忆碎片拼接到一起,以适用到今天的生活当中。")在口述史过程里,他们体验到一种访谈方式,就是让叙述者从她自己的故事中跳出来,去发现或表达新的认识,或许,这就是安德森和杰克所谓的"元叙述"的前奏。最后评论时也会对班里的听众致意。("如果你倾听了她的诉说,看到她……她用片刻的沉默来告诉观众……")他们"展示"了证据来支撑他们的解读,并且为针对不同见解的对话开放空间。

对于幻灯片内容,学生从亚历山德罗·波特利所著《什么让口述史与众不同》选择了一篇批判性读物。

内　容

批判性阅读

"口述史的不同在于它更多的是告诉我们事件的意义,而并非事件本身。这不是说口述史没有事实根据。采访通常会揭露一些不为人知的事件或者一些已熟知事件不为人知的一面；他们总是对非霸权阶层的日常生活中未探索的领域有新的认识"（波特利：《什么让口述史与众不同》，第 67 页）

解读

伊丽莎白所告诉我们的故事是你永远无法在教科书里找到的。我们吃惊于从伊丽莎白那里所获得的信息与调查研究所获取的是那样不同。我们得知伊丽莎白那时差一点就同她父亲一起回琼斯镇，但因为她想留在学校里出演戏剧《奇迹的创造者》而没有去成。琼斯镇的书史（book history）①让我们知道了事件发生的基本情况，但从伊丽莎白的讲述中我得知了事件的一些细节，还有幸存者身上所发生的故事。如果只是对事件进行调查研究，你永远不会得知她那时差一点就去了圭亚那，还有她现在对此的感受。

然而，学生的解读遗失了重要信息。引用波特利的话语是为了把解读的重点从事件本身转移到事件意义上来。然而他们更多是把焦点集中在"已为人熟知事件的不为人知的方面"，而不是对这些不为人知的方面所具有意义进行解读。他们解释了他们的访谈是如何顾及围绕琼斯镇更为重要的事情，涉及事件对家庭成员的影响以及他们的回应。但是他们没有解读出伊丽莎白不陪伴她父亲这一决定所具有的意义，而只是陈述了这一事实，没有阐明口述人自己对这段经历的理解所具有的意义。

除去这些不足，这两个例子表明对待任务时一定要有一个严肃认真的态度。当要求他们通过一些具有批判性思维的读物来支撑他们的解读时，学生们会挑选出一个特定的措辞或句子，但是却没有检查该措辞在语境中是否合适。因此，在更大的形式和意义建构背景下就无法理解"未知事件的不为人知的方面"。有一点很明显，尽管学生能为他们的采访和有关口述史的批判性概念找到某种联系，幻灯片的搭建形式也避免不了对概念去语境化使用的缺陷。事实上，幻灯片这种缩减的形式也会在一定程度上减少分析。

使用幻灯片的一部分原因是把一些重要的观点通过动态形式呈现给大家。通过学生制作的条理美观的幻灯片演示，尽管我们只能看到文字，却能感觉这些幻灯片在向我们"讲解"。不过，针对某些特定解读，这种展示方式还是会引起讨论。这种多媒体的解读方式使得整个班级都参与进来。然而，数字演示也不是没有风险。最明显的风险就是很可能使学生陷入一种简单的、不加以评判的"展示和讲述"模式，这是我们在小

---

① 　西方学术界在突破传统文献研究藩篱的基础上兴起的一门交叉学科。——译者注

学就学过的。做一个漂亮带音乐的幻灯片能轻而易举地遮掩批判性反思这一更难完成的任务。

我提供这些例子就是为了强调在不考虑教学工具的前提下,在学生理解和解读过程中,还是需要非常密切的教学方面的关注。数字设备的使用导致的最坏的一面就是使学生过分简化自己的观点,或是直接省去批判性思维这一极为重要的环节,而最好的一面是学生能高效率地利用它们来复制认知过程。尽管我意欲继续使用幻灯片来帮助解读和展示,我还是不认为数字设备能够取代更为全面的书面分析。事实上,我所布置的幻灯片任务已为构建一个全面的书面反思做足准备。也就是说,在教学领域,数字科技是一种"两者兼顾"而非"二者选一"的方法。

总而言之,使用数字工具的优点不胜枚举。他们方便复制和分解,能把口述史所涉及的认知/解读步骤更清晰地展现在学生面前。它不是依赖维度有限的书面描述,而是通过让别人看到或听到一个解读要点,来让学生看到一个更生动的共享式解读过程。研究教育技术的埃杰维特·多安(Bulent Dogan)和伯纳德·罗宾(Bernard Robin)说:"将数字化讲故事(一种与口述史有关的实践)搬到课堂的老师曾经说过这种方式极大地提高了学生的参与度和积极性,而且学生还展示出了更高的科技、展示、研究、组织技能以及书写能力。"这表明数码设备并没有淘汰而是在一定程度上增强了传统教学目标和解读性实践。不过只凭数字设备不能保证必定会达到所期望的解读能力。我从幻灯片的使用情况了解到,如果对那些基本的技能——精读、综合法的使用、概念的理解(通过数字工具也能习得)没有足够的重视,学生在数码设备上的表现很可能不如他们在论文上的发挥。

数字媒体在保存和传达口述史的流动性和鲜活性上有着重要作用。不出十年,我们的学生在数字化多媒体的使用上就会更专业,可能还会制作出带着复杂超链接的数字化论文。尽管到那时,只靠这一种形式,再复杂的数字化战略也还是不能保证对口述史进行有效的批判性解读。

参考文献

[1]丽娜·班梅尔:《口述史课堂的网络教学》,罗伯特·帕克斯、阿里斯泰尔·汤姆森编:《口述史读本》,劳特利奇出版社 2006 年版。

[2]迈克尔·科芬特里:《教学法与科技的融合——数字化讲故事与文化批评座谈会——引言》,《人文与艺术学科的高等教育》第 7 期第 2 卷。

第 33 章 数字时代的口述史

凯莉·施鲁姆（Kelly Schrum）

希拉·布伦南（Sheila Brennan）

詹姆斯·豪洛布克（James Halabuk）

莎伦·M.里昂（Sharon M.Leon）

汤姆·沙恩菲尔德（Tom Scheinfeldt）

　　你不必亲自去北卡罗来纳州缝纫工玛米·李·布赖恩（Mamie Lee Bryan）家里去访问，听她述说她不断接活以保持忙碌的情况；也不必找到朗达·科努姆（Rhonda Cornum）少校，听她述说身为美军航空军医在海湾战争（Gulf War）中被俘的经历。只需敲几下键盘，点一下鼠标，你就可以阅览到大萧条（Great Depression）的状况，也可以看到等待分配救济品队伍的照片，还可以倾听到经历过大萧条的人回忆的声音。一个妇女曾回忆说："对于明天，他们看不到任何希望。"这位女性的丈夫曾在 1932 年参加过"酬恤金进军事件"（Bonus March），她也目睹了因绝望与饥饿而导致自杀率陡增的状况。然而，大萧条时期在纽约长大的曼尼·迪亚兹（Manny Diaz）依然记得那种强烈的社区意识。"你知道的，当每个人都穷的时候，就没有人会感到贫穷了。"

　　口述史意味着很多东西。它记录下了口头传统，它由代代相传的历史故事组成，也包含着某些个人的历史和经历。它可以是调查某个特别主题的正式访谈，比如：太空望远镜的历史；也可以是指某一特定时刻，比如：1979 年 3 月 28 日宾夕法尼亚州米德尔敦镇附近三里岛商业核电站的部分熔化的事件。当一家人在厨房的餐桌旁分享故事或者当一个高中学生采访他的奶奶为何要移民到美国的时候，某种口述历史就这样非正式地诞生了。

　　在数字时代，将口述史进行分类已经变得更具挑战性。广义上来讲，为在线口述史下定义说是可能的，这是因为通过网络已经可以获得很多资料，而这些资料与口述史研究领域的搜集、编目、保存以及共享是紧密相关的。然而，还远远不止如此，口述史还有更多的具体特征难以确定。网上的口述史资料根据其内容、格式以及描述的不同会包含有很多意思，也有很多其他用途。口述史的资料范围很广，从对口述历史内容的描述到正式访谈的文字记录，从 YouTube 网站提供的某一个亲戚在小城镇长大的沉思视频到在线完成的关于总统最近政治活动的调查。

　　范围如此之大的口述史资料的一端就是这些口述史资料的目录，而这些目录是基于口述史元数据的一个清单或是一个可搜索数据库，而这些口述历史只有通过请求或是本人亲查询才可以得到的。比如说美国大屠杀纪念馆（the United States Holocaust Memorial Museum），可以提供国际口述史证据库（International Database of Oral history Testimonies），这是在全世界的博物馆、大学、地方机构和国家机构找到的与大屠杀相关的口述史资料的一个工具。这个数据库把主要的知识库以及那些没有呈现在网上的小型资料库都汇集在一起，它能提供能够提供关于检索工具（finding aids）、一般采访范围、使用权限等一些基本信息。虽然通过目录还是不能进入口述史本身，但这个工具是一个有意义的起点，从这个起点出发，可以节约很多研究时间，或者能够让人检查可获得的口述史资料的范围和多样性。

　　还有一些项目把传统口述史内容以文本、音频或视频的形式发布到网上。在因特网出现以前，口述史绝大部分情况下是书面文字记录。书面文字记录现在网络上很普遍，依然能够提供相关个人经历的有说服力的证据。比如说，我们可以阅览到米里亚姆·艾伦·德福特（Miryam Allen DeFord）向采访者希尔娜·格拉克（Sherna Gluck）描述她早年参加争取妇女选举权运动的陈述："打我记事起，我母亲就已开始为'妇女选举权'而努力了，'妇女选举权'可是那时的大事情。当我十四岁的时候，她把我送到妇女选举权运动总部去填写信封。"所有关于妇女选举权运动的文集——《妇女政权论者：从茶叶党到监狱》（The Suffragists：From Tea-Parties to Prison）——都是可以从网上搜索并获得，无论是单独的故事还是全部的故事。"历史的价值"（History Matters）网站上展示了劳拉·埃尔斯沃斯·西勒（Laura Ellsworth Seiler）狐疑地在她母亲的陪护下通过汽车巡回演讲参加竞选的一个声音片段。西勒的声音提供了另一层信息，她一边笑一边讲述她"那娇小迷人且维多利亚女王味十足的"母亲邀请当地酒吧男人们去听她关于妇女选举权的演讲。不管怎样，这条片段是可以搜索得到的以文字形成呈现的长篇访谈中唯一的一部分声音片段。

　　而这个庞大的口述史资料统一体的另一端是人们为以通过不同方式在线呈现口述史内容的网站所设计的项目。作为路易斯安那州新奥尔良"邻里故事"项目的一部分，"Seventh Ward 有话说"（"Seventh Ward Speaks"）口述史项目是旨在鼓励街坊邻里互相分享他们的个人经历。口述历史变成了宣传海报,在邻里之间展示并且上传到了网上。例如,芭芭拉·特雷维涅(Barbara Trevigne)回顾社区的变化时说:"每个人都常常参与。每个人都坐在走廊里。你可以讲故事,可以听,也可以问问题。"每个在线的海报展示一个片段、采访中的几句话以及一组图片,而更长的故事则被编辑成书。

　　新媒体技术有能力让口述历史的传播范围和传播速度以几何级数增长。根据皮尤网络与美国生活项目(Pew Internet and American Life)最近的调查,家庭宽带使用率由2007年的47%显著增加到2008年的55%。这种扩大的容量意味着更多的个人会更容易通过网络阅览并能听到高质量的音频、视频,也为口述史学家们开启了巨大的可能性。皮尤网络与美国生活项目的另一项调查透露:57%的网民看过在线视频,而他们当中有很多人会与他人分享他们的发现。这些数字应该还会增长,表明会有更多的数字化历史项目。这种扩大的范围与公开速度要求我们在通过网络设计、传递、收集口述史时要认真考虑口述史的网络呈现形式的问题以及网民的问题。

在线口述史的受众

　　一个口述史网站项目成功的关键的一点就是要确定它的主要受众与次要受众。一般而言,对一个口述史网站项目来说,其受众可以分成三类:1.学者;2.学生与老师;3.群众爱好者。每一群体接触在线口述史时都有不同的需要与关注点。

研究人员与学者

　　学者们也许是口述史学家及档案保管员最熟悉的受众了。学者们常常寻找那些能够挖掘的原始档案资料以供研究使用,并且想找到那些编辑程度最小的完整的访谈记录。网络极大地增加了学者们接触到口述史资料的机会,能把过去的重要信息提供给当今的且日益庞大的受众。例如:美国国会图书馆的记忆收藏项目(the Library of American Congress Memory Collections)项目提供了大量的主题各异的口述史访谈档案。尽管通过谷歌搜索"口述史"可以获得1300万个搜索结果,但是聪明的搜索引擎用户可以修改和过滤相关参数以迅速锁定可靠的资源。

　　也有一些新的专门处理口述史的工具,可以搜索到口述史的全部文字记录,也可以挖掘到大批的口述史资料,并能搜索到预料之内或预料之外的口述史模式。口述史的节选部分可以很容易链接到更长的采访,以使用户可以校验节选文本的全部上下文或者搜索到与主题有关的不同采访。音频与视频访谈也能使用户了解采访人与口述人之间的关系,听到采访人提问的问题,并听到谈话者的语调和情绪,感受到惊讶和或是讽刺,而这些在书面的口述史中总是不那么容易感知到。

大部分口述史学家并不把他们视为图书管理员或档案管理员。但是当他们把作品呈现在网络上时却认真考虑元数据、编目的问题,这一点对学者来说很有用。图书馆使用高度缜密的元数据系统为他们收集到的口述史资料进行编目,这些资料远远不只是只有题目、作者、主题、描述等基本信息这么简单。历史学家们不必模仿机器可读目录(MARC)记录的细节和特征,也不必模仿编码档案描述(EAD)系统。他们只需要一个更先进的元数据标准,比如都柏林核心元数据组织(DCMI)开发的标准,这种标准可以给用户提供每一份记录的充分的文本数据,以便用户可以有效地在数据和资料中搜寻。展示出完整的元数据可以极大增加搜索引擎在大量的资料中找到特定口述史资料的能力。

同样地,要使口述史资料对于研究来说变得更容易发现,其关键点在于使能力不同的使用者都有权限接触到这些口述史资料。自从公众为了通过层叠样式表(cascading style sheets,CSS)将形式和内容隔离而开始使用一系列标准后,网络访问权限问题就是网站设计者一直以来最关心的问题。比如,这种使口述史的内容(无论其风格如何)变得更易让人获得的努力意味着那些有视觉障碍的用户也能接触并利用到这些文本资料。然而,这些视觉障碍用户只是那些众多的需要特别安排才能充分体验网站内容的大量用户的一类用户而已。

1998 年,美国国会修订了 1973 年的《康复法案》(Rehabilitation Act),第 508 条款要求联邦机构要让他们的电子和信息技术能为残疾人士所用。尽管这项法律适用于联邦机构,但依照第 508 条款建立的标准已经开始作为所有网站的无障碍访问的基础而发挥作用了。网络设计与开发团队在为建立网站而努力开发技术规范时,他们也认为可访问性是网站的根本任务。因此,万维网联盟(World Wide Web Consortium)也发布了一套网页内容可访问指南(WCAG)。

对口述史学家来说,创建一个数字化口述史研究项目时,最重要的标准是音频和视频内容的传送。第 508 条款标准与 WCAG2.0 标准都要求网站上的每一条非文本的内容都要有与之相对应的文本内容,以便用户可以把相关内容转换成更大字体、盲文、语音、符号或更简单的语言。这些标准主要适用于图片,但是,在逻辑上它们会引发现代传媒学的另外一系列指导方针。网站开发者需要同时给事先录好的音频和视频提供一个能够呈现对等信息的替代品。替代品的内容不仅应该包括讲话或音频的文本,而且还应该包括视频图像和主题的描述。一般而言,尽管带有手语翻译的视频是另外一种选择,但是在提供相关替代品时为音频和视频加字幕是人们优先考虑的方法。至少,最好的做法是给用户提供所有音频和视频内容的全文的且以时间为序的文本,这些文本在内容上要尽量接近音频和视频。

作为一种媒介,互联网也为从事于或正在寻找口述史项目研究的学者提供口述史交流服务。因特网提供了大量口述史实践与业务的情报信息资源,比如能够轻松地让人接触到口述史概念和实践的指导原则,也能提供口述史的论文和博客文章。比如,除了提供大量的传统的口述史资源,口述史协会(The Oral History Association)还提供了一个维基百科和博客。还有一些其他的网络资源,比如南方口述史项目指导手册《口述史访谈的计划与执行》(Resources for Planning and Conducting Oral History Interviews);《研究历史》(Do History)的"口述史分步指导手册";以及明尼苏达州口述史协会(the Minnesota Oral History Society)指定的创作、转录、编辑口述史的指导方针。另外,一些专业学者还通过发布一系列从口述史的定义到研究方法的主题视频来发起关于口述史的实际对话。老师和学生也可以提问题、贴公告、分享课程和阅读书目以及分享其他各种 H-ORALHIST 的内容(H-ORALHIST 是一种通过邮件互动论坛)。

学生与教师

学生与教师是数字化口述史项目另外一批关键的目标受众。通过利用众多的在线口述历史的书面文字、音频、视频,教师可以直接把过去的声音带到教室,让学生与过去联系起来,让过去的事件和个人的生活联系起来。学生可以阅读到土耳其民间故事,而人们收集这些故事是为了在快速变化的世界中保存流传了几百年的口头传统;学生们可以聆听对于 1903 年至 1965 年间在美国的韩国人与韩裔美国人人生经历的访谈;学生们还可以浏览到那些曾在印度进行殖民活动的英国人的种种回忆。

然而,口述历史是一种特别的历史证据。根据口述史的性质,当学生与教师提出一些关于口述史学本质的问题的时候,比如采访者与受访者之间的关系这样的问题,他们就可以更好地构建意义丰富的历史知识了。《了解口述史》(Making Sense of Oral History)的作者琳达·肖普斯(Linda Shopes),通过介绍口述史的研究领域以及提出那些在阅读或聆听口述史访谈时所需要提问的具体问题,她将这一过程进行了模式化。细致地挑选口述史料中那些易于管理的片段,并且将它们的内容进行充分的框架化,这些也可以鼓励人们认真地使用口述历史。叙述方式可以采用并列叙述的方式,这样可以阐明观点的重要性、各个时段的变化、证实的必要性以及历史学科的其他要素。国家愿景领导项目(the National Visionary Leadership Project)提供了一个对非裔美国群众领袖的视频访谈合辑,同时也提供了一些课程规划,这些课程规划认真地将挑出的访谈片段和相关的原始史料整合在一起。

让所有年龄层的学生参与一起做口述史,以积极主动地复原过去的故事,这是一种强大的教学工具;通过网络把他们搜集的材料呈现出来,甚至是一种更加强大的教学工具。把口述史项目放到网上不仅可以让学生从家里或者社区了解一些故事并在教室里分享这些故事,还可以让他们与教室之外的人分享那些故事,以及与他们在世界各地的家人一起分享。

作为在 20 世纪 90 年代记录二战期间妇女生活的口述史项目的一部分,"您在战争中都做了什么,奶奶?"这个问题是美国罗得岛州南金斯顿高级中学学生问的主要问题。在这个早期在线学生口述史项目的例子中,26 个访谈是以书面文本的形式呈现出来的,并且每一个访谈都配有简单的介绍。艾琳·休斯(Eileen Hughes)想加入"女子后备军"(the Women's Auxiliary Army Corps,WAAC),但当她到 18 岁的时候,军方把参军最小年限提到了 21 岁。"我非常生气,因为我非常非常想加入。"艾琳·休斯回忆说,"我给美国总统写信说我想加入部队,不然这样不公平。"

丽莎·莫尔豪斯(Lisa Morehouse)曾经是圣弗朗西斯科以及乔治亚州乡村地区的英语教师,她认为这一过程充满了魔力:"收集口述历史,或者记录下那些曾经历过一段特别的历史过程的人物的往事,这些都使得学生们能够把自己看作是故事讲述人和历史工作人员。这个过程教会了我的学生纵贯整个标准流程的许多技能,并且这能让他们将历史与个人生活连接起来,这是一种超越课程作业的体验。"她讲述了一个处于危险之中的学生,这个学生对他的母亲——来自红色高棉(Khmer Rouge)难民——的一个访谈不仅改变了他对自己家庭历史的理解,也帮他用一种新的方式连接学校与学习。《了解口述史项目》(the Making:Oral History Project)这本书提供了更进一步的证据以证明进行口述史研究的影响。由德国约翰·F.肯尼迪双语双文化高级中学一个班级实施了一个口述史项目,这个项目记录下了为一本关于柏林墙的书所进行的口述史研究的过程。通过采访亲人、邻居以及其他人的有关柏林墙被推倒前后的生活,学生们分享了他们的经历和他们所学到的教训。

用口述史教学可能意味着把口述史访谈的创建、使用以及整合都放入学生项目之中。所有这三点都正在课堂中发生着,也正在改变着教师和学生与过去联系的方式。它们允许学生接触并且讲述那些课本中没有的故事。新的播放形式如播客,新的音频和视频播放网站如 YouTube 网站都使得学生作为"老练的口述史学家"有可能把他们的作品分享给更广泛的受众。学生们已经独立地把自己所做的项目上传到了网上。一个男子站在一个空毛巾架和关着的门前,讨论了实施一个第一手的访谈的好处并补充道:"我是为了社会研究与语言艺术才这么做的。我得了 90 分。"

普通受众

除了那些学者及教育界专门读者,一般大众爱好者也是口述史的潜在受众。在新媒体口述史研究项目有重大进展之前,一般大众接触口述史作品的机会有限,他们大多只能接触到一些通俗历史读物、学术专著以及一些历史纪录片。现在我们有可能把带有大量图片、文件、电影镜头等内容的口述历史展示出来。美国广播电台(American Radio Works)的《回忆黑人》(*Remembering Jim Crow*)向世人展现了一幅内容丰富的历史背景画卷,包含了一些对经历过种族隔离的人们的访谈片段、一些历史图片以及一些历史学家的深刻观点。社区历史也有一些呈现了这种细致精确地叙述口述历史的优秀范例。国会图书馆(Library of Congress)的美国民众生活中心项目(American Folklife Center's project)《工作在帕特森:城市环境中的职业传统》(*Working in Paterson:Occupational Heritage in an Urban Setting*)经过为期四个月的对新泽西州帕特森市(Paterson, New Jersey)的职业文化的研究,包含了 470 个采访片段和大约 4000 张图片,另还有六篇解释性短文以供背景研究。

在数字时代,网站是迄今为止口述史学家们影响到普通受众的最通行的手段,但它们并不是唯一可用的网络渠道。苹果公司音乐播放器(iPod)的标志白色耳机几乎是人行道上及公共交通上必不可少的风景线。"播客"——网络广播——使每一个每日戴耳机的上班族成为潜在的口述史聆听者、主题或是采访人。

通过与美国国内公用无线电台(National Public Radio,NPR)进行合作,故事会(StoryCorps)已经获得极大的关注并且扩大了它的采访人员与受访人员储备。通过利用播客,每个口述史项目都可以有许多同样的传播服务,至少是会有同样规模的受众。播客使口述史学家能够轻易地为大批受众广播数码的声音文件,也能够让广大受众轻易地在他们方便的时间和地点就能接触到数码声音文件。通过这样的方式,播客给口述史学家们提供了特殊的机遇。不夸张地说,在几分钟之内,在几乎不需要成本的情况下,口述史学家就可以为广大受众提供他们用电脑、iPod 播放器、MP3 播放器以及其他便携数码声讯设备能轻易找到、订阅并收听的一系列节目。

第一条博客发布仅仅十年之后,博客如今已成为主流新闻机构、学术机构以及各层政府机构所熟悉的主流媒体的一部分,这些机构都保有这种快捷且以发布时间为序的网络发行品。根本上来说,音频微博与播客两者的流行程度都在增加。因为尽量避免了技术术语,一条播客恰好是一个订阅源(really simple syndication,RSS)的一个数字音频文件附件。音频与订阅源的结合极其容易制作——粘贴一个 MP3 文件到博客帖子上就可以了——并且这样也创建一条其他网络产品(比如订阅源阅读器、搜索引擎以及音乐排行榜)也可以浏览的广播产品。当新的音频发布在订阅源时,这些网络产品就可以自动检测到了。再比如,也是这种技术的结合使得 iTunes 应用程序可以"监视"一个音频产品的订阅源——它的播客,因此每当新的音频文件被上传的时候,iTunes 应用程序就会自动下载文件到用户的音乐库和 iPod 播放器中。播客技术在本质上能使得听众能够"订阅"网络音频节目,下载最新可用的音频内容,并在稍后方便时再收听。

发布一条播客的第一步通常要发布一条博客,这是非常简单的操作。最流行的博客服务和软件包括两个基本的发布播客的技术:1.把 MP3 文件传到网上的路径;2.用订阅源把这些 MP3 文件组合起来。免费的博客托管服务,比如 blogger(谷歌公司提供的免费网络博客发布平台)、WorldPress.com(WorldPress 是一种使用 PHP 语言和 MySQL 数据库开发的博客引擎)或者 TypePad(一种商业化博客平台),这些都比较容易建立。或者,如果你能使用网络服务器,像 MovableType 或 WordPress 这样的博客软件包会使你(作为主人)管理自己的博客。

简单好用且成本低廉的音频传播技术对于口述史学家的好处是明显的。然而,口述史的播客还处于初级阶段。2009 年,一项对于 iTunes 播客的调查显示"口述史"播客的数量还不到 50 个。虽然如此,越来越多的微型口述史项目正在使用播客而产生重大影响。早期的采用者已经先期开发了几种不同的模式。有些项目,比如"石溪大学口述史项目"(Stone Brook University Oral History Project)已经选择公布它们后台目录所有尚未编辑的访谈。一些其他项目,比如洛斯阿拉莫斯历史协会播客(Los Alamos Historical Society Podcast)项目推出了项目策划人员开发的附带有前言的简短"预告片"片段,这些片段用以引导听众进入实物档案并进而接触到全文记录和录音带。还有其他的一些项目,口述史资料经过了深度编辑和制作。摩斯拉数字记忆库(Mozilla Digital Memory Bank)的播客每次发布访谈片段时,都会带有开场音乐、全面的注释、插入的评论以及能回到访谈的文字记录和可下载数字声频的链接。在上面这个案例以及在飓风数字记忆体项目(Hurricane Digital Memory Bank Project)这个案例中,播客能够激励访问用户并能增加在线收集网站的投稿量。通过运用这种方法,播客不仅可以有效地传播历史内容,而且能增加口述史项目的参与度。

在线口述史的多样性

在线口述史的演变发展经历一系列转变,从对于传统史料的编目分类到对于口述史料的完全访问,从由传统口述史学家完成的在线文本记录和音频录音再到最新的口述历史项目,而这些口述史项目产生于数字时代,并且其目的就是要在相关网站上发布,因此这些项目是 21 世纪"天生的数字化"(Born Digital)口述史项目。在传统口述史项目和数字化口述史项目之外,也有一些项目开始于一个时代,但是却在另一个时代赢得了新的受众。

让过去适应时代:传统档案的网络化

从根本上说,在线档案就是用来与他人分享的数字化档案。对那些收藏传统口述史档案的口述史学家来说,使这些传统档案网络化主要就是一个转化的工作。计划用于网络发布的口述历史时根据基于口述史项目技术要求的预设的架构进行录制、收集和整理的。比如说,为了创建一个在线档案,相关人员为墨西哥短期劳工历史档案馆(the Bracero History Archive)记录了五百多条口述历史文件。在一个在线口述史项目过程中,访谈是用数字设备记录的,并且所有材料都是数字化收集,进而,这个项目就可以集中于整理和网络发布了。

然而,当历史学家用非数字资源建立一个数字档案馆的时候,就会存在额外的步骤与问题。有一个例子是"格林斯博罗声音:在民权与平等斗争中发表感言"(Greensboro VOICE:Voicing Observations in Civil Rights and Equality Struggle),这个项目由格林斯博罗公共图书馆与北卡罗来纳大学格林斯博罗校区图书馆共同创建的。这个项目的网站向公众呈现了从 20 世纪 70 年代晚期至 90 年代早期所进行的 140 项口述历史访谈的书面文字记录,这些访谈聚焦于北卡罗来纳州吉尔福德县的民权运动。这些访谈覆盖了一系列的话题:比如说,从在伍尔沃斯百货公司的静坐抗议到各式各样的游行活动;从废除学校种族隔离到当地的全国有色人种协进会(National Association for The Advancement of Colored People)和种族平等大会(Congress of Racial Equality)的章程。这个项目已经作为一项传统口述史项目已经存在了很多年,并且原始音频及文字记录都存放于北卡罗来纳大学格林斯博罗校区的传统实体档案馆中。然而只有走进档案馆的人们才能够看到展出的材料,并且那些音频文件还有损坏的危险。这些情况促使人们作出档案数字化的决定。音频文件被数字化,纸质文档经过光学字符辨识(OCR)软件进行扫描和转换,然后经过多道程序的深度编辑,这些电子化的文档由格林斯博罗声音网站(Greensboro Voices Website)向公众呈现出来。

这个漫长的过程是将口述历史引入数字化时代的典型步骤。其关键的一步将口述历史的文档由模拟格式转换到数字格式。尽管这个转换过程听起来挺吓人,但是其实技术过程并不复杂。也有一些可以利用的商业服务,并且也有很多硬件和软件解决方案——收费的和免费的都有——可以把模拟格式的文档转换成数字形式。原则上,这些解决方案的工作原理是一样的:确定所要转换的文档,然后选择输出格式,剩下的就有相关程序自动完成了。数字声音格式有很多种,最流行的两种是 MP3 和 Wav 格式。① 每一种格式都有它的优点和局限。Wav 格式文件的质量常常是最好的,但是这通常也意味着文件会很大。MP3 文件会稍微丢失一些原始文件数据,但是文件明显更小。对于典型的声音录制过程来说,音质差别是非常小的。② 决定到底使用哪种格式的文件意味着口述史项目或用户是需要高品质和高保真的 Wav 格式文件,还是需要文件更小且更易使用的 MP3 格式文件。

一个折中方案是两种格式都用,即把重要的口述史文档转换成两种格式。较大的 Wav 格式文件可以存储在服务器上,以备有研究人员需要高保真声音文件时可以调阅,而那些 MP3 格式的声音文件的特点就是便捷。格林斯博罗声音项目保存了转换后的两种音频格式——高质量的 Wav 格式文件和供用户拷贝使用的压缩 MP3 格式文件,尽管两者都不能通过网站获得。墨西哥短期劳工历史档案馆项目通过网站提供这个项目的口述史资料的 MP3 版本,但所有文件的 Wav 版本都通过单独的服务器保存起来以作备用。

第一步是把模拟文件导入电脑。大部分电脑都有能完成模拟到数字转换的声卡。这就要求有合适的播放模拟文件的设备,比如留声机或卡式录音机,还有一根(便宜的)3.5 毫米双向立体接插线。接插线的一端接入多媒体播放器的声频输入插孔——通常用于头戴式耳机。接插线另一端接入电脑的声频输入插孔——通常用来接入麦克风。进行转换的软件是另一个必要条件,有几十种软件程序能够导入并转换文件。在每一种情况下,转换过程是相似的:使用模拟设备、立体接插线、声音编辑软件,计算机就能输入与转换文件。经过转换后的文件可以通过多种方式运用到在线档案中。

超越文本与音频:在线视频

因为成本和便携性的实际原因,直到最近,大多数口述史学家还是主要用文本及音频开展工作。然而,视频也提供了另一层面的信息。"Densho"数字档案(Densho Digital Archive)的创建是为了记录二战前期、中期以及后期美国在日本的战俘集中营的历史。这个项目已经收集了六百多个小时口述历史访谈录像带以及一些辅助文件及照片。这

①　MP3 代表的是第三代 MPEG 组织制定的视频和音频压缩技术,这种格式的文件会带有 MP3 的后缀;同样地,Wav 代表的是波形,这种格式的文件会带有 Wav 的后缀。

②　GMG 经典音乐论坛于 2007 年做了一个匿名调查,看看经典音乐的一群狂热者能否分辨出 MP3 和 Wav 格式的不同。在接近 200 个的调查对象中,只有大约 40 个人可以分辨出柏辽兹幻想交响曲 MP3 版本与 Wav 格式的不同。很明显这项练习说明了在很多情况下压缩至 MP3 格式的文件所丢失的质量是可以接受的。

些访谈以视频形式呈现,且分成了片段,并配有全部文本和关键词的定义。这些视频档案是专为教师、学生及研究者们而设计的资源,想查看这些视频档案只需要免费注册就可以。可以看到卡拉·近藤(Kara Kondo)描述她与家人在夜里被送到集中营的场景,这是一个强有力学习和研究工具。她的犹豫和她的语言都极有表现力:"我会永远记得那种铿锵的敲门声……你知道……倒钩铁丝网已经在你周围,你已经是被拘留起来的人了。"

"Densho"数字档案项目开始于20世纪90年代晚期,这个项目当时就考虑到利用网络来收集相关访谈,并特别要求获得在线使用视频的许可。在音频和视频分享技术以及大量的文本发布技术成熟之前,"Densho"数字档案项目与前几十年收集到的口述历史是完全不同的情况。以前,一些访谈者在采访中主要用手写笔记的方式来记录口述历史,但是随着录像设备变得日益物美价廉,访谈者开始使用录像带来记录口述历史了。不过,在21世纪,广泛应用的录像技术与程序也显出了很多的挑战。几十年前签署的使用许可可能并不适用于当今的视频发布方法,因此,这便引起使用书面文字记录及视频记录的伦理问题。保存问题是另外一个挑战,因为录像带会损坏,并且新型设备不再与旧的录制品兼容或匹配。

即使现今的技术能够让广大受众这些口述史视频,并能够与全世界的研究者、教师和学生分享这些视频,但是仍旧有一个问题存在:如何使用这些视频?Densho项目要实现赢得大量受众并深化对于美国在日本的战俘集中营研究的目的,而且它还要尽量去保护那些受访者,它要在这两者努力寻求平衡。Densho项目在YouTube网站公布了十一条引人注目的视频节选,其中一个是对该项目的介绍。西藏口述史项目(the Tibet Oral History Project)也把YouTube网站作为接触一般公众的媒介,它在YouTube上也发布了一条宣传片以达到让大众了解它的目标——"保留下西藏人民真实的历史",同时也有其他一些这个项目的口述史访谈视频片段,而这些访谈片段提供了回到这个项目网站的链接。

在线收集口述史

随着时间的发展,人们已经变得更加愿意和渴望诉说他们的故事。观众能够与他们关注的媒体互动,而且他们也希望他们自己的声音被别人聆听。世界上的人们每一天都在与人分享他们的想法与回忆,人们可以把一些文章、照片、音频以及视频上传到数量日益增加的在线储存库里。几年前,YouTube还是新奇事物,而现在它每分钟可以收到长达十小时的视频:全世界的人每天可以观看到这些数以亿计的视频。这些上传的视频中只有一小部分视频可以算是正规的口述史,其他大部分视频只是记录下了愿意和别人分享自己观点和想法的那些人的影响而已,这些人就最新的流行歌曲或世界上重大的政治事件发表自己的看法。各个年龄层的人都在创作他们自己历史的记录:他们对于选举和自然灾害的看法以及他们对于个人生命中重要事情的看法,比如农场的日常事务、学会读书的过程以及成为一个政治运动参与者的心路历程等等。

如今,日益普遍的是,大量的组织或是机构,从媒体机构到博物馆,它们开始接受了网络的公开性,除了寻求那些数不清的个人博客以及记录个人生活点滴的网络空间之外,还开始寻求用户的反馈和评论,或是寻求在线用户的个人故事。2009 年,那些访问 CNN 网站的网民会被请求分享一下他们在经济衰退中坚持下来的经历以及对即将离任的乔治·W.布什总统的看法。类似的是,在国家非裔美国人文化历史博物馆（National Museum of African American History and Culture）计划开馆的几年前,它发行了一本电子纪念册以激起社会和观众对最新的史密森尼博物院的兴趣。当邀请人们向它投稿时,博物馆指出:"你可以通过国立非裔美国人文化历史博物馆的纸版纪念册（NMAAHC Virtual Memory Book）把你的故事和口传历史与你的朋友、家人以及新认识的人联系起来。"

网络提供了很多与口述史的收集和分享有关的资源以及越来越多的关于口述史的实践和运用的对话,而且它还在口述史定义的形成过程中发挥了一定作用。20 世纪 90 年代末期,在线收集历史的概念还比较新。在首批带有这个明确的目标的第一批网站中,纽约大停电历史项目网站（the Blackout History Project）在 1998 年邀请访问者完成一个他们在 1965 年和 1977 年纽约大停电期间的个人经历的漫长调查。这个网站还要求投稿者提供一个电话号码以便研究者能够回访并进行一个更漫长的更加传统的口述历史访谈。历史学家如何探索向口述史资料收集的数字化的转变,如何试验用新的格式但又把传统格式作为项目过程的关键部分,大停电项目提供了一个很好的例子。

另一个早期案例,"堪萨斯州布雷纳德地区:大草原上的时间、地点与回忆"（Brainerd, Kansas: Time, Place, and Memory on the Prairie Plains）项目网站开始于 2000 年。这个网站聚焦于与特定地区相关的更宽泛的编年史。以前,布雷纳德是个繁华的铁路小镇,但是现在布雷纳德声称有 40—50 个居民,居民数量会"根据天气、当地经济发展状况以及附近高中足球队的运气情况变化而变化"。为了创建布雷纳德历史的集体记录,由以前的小镇居民通过电邮发过来的回忆资料加入到了更具传统色彩的个人访谈担当各种。2003 年至 2006 年间,英国广播公司的二战:人民的战争（WW2 People's War）项目网站收集到了来自英国二战 退伍老兵和幸存者关于伦敦闪电战的 47000 个故事和 15000 张图片。另外一个好的例子是"9·11"事件数字档案项目网站,这个网站是旨在去数字化收集、保存并展示 2001 年 9 月 11 日美国弗吉尼亚州纽约市及宾夕法尼亚州的恐怖袭击事件。只是简单地请求用户"分享他们的故事",该项目便于 2002 年 1 月在少量宣传的情况下启动了。自项目启动以来,网站一共收集和归档了 15 万份数字化资料,也是美国国会图书馆登记入册的第一个数字化口述史档案。

最近,故事会(StoryCorps)探索了一种混合媒体战略,这种战略把面对面访谈、网络收集、网站宣传以及博客等手段混合使用,以便从形形色色的受众那里获取形形色色的故事,并且可以促进交流。该项目组织者指出:"通过记录下我们关注的那些与我们生活在一起的人的生活中的故事,我们见证了我们的历史、希望与人性……并创造出我们作为美国人的真正的日益清晰的形象。"项目所收集的话题范围非常广泛,有深刻的个人经历,比如爱情故事或是孩子分娩的时刻,也有个人在重大历史实践中的个人经历,比如在 1963 年离开古巴,或是参加民权游行示威活动,或是在 1968 年孟菲斯工人罢工时沿着警戒线走,抑或是战俘的艰辛人生。对于每个故事,故事会都会配上一张受访者的照片(在有些情况下,也会配上采访者的照片)、访谈主题与参与者的简要描述、访谈引语以及一个音频文件。尽管没有书面文本,但是所有的故事都按照主题进行了分组,并且关键词搜索可以检阅到全部文本。访谈的引语和主题可以吸引听众,但是这个在线档案馆主要是为了用户在网上浏览而设计。

传统口述史项目与数字化项目的主要区别有很多,包括实施过程、元数据以及核实真实性。受过训练的口述史学家在实施访谈时会在整个过程中使用很多工具和策略,包括背景知识和基本信息的认真准备,诸如:人口统计数据、地点、名字和日期。与此相反,网站收集的只是用户选择性提供的资料,也许完整也许不完整。大部分数字档案馆不会去编辑用户发布的帖子的语法或核对它的"精确性",所以,用户的每一条投稿都是基于他们的原创,虽然也有些项目的网站给投稿者提供能接触到他们提交的资料的权限并能对这些资料进行进一步编辑加工。不过,在数字化领域,要考虑到诸如隐私权、许可权、资料审查以及资料保等方面的问题是非常重要的,这一点在传统口述史领域也是很重要的。可以采取一些策略,比如设置一些"服务条款"、清晰的版权条款以及电子许可表格,这或许能缓和、解决部分问题。

尽管存在着诸多挑战,但是人们有可能创建一个内容丰富的数字化口述史档案,这种档案能鼓励公众参与保存相关历史,且不会损害所收集的证据的完整性以及投稿者的隐私。数字化收集口述史不一定非常昂贵或非常复杂,但它的设计应该要适合所预想的受众及所收集材料的可能规模。收集资料可能很容易,比如用电邮交流,也可能极其复杂,比如类似一个大型数字历史库。

当目标人群只是一小群人时,用"调查猴子"(Survey Monkey)或"投票爹地"(Poll Daddy)这样的在线调查软件来创建一个问卷调查可能是不错的选择。通过托管服务或本地管理软件来开通一个博客,可以为冗长的评论提供发布的空间。转移至多用户环境下可以为所一小群特定的个人提供随意上传图片和分享故事的机会。使用网络电话服务(比如 Skype 软件)能够使的历史学家通过电话或是视频来进行一次访谈,而这个访谈是可以录制下来并得以保存,然后上传到一个数字档案馆。其至连能够使实时对话的网络聊天也可以被保存作为数字口述史资料。对于更大的项目,管理数字化收集档案的最灵活和最有效的方法是建立一个网站。大量免费或便宜的网络平台都能提供相应的工具和模块用于建立强大的基于数据库驱动的网站,能提供提交资料的表格,并能提供展现和分享所提交资料的方法,比如逐浪(Joomla)管理系统、Drupal 网站操作系统、Omeka 网络发布平台。

当设计一个能够在线收集口述历史的网站时,应当努力建立一个容易搜索、使用各种浏览器均能快速下载、给人们提供容易共享文档的方式并且能使投稿人在分享个人故事与图片时感到舒适的网站。应当设计出基本的网站导航,以便用户能够更充分地浏览这个项目、给这个项目提供更多资料并能从这个项目中学到更多。应当使这个项目的任务变得清晰,应当表明这个项目的目标受众群体,并且应当提供出这个项目的合作伙伴、参与人员或是社区关系的相关信息。应当设计一种简易的表格和程序让人们能够分享和上传图片、播客或是其他的原始电子资料,这样就可以设计出一种让人们可以给网站提供资料的简易方式。应当清晰地说明对于上传的文件的大小限制,因为这对于高分辨率的图片和视频片段来说特别重要,并要提供出备选的方案以便那些对项目感兴趣的用户可以分享他们的资料。尽管网站设计者可能想要创建一个表格以详细地了解供稿人的相关经历,但是最好还是把很多内容设计成用户可以自由选择以便让用户个人决定他们想给网站提供什么样的文件资料。网站设计者要求得越多,而能够完成并提交表格的人很可能越少。应当努力尽可能多地获取潜在的供稿人,并且努力使供稿过程尽可能的方便和简易。

建成一个网站是在线收集口述史项目中最容易的一部分。而找到相关的供稿人要求有效的外勤工作并会占用大量的工作时间。在项目初期,重要的是,要征集相关的个人来共享相关档案,以便当项目公开发布的时候网站才有材料可以浏览。项目的合作伙伴也可以帮助推动项目的宣传和推广工作。在一些会议上散发带有网站网址的宣传材料、广告单、明信片以及书签可以帮助这个网站吸引流量。在数字化的世界推广这样的口述史项目的方式很多,比如,和博客建立更多联系、把相关通告发布到讨论列表上、与新闻媒体建立联系、在相关期刊或杂志上发表文章以及在一些社交网站上(比如推特、脸谱以及掘客等）上讨论和分享网址等。

虽然一个口述史项目可以通过网站界面来让很多人来访问，但是目标受众可能也包括那些"无法上网"的群体，这些人可能需要额外的手段才能影响到。首先，通过Skype 网络电话或其他网络电话服务机构来设立一个本地电话号码，那些无法上网的群体就有机会通过语音邮箱来给项目网站提供资料了，然后这些通过语音邮箱提供的音频文件就可以直接上传到数字档案馆。可以印刷一些预付费的答复卡以收到简短的书面回复。或者，如果项目的网站与实体博物馆展览有联系，那么可以在参观的走廊里提供一些评论卡片，而这些卡片可以扫描和上传。美国国家历史博物馆（National Museum of American History）的"9·11 事件：直击历史"的项目展览就这样做过。要充分利用公共图书馆的网络终端和社区的无线网络热点，以便可以在图书馆或是社区附近留下一些宣传材料，或是也可以向相关受众推介这个口述史项目并帮助他们给项目提供资料。因此，使数字化口述史收集网站真正"接地气"和为草根服务还需要大范围大规模的扩展服务。

站在十字路口

口述史站在了新旧媒体汇聚的十字路口。一部分口述历史是过去时代的典型产物。这里有一个著名的例子，20 世纪 30 年代中期，美国公共事业振兴署（the Works Progress Administration）联邦作家计划项目（Federal Writers' Project）努力记录下了 2000 多名曾经做过奴隶的人。该项目的采访者记录了流传于美国 17 个州的故事，并请那些曾经为奴的人回忆了他们在奴隶制时期的往事。然而，当人们质疑这些记录的精确性时（这些记录手稿是采访人在采访进行时以及采访结束后笔录下来的），我们并没有相关的音频或视频记录来进行核实。如果有音频记录的话，这些音频会帮助今天的研究者们尝试理解当时的采访者与受访者之间的一些关系，比如那些曾经为奴的人事如何认识这些要求他们回忆 70 多年前痛苦话题的感受的政府雇员的。

在数字时代，这样的问题将不太可能再出现了。不过，新的问题又出现了。比如，数字文件的长期储存问题。但是，网络已经大大扩大了口述史学家记录和传播来自全世界的几乎任何话题的声音的能力。口述历史是一个可供研究、教授以及学习历史的强有力工具，这已不是新鲜事物，但是如何广泛地传播口述历史却是新的话题。从向公众公开目录信息到收集口述历史，从播放反思历史的访谈视频到通过播客捕捉时下新闻事件的反应，毫无疑问，网络正在重塑口述历史。

参考书目

［1］丹·科恩、罗伊·罗森维：《数字化历史：用网络收集、保存、展示历史》，宾夕法尼亚大学出版社 2005 年版。

［2］琳达·肖普斯："了解口述史"历史事件，http://www.historymatters.gmu.edu/mse/oral。

［3］詹姆斯·T.斯帕罗："在网站上：9·11 事件数字档案馆。"出自詹姆斯·B.加德纳、彼得·S.莱帕格里亚编：《公共历史：实地随笔》，克里格出版公司 2004 年版。

致 谢

　　本书的四十位撰稿人来自世界的五大洲,这反映了口述史研究的全球性。此项事业具有国际性和跨学科性,这造成了各个部分和章节在风格、拼写和参考文献等方面的不同。编者尝试着统一以上不同,但是每篇文章的知识产权归各自作者独有。虽然在地理上相隔四海,但是我们一直在学术期刊、纪录片、网站上或以电子通信方式彼此关注。从两年一次的国际口述史协会(International Oral History Association)大会上我们受益匪浅,来自各国的口述史学家们齐聚一堂,发表论文、参与讨论并在各个分会的间隙进行探讨,同时享受着当地的美食佳肴。作为唯一一类和活人打交道的历史学家,口述历史学家们以他们集聚一堂时的欢乐气氛出名。他们开会的时候要比大多数其他专业性的会议活跃,也在来自全世界的不同从业者之间形成了深厚的友谊。我们要特别感谢这些国际会议的承办单位,以及那些赞助了无数的地区性、国家性和当地的会议和研讨会的机构,他们传播了口述史的行业意识、提高了口述史的行业标准、推动了口述史行业的技术和学术进步。如果没有他们所做的大量工作,本书也不可能完成。我们要感谢来自牛津大学出版社的南茜·托芙(Nancy Toff),作为一名编辑和口述历史学家,她促成了这次合作。通过回顾过去以及展望未来,我们希望这本《牛津口述史手册》(*The Oxford Handbook of Oral History*)能够使行业内人士更加坚定信念,并且能够让那些考虑做口述史访谈、在研究中用到访谈、在图书馆和档案室保存录音和记录以及在公开演讲中使用到口述史的人更加方便地了解口述史。

策划编辑:王世勇
责任编辑:郭　娜
封面设计:木　辛

图书在版编目(CIP)数据

牛津口述史手册/(美)唐纳德·里奇 编;宋平明,左玉河 译. —北京:人民出版社,
　2016.12(2023.3 重印)
ISBN 978－7－01－017002－2

Ⅰ.①牛…　Ⅱ.①唐…②宋…③左…　Ⅲ.①口述历史学-手册　Ⅳ.①K0－62

中国版本图书馆 CIP 数据核字(2016)第 284731 号

书名原文:The Oxford Handbook of Oral History

北京市版权局著作合同登记号:01－2015－4198

牛津口述史手册
NIUJIN KOUSHUSHI SHOUCE

[美]唐纳德·里奇 编　宋平明　左玉河 译

人民出版社 出版发行
(100706　北京市东城区隆福寺街 99 号)

北京中科印刷有限公司印刷　新华书店经销

2016 年 12 月第 1 版　2023 年 3 月北京第 2 次印刷
开本:787 毫米×1092 毫米 1/16　印张:29.5
字数:555 千字

ISBN 978－7－01－017002－2　定价:128.00 元

邮购地址 100706　北京市东城区隆福寺街 99 号
人民东方图书销售中心　电话 (010)65250042　65289539